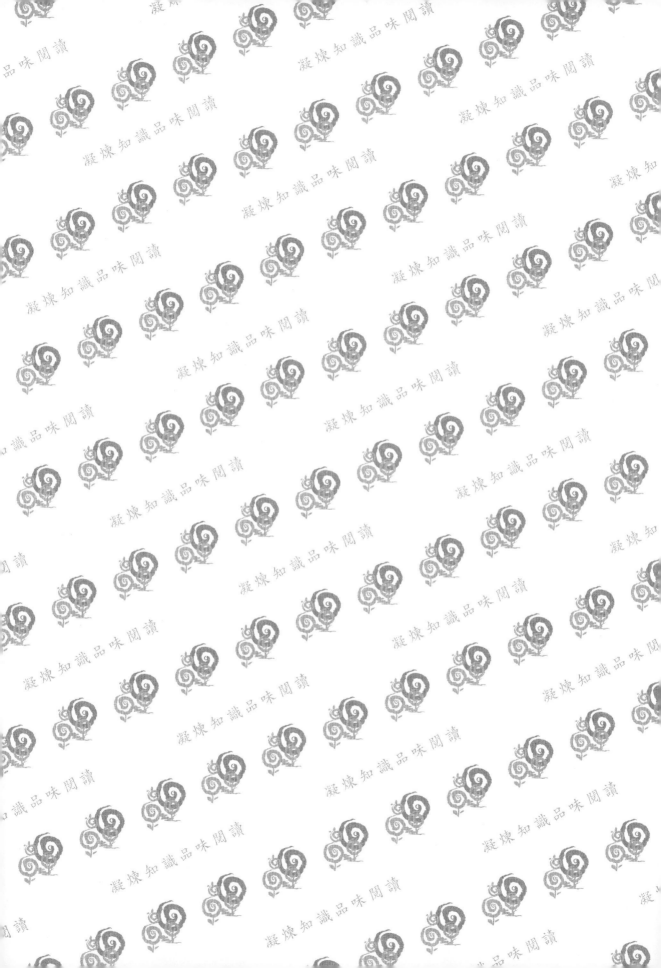

社會理論二十講

SOZIALTHEORIE: ZWANZIG EINFÜHRENDE VORLESUNGEN

Hans Joas 漢斯・約阿斯
Wolfgang Knöbl 沃爾夫岡・克諾伯 著

鄭作彧　譯

五南圖書出版公司 印行

獻給威特洛克（**Björn Wittrock**）

——給予我們莫大支持的好朋友

推薦序一

　　許多人對社會學有興趣是因為對社會學理論有興趣。而對社會學理論有興趣，良師的啟蒙很重要，有一本看得懂的入門書可以自學，絕對是在良師之外的進學的利器。

　　現在各位手中的這本由約阿斯（Hans Joas）和克諾伯（Wolfgang Knöbl）合作的《社會理論二十講》就是相當值得推薦給對當代社會學理論〔有別於古典社會學理論〕有興趣的人閱讀。

　　首先，這本書是由德國學者所寫，有別於過去都是由美國學者所寫的當代社會學理論教科書，所以讀者可以換另一種觀點來看待歐洲（雖然對我們來說還是「歐美」）學者處理同樣領域時的不同手法，不會再限於只有「美式」的觀點和立場。

　　其次，這本書是少數一開始有先討論「理論」為何物的書，這是很多社會（學）理論教科書直接會跳過的部分。〔我以前是從「社會研究法」的教科書導論中才學到理論的定義。〕兩位作者的細心於此可見一斑。

　　接著是這本書雖然標明是以「行動」、「秩序」和「變遷」的討論為主軸，其實和一般「（當代）社會學理論」的內容來看，本書包含著更多當代歐美「社會理論」（不限定在社會學）對於自我、性別、環境、正義、道德等等問題的探討。這些通常在比較專門的社會（學）領域中才會談論到。此書都有很基本的介紹，這也是這本書比起其他同類書籍要豐富之處。這也可以從書末詳盡的參考書目中窺見一斑。可以說：本書在手，可以掌握著世界上流行的當代社會理論的知識。

　　最為難得的是這本書對於各家的介紹都很簡明扼要，文筆也是緊貼著作者上課的口語表達方式，再透過留學德國的鄭作彧教授流暢的譯筆，讓這本書除了學術性之外，增加同類教科書難得的清晰明白，相當具有可讀性。

　　因為鄭教授譯文的優秀，沒有什麼我需要費心之處，所以我在閱讀文稿的時候，只有將書中的外文部分都盡力校訂了一遍，希望這本繁體版能夠盡善盡美。

　　當然，我更希望讀者能在這樣優秀的入門書啟蒙之下，進一步在社會（學）理論的世界中也能有所貢獻，為華文世界和全人類的（社會學）知識庫藏有所增益。

讓我們站在這本書的肩膀上一起繼續努力！

P.S. 我開過一門「廿世紀美國社會學理論」的課程，可以和本書談論美國社會學理論之處相互參照。有興趣的讀者可以上臺灣大學開放式課程網站上搜尋這門課，有上課錄影和講義可以收看和下載。

國立臺灣大學名譽教授

孫中興

推薦序二：編織理論之網

　　中文世界現有的社會（學）理論（史）著作多由英語世界翻譯而來，往往帶有美國中心或英語中心的色彩；即使介紹了一部分歐陸社會理論，對其理論脈絡的耙梳亦嫌不足。從這個角度來看，這部《社會理論二十講》有其獨特的地位。首先，充分關注英語、法語、德語世界的社會理論發展概況，能讓讀者有較為全面的視野；其次，這部著作的兩位作者本身就是重要的社會理論學者：Hans Joas 自 1980 年代起便與實用主義展開對話，對社會理論中的「行動理論」（Handlungstheorie）有重要貢獻（讀者可參考本書第十九講〈新實用主義〉；若懂德語，亦可參考 Richard Münch 的 *Soziologische Theorie* 第二卷，其中有專章討論 Joas 對行動理論的開拓）；Wolfgang Knöbl 則對暴力、戰爭、現代性問題有質量俱佳的研究。也因此，本書絕不只是平鋪直敘地羅列歐美當代社會理論的發展，而是逐一對其展開點評。這種點評本身就是值得回應與批判的學術貢獻。

　　怎麼閱讀這本書？不妨從書名開始：本書是「社會理論」，而非「社會學理論」。換言之，本書嚴肅對待各種有助於理解「社會」、「社會性」、「社會面」的學說，而不囿於「社會學」這門學科。用兩位作者的話來說，「在介紹各理論時，首先不是去看這個理論屬於哪個學科，而是去看它對探討社會事物的理論有沒有貢獻」。事實上，要嚴格勾勒出「社會學理論」的邊界是相當困難的，因為現代社會科學的諸學科，包括「社會學」在內，在專業化的過程中都涉及劃界（boundary-work），其中充滿了文化歷史色彩、社會經濟條件與偶然因素，且界線是不斷經歷協商、隨時需要反思的。哪些知識被認可為「正當」的社會學知識，哪些被排除在外，本身就是一個知識社會學的問題。

　　舉個例子：我在教「社會學」及「社會理論」這兩門課的時候，經常會讓學生閱讀 Elinor Ostrom（1933-2012）關於「共有資源的民主治理」的研究，包括她的研究團隊可能使用的某些賽局理論研究策略。Ostrom 曾任美國政治學會主席，且於 2009 年獲諾貝爾經濟學獎，但她的研究揭示了社群（或公民社會）的自我管理可能在哪些條件下出現及延續，而這正是「社會學家」長期關注的課題。一種常見的說法是政治

學關注「國家」，經濟學關注「市場」，社會學則關注「社會」。但 Ostrom 的研究卻自由跨越（或無視）學科邊界，從而為「社會理論」的某些核心提問（例如「霍布斯式秩序問題」）提供了重要的解答線索。讀者閱讀本書時若能暫時懸擱「這是或不是某學科」，專注於思考當代社會理論如何探索社會科學的三個核心問題（「什麼是行動」、「什麼是社會秩序」、「什麼造成了社會變遷」），收穫一定更多。

那麼，「理論」又是什麼？社會（科）學的學徒該如何看待「理論」的學習與教學？這固然是大哉問，但我認為本書的第一講〈什麼是理論〉言簡意賅又不落俗套，建議讀者務必讀完，再進入餘下的章節。若能與 Charles Ragin & Lisa Amoroso 的 *Constructing Social Research*（尤其是 1-3 章）對照閱讀，定可觸類旁通。讀者若不曾認真思考「理論」與「經驗」的複雜關係，不妨從本書作者引述的 Karl Popper 開始。Popper 說：「理論是一張我們為了捕獲『世界』所拋出的網；也是為了去解釋、掌握世界，以及為了將世界加以合理化所拋出的網。我們的工作，就是要將這張網的縫隙編織得越來越細密。」但這只是出發點。何謂「解釋」、「掌握」、「合理化」？理論工作是否有其他的功能或目標？在社會（科）學中，分支性的社會學理論（例如文化社會學、經濟社會學、勞動社會學的理論）與「後設」性質的社會理論（針對各種社會性的理論進行分析、綜合與反思）是否有相互溝通或分工合作的可能？臺灣讀者或許不熟悉這類對於「理論」的縝密思考，但或許有其必要。

舉例來說，國內學界向來有同仁主張在大學部廢除「古典社會（學）理論」與「當代社會（學）理論」的教學，建議直接進入社會學各分支（例如文化社會學、經濟社會學、勞動社會學）的理論；而研究所階段，則乾脆廢除「理論」與「研究方法（論）」的區別，理由是「騎腳踏車的理論」與「騎腳踏車的方法」的二分無法教人學會如何「騎腳踏車」。所謂「騎腳踏車」，自然是「從事某一類社會學分支的經驗研究」的隱喻。此說固然有理，但讀者不妨思考：「理論」訓練的目標只有教人「騎腳踏車」嗎？許多與「社會理論」有關的論述（包括本書的部分內容，例如批判理論、結構主義與反結構主義、女性主義），很可能是邀請你反思：你如何確定這是一台「腳踏車」？「腳踏車」究竟是什麼？為什麼要騎腳踏車，而不是走路、開車、搭公車？這一類「後設」思考，會促使讀者暫時擱下研究「技法」的問題，轉而思索：什麼是「社會研究」？「社會」的意義為何？「為什麼」要進行社會研究？研究「好」或「壞」的判準從何而來？不是所有人都需要這種大哉問或「二階觀察」，但似乎應該為這類追問保留一些空間。

　　最後，推薦之餘，也想給讀者一點提醒。本書實際上是「歐美」的當代社會理論，遠未能窮盡社會理論的多元圖像。在歐美以外的「南方」世界，包括拉美、亞洲、非洲，亦有豐厚且異質的思考「社會」的知識傳統，以及強大的「解殖」（decolonial）思潮。如果說這部鉅著有效挑戰了美國中心主義，卻仍難免囿於歐洲中心主義。如何發展某種「（全球）南方認識論」，既挑戰「歐洲中心主義」，又擺脫簡化的「方法論／認識論國族主義」，以「南方」之眼審視在地與全球各種尺度且相互交織的權力關係、支配機制與抵抗經驗，甚至進一步書寫一部（或多部）另類的當代社會理論（史），就是你我的工作了。

國立中山大學社會學系主任兼社會科學院副院長

萬毓澤

作者前言

這本書能翻譯成繁體中文在臺灣出版，讓我們深感榮幸。

這本書的中譯對我們來說，應有助於讓臺灣的社會科學家和歐洲，乃至於美國的社會科學家進行更加密切的對話。這種對話當然必須是雙向的，所以我們也很熱切地期待臺灣的讀者們能對我們這本書的呈現和論點給予反餽意見。我們深知我們的這本著作僅僅建構出一幅第二次世界大戰結束之後到本世紀開頭 10 年之間的「西方世界」的論述，但這套論述也總是不斷在對自己提出深刻的批判，而非僅在捍衛意識形態正當性與美化現有的情況。而且在西方的社會科學界中也存在很多不同的聲音，強調西方學界在看待歷史與當代時必須要求與嘗試接受真正全球性的視角。

當然，光有這樣的想法是不夠的。我們還必須具體地擴展現有知識體系，並改變建構理論的方式。但同時我們也不能失去與古典社會學家及值得保留的社會科學傳統之間的連續性。我們這本著作最重要的目標，就是希望能為完成這些任務提供一些貢獻。我們認為，20 世紀與 21 世紀初的社會理論的發展，即旨在讓讀者們意識到社會變遷過程與現代化過程有非常多樣的層次值得研究。唯有我們不只了解社會理論的傳統體系，而且也認識並且能運用這些理論的後續發展，我們才能對豐富的社會變遷過程與現代化過程有更適切的分析。所以我們非常期待我們所呈現的觀點和詮釋能為臺灣學者們提供一些微薄的參考。

漢斯・約阿斯、沃爾夫岡・克諾伯
2022 年 3 月於柏林與漢堡

2011 年修訂版前言

我們很高興得知，蘇爾坎普出版社決定爲我們的《社會理論二十講》出版修訂本。這意味著我們這本書在德國得到了讀者們的肯定。

修訂版在三方面有所變動。第一，我們在一些可能會造成誤解的地方，作出了更清晰的表述。第二，令人難過的是，我們書中提到的有些學者，在本書第一版出版之後過世了，因此我們對這些學者的生卒年進行了更新。第三，我們在本書最後一章新加入了不少內容，主要是補充了邁耶爾（John W. Meyer）和他的斯坦福學派（這個擴展，我們在 2009 年的英譯本裡就已經加入了）。當然，還有許多補充擴展都是可以再加入的。到目前爲止幾乎所有的書評都希望我們這本書能有新的內容或對其他理論再稍加強調一些。但對此需要愼重地考慮與評估，因此最後一章的擴展更新，我們得若干年之後再考慮。

〔德〕約阿斯、〔德〕克諾伯

導　讀

　　社會理論在歐美學術界的發展於 20 世紀末出現了重大的變化。二次世界大戰之後至 1970 年代，由美國社會學界主導的各種社會理論典範，從 1980 年代開始逐漸被歐陸的社會理論所取代。在歐美之外的學術後進國家，也能夠清楚地看到在社會理論的舞臺上，「Talcott Parsons 及其鉅觀與微觀理論上的批評者」，逐漸被諸如英國的 Anthony Giddens、德國的 Jürgen Habermas 與 Niklas Luhmann、法國的 Michael Foucault、Pierre Bourdieu、Bruno Latour 所取代。然而，這個「取代」是我們從 21 世紀的事後觀點所給予的簡化理解。若回到 1980 年代至 2000 年初期的這二、三十年間，它並沒有展現出立即、明顯且涇渭分明的樣態，而是一種緩慢、模糊且多次周折的過程。

　　對於社會理論之發展有興趣的學生，固然可以從教科書（textbook）型態的社會理論書籍，或歐美各大學社會理論的授課大綱，漸漸地觀察這個趨勢。但是，如果要說目前有任何一本關於社會理論的書籍，既能夠深入淺出地逐步介紹這個轉變，又能明確地將此過程的脈絡保留給讀者，那麼，由 Hans Joas 與 Wolfang Knobl 合著的《社會理論二十講》絕對是兼顧此兩優點的不二首選。有鑒於此，本篇導讀將依序從成書脈絡、本書結構、閱讀思索、在地影響這四個面向，為讀者們進行介紹。借用臺大社會系孫中興老師的話，「導讀」無法取代閱讀，本篇導讀的最終目的仍然是邀請讀者們一起來閱讀本書。

一、成書脈絡

　　這本書的構想與內容，源自於作者 Joas 在 1985 年起在美國芝加哥大學擔任客座教授期間的授課教材，包含此後幾年往返美國與歐洲各大學的講學經驗。作為研究美國實用主義傳統與 G. H. Mead 的專家，Joas 教授在歐美兩國大學的客座期間，對於社會理論如何在美國與歐洲學界的變化，有著近身的第一手觀察。本書的德文第一版出版於 2004 年、英文第一版則是 2009 年。依此可見，Joas 並非在自己到芝加哥客座之始就已確定好全書架構，而是以近乎 20 年的授課對話、學術交流之經驗作為本身

的深厚基礎。

作者們在「導論」的開頭就指出這樣的交流意涵。當作者們向 J. Alexander 於 1987 年出版的《*Twenty Lectures: Sociological Theory since World War II*》[1] 致敬的同時，明確地指出：本書不希望從 Alexander 的「美國中心主義」，轉向另一種「歐洲中心主義」，而希望提供社會理論之中心在歐美學術社群之間的流轉過程。這樣的立場，在熟悉社會學理論史的讀者們心中，不免想起 T. Parsons 在 1937 年的鉅著《*The Structure of Social Action*》所提出的「匯聚論」（convergence thesis），一邊試圖指出歐洲社會理論家們之間存在著一種彼此聚合的道路，一邊則以美國社會的發展作為此道路的關鍵承接者。在本書作者看來，即使 Parsons 式「匯聚論」不再是書寫社會理論與其發展的好架構，但是，提供讀者一個可以關注大西洋兩岸的社會理論發展，一種適切地說明的此消彼長，同時兼顧其中的共相與殊相的架構仍是必須的任務。因此，我們可以在第一講之中，看到本書對於「何謂理論」的基本立場。

讀者可能在閱讀完第一講之後就能獲得明確但未必滿意的答案：探討著「什麼是行動？」「什麼是社會秩序？」「什麼造成了社會變遷？」的研究即是屬於社會理論。然而，細心的讀者如果進入本書後續各講的內容，或者不依順序、隨意挑選幾講來進行閱讀之後，將會發現作者們深入淺出之處，並不僅僅只在於他們的「行文方式維持了課堂上的口語化風格」，更在於他們實質地關注社會理論與經驗研究之間「彼此密切相關」、「不是截然二分的兩件事」的關係。直白地說，就是本書作者既沒有太歐陸取向地選擇那些抽象的、宏大的、體系的理論作為講解的素材，也沒有太美國取向地忽略從各種具體的、情境的、主題的經驗研究中所剔透的理論洞見。

值得注意的是，作者們這樣看待與選擇「何謂理論」的立場，並不是出於某種折衷主義或者佯裝善意，與此相反，這毋寧是為了回應社會理論面對跨學科知識場景與各種學術「轉向」而來的。因此，除了社會學內部關注的「理論與經驗研究」的關係，本書在第一章更提醒了讀者，理論與世界觀、規範道德、日常知識之間的關係，不論是從社會學內部或外部來看，這些關係都同樣地重要。因此，我們可以把本書的整體規劃，包含明顯具有開放性的最後一講，都視為社會理論在面對人文社會科學變動的一種努力回應。

---

[1] Alexander, J. (1987). *Twenty Lectures: Sociological Theory since World War II*. Columbia University Press。中譯：《社會學二十講：二戰以來的理論發展》，華夏出版，2000 年。

二、本書結構

　　本書採取較為口語化的講稿方式書寫，雖然包含了 20 講，但是讀者們可以從每一講的題目就能略微看出全書的結構。扣除開始與結尾的第一、第二十講，作者們首先透過 7 講來介紹 Parsons 的理論與其各種批評者。值得注意的是，在 7 講之中，Parsons 理論不同階段的發展與差異占了 3 講，而其他的批評與修正（功利主義、象徵互動、衝突理論）占了 4 講。這種功能、交換、互動、衝突的「四大典範」架構不僅可以在常見的社會學教科書的「理論」相關章節看到，時至 1990 年代也已經成為美國社會學理論的基本共識。[2] 然而，如作者們所說，這部分內容幾乎囊括了 Alexander 在 1980 年代的《社會學二十講：二戰以來的理論發展》的四分之三內容，但本書更希望在後面的講次中帶出不同的風景。因此，兩者之間的差異就有待細心的讀者去品味與比較。

　　接著，從第九至十六講則是分別介紹了德國、英國、法國的發展，共 8 講。在德國部分介紹了 Habermas 與 Luhmann，英國部分則是 Giddens，法國部分則是結構與後結構主義、Bourdieu、「反結構主義」（anti-structuralism，指 C. Castoriadis、A. Touraine、P. Ricoeur 三位理論家）。這個部分與前一部分講次接近，卻更有體系地帶領著讀者遊歷了歐陸社會理論的發展。或許讀者會好奇思索：這樣順序的安排是否出於作者們自身學術發展的熟悉程度與親近性，所以才先始於德國、經過英國、結於法國？事實上未必如此。從社會學與社會理論在不同國家的發展狀況來看，二戰以後不論是在知識影響或在制度建立上，美國社會學確實扮演著一種「國際外銷」的角色，而德國（或當時的西德）在這股「美國化」浪潮中相對於英、法兩國受到較多影響。同時，我們也可以在 Habermas 與 Luhmann 的理論之中看到更多 Parsons 的影子。

　　最後，第三部分從第十七至十九講，共 3 講，分別介紹女性主義社會理論、現代性危機與診斷、新實用主義這三個主題。初看之下，像是一個未完的部分，甚至留給讀者們期待本書的新版本是否會有新的講次出現？對於社會理論新興趨勢感興趣的讀者們，或許無法滿足於本書僅以這三個講次，甚至第二十講的幾個觀察，來涵蓋社會理論到 21 世紀初的蓬勃發展。但是，我們也不妨進行這樣的假設性思考：如果本書作者嘗試調整全書結構，以納進更多新興的社會理論，那麼，除了在第三部分作出有限的選擇之外，可以如何調整前兩部分的比重呢？當開始意識到這個問題時，我們也

---

[2] Collins, R. (1994). *Four Sociological Traditions*. New York: Oxford University Press.

就不難發現，前兩部分內部的各講之間展現出相對明顯的「整體性」，與這個整體性在社會理論的發展史書寫上所形成的「框架」（framing）力量。

綜合來看，全書的結構安排具有一種正反並存的性質。一方面，這個結構出於作者們意欲指出社會理論在 1970 年代後期出現的「重心移轉」，這甚至也可能是 T. Kuhn 意義上的一種「典範轉移」；另一方面，這個結構會不會也體現了當年 Giddens「正典共識」（orthodox consensus）的批評，在社會理論發展史書寫中逐漸形成另一種新的「正典共識」呢？

三、閱讀思索

一本結構安排清晰明瞭、行文風格平易近人的書，照理說讀者並不需要一篇額外的導讀文字，就可以自由地悠遊於各章節之中。因此，本節「閱讀思索」試著採取作者們的書寫設定與結構規劃，提出一些對本書閱讀的思考線索，希望提供讀者在「講稿」之外的另一種閱讀趣味。

首先，讀者可能會對第十三講「帕森斯主義與現代化理論的翻新」感覺到有些奇異之處。一方面，本講包含了現代化理論、文明比較、世界體系，再到新功能主義，這樣的內容似乎應該放在第一部分作為對於 Parsons 理論的修正或質疑的一種可能；另一方面，本講之前是關於 Giddens 的結構化理論，更前面則是三個關於德國社會理論的講次，再後面則進入了三個關於法國社會理論的講次，但是，本講卻讓人感覺沒有那麼的「英國」？仔細思索之後，我們可以發現，或許本書作者們對於「第三階段」（指 1970 年代開始[3]）的設定：社會理論的重心逐漸轉移到歐洲學界，美國學界反而是在社會理論的相鄰知識領域（例如女性主義、政治哲學、科學哲學）出現了更多的理論發展。

因此，我們可以理解，在第八講以前的內容是以 1970 年代初期以前的各種理論典範為重心，即使作者們仍然貼心地提供了這些理論典範從 1980 年代開始的部分發展。但是，這並不表示諸如新功利主義（社會交換與理性選擇）、詮釋取向的象徵互動論、俗民方法論等理論，在 1980 年代之後並沒有值得書寫的新趨勢。例如延續著 T. Schelling、J. Elster、J. Coleman 發展出的「分析社會學」（analytical sociology）就值得一提；結合詮釋取向與衝突理論的 R. Collins，在「互動儀式鏈」（interaction

---

[3] 這是本書作者在導論就點明的三個階段：一、Parsons 與現代化論的時代；二、1960-1970 年代的百家爭鳴的時代；三、從 1970 年代後其開始以歐陸為重心的時代。

ritual chains）的理論也是不容忽視的新取向。

其次，本書似乎不太可能將第五至八講的內容延伸太多，去涵蓋 1980 年代往後的新發展，也不可能把第十三講往前移動，去「打亂結構」（不論是在時間與空間的敘事軸線上，或是在講次與內容的比重安排上）。即便如此，讀者們仍然可以思考：在 1970 年代開始的英國社會理論還可能有哪些值得書寫的主題呢？或者，更精確地借用本書作者們的話來說，即使今日的「理論綜合工作已經不能繞過這三位理論家（指 Habermas、Luhmann、Giddens）的成就」，那麼，不以理論家個人為單位，而僅以理論取向或理論典範為對象的話，在英國社會理論的脈絡中，還會有哪些可能的選項呢？對於熟悉英國社會理論近年發展的讀者來說，以 R. Bhasker 的科學哲學為基礎，而擴散至各種社會科學領域的「批判實在論」（critical realism）、以 M. Foucault 的思想為資源的「治理性」（governmentality）理論，就會是兩個值得關注的重要理論典範。

這個思考不再嘗試探討本書第一部分各講次在 1980 年代的新發展，而是去延伸本書第二部分（指第九至十六講）的時間區段，從 1970-1980 年代，再嘗試往後做一些挪移。這樣一來，本書除了講授歐陸德國、英國、法國的社會理論，更能成為讀者們延伸探索的一把鑰匙。以 Giddens 為基準點，繼續探問社會理論在 1980 年代後的英國如何發展的假設性提問，同樣也可以適用在本書對於德國與法國的介紹。舉例而言，在 Habermas 的《溝通行動理論》與《在規範與事實之間》，後續的批判理論家們有什麼樣的發展呢？或在 Luhmann 如本書作者所認為的「將功能論發展到極致」之後，社會系統理論家們又進行了哪些發展呢？同樣的，對於 Bourdieu 理論的批評與修正發展又是呈現出什麼樣態呢？幸運的是，讀者們可以在本書的第二十講，也是最後一講（社會理論的當代現狀），獲得一些初步的指引，而留下更多可供自行探索的可能方向。

最後，新趨勢之間可能也存在的相互交錯或彼此對話。當讀者意猶未盡於第二十講的各種新趨勢之時，我們也可以更進一步思考：它們之間是否曾經有過，或者可能產生「他山之石，可以攻玉」的關係？舉例而言，在德語世界以「承認理論」知名的批判理論家 A. Honneth，就曾經與英美學界的女性主義理論家 N. Fraser 有所交鋒，使得「再分配或承認」（redistribution or recognition）的論題成為當代社會理論之中受到廣泛關注的議題。[4] 延續著 Luhmann 社會系統論的理論傳統，與法國後結構

---

[4]　Fraser, N. & Honneth, A. (2003). *Redistribution or Recognition? A Political-Philosophical Exchange.*

主義諸如 Foucault 的理論，進而形成關於「涵括／排除」（inclusion/exclusion）這種現代形式對於「認同」（identities）概念產生的理論效應，使其脫離以「成員身分」（membership）的基礎。[5] 這些例子毋寧是在點出，各種新的社會理論趨勢，彼此之間即使有著關鍵差異，也可能存在著共通之處，而它們之間的持續交鋒或許在未來幾個 10 年後形成另一種差異：既可能延伸本書最後一講的多元性，也可能再次改寫本書留下的結構性。

四、在地影響

從臺灣讀者群的觀點來看，《社會理論二十講》中譯本的出版著實是一件值得慶幸的事情。讀者在社會理論方面的閱讀體驗，預期將能夠被提升不少。在過去，社會理論的中文書籍（不論是原著或是譯著）多多少少都呈現出兩極化的狀態：以學生讀者為定位的書籍，特點是普及且簡明，多以美國或英國學術脈絡為主；但是，以學術專論為定位的書籍，內容深邃精闢，卻可能因獨樹一格而難以消化。《社會理論二十講》正好在這兩極之間扮演了關鍵角色。

在普及、簡明的一端，將讀者定位在學生群的社會理論書籍，比較知名、長銷且歷經改版之後仍有持續譯本的有 G. Ritzer 的《當代社會理論》、J. Turner 的《社會學理論的結構》。這樣的理論書籍力求簡明、完整，是大學部課程之中常見用書。內容較為深入，適合研究生以上的社會理論書籍，也有 I. Craib 的《當代社會理論：從帕深思到哈伯瑪斯》與 P. Baert 的《二十世紀的社會理論》。[6] 有趣的是，正如本書作者們建立了與 Alexander 著作那樣的區別，Ritzer、Turner 的書反映出了以美國社會學為中心的書寫樣態，而 Craib、Baert 則透過英國社會學作為中介，增添了更多歐陸社會理論的發展趨勢。《社會理論二十講》之於上述這些理論書籍，不僅在讀者設定上提升不少，在內容取材上更跨出英國脈絡，直接帶領讀者一覽歐陸社會理論的新發展。

反過來看，在深邃精闢的學術專著這一端，本書所介紹到的理論家，舉凡

London: Verso.

[5] 湯志傑（2003），〈評 Exclusion and Socio-Cultural Identities: Systems Theoretical and Poststructuralist Perspective〉，《臺灣社會學》，第 5 期，頁 251-256。

[6] Craib, I. (1984). *Modern social theory: from Parsons to Habermas*. New York: St. Martin's Press。中譯：《當代社會理論：從帕深思到哈伯瑪斯》，廖立文譯，臺北：桂冠；Baert, P. (1998). *Social Theory in the Twentieth Century*. Cambridge, U.K.: Polity Press。中譯：《二十世紀以來的社會理論》，瞿鐵鵬譯，北京：商務。

Parsons、Goffman、Habermas、Luhmann、Giddens、Foucault、Bourdieu 的著作已有不少中譯本面世，而且還在陸續出版新的翻譯或新的譯本。如果是以中文寫作的理論專書，則葉啟政、呂炳強兩位華人社會理論家，於 2000 年開始出版的一系列著作，則是讀者們無法輕易跨越的群山。不論是葉啟政的《進出「結構－行動」的困境：與當代西方社會學理論論述對話》、《邁向修養社會學》、《從因果到機制：經驗實徵研究的概念再造》，抑或是呂炳強的《凝視、行動與社會世界》、《我思、我們信任，社會之奧秘：社會現象學論文集 1997-2007》，對於讀者所設定的知識門檻並不亞於當代西方社會理論家的著作中譯本。在這樣的狀況下，《社會理論二十講》的講稿型敘事就有著簡明易懂的作用，進而成為讀者進一步攻克上述這些理論專著的基礎。

從長遠的角度來看，《社會理論二十講》將在未來的社會理論閱讀群體之中，扮演著聯繫起、平衡著「普及簡明－深邃精闢」兩極的關鍵角色。

至此，本篇導讀帶領讀者從成書脈絡、本書結構、閱讀思索、在地影響的角度來一一認識《社會理論二十講》，而最重要的目的，仍然是推薦讀者可以實際進入本書閱讀，好好地隨著作者們精心規劃的知識旅程，往返美國與歐陸之間，品味二戰後到21 世紀初的這段社會理論之發展。

臺北醫學大學醫學人文研究所副教授

蔡博方

2022 年 6 月

目　錄

推薦序一　　　　　　　　　　　　　　　　　　　　iii

推薦序二　　　　　　　　　　　　　　　　　　　　v

作者前言　　　　　　　　　　　　　　　　　　　　ix

2011 年修訂版前言　　　　　　　　　　　　　　　　xi

導　讀　　　　　　　　　　　　　　　　　　　　　xiii

導　　論　　　　　　　　　　　　　　　　　　　　1

第 一 講　什麼是理論？　　　　　　　　　　　　　7

第 二 講　帕森斯與他嘗試集各家大成的理論　　　　25

第 三 講　邁向規範主義功能論的帕森斯　　　　　　49

第 四 講　帕森斯與規範主義功能論的進一步發展　　75

第 五 講　新功利主義　　　　　　　　　　　　　　99

第 六 講　詮釋取徑 (1)：象徵互動論　　　　　　　129

第 七 講　詮釋取徑 (2)：俗民方法論　　　　　　　155

第 八 講　衝突社會學／衝突理論　　　　　　　　　179

第 九 講　哈伯馬斯與批判理論　　　　　　　　　　203

第 十 講　哈伯馬斯的「溝通行動理論」　　　　　　227

第十一講　把功能論發展到極致的魯曼　　　　　　　253

第十二講　紀登斯的結構化理論與較新的英國權力社會學　283

第十三講 「帕森斯主義」與「現代化理論」的翻新　309

第十四講 結構主義與後結構主義　339

第十五講 在結構主義與實踐理念之間——布赫迪厄的文化社會學　371

第十六講 法國反結構主義者（卡斯托里亞迪斯、杜漢、利科）　401

第十七講 各種女性主義社會理論　431

第十八講 現代性的危機？新的診斷（貝克、鮑曼、貝拉，以及自由主義與社群主義的辯論）　461

第十九講 新實用主義　495

第二十講 社會理論的當代現狀　523

參考文獻　553

中文延伸書目　583

專有名詞索引　591

人名索引　605

導　論

　　本書可以追溯到其中一位作者（約阿斯）所開設的課程。1985 年，約阿斯最初在芝加哥大學擔任客座教授時，便開設了這門課程。在這之後，約阿斯也一直定期在教授這門課。包括 1987-1990 年在愛爾蘭根－紐倫堡大學（Universität Erlangen-Nürnberg）任教期間，1990-2002 年在柏林自由大學（Freie Universität Berlin）任教期間，以及中間幾個學期在美國和歐洲各大學的講學期間。本書另一位較爲年輕的作者（克諾伯）在他學術生涯的各個階段都參與了這門課程的講授，且持續在改進這門課：在愛爾蘭根時是作爲學生，在柏林和紐約時是作爲助理，如今則是作爲漢堡社會研究所（Hamburger Institut für Sozialforschung）所長。

　　當然，這門課在相當長的時間中一直不斷有所變動，之所以不斷有所變動，除了因爲這些內容當然有必要不斷更新之外，也是因爲我們必須回應學生的需求、回答他們的問題。而且我們也要顧及，這門課所講到的各學者的理論思想也是不斷在發展的。不過，我們相信現在已經到了一個階段，讓我們課程裡的各種構想與理論概覽能夠走出教室、以出版物的形式呈現出來。我們希望，本書可以滿足社會科學相關科系學生的需求，甚至能滿足非相關科系，但對這方面有興趣的讀者的需求，讓大家能了解大約在二戰之後，「社會理論」這個領域在國際上的發展。

　　爲了有助於理解，我們的行文方式維持了課堂上的口語化風格。圖根哈特（Ernst Tugenhart）非常優秀的哲學著作《語言分析哲學導論》（*Vorlesungen zur Einführung in die sprachanalytische Philosophie*），以及弗蘭克（Manfrd Frank）的《什麼是新結構主義？》（*Was ist Neostrukturalismus?*），是我們這本書很重要的參考文獻。跟我們的主題領域比較相近的參考文獻，還有亞歷山大（Jeffrey Alexander）的《社會學二十講》（*Twenty Lectures: Sociological Theory since World War II*）。我們參考亞歷山大的地方，不只在於都將章節設爲二十講，還在於都將對科學理論本身的討論當作開篇第一章。我們同意亞歷山大的觀點，認爲可以將戰後的理論發展區分爲三大階段：第一個階段，是由帕森斯（Talcott Parsons）的理論和一種（今天看來較爲傳統的）現代化理論所支配的時代。第二個階段，是 20 世紀 60 年代末期、70 年代初期。那

時，帕森斯的理論開始沒落，分裂成百家爭鳴的各種「取徑」。這些取徑中，有些甚至在政治—道德方面是相互攻訐的。在這個階段，也出現了亞歷山大所謂的「新理論運動」。新理論運動意指很多學者開始野心勃勃地試著綜合、統整紛雜的諸多理論。新理論運動的發展部分基於各不相同的取徑之上，部分則是從全新的主題出發的。

　　不過關於第三個階段，我們跟亞歷山大的看法就不一致了。也是因為這樣，所以本書只有前八講跟他的書在**主題上**有重疊。亞歷山大的著作完全是美國中心主義的，並且以類似於歷史學的方式為他自己嘗試進行的新帕森斯式的理論綜合來進行辯護（對此的評論，可以參閱 Joas, *Pragmatismus und Gesellschaftstheorie*, pp.223-249，尤其是 pp.246-248）。但事實上，從 70 年代開始，理論領域的重心就移向了歐洲。德國（哈伯馬斯、魯曼）、法國（杜漢、布赫迪厄）、英國（紀登斯、麥可・曼）都出現了極有野心且豐碩的成果。而且從亞歷山大著作的出版年份（1987）來看，他那本書的內容到今天也已經是有所欠缺的了。然而，我們也希望本書不要犯跟亞歷山大的著作一樣，只是剛好反過來的歐洲中心主義的毛病。所以讀者可以發現，本書同樣討論了現代化理論和帕森斯主義的修正與後續發展，並且也討論了實用主義的復興、社群主義的形成等理論，這些理論顯然是北美思想的產物。

　　本書在主題、內容方面特別講求完整、平衡、公平。這也表明了，我們首先樂見本書可以被用於學術課堂教學。不過本書並不是嚴格意義上的教科書。本書並非中立地介紹確切無疑的知識。跟哲學一樣，在社會科學的理論中沒有什麼是確切無疑的。特別是當一個理論超越了經驗研究與解釋工作時，如果想追求確切無疑性，通常都是會失敗的。此外，在這個領域，中立僅意指在論證上公平、廣泛，但不意味著就因此要放棄自己的理論觀點。所以我們絕不會害怕被批評或是被評價。相反，我們將本書視為我們對適用於當下的各個社會理論所進行研究的一部分，亦即本書旨在廣泛地探討現有理論的成就、問題與任務。

　　我們並沒有像一般基礎必修課的教科書那樣，把本書命名為「現代社會學理論」。「現代社會學理論」這個書名，對社會學課程來說當然非常合適；但是這樣的書名會涵蓋不到那些本質上不屬於社會學的相關思路和知識庫（比如結構主義和實用主義）。我們在介紹各理論時，首先不是去看這個理論屬於哪個學科，而是去看它對探討社會事物的理論（Theorie des Sozialen / theory of the social）有沒有貢獻。不過，與英語學圈不同，「社會理論」（Sozialtheorie / social theory）在德語學圈是一個新的詞彙，所以我們必須交代一下取這個書名的理由。

　　我們沒有確切的歷史資料證明「社會理論」這個概念在英語世界是如何開始被使

用的。最晚在 19 世紀末期，在英語世界，人們就已開始不多作解釋地使用這個概念了。**一方面**，就像「社會思想」這個概念一樣，人們在沒有明確界定的情況下，便已將「社會理論」這個概念用於指稱後來被人們歸於社會學領域的一個思想領域。在這方面，社會理論意指一種一般化的思想表述，其探討的是社會相關事物以及社會生活規律。不過**另一方面**，這個概念也指涉一種不論是社會學還是其他學科都會有的思想類型，這種思想類型旨在抨擊「個體主義」，或旨在超越個體主義。以此而言，「社會理論」與盎格魯—撒克遜世界的經濟學、政治學、心理學思想的核心前提是相對立的；它隱含著一種看待文化進程和社會進程的特殊理論視角。當然，這個視角也不是一下子就很明確的，人們一直有許多關於這個視角的理論爭辯。這樣一種特殊的看待社會事物的方式，以及對於個體主義的批判，在「社會學」這門學科的制度化過程中，產生了很重要的影響。不過人們可能一開始並沒有強烈感覺到這兩種不同地使用「社會理論」的方式之間是有張力的。亦即一方面，這是一個針對經驗物件的理論概念；另一方面，它又意指一種探討社會現象的特殊切入點。

但是隨著這個學科的建立和高度專業化，人們必須清楚認識到這個張力。從追求專業化和以經驗研究爲導向的社會學的角度來看，理論首先指的是「經驗理論」，亦即一種高度一般化的解釋性陳述（可以參閱第一講的進一步說明）。這種對理論的**狹義**理解方式，傾向於不採取規範立場，也不給出意義詮釋方針。但是，**廣泛**意義下的社會理論，就算在由上述狹義觀點所支配的當代，也始終占有一席之地。廣泛意義下的理論，至少有助於提供豐富的假設，也可以讓一個學科從歷史的流變中更清楚地知道自己是什麼。本書即是從廣泛的意義下來理解理論的。我們之所以這麼理解理論，是有充分理由的。

首先，各學科對「理論扮演了什麼角色？」的看法，在近幾十年來普遍都出現了顯著的變化（對此，以下第一講也同樣會進一步說明）。此外，社會學也開始面臨來自其他學科的新競爭對手。像「政治理論」這個領域，旨在從規範的層面探討在妥善規劃的、好的、公正的政體中人類共同生活的問題。這個領域的研究時常獲得廣泛的公眾關注。還有在文化科學中，「文化理論」雖然相當籠統，但是至少也作爲一個討論領域而蓬勃發展了起來。其中，有一些很重要的規範問題，比如性別關係或是國際文化關係，都占有一席之地。面對這些競爭對手，社會學理論若還堅持只搞經驗解釋，必然落後於其他學科。

所以，我們之所以採用廣泛意義下的社會理論概念，是因爲想避免兩個不良的後果。第一，如果我們從狹隘的意義上來理解理論，會讓社會學這個學科的理論工作和

經驗工作彼此對立、互相傷害，進而危害學科的團結。第二，從韋伯、涂爾幹、米德以來的社會學傳統，一直都蘊含著巨大的潛力，能架設起跨學科的拱頂，把文化面向和政治面向都涵蓋進來。但如果我們只狹隘地理解理論，會讓我們在面對廣大的公共領域、在與各學科對話時，白白浪費掉了原本所具有的這個巨大潛力。我們將本書取名為「社會理論」，就是想架設一個跨學科的拱頂。當然，這不是說本書完全實現了這個理想。本書更多的是一個起點，而不是終點。

由於「社會理論」在學術領域網路中處於一個麻煩的位置，因此近來有一種說法，認為要把社會理論當作一個獨立的領域來加以制度化，認為社會理論的知識已經足夠成熟到讓這個領域獨立出來（關於這種說法，可以參閱 Stephen Turner, *The Maturity of Social Theory*）。但我們不同意這種觀點。相反地，我們認為，把社會理論整個獨立出來，會更強化社會理論和社會科學的經驗研究之間的對立；這樣是很危險的。若沒有經驗研究提供基礎和進行監督，社會理論會失去讓自身能與哲學或純粹意見交流相區別開來的差異。

我們決定用「社會理論」這個概念的原因還在於，我們不是很喜歡，也不太想用「社會體理論」（Gesellschaftstheorie）這個概念（這個概念在英語中很少看到，但在德語中很常見）。與「社會學理論」這個概念相比，「社會體理論」通常被認為是左派的、「批判的」、規範性的概念。不過，就像我們在第十二講中將會仔細探討的那樣，「社會」這個概念常與以民族國家的方式來描述、根據地域領土清楚劃分的秩序等同起來，這使得這個概念一直都是充滿預設的。而且也因為這個預設相當顯而易見，所以這個概念最終到了今天也很有問題。用民族國家來理解社會，跟所有對社會的理解一樣，也必須先要有社會理論作為基礎。

本書主要關注第二次世界大戰結束後的社會理論的發展。我們的出發點是在這個重大歷史事件前不久出版的一本著作，即帕森斯在 1937 年出版的《社會行動的結構》。對於開頭提到的有重大潛力的古典社會學傳統，我們不擬仔細深入討論。想多了解古典社會學傳統的讀者，得去看別的書。但本書當然不會完全忽略不提古典社會學傳統的思路。我們會不斷提到這些傳統思路：在帕森斯的對古典社會學家進行綜合的工作當中、在後來的諸多學者的各種觀點中都會提到。古典學者之所以經典，就是因為他們的思想一直都相當豐富、取之不竭。不過，越是覺得這些古典學者或是他們作品中的思想豐沛而取之不竭，反而越不能凡事都直接回溯他們的思想。人們必須對已經逝去的學者與已經改變了的今天之間的歷史距離進行反思，並且把他們思想中有潛力的部分引進今日的理論工作中。處理當今的問題情況，並以新的、創造性的方式

來回溯過去的理論，會讓「社會理論」更有活力。我們也希望藉本書來呼籲這樣一種熱忱。

我們衷心感謝閱讀過本書手稿並給予批評指教的所有朋友、同事。我們已試著盡力根據建議來進行修改。我們感謝阿德洛夫（Frank Adloff）、貝克特（Jens Beckert）、卡魯彼納（Silbylle Kalupner）、利爾（Christoph Liell）、林德納（Nora Lindner）、梅爾丁（Katja Mertin）、摩爾特（Gabriele Mordt）、馮·歐爾岑（Florian von Oertzen）、舒貝爾特（Hans-Joachim Schubert）、瓦格納（Peter Wagner）、文澤爾（Harald Wenzel）、弗勒（Patrick Wöhrle）、伊貝格（Heinrich Yberg）。當中要特別感謝埃爾福特大學的霍斯坦（Bettina Hollstein），她非常仔細地挑出了本書中的一些矛盾之處，並且因為她的建議而讓這些矛盾之處得以解決。

第一講

什麼是理論？

　　我們把「什麼是理論？」這個主題放在探討現代社會理論的書的第一講，可能會讓很多人感到驚訝。畢竟不少讀者在沒有把關於理論的「本質」問題當作主題來討論的情況下，也都已經上過了像是關於涂爾幹、米德、韋伯等古典社會學理論家的課程。而在上過古典社會學理論課程之後，讀者們理當對「理論」都會有一些直覺上的理解，或是很快就會發展出一套對理論的直覺上的理解方式。無論如何各位讀者至少現在都可以指出韋伯、米德，或是涂爾幹處理社會現實的套路是不同的：韋伯著名的對於國家或政治現象的描述，其基礎觀點跟涂爾幹的觀點完全不同。也就是說，雖然韋伯跟涂爾幹都是在對同樣的經驗事實進行社會學描述，但他們兩個人對於政治本質的**理論**見解完全不同。米德對於社會行動的見解顯然完全不同於韋伯，雖然他們兩個人都在使用部分類似的概念。所有這些學者都在用不同的**各種理論**（複數！）來當作他們社會學描述的基礎。然而，是不是我們越知道這件事，就可以越了解理論的「本質」是什麼？意思是，如果我們對所有這些理論相互進行比較、凸顯出它們的共通性，找出最小公分母，接著我們是不是就可以猜想會得到對**一種理論**（單數！）的理解方式？然後透過這種比較，人們差不多就可以找出構成（社會學）理論的要素、知道什麼是社會理論了！

　　但可惜這樣得出的答案沒什麼太大用處。自 19 世紀人們建立了社會學並使之成為一門科學性的學科以來，對於這個學科的研究對象和研究任務就從來沒有一個完全堅定的共識。甚至對於核心概念，人們也從來沒有意見一致過。所以一點也不讓人感到奇怪的是，每次學者都會對「正確的」理論理解方式吵翻天。爭議的主題之一，就是**理論和經驗研究之間的關係**。因為某些社會科學家假設，我們只有努力進行經驗工作，才能為合宜的社會科學理論奠定基礎。而其他社會科學家則完全反對，聲稱若沒有廣泛的理論反思在前面引導著，經驗研究就一點意義也沒有。沒有意義還算好的

了，糟糕的話還會給出一大堆錯誤的研究結果。學者對於**理論與世界觀之間的關係**也有著非常不同的見解：有的學者認為社會學理論或是社會理論是一件純粹科學的事，跟政治、宗教的世界觀有所區別；但另外的學者卻強調，精神科學或是社會科學從來也無法完全讓人們真的相信社會學這門學科是「純粹的」科學。對這些學者來說，說社會學是純粹的科學完全是妄想。與此息息相關的則是**理論和規範道德問題之間的關係**。一派學者認為，科學在原則上應避免發表關於規範、政治、道德等方面的意見，另一派的學者卻主張科學要參與社會、政治，認為科學不能「回避」「應該要怎麼做」（人們應該怎麼行動？要如何建立一個好的或公正的社會？諸如此類）的問題。認為科學要參與社會政治的這派學者，認為科學，尤其是社會科學，不能以為只要得出研究結果就好，然後自欺欺人地覺得至於怎麼利用它們就完全不是科學的責任。這派學者認為，因為社會科學必然會造成許多後果，所以這門學科不能對自己所生產出來的結果漠不關心。最後，**理論和日常知識之間的關係**也是一個激烈的爭論點。一方的學者假定科學——包括社會科學——比日常知識更高一等；但另外一方的學者覺得精神科學和社會科學完全根植於日常生活，並且相當依賴日常生活，根本沒資格狂妄地自以為比日常生活還高一等。理論概念本身，就像讀者已經看到的，非常有爭議，所以上述提到的若想要從現有的古典社會學理論中挖掘出最小公分母，必然是徒勞無功的。因此，從以上這些簡短呈現出來的關於理論的爭論就可以知道，找出最小公分母的作法是無法回答「何謂理論」這個問題的。

　　如果是這樣，那麼我們真的有必要詳細討論並搞清楚到底什麼是「理論」嗎？畢竟讀者也都「已經了解了」古典社會學家，也許也都在沒有清楚探問理論概念的情況下上完了相關課程。為什麼反而現在，在討論**現代**社會學理論、社會理論的時候，才來管這些關於理論「本質」的基礎爭論呢？關於這個問題，有兩個回答。**第一個**回答是關於歷史學的，亦即學科史方面的。在韋伯、涂爾幹、齊美爾等所謂的社會學之父將「社會學」這個領域帶進我們生活的時候，人們常常必須爭取這個學科自己的科學聲譽，與其他領域的學科爭論社會學作為一門科學領域的正當性。當然社會學家也都在對此相互爭論，而且這種相互爭論很常見。當社會學最後從 20 世紀中期開始在各大學裡都建立起來之後，這種爭論更是越演越烈。現代的社會學，就像整個現代的社會科學那樣，最大的特色就是理論方向百家爭鳴。所以我們接下來要花十九講的篇幅來講解這些多樣的理論，不是沒有理由的。而在理論的百家爭鳴中，科學理論的問題，亦即去問科學本身及其理論的建立須有什麼前提和特質，是非常重要的。各個社會科學理論方向之間的爭論，以前和現在常常都是在為了正確的理論理解方式而爭

論。所以讀者有必要對這個問題有一定程度的認識，才能了解現代社會科學的理論發展如何，以及為什麼是這樣而不是那樣。

第二個回答則同時關係到學科史和教育學方面。現代社會科學的特徵不只有百家爭鳴的眾多理論，而且同時還包括了理論和經驗研究之間非常糟糕的分化。學者常常好像是在進行勞動分工似的，把自己歸類成理論家或是經驗主義者和經驗社會研究者。由於這種嚴格的勞動分工，使得理論家和經驗研究者這兩方群體對於對方的研究結果幾乎都漠不關心。但是理論和經驗研究不是確實截然二分的。所以在這第一講中，我們也是想藉著探討理論「本質」的機會，讓大家好好思考一下理論是什麼，理論對於經驗研究有哪些重要價值，以及經驗研究如何持續幫助理論更精益求精。我們也想藉著這第一講來告訴讀者中一些熱忱的理論家（如果有的話），社會理論從來都不是與經驗觀察或經驗假設毫無關聯的。所以把經驗研究者貶低成「小鼻子小眼睛」是錯誤的想法。而讀者中若有一些很有熱忱的經驗主義者和（可能）會貶低理論的人，我們也想藉著第一講來說明，經驗觀察，即便是那種非常陳腐無趣的經驗觀察，也從來不會不需要理論陳述。所以時不時來研究一下理論，不會有壞處的。因為，儘管有一些流言蜚語說社會科學已經失去了影響力，但事實上社會科學理論的影響力始終都非常巨大，只要想想過去的馬克思理論，想想今天報紙副刊和政治專欄中引發許多後續討論的全球化與個人主義的激辯，就可見一斑。理論不只影響了社會經驗研究工具，也影響了所研究的社會世界，因此即便是以經驗研究為主要方向的社會科學家，也不應該因為希望避開理論空想，只想專門探究（經驗）現實，而忽視了理論。再次提醒：理論和經驗研究彼此是密切相關的，僅固守經驗研究而忽視理論的態度是不可取的。

如上所述，在社會科學中從來沒有一個對理論的理解方式是毫無爭議的。可是，如果理論和經驗研究、世界觀、規範問題、日常知識之間的關係無法完全搞清楚的話，那麼去問理論的「本質」問題不就沒有意義了嗎？我們的回答是：「當然不是！」出於兩個不同的原因，人們無須對此感到絕望、淨說風涼話。**第一**，讀者很快就會注意到，社會學（如果讀者學習社會學的話）不是唯一一個在討論理論地位問題的學科。其他的社會科學，從政治學、歷史學，到經濟學，也都面臨類似的問題，即

便在那些學科中，人們不一定把這個問題當作非常重要的基本問題來討論。而且就像讀者將會看到的，就連似乎神聖不可侵犯的自然科學，也無法避免討論理論地位問題。**第二**，關於理論地位的爭論，部分來說可以追溯到很久以前的歷史，而在這個爭論中，對理論本質的理解方式要達到一個共識是完全有可能的，只不過要經過很多階段。對此，就有必要精確地考察關於理論「本質」在什麼地方和什麼程度上存在一致意見，在什麼時候和為什麼這種一致意見會破裂，以及在這些爭論的歷史中，人們為何不斷嘗試重建之前被否定的共識。我們來好好談一下這個主題吧！

••

不同的理論方向和領域之間，在基本的層面，都至少會有個共識，認為理論是一種一般化的、普遍化的陳述。或是反過來也許可以更好懂一些地說：每個一般化的陳述都已經是一個理論了。我們在日常生活中都在運用各種理論，而且一直都是如此！當我們在使用複數形式的詞彙，而沒有實際先去檢視是否我們的普遍化陳述真的適用於所有事情的時候，我們就在運用一種理論了：「所有的德國人都是納粹！」「男人都是沙文豬！」「一堆社會學家老是在說一堆讓人聽不懂的鬼話！」諸如此類的都是理論。就我們的觀察，確實有些德國人有法西斯思想，許多男人確實很瞧不起女人，有些社會學家也還真的沒辦法說一些大家都聽得懂的白話文，所以我們就會推論，**所有**的德國人都是納粹，**所有**男人都是沙文豬，**一堆**社會學家都不說人話。當然我們沒法真的去全面檢視，我們不認識所有的德國人、男人，而且有一堆社會學家我們也完全不認識。但如果我們還是發表了這樣一種抽象的言論，那麼我們就是在運用理論了。人們也可以說，我們藉此提出了一套假設。事實上，美國的邏輯學家、符號學家兼哲學家皮爾士（Charles Sanders Peirce, 1839-1914）曾令人印象深刻地指出，我們整個日常知覺和我們的行動，都基於一套特殊的假設網路〔他用的詞彙是：溯因推論（abductions）〕。若沒有這東西，我們無法有意義地生活：

> 在這個美好的春天早晨，從窗戶望出去，我看見了盛開的杜鵑。噢，不！這不是我所看到的，但我只能這麼陳述我眼前所見的。
> 上文所述只是一種主張，一個句子，一件事；但我所體驗到的並不是主張、句子、事情，而是一幅畫面，我藉著對這件事的說明，使得這件事

能部分地被人理解。說明是抽象的，但我所看到的是具體的。當我把任何
我看到的東西用句子表達出來的時候，我就是在運用溯因推論。實情是，
我們整個知識結構就是一片混亂的純粹假設……如果我們沒有一步一步地
運用溯因推論，我們就只能停留在呆滯凝望窗外的階段，無法造就出（哪
怕是一丁點的）進一步的知識。（Peirce, Ms. 692，引自 Thomas A. Sebeok
and Jean Umkersebeok, "You Know My Method". A Juxtaposition of Charles S.,
Peirce and Sherlock Holmes, p.23）

也就是說，理論是必需的，也是不可避免的，因為如果沒有理論，就無法學習任
何東西，行動也不可能持續下去。沒有一般化和抽象化，世界對我們來說就只會是由
一堆個別而零碎的經驗、感官印象所拼貼起來的一張混亂拼布。當然我們在日常生活
中不會動不動就聊到「理論」；但我們需要它，即便我們一點都沒有意識到這件事。
科學的工作和思考也不外乎是這樣。不過**專門特別**建立和運用理論，則是另外一回
事：人們會就個別的問題來提出特殊的假設或理論，然後試著將這些特殊的理論彙整
成一個更具普遍性的理論，將各個一般化的理論串連起來。不過總體來說，理論的提
出、一般化陳述的提出，都是日常生活和科學的本質構成部分，因為我們唯有如此才
能走近「眞實」。奧地利裔的英國哲學家波普爾（Karl R. Popper, 1902-1994）曾相當
優雅，不過跟皮爾士沒有很大差別地表示：

理論是一張我們為了捕獲「世界」所拋出的網；也是為了去解釋、掌握
世界，以及為了將世界加以合理化所拋出的網。我們的工作，就是要將這
張網的縫隙編織得越來越細密。（Popper, *Logik der Forschung*, p.31）

這種理解理論的方式，亦即根據理論的一般化功能來理解理論的方式，在今天幾
乎是沒有爭議的。

. . . .

從歷史方面來看，首先關於理論的爭論不是在上述的基本層面，而是在下一個層
面開始的；不過到了後來，這個爭論也塵埃落定了。因為，如我們馬上就會說明的，

在各種爭論的立場中，有一種已經被證明占到上風、獲得勝利了。

不是**隨便一種**一般化都是科學工作的產物。偏見也是一種理論。偏見同樣是一種一般化的陳述，但卻是非常有問題，或是錯誤的。比方從上述提到的對德國人、男人、社會學家的一般化陳述的例子中，就不難發現充滿偏見的問題或錯誤。而科學家要做的正好就是去除偏見，根據各種個別案例**準確地**提出一般化概括（這種透過個別案例或諸多個別案例來推論出一種具有普遍性的陳述方式的作法，在科學理論中也被稱作「歸納法」），或是根據理論來**準確地**解釋個別案例（此即「演繹法」，從一般化的陳述推導出個別案例）。不過，若要來談「準確」或「不準確」，人們需要一個標準。這個標準可能會說，唯有堅持去檢視真實，或至少能根據真實來被檢視，理論才是科學的（亦即不是充滿偏見的）。

就是在這一點上，而且從歷史層面來看也是在這個時候，產生了爭論。因為，對於實際上該**如何**檢視真實，有不同的觀點。大家比較容易想到的比如，科學的理想就是要被**證明是對的**（即「證實」，verification）。在很長一段時間，也就是在 20 世紀初之前，這確實是科學家和科學理論家的主要觀點。如果要論證某些假定為真的理論的話，那麼當時認為，這些理論假設最好首先需要把所有充滿偏見的日常知識從科學中排除掉，才能在絕對穩定的根基上建立起科學知識的新大樓。根據這種看法，正確的觀察可以帶來普遍適用的命題或陳述。然後透過不斷繼續下去的個別觀察與實驗的證明，可以使這些論點和陳述越來越正確。這種被確認為真、被證實的諸多命題和陳述，可以結合起來，積累和整合成許多緩慢地，但持續不斷地**被證實的**知識，以此作為構築知識大樓的磚石。如此，便可以造就一種明確性，造就一種人們所謂的「實證的」（positive）知識。這也就是為什麼認為科學就是要進行「證實」工作的那些學者會被稱為「實證主義者」（positivist）的原因之一。

不過，這種追求明晰性的實證主義立場，是有問題的。首次指出此類問題的，即是上文提到的波普爾。他認為，對於科學的陳述來說，證實不是一個好的作法，因為大部分的理論陳述在事實上是不可能被證實的。波普爾在 1934 年首次出版的極負盛名的著作《研究邏輯》（*Logik der Forschung*）中指出，面對大部分的科學問題時，我們實際上都無法確定一個論斷是否可以普遍化，無法確定一個理論或假設是不是**真的適用於所有情況**。當天文物理學說「所有的行星都是以橢圓形的軌道繞著它們的太陽旋轉」時，其實根本無法窮盡地證實是否所有的行星都是如此，因為我們無法認識整個宇宙中的所有星系，也因此無法絕對肯定地確認宇宙中每一個行星都會以橢圓形的軌道，而不是別的形狀的軌道繞著它的太陽轉。類似的論點當然還有「所有的天鵝都

是白的」。就算有人檢查過了上千隻天鵝而且這些天鵝真的都是白的，人們也永遠不能確定會不會在什麼時候突然冒出來黑的、綠的、藍的天鵝。全稱性的陳述無法用盡所有的例子來證明或證實。或是換句話說：歸納性的論據（亦即透過匯聚無數個別案例得出關於總體的結論）是不合邏輯的，或是不會有真正的說服力的；歸納法就邏輯來說是無法證明為真的，因為我們從來都無法排除是否有朝一日會冒出**一個**觀察結果反駁了原本**以為**已經被證明了普遍性的論點。實證主義所嘗試的，想讓法則回溯到所有基本觀察，或是從所有的基本觀察來推導出法則或是證實法則的作法，於此已被宣告失敗。

正是因為這個批判，因此波普爾提出了另一個準則使經驗科學跟其他的科學形式，亦即跟日常知識和形上學區隔開，他也因此而聞名。他的口號是，科學要做的是**「證明是錯的」**（即「證偽」，falsification）。波普爾強調：「一套經驗科學體系必須要能被經驗駁倒。」（Popper, *Logik der Forschung*, p.15）波普爾的立場是，普遍化的陳述或是科學理論雖然無法被最終論證或證實，但是它可以在各主體之間，亦即在研究社群內部被檢驗其真實性，讓大家去駁倒或**證偽**。這聽起來也許沒有什麼特別的，但實際上這卻是一個可以建立起「經驗科學」，並使之與其他知識形式區隔開的非常精巧的論點。由於波普爾提出科學論點原則上是可檢驗與可證偽的，因此他**一方面**將「有……」這種論點摒除在科學領域之外，像是「有飛碟」、「有神」、「有像大象這麼大的螞蟻」這種論點，因為這種論點是無法證偽的。我無法提供相反的證據說沒有神、沒有飛碟、沒有大象般大的螞蟻，至少在理論上可以認為只要時間夠久，總有一天也許可以在某處真的找到、確認有飛碟、神、象蟻。波普爾不否認這種陳述可以有意義。很顯然，「有神」這個論點對於很多人來說非常重要，也很有意義。波普爾只是要說，在關於神是否存在的**科學**爭論中，這種論點不是很有建設性，因為這種類型的論點無從反駁。

但**另一方面**，從證偽的標準來看，所謂的全稱論點（全部的德國人都是納粹）是可以檢驗的，因此實際上是可以被證偽的。因為這種聲稱或理論只需要一個觀察，比方只要觀察到有一個德國人不是納粹，就可以使整個論斷完全崩毀。對於波普爾來說，證偽原則是可以讓科學陳述與其他非科學陳述區分開來的唯一有益，也是最有效率的標準。

證偽原則的提出，讓科學工作迎來了跟舊的「實證主義」科學理解方式及其以證實為主要作法的理念完全不同的另外一種動力。波普爾的立場戰勝了實證主義，他不認為科學就是知識的長久積累；從他的立場來看，科學更多是意指對我們的理論假設

進行**持續的檢驗與質疑**，也就是要讓理論假設接受證偽的炮火洗禮。只有最好的理論才能在理論彼此之間（達爾文式）的鬥爭之下存活下來。波普爾認為，科學因此不是一種靜止狀態。科學既非絕對的知識、真理，甚至連可能性都稱不上；科學更多是一個持續不斷的前行步伐，一種根據理論陳述而來的「猜想」。人們必須不斷對這種猜想加以檢驗。理論因此永遠都只是「暫時被如此佐證」的狀態：

> 理論的佐證程度有多高，不太取決於有多少案例可以佐證理論，而是取決於**嚴格的檢驗**。理論的論點能夠且已經接受嚴格的檢驗。（Popper, *Logik der Forschung*, p.213）

因此，科學家不必跟日常世界的知識及其偏見保持距離，而是要作好準備，不斷用可能的證偽證據來研究自己的理論，以便淘汰掉所有沒有能力存活下來的理論。也就是說，科學家要做的不是去證明自己的理論是對的，而是持續運用證偽原則，主動去排除掉那些確定錯誤的理論！波普爾用了一個很好懂的說法言簡意賅地說道：「有人如果不把他的想法擺出來讓人反駁，那麼他就不配在科學江湖上混。」（Popper, *Logik der Forschung*, p.224）

波普爾式的科學理解方式在面對實證主義的科學理解方式時所具有的優勢，到今天已被承認了。一般都認為，比起證實，證偽作為一種科學劃分準則是比較好的。如此一來，科學家就再次對何謂理論以及理論要做什麼達成了共識。當然，波普爾說科學理論就是可以根據真實加以檢驗、證偽的普遍化陳述，他這種說法是不是真的就是理論概念的全部意涵，大家的看法不見得一致。不過第五講將會提到的「理性選擇理論」的代表學者，也認為「理論」這個概念僅僅是一種陳述系統，在這系統中社會事物很顯然必須**藉助全稱陳述**、藉助一種普遍法則，才能夠被**解釋**。對理性選擇理論來說，「理論」就**完全只是**一種解釋系統：「每種解釋的出發點，都是去問為什麼這個有趣的現象（曾）會如此存在，（曾）如此運作，或是（曾）以這種方式改變，人們過去怎麼描述它。」（Esser, *Soziologie. Allgemeine Grundlagen*, p.39）除此之外，若要進行解釋，人們就會需要一種全稱陳述——而且，從這種取徑的觀點來看，正是基於這種全稱陳述，解釋系統才會被稱為「理論」。其他的思想和反思，若不以提出法則為目標，那麼也不會被理性選擇理論授予「理論」這個榮譽頭銜。

這種同意波普爾理解理論的方式的立場，乍看之下似乎挺有道理的，幾乎沒什麼需要挑剔的。加上這種關於「理論」的定義也有好處，就是還蠻狹義和精確的，讓人

們可以準確知道當在使用「理論」這個概念的時候所指的是什麼。但這種立場當然不是沒有問題和理所當然的。因為波普爾的這個說法，在關於理論與經驗研究之間關係的部分，實際上有個還挺嚴重的問題。由波普爾所提出的證偽準則的適用性（以及被波普爾擊敗的證實準則）的基礎假設是，經驗觀察的層次和理論詮釋與理論解釋的層次是清楚二分的，亦即認為純粹的理論陳述可以根據與理論完全區分開來的純粹經驗觀察來檢驗。也就是說，唯有當我要用來進行證偽的觀察是正確、沒有爭議的，我才可以確切地對一項理論陳述進行證偽或進行反駁。觀察本身不能也包含理論，因為否則就不能排除說我（因為我的觀察很可能已經暗含著錯誤的理論）錯誤地證偽（或證實）了一項陳述。也就是說，唯有當我們運用直接的、沒有理論的觀察形式時，證偽（或證實）才可能是沒有問題的。

但前面所引用的皮爾士的句子就很有說服力地告訴了我們，事實上不是這樣的。每個日常觀察和每個對觀察的陳述都已經是由理論所引導的。科學的觀察和聲稱當然也是。在一個科學社群中，經驗觀察必須用觀察者的語言表述出來，這種表述要麼直接用日常語言來表達，要麼——如果在觀察過程中運用的是明確的學科術語的話——藉助日常語言來解釋和定義經驗觀察中的各種概念。而這些日常語言正好都已經會被理論「傳染」了。皮爾士指出，**每個**觀察都是一種普遍化，而且也都是一種基本理論。觀察時所用的語言**無可避免**都會包含了理論，理論讓我們把注意力放在特定的現象上，而且我們對現象進行感知的方式也會一併受到理論的影響。這也就是說，我們對個別案例的描述，一直都是一種暗含著一般化的描述。不可能將經驗研究與理論完全區分開來。因此，由波普爾提出的觀點，亦即認為可以透過不具有理論的經驗觀察來對理論進行證偽，是不成立的。

如果經驗研究和理論之間不是對立的、不是可以嚴格區分開來的，那麼這兩者的關係是什麼？於此，我們在導論中提到的美國社會學家亞歷山大的建議是很有幫助的。我們這本書後面還會再提到他的工作（見第十三講）。他不說經驗研究和理論之間是對立的，而是說這兩者是一種「連續光譜」：

> 科學可以被視作一個智力過程，它發生在兩個不同的環境脈絡中，亦即在經驗觀察世界和非經驗的形上學世界中。雖然科學陳述可能會更朝向其中某個環境而非另一個環境，但是科學陳述從不會僅由其中一個世界所決定。這兩種感覺好像非常對立的科學論據之間的差異，應該要被視作同一個認識論的連續體中的不同立場而已。（Alexander, *Theoretical Logic in*

Sociology, Vol.1, p.2）

按照亞歷山大的觀點，科學思想會持續在他所
謂的「形上學環境」和「經驗環境」這兩個從來不會
真正完全達到的極端之間擺盪。這完全符合皮爾士
的論點，認爲我們不可能不帶理論地走進世界。亞
歷山大嘗試用圖 1.1 來表示這個連續體（Alexander,
Theoretical Logic in Sociology, Vol.1, p.3）。這個圖的
核心觀點是，觀察雖然相對靠近真實的那一側，亦即
靠近經驗環境的那一側，但是觀察不可能直接複製真
實，因爲觀察主要還是與方法論假設、法則、定義、
模式，甚至是一般預先假設息息相關，而這些相對來
說都會靠向形上學的環境那一極。這意味著上述認爲
科學工作就只是「提出被視爲解釋系統的理論」或「將

形上學環境

一般預先假設
模式
概念
定義
分類
法則
複雜命題和簡單命題
相關性
方法論假設
觀察

經驗環境

圖 1.1

理論侷限在證僞準則內」的想法，是錯誤的（我們稍後還會再仔細談這件事）。因爲
如果科學論證眞是在亞歷山大所描繪的連續體中擺盪，那麼科學理論工作無疑會比
「理性選擇理論」的代表學者所認爲的那樣還要複雜。如果一般預先假設、分類、概
念等等在研究過程中扮演著像是法則和觀察那樣重要的角色，或至少不是可以完全忽
視不管的角色的話，那麼我們就沒有理由認爲我們的知識僅僅專注在法則和觀察之上
就能夠有所進步。而且同樣難以理解的是，爲什麼「理論」這個概念僅僅意指由法則
和觀察所構成的陳述系統。實際上，許多社會科學家都會有屬於自己的理解理論的
方式。

不過我們先回到波普爾的證僞主義有問題的地方，亦即將理論層次與經驗層次的
截然二分。波普爾自己也看到了這個問題，並爲自己辯護：「**沒有純粹的觀察**：觀察
會被理論滲透，而且是由問題和理論所引領的。」（Popper, *Logik de Forshung*, p.76）
他也指出，每次呈現出來的觀察，每次對事件的陳述，每個「基本命題」，都會運用
一些概念，而這些概念若沒有透過直接的感官資料是無法確定下來的。所以他認爲，
每次對理論的檢驗，都會始於或止於某些由研究者根據**慣例**或**決策**而一致覺得正確的
基本命題。對於波普爾來說，科學不是蓋在石頭上的，而是用某種方式建立在（暫時
的）信條上，建立在傳統或（或多或少是）任意的決策上，以此來將某些關於觀察的
基本命題認可爲正確的基本命題。但波普爾覺得這也沒什麼關係，因爲他認爲**如果對**

這些命題的質疑出現的話，這些基本命題還是會再變成問題，亦即會再**被檢驗**。

然而，專門研究科學家的工作方式本身的科學理論家和科學家們，對於波普爾關於證偽過程的辯護都很不滿意。在這場辯論中，有一本書特別重要，其知名度不亞於波普爾的《研究邏輯》：美國學者孔恩（Thomas S. Kuhn, 1922-1996）在 1962 年出版的《科學革命的結構》（*The Structure of Scientific Revolutions*）。孔恩是物理學家出身，不過卻用類似社會學的風格來探討他老本行（物理學）的研究過程，尤其是物理學（與化學）的歷史發展，以及探討新的自然科學理論是以何種類型和方式形成的。孔恩得出了跟波普爾所要求的證偽原則完全不同的驚人發現。在科學歷史中雖然有無數階段，每個階段都有各種科學論點被證偽了；但孔恩在他的歷史社會學分析中觀察到，一個理論原則上並不會因為當中有論點被證偽了，就真的使得整個理論被摒棄或被替換掉。孔恩指出，在自然科學的歷史中一直都有從根本上反駁了既存大理論的新發現、新發明等等。法國的近代化學之父拉瓦節（Antoine-Laurent de Lavoisier）在 18 世紀發現氧元素時，等於從根本上反駁了當時占支配地位的燃素理論。根據燃素理論的看法，燃素是在所有燃燒物體中揮發出來的物質；但拉瓦節發現氧元素之後，指出燃燒不是物體揮發出什麼物質，而是物體在氧化作用中與氧元素結合。拉瓦節的發現並沒有讓舊的、我們今天已知的錯誤的燃素理論馬上被摒棄掉。相反，當時人們還是不斷在詳細探討、修改、重構燃素理論，想辦法用燃素理論來理解拉瓦節的發現。拉瓦節的發現沒有被當作證偽的證據，而是僅僅被當作有問題的觀察、暫時未解的謎題，一種已被證明了的理論中的「異常現象」。孔恩還可以從科學史中舉出許許多多類似的例子。而且他注意到（這也是他的要點），堅持舊的理論完全不是因為教條主義或是不理性。因為這種保守主義一直可以給出很好的理由：舊的理論已經在過去被證明了，新的發現則可以用來擴充舊的理論，或是當作一種輔助性的假設，然後再次整合進舊的理論中。而新的理論則因為還沒有被如此加工過，所以可能會充滿錯誤和漏洞、充滿測量誤差，不會是真正的證偽證據等等之類的。簡單來說，在科學實踐中，常常根本就沒有一個清楚的準則可以拿來判定，**什麼時候**一個理論已經被證偽了。

孔恩在他的書裡僅提到了自然科學史。但是在人文科學和社會科學中，當然也可以發現極其類似的研究過程。在人文科學和社會科學中，似乎甚至更難用一個經驗觀察來摧毀一個理論、完全證偽一個理論。想想看馬克思主義就知道了。馬克思主義作為一種社會科學理論，當然可以藉由社會真實來加以檢驗，而且馬克思自己也這麼要求。現在，許多馬克思和馬克思主義者所闡發和辯護的理論陳述，都（……我們

先不要說是被經驗眞實所證僞好了，而是先謹愼來說）跟經驗眞實有衝突。馬克思和恩格斯預言的社會主義革命沒有在發達工業國家中、在工人階級的領導下發生。眞正發生了革命的都頂多是在不發達國家中由農民階級的參與所造就的。馬克思和恩格斯在《共產黨宣言》（*Das Kommunistsche Manifest*）裡預測，由經濟結構所造成的所有特殊束縛都將會被消解掉，他們特別預言民族國家會消失，而這件事也沒有發生。與馬克思和恩格斯假設的情況並不相同，19世紀末和20世紀正好是民族主義與民族國家興起的時代。如果從波普爾的證僞原則來看的話，所有這些觀察都是對馬克思主義強而有力的反駁，所以最後這個理論必然會被摒棄。但情況卻非如此。因爲馬克思主義的研究很有說服力，所以這個研究取徑會藉助一大堆輔助假設來說服自己，而且顯然也說服了其他成果豐碩的馬克思主義取徑。高度工業化國家之所以沒有導致多數人變成無產階級，是因爲按照其說法，資本主義了解到，可以藉由強化對「第三世界國家」的剝削來減緩「自己家裡頭」的貧窮情況。而且這也是爲什麼西方國家沒有發生革命，反而是在貧窮與被剝削的第三世界國家中發生了革命，因爲西方國家的「資本」用自己福利國家的救濟金「收買」了家裡頭的勞工。而且馬克思和恩格斯雖然可能過早預言了民族國家的終結，但今天在全球化的時代中，這兩個人總是提到的這件事的確出現了，諸如此類。簡單來說，馬克思理論沒有錯，只是需要去適應一下歷史條件的改變。

　　馬克思主義對此辯解得如何，讀者可以自行判斷。這裡的重點只在於，絕對不會只有馬克思主義，而是所有的自然科學和社會科學，似乎都普遍會建立起非常多的辯護防線，來反抗經驗研究對理論的證僞。實際上，比起自然科學，社會科學的理論某種程度上在面對明確的證僞時是更有抵抗力的。因爲社會科學不只會爭論究竟證僞應該是什麼樣子的，而且甚至還會去爭論理論到底眞正想說的是什麼。不像自然科學理論的表達絕大多數都相對清楚明瞭，社會科學和人文科學中常常會存在一個問題，人們對於理論的確切內容不是眞的有一致的意見。讀者可能在上古典社會學課程或在閱讀二手文獻時，就會遇到這個現象。馬克思、韋伯、涂爾幹等人**眞正**在說的是什麼？這麼多對馬克思、涂爾幹、韋伯等人的理論解釋，哪一個才是原本的、眞正的、最終的？一個其內容備受爭議的理論，邏輯上也幾乎沒辦法從經驗上明確地加以證僞。

　　不過，我們先回到孔恩的那本《科學革命的結構》。孔恩指出，在自然科學中無論如何都不會有真的能夠直接有力駁斥某一理論的邏輯論證，沒有證偽是真的直接清楚明白地證明了某一理論是錯的。孔恩說，這也難怪科學研究相對來說在沒有什麼危機的情況下日復一日。長久以來，人們都是不加深究地運用著當下現存的理論，特別是因為人們都相當信服於當下現存的理論所帶來的原則上極其豐碩的成果。這種變得很常規的研究形態，被孔恩稱作「常態科學」。未解之謎、充滿矛盾的事件、出現問題的實驗等等，在「常態科學」階段中都不會被認為是一種證偽，而是被視為異常現象，人們期許可以**在某個時候**用當下現存的理論工具就能排除或解決這些異常現象。「常態科學」這種研究非常堅定地立基在一個或多個過去的科學成就之上，這些成就會在一段時間之內被某個科學社群認可為他們持續的研究工作的基礎（Kuhn, *The Structure of Scientific Revolution*, p.10）。

　　根據孔恩的研究，在科學史中，也有一些很罕見的情況，比如**一些個別**科學家因為某些很有說服力的論證或是讓人實在太印象深刻的研究，而突然接受新的理論體系。但大多情況下，真正的新理論若有實質上的突破進展，其成功的原因都跟純粹的科學準則沒什麼太大關係。新理論之所以有實質上的突破進展，只是因為舊的理論為了要解釋「異常現象」而不斷合併新的輔助假設，使得舊理論變得太複雜了，所以開始需要一些比較簡單的理論。這種需求通常是由**比較年輕**一輩的科學家所強調的。他們會突然告別舊理論，然後他們中有**很多人**會開始用另外的視角來看待新發現和「異常現象」，這就開啟了理論創新。這種時刻，被孔恩稱作「科學革命」。在科學革命的時刻，孔恩還指出，會產生一種範式轉移：舊的「範式」，亦即一種舊的看待現象的觀點、舊的大理論、掛在舊的大理論之下的研究方法，會在一個相對短暫的時間內被新的「範式」替代了，就像在過去，「托勒密的天文學」突然就被「哥白尼的天文學」替代了，「亞里斯多德的動力學」突然被「牛頓的動力學」替代了，「粒子光學」突然就被「波動光學」替代了。

　　在這個孔恩所描寫的科學革命的運作中，還有個重點在於，從來不是因為一個清楚的**經驗**準則，讓科學家覺得很有道理、很有說服力，所以才使得科學家告別舊的範式、轉向新的範式。也就是說，在科學史中，科學家之所以最後摒棄了長久以來被認為正確的理論，並不是因為經驗研究，而是因為非常普通、日常的情況。幫助新的理論有所突破的，常常是「生物學方面的」原因。其意思是，一個世代的科學家老去，然後新一輩的科學家邁出研究步伐，並且不再阻礙理論創新。但這也意味著，「常態科學」的時代和「科學革命」是由（局外人和體制內的研究者之間的，以及老一輩的

科學家和年輕一輩的科學家之間的）權力鬥爭和利益鬥爭所引導的。科學是一種冒險進取的活動，它不會完全與社會現象脫鉤、毫無瓜葛，而且在日常生活中也扮演著一個重要的角色。

孔恩認為，舊理論和新理論是「不可共量的」（incommensurable），亦即兩者之間無法彼此比較、相互對比。科學革命中前後交替的不是相似的理論，而是非常不同、可說是有著不同世界觀（孔恩也使用了「世界觀」這個概念）的理論。

> 因此，我們今天會理所當然地覺得成功的範式之間的差異是必要的，也是不可相容的。……一個新範式的接受，常常也迫使相應的科學要有新的定義。……一些舊的問題可能要移交給其他的科學，或是完全用「非科學的方式」來說明。原先認為不存在或不重要的問題，可能會因為新的範式而變成科學重要成就的原型。當問題改變了，將真正的科學與形上學的推測、文字遊戲、數學小遊戲區分開來的標準也常常會跟著改變。從科學革命中凸顯出來的常態科學傳統，與先前的常態科學傳統不只是不相容的，而且實際上還常常是不可共量的。（Kuhn, *The Structure of Scientific Revolution*, p.102）

當革命成功之後，科學就會又步入「常態」階段，然後科學家社群的研究就會像以前一樣又基於某個不被深究的規則和科學實踐規範之上，直到某天新的科學革命再次發生。

孔恩的科學理論分析和社會學式的科學分析為科學理論帶來了深遠影響（他自己也注意到了這點）。因為科學過程絕不是以波普爾試著用「證偽」所統稱的原則來運作的。而且根據孔恩的描述，我們會發現，科學根本就覺得不要嚴格按照證偽原則來進行，才是「好事」。因為常態科學，亦即不加批判、習以為常地根據某些理論假設來進行的科學，可以帶來豐碩的成果。不去用相反的觀察來駁斥理論也完全可以很有意義，因為相反的觀察會阻撓和破壞研究實踐。把矛盾的觀察先當作異常現象來看很有意義，因為人們希望，這些問題可以有朝一日在理論上獲得解決。在歷史上，實際上科學常常就是這樣子進行的。再加上孔恩指出，新的，且後來成功的理論，有不少在一開始是被當時廣泛接受的經驗和觀察所證偽的。按照波普爾的證偽準則，這些新的、後來成功的理論當時應該要立即消失才對。孔恩認為，波普爾的證偽原則從科學史來看，並不是個好方針，在實際研究過程中也不是真的有幫助。

　　孔恩對科學史進行的社會學分析最後還有一個結論。孔恩所使用的概念「範式轉移」和「科學革命」，教會了我們一件事，就是科學進步並不是持續不斷地順利進行的，而是由平靜的階段和突破性的變革交織而成的。在此，孔恩的立場是反對實證主義的，因為實證主義認為科學認識是透過正確的經驗觀察而緩慢、持續地建立起來的。他也反對波普爾，因為波普爾支援「常態」與常規化科學階段的重要性。孔恩教會我們，科學是一種過程，這種過程與科學理論家在書桌前想出來的理性指導原則是相違背的。在科學中，一些偶然的時刻，像是前面提到的科學家世代之間的身分衝突和權力衝突，才扮演著重要的角色。（若讀者們想進一步閱讀將科學理論爭辯整理得相對簡短、描述清楚、有助於學習的文獻，可以參閱一本值得推薦的著作：A. F. Chalmers, *What is this Thing Called Science?*）

· ·

　　孔恩的工作，也帶出了 20 世紀 60 年代和 70 年代討論科學地位的激烈的科學理論辯論。有一派論者批評孔恩，認為他的工作為相對主義大開方便之門（他談到理論之間的「不可共量性」，似乎在說人們無法**經驗地**判斷理論的品質，這把理論看成像是一種很任意的世界觀，無法進行理性的討論）；而另外一派論者卻讚揚這種從孔恩的分析中得到的（他們相信這是可以從孔恩的分析中得出的）相對主義的結論。身為「無政府主義者」，紅極一時的科學哲學家費耶阿本（Paul Feyerabend, 1924-1994）就說，不論是科學方法還是科學研究結果，都不足以讓科學家的野心具有正當性：「科學只是眾多意識形態中的其中一種意識形態。」（Feyerabend, *Science in a Free Society*, p.106）意思是說科學只是眾多知識形式（包括像是魔法）中的其中一種而已。

　　但是，不論是科學的保守辯護者還是無政府主義的評論者，對孔恩的詮釋都是錯誤的，或至少都是用自己的觀點來對其進行片面的詮釋。孔恩**並沒有聲稱**相互競爭的範式真的是彼此涇渭分明的整體或世界觀，也沒有說在這些範式之間人們只是在不理性地（意思是，僅僅根據範式在經驗上的豐富度）選邊站，使得人們頂多就只是像擁護不同的宗教一樣擁護某個範式。他只是要說，在許多的例子當中，並沒有真的清清楚楚的經驗準則可以用來對這個範式或那個範式下判斷。但這不是說人們在接受一個理論或拒絕一個理論的時候，可以完全不加論證（關於這裡提到的論證，可以參閱：Bernstein, *The Restructuring of Social and Political Theory,* pp.152-167）。實際上，孔

恩在呈現科學史的時候，絕對沒有正面攻擊「科學」這項事業的合理性。根據他的看法，從一個理論轉變成另一個理論，並非像是一個在詞彙表上隨便選一個詞的過程，也不是什麼很神祕莫測地從一套科學論述到另一套科學論述的變遷過程。而是當一個新的範式被採納時，絕對會有很多**理由**說明採納新範式必要性的說明。要努力爭取範式轉移，還是拒絕範式轉移，人們都是**很理性地在討論**，也都彼此**再三斟酌**每個理論的優缺點，即便人們不能指望可以透過「嚴格的實驗」來對此下判斷。

　　此外，孔恩的科學史分析事實上幾乎也表明了，範式之間常常會有顯著的重疊；雖然他關於範式之間的「不可共量性」的表達方式很激進，也很有問題，使得他在表面上似乎不認為範式會重疊，但理論體系之間還是有無數連接通道的。不僅自然科學史是如此，社會科學也是這樣。在社會科學中，某些**經驗研究的**發現也會受到不同範式的擁護者一致的認可，甚至有不少**理論**陳述在範式之外也獲得普遍的認可。

　　這一切對於社會科學和社會理論來說，又意味著什麼呢？至今從科學理論的討論，尤其是孔恩的分析中，有兩個結論對於本書接下來的章節有很大的重要性。**第一**，今天社會科學中的理論景觀很混亂，有很多不同的社會理論或範式，其中一些理論相互之間還有很激烈的爭論，但這不意味著這些理論或理論家彼此之間的意見交換是不理性的。接下來的十九講，我們會為讀者介紹這些理論。讀者將會看到（這也是本書的核心主題），每個理論家彼此都會相互溝通，彼此批判性地相互關聯，所以這些理論之間都會有某些重疊性、相似性以及相互補充之處。社會學不是立基在**一個單一**抽象、獨尊的範式之上的（比方經濟學，就有相當清楚的某個特定的理論方向占據支配地位或是霸權地位），社會學也常因為浩如煙海的理論而為人詬病。但這**並非**意味著這個學科因此分裂成，或有必要分裂成諸多彼此不相往來的取徑。對於此刻被邀請進現代社會理論世界的讀者來說，這是必須先知道的結論。讀者可能在學習過程中不會成為通曉本書所介紹的所有理論的專家，我們也不要求讀者都要變成專家。更何況就連社會科學的教授也幾乎沒幾個真的能關注所有這些理論的最新方向。但請讀者不要因為理論的繁多，就逃到隨便一個看得上眼的理論中去。有許多學生真正了解的就只有一個理論，然後只喜歡這個理論，對所有其他理論就棄如敝屣。很可惜的是，不少大學教師也是持這種態度，也就是不少教師就只專注於一個（而且就只有一個！）理論，然後把其他全部理論原則上都視作「壞理論」或沒用的理論。如同上文提到的，社會學中不同的取徑彼此之間一定都會對話，所以我們會建議讀者，在學習的過程中要與**不同的**理論流派交流溝通，這樣可以避免片面與盲從。上文提到經驗研究與理論之間有著密切關係，如果對理論太過片面與盲從的話，由此而來的經驗研究

也必然會為之遜色不少。

　　從波普爾和孔恩兩人的「辯論」中可以得到的**第二個結論**則直接關係到接下來的章節。如果理論問題不是單單藉由經驗研究就可以解決的，如果經驗研究的層次和理論研究的層次不是截然二分的，如果從上述亞歷山大那個圖表所清楚呈現的經驗環境和形上學環境之間的連續體出發的話，那麼顯而易見的，社會科學中的理論工作不會像波普爾或理性選擇理論家所認為的那樣，僅僅提出日常陳述和法則，以及對日常陳述和法則進行證偽而已。社會理論還必須關心亞歷山大圖表中的「一般預先假設」所指為何。從經驗方面的一般化，到將哲學的、形上學的、政治的、道德的基本態度與世界聯繫起來的無所不包的詮釋系統，這些全都涉及理論問題。任何屬於社會科學世界的人，都不得不涉及所有這些層次的論證解釋。只想侷限在純粹的經驗理論中是不夠的。〔這裡無須贅言的是，我們對於理論的理解方式當然也不是沒有爭議的，因為，如前所述，理性選擇理論的代表學者也許不會把本書接下來要介紹的理論視為「理論」。若讀者想直接看看關於「什麼是（社會）理論」這個問題的爭論的話，可以把亞歷山大的著作《1945年以來的社會學理論》（*Sociological Theory since 1945*）的第一章，跟德國的理性選擇理論領軍人物埃瑟（Hartmut Esser）的著作《社會學：一般性的基礎》（*Soziologie. Allgemeine Grundlagen*）的第三章與第四章，好好對比一下。〕

　　如果我們以廣泛意義下的理論概念作為基礎的話，是不是意味著因為每個人都有自己的理論，以及理論的數量沒有阻礙地任意增長，所以理論爭論會一發不可收拾？答案當然是「不會」！因為，回到上述第一個結論，社會科學的諸領域已表明，雖然理論是多樣的，但對於研究的基本或核心問題是什麼，學者的意見還是基本一致的。對這些核心問題進行確認也是可行的。我們相信，社會科學的理論可以說是沿著三個特殊的問題而發展起來的。這三個問題分別是：「什麼是行動？」「什麼是社會秩序？」「什麼造成了社會變遷？」所有的理論家，不論是**古典的**社會學理論家還是**現代的**社會學理論家，都在探討這三個問題。而且我們還可以再進一步說，這三個問題當然是彼此密切相關的。人類**行動**從來不是純粹偶然的，而是會形成**秩序**，這些秩序會隨著歷史而**變遷**。就算以下將會討論的各個理論家的著作對於這三個問題所強調的重點不一樣，可能有些對行動的興趣大過於秩序，或對社會穩定性的興趣多於對社會變遷的興趣，但這些問題仍然總會彼此纏繞在一起。這些問題讓人們感到特別有趣的地方在於，回答這些問題的過程幾乎無可避免地會使理論家得出某些具有時代診斷意味的結論。因為，在每個理論家那裡都可以發現關於社會行動、社會秩序和社會變遷

的抽象概念，它們都會或隱或顯地表現爲他們對於當代社會現狀、社會未來「發展路徑」，甚至是社會過往狀態的具體評估。分析這三個問題，不是單純在裝模作樣或是爲了理論而理論，而是引導我們進入社會科學領域的核心任務，而且也正是這個核心任務讓社會科學對於廣大公眾來說充滿知識性、樂趣和吸引力。這個任務，就是去理解、掌握現代社會的當下，以及發現即將到來的趨勢。

我們依此來規劃以下章節的結構。我們的論斷是，人們可以認爲現代社會理論的發展就是不斷在追尋關於上述三個問題的答案。這使得從 20 世紀 30 年代起興起了持續的辯論，這場辯論從一位偉大的美國社會學家那裡得到了重要的動力，且後來的理論家，不論是否明顯繼承他、不論贊成或反對他，到今天都還是不斷與他有關。這位學者就是帕森斯。由於他的著作對於現代社會理論來說非常重要，因此我們接下來的三講都將專門討論他。帕森斯著作的繼承與接受的歷史正好很清楚地教會了我們前文所涉及和強調的一件事：從以前到現在，社會學都絕不會輕易因理論方向的不同而分崩離析。社會學，是一個透過溝通、理性的爭吵、分歧的爭論，不斷向前推進理論發展的學科。我們將在以下十九講爲各位讀者仔細呈現的整個理論圖景，便是以對帕森斯思想體系不斷進行的回顧爲基礎的。

我們將會爲所有的讀者盡可能仔細地指出，帕森斯怎麼理解社會行動，怎麼理解社會秩序，關於社會變遷談到了什麼，以及爲什麼其他一些理論方向與之分道揚鑣。其中也會爲各位讀者簡短介紹一些最重要的學者、各個理論方向的奠基者，各位讀者可以大概了解這些理論方向在哪些經驗研究領域發展出了特殊的長處，以及顯露出哪些短處。對經驗研究比較感興趣，或是要培養對經驗研究興趣的讀者來說，與經驗研究領域有關的理論可能會比較有趣。而這也再次表明了我們不斷反覆提到的一件事，就是理論和經驗研究不是確實截然二分的兩件事。

第二講

帕森斯與他嘗試集各家大成的理論

　　讀者在自己的閱讀中或在課堂上，想必都已經聽說過那些社會學之父或**古典**社會學家，像是德國的韋伯（Max Weber, 1864-1920）和法國的涂爾幹（Émile Durkheim, 1858-1917）。與這兩位社會學的偉大人物並列的，不論是過去還是現在，人們幾乎都認為還包括同時代的德國的齊美爾（Georg Simmel, 1858-1919）和滕尼斯（Ferdinand Tönnies, 1855-1936）。此外美國的米德（George H. Mead, 1863-1931）、托馬斯（William Isaac Thomas, 1863-1947）、顧里（Charles Horton Cooley, 1864-1929）也常被人們提及。現在人們還可以熱熱鬧鬧地爭論，還有哪些人可以（以及哪些人沒資格）名列在重要學者名單、古典社會學理論的「大師名錄」上。其中，特別常被提及、引發爭議討論、為人所注意的名字，有亞當・斯密（Adam Smith, 1723-1790），特別還有馬克思（Karl Marx, 1818-1883）。這些人從狹義上來說不算社會學家，但他們的社會學思想，尤其是所建立的理論，對整個社會科學都有巨大的影響。

　　關於古典社會學家地位的爭論，對於某些學者來說是個有趣的主題。但奇怪的是，大部分學者卻忘記了，提出大師名錄、列出古典社會學家名單這件事，到底要歸在**誰**頭上；最開始是**誰**在他那至今仍通用的基本排行榜當中，成就了這份大師名錄。如果人們提出這個時常被忽略的問題的話，那麼就絕對無法避開美國社會學家帕森斯（Talcott Parsons, 1902-1979）的名字。正是帕森斯，在 20 世紀 30 年代，在這個對全球社會學界來說非常困頓的年代，完成了兩個重要工作：把從社會學自成立以來發展得相當雜亂的理論給整合起來，以及將涂爾幹和韋伯的著作樹立為社會學思想的核心構成部分。帕森斯的第一本主要著作，1937 年出版的《社會行動的結構》（*The Structure of Social Action*），便在嘗試著建立大師名錄。而且由於他後來成就斐然，所以他這份大師名錄也對社會學接下來的發展產生了令人難以置信的巨大影響。今天，不只在學涯路上前行的學生，而且也包括一些這個學科的「大老」，都相信涂爾

幹或韋伯的古典大師地位已經理所當然到沒必要再多花時間思考他們究竟是**如何**獲得大師地位的。是帕森斯，多虧帕森斯，就是他在《社會行動的結構》中透過詳細的研究證成了他們的大師地位。但這本厚達 800 頁、很難懂的書（令人難以置信的是，這本書至今竟然都還沒有德譯本），不只是一個建立大師名錄的里程碑而已。帕森斯更明顯的關懷是，將古典社會學家片段零散、深受民族背景和個人背景所影響的諸多著作，彙整成淵博的社會學理論基礎架構，以及在整個豐富多樣的社會科學中確立起社會學的學科地位。因此我們有很好的理由，在第二講，甚至是部分第三講中，呈現與分析《社會行動的結構》這本從許多方面來看都很具有開拓性，但出版後一開始在美國幾乎乏人問津、稍晚才被學術界「發現」的著作。

• •

帕森斯的人生經歷雖沒什麼特別有趣之處，但卻呈現了一個典型的、非常成功的學術生涯。所以我們不會對他的傳記有太多的關注（關於帕森斯的詳細傳記，可以參閱：Charles Camic, "Introduction: Talcott Parsons before *The Structure of Social Action*"）。帕森斯於 1902 年 12 月 13 日出生於科羅拉多斯普林斯（Colorado Springs），在那裡的一個禁欲新教徒家庭中長大。他的父親原本是一位公理教會的牧師，後來成為科羅拉多學院的英語系教授兼主任。1917 年他們舉家搬至紐約，讓帕森斯在那裡作好上大學的準備。他選擇就讀艾姆赫斯特學院（Amherst College），一開始讀生物學（這對於他中期乃至晚期的理論發展特別重要），而後他似乎選定了攻讀經濟學。從艾姆赫斯特學院畢業之後，1924 年他獲得了一筆獎學金，便離開美國前往英國倫敦經濟學院繼續讀書。在那裡他跟一些著名的文化人類學代表人物有密切的接觸，比如馬林諾斯基（Bronislaw Malinowski）。1925 年帕森斯前往德國海德堡。韋伯曾在那裡生活和任教了很多年，對當地知識圈有很深遠的影響；1925 年韋伯甫過世 5 年，海德堡還可以嗅到濃厚的韋伯精神氣息。帕森斯在那裡非常用功，也研讀了許多其他偉大的德國社會科學家的著作。1927 年，他以討論馬克思、宋巴特（Werner Sombart）、韋伯等人的資本主義概念的博士論文順利畢業。不過在畢業前他就已經先回到艾姆赫斯特學院，在 1926-1927 學期擔任經濟學領域的兼任講師。1927 年他在哈佛大學取得教職，但當時他還沒有決定要在哪一個科系任教。那時他首先教的是關於德國主流**經濟學**理論基礎知識的課，這也是他博士論文的部分研究

主題。這種情況一直持續到 1930 年，當帕森斯對社會學的興趣越來越濃厚，他開始在哈佛大學社會學系任教，該系是由俄國移民學者索羅金（Pitirim Sorokin, 1889-1986）成立的。但由於個人和學術問題上與索羅金的分歧，所以一直到 1937 年出版了《社會行動的結構》之後，才取得了可望獲得終身教職的副教授職位。不過至少從那時候開始，帕森斯都是在社會學系發展的，他的整個學術生涯也都留在社會學環境中。他培養出很多優秀的學生，成為很有影響力的教師，並且從 1950 年開始也同時是一位有著巨大創作活力的學者。1951 年他出版了代表著作《社會系統》，緊接著密集出版了無數專著與論文，且其中大多數有極高的理論水準。20 世紀 50 年代和 60 年代，帕森斯成為最受敬重和被公認為最重要的社會學家。不僅在美國，而且在全世界，甚至在蘇聯，他都很有影響力。但是到 60 年代末，他的聲望就開始走下坡了。他成為猛烈攻擊的對象，因為那時的學生運動和影響力很大的學術左派都認為，帕森斯的理論體系，甚至還有他的經驗研究論文，基本結構都是保守的、美國中心主義的，因此他們認為必須打破帕森斯「正統的」社會學霸主地位。不消說，帕森斯和他的著作也幾乎不符合政治正確。從研究帕森斯生平的文獻中我們知道，他在 20 世紀 30 年代非常支持羅斯福的新政，想來他也自認為是左翼自由主義者，這也說明了為什麼帕森斯曾受到美國聯邦調查局的密切觀察。在 20 世紀 70 年代，這些事都影響了人們對帕森斯作品的接受意願。雖然帕森斯晚期的學術生產力並沒有減弱，但人們已經或多或少把他當作過氣的學者來看待了，並且覺得帕森斯對於最新的理論學界來說已經不合時宜了。

1979 年 5 月 8 日，帕森斯在慕尼黑巡迴演講的時候，突然於該地過世。令人驚訝的是，帕森斯原本走下坡的聲望幾乎在他一過世之後就出現了轉折。20 世紀 70 年代末期的社會學理論，花樣諸多而繁雜，當時各國都明顯對此感到不滿，因此想試著綜合這些理論，藉此克服理論紛雜的情況。對於各理論家來說，解決理論紛雜的一個好作法，就是以帕森斯的思想體系為基礎來整合各式各樣的理論。在美國，以及在德國，都出現了打著「新功能論」，甚至是「新帕森斯主義」的旗幟，以帕森斯為標竿、以理論綜合為目標的理論運動。我們在之後（第十三講）還會再討論這些理論運動。在德國還有兩位戰後社會學的重要人物，20 世紀 70 年代末期之後也開始將他們自己的理論與帕森斯著作的核心思想交織在一起。一位是哈伯馬斯（Jürgen Habermas），他在 1981 年出版的重要著作《溝通行動理論》（*Theorie des kommunikativen Handelns*），很明顯涉及帕森斯的《社會行動的結構》。另一位是魯曼（Niklas Luhmann），雖然他與帕森斯的早期著作沒什麼關聯，但卻深受其晚期著

作的啟發。我們之後（第九講到第十一講）也會仔細探討這兩位學者。關於《社會行動的結構》，可以這麼說，正是因為帕森斯這第一本大部頭著作，一方面用了篇幅很長的章節對社會學重要人物進行詮釋說明，另一方面詳細解釋了他如何系統性地建立理論，並且這兩方面被很成功地結合在一起，因此這本著作成為新的**嘗試綜合諸理論**的發展標竿，亦即這本書將各個理論家非常不同、表面上也相互爭執的諸論點，統合成一個無所不包的宏大理論。

現在我們終於要來討論這本已經提到很多次，且對社會學歷史來說有高度影響力的《社會行動的結構》了。這本書有個有點冗長的副標題：「特別涉及歐洲近代學者群體的社會理論之研究」。但這個副標題其實已經指出這本書的絕大部分是從何處得到啟發的。為了詳細闡述他自己的「社會理論」，帕森斯選擇了一個很高明的作法，就是他在建立自己的社會理論時，聲稱在他之前所有重要大師的理論都會殊途同歸到他的理論軸線，然後他同時也一併列出了他認為的理論大師名錄。帕森斯認為，1890年到 1920 年之間，有四位偉大的歐洲思想家，他們彼此並不熟識，也無意朝向一個類似的理論架構，但他們的工作，尤其是他們各自的理論旨趣要點，卻在根本上「匯聚到一塊兒」了。這四位偉大的歐洲思想家是德國的韋伯、法國的涂爾幹、英國的馬歇爾（Alfred Marshall, 1842-1924），以及義大利的巴烈圖（Vilfredo Pareto, 1848-1923）。他們雖然源自不同國家的理論氛圍，各自繼承的知識傳統也彼此略有衝突，但是在他們學術作品的發展過程中，在重要的理論問題上，卻可以找到一個共同的分母。經濟學家馬歇爾與身兼經濟學家與社會學家的巴烈圖，他們的源頭是功利主義傳統，涂爾幹和韋伯則分屬法國的實證主義和德國的觀念論；儘管如此，他們都逐漸在調整自身的理論根源，而且在**彼此完全獨立**，亦即相互沒有影響的情況下，都對（我們等下馬上會解說的）功利主義提出了很類似的批判，並且也都至少開始形塑出一種「唯意志論的行動理論」。也就是說，他們的理論「匯聚到一塊兒」了。這是帕森斯的一個很強烈的斷言，也是我們接下來思考的出發點。首先，重要的是，**為什麼**帕森斯要擁護這種「匯聚命題」？先不用去管那些光看起來就讓大家退避三舍的學術專有名詞是什麼意思，這些專有名詞我們晚點再來解釋。

這裡最重要的，首先是帕森斯所聲稱的，**他自己**發現並突出了這些偉大的歐洲思

想家都沒有意識到的相似性與理論匯聚。於此他想做到兩件事。第一，他當然聲稱他成功地透過了特別有趣的詮釋開啟了一個新的視角，去看待這些至今始終被認為彼此之間存在巨大差異的思想家。這本身就已經是一個很大的成就了，但是對於這個匯聚命題，帕森斯想做得更多。這意味著，第二，他想要為讀者證明他自己的理論基礎的正確性。帕森斯贊同這四位思想家對功利主義提出的（帕森斯所謂的）批判，並且他想將這種對功利主義的批判，建設性地用來建立他自己的理論。同時他還要求以一種新的、更廣泛的取徑，來保留，甚至綜合這些思想家一些明確的觀點。也因為這四位社會科學家在彼此獨立的情況下都得出了相同的研究結果（這種情況，今天在自然科學當中人們會說是一種「多重發現」的現象。但這也是因為帕森斯刻意把這四位社會科學家的思想導向他的匯聚命題），所以帕森斯認為他的理論論點如果要有說服力，那麼對功利主義的批判就是必要且不可繞過的。因為，如果在不同地方的不同腦袋都提出了對功利主義的不滿，並且同時又想超越這些不滿去嘗試一個新的理論，那麼該先對功利主義進行批判這件事就不會只是帕森斯個人的想像而已。

> 事實上，在 19 世紀末和 20 世紀初西方和中歐的廣闊文化框架當中，實在很難得有四位學者既有著相同的重要思想，而且這些**相同的思想主軸發展過程**，也都由與經驗事實有關的理論系統的內在邏輯發展所引導。
> （Parsons, *The Structure of Social Action*, p.14）

帕森斯的野心在於，將這四位學者的重要的，但也常講得不清不楚的思想給過濾一番，然後清楚地分析、表達出來，為社會學（也許甚至是為整個社會科學）提供一個穩固，或是相對來說比較穩固的基礎。一方面，他用了篇幅很長的章節來對所提及的這四位學者進行詮釋說明，然後把這些章節相互交織在一起；另一方面，他也詳細解釋了自己的理論建立工作。他同時包含這兩方面的呈現方式，跟他的匯聚命題相輔相成，也因此顯得很高明、很有魅力，因為他藉由這些論證將自己置於早期著名的諸位學者的「肩膀上」，站在「巨人的肩膀上」。藉此，帕森斯清楚指出，社會科學（或是社會學）的歷史就是一種科學進化史。帕森斯也許是這麼想的（讀者也可以比較上述引言的結尾）：「在歷史演進過程中，功利主義必然會因為人類思想的進步而遭受批判，並且人們也可以透過這些批判，嘗試（儘管這個嘗試是不完整的）從站不住腳的功利主義思想窠臼中逃脫出來（這正是在這四位學者那裡可以觀察到的）。而我，帕森斯，可以繼承這些不完整的嘗試，發展出一個更清楚、更確實的理論，即便這個

理論未來也可能同樣會改變並且將會再持續完善、改進。」

帕森斯在指出「社會（科）學的歷史就是一種科學進化史」的同時，寫下了社會科學的歷史篇章，而且這個歷史篇章跟自然科學獲得成功的故事篇章頗為類似。社會科學，而且正好就是社會學，明顯在不斷進化；這種進化對於這個學科（或這些學科）的立足正當性來說有無比的重要性。事實上，帕森斯在《社會行動的結構》中，就一直想擺脫自然科學這個榜樣的陰影，力抗已經在根本上完備發展且量化的經濟學，由此力圖清楚描繪出社會學這個相對年輕的學科的輪廓。因此，他不是偶然地強調科學的進化。但若因此指責帕森斯，說他這種關於社會科學思想史的說法，只不過是出自他對於社會學領域的私心，或只是因為他想自吹自擂說自己是這四位理論家的思想體系的集大成者，那麼這個指責是不公平的。如果帕森斯只是想追求這個目標的話，他大可選擇簡單得多的作法。

這裡還值得回想一下的是，帕森斯身為美國人，卻將**歐洲的**思想家置於他的詮釋核心之中。這點之所以重要，是因為在帕森斯的這部著作出版的年代，歐洲的社會科學對於美國的影響力其實相對來說是比較低的（先姑且不論 1933 年開始日益增加的從德國到美國的移民）。在第一次世界大戰**之前**，幾乎所有知名的美國科學家都會在人生中的某個時刻到歐洲，尤其是到德國留學。但之後情況就改變了，因為第一次世界大戰大大降低了德國的名聲。在很多美國人眼中，整個歐洲當時都深陷政治泥沼中。讀者只要想想 20 世紀初期義大利法西斯主義崛起、1933 年希特勒上臺、1936 年西班牙內戰以及法國民族陣線政府就知道了。正因為如此，在美國人看來，幾乎無法理解為什麼人們要像帕森斯所建議的那樣，在建立一門學科領域，以及在大學裡鞏固這門學科領域地位的時候，偏偏要聯繫（而且甚至就只聯繫）**歐洲的**思想家。但帕森斯就是這麼做了。由於這些思想家的歐洲背景，帕森斯這樣做其實完全無法保證有人會附和他的作法和提議。也就是說帕森斯選擇了一條相當不容易的道路。他冒著極大的風險，將那些歐洲思想家（尤其是涂爾幹和韋伯，他在書中差不多花了最多的篇幅來描述他們）提高到一個非常崇高的地位。他的這個作法，讓他決定性地促成這兩位學者成為今天社會學大師名錄上的核心角色。人們千萬不能忽視一件事，就是這大師名錄不只在很大程度上要歸功於帕森斯，因為他影響深遠地讓涂爾幹和韋伯的作品成為**美國的**社會學入門書籍。而且，因為他相當有創造性地處理這些學者的思想，以及因為建立理論的方式，讓美國的社會學從 20 世紀 30 年代晚期開始，在理論領域方面有了相當大的進步，並被提升到一個新的、非常高的水準。尤其不要忘了，**就連在歐洲**，在那個時代，涂爾幹和韋伯的地位也絕對不是（很）穩固的。歐洲的社會學於

20世紀之初在社會學建立者接連過世之後，是處於某種形式的停滯階段的。那時候的歐洲社會學停滯危機，固然部分來說是因爲當時的政治紛擾，但也有一些知識圈本身的原因。然而正是帕森斯，專注在少數幾位歐洲古典思想家身上，以此迫使全世界不斷去思考這個學科的基礎。正是帕森斯成功地造就了大師名錄，也造就了先前提到的對後來社會學史的巨大影響。光就這點來說，就有非常充足的理由，讓一本關於現代社會學理論的書從帕森斯開始談起。

就從帕森斯在《社會行動的結構》中所選擇的呈現形式，以及他所謂的匯聚命題開始吧。我們到目前爲止的闡述都還僅是在描繪帕森斯作品形式上的結構，還沒有具體陳述他書中進一步的理論論點和詮釋。接下來會用**三個步驟**，來說明先前向各位讀者承諾會交代的學術專有名詞。

* * *

《社會行動的結構》中很長的篇幅實際上都花在批判功利主義上。對現有思想體系的**批判**，這裡尤指對功利主義的批判，是這本書根本的構成部分。帕森斯在建立自己的理論體系之前，先去駁斥這樣一個具有影響力的思想潮流，是有道理的。在他看來，在進行建構之前，必須先進行解構。

那麼，什麼是「功利主義」呢？回答這個問題有點難度，因爲這個概念在某種程度上是含糊不清的，而且帕森斯在使用這個概念時常常也不是很準確。儘管如此，我們還是必須弄清楚何謂功利主義，而讀者這時候也因此必須先暫時跟我們轉到哲學史領域去。

功利主義（utilitarianism）這個詞彙是從拉丁文 *utilitas*（功利、效益）衍生來的，首先意指在18世紀末、19世紀起源於英國哲學的一股思潮。這個哲學思潮與一個人名是分不開的：邊沁（Jeremy Bentham, 1748-1832）。邊沁根據人類行動理論和道德理論，提出了功利主義的基本原則。他的出發點是，人類行動服從於「痛苦與愉悅」的制約。也就是說，人們之所以行動，是因爲人們總會試圖避免痛苦的狀態並獲得愉悅。換句話說，人行動是因爲想要得到效益。邊沁由此推導出一個倫理原則，認爲人類行動的道德品質，乃根據這個行動在多大程度上可以爲行動所涉及的人或爲社會帶來最大的幸福、最大量的效益而定。這裡所簡要描述的邊沁的基本觀念，對英國和北美的思想史有極大的影響，並在那裡擁有很多將這個觀念介紹給廣大公衆的優秀後繼者與詮釋者。其中一位優秀的後繼者和詮釋者，是彌爾（John Stuart Mill, 1806-

1873）。他在 1863 年一篇題爲〈功利主義〉的文章中整合了邊沁的論點，同時也對這些論點作了一些修正。這裡也許可以引述一段彌爾自己的話，讓讀者能更好地了解功利主義者的思想世界。讀者可以尤其注意一下這段引述中著重標出的、和行動理論有關的內容：

> 把效益或最大幸福原則當作道德基礎的信條，認爲行動的對或錯，與行動是否增加幸福，或產生不幸成正比。幸福意指愉悅、沒有痛苦；不幸福，意指痛苦、沒有愉悅。要清楚給出一個由這個理論所設立的道德標準，需要說的事還很多；尤其還必須說明，痛苦和愉悅的概念中包括了什麼，以及這個理論在多大程度上留下了一個開放的問題。但是這些還需要補充說明的解釋不影響這個**作為道德理論基礎的生命理論，即唯有愉悅，以及免於痛苦的自由，才是值得作為目的的事**。（Mill, *Utilitarianism*, p.118；著重處為約阿斯與克諾伯所加）

彌爾跟邊沁一樣，都將人類行動定義爲功利導向的，並根據趨吉避凶原則來進行評估。而帕森斯猛烈批判的，就是功利主義這樣一種行動理論的觀點。至於批判的原因，我們還會再多說一點。

在進行實質的批判之前，帕森斯先讓我們注意到，不是只有像邊沁和彌爾那樣被人們認爲是功利主義者，或自稱爲功利主義者的人，才認爲人類行動是功利導向的。帕森斯認爲，最晚在 19、20 世紀時，對於人類行動的功利主義式見解，也完全成爲某個學科領域（其實就是指經濟學）的特徵。從經濟學的發展史就可以看出，因爲一些著名的經濟學家，像是李嘉圖（David Ricardo, 1772-1832）、傑文斯（William Stanley Jevons, 1835-1882），顯然都深受諸多功利主義思想家（部分是僅受到某個個別功利主義思想家）的影響。不過帕森斯沒有再對此討論下去，而是直接聲稱，**早在**邊沁和彌爾**之前**，功利主義的論點就已經是英國政治哲學中很重要的核心論點了。他特別認爲霍布斯（Thomas Hobbes, 1588-1679）就是典型的這樣一位思想家，而且帕森斯也很詳細地深入探討了霍布斯的思想。

帕森斯對功利主義的理解是有問題的，因爲他把「功利主義」的概念想得太寬泛了，哲學史中的許多不同流派都被他掛在同一個「功利主義」的牌子下。但他的作法是可以理解的。在《社會行動的結構》中一些很重要的段落，人們必須將之看成是在對思想**根源**進行思想史的分析。帕森斯讓大家注意到，在早期基督教時代就蘊含他所

謂「功利導向的」（或曰「個人主義的」或「原子式的」）先驅思想了，只是這些先驅思想的特質在中世紀的天主教裡被修飾得沒那麼顯著。到了宗教改革時期，人們不太強調個人自由，而是強調個人**目的的自由**，這時功利主義才又激進了起來（參閱：Parsons, *The Structure of Social Action*, pp.51ff.）。帕森斯認為可以於此找到功利主義思想真正的開端。功利主義是非常片面的思想。功利主義首先感興趣的是行動者要使用哪一種手段才能最有效率地達到行動目的。有效率地獲得利益，是最重要的事。這個思想傳統和同樣在近代之初形成的現代經驗科學常常有著幾乎是密不可分的連結關係。科學理性實驗幾乎可以被視為一種功利導向的行動。反過來說，從功利主義出發的行動，才是唯一真正理性的行動，或甚至可以說以功利主義的角度來思考的行動才叫作行動。

> 唯有當行動在能利用的各種手段裡頭，使用對於理性來說是可理解的，且由實證經驗科學所證實的、本質上來說最合適的手段，在情境條件當中追求可能的目的，這種行動才是理性行動。（Parsons, *The Structure of Social Action*, p.58）

以此而言，帕森斯可以論證說功利主義是（用一個本書到現在暫時還沒有進一步解釋的專有名詞、生詞來說）「實證主義」的從屬流派或分支流派。帕森斯認為，實證主義思潮可說是法國啟蒙和法國哲學的標誌。而從實證主義的觀點來看，「實證的」科學，亦即受過自然科學方法訓練的思想，是行動者唯一能貼近現實的理性之路（參閱：Parsons, *The Structure of Social Action*, pp.60ff.，亦可參閱本書第一講）。

到現在我們談到了帕森斯的概念，他對功利主義的理解，以及他想要，且將要闡明的錯綜複雜的諸理論。處於他的闡明中最核心位置的，是霍布斯，**就是那位**近代早期的政治哲學家，那位帕森斯認為從功利主義的思想出發最明確提出行動理論的前提，並且尤其系統性地徹底討論了其後果的政治哲學家。

在霍布斯的主要著作《利維坦》（*Leviathan*, 1651）裡頭，有一個非常重要的思想實驗，帕森斯對這個思想實驗非常感興趣。霍布斯問了一個問題：如果人類在「自然狀態」下進行行動，亦即在沒有外在規則、限制、法規等等的情況下進行行動，而且還是以符合功利主義的想像的方式、**功利導向**地進行行動，把愉悅提升到最高、避免痛苦的話，那麼會發生什麼事？當人類這樣行動，而且還是在資源匱乏的情況下行動的話，會發生什麼事？（資源匱乏是一個還挺合乎情理的情況，因為大概只有在天

堂才會有源源不絕的資源，否則到處都會見到爭奪資源的情形。）霍布斯很有說服力的答案是，在這種情況下，「暴力與欺詐」必然會盛行，所有人都會施行暴力行動與欺詐行動。因為人們在爭奪稀有資源的過程中，可以毫無規則限制地追求自己的直接利益、效用。其他人要麼被逼迫當作用以滿足某些人的需求與愉悅的工具，甚至被某些人用暴力奴役，要麼被某些人有意地欺騙，或在交易商品的時候被矇騙等等。這種「自然狀態」的結果，就導致了人類日常生活充滿了暴力，充滿了不安全、不安定的感覺，甚至充滿了死亡的恐懼。就連對財產的享用，也都會成問題，因為財產擁有者隨時都可能又被其他人擊潰，這使得所有事情都充滿危險。在這樣的情況下，在一個所有人都能不受阻攔地為了自我利益而行事的情況下，是不會有信任可言的。在「自然狀態」中，所有人對所有人的戰爭（bellum omnium contra omnes）是人類純粹功利導向的行動必然產生的後果。

如果真的像霍布斯在他的自然狀態的思想實驗中所呈現的那樣，人類是如此功利導向地行動的話，那麼這種混亂不堪、爭鬥動亂的情況，這種難以安穩自持的狀態，最後就只會有一種解決方式，也就是（至少霍布斯是這麼認為的）所有人會服從一個單一意志。具體來說，就是所有人會服從單一統治者或國家的權威，讓這個權威平息所有人對所有人的戰爭，建立這個統治者或國家的權力壟斷地位，以此強力造就出和平。霍布斯的出發點是，人們在由爭鬥動亂的自然狀態所造成的充滿恐懼與難以安穩自持的情境中，會知道只有每個人將自己目前的權力讓渡給國家，這種情境才會有所改善。霍布斯將這種國家稱為「利維坦」，一個源自舊約聖經所提到的強大海中巨獸的名字，亦是霍布斯這本名著的書名。這個奇特的名字也顯示出霍布斯在面對自己提出的「解決方案建議」，亦即臣服於「利維坦」的統治時，是帶著矛盾心情的。因為這個龐然巨獸雖然可以帶來和平，但其代價是造成國家頂端統治者和所有其他人之間內在的（政治）不平等。但霍布斯認為，唯有國家才能讓人類脫離混亂狀態、達到社會狀態，而只有在社會狀態中，人類才可以真正在和平狀態中享受勞動成果、享受私有財產。

現在人們可以進行一個思想史的研究，探討到底為什麼霍布斯會用這樣一種思想實驗，為什麼會描述「自然狀態」而不是其他東西，以及為什麼會引入利維坦這種思想主體。這本書其實是在一個暴亂的、充滿政治扭曲與社會扭曲的時代寫成的，那是血腥的（與教派有關的）英國內戰時代。有些人也嘗試根據當時英國從農業經濟結構開始轉變成資本主義的背景，將霍布斯的作品和當時英國新形成的社會結構相關聯。霍布斯在描繪他的思想實驗時，可能是很具體地在思考他那個時代的英國。以此而言

可想而知的是，他相信唯有一個「龐然巨獸」才能壓制英國內戰的日常暴力情境，以及（這也是這個思想實驗的另外一個意涵）早期資本主義的巨大後果。也就是說，他認為一個全能的、專制的國家，對那個時代的問題來說**正是**解決之道。霍布斯的「解決之道」當然不是唯一的解決之道。另一個與此相關而被提及的解決策略，來自經濟學。約翰·洛克（John Locke, 1632-1704）和亞當·斯密這兩位是在英國特別醞釀了經濟科學，並幫助經濟科學在英國取得突破性進展的思想家，他們認為人類的功利導向行動如果「轉移到」商品交換行動的領域，可以是無害的。洛克和斯密認為，雖然在市場中，每個參與者僅僅在追求自己的利益最大化，但是市場的特殊之處就在於其中所有人的交易行動是互利的。「易貨貿易」是一種恰當的功利導向活動。藉著這種活動，**所有**參與者都可以獲利，也因此持續性的社會秩序，並且正是市場秩序，才得以成為可能。應該要保障市場社會的廣泛施行，甚至應該保障社會關係最廣泛的市場化，好讓功利計算從原本彼此衝突、基於狂熱與毫無節制的欲望，最後產生負面效果的情況，「轉移到」對理性的市場利益的追求，並且是以相應的和諧協調的方式來追求理性的市場利益。人們可以把這種秩序觀念用以下等式來描述：越多市場，就會越少狂熱與戰爭、越多理性的利益追求、越多和平和諧、越多對於所有人來說都很有利的交換（對此可以參考以下著作：Albert Hirschman, *The Passions and the Interests: Political Arguments for Capitalism Before its Triumph*）。

但是帕森斯根本無意進行思想史的闡述。帕森斯感興趣的是上述論點的**內在邏輯**。帕森斯反對洛克和斯密的與市場交易有關的秩序形成的觀點，認為他們的觀點在沒有根據的、「形上學」的假設基礎上，以為市場參與者的利益都是一樣的。古典政治經濟學的出發點顯然都認為，市場參與者可以將他們的目的毫無問題地彼此協調好，並且將這些目的整合成對雙方都有利的情況。姑且不論這個假設是否正確（帕森斯是駁斥這種假設的），帕森斯認為，經濟學的這種假設逃避了霍布斯置於核心而凸顯出來的秩序形成問題，也就是**利益實際上無法彼此協調好**的前提情況（參閱：Parsons, *The Structure of Social Action*, pp.97ff.）。古典政治經濟學的解決模式，由於毫無根據的形上學假設而未能**澈底**思考霍布斯所拋出的問題。所以難怪帕森斯會特別聚焦在一開始霍布斯所進行的思想實驗。帕森斯的問題，也是帕森斯所謂的「霍布斯式的問題」或「秩序問題」是：普遍以功利為導向的行動，究竟如何能夠造就秩序的形成？

帕森斯並不否認國家或市場實際上會促成秩序。他的見解是，社會秩序是一個毋庸置疑的事實。秩序**已然存在**，**並非**真的是一個謎樣的現象。因為實際上我們在日常

生活中會體驗到無數的社會規律，甚至若沒有國家或市場的影響，這些規律也還是會實現。讀者可以想想，在家庭中或朋友圈中日復一日的互動是多麼的千篇一律，甚至有些人會認爲單調無聊，這使得人們相對來說會確信，明天這些活動也還會這樣或那樣類似地進行下去。對於帕森斯而言，否認社會秩序的存在是沒有意義的。不應該像許多二手文獻所說的那樣，以爲帕森斯把社會秩序問題看成是經驗問題，然後說他想提出一個由霍布斯（的「專制主義」）或洛克（的「自由主義」）所考慮的解決方案。之所以會有這種誤解，是因爲人們錯誤解釋了帕森斯的論點的眞正特徵。如帕森斯自己所說的，他更多是對「穩定的秩序可以**在人類純粹功利導向行動的條件下**（總是以秩序的形式）存在」這件事提出質疑。帕森斯在這裡使用了一個「超驗的」論點〔這也讓人想起了偉大的德國哲學家康德（Immanuel Kant）〕。康德曾深思，什麼樣的必要條件，可以讓物理學成功地如它現在運作的方式那樣運作。康德沒有做實驗，也沒有爲物理學的理論體系添加新的說法，他所嘗試的只是去闡明就認知主體方面而言，自然科學研究根本上得以可能的條件（他將之稱爲「超驗的」條件）。跟康德一樣，帕森斯要問的是**在許許多多進行行動的個人之間，需要有什麼條件才會讓社會秩序得以可能出現**。在這種思考超驗條件的框架下，他試著指出，所有將人類功利導向行動視爲前提的學者，都無法解釋「規範性的」社會秩序的存在，因爲規範性的社會秩序無法透過讓他人臣服的統治（如霍布斯所說的），也無法透過市場機制（如洛克和斯密所認爲的）而形成。再者，就算是透過暴力和市場而來的秩序，也已經立基於一些將功利導向行動視爲前提的思維模式所無法掌握的要素之上。

　　帕森斯對此的論證，很具體地牽涉霍布斯在論及克服無政府的「自然狀態」時所建議的解決方案。霍布斯沒有說清楚的是，人類是怎麼，以及爲什麼會突然認識到，必須要爲了自己的利益而放棄目前的權力，並將之轉讓給一個利維坦。因爲人們大可問道，誰能保證其他人會跟隨我的步伐？也是，誰能保證不是只有我，而是其他人也會放下武器（以及放棄與讓渡權力）？如果有人在自然狀態中過得舒舒服服、有錢有權，那麼他爲什麼要跟隨我的步伐？這人大可更希望一直保有他的權力，而且他是有辦法這麼做的。還有更重要的是，在利維坦形成之後，除了那位獲得了眾人權力的人之外，其他所有人都失去了權力，但爲什麼其他所有人甘冒如此高的風險？更何況，雖然一個全能的國家創建之後，可以終止可怕的內戰，但國與國**之間**的戰爭旋即又開始了，而這可能更可怕。究竟集體如何認識到利維坦的必要性，以及總是以功利爲導向行動的人類如何突然去統一創建一個利維坦，這些問題在霍布斯的理論中都是一個個謎團。所以帕森斯認爲，霍布斯在提出解決方案的時候，顯然所設想的人類行動不

是只基於效益最大化之上，否則所有功利行動者根本不可能會一致同意要創建一個利維坦。帕森斯於此提出了一個命題，指出霍布斯的秩序問題的答案所牽涉的是：

> 在關鍵點上將理性概念從它自身的範圍延伸到理論的其他方面，指出行動者會去理解作為整體的處境，而非根據眼前的處境去追求自己的目的。並且因此他們會採取必要行動，去消弭暴力與欺詐，並且犧牲他們在未來的利益活動所能獲得的好處，來換取安全。（Parsons, *The Structure of Social Action*, p.93）

如果一個**僅僅**將行動理解為功利導向的理論無法令人滿意地解釋社會秩序和社會秩序的形成，那麼，帕森斯的結論認為，功利主義的行動模式必然從一開始就是錯誤的，或至少是不足的。不過在我們繼續討論帕森斯的論證思路時，先稍微在這裡停一下。這裡我們先用稍微抽象一點的方式，來簡短總結一下帕森斯至今的思路。

每個讓社會學感興趣的行動理論（功利主義也是這樣一種理論，或是包含了這樣一種理論），都必須能夠解釋社會秩序是如何實現的。因為社會秩序已然存在。在我們的社會中，甚至是在霍布斯時代的英國，社會秩序的實現，不論是當時還是現在，絕對是根據某種特定的規則來進行的，因為社會成員的目的經常都是一致的。但這就意味著，人們不能假定有個完全的「目的隨機性」（帕森斯經常用這個概念），也就是說不能假定社會成員的目的是偶然的。如果假設，人類都有自身的特殊目的和功利觀念，這些特殊目的和功利觀念跟身邊的其他人都不一樣，或者即使一樣的話也是偶然一樣的，那麼這個假設當然是錯的。同樣地，說主體們的利害關係反正都是一致的（侷限在功利主義的經濟學，大多都是這麼說的），這種說法當然也是不充分的。長久以來，經濟學都沒有討論行動者的目的和功利觀念是從哪裡來的。經濟學家的出發點都是人的行動是功利導向的。然而他們卻都沒有確切地去研究，行動者到底是如何制定出他們的目的，如何解釋他們的功利概念所指為何。更重要的是，經濟學家都沒有確切地去研究，行動者為什麼、在什麼樣的情況下會做這樣的事。帕森斯覺得很不可思議，怎麼大家會輕易忽略了這個（帕森斯認為）非常重要的問題。帕森斯認為大家應該進一步去問，如果秩序實際上已然存在，那麼行動理論要怎麼去**解釋**它。並且行動理論要能說明，「目的隨機性」這種功利主義覺得沒問題的事為什麼其實是不存在的，還有日常生活中各種行動目的為什麼通常能毫無問題地協調起來。帕森斯的命題是，在這一點上功利主義理論是沒有用的，因為關於「行動的目的，以及行動者的

功利觀念到底從何而來」這個問題，功利主義根本無法提供有用的答案。以功利主義
模式來思考的理論家或是學科領域，會說願望、需求、功利觀念、「目的」之類的東
西就是存在。至於這些東西是**怎麼**形成的，功利主義對此不予置評，覺得回答這個問
題是心理學家或生物學家的任務。但在功利主義這麼做的同時，也就錯失了去探究人
類的行動目的實際上為何常常會如此一致的原因的機會。相反地，如果人們追問「目
的」的起源，也許可以得到就算不是最關鍵，也是相當重要的啟發。

　　也就是說，功利主義無疑有相當嚴重的理論難題。至少在功利主義影響所及之處
都可以看到這個理論難題。在實證主義中（對帕森斯來說，功利主義只是實證主義的
一種變體），人們也試著回答這個難題。帕森斯區分出實證主義中試著回答上述難題
的兩種非功利主義的說法；但是帕森斯認為，所有這些回答都不令人滿意。而且，人
類行動的主動性在這兩種說法中都被忽視了，作為**行動**模式的功利主義模式也在其中
遭受破壞。為什麼？

1.「極端理性主義的實證主義」在面對一開始的難題（亦即功利主義認為，因為
各行動者的目的、願望、功利觀念即使有一致性，也都是偶然的，所以長期的行動協
調，亦即社會秩序，是不可期待的）時，認為所有行動者都會遵循類似科學方法的
方式來追尋他們的目的。從「極端理性主義的實證主義」的思考模式來看，高度理性
的行動者彼此會協調他們的行動目的，而且正是這種追求目的的理性，確保了利益會
達到均衡。不論這種全面的理性實際上是否能真的以這種方式造就利益均衡，這種思
考模式的結論都會認為，人類始終處於一種讓行動完全沒有發揮空間的情境當中，而
且人類必須接受這種情境。在這種情境當中，選擇什麼樣的手段才是理性的選擇，都
是被給定好的。帕森斯認為，若情況真是如此，那麼人類根本沒有能力提出自己的目
的。人類最多只會因為科學方法出了差錯，所以犯了錯誤。

　　　　但這種原則有個無可避免的邏輯後果，就是將目的跟行動情境等同起
　　　來，並且摧毀了它們的分析獨立性，而這種獨立性對於功利主義來說卻是
　　　非常重要的。因為，若要經驗地了解局勢的未來狀態，那麼唯一可能的就
　　　是基於對現在和過去狀態的了解來進行預測。如此一來，行動會變得完全
　　　由行動的環境條件所決定，因為如果沒有目的的獨立性的話，情境和手段
　　　之間的區別會變得毫無意義。行動變成一種理性地適應這些環境條件的過
　　　程。（Parsons, *The Structure of Social Action*, pp.63-64）

2.「極端反智主義的實證主義」則是相反的，在環境理論的意義下強調環境的決定性影響，或是在遺傳理論的觀點下強調遺傳機制的影響，試著以此把麻煩的各行動者的「目的隨機性」給捨棄掉。也就是說，極端反智主義的實證主義認爲，正是環境因素，比如具有強制力和侷限性的國家社會結構，或是人類的遺傳機制，迫使行動只能幾乎無可避免地以某種特定的方式或是在某種特定的秩序中進行。這種思考模式剛好跟「極端理性化的實證主義」完全相反。因爲極端反智主義的實證主義並不假定行動者的理性能保證行動者會有序地共同行動。秩序之所以會出現，更多是因爲有一種力量**超越了**行動者的理性，控制、操縱了行動。也因此某些行動模式和由此而來的社會秩序才會不斷重複被再生產出來。但問題是，於此原本功利主義的**行動理論**中的**行動要素**也消失了。因爲，就像在自然主義小說家左拉（Émile Zola）的書中有時會看到的那樣，這樣行動者就不過僅僅是受到環境的推動，或是「糟糕的」遺傳機制的犧牲者而已，對選擇自己的目的根本無能爲力。

對於人類行動來說非常獨特的功利觀念、「目的」等等，在這兩種回答上述難題的嘗試當中，直接被當作行動的情境和條件。**功利主義無法解釋社會秩序，這也使得實證主義在嘗試給出答案時，行動都消失不見了。**

所以，帕森斯總結認爲，功利主義的行動模式完全是不足的，因爲它無法眞正解釋關於行動最根本的問題，亦即無法眞正解釋行動目標從何而來，也無法解釋不同行動者的目標爲何能相互協調。帕森斯認爲，人們必須克服功利主義。上述兩種實證主義的討論就已經清楚顯示出了，若要建立一個新的行動理論，那麼這個行動理論就必須包含主動性要素。在解釋行動目標如何達到協調的時候，人類行動眞正主體性的面向、選擇自由，必然扮演一個重要的角色。

細心的讀者也許這個時候已經想到了，這就是爲什麼前面所提到的帕森斯在詮釋四位偉大的古典思想家時，會談到想試著建立一個「唯意志論的行動理論」。因爲提到選擇自由時，都會連帶提到「唯意志論的」（voluntaristic；拉丁文：voluntas，意指自由意志、自由決斷）這個形容詞，而這正是他在建立自己的理論時想要強調的。但是我們先不繼續談下去，先緩一下。因爲儘管帕森斯對功利主義提出了嚴厲的批判，但他並沒有想要放棄功利主義中一些正確的見解。帕森斯認爲，實證主義傳統正確地強調了情境要素是人類行動的條件。對帕森斯來說，這一點非常重要，因爲他以此拒斥了「觀念論的」理論取徑。觀念論的理論取徑雖然強調了行動的意志面向和人類的自由，但——至少帕森斯是這麼詮釋的——觀念論幾乎總是忘記了限制、約束行動的

（物質）條件。帕森斯認爲觀念論是一種「流溢論」，亦即一種思考方式，認爲人類行動差不多都是從集體精神中流溢出來的，都不過是「民族靈魂」、特定的世界觀、理念、觀念大廈等等的表現。觀念論的這種片面性也是不可取的。帕森斯非常有活力地想試著把觀念論當中最好的見解，跟功利主義當中最好的見解，綜合在一起，使之能夠正面積極地推進到「唯意志論的行動理論」。現在，便進入我們對《社會行動的結構》解說的第二步驟了。

我們先說結論：帕森斯將他的唯意志論的行動理論，與被視作「規範主義」的社會秩序理論關聯在一起，且這兩種理論是互相參照的。因爲，就像我們之前提過的，帕森斯認爲行動理論若要有社會學的說服力，就必須也能解釋社會秩序。所謂的「規範主義」同時關聯到行動面向**以及**秩序面向，而這兩個面向對於帕森斯來說都關涉「規範」這個重要的角色。

首先我們來討論「規範主義的秩序理論」。規範主義的秩序理論是什麼？帕森斯要說的是，每種社會秩序總會以某種形式基於共用的價值和規範（不過根據不同的情況，價值和規範當然有不同的強度）。亦即他聲稱，功利主義所假定的「目的隨機性」並不存在。目的會因爲當時現有的共用規範和價值，在許多情況中受到約束限制。規範和價值會事先形構個體的行動目的，並確保各行動者的行動目標對彼此來說都會是合適的。爲了讓人更確切理解他的說法，帕森斯區分了「規範秩序」和「實際秩序」。我們先來看實際秩序。帕森斯所謂的實際秩序，意指最終**不是刻意地**形成的秩序。在度假旺季時德國馬路上的交通堵塞，是「實際秩序」的典型例子。之所以出現塞車，是因爲大家都想快點到德國南部度假，但因爲假期的緣故，大家的度假時間是同時開始的，所以造成同一時間他們會在非刻意的情況下在馬路上「塞得動彈不得」。塞車這種結果，是某種秩序。這是一種並非事先商量好的實際秩序，因爲通常人們從家裡出發並不是爲了要趕著去參與塞車。而且也沒有規定通往慕尼黑的路每年至少都必須有一場大塞車，沒有規定每個規劃度假的德國人每年必須開車走這條路去那裡度假。另一個是我們之前提到的例子：從市場上形成的實際秩序。在市場中，商品或勞工的勞動力一致的價格構成，並非由某個人操控的，這種秩序是由許多個體的經濟行動所形成的附帶後果。所有參與市場活動的行動者並沒有進行協議約定，也沒有人規定半磅的黃油必須低於一歐元（雖然大部分國家的黃油實際上比一歐元還

便宜）。

與此不同的，則是「規範秩序」。規範秩序是帕森斯明顯最感興趣的，並且認為是社會學的主要探討對象。這種秩序的基礎是，諸行動者（有意識地或無意識地）遵照共同的規範、共同的行為準則來採取行為。不論是什麼樣的形式，這種秩序都可以看得出來是相關行動者，在關於秩序的形成方面，具有一致的意見或是同意這種秩序，即便這種協議和同意是預設、沒有明說的。至於這兩種不同的秩序形式有什麼關聯，帕森斯（從規範秩序方面）作出以下描述：

> 從這個意義上來說，秩序意指依循著規範系統所鋪設的道路而進行的過程。不過有兩個與此有關的深入要點需要注意。第一，任何現存規範秩序的崩壞（從規範的觀點來看那是一種混亂狀態），都很有可能引起實際秩序（這是一種容易進行科學分析的事情狀態）。因此，「為存在而鬥爭」在基督教倫理觀點下是混亂的，但這絕非意味著為存在而鬥爭沒有服從於科學意義下的法則、沒有服從於現象的過程一致性。第二，儘管從邏輯上來看，固然很有可能任何規範秩序也許在某些情境下會崩壞成「混亂」，但仍無可否認的是，對於在或多或少遵循著規範要素的過程中存在著的**特殊**實際秩序來說，規範要素是必不可少的。因此，社會秩序就它很容易進行科學分析而言，總是一種實際秩序，但是若沒有某些規範要素的有效運作，這種實際秩序是不具有穩定性的。（Parsons, *The Structure of Social Action*, pp.91-92）

也就是說，帕森斯聲稱，雖然實際秩序和規範秩序之間有著根本的差異，但唯有透過規範的作用，才能夠解釋實際秩序為什麼會**持續**存在。以上文提到的塞車為例：塞車是一種可以用統計分析來顯示的社會秩序（如果許多度假旅客同時駕車前往德國南部，那麼在既有的交通網絡中，就會有一定百分比的概率在到慕尼黑之前造成大塞車）。但這種堵塞是一種為時很短的秩序形態，所以也不需要什麼規範。來看一下另外一種情況，暴力統治。對人類的暴力統治，實際上是一種不以統治者和被統治者之間共用的規範為基礎的行動。但暴力統治如果要能夠長久持續下去，那麼至少部分被統治的人民是接受統治的（即便是不甘願的）、某種程度上是同意統治的。市場也是一樣。我們已經指出，市場的運作可以理解為市場參與者的功利導向行為，在無意間所交織起來的情境。市場參與者並不是為了保證市場的運作，所以才去進行交易的。

當然在這件事中還是有一些市場參與者所共用的規範，否則整個市場是無法運作下去的（涂爾幹也發現了這件事，可以參閱他關於契約的非契約要素的討論；帕森斯在不同的著作中也不斷指出這件事）。如同帕森斯在之後的著作中強調的，市場參與者表面上赤裸裸的自利行為，並不是最終的動機，而是在自利「之下」還有其他的動機，這個動機讓市場在不同的文化中有不同的運作情況：

> 有一個原則上的命題是，「經濟動機」完全不是最深層的動機，而只不過是一個要點而已。在這個要點之上，還會再引起許多不同的、與某種情境類型有關的動機。經濟動機顯著的持續性和一般性，並不是因為「人類本質」中有某種相應的一致性，像是利己主義或享樂主義；而是因為社會行動系統結構中有某些特質，只是這些特質並不是完全穩定不變的，而是會隨著制度而變化。（Parsons, "The Motivation of Economic Activities", p.53）

帕森斯認為，如果這個說法是正確的，如果**每個**穩定的社會秩序也都因為規範而得以實現和運作，那麼規範和價值當然也同時就會在行動理論當中扮演著重要的角色。帕森斯認為，除了功利主義者所強調的目標、功利計算等等要素之外，對於行動的分析至少也必須同樣顧及價值和規範。但功利主義卻忽略了或不討論價值和規範；這是功利主義犯下的錯誤。因為規範和價值絕對不是在功利計算下所產生的，也絕不等同於功利計算（但功利主義者卻這麼認為）。此外，人們也可以想見，我們絕對不會把我們的自身價值變成功利計算的對象。如果在一段「風流韻事」中每次約會都只是在追求性愛方面的滿足（亦即每次都只是為了某種功利要素），那麼在這種「約會關係」中我就不會輕易投注我認為有重要價值的真感情。我是不會輕易操弄或顛覆我**自身的**價值的。如果我真的操弄或顛覆了我自己的價值，或是這件事發生在我身上了，那麼這價值也就不是真正的價值，而是頂多我時時刻刻掛在嘴邊，但並沒有當真的觀念。當然，價值是可以被操弄的。擅長洗腦的廣告專家和嚴刑拷問者，就會不停操弄，或是試著操弄價值。但他們操弄的不是自己奉為信念的價值，而是**其他人的**價值。這兩者有很大的差異！所以帕森斯將規範性的事物，亦即規範和價值，定義為「一個或多個行動者認為某事物**自身就是目的**的一種情操」（Parsons, *The Structure of Social Action*, p.75；著重處為約阿斯與克諾伯所加）。某種程度上，價值比規範還要有更高的普遍性和較強的個人義務特質。帕森斯將價值稱為「最終目的」，因為它無論如何都不會變成手段。它實際上就是目的本身，除非我的自我價值崩潰了，否則我

不會去質疑此最終價值。路德令人印象深刻的懺悔名言便是：「我站在這裡，我別無他法！」若眞是如此，那麼功利觀念根本上也就是源自這種最終價值，也就是說功利計算其實立足於個人的，或共用的價值信念（所以帕森斯才會說價值是「一個或多個行動者的一種情操」），因爲我唯有基於價值的基礎上，才能夠確認我的利益、目的是什麼。價值和規範自身不能從屬於價值計算，因爲這兩者本身構成了價值計算得以成立的評估尺度。帕森斯相信，功利主義之所以失敗的「謎題」是可解的。社會世界幾乎都是有秩序的，因爲人類行動基本上是由共用的規範和價值所刻劃的。

帕森斯根據他自己的這個觀點，將人類行動澈底討論了一番，以此勾勒出一種行動模式。功利主義雖然也運用過這種模式，但卻沒有超越這個模式。帕森斯將這種模式稱爲「行動參照框架」（action frame of reference），認爲這是一個理解人類行動的基本概念。然後，帕森斯在他所謂的「單位行動」（unit act）中區分出以下幾個元素：

1. 行動者。

2. 行動目的（帕森斯的用語包括「目的」、「目標」、「意圖」）。

3. 行動情境。行動情境還可以再區分成行動的「條件」，亦即情境當中行動者無法控制的構成部分；行動的「手段」，亦即情境中行動者能夠運用的構成部分。

4. 行動的規範和價值。（參閱：Parsons, *The Structure of Social Action*, p.44）

回顧一下帕森斯對功利主義的討論，可以發現功利主義的行動理論當中，已經包含前三個要素，但是缺乏第四個關鍵的規範與價值面向。我們於此必須補充說明一下，這第四個面向之所以重要，是因爲規範性的事物與前述的實證主義不同。實證主義用以解決功利主義問題的概念是氛圍和遺傳，這些概念否定了人類的自由意志、人類的**行動能力**，但規範性的事物不會如此。之所以不會，是因爲我也可以違反規範和價值，我可以喜歡某些規範價值，但討厭另一些規範價值；某些規範價值對我施加了幾乎無法抵抗的力量，但另一些沒有。對於帕森斯來說，規範要素是人類行動相當特殊的部分，因此也是他的唯意志論的行動理論的核心。完整的「行動參照框架」如圖2.1 所示：

圖 2.1

　　其中，規範和價值對行動方向有雙重影響途徑。它們一方面會影響行動手段的選擇，讓行動因為規範的原因而只能選擇某些手段，不能選擇另外一些手段。如果我擁護某些價值和規範，那麼我就不能夠為達目的**不擇手段**。如果我堅信誠實的價值，那麼我就不會為了貫徹某些計畫而動用不誠實的手段。但是規範和價值也會以某種重要的方式構築出**行動目的**（我們前文已經提到這點）。亦即，規範和價值會確定什麼是我們覺得好的，而不是所有我們所希望的、所想要的自動都是好的。也許我對某些人有性幻想，但我不會覺得任何人都是可以拿來性幻想的；我甚至常常會駁斥某些幻想，因為某些幻想對我來說，在道德層面是無法容忍的。

　　規範和價值既會影響行動手段，也會影響行動目標；這讓人們行動的彼此協調得以可能，而行動的協調正是社會秩序的基礎。之所以可以如此，就是因為規範和價值首先並不是一種特別的東西，亦即不是特殊的、僅對某些個人來說才是有效的「建構物」，而是某些人類群體所共用的、他們所共有的。

　　上文提過，我們會用三個步驟來為各位讀者講解《社會行動的結構》；而當我們在此處談到帕森斯的行動參照框架時，也就同時進入到第二個步驟的尾聲了。不過，在進入最後第三個步驟之前，我們想先指出一件事：請讀者先試著牢記「行動參照框架」模型，請先試著想想看帕森斯為什麼，以及如何將人類行動理解成這個模型，而不是其他模型。這很重要，因為接下來兩講都還會繼續以帕森斯這套行動模式為出發點。我們會用這套模型去理解其他理論家。因為，從我們的命題來看，唯有將現代社會學理論大部分的發展視作都在或隱或顯地與帕森斯的理論模型進行對話，才能理解這個發展。

· ·

　　好，我們現在進入第三個講解步驟。

　　前文已提過，帕森斯的匯聚命題是他以一種很特殊的方式對古典社會科學家進行詮釋而得出來的，而這在某種程度上是因為他要去「證明」自己理論基礎的正確性。帕森斯在他著作的將近前 125 頁，說明了他對功利主義的批判和他自己的唯意志論的行動理論。而對於古典大師的討論，則開啟了他那本書接下來的部分，亦即去論證這些古典大師已經移向帕森斯的立場了。雖然有時候不是很明顯，但這些大師都已經注意到行動當中規範要素的意涵了。這個相當廣泛的詮釋，差不多可以總結如下：

　　英國經濟學家馬歇爾雖然根本上為現代經濟科學鋪就了重要的理論基石，並且強烈採用了功利主義的思想，但是他這位當時相當重要的經濟學家同時也有意識地追問了需求、功利觀念、欲望等的出現、形成（Parsons, *The Structure of Social Action*, p.134），並且認為這就是經濟學的問題。馬歇爾清楚看到，經濟行動從許多方面來看都與某些價值聯繫在一起。最明顯的就是企業家形象。企業家無疑要追求獲利、增加效益；但是企業家的行動也常會以某些根深蒂固的價值為基礎，也就是被人們描述為美德和「誠信」的概念，而美德和誠信當然也因此會限制「欲望」和滿足欲望的手段。因而經濟行動並非只是在追求效益最大化而已。功利導向的行動是有的，但這並不意味著在這一類的行動中價值就完全沒有任何重要性。馬歇爾很明顯看到了（至少帕森斯覺得馬歇爾看到了），經濟學太少關注行動的價值面向，所以用很成問題的方式將利己主義和功利行動與理性行為，非常粗糙地直接等同起來，因此造成了從經驗現實來看相當錯誤的描述。尤其明顯的是，馬歇爾認為，企業家的行動不能簡簡單單被扣上效益最大化的帽子。企業家的理性不是純粹在追求狡獪機智、自私自利而已。企業家的理性常常表現在倫理義務方面，這種理性與對效率的追求也都常是以道德為基礎的（Parsons, *The Structure of Social Action*, p.164）。唯有如此，企業家才會甘冒某些投資風險，並以堅忍不拔的毅力獲得投資的成功。以此而言，帕森斯認為，馬歇爾從古典功利主義中清楚指出一條出路，亦即他的研究取徑呈現出了帕森斯所偏好的「唯意志論的行動理論」，這個理論尤其看到並接受了影響行動價值的重要性。

　　義大利經濟學家兼社會學家巴烈圖在許多方面都跟馬歇爾的觀念有分歧。馬歇爾將理性的企業家視為文明化進程的頂峰。巴烈圖則相反，**不帶有**任何進化論的歷史觀。他壓根不相信有一種普世皆然的線性歷史圖像、不相信「進步」這檔事。由於巴烈圖比起馬歇爾，更強調衝突、「暴力與欺詐」，所以他跟馬歇爾比起來，對於歷史更明顯帶有一種悲觀的看法。此外，他們兩個對於科學理論的觀念也有高度差異。巴烈圖的論點是更精雕細琢出來的，並且實際上他所擁護的立場與帕森斯的立場相當接近。不過，儘管馬歇爾跟巴烈圖兩人有所差異，但就行動理論方面，兩人的結論卻是相似的。就巴烈圖這方面來說，之所以說兩人的結論是相似的，是因為他注意到（經濟的）行動有非邏輯的面向，而且對此也有深入的探討。他的分析認為，在經濟行動中直覺是很重要的，而且不只如此，人類行動裡的儀式和某些主觀（非邏輯的）目的也很重要。巴烈圖在這裡拋棄了他作為出發點的功利主義和實證主義的思想體系，並且最後他也像馬歇爾一樣，碰觸到了近似於「最終目的」的觀念。

個體之間衝突性的經濟需求的和解之道，不能侷限於經濟方面的考慮，因為在這裡經濟方面的考慮從屬於政治的強制力，於是經濟分配唯有在一般性的分配正義框架中才有可能。但所有關於分配問題的討論，都只探討到個體在要求財富與權力時的潛在衝突而已，而沒有指出整體結構底下還有一個統一性的基礎。巴烈圖發現了這個統一性的基礎，並且在他最後的分析中，這個基礎就在「社會所追求的目的」這個必不可少的存在當中。也就是說，個體行動系統的最終目的是被整合起來的，並且形成了一個單一的最終目的的一般系統。（Parsons, *The Structure of Social Action*, pp.249f.）

涂爾幹沒有像巴烈圖和馬歇爾那樣，在經濟科學中進行理論討論。帕森斯認為，涂爾幹根源於法國實證主義傳統。涂爾幹的早期著作還深受這個傳統的影響，但他晚期的著作（幾乎完全）跟實證主義斷裂開來。涂爾幹在他第一部作品中，將社會結構描寫成某種個體必然得面對，且會對個體施加強制力的某種堅硬的、外在的東西。特別是在《社會學方法的準則》中，他提到了「社會事實」。社會事實就像物質要素，也許甚至像遺傳基因一樣（讀者這裡可以回想一下帕森斯對於極端反智主義的實證主義的說法），會限制和形塑行動。在討論集體意識概念時，涂爾幹才漸漸將社會事物與物理事物區分開來，凸顯出作用於個體身上的各種不同的強制形式。除了自然法則造成的強制力、他人的暴力與權力所造成的社會強制力之外，涂爾幹最後還清楚地提出了良知的強制力。良知之所以可以限制個體的行動，是因為個體會感覺到自己深受自己和社會的規範價值的影響，因此只能這樣行動而不能那樣行動。涂爾幹透過他已多次深入闡述過的集體意識概念，以及透過經驗觀察，最終洞察出社會的、共有的規範和價值內化到個體的可能性。

現在，涂爾幹那影響深遠的經驗觀察指出，因為個體的欲望原則上是無窮的，所以社會穩定和個體的幸福兩者的一個基本情況是，它們都應該根據規範來被加以管制。但是在這裡規範（像是契約規則）所牽涉的不只是「外在的」管制而已。例如當人們進入一段契約關係，其實也就是直接構成了行動者的目的本身。……行動中的個體要素不再等同於具體的主體個人，而是主體個人要被視作不同要素的複合體。在手段—目的的框架中出現的目的要素，不是由「個體」所定義的，而是包含了「社會性質的」要素。

> 對於涂爾幹來說，這是相當重要的一步，使得事實上涂爾幹的理論與實證
> 主義的社會理論之間出現了澈底的斷裂。（Parsons, *The Structure of Social Action*, p.382）

涂爾幹從實證主義出發，藉著他對於價值現象的闡述，逐漸走近「唯意志論的行動理論」。而韋伯的取徑，帕森斯認爲是完全相反的。帕森斯認爲，韋伯源自德國特別強烈的觀念論思潮，所以韋伯從來沒有小看規範和價值的重要性。他的危險反而在於，可能會很糟糕地忘記了情境條件和手段對於行動來說有無比的重要性。韋伯的危險在於，他在他的行動類型學中，認識到，也命名了價值導向的（亦即規範的）行動，但從一開始他卻特別強調「目的理性行動」這種（功利主義的）類型，因爲他想抵抗觀念論的誘惑。

> 因此在韋伯方法論工作的早期關鍵階段，就已經出現了作爲他整個方法論研究出發點的概念，亦即理性行動類型。理性行動牽涉可以根據科學的一般化來加以證實的手段—目的關係。同時，對他來說，此意義下的理性扮演了一個核心的角色，不論是從方法論來說還是從實質上來說都是如此。特別有趣的是，目的行動概念所扮演的方法論角色，正好與觀念論理論處在非常關鍵的對立關係。（Parsons, *The Structure of Social Action*, pp.584-585）

在闡釋了各個著名的社會科學家的著作之後，帕森斯得出了結論。他認爲，他可以指出這四位相當不同的學者都邁向了他已清楚闡述了的唯意志論的行動理論，亦即指出他們的研究匯聚在一起了。帕森斯指出了經濟科學在巴烈圖和馬歇爾那裡進行了自我批判，帕森斯自己也對功利主義提出了批判，但不只如此，他同時也表明了，他和社會學對於人類行動顯然有更好的理解，能夠把實證主義和觀念論結合在一起，並且將經濟行動也一併吸收進來。於是他提出了一個影響深遠的社會學定義，亦即將社會學定義爲一門研究**行動**的科學。

於此，我們也就到了對於《社會行動的結構》介紹的尾聲了。下一講，我們主要討論對這一部重要著作的一些批評，並且再進一步去問，帕森斯在 1937 年出版了這本書之後，有哪些理論取徑影響了他後來進一步提出的宏大社會學的方式。

第三講

邁向規範主義功能論的帕森斯

帕森斯在 1937 年出版的《社會行動的結構》，由於內容的野心太大，因此也招致了無數的批評〔對此讀者們可以參閱：Charles Camic, "Structure after 20 Years: The Anatomy of a Charter"，以及 Hans Joas, *Die Kreativität des Handelns*, p.34ff.〕。有一些批評意見是該書一出版之後就冒出來的，但也有不少批評是對該書有正確的認識之後才提出的。我們在上一講已經提到，《社會行動的結構》不是一開始就被大家馬上接受的。但隨著時間的流逝，由於對許多學者來說，與帕森斯辯論，對於他們解釋和定位自己同樣相當有野心的理論來說越來越重要，因此對這本書的批評也變得越來越系統化、越來越廣泛。接下來我們來為讀者介紹**對於後世的理論發展來說具有重要性的**一些批評，然後在這一講的第二部分繼續追問，帕森斯是否，以及在多大程度上，試著透過他理論體系的進一步發展來回應這些批評，甚至也許還預見了又冒出來的一些批評。

· ·

如果人們先去看對於所謂的匯聚命題的討論，那麼人們可以先提出一些基本問題。人們要知道，有一些針對匯聚命題的激烈爭辯，不是單純在吵關於歷史編纂學的問題，亦即不是在爭辯「誰對這些古典大師可以詮釋得（稍微）比較好？」這個問題。畢竟帕森斯要做的是**綜合**古典大師的理論。但如果這些爭辯主要在於責備帕森斯，說他嘗試重建社會學史的工作中有一些重大缺漏或是明確的誤解，那麼這種責備顯然會動搖到《社會行動的結構》中核心論點的可信度，尤其是讓他的聲稱，亦即說他的作品能（正當地）把古典大師的研究再往前推進，再也無法成立。所以我們必須用一些篇幅來討論對匯聚命題的批評。

1. 除了說帕森斯對於四位「古典大師」的詮釋並不總是很恰當之外，有的學者的批評意見針對的是帕森斯匯聚命題的具體架構，說他只關注到歐洲學者，**沒有美國學者**。實際上，如果想到社會學在美國，比在德國、法國、英國，或是義大利，還要更早成為一門制度化的學科的話，那麼帕森斯只關注歐洲學者的作法的確是有點奇怪。美國顯然是率先設置社會學教席和出版社會學專業期刊的國家。但美國的社會學卻對帕森斯和他的理論路數來說恰恰完全不重要。這件事該怎麼來看呢？我們在上一講褒揚過帕森斯，說他在 20 世紀 30 年代相當艱難的情境當中，不懈地將**歐洲的**社會科學家們「拱上王座」，而且他們就一直穩坐在王座上。但同時這也帶來一個不太好的後果，就是帕森斯忽略了其他的社會學形成脈絡，或是說在他的論證中對於其他的社會學形成脈絡談得相當簡化，也多少有點扭曲。帕森斯回顧美國思想史時認為，美國都是斯賓塞（Herbert Spencer, 1820-1902）那一派功利主義、個體主義和／或進化論的思想家在稱霸學術舞臺，所以人們若想**批判**功利主義或之類的思想大廈，在美國是門兒都沒有的。斯賓塞是英國人，他在美國無疑有相當大的影響力和很多追隨者；帕森斯也在他的《社會行動的結構》第一章前三頁對他有一些討論。但帕森斯說 1937 年之前美國的思想史完全籠罩在斯賓塞的影響下，這說法是不公平的。如果人們再去想一下美國的**社會學、社會心理學和社會哲學**，那麼這種說法何止是不公平，而是根本就是錯誤的。因為這些領域中有很多相當出色的代表學者，像是米德、杜威（John Dewey）、顧里（Charles Horton Cooley）、托馬斯、派克（Robert Ezra Park, 1864-1944），他們從來也不是功利主義或斯賓塞那一派的人。但帕森斯對他們隻字未提，更遑論討論他們相當有原創性、肩負著美國實用主義哲學的行動理論（見本書第七講）。如果帕森斯能對此有所討論，必然能從中得到莫大助益。斯賓塞的思想也絕不像帕森斯所說的代表了美國的社會學。相反地，就像威爾森（Raymond Jackson Wilson）一針見血說到的，斯賓塞在社會學或在其他相關學科當中，「**與其說是大師，還不如說是替罪羔羊。**」（Wilson, *In Quest of Community*, p.155）顯然帕森斯不這麼想，所以整個否認美國思想史對他自己理論計畫的重要性。

帕森斯**後來**完全承認他在《社會行動的結構》中與此相關的一些詮釋上的缺失。但是他也只承認說，上一講提到的價值內化方面，可以回顧美國的社會學和社會心理學來進行較好的討論。但此外帕森斯也不再多承認任何事。所以人們可以再想想看，為何他會如此堅持無視美國思想史的一些重要方面。他真的對此一無所知嗎？還是帕森斯任教的哈佛大學，和聚集知名實用主義思想家和社會學家的芝加哥大學（而且在

1937 年實用主義是很有影響力的）之間，背後有什麼過節嗎？之後我們處理與美國實用主義息息相關的「象徵互動論」理論方向時，對此會再多談一點，讓讀者再清楚了解這裡提到的在帕森斯的匯聚命題中有缺失是什麼意思。

2. 不過，連在**歐洲**思想家的選取方面，帕森斯的作法也不是沒有爭議的。很奇怪的是，帕森斯在《社會行動的結構》中對齊美爾幾乎隻字未提，即便如他後來在該書新版前言中坦言，這本書原本計畫有很長的篇幅專門討論齊美爾，甚至 1937 年著作付梓的時候這個章節也提交了。在這樣的背景下，他也自我批判地承認，他的確如上述那樣忽略了美國的社會心理學和社會學。

> 除了美國的社會心理學家，尤其是顧里、米德和托馬斯之外，在《社會行動的結構》，以及某種程度上在我隨後的著作當中，被忽略掉的最重要的學者，也許就是齊美爾了。有一件也許還蠻有趣的事情是，我其實在《社會行動的結構》裡撰寫了一章專門討論齊美爾，但部分出自篇幅因素，所以最後決定刪除這一章。齊美爾更多的是微觀社會學家而不是宏觀社會學家，此外，我認為他不是與其他學者同一個層次的**理論家**。（Parsons, *The Structure of Social Action*, p.XIV, Fn.10）

帕森斯說他之所以忽略齊美爾，決定不在《社會行動的結構》中仔細討論齊美爾，是出於篇幅考慮，以及覺得這位學者缺乏一個清楚的理論方向。說因為篇幅考慮，這還可以理解，但說齊美爾沒有清楚的理論方向，就讓人難以接受了。因為齊美爾明明就有一個精雕細琢的理論體系。只是他的理論不是基於人類個體的行動概念之上，而是奠基在**個體之間的關係與相互作用**之上。亦即齊美爾的討論方式不是理所當然地以個體（功利主義導向）的行動作為出發點，並且像馬歇爾和巴烈圖那樣討論規範和「最終目的」的意義。齊美爾的出發點更多的是人類最初的社會性，認為這個社會性來自人類在社會脈絡中打從一出生便開始進行的交織性。以此而言，齊美爾當然承認規範和價值的重要性，但人們實際上很難將齊美爾視作一位「尋常的」行動理論家，也很難將齊美爾的著作進展描述為向帕森斯的唯意志論的行動理論靠攏。若把齊美爾包含在帕森斯的《社會行動的結構》中，會危及帕森斯「精心策劃的故事情節」。事實上，帕森斯自己在 1979 年一封寫給他的追隨者亞歷山大（本書隨後也會討論這位美國社會學家）的信中也承認了這件事。這也就是說，帕森斯之所以刻意忽略齊美

爾，其實也是因爲他刻意想把他的理論中的一些問題給隱藏起來。

3. 除此之外，有問題的地方還在於帕森斯對馬克思著作的討論部分。帕森斯雖然沒有像討論另外四位歐洲大師那樣專章探討馬克思，但他還是在《社會行動的結構》中的兩個不同的地方討論過馬克思。不過這些討論都過於簡短。有趣的是，之所以這麼簡短，是由於帕森斯出於建立自己的唯意志論行動理論的企圖，把馬克思詮釋成一位非常重要的人物。帕森斯對馬克思的詮釋是正確的，他說馬克思一方面被驅逐至英國之後，越來越致力於提出顯然是在功利主義傳統中的政治經濟學問題；另一方面因爲馬克思的德國出身，所以馬克思也至少有部分內化了黑格爾的觀念論思想體系。如果帕森斯正好認爲他的行動理論就是要搭起觀念論和實證主義（或曰功利主義）之間的橋梁（Parsons, *The Structure of Social Action*, p.486），那麼顯然地，他就需要仔細討論這位在心中融合了觀念論靈魂和實證（功利）主義靈魂的學者。

> ……人們也許可以考慮將馬克思放在英國功利思想的邏輯框架中來理解，雖然……他跟大部分其他的功利主義者有點不太一樣。然而於此，他又將他的分析很大程度地與黑格爾傳統中的「辯證」演化理論相關聯。所以馬克思架起了一座連接實證主義思想傳統和觀念論思想傳統之間的重要橋梁。（Parsons, *The Structure of Social Action*, p.486）

不過帕森斯很有道理地假設馬克思的著作中並沒有很成功地將這些理論要素整合起來。然而儘管如此，就帕森斯自己的理論發展方向來說還是很有趣（如果不必要深究的話）的一個問題是，爲什麼馬克思這樣一位對世界史有著如此深遠影響的學者，沒有成功地把所有理論取徑眞正綜合起來。爲什麼馬克思失敗了？帕森斯沒有爲我們提供清楚的說明。

4. 再者，帕森斯假設法國的知識背景受到實證主義的支配，但這個假設也是值得商榷的。法國思想也許根本上是分化的（其實帕森斯也承認這件事），因爲否則幾乎無法解釋爲什麼法國在約莫 19 世紀末期，如生命哲學這樣的思潮會快速流行起來，以及爲什麼 20 世紀前半葉法國會如此熱烈地接納德國的理論傳統（參閱本書第十四講）。爲了找出與涂爾幹所提出的觀點相似，且能支援自己理論路徑（亦即特別強調理論和規範）的論點，帕森斯也曾至少回溯了法國 17、18 世紀的「德育」傳統

（對此，可參閱：Johan Heilbron, *The Rise of Social Theory*）和托克維爾（Alexis de Tocqueville）的思想。

5. 同樣地，帕森斯說德國思想史在很大程度上受觀念論的影響，也是可批評的。之所以值得批評，不是因為他這個說法完全是錯誤的，而是因為「觀念論」這個標籤可能會使人們很草率地忽略掉在德國思想史中對行動理論來說非常有趣的思潮。誠然，在德國思想史的某個階段經常提到「民族精神」、「德意志之魂」之類的詞彙。尤其在第一次世界大戰期間，德國知識分子會把這些詞彙當作針對戰爭對手的鬥爭概念，並且說所有在德國可以發現的文化現象，都直接是一種「英雄精神」的體現。以此而言，帕森斯把德國主流思想傳統的特色說成一種「流溢論」也不完全錯，因為德國的確有一種思想方式，認為文化現象和社會現象不過表達了一種如「民族精神」或「時代精神」的超個人的整體性。但是德國觀念論哲學的基礎，根本上是一種關於人類行動的觀點，這種觀點讓人們有很好的理由，去質疑占據帕森斯理論核心地位的「行動參照框架」概念。像是赫德（Johann Gottfried Herder, 1744-1803）就對某些行動形式有相當深厚的反思，而且這些反思是帕森斯的概念工具沒有掌握到的。赫德認為有一種行動旨在表達自我，亦即一種**表現**行動，這既不是（像功利主義所想像的那種）理性主義的舉止，也不是（像帕森斯所強調的）指向共同體或由團體所共用的那種規範。加拿大的社會哲學家泰勒（Charles Taylor, 1931-），借用德國的「表現人類學」，將赫德的表現行動概念詮釋得很好：

> 如果我們將我們的生活想成是在實現一種本質或形式，這就不只意味著把這種形式具體化成現實，而且也意味著用一種明確的方式界定了這種形式是什麼。……人類在實現一個觀念之前，不完全事先就清楚這個觀念是什麼；只有在全部實現之後，這種觀念才會變得完全明確。所以赫德認為，我的人性是獨一無二的，和你的不一樣，而且這種獨一無二的特質只有在我自己的生命當中才能顯露出來。赫德說，「每個人都有他自己的尺度，就如同每個人對他人都有自己的觀感。」這不只是說每個人都是不同的，不然赫德的說法就沒有什麼新穎之處了。毋寧是說，這種差異界定了我們每一個人想要實現的獨特形式。於是首次出現了這樣一個問題，亦即是否一種既定的生命形式，是某個個體或某些人的本真表現。（Taylor, *Hegel*, p.16f.）

　　泰勒這段引文的重要性有兩方面（以下也可另外參閱：Joas, *Die Kreativität des Handelns*, p.113ff.）。一方面，赫德和其他表現人類學（Ausdrucksanthropologie）傳統的思想家認為，行動不是一個在理性計畫下，由事先被給定好的目的、功利觀念等等所引導出來的，而是行動的意義是在行動中才慢慢對行動者顯露出來的。但另一方面，行動也不是由社會規範引導的；行動更多地可以說是由內而外的，對於規範更多僅僅是遵守而已。讀者不妨自己想想看在一些日常生活中的表現行動的例子，例如藝術作品的創作、優雅旋律的吟唱、藉助身上的首飾來進行的自我美學展現，或是舞蹈律動等等。讀者必然會承認，當我們在跳舞的時候，並不是為了（或至少不只是為了）一個事先被給定好的目的，也不是僅僅在遵守什麼規範。不過赫德關於行動者的自我表現行動概念，絕不是僅侷限在美學形式而已。赫德總是明確強調，行動中的自我實現也需要有他人的說明，或是在日子過得安穩和平的情況下，才有可能；儘管赫德的說法被一些相當自負、自稱為「天才」的人嗤之以鼻。

　　赫德的非理性主義的和非規範論的行動理解方式，乍聽之下還蠻吸引人的。但事實上讀者們不妨從日常生活中去想一些例子。在這些例子中，我們之所以會去從事這些行動，不是因為出於不理性的欲望，而是因為我們覺得這些行動本身比這些行動所要達到的目的還要重要。重要的是自我表現，而不是行動目的或遵守規範。我們之後有一講會討論新實用主義，那時候會再來談談這些現象和問題。這裡我們可以先提醒的是，表現行動模式很難用帕森斯的「行動參照框架」來把握，他的行動參照框架在這裡是完全行不通的。帕森斯之所以沒有注意到這件事，與他特殊的匯聚命題形式有關，也和他急於貶低整個民族思想史傳統有關。他沒有搞清楚，「民族精神的表現」的概念最初可以回溯到行動的表現模式。所以他批評德國思想傳統是一種「流溢論」，是對的，但他忽略這種行動模式，就沒什麼道理了。

· ·

　　總的，且一般來說，帕森斯提出的匯聚命題最值得批評之處，就在於他的匯聚命題是一個相對單一線性的進步史觀。帕森斯在他的《社會行動的結構》中，在言語之間顯然更偏好巴烈圖而不是馬歇爾（帕森斯崇尚巴烈圖也是因為巴烈圖**沒有**沾染他那個維多利亞時期的進步樂觀論的氣息），也就是說他對斯賓塞以進化論來建構歷史的方式是持批判態度的。但帕森斯自己卻也以信奉進步的態度來闡述思想史。這是他的

《社會行動的結構》中的一個矛盾，而他自己卻沒有看到。由於帕森斯的闡述實際上是信奉進步的，所以言語之間都透露著這樣一種信念，即認為有一條清晰可見的從古典社會學家通向帕森斯自己的進步道路（這也是「匯聚」這個概念所暗指的意思！）。所以帕森斯可能實際上也認為，他的理論框架比那些古典社會學家更優秀。不過這並不是我們在這裡要討論的重點。我們更多是想警告一件事，就是思想史**通常**是由「贏家」，亦即由得勝的理論觀點所書寫的。就像我們前文以赫德為例所舉的德國表現人類學的例子中可以看到的，不論是現在、過去，還是未來，後人總是可以從許多理論取徑中學到些什麼。就算這些理論被「進步」鄙視，就算這些理論原則上被人們遺忘了，我們都還是常常可以從這些理論中學到很根本的東西。如果認為人文科學可以透過「進步」，將**所有**過去很有用的人類生活與人類行動的經驗內涵「全部打包帶走」，並且也可以在理論層面涵蓋掌握過去的一切事物，那麼這種觀點對我們來說也太奇怪、太過於自信了。所以不只對於歷史學家，而且對於社會學家來說也是，回顧思想史是很重要、很值得做的事，因為人們永遠都可以從中發現新東西。當代德國社會學家們也許花了太多的時間去闡釋古典學者的思想和社會學這個領域的歷史，但這完全是正當，甚至是必要的，因為這有助於去挖掘一些舊的、被遺忘的，但卻也因此總是相當「新穎的」前人經驗，而且這些經驗會有助於改善當下的理論與解決新的理論問題。

· ·

　　至此，關於帕森斯的匯聚命題的形式和內容，我們已經提出了一些很根本的、我們認為真的很重要的批評意見。其他的一些批評對我們來說則沒那麼重要，即便可能有一些道理。**不過**，因為有一些不是很重要的批評我們前文還是提到過了，所以我們仍需要對此至少作一些簡短的討論。

　　我們在上一講就已經提到，帕森斯對功利主義的概念運用得太過寬泛。有論者指責帕森斯，說他關於功利主義的說法是錯誤的，也忽略了一些功利主義中可以發現的道德哲學和社會理論的論點（即便那些論點可能不是那麼重要）。對我們來說，這種批評沒有命中要害。因為有一些「更恰當地」詮釋功利主義的功利主義捍衛者，常常也很難真正把這個理論方向界定清楚。所以在一些情況下，這些捍衛者所援引的道德哲學的論點和學者，雖說牽涉的範圍和內容應算是功利主義的思想，但人們也還是可

以質疑這些所援引的論點和學者是不是真的全部都是**功利主義的**論點和**功利主義者**。帕森斯只是說，近代盎格魯－撒克遜哲學和古典政治經濟學大部分都交織著功利主義的論點。但他沒有說在這個傳統中所有學者都是澈底的功利主義者，他也並沒有說被他標為功利主義者的學者都只提出了功利主義式的論點。所以，如果反對帕森斯的命題，是因為認為斯密或其他學者的作品中還有非常不同和多樣的道德哲學論點，不是只有邊沁的「最大幸福原則」，那麼這種反對意見其實沒有什麼意義（這種反對意見可參閱：Charles Camic, "The Utilitarians Revisited"）。帕森斯也知道他所談到的學者提出過非功利主義的論點，所以他的論點鋪陳首先是關於狹義的功利導向行動模式（＝功利主義）的邏輯和理論上的必然後果，而不是關於歷史層面的適當概念定義或學者分類。他沒有要談英國思想史，他首先要談的是 19 世紀中葉之後，最終基於功利導向的行動模式之上的經濟科學。

還有人批評帕森斯所謂的匯聚其實根本上有顯而易見的分歧。因此有一些批評帕森斯的學者（參閱：Pope / Cohen / Hazelrigg, "On the Divergence of Weber and Durkheim: A Critique of Parsons Convergence Thesis"）認為，在涂爾幹和韋伯各自的理論發展中，其論點和主題都越來越顯著地分道揚鑣了，所以帕森斯的匯聚聲稱是荒謬不合理的，人們要擁護的應該是分歧命題才對。但這也是一個誤解。因為帕森斯的討論不是關於四個他所探討的學者在全部的思想內容上的匯聚，而是只關於某一個要點上的匯聚。這個要點就是唯意志論的行動理論的發展與探討，亦即這四個學者都在處理行動和社會秩序這兩個社會學的基本問題。

．．．．．．．．．．．．．．．．．．．．．．．．．．．．．．．．．．．

討論完了關於匯聚命題的爭辯之後，我們接下來討論關於帕森斯的「行動參照框架」的爭論，亦即對於帕森斯對行動的理解方式的批評。這裡同樣有一些重要的批評意見。

1. 關於第一個批評意見，讀者們可以用前文討論過的赫德的「表現行動」來理解。我們這裡再來重新提一個問題，即質疑是不是真的所有的行動都符合目的－手段框架，是不是除了達到目的和滿足規範之外，就沒有別的行動了。正如在我們對赫德的簡短解說中可以看到的，如宗教儀式、藝術等等就不符合這種範疇（這裡特別

可以參閱：Hans Joas, *Die Kreativität des Handelns*）。或是如果讀者們願意的話也可以說，在行動光譜的「另一端」，有一些活動是不適用於目的—手段框架的。讀者們可以想想看一些完全儀式性的行動，這些行動往往都是在還沒有什麼特別的意識、不是真的有什麼深思熟慮的情況下就做了的。讀者們自己就可以想見，事實上日常生活中有很多行動都是這樣完成的。比如做早餐。我們一年到頭常常都在做早餐，但這並沒有什麼根據給定的方法而清楚設置的目的，我們也不會在做早餐的時候參照什麼規範或價值。我們在廚房做的那些事（如從冰箱拿出黃油、煮咖啡、鋪桌巾等等），想必也稱不上一系列的計算行動。也許小時候第一次為父母準備早餐可以稱得上是計算行動，你必須好好想想早餐是否真的包含弄黃油、煮咖啡和布置餐桌。那時你必須想清楚每個行動環節，並逐一付諸實施。但到了今天你能很熟練地做早餐的時候，小時候做早餐時的目的設置早就已經被「吸收消化」了，我們不會再去多想那些事。這就是儀式化的行動。在執行行動時，早期的目的會直接蘊含其中，無須再多反思當下到底在做什麼、要達到什麼目標。所有這些，我們在第十二講討論英國理論家紀登斯（Anthony Giddens）時會再詳細討論。紀登斯正是注意到，帕森斯的行動框架在這方面是有缺陷的。

2. 帕森斯的「行動參照框架」受批評之處，還在於「客觀主義」的偏誤。根據這一觀點，帕森斯沒有真的考慮到行動者面對行動情境時認知的能力與侷限。對帕森斯來說，行動者似乎總是清楚看到行動的手段和條件，彷彿行動的手段和條件就明明白白擺在那裡、客觀地擺在那裡一樣。但行動者對他的行動狀況有多了解，是因人而異的，外在客觀地進行研究並不容易。關於行動者在既定條件下會怎麼做，社會科學家在得出可靠的結論之前，必須先研究行動者主觀的看法（參閱：Warner, "Toward a Redefinition of Action Theory"）。在討論與規範和價值有關的事情時，情況也是類似的。因為一個社會的規範和價值不是明明白白就擺在那裡，或是本就如此的，而是總是被行動者所**詮釋**的。反過來說，這些詮釋成果也需要被研究，才能理解行動者的行動。僅僅去考慮「客觀」存在的規範和價值，在這裡是無法有進一步幫助的。這些要點之後都成為社會學理論討論的核心主題，讀者在本書稍後討論象徵互動論、俗民方法論和紀登斯作品的章節中，就會看到。

3. 有一個對帕森斯的批評與上一個批評要點密切相關，就是帕森斯在討論「單位行動」時，雖然指出行動的情境是每個行動的條件，並專門探討這件事，然而他卻

避而不談行動的**後果**。帕森斯的作法彷彿是說，一個行動一旦達到行動的目的，這個
行動就結束了。這種分析方式，把單獨行動當作完全獨立的。但這種分析方式沒有想
到，行動的後果常常會直接反過來對行動者產生影響。不是只有**不同的**行動者的每個
行動會構成一串序列形態；**我自己的**行動也同樣會相互串連起來，因為行動也會產生
我必須作出反應的後果。帕森斯理應對行動的後果有確切的分析，加上他在《社會行
動的結構》中也詳細介紹與討論了巴烈圖關於行動副作用問題的研究。奇怪的是，帕
森斯在描述他的行動參照框架時，卻沒有考慮到巴烈圖這方面的看法。後來帕森斯的
其他同行，尤其是美國社會學家默頓（Robert Merton, 1910-2003），才首次提出行動
的「意圖後果」和「非意圖後果」的重要區分，亦即區分出我有意造就的事和我不想
要造成的事。但這個區分可能還是不夠的，因為在非意圖後果的範疇中，還可以再區
分出意料到的非意圖後果和意料之外的非意圖後果。可能我的行動後果中有一些嚴格
來說是非意圖的，而且我很清楚我無意引發這樣的後果；然而我還是做了，彷彿我本
來就想這麼做似的，因為我想得到這個行動所意圖的後果，而且這比起該行動中我不
喜歡的副作用來說更為重要。在這個情況中我會一併考慮到我行動的副作用，因為我
預先知道會有什麼副作用。但是當然不是所有無意造成的副作用都可以被預料到，甚
至能預料到的是極少部分。社會生活非常複雜，常常一個行動會帶來行動當下壓根兒
都沒有預料到的巨大後果。讀者們可以想想 1914 年在塞拉耶佛發生的刺殺事件。那
時候奧地利皇儲遭到暗殺所帶來的後果，是暗殺者絕對想不到的，因為沒有人（包括
暗殺者）能夠想像得到，這次暗殺竟會引發第一次世界大戰的大屠殺（對此的詳細解
說，可以參閱：Anthony Giddens, *The Constitution of Society*, pp.10-14）。

　　4. 與行動後果相關的還有一個問題，就是到底在多大程度上，從一個行動者的
行動、一個單次行動出發來進行討論，才是有意義的。帕森斯彷彿假定行動者似乎
都是自己自主地在行動；但他這樣討論「單位行動」，是不是導向了一個有偏差的觀
點？我們在前文談過，有論者批評帕森斯在《社會行動的結構》中忽略了美國的思想
傳統和齊美爾的理論，而這種不同於自主的單位行動的觀點，難道我們不應該也重視
嗎？像齊美爾的討論出發點就不是單一的行動者，而是**社會關係**，因為他有一個很有
說服力的觀點，即認為社會關係才是讓社會行動得以可能的人類原初社會性。人並非
一到世界上就是一個行動者，而是首先作為一個什麼都不會的嬰兒生在社會結構中，
然後才從社會結構中習得行動能力。因為人是先有社會性，才有行動能力的，所以把
單一行動者置於理論中心的作法都是有問題的。美國實用主義者，這裡尤其說的是米

德，也是從類似的觀點出發而提到這件事，而且他們的社會心理學的行動理論的觀點更加精緻、著重的要點也更加正確。但是，如我們在前文可以看到的，帕森斯在重構他的社會學思想的過程中，卻對美國的實用主義「冷淡以對」。讀者在本書後面談象徵互動論的章節中，對此會有更深的體會。

5. 帕森斯的行動參照框架受人批評之處還在於，沒有清楚交代什麼叫作「規範性的事物」。帕森斯在《社會行動的結構》裡面談到規範和價值，關於價值也談到「最終目的」，但這裡卻沒有真的去交代，規範和價值是否不同，以及如何區分，也沒有交代規範和價值到底是怎麼可以相提並論的。雖然當他談到「最終目的」的時候，將個人的「最終目的」和也許是屬於整個社會的「最終目的」完全區分開來，但他卻沒有再去追問，這兩者是不是有什麼關係。諷刺的是，人們也可以用類似於帕森斯指責功利主義的方式來指責帕森斯：帕森斯說功利主義避而不談功利觀念、願望、目的等等是怎麼來的，但他自己卻也不曾努力去追溯價值是如何**形成**的、從何而來的，即便他把價值置於他的唯意志論的行動理論的核心，而且對他的理論來說沒有別的概念比「價值」更重要的了。如果我們去讀《社會行動的結構》（和帕森斯後來的著作），就會有一種印象，覺得價值就是存在了。但我們要怎麼去設想某件事對人們來說變成一種價值了？還有，到底為什麼它會變成一種**共享的**價值？帕森斯從來沒有談過這件事，人們要找答案的話得從別處去找（對此，可以參閱：Joas, *Die Entstehung der Werte*）。在後文討論法國社會學（尤其是杜漢）和新實用主義的章節的時候，讀者會再看到對此的詳細討論。

6. 最後一項批評，與前面幾個批評的層次不一樣，而且**帕森斯自己**也注意到並坦承他理論的這項缺陷。這項缺陷是，在《社會行動的結構》中，他沒交代到底人類行動的動力是什麼。人們可以擁有某些目標和價值，甚至擁有為實現目標和價值而必需的手段，但實際上並沒有讓自己去實現這些目標。那麼行動的意志、努力、能量從何而來？帕森斯自己注意到，他沒有談到讓目標與目的從原本只是假想的存在方式**變成現實**的「努力」、動力。既然他自己都看到了這個問題，那麼回答這個問題就必然是他接下來的工作。

這六點對於帕森斯的行動參照框架的批評，請讀者務必記牢。原因有二。第一，《社會行動的結構》當然不是帕森斯的最後一部作品，而是第一部。所以我們必須去問，帕森斯有沒有看到這些批評，然後去處理它。這對於評斷他接下來的作品來說不是無關緊要的。第二，讀者很快就會從我們接下來的幾講看到，許多後來的社會學家都在處理帕森斯的行動參照框架，並且現代社會學理論發展的很大一部分都是在跟帕森斯的思想體系對話。我們列舉出來的眾多理論和理論家，都與這六點批判有關。

我們現在進入這一講的第二部分。請拋開《社會行動的結構》，來關注帕森斯接下來的著作。綜觀帕森斯的著作，可以看到兩件很特別的事：**第一**，他持續在潤飾行動參照框架。如同前文提到的，他完全知道他忽略了行動的動力問題。他沒有充分分析是什麼樣的能量實際上驅使著人類實現目標和價值。正是在這個時候，帕森斯開始潛心鑽研精神分析。他甚至接受了訓練分析（training analysis），也著手了解他那個時代其他相關的心理學理論。這都是為了要能解釋，哪一種在兒童幼齡時就已存在的驅動力深植在人格中，並在這個人的一生當中刻劃了這個人。帕森斯對精神分析的細密鑽研，清楚體現在他的著作中，並藉此對上述六點關於行動理論的參照框架的批判差不多都一併回應了，並將其作了富有成效的應用。不過在 1937 年之後，他處理的首先是另一個主題和任務，而且這個主題至少第一眼看來不太是以理論為核心，而是以經驗研究為核心。

1937 年之後，帕森斯首先感興趣的是醫療工作，並且他花了一年的時間去研究哈佛醫學院的醫科學生的行為。醫生和律師之類的都是一種「專業」，這些專業的傳統雖然可以追溯到資本主義興起之前，但在現代（資本主義）社會中這些專業的重要性一點也沒有減少。相反地，醫生和律師的數量一直在增加，而且其他有著相同結構的專業也都備受重視。這之所以值得注意，是因為像醫生這樣的專業在資本主義社會中是根據市場原則來收費的，但同時在這樣的專業地位中也都幾乎深植著相應於該地位的倫理，這種倫理清楚地約束了利己主義的市場原則。醫師必須根據這種倫理，將自身視為病人的僕人和助手，所以不能做什麼事或要求什麼東西，都以推進自己的市場地位或經濟利益為首要考量。一位緊急重症患者就算沒有付錢，醫生也還是會幫

助他。醫生不能做沒有意義的手術，即便病人希望醫生開刀並且願意付錢。對於帕森斯來說，這種專業現象之所以重要，是因爲這指出了資本主義事實上並不**只**遵循著功利原則，然後一步步消滅所有其他要素。帕森斯認爲，在市場邏輯中很清楚地有一種倫理系統，並不是所有非市場的東西都「煙消雲散了」（馬克思和恩格斯在《共產黨宣言》中就是如此預言，還有今天全球化的支持者和反對者也都總是如此聲稱）。大家可以看到，帕森斯就連經驗研究也都有一種理論套路。讀者們如果對這方面想多了解一點，可以去閱讀帕森斯 1939 年寫的文章〈專業與社會結構〉（收錄於 Parsons, *Essays in Sociological Theory*）。

第二件特別的事情是，1930 年末、1940 年初帕森斯的研究重點放在政治分析領域。就像其他美國的社會科學家一樣，帕森斯也被捲入美國政府的二戰計畫和戰後計畫。因爲那時候急需熟知敵國社會、敵國的主要問題、重建民主政體前景等問題的人才，因此關於 1933 年之前和納粹時期的德國社會，帕森斯寫過一些很優秀的論文和備忘錄。他分析過希特勒崛起的條件，尤其是探問，美國需不需要擔心會出現一個「美國的希特勒」。那時候，很多這類的論文沒有發表，因爲裡頭牽涉政府機密。不過，如果今天讀者們想讀帕森斯關於納粹的研究，當然就沒這個問題了。有本選集我們推薦讀者閱讀：《帕森斯論民族社會主義》（Uta Gerhardt, *Talcott Parsons on National Socialism*, 1993）。或是如果讀者想閱讀簡短一點的文章，我們也推薦他在 1942 年寫的論文〈前納粹德國中的民主與社會結構〉（"Democracy and Social Structure in Pre-Nazi Germany"），收錄於《社會學理論論文集》（Talcott Parsons, *Essay in Sociological Theory*）。儘管帕森斯的評估在許多方面從今天的歷史科學的知識來看，都是過時且有所侷限的，但他的分析還是遠遠好過於當時他在美國社會學界中的同儕。

· ·

從我們到目前爲止的呈現方式來看，人們也許可以猜想，1937 年之後，帕森斯的研究重點逐漸轉向經驗問題；或是從他對佛洛依德和精神分析的鑽研來看，他會繼續深化他的行動參照框架研究，尤其是試著克服被人們指出的、我們所謂的弱點。但情況並非如此。

從後來非常晚才發表的手稿〈行動者、情境、規範模式〉（"Actor, Situation and

Normative Patterns", 1939）來看,幾乎與《社會行動的結構》的寫作同時,帕森斯就已經開始思考一個更無所不包的**社會秩序理論**。他認為,他所發展出來的行動參照框架總的來看已經是完備且足夠的了。所以對他來說,問題顯然在於要再建立一套理論,以掌握和解釋不同的經驗秩序形式。在我們介紹《社會行動的結構》時讀者們應該已經知道了,帕森斯的出發點是觀察到,社會秩序已然存在了,所以功利主義的行動概念是錯誤的,或至少是不足的。他為此發展了「唯意志論的」行動概念,他相信這個概念可以用來理解社會秩序毋庸置疑的存在。在《社會行動的結構》中,對他來說,秩序本身不是重點,所以他在整本書裡一直也沒有明確把秩序加以理論化。但現在這個部分該補上了。為了要進行這項工作,帕森斯轉向秩序理論。在一些二手文獻中,人們貼上了一個相當恰當的標籤「規範主義的功能論」,而且在他的第二部主要著作,1951 年出版的《社會系統》中,也提出了這個術語。由於讀者對這個標籤可能還一頭霧水,所以我們會先來解釋一下「功能論」這個概念,好讓讀者了解,帕森斯秩序理論的真正方向是什麼。

● ●

　　功能論是一種思考方式。這種思考方式藉由指出社會現象為更大的整體發揮了什麼樣的功能,來描述(甚至解釋)社會現象。比如關於家庭,人們就會指出,家庭為更大的整體社會帶來了什麼樣的(功能性的)貢獻。這裡人們可能很自然會想到,這些貢獻有像養育年輕人,鼓勵他們長大之後進入職業生涯(這對社會非常重要),由家長傳遞社會規範(這對社會也同樣非常重要),諸如此類的。人們**也許**會說,家庭之所以會形成,是因為它為社會發揮了重要的功能。這裡簡短舉的例子,也觸及一種論點,這種論點的歷史源遠流長,並且在 19 世紀和 20 世紀中,在許多不同的思想體系和學科領域不斷出現。帕森斯採用功能論的思想形態,究竟是受到誰或是什麼思想的影響,已經不得而知。也許他在 20 世紀 20 年代,在倫敦經濟學院與馬林諾斯基(Bronislaw Malinowski, 1884-1942)的接觸,起了決定性的作用。馬林諾斯基在人類學研究中大力宣導功能分析方法。也許是因為帕森斯一開始是學生物學的,所以帕森斯注意到,器官對於整個身體和身體在環境中的持存是有**功能**的。又也許是因為帕森斯讀過馬克思的作品,而這起了決定性的影響,因為在馬克思那裡也可以發現功能論的論證(當然這種說法會有爭議)。對我們來說,最終到底是誰或什麼影響了帕森

斯，這個問題最終並不重要。關於馬克思理論脈絡中的功能論的論證，只是我們想舉出的一個顯著的例子，這是為了讓讀者了解功能論思想的特殊邏輯是有其獨特性和難度的，並且讓讀者不要把功能論侷限在那些明確提及功能論的討論中。

　　馬克思在他對資本主義的分析中，不斷強調所謂的「產業後備軍」，亦即失業人口大軍的存在。他認為這對於資本主義來說是很典型的存在。這種後備軍對資本主義來說是極其有用的，因為這會減少已經有工作的勞動者提出加薪的機會。亦即勞動者沒有真正強而有力的加薪手段，因為在要求加薪的抗議中，還有眾多想要有工作的人願意接受更低的薪資。所以任何的抗議都是徒勞無功的。這**首先**也就是說，失業人口大軍為資本主義的結構和動力，發揮了必不可少的功能。因為透過失業人口大軍，資本家有可能更低成本地生產和剝削勞動力。但馬克思在他著作中的某些地方進一步聲稱，失業者之所以存在，是**因為**他們對資本或資本主義來說是有用的，亦即因為失業者對資本主義系統是有功能的。換句話說，馬克思認為，是資本主義造成了失業者。

　　這乍聽之下好像有道理，但是仔細再想一下，就會覺得有點奇怪，因為這**同時**提出了**兩種聲稱**。當人們提出這種聲稱的時候（對於許多功能論的論證來說，這是很典型的聲稱），其實是很奇怪地把一個現象的原因和結果疊在一起。因為在前面的聲稱中，失業原則上是資本主義系統良好運作的**前提**或是（**共同**）**成因**。而在後來的聲稱中，相反失業卻是資本主義系統運作的**後果**。從科學邏輯來看，這是很成問題的，因為一個現象的後果或效果是在稍晚的時間點才能被觀察到的，但前提或成因則當然必須是在事前就存在的。對於功能論的論證，比方像在馬克思那裡，是把原因和結果疊在一起，或是把效果當作原因來看。我們在運用這種理論的時候，必須小心謹慎。尤其人們必須清楚一件事，就是當在指稱一個現象的功能時，一般來說並沒有在**解釋**這個現象。在這裡可以為讀者舉一個簡單的例子。動物對家庭，尤其是家庭中的小孩來說，具有重要的功能，因為它們可以培養小孩一種負責任的態度，或是讓小孩可以沒有拘束地進入大自然等等。但絕對不是因為如此，所以家庭當中才出現了寵物。或是如果說之所以會演化出金絲雀和玳瑁，是**因為**它們對家庭發揮了功能，這當然非常荒謬。這個例子也說明一件事，就是急於指稱或「發現」一個現象的功能，絕對不意味就說出了一個現象之所以存在的原因。大家要小心，不要簡單把宣稱功能和解釋當作同一回事！

　　不過，如同讀者以下將會感覺到的，社會科學，尤其是社會學，與功能論的聲稱和解釋常常是交織在一起的。在不同的脈絡中都會出現這種聲稱，不論是左派的學者還是右派的學者、馬克思主義者還是非馬克思主義者，都是如此。「功能」這個概念

的使用已經非常氾濫。而且在使用「功能」這個概念的時候，經常既沒有仔細解釋一個現象對於更大的整體來說**確切的貢獻**是什麼，也沒有解釋是否，以及如何能夠透過宣稱某個功能而可以**把事情解釋得更好**。這也難怪，在社會學中常常可以發現所謂的「功能論的偏見」，亦即假設所有發生的事情對於更大的整體的持存來說，都是必要的，亦即都是有功能的。當失業率提升了，這種觀點就會認為這無疑對「資本」來說有功能必要性，尤其是因為如此一來勞工的議價能力就會下降，薪資可以被壓低。當失業率下降了，這種觀點又可以反過來說，資本如何能夠有效使用和剝削勞動力，以及失業率的下降和相應的就業率的上升又因此多麼有功能。這為隨隨便便的論證大開方便之門，而且也沒真正解釋任何事。我們在介紹紀登斯的章節中會再回過頭來談這件事，社會學領域有一些很尖銳也很聰明的功能論批判者，只不過這些批判者又矯枉過正了，建議社會學應該最好在幾十年後把功能概念全部拋棄掉，而不是用比較鬆散的方式來運用功能概念。

不過，難道功能論的論點因此就毫無意義或是錯誤的嗎？錯，並不總是如此。第一，功能論的論點在研究過程中扮演了一個具有啟發性、有助於推斷真相的角色。雖然事實上在社會科學文獻中，當在指出功能關聯的時候，很少一併證明這些關聯是實際存在的。所以功能論的論點首先都只是一些貌似合理的假設。但假設無論如何都是需要驗證的！也就是說，功能論的論點可能也提供了一些能被證偽的假設。就算功能論的論點沒有解釋任何事，它還是指出了一條能真正解釋事情的**途徑**。第二，需要說明的是，僅僅只有當一種社會現象可以被指出有**實際上的回饋過程**的時候，功能論把原因和效果疊在一起的典型作法才是能被允許的。也就是說，當馬克思說失業者之所以存在是**因為**失業者最終對資本和資本主義是有幫助的，因此是有功能的時候，如果這種說法要能夠成立，馬克思必須不僅指出失業大軍對資本家是有用的，還必須指出，在資本主義中某些行動者（比如資本家）所謀劃的策略，實際上產生了某種失業勞動力的儲備庫，或至少鞏固了這種趨勢。或是再抽象一點來說，馬克思的論點必須指出，某種現象有什麼樣的後果，以及這些後果如何相當具體地對現象有回饋性的反作用，使得這樣的後果同時也是成因。

這種回饋效果可以是簡單的，或者動態的性質。關於動態的性質，可以以體溫為例。人體會透過補充能量、毛髮覆蓋、運動等方式來保持一定的溫度。如果體溫因為過多的運動而上升了，就會透過（冷卻性的）出汗來進行反向作用。而如果體溫在運動階段之後大幅下降，讓身體感覺到冷了，那麼為了發揮保暖的功能，身體的毛髮就會豎立起來，身體必須再透過攝取食物以補充能量等等。這裡有一種動態的、持續改

變的動態過程，讓人們可以觀察到**具體的回饋過程**。對於這種過程，人們就可以相對沒有問題地使用功能論的語彙。當然，是不是在任何環境下或在所有學科中，使用功能論的論點都是沒有問題的，也是可以商榷的。

　　無論如何，對功能論的補充說明已經指出，這種思想體系在社會科學中會很容易導致充滿問題的結論。既然帕森斯用功能論來建立社會秩序理論，那麼我們也就可以問，他是否能夠避免功能論的「陷阱」和問題。但在這之前，我們最後還要再提一件重要的事。我們已強調過，**任何**行動理論都會指向一種秩序理論，也就是說，一種行動理論也會需要一種秩序理論。帕森斯在 1937 年之後，興致勃勃地把秩序理論的概念化當作他的任務。但是功能論（而且在帕森斯那應該稱作「規範主義的功能論」）只是秩序理論的**一個**例子。功能論並非**就是**秩序理論。我們認為，帕森斯的行動理論**不必然**就會導致要採用功能論的觀念。但是帕森斯就是轉向了基於生物學觀念上的功能論（而且同時還使用了「系統」這個概念），如同他在我們上文提到的於 1939 年撰寫的手稿〈行動者、情境、規範模式〉所指出的那樣：

> 　　在某種意義上，社會系統傾向於「穩定平衡」，傾向於**作為**一個「持續運營」的系統以維持自身，並且結構模式若不是穩定地持存下去，就是透過發展歷程而持存下去。以此而言，它類似於（但**不**等同於）有機體，從短期來看它傾向於以生理平衡，或曰「動態平衡」來持存下去，長期來看則傾向於以生命循環的曲線來持存下去。（Parsons, "Actor, Situation and Normative Patterns", p.103）

　　帕森斯所說的「社會系統」是什麼意思，我們下文在討論帕森斯於 1951 年出版的《邁向一般行動理論》和《社會系統》這兩本闡述功能論最成熟的著作時，會作詳細的解釋。但首先當然還需要說明，為什麼要將帕森斯的功能論標示為「規範主義的」功能論。不過這對讀者來說不會太難，因為大家已經了解了帕森斯早期著作，也已經了解其中關於規範和價值的重要性。帕森斯的功能論和其他功能論的不同之處，僅僅在於認為**價值和規範**不論是對個體行動，還是對社會秩序的穩定來說，都具有核心的重要性。研究所有的社會現象，考察這些現象在**規範和價值**的持存與沿襲方面如何發揮功能，實際上會變成帕森斯之後的研究綱領。也就是說，規範和價值對帕森斯的功能論來說是一個出發點，一個最頂層的分析參照點。生物學當然不是這樣，對生物學來說最頂層的分析參照點是有機體在環境中的生存。其他社會科學的功能論，

甚至是馬克思的所謂「唯物主義的功能論」，當然也不是這樣。所以「**規範主義的**功能論」是一個很適當的標示，即便帕森斯自己並沒有使用這個概念，而是說「結構功能的」分析形式，亦即一種結構功能論的取徑（參閱：Parsons, *The Social System*, p.VII）。

讀者從上述引文中可以知道，帕森斯在建立他的秩序理論時使用了系統概念。當說到「社會系統」的時候，就已經表明了他知道還有**別的**系統。但我們按順序來，先解釋帕森斯所謂的「系統」到底是什麼意思。於此，我們可以來描繪帕森斯在合著的作品《邁向一般行動理論》中，最詳盡地發展出來的思想。

∙∙∙

從《邁向一般行動理論》這本書的書名就可以知道，帕森斯將行動理論，也就是他的「行動參照框架」，視作他建立秩序理論的出發點。讀者在上一講已經知道什麼是「行動參照框架」了，而且帕森斯實際上對這個概念沒有作太多修正。就算他用了一些不太一樣的術語，行動理論的地位在帕森斯的思想中依然沒有改變。行動者總是在某個情境中行動，亦即行動者會與某些對象，不論是非社會的（物理的）還是社會的對象，產生關係。而與社會對象產生關係，意指和其他人（行動者甚至可以把他自己當作這個「其他人」）或是和集體、團體產生關係。在行動過程中，行動者會選擇要專注於誰或什麼，要以誰或什麼爲**導向**。行動者的行動導向是一種選擇過程。如果這些行動導向集中在一起，產生了規律性，那麼帕森斯就會說有一種行動系統。

> 「系統」這個詞意指在相關的經驗現象中存在著一種明確的相互依賴關係。「系統」這個概念的對立面，是隨機可變性。但系統不意味著僵化。
>
> （Parsons, *Toward a General Theory of Action*, p.5, Fn.5）

在《社會行動的結構》中，帕森斯最關心的一個問題就是**不同行動者**的行動如何能夠結合在一起，因爲他想解決功利主義的「目的隨機性」的問題。在《邁向一般行動理論》中他又進一步問道，**單一行動者當中**穩定、規律的行動導向是如何實現的。同時，前文提到的批評，亦即指責帕森斯的行動參照框架概念缺乏動機元素，在《社會行動的結構》中從未解釋到底是什麼驅使著行動者，帕森斯在這裡也同時「作出回應」。因爲帕森斯運用了他在 1937 年之後對心理學和精神分析所進行的研究。他描

述了行動者的人格，如何透過具體的學習過程和早期童年經驗〔在童年經驗當中，佛洛依德（Sigmund Freud, 1856-1939）強調親子關係的性的面向扮演了很重要的角色〕，建立起認知的行動導向和情緒性的（亦即**情感投注的**）行動導向。與客體連結在一起的情感形式，被帕森斯稱爲「投注」（這是佛洛依德的一個關於性慾方面的依戀概念）。認知導向和情感投注導向會藉由**可評估的**導向，亦即可以評價或符合價值的導向，來加以**整合**。

> 有機體的整合，需要根據更大的評估單位在很久以後會發生的後果，對被直接感知到的客體和投注的興趣，進行評估和比較。評估的標準，要麼是真實性的認知標準、適當性的判別標準，要麼是正確的道德標準。（Parsons, *Toward a General Theory of Action*, p.5）

用比較簡單的方式來說：在任何行動中，認知動機、投注動機，以及最後（並且會涵蓋了認知與投注動機的）評估動機，都融合在一起，而且這也解釋了行動者爲什麼會被驅使要「努力」和想要去做些什麼。

這樣的背景下，我們可以明白爲什麼帕森斯會把人視作「行動系統」。因爲在人身上，基於上文提及的童年經驗和學習過程，由認知、投注、評價所相互交織出來的**穩定的**行動導向聚集而成。人的行動不是偶然的，行動導向會建立起一種模式。於此，帕森斯提到了「人格系統」，因爲人的行動會根據過去的體驗表現出一種一致性。

> 這種系統可被稱作人格，而且我們將會把人格定義爲個別行動者有組織性的行動導向系統和行動動機系統。（Parsons, *Toward a General Theory of Action*, p.7）

行動導向的聚集，當然**不是只存在於一個人中**，而是，如同我們在分析《社會行動的結構》時已經知道的，**也存在於許多人之間**。正是因爲有規範和價值，所以會形成穩定的行動導向和行動期待，並且從中產生**不同行動者**有序的相關行動。這就是帕森斯所說的「社會系統」。

> 社會系統……由諸個體的關係所構成，但這個系統是圍繞著內在於複數個別行動者的社會互動或從中產生的問題所組織起來的，而不是圍繞

> 著伴隨單一行動者的行動整合所產生的問題所組織起來的……（Parsons,
> *Toward a General Theory of Action*, p.7）

　　然而「人格系統」和「社會系統」並不是在經驗上可以真正區分開來的現象，它們沒有自身的實質領域，而是一種表述方式，在這裡是在呈現（用科學理論的話來說，就是）**分析方面**的區分。要關注人格系統，還是要關注「社會系統」，可以隨研究者的興趣而異。因為一方面，行動者當然是一個人；但同時，他某部分的人格也會鑲嵌在與其他行動者的互動脈絡當中。所以研究者不能將之當作兩個實質區分開來的「對象」或「現象」來看待。

　　帕森斯還從這兩個系統中再區分出一個系統，不過在他發展的這個階段，還**沒有**把這個系統理解為一種**行動**系統。這個系統是「文化系統」，這是與文化象徵相關的有序事物。在這裡，帕森斯涉及的問題是，觀念或信仰系統是如何關聯起來的？表述符號、風格或藝術流派，如何建立出一個比較同質的整體？或是社會的價值如何表現出某種內在相關性？

> 　　……文化系統有自己的整合形式和整合問題，不能簡化成人格系統、
> 社會系統，或兩者的總和。文化傳統本身是所導向的對象，也是行動導向
> 當中的元素，它必須同時根據概念和經驗來和人格系統和社會系統相關
> 聯。除了體現在具體行動者的導向系統之外，文化即便會作為人造物和象
> 徵系統而存在，它本身仍不是以一種行動系統而組織起來的。（Parsons,
> *Toward a General Theory of Action*, p.7）

　　讀者在這裡可以發現，難怪系統在帕森斯的理論中具有這麼大的重要性。因為系統牽涉價值與規範，而帕森斯在《社會行動的結構》中討論行動的協調時，價值和規範的解釋就已經處於核心地位了。價值出自文化系統，而且價值必須透過兩個過程來牢牢確立在兩種行動系統當中：一個是人格系統的**內化**過程，另一個是社會系統的**制度化**過程。因為我們稍後會再仔細討論制度化，所以這裡我們先簡略地談一下內化。

　　帕森斯藉著加強對**行動動機**的關注，區分與此相關的認知動機、投注動機以及評估動機，努力對原本行動參照框架當中至少**一項**弱點進行彌補。投注概念指出了與客體的連結和對某些客體的排斥。同時帕森斯也回顧了佛洛依德的理論要素，指出「性」的重要性，並且強調生物驅力如何轉變成特殊的幻想，接著轉變為行動動機。

而人類的行動驅力和文化價值是交織在一起的，這就是「社會化」過程。透過社會化過程，人類就將投注動機和評估的／具有價值的動機連結、交融在一起，因為比如父母會傳遞價值、象徵和信仰系統，並且這些價值、象徵等等，會藉著由幼童的性領域所轉變來的驅力能量而持續被吸收、接受。也就是說，在社會化過程中驅力會積累成價值，以此驅力就會變成被社會接受的形式。孩童於是就「內化」了社會的規範和價值。

一旦考慮到內化過程的重要性，那麼文化系統當然就具有極高的重要性了。不過它只是行動系統的一部分。再次強調，「人格系統」、「社會系統」和「文化系統」都僅僅是分析上的區分而已。

. . . .

若人們把到目前為止所介紹的帕森斯的論證步驟好好檢視一番的話，就會發現，他藉著指出行動的認知、投注和評估**動機**，擴展了一般行動參照框架，以此將一般行動參照框架大體上保留下來了。這裡真正創新的地方在於，他將系統概念帶到一個相當關鍵的位置，並由此出發來發展他的社會秩序理論。儘管談到了不同的系統，但所有這一切在他參與編纂的《邁向一般行動理論》中已經初步提出來了。

不過真正有計畫地呈現帕森斯這些想法的，是他另一本大部頭著作，也就是與《邁向一般行動理論》同一年出版的《社會系統》。在《社會系統》中帕森斯認為，一般行動理論與一般秩序理論，都必須把這三個系統全部考慮進去。不過不同的學科和子學科會有不同的重點。知識社會學的優先任務（也許哲學和神學等等也一樣）是分析「文化系統」，心理學致力於「人格系統」，而社會學的任務則首先應該處理「社會系統」。在「社會系統」發現並指出的理論問題和經驗現象，應該是社會學的主要研究對象。

當然，唯有我們去處理「一個社會系統具體來說到底是什麼」的問題時，社會學的研究對象才會是帕森斯說的那些東西。到目前為止，帕森斯只給了我們一個抽象的定義，只是告訴我們社會系統與另外兩個系統不一樣。所以帕森斯首先清楚指出，社會（society）就是社會系統（social system）。

一個社會系統，會以它自身內在所擁有的資源，來滿足長期持存所需

> 的一切本質方面的、功能方面的先決條件；這種社會系統被我們稱作**社會**。
> 「社會」這個概念並不是說，社會在經驗上無論如何都不應該與其他社會相
> 互依賴，而僅是說社會應該包含作為一個獨立持存的系統所要具備的結構
> 基礎和功能基礎。（Parsons, *The Social System*, p.19）

依照帕森斯的說法，社會原則上是一個獨立的、自給自足的社會系統，同時社會
裡面還包含著無數的社會系統，包含著人與人之間與行動有關的有序事物（雖然與行
動有關的有序事物並非無所不包），例如機構、團體、家庭等等。團體、家庭等等也
是社會系統，只不過不像「社會」這個社會系統那麼自給自足。也就是說，各種不同
形式的小系統，會跟「社會」這個最大的社會系統交織在一起。

帕森斯在此強調，首先要做的是一般性地分析社會系統的**靜態狀況**，也就是確
立構成「社會系統」的元素，然後去問社會系統的**動態狀況**，亦即去問社會系統是如
何，以及透過什麼方式而變遷與改變。對於社會系統靜態狀況的強調，也直接造就了
「功能前提」的概念。所謂的功能前提，意指讓作為「社會系統」的行動系統得以持
存的**一種**必要條件。

> 首先，一個社會系統的結構不能與個別行動者（亦即構成社會系統的生
> 物有機體和人格）的運作條件完全不相容，也不能與文化系統相對穩定的整
> 合的條件完全不相容。其次，在這兩方面，社會系統仰賴其他系統的最低
> 限度的必要「支援」。亦即，它必須與它的角色系統的必要條件有足夠的一
> 致性，要能夠積極地滿足期待，並且消極地避免太多的破壞性的、異常的
> 行為。另一方面，它必須避免文化模式無法界定秩序的最低限度或對人提
> 出不可能的要求，以免產生某種程度上與穩定有序的發展的最低限度的條
> 件不相容的異常和衝突。（Parsons, *The Social System*, pp.27-28）

就算讀者沒有完全讀懂這一段在寫什麼，應該也可以看出來，帕森斯在談論一種
會發揮功能的「社會系統」，而且社會系統有一定的穩定性，相對來說不會有衝突。
但社會系統若要有一定的穩定性且不會產生衝突，必須使得參與互動的人格系統在社
會系統中，發展出足夠的動機與這個「社會系統」「共舞」，並使得文化系統能提供
所需的價值和象徵，保證「社會系統」中的互動參與者會有序地參與互動。這種人格
系統和社會系統之間的相互滲透，以及文化系統與社會系統之間的相互滲透，對於一

個「社會系統」的持存來說，是最基本的前提。此外帕森斯還補充，每個社會系統當然也必須解決配置問題（這裡的配置意指財物的分配，這也等於指出每個系統在任何情況下都會需要物質資源），並且必須將系統的內在任務進行分化（*Toward a General Theory of Action*, p.25）。所以現代社會當中的家庭，既需要錢，也需要在家庭成員之間形成一種分工組織，才能無礙地持存下去。

如果人們再追問社會系統的**元素**是什麼，那麼毫不意外，帕森斯會說是個別的行動以及行動者自身（行動者可以是一個團體或集體）。但他還指出一些其他的元素。這個元素在上段引文當中就已經出現了，也就是「社會角色」：

於是我們可以說，涉及個別行動者，並且是涵蓋了從最基本的個別行動者到最複合的個別行動者的社會系統，有三種不同的單位。第一種是社會行動，它由行動者所表現出來，並指向一個或多個被視為對象客體的行動者。第二種是身分角色，身分角色是一位或多位行動者的行動子系統，並且這種行動子系統是具有組織性的。同時這（些）行動者具有被給定的互惠身分，根據被給定的互惠方針對彼此進行行動。第三種社會單位就是行動者本身，所有具有組織性的身分系統和角色系統都會涉及行動者，行動者於此是一個社會對象客體，亦是角色活動系統的「創造者」。（*Toward a General Theory of Action*, p.26）

社會角色，或曰身分角色對帕森斯來說之所以如此重要，與我們已經熟知的秩序問題有關。這個秩序問題產生自若干行動者的行為彼此相互關聯的情況：共同行動究竟是如何成真的？即便在日常生活當中，共同行動的實現並不成問題，但從社會科學家的分析觀點來看，這是很成問題的、絕非自然而然的。眾所皆知，帕森斯的回答牽涉價值與規範。不過價值與規範必須先得到**清楚說明**，**被轉化**成清楚的規範，然後變成制度，溝通和共同行動才不會失敗。價值必須藉助制度才能變得具體，也就是說價值必須**制度化**。於此，角色概念便有一席之地了，而且角色概念還是 20 世紀 50 年代、60 年代的社會學**諸多**核心概念之一。角色是行為模式，是行為規章的集合。我通常自己會符合、必須符合，也願意符合這些行為模式、規章。我身邊的人也會期待我這麼做。如果我的行為讓人失望了，亦即作出了錯誤的行動，那麼其他人會以懲戒、鄙視等形式來制裁我。由於角色也道出了價值，所以角色保證了人類有序的共同行動。

> 唯有將制度化的價值內化進行動者，社會結構中的行為動機才會產生
> 整合，更深層的動機才會獲得控制而滿足角色期待。唯有當這件事以很高
> 的程度發生了，才有可能說社會系統是高度整合的，並且集體利益和構成
> 集體的成員的私人利益才可以說趨向一致。（*Toward a General Theory of*
> *Action*, p.42）

　　事實上，對於帕森斯的這個理論建構的這個階段來說，角色概念是非常關鍵
的。這可以從兩方面來看。一方面，將這個社會學的概念擺在核心位置，跟帕森斯的
理論有很清楚的一致性。帕森斯可以藉此進一步延伸他尤其在《社會行動的結構》中
已經在進行的工作，亦即將社會學和其他科學清楚劃分開來。正因為他在分析「社
會系統」時極為重視角色概念，所以他可以論證說，社會事物可以不源自自然。帕
森斯於此是想與生物學劃清界限。但光這樣是不夠的。憑藉角色概念，帕森斯可以指
出，社會事物並非直接源自文化（這是要和文化科學劃清界限，部分也是要與文化人
類學劃清界限的策略），並且也不是源自一些個別行動的單純總和（這針對的是心理
學）。憑藉角色概念，帕森斯漂亮地論證了社會事物的獨特性，也論證了社會學這門
學科是必不可少的。

　　另一方面，角色概念完全體現了帕森斯的「規範主義的功能論」的基本思想。因
為角色概念一來詳細呈現了規範和價值，二來同時滿足了系統的功能要求：

> 從社會系統的運作方面來看，角色是首要機制，系統的基本功能前提
> 是藉由角色來滿足的。（*Toward a General Theory of Action*, p.115）

　　憑藉角色概念，帕森斯很好地說明了社會系統的某些「任務」是如何，以及透過
誰來執行的。比如母親角色或父親角色為「家庭」這個社會系統的運作作出了什麼貢
獻。那麼，一個學校班上或小團體中的「開心果」或「怪咖」又執行了哪些功能呢？
現代媒體社會中的政客角色，對比以前的政客，是否改變了，以及為什麼改變了呢？
一個大型股份公司的董事會主席的角色該怎麼明確定義？這個角色對企業來說又執行
了什麼功能？所有這些問題表面上都可以再不斷提出來，然後在一個整體的理論框架
中「加工討論」。

　　帕森斯的「角色理論」當然不是說行動者必然會不計個人得失地自動「按照劇本
演出」角色。他在著作中某些地方也說了，除了遵照規範的行為之外，個體面對系統

時當然也會有完全脫離角色期待，或是以更有創意或另類的方式對待角色期待的情況（*Toward a General Theory of Action*, p.24）。帕森斯的一些同事，比如前文提到的默頓，就注意到，在一個人的角色之內、角色之間，自然總是會有衝突和悖離，這對社會變遷理論來說正好可以是個要點。不過帕森斯的分析所牽涉的，一直都是系統的**持存要求**，這也讓 20 世紀 60 年代和 70 年代的社會運動，對帕森斯的思想抱持著不信任的態度，因為那時所提出的批判問題，首先就是針對要如何有可能**超越克服**現有的系統，但是角色概念卻首先適用於描述**現有**結構的運作。很奇怪的是，帕森斯在那個時候幾乎僅僅專注於社會行動和社會秩序。對社會學來說很重要的**社會變遷**分析，很長一段時間被他拋在腦後。不過我們下一講會再來討論這件事。

＊＊＊＊＊＊＊＊＊＊＊＊＊＊＊＊＊＊＊＊＊＊＊＊＊＊＊＊＊＊＊＊＊＊＊＊

　　無論如何，帕森斯用這種結構功能論的理論，在很大程度上預先為當時社會學的經驗研究實踐架起了一個結構。我們在這一講的尾聲來簡短談一下這件事。帕森斯的功能論，不只對他的追隨者來說，而是對於整個社會學而言，是為經驗研究的綱要提供一個出發點，尤其對兩個主題領域更是如此。這兩個帕森斯自己就曾提過的領域，就是在《社會系統》中的一章提到的角色學習，亦即社會化，以及偏差行為。事實上，社會化研究就是從帕森斯那裡得到啟發，而蓬勃發展的。比如，在社會學意圖自我宣稱為獨立學科的背景下，社會化研究可以透過對**社會角色學習**的研究，而與生物學和心理學區隔開來。與心理學相區別開來，也正好牽涉一件事，就是社會學的社會化研究涉及的是不同於發展心理學的另一個主題：社會學這裡的核心重點不是孩童道德能力或認知能力如何根據自身的邏輯發展起來，而是將人放置到社會秩序中，還有將社會化視為一個一直到老都必須持續進行的過程，而不是僅止於童年的過程。

　　另一個主題則正好跟第一個主題相反，主要是犯罪社會學和「偏差行為社會學」所研究的某些人的價值內化**正好不**成功的**那種**狀態，或是研究為什麼在某些社會領域中價值的內化是不夠的，並且因此相應地產生偏差的、不符合規範的行為。帕森斯的理論對這方面的影響是很大的，因為借用他的理論，這個所謂的偏差行為研究的領域可以在理論層面很紮實地建構起來。當然這裡必須避免一個可能的誤解，就是帕森斯和以帕森斯的傳統進行研究工作的社會學家僅僅聲稱，社會秩序是由價值和規範所凝聚起來的，所以偏離這些價值和規範的行為在任何一種秩序中都是成問題的，這些行為要麼被嚴厲懲罰，要麼被譏諷訕笑或搖頭歎息。但帕森斯和他同事的意思當然不是

說，偏離秩序的行為都是**該**被懲罰的。就算是帕森斯式的研究綱要的批評者有時候也會說，功能論的偏差行為理論可以描述和（也許能）解釋偏離秩序行動形式。不過接下來的政治目標或社會政策目標當然就與此理論無關了。

....

不過我們回到純理論的部分來結束這一講。帕森斯沒有始終停留在這裡所呈現的理論立場，這也表現出他在 20 世紀 50 年代的巨大創造性。他不斷以他自己所謂的「結構功能論」的理論體系為核心主旨來進行研究。在他進一步的研究中，有些早期的發展沒有再繼續、中斷了，有些則陷入理論的死胡同；但從許多方面來看，他還使在《邁向一般行動理論》和《社會系統》中發展出來的立場更加激進化了。這是下一講要來談的主題。

第四講

帕森斯與規範主義功能論的
進一步發展

　　帕森斯在 1937 年出版的《社會行動的結構》中奠定了他的行動理論的根本基礎，在 20 世紀 50 年代初期出版的《社會系統》與幾乎同時出版的姊妹作《邁向一般行動理論》中，大力發展了秩序理論。在這之後，他的研究也透過對後續的理論問題的處理，取得了優秀的成果。當然，很快就顯而易見的是，他的行動理論和他的功能論的秩序理論之間有某種張力，亦即這兩者之間的關聯是不清楚的。雖然帕森斯進一步將他的行動理論處理得更精緻與更豐富，也用了一些新的觀念讓他的功能論的秩序概念擁有更紮實的基礎，但帕森斯終究都沒有成功地將這兩種理論模型如眾所期待的那樣整合在一起。而且，沒錯，事實完全相反：帕森斯將這兩個理論修飾得越多，這兩個理論就越明顯地無法真正調和在一起。並且回過頭來看他 20 世紀 50 年代的早期著作到 1979 年過世為止這之間的理論發展，讓人有一種印象，就是雖然他理論的許多焦點都更進步了，但他再也無法完成一種真正的綜合，無法造就出一體成形的宏大理論。當我們在這一講介紹帕森斯這一個階段的理論發展時，讀者如果覺得帕森斯「中晚期」的著作，好像是另外一個理論的基石而不是一種與前期保持一致性的理論的話，這是很正常的。從 20 世紀 50 年代早期以來，我們至少可以從他的研究中辨別出五個有理論重要性，但差異性非常大的理論領域。

　　1. 首先，在與《社會系統》同時出版的（也是我們已經提過很多次的）《邁向一般行動理論》中，帕森斯的抱負是持續建構他的行動理論，並以此**直接**走向秩序理論；也就是說，他想將行動理論與秩序理論緊密結合在一起。帕森斯至此發展出來的「行動參照框架」完全是抽象的，也僅僅指出了一些行動的元素，但沒有說清楚行動

會朝向哪些方向、可以朝向哪些方向，或是也沒有說清楚行動會設置、可以設置哪些具體的目標等等。人們也可以說，帕森斯在《社會行動的結構》和在精神分析的影響下所進行的接續研究中，幾乎僅僅只討論行動的抽象「形式」而沒有討論行動的「內容」。但現在的情況不一樣了。帕森斯在 20 世紀 50 年代初期為自己立下了一個任務，要將他的行動理論和一個無所不包的行動取徑（或行動選項）類型學相關聯。藉此他想要說清楚，人類行動**可以**採取哪些內容，以及行動有哪些目標或取徑是可以預見的。當然，帕森斯已經有了一個榜樣，就是韋伯著名的行動類型學（可以參閱收錄在韋伯《經濟與社會》中的《社會學的基本概念》），其中區分出了目的理性行動、價值理性行動、傳統行動以及情感行動。帕森斯想再推進類似於此的系統分類，並勾勒出他所謂的「模式變項」（pattern variables）。模式變項意指人類行動會在五組二分選項當中游移，人類每次採取行動時都必須在這五組互斥二分的可能選項當中進行選擇。帕森斯指出，這五組二分選項是：

(1)情感—情感中立

(2)自我取徑—集體取徑

(3)普遍主義—特殊主義

(4)繼承—成就

(5)特定—寬泛（Parsons, *Toward a General Theory of Action*, p.77）

第一組二分選項牽涉的，是我可以，也必須決定我的行動取徑是否強烈地基於情感之上。在我的某些行動當中，情感是重要的，甚至某些情感扮演了決定性的角色。我的私人生活和情感生活即是例子。在其他領域或情況當中，情感是次要的，比方在工作當中，我對學生的指導最好不要帶有太大的情緒（也就是「情感中立」）。而我在每個具體的情況下都必須決定，關於我的情感怎樣才是適當的。

還有，每個行動也必須在「自我取徑」和「集體取徑」中進行選擇。亦即，我做這件事僅僅是遵循著我自己的利益，還是遵循共同體的利益。人不能總是只遵循自己的、也許是利己的目標，有時候也必須考慮到集體和集體目標。

在第三組二分選項當中，關於我所有的決定和行動，都必須捫心自問，我是否要真的遵照著關涉所有人的準則來行動，還是要遵照著僅針對特定團體的準則來行動。帕森斯認為，人類行動總是含有規範面向，所以我必須搞清楚，我認為有效的規範具體來說對誰而言是有效的。我是要根據對所有人來說都是相同的規矩來行動呢？還是根據僅針對我的鄰居、朋友或親戚的規矩來行動？「你不能殺人！」這個規則要保護的是所有人（所以是一種普遍主義的規矩）呢？還是這規則只牽涉共同體當中的人，

甚至是某些特定的人，所以殺害陌生人或「非我族類」的人是被允許的，因此屬於特殊主義的行動取徑？

第四組二分選項指出，我的行動和判斷必須區分出，我是不是要根據背景、出身、外貌等等來判斷其他人，亦即是否根據並非自己造成的一些繼承特質來判斷他人，還是要根據他人的成就和功績來評估他人。

最後一組二分選項，則是在考慮到所有可能面向，因此也比較寬泛的行動，與專注於清楚而有限的任務，因此也是比較特定的行動之間，進行選擇。我作為一家之主的行動是寬泛的，因為我期待的行動包括經濟方面（我必須照顧家庭）、社會方面（我也許會有參與當地學校的家長會活動的任務），還有情感方面的（我是個深愛小孩的父親）。而當我身為供暖設施裝配人員時的活動，就比較特定，我就只要明確如實完成工作上的任務即可。

....

關於帕森斯這個後來非常有名的模式變項，有兩個可能的誤解一定要避免。

第一，帕森斯提出來的這個行動類型學，顯然比韋伯提出來的行動類型學還要複雜。不能簡單認為這兩者就只是行動類型數量不一樣而已，也就是不能把帕森斯的五種模式變項跟韋伯的四種行動類型簡單作對比，然後說帕森斯的行動種類不過就是變多了而已。韋伯提出的是四種行動類型，並且一個行動若不是目的理性的，就是傳統的，不能同時既是目的理性行動又是傳統行動；若不是情感的，就是價值理性的，不能同時既是情感行動又是價值理性行動。但帕森斯的這五個模式變項不是行動類型，而是**二分選項**。因為原則上這五組二分選項是可以結合起來的，所以照理來說從中至少可以推導出 32 種行動類型（因此這個概念才被叫作「模式**變項**」）。讀者們可以簡單算一下，五組二分選項群組合起來是不是共有 32 種行動的可能性或類型。這也意味著，一個情感中立的行動，會因為再結合剩下的四個二分選項，而成為完全不同的情感中立行動。一個情感中立行動可以同時是自我取徑的、普遍主義的、成就取徑的、寬泛的，或是採取截然不同的變項組合方式，而形成完全不同的行動方向。不過，帕森斯提出的行動類型雖然明顯比韋伯所提出的類型還要多，但這不代表什麼。類型區分必須在實際研究當中獲得證明，可是帕森斯馬上就說了，不是所有理論上可以從模式變項推導出來的行動類型，都可以在經驗研究中找到。我們可能會懷疑，模

式變項也許不像帕森斯所說的那麼有創意、那麼有系統性，眞的可以把實際上**所有**想得到的行動可能性都包含在內；因爲讀者都可以再追問，是不是除了帕森斯這五個既有的二分選項之外，就再也想不到別的二分選項了。儘管如此，藉由模式變項，帕森斯無論如何還是能比韋伯更敏銳地掌握各式各樣的行動取徑可能性。

　　第二，當帕森斯說，每個行動者在行動時都會，或必須面臨五個二分選項的選擇時，他並不是說行動者都是很理性地在進行選擇，也不是說行動者在行動時像計算器一樣都會對這五個二分選項的複雜選擇後果進行反思。帕森斯要說的只是，人們**會進行**選擇，不論或**隱**或**顯**、有意還是無意。然而隱的、無意的「選擇」表明「選擇」是由這些二分選項事先建構起來的。這種事先建構尤其表現在人格系統、社會系統和文化系統的層次上。當我們面對行動取徑的選擇，且要完全自由且有意識地下決定時，這三個系統都可以減輕我們的負擔，以此爲我們的行動開闢一條道路。在人格系統那裡，「……在一般的情況下，或牽涉某些特殊的情況，在面對兩難的這個決定或另一個決定時，人們會有一套選擇**習慣**」。在社會系統的層面之所以事先有結構，是因爲社會系統有「角色定義」這件事，亦即「**界定出集體成員的權利和義務，指明角色所要履行的行動，並且也常指明角色扮演者應該要展現出面對兩難時會習慣選取哪一邊。**」最後，關於文化系統，選擇也不完全是自由的，因爲在行動中所付諸實踐的大多數的價值標準，也正是「具體行動的規則和步驟」（Parsons, *Toward a General Theory of Action*, p.78，著重處爲約阿斯和克諾伯所加）。透過教育和我們身處其中的文化，我們在考慮我們的行動取徑時，不是完全自由的，而是總會有相關的事先結構在發揮作用。

　　正如上述評論所揭示的，帕森斯似乎將他透過「模式變項」的想法所發展出來的行動理論，與我們在《社會系統》一書及其對三種系統的討論中所看到的秩序理論，成功地結合在一起。因爲我們在上述引文中可以看到，帕森斯似乎能夠把模式變項「植入」他所提到的三個系統當中。甚至帕森斯藉由他的模式變項所能做到的事還有更多：帕森斯很快就指出，模式變項不只對於他的**行動理論**的內容補充方面很重要，而且在描述具體的**社會秩序**時，模式變項也爲一直困擾古典社會學的核心問題提供了解答。

　　要了解帕森斯這話的意思，就必須先簡短回顧一下**古典**社會學理論。在社會學草創階段，經常可以看到許多學者在用二分的概念來劃定社會秩序類型的範疇。像是滕尼斯將「共同體」與「社會」這一組差異引進了社會學的語彙當中；涂爾幹則是談到了「機械連帶」和「有機連帶」這組對立，以此劃分出某些社會形式。這種簡單的

二分法不是只有在這些學者那裡才看得到。尤其還可以補充的是，只要人們認為，歷史過程必然會從機械連帶社會朝向有機連帶社會、共同體形式必然朝向社會形式而變遷，那麼不只涂爾幹和滕尼斯，許多他們的後繼者也會得出這種簡單二分的歷史哲學的推論。帕森斯特別注意到這個問題。他直接提到滕尼斯，認為他五個模式變項就是在對滕尼斯非常簡化的「共同體—社會」這種二分法進行重構，亦即用我們上面引用到的那五組二分選項進行組合，將**其中的一面**標示為典型的「共同體」的行動類型（「情感」＋「集體取徑」＋「特殊主義」＋「繼承」＋「寬泛」），將另一面標示為「社會」的行動類型（「情感中立」＋「自我取徑」＋「普遍主義」＋「成就」＋「特定」）。這種作法的好處不只在於可以用模式變項更準確地描述滕尼斯提到「共同體」和「社會」這兩種社會形式時根本上想表達的意思，而且這種模式變項的作法還可以消解在滕尼斯及其後繼者那裡可以觀察到的這兩種社會形式之間原則上的兩極化。因為，需要再次強調的是，這五組二分選項彼此之間原則上完全可以用不同的方式組合起來。帕森斯指出，社會秩序是非常複雜的，遠比滕尼斯的劃分方式還要複雜，因為人們可以混合和組合出各式各樣的行動取徑和行動類型。藉此，帕森斯可以將常常連結了涂爾幹和滕尼斯的概念的、潛在的歷史哲學拋在腦後。因為，模式變項的要點並不是說早期的傳統社會形式就僅僅是情感的、集體的、特殊的、繼承的、寬泛的行動取徑，然後今天現代的社會秩序就完全是相反的。帕森斯的立場完全不是這樣子的（這有時候連他的擁護者都沒有搞懂帕森斯的立場）。正是因為透過引入模式變項，所以他清楚看到的是，比如像現代社會，可以被視作混合了**各式各樣**行動取徑的獨特混合物。反過來說，傳統的共同生活形式當然也是如此。傳統的共同生活不是像滕尼斯式的範疇中所提到的那樣，只包含「共同體的要素」而已。這種混合關係，可以用現代醫生的例子來很好地說明。就像讀者們在上一講已經看到的，帕森斯很早就說明了醫生的工作情況。醫生在工作時常常要調和幾乎完全矛盾的行動取徑。醫生一方面必須要以情感中立的方式看待病人的身體，以此來進行科學檢查和治療，而不能對病人的身體產生性欲或其他感覺。但同時醫生自己在私人生活方面當然也會有性欲。醫生必須承受這種張力，而且這種張力的一部分還會被再強化，因為醫生在工作中不能只冷酷無情地表現出科學能力，而且也要表現出感同身受、理解、有情感等方面能力，才能夠跟病患一起進行卓有成效的治療工作。但是，即便人們單單從職業角色的面向來看待醫生，也絕不會說醫生的行動選擇只會牽涉共同體與社會這兩組模式變項中的「社會」這一面而已。因為，如同人們可以想見的，醫生面對病患時的態度是科學的、冷酷計算的、專注於特殊任務的、情感中立的，這絕不意味著醫生行動的取徑就僅僅是

為了自身的目標和目的。就像我們在上一講中已經知道的，專業的醫生工作，會發展出一種職業倫理，讓醫生在面對**集體大眾**時肩負著某種責任義務，例如有責任義務在每時每刻都必須對病人進行醫療救助，就算得不到任何金錢回報。

也就是說，「模式變項」開啟了一種可能性，讓人們可以**在整個複雜的情況中**描述各種不同的社會形式。而且帕森斯馬上就看到了，這一套概念也可以用來進行比較研究：不同的社會，是如何以不同的方式來組合模式變項的？不同的組合方式又有多不同？例如，如果人們從成就方面的行動取徑來看模式變項的組合的話，那麼德國社會和美國社會有什麼差異？如果我們的著眼點是去探討普遍主義的行動取徑和行動規範，是如何確立下來或如何轉向的話，那麼我們如何以此確切區分「原始社會」和「現代西方社會」？必須再次強調的是，帕森斯的一些追隨者，根據帕森斯的理論來發展出現代化理論（我們稍後會討論一下這些現代化理論），但帕森斯在這方面的說法與這些追隨者不同，他本身是非常小心的：因為模式變項的每組選項**都不一樣**，所以把社會秩序簡單二分為「傳統社會 vs. 現代社會」、「共同體 vs. 社會」，帕森斯認為更多只會扭曲現實，而不是澄清現實。如前文說過的，帕森斯的出發點，是各種行動取徑會組合成**複雜的**混合情況。不論是所謂的「原始社會」還是「現代西方社會」，都是如此。

· ·

我們對於帕森斯的模式變項的解說，至此聽起來似乎都非常正面。這個模式至今也仍是一個分析行動取徑和社會秩序模式形態的重要工具。然而帕森斯自己對於這個工具卻不一定覺得很滿意（以下會說明他不滿意的理由），尤其因為這個模式顯露出兩個彼此相關的問題。**第一**，在一個社會中可能的制度化的行動取徑太多了（讀者可以想想看，前文已提到，總共可有 32 種取徑！），這個模式很難真的被用來以簡單好懂的方式，勾勒出一個能將不同的社會進行分類的分層系統，因此人們也實在無法以此毫無問題地進行經驗的，以及尤其是比較性的研究。從某種程度上來說，模式變項太複雜了。在之後的現代化理論中所暗含的「傳統社會／現代社會」這種二分法，雖然完全不恰當，但是這種二分法說到底還蠻容易應用的，再加上這種兩極劃分也讓現代西方社會與「其他社會」這種清楚，且乍看之下頗有道理的區分得以可能。這就是極度複雜的模式變項所辦不到的。**第二**，模式變項也與最初所想的不同，不容易被整合進帕森斯自己的秩序理論中。因為雖然人們可以很容易地想見，「模式變項」會

隨著不同的人、不同的社會架構、不同的文化，而有特殊的表現，並且會讓人格系統和社會系統中的行動以及文化系統中的模式事先就具有某種結構，所以人們可以說，「模式變項」跟功能論的角色理論可以很好地搭配在一起，因為角色也事先為個體指出了行動選項。但是模式變項的**內容**，亦即這五個二分的行動可能性，總的來說與功能論的思想有什麼關係，是說不清楚的。「模式變項」，以及模式變項在具體的行動當中的具體情況，與所謂的每個系統的抽象功能需求之間，究竟有什麼關係？當行動是情感中立的、寬泛的、特殊主義的或諸如此類的時候，這行動為系統的持存需求作出了貢獻嗎？作出了什麼貢獻？帕森斯沒有答案，就像他在《邁向一般行動理論》中很快就坦言的：

> 應該很清楚的一件事是，需求傾向和角色期待的價值構成部分根據模式變項而來的分類，是建構一個動態的行動系統理論的**第一步**。若要再進展到經驗層次上的重要性的話，這些分類就必須和持續運作著的行動系統的功能問題相關聯。（Parsons, *Toward a General Theory of Action*, p.96）

在帕森斯接下來的著作的發展過程中，他總在不斷嘗試以很繁瑣的方式（但也因此完全沒有說服力）將「模式變項」放置到他的功能論秩序框架中，以此解釋「模式變項」如何與行動系統的功能需求關聯起來，亦即嘗試解釋「模式變項」（**確切來說，是這五個二分行動**）如何從那些功能需求中推導出來。他極其固執地想試著證明，從他根據行動理論所提出的模式變項可以毫無問題地推導出一個功能論的秩序理論。但帕森斯或許私底下也注意到了，這聽起來不是特別有說服力，而且可想而知，接下來他在理論方面的辛勤工作都總是專注於處理秩序理論問題，並且因此他的功能論觀念變得越來越細緻，甚至變得越來越極端。這一切也許會讓人覺得，在從行動理論走向秩序理論的道路失敗之後，他可能必須走另一條相反的道路，就是**從秩序理論走向行動理論**。由此，我們要開始談 1950 年之後，亦即在《社會系統》和《邁向一般行動理論》之後，帕森斯理論的第二個重點。

2. 帕森斯極為重視對功能主義的秩序理論的研究，並且試著將他從各種系統引出的功能再加以系統化。如我們在介紹功能論思想的上一講中已經大致指出的，在對社會現象的觀察中我們可以識別出一系列滿足更大整體需要的功能。但光搞清楚這些功能還是不夠的，因為每個功能描述可能都很不一樣，甚至可能是完全無關的。帕森

斯清楚地意識到在這方面要進行系統化，所以他考慮能不能用某種方式來將這些從系統推導出來的功能給總括起來。人們是不是甚至可以聲稱，所有的社會系統都必須滿足一定數量的、可以被清楚命名的功能？從想要把所有功能加以系統化的觀點來說，這當然是一個理想狀況。而且帕森斯認為，是有可能去正面地回應這個問題的。

在《社會系統》和《邁向一般行動理論》中，帕森斯已經開始作了一些初步嘗試了。他尤其確信，要維持系統之間的平衡，至少有兩個功能是必須滿足的。一個是分配功能，即為特定系統提供所需的資源；以及整合功能，亦即每個系統中的子單位彼此之間能妥善協調（參閱：Parsons, *Toward a General Theory of Action*, p.108）。帕森斯與社會心理學家貝爾斯（Robert Bales, 1916-2004）進行了合作。貝爾斯對小團體動力學作過一系列的研究，但帕森斯在與貝爾斯的合作中又對小團體動力學進行了進一步的研究。透過對小團體的協作的研究，帕森斯認為，事實上，在「有必須滿足的功能」方面，小團體的領域當中的一些說法，可能是有普遍適用性的，其普遍適用性甚至超越了他至今所有進行過的功能界定工作。在與貝爾斯、席爾思（Edward A. Shils, 1910-1995）一起撰寫的一部出版於 1953 年的作品《行動理論研究報告》當中，帕森斯直接借用了貝爾斯的研究，並指出：

> ……在更廣泛的社會學理論基礎上，我們中的一個人這些年來密切地分析小團體互動過程。這個研究同時包含了經驗觀察方法和理論分析的發展。……我們當前的興趣不在於經驗方法，而在於相關的理論框架。這個基本的取徑是將小團體當作一個功能系統來思考。這個取徑認為這樣一種系統會有四個主要的「功能問題」，這四個功能問題可以被個別描述為：對外在情境狀況的**適應**；對目標導向的任務表現中的情境部分的**工具性**控制；成員之間情感與矛盾的管理和**表現**；維持成員的社會**整合**，以讓彼此可以成為一個團結的整體。（Parsons, *Working Papers in the Theory of Action*, p.64）

帕森斯和他的共同作者把這些普遍化的小團體命題再加以普遍化，並且聲稱，不只是小團體，而是**每個**系統原則上都必須滿足四個功能。稍微改一下上述的引文，人們可以說，這四種功能即是「適應」（Adaptation）、「目標達成」（Goal attainment）、（系統之間彼此的）「整合」（Integration）、「模式維持」（Pattern maintenance）（亦即讓促進認同的價值不斷維繫下去；或是更簡單地說，就是透過價值的維繫來讓結構維持下去）。帕森斯也將模式維持稱為「潛存」（Latency），因為價值不一定是很明

確的，而且大多數價值只是**潛在地**在背後發揮作用。現在，讀者們應該會發現，這就是帕森斯相當有名的 AGIL 模型。AGIL 是這四個功能概念的第一個字母，也是每個系統都會有的必須滿足的功能。帕森斯的命題是，每個系統都必須適應外在環境或是外在其他系統，每個系統都會有特定的必須達成的目標，每個系統都必須整合它的次要整體和部分，以及每個系統都必須以某些維繫性的價值來組織自身。

帕森斯在這部合寫的著作中也試著用非常瑣碎的方式來論證，模式變項如何可以與這個 AGIL 模型相關，以及人們如果很有決心和毅力的話，也許還是可以接受帕森斯的推理（參閱：Parsons, *Working Papers in the Theory of Action*, p.88ff.）。但無論如何於此已經很清楚的一件事是，他此處的論證首先並非關於每一次的行動，而是關於系統持存的必要需求。我們這裡會想說，帕森斯總是致力於以功能論的方式來思考理論問題，因此他也就漸漸不再去管行動了。如我們在他晚期的著作中看到的，他完全不去試著以功能論的方式來描述行動本身，或是從系統需求來**推導出**行動。

帕森斯將系統定義為「維持邊界的系統」，亦即可以將自身與環境以及其他系統劃分開來。如果人們從宏觀社會學的角度來看，那麼整個社會就是一個系統。然而從以 AGIL 模型命名的四個功能框架來看的話，那麼從這個模型中就可以再得出一個社會子系統的功能分化的理論。於是人們可以說，在（總體）社會這個系統中，可以標示出能滿足適應功能（A）的經濟子系統，能滿足目標達成的政治子系統（G），能滿足整合功能（I）的「社會共同體」子系統（帕森斯指的是非政治和非經濟的機構組織），以及滿足可以促進認同價值維繫的持存功能（L）的文化子系統，或是帕森斯所稱的「信託系統」（見圖 4.1）。

圖 4.1

　　這裡有趣的一點是這四個功能的分類可以應用於每一個系統。如果把經濟系統當作社會子系統的話，人們可以問經濟為社會這個總體系統帶來了什麼功能。但如果是經濟學家，把經濟當作一個獨立整體的系統的話，那麼經濟學家還可以再接著問，在經濟系統**中**有哪些子系統，滿足了經濟系統必需的四個功能。這個「追問遊戲」可以不斷繼續下去。到了個別企業的層次，到了企業中的個別公司的層次，甚至到了公司中工作團隊的層次，都可以追問其中還有哪些部分必須帶來哪些功能成就。也就是說，當人們追問必須滿足的功能成就時，就會自動提出「功能指涉」的問題，也就是會去問人們是把哪一個系統當作獨立整體的系統。如果我的功能指涉是經濟，那麼我就必須問哪些子系統必須滿足經濟系統所必需的四個功能。根據不同的觀察興趣，一個系統可以是子系統，也可以不是子系統。在接下來的著作當中，帕森斯隨即就用非常漂亮的說法指出：

> 經濟……是一種很特殊的社會系統類型。它是更廣泛的社會的功能子系統，與其他社會的適應功能中特殊化的子系統區別開來。它是在同一個基礎之上分化開來的子系統之一，必須與其他子系統區別開來。它也必須與其他所有具體的群體區別開來，這些具體的群體，不論它們的首要功能是什麼，**都是**有多樣功能的。當經濟系統作為一個社會系統時，它也會有一個系統所擁有的所有特質……（Parsons and Smelser, *Economy and Society*, pp.306-307）

　　然而，憑藉 AGIL 模式，帕森斯不只希望能將功能歸類加以系統化。同時他似乎也認為，透過這個模式，亦即透過指出每個系統的不同功能需求，可以克服糾纏社會學理論已久的某些「麻煩的」二分法。關於馬克思的上層結構與下層結構二分法，以及韋伯不斷重新提出的關於利益與觀念之間的分析關係，帕森斯都認為最終可以透過四分的功能模式來去蕪存菁，因為人們正好可以指出，社會制度和秩序**總是**從不同的功能需求和相應的過程呈現出一種**複雜的混合關係**，所以關於上層結構和下層結構、利益和觀念，**追問誰先誰後是沒有意義的**。因此帕森斯也相信，他可以避免從《社會行動的結構》開始就不斷遭受到的責難（雖然這些責難終其一生都糾纏著他），亦即說他暗暗地陷於文化決定論當中，過於強調規範和價值。只要藉助 AGIL 模式，他似乎就可以指出，他的理論事實上是**多面向**的，因為他考慮到了**不同的**要素和功能。

3. 帕森斯隨後繼續用與 AGIL 模式相關的秩序理論來進行研究，並且再進一步細化秩序理論。1956 年他與斯梅瑟（Neil Smelser, 1930-2017）合寫了前文提到過的《經濟與社會》（*Economy and Society*），在該書中他不僅極其仔細地將四分功能模式運用於一個社會子系統（亦即經濟），而且他還指出了這個子系統和其他社會子系統之間的發生**過程**。帕森斯和斯梅瑟在探討經濟時提出了一種交換關係理論。經濟為其他子系統帶來了什麼成果？而經濟又從其他子系統那裡得到了什麼樣的「輸入」？這一切都是為了讓功能論的秩序理論能更動態化。到目前為止，帕森斯都在談功能；而他現在開始要來揭示時間了。功能的滿足需要時間。他嘗試以此避免人們指責，說他的思想原則上是一種僵固性的思想，說他的理論中不存在變動性（這也是功能論思想長久以來被指責的方面）。強調**過程**，對帕森斯來說是對上述批判的第一個「回答」，他的著作也在發展中不斷進一步對此加以細緻化。

帕森斯在《經濟與社會》中當然也將注意力放在「錢」這個現代社會的支付手段上。他和斯梅瑟特別探討了錢作為一種支付手段究竟是如何發揮作用的。在這個脈絡中，這兩個人要問的是，錢確切來說到底是什麼，以及錢在經濟與其他社會子系統的交換過程中，到底滿足了什麼功能。

但帕森斯沒有停留在這個討論中，而是嘗試將他對經濟子系統進行的分析中已得到的結論，應用到其他的子系統中。帕森斯很快就形成一個觀念，亦即媒介（比如錢）不是只有一種，而是有數種。每個社會子系統都會有一種特殊的媒介，讓子系統可以內在地溝通，並與其他子系統產生關聯。金錢媒介作為經濟系統的媒介，對他來說是一個出發點，可以進一步反思在政治、社會共同體、文化中隨子系統而異的媒介。這個反思的最後結果，就是他在 1960 年左右發表的數篇論文（亦即《論政治權力概念》、《論影響力概念》、《論價值投注概念》）。其中，他認為可以將「權力」詮釋與定義為政治的媒介，「影響力」是社會共同體的媒介，「價值允諾」是文化的媒介。這實在不是一個很容易理解的思路，因為人們雖然當然可以根據日常生活的經驗將錢想像為一種媒介，但關於帕森斯所謂的其他三種媒介就非常難以想像。人們到底要怎麼確切地將「權力」、「影響力」、「價值允諾」理解**為媒介**呢？

帕森斯在發展他這套思想時，刻意將上述這些媒介以很狹隘的方式類比成「錢」；或是換句話說，正是因為錢完全就是**這樣的一種**媒介，因此帕森斯嘗試指出，其他三種媒介跟錢有很相似的抽象特質，亦即它們跟錢很像，可以溝通和告知（價格可以告知金額和所詢問的市場流通的貨物之間的關係），可以儲存（人們不必

馬上把錢花掉，而是留待以後使用），可以轉讓（我可以把錢給出去，然後交換想要的貨物），諸如此類。但這些媒介真的可以類比於「錢」這種媒介嗎？帕森斯認為可以。為了讓各位讀者更容易地了解他的觀點，我們把帕森斯對於「權力」作為一種媒介的論證作為例子。帕森斯的媒介理論的評論者和批評者都覺得這個例子，比起也被帕森斯稱作媒介的「影響力」和「價值允諾」，稍微好懂一點。

對帕森斯來說，「權力」是一種手段、媒介，**它能控制對於社會有效達成目標來說相當關鍵的要素**。權力用於在「社會」這個系統中被界定為需要滿足目標實現功能的子系統，亦即政治。帕森斯認為，權力跟實現目標的要素是不同的。這個說法是直接從對錢的類比中推導出來的。因為錢，經濟媒介，不是生產要素（像勞動或資本等等），就只是媒介而已。在政治子系統當中可以與之相比的要素包括稅法、公共事務等等，而這些東西是用「權力」這個媒介來加以控制的。藉由權力，人們可以影響政治系統中的稅法、公共事務等要素。同時，權力也會對社會的其他子系統產生「輸入」的效果，比如權力會向其他子系統指出，政治人物對整個社會來說具有領導性質，能夠「領導」整個社會，因此可以對其他子系統提出某些要求，像是透過稅收讓足夠的資源從經濟系統流入到政治系統。但是我們讓帕森斯自己來說一下他對「權力」的定義：

> 權力……是一種被一般化的能力。當義務因牽涉組織系統的集體目標而成為一種正當的義務時，權力可以被用來確保集體組織系統中的單位會執行應履行的義務。並且如果這些單位不服從的話，權力會假設由負面的情境制裁來強制執行，不論強制執行的實際力量是什麼。（Parsons, *On the Concept of Political Power*, p.308）

這個定義有許多需要說明之處。而且讀者也許可以花一些時間靜靜地將這個權力定義與韋伯的權力定義進行比較。眾所周知，韋伯將權力定義為一種面對反抗時遂行其意志的機會。我們在這裡只想指出一點，就是權力被帕森斯視作一種「一般化的溝通媒介」（generalized medium of communication），亦即一種象徵媒介，藉助這種媒介可以喚起各種極度不同的行動。藉助金錢，人們可以標清不同的貨物與款項，或是進行投資。而權力（從上述定義來看的話）也與暴力不一樣。關於權力，帕森斯談的是「假設會強制執行」，亦即以權力的執行來進行威嚇，只是這個威嚇很少會真的實現。如果權力真的都要訴諸實際的暴力的話，這權力也就沒意思了，久而久之也會變

得非常沒效率。不論獨裁政府，還是民主政府，都不會只透過暴力來進行國家治理。如果暴力跟權力實際上重疊在一起的話，那麼權力也就不再是象徵某事的媒介了。也即權力是一種透過威嚇（若不順從，我就會執行暴力手段了），來有效地讓他人順從地執行目標與義務的能力。所以才會說權力有一種象徵性質，因為它不是真的每次都馬上動用暴力或其他手段，而是**象徵**一種會讓人順從地履行義務的能力與效率性。所以帕森斯也就隨即接著說，權力可以儲存起來，亦即威嚇可以存起來，而不必馬上付諸實現。權力可以在時間當中延續下去，這就是說權力存起來了！

　　如果讀者們搞懂了帕森斯的思路，那麼也就可以理解，帕森斯對於權力的理解與其他的權力概念顯然有部分是脫節的。因為對他來說，權力不是純粹的零合遊戲，不會某人的權力增長時別人就會自動失去一定「數額」的權力。帕森斯認為，社會中正當權力的提升，完全不意味著社會當中的某些團體必然失去權力。帕森斯在這裡的思考，是用權力來與經濟和金錢媒介的邏輯進行類比。如果債務人能以人們對他的經濟能力的信任提升他的信用額度，那麼政治系統當中的關鍵行動者也可以透過成功地以象徵的方式表明達到目標的能力，在政治系統中提升權力。反過來說，權力也可能會通貨膨脹。亦即，如果人們不再相信政治行動者有能力影響效用提升和目標達成的某些要素時，權力就會通貨膨脹了。這就是帕森斯將權力與金錢所進行的類比以及由此得出的論點。這很有趣，但也跟慣常的權力理解方式完全不一樣。

　　帕森斯以相似的方式，透過金錢的類比，來確立其他的社會子系統，亦即「社會共同體」和「文化系統」當中各自的媒介。正是因為錢是一種非常特殊的語言，一種一般化的溝通媒介，因此對於帕森斯來說顯而易見的是，在「社會共同體」當中發現的媒介也會有類似的性質。當然，將這種媒介類比成錢，會比政治子系統的媒介還要困難得多。因為經濟跟政治一樣，是一種有一定程度範圍的空間，一種具體的領域，根據某些可以被清楚命名的規則來運作。金錢在具體的經濟領域中扮演了決定性的角色；而若說在嚴格的政治領域中也有一些像金錢那樣性質的東西，並且這種東西就是「權力」，對外行人而言這種說法也完全是可以理解、可以接受的，即便人們可能會覺得有點奇怪，因為「權力」沒有錢那麼「具體」。但如果要在一個像是「社會共同體」子系統這個模糊的領域當中尋找媒介，那麼事情當然就會變得更複雜了。而且帕森斯自己也發現了，這時再與錢進行類比的話，就會有問題了。因為這種子系統不是一種有清楚劃分邊界的領域，它不像經濟或政治一樣是一種可以明確界定的領域，而是所有不是經濟，也不是政治（當然也不是文化）的東西都可以歸類於這種子系統。人們在這裡很有理由問，將制度、團體、行動者這些非常不同的東西雜糅在一起的模

糊複合體，是不是實際上眞的會有一種獨特的媒介。但帕森斯還是聲稱，「影響力」是一種媒介，會像權力和錢在上文討論過的系統當中一樣滿足類似的功能。

> 影響力是一種透過有意的（但不必然是理性的）行動，對他人的態度和意見造成影響的方式。其效果可能會，也可能不會改變意見或避免可能的改變。（Parsons, "On the Concept of Influence", p.406）

經濟系統中的錢會將行動者的消費行爲和生產行爲加以結構化；政治系統中的行動者的權力則會強化義務的履行。但「社會共同體」子系統的媒介「影響力」與錢和權力不一樣，帕森斯認爲其作用的產生，來自人們藉助理由和根據來動員或協調互動參與者的行動。因此帕森斯將「影響力」視爲「象徵性的說服媒介」，並且同時指出，「社會共同體」當中影響力的多寡，同時也就呈現出這個共同體的團結程度。但如果人們具體去想像「影響力」的作用的話，那麼一定會懷疑，這種對「影響力」媒介的說法是否有實際上的意義，以及這種說法是否可以揭示社會學意義上的有趣事實。帕森斯所謂的文化系統的特殊媒介，亦即價值允諾，也有類似的情況。「價值允諾」是一種媒介，這種媒介應該能夠象徵社會文化模式的完整性。「價值允諾作爲一種媒介，應被定義爲一種一般化的能力，這種能力以可信的承諾來影響價值的履行。」（"On the Concept of Value Commitments", p.456）帕森斯設想，在社會當中這種價值允諾會像錢在市場系統當中那樣循環（"On the Concept of Value Commitments", p.457）。

不僅普通讀者們面對這些定義和表述時，可能覺得很難理解媒介確切來說究竟是怎麼起作用的，就算是學術大師也會說「顯然，影響力和價值允諾很難像權力那樣進行測量、轉讓、儲存。」（Jürgen Habermas, *Theorie des kommunikativen Handelns*, Bd. II., p.411）尤其值得懷疑的是，爲了顯得對稱，而硬要去尋找類似於經濟子系統中的錢那樣的媒介，是不是眞的有實質意義。人們可能會越來越強烈地質疑，帕森斯至少在「影響力」和「價值允諾」這兩個媒介方面，只是出於他的理念，認爲既然有四種不同的子系統，那就應該有相應的四種媒介類型，所以才會在單純的邏輯方面推導出這兩種媒介，但很少提出證據。事實上，這種媒介理論非常難以用於經驗研究，所以也很少有人會試著很認眞地處理帕森斯的理論體系（少數的例外，可參閱：Harald Wenzel, *Die Abenteuer der Kommunikation*）。

不論各位讀者是怎麼看待帕森斯的媒介理論的，不論您如何評判他認爲這四個媒

介可以相互轉換，就像貨幣可以兌換的這種觀點，您接下來還會遇到類似的觀點。因為德國的社會學正好都不斷地在重新探討帕森斯的這套思想（雖然有些探討的形式已經大大改變了）。這在魯曼的著作中體現得最為明顯。

顯而易見，帕森斯的思想在我們剛剛討論的論證步驟中，發生了重大變化，或者是根本上轉變了。一方面，在識別媒介、討論交換過程的同時，在《社會系統》中被帕森斯視作有特殊地位的文化系統被放棄了。帕森斯轉而聲稱文化系統不是**行動系統**。文化系統的特殊地位被作廢了，帕森斯後來認為文化系統就像其他子系統一樣，只是一個普通的系統。此外，在討論 AGIL 模型、隨子系統而異的媒介的同時，他對系統的功能需求的理論解釋，越來越有意運用生物學（如果讀者們還記得的話，第二講中我們提過，帕森斯一開始是在生物學系就讀的），尤其是控制論（這是一種 20 世紀 50 年代對生物學和其他自然科學產生具大影響力的控制理論），來進行表述。所以在討論系統的時候，帕森斯會談到控制論式的等級層次，以此來建立他的**規範主義的**功能論。就像調溫器這麼一個不起眼的小工具，會透過蒐集和處理資訊來控制空調，以此調節室溫，對大型能源系統進行根本性的控制一樣，帕森斯認為 AGIL 模型也貫穿著控制論式的等級層次。每個系統的控制中心位於所謂的 L 領域當中，也即社會的價值或文化系統，控制了社會的其他子系統。根本上人們不該說 AGIL，而是應該說 LIGA 系統，因為「模式持存」（亦即「潛存」）優先於整合，而整合優先於目標達成，目標達成優先於適應。這個控制論式的等級層次觀念將帕森斯從《社會行動的結構》中就發現的價值中心命題作了精緻的總結——至少帕森斯這麼覺得。

當然，有批評者（我們在後面的章節將會討論的哈伯馬斯，就是這種批評者中最出名的）便指出，這種「用系統理論的套路來融合行動理論的基本概念」是有問題的作法（Jürgen Habermas, *Theorie des kommunikativen Handelns*, Bd. II., p.370）。哈伯馬斯指出，帕森斯的理論原先「以行動理論作為優先的基本概念，結果變成以（功能論的）系統理論作為優先的基本概念。」（ibid., p.357）「由於四分的基礎功能模型是從行動理論發展出來的……因此系統問題必須透過對行動的構成部分進行分析來解決。」（ibid., p.367）但是帕森斯卻試圖改造他的功能論的秩序理論，並不斷進一步細化這個理論，這最終導致一個後果，就是行動越來越淡出帕森斯的視野，或者行動越來越被認為只是**派生**自系統的功能需求罷了。如此一來，他無法真的將行動理論和秩序理論加以綜合起來，而是越來越偏好秩序理論，將行動理論棄置一旁。雖然帕森斯無疑試著在他各部著作中從行動理論推導 AGIL 模型，亦即試著指出，「行動參照框架」如何可以用系統理論來加以改寫，似乎帕森斯與我們稍後（見第十一講）會提

到的魯曼不同,從未停止與行動理論建立關聯;但是同時帕森斯的這些嘗試並不特別
有說服力,所以哈伯馬斯批評帕森斯的作品滲透著系統理論的優先性,其實是非常有
道理的。

這個傾向在 20 世紀 70 年代又一次被強化了(參閱:*Action Theory and the
Human Condition*)。帕森斯試著借用四分功能模型將**行動本身**在極度抽象的層次上加
以概念化。「行動系統」被理解為是一種由四個子系統所組成的合成物。這四個子系
統分別是:「文化系統」,其功能是「模式維持」,亦即「潛存」(L);「社會系統」,
功能是整合 (I);「人格系統」,功能是目標達成 (G);「行為系統」,功能是適應
(A)。而進一步來看,這個行動系統又不過是人類境況(condition humana)系統的
子系統。帕森斯認為,這種人類根本生命系統當然又有四個需要滿足的功能。其中,
行動系統滿足的是整合功能,生理化學系統滿足的是適應功能,人類有機體系統是目
標達成功能,帕森斯所謂的「目的系統」(telic system)則是滿足價值維繫功能,亦
即滿足人類生命最終的、超感的或宗教的價值。然而這時候已經很少有人會重視帕森
斯的這串思路了。因為連許多他的擁護者都開始搞不清楚,為什麼所有與社會學有關
的事情都要套上 AGIL 模型,不懂這樣做可以獲得什麼發現。而且帕森斯將某些現象
歸類到某些功能的作法,有一點任意、沒什麼說服力。(為什麼人類境況系統中的行
動系統,滿足的是整合功能?行動系統到底整合了什麼?)但這並非意味著帕森斯晚
期的作品總的來說很無趣,也不重要。正好相反:在這一段創作期中,帕森斯至少提
出了兩個主題領域,這兩個主題領域直到今天還是非常重要的,而且讀者應該至少聽
說過。

4. 最晚在 1956 年與斯梅瑟合著的《經濟與社會》中,帕森斯覺得他已經成功解
決了功能論的根本問題。在給出媒介的運作方式,並對四個社會子系統之間的**交換過
程**進行分析之後,他可以聲稱他反擊了人們對功能論的批評,亦即批評功能論只是
在描寫靜止狀態而已。因為聚焦在這種過程之上的分析,就是在進行社會動力學的
分析。

當然帕森斯很快就承認,他的批評者不會滿意這種說法。因為帕森斯和斯梅瑟事
實上也都只是在描述社會系統**內部**的改變過程,而不是真的在分析社會系統本身的改
變。社會基本上是如何變遷的,尤其是如何理解社會從「原始」社會變成「現代」西
方社會的改變過程,帕森斯的這一套理論對於這個問題到目前為止都沒有太多貢獻。

當帕森斯在 20 世紀 60 年代認真處理社會變遷理論時,他所處理的問題以及處理

的出發點都相對比較複雜。因爲一方面，從他的科學生涯一開始的時候（也就是從他第一本主要著作《社會行動的結構》的第一頁開始），他很明顯就是在反對斯賓塞那宏大的、進化論的、信仰進步的歷史哲學思想。他在第一頁引的句子「現在誰還在讀斯賓塞？斯賓塞已經死了。」（Parsons, *The Structure of Social Action*, p.1）就很清楚地表明了他的立場。並且帕森斯在該著作接下來的篇幅中（如同讀者在第二講已經看到的）又指出，巴烈圖比信仰進步的馬歇爾更爲優越；這等於又強調了他的立場，因爲他認爲在討論歷史過程時，巴烈圖抱持著實在論的觀點，亦即非進化論的觀點。

不過他在 20 世紀 50 年代末期和 60 年代時，反思了這種堅決的反進化論立場。因爲一方面，社會學的一些鄰近學科（尤其是非常經驗取徑的社會人類學）也開始對社會發展進行反思了。在美國的社會人類學領域正好從 20 世紀 40 年代出現了一股值得注意的思潮，人們試著認眞探討斯賓塞和那個時候科學史的一些類似的「思維形式」，認爲這些都還是有保留價值的（參閱：Knöbl, *Spielräume der Modernisierung*, pp.203-212）。當然那時候人們同時也都一致同意，在這樣一種「嶄新的」理論領域，向前探索必然要謹愼。因爲人們不會直接採納斯賓塞的持續進化論，也不會直接採納他的命題，亦即認爲人類的發展某種程度上必然是線性地從簡單的社會形態到複雜的社會形態。這些概念顯然充滿著信仰進步與高度種族中心主義的維多利亞時代精神，那時候盎格魯－撒克遜人被認爲處於創造的高峰。而美國，以及 20 世紀 40-50 年代國際上的社會人類學的想法則完全不一樣，人們認爲可以不用進化論的想法來思考**演化理論**。演化理論旨在探討人類和人類社會的發展，但不必然是「進化論的」。讀者在這裡可能對於「演化理論」和「進化論」兩者會有點混淆，所以這裡我們先來爲讀者補充一下達爾文的生物學知識。達爾文及其後繼者談的是演化理論，比如以偶然的基因突變或不同的天擇等機制來解釋，某種新的生命形式是如何出現的，怎麼繁衍開來、存活下去，甚至取代了別的物種。在這過程中不存在什麼必然性，沒有（科學語彙常提到的）目的論，亦即自然不存在預先決定好的發展方向與目標。相反地，有些突變可能也會走進死胡同；發展是會中斷的。達爾文的演化理論不是進化論。

若人們運用這種看法，亦即運用人類學與其他鄰近的社會科學的特殊觀點，那麼可以問：人們能不能說人類發展有階段，但不要同時認爲**所有**民族都必然會依序經歷同樣的階段，也不要認爲西方社會從「原始」朝向「現代」的發展是**必然**（亦即遵循著自然法則）會發生的？

帕森斯就是在問這個問題。但很諷刺的是，美國的宏觀社會學在 20 世紀 50-60 年代從帕森斯的理論背景下建立起變遷模式的時候，很顯然就帶著需要修正的進化論

色彩。在這一講開始時我們就提到了現代化理論，這個理論有部分就是藉助帕森斯的「模式變項」來建立變遷過程的模型。其命題多半是：宏觀社會學的變遷過程，一開始是「簡單的」社會形式，其中的行動導向是特殊的、出自個別具體原因的，也沒有明確的角色期待，然後隨著時間流逝變成複雜的社會形式，其中行動類型是具有普遍性與成果導向的，也具有明確特殊的角色準則。簡單來說，就是從「傳統」社會到「現代」社會（見本書第十三講）。

與上述觀點類似的是，帕森斯認為社會變遷過程是單面向的，他正好就是在討論「傳統社會」和「現代社會」中不同的行動取徑的複雜混合，以及其中不同的角色期待。在他的觀點中傳統與現代的簡單對立是明擺著的。不過這也意味著，在面對社會人類學的發展及其優勢地位時，他的確受到了現代化理論（雖然是非常粗淺的現代化理論）的影響，並發展出他自己的關於**社會變遷**問題的理論觀點。在這之前他幾乎僅專注於社會行動與社會秩序的研究，社會變遷主題一直被忽略。

不令人意外的是，帕森斯在進行這個理論工作時，又援用了他的四分功能模式。同樣不令人意外的，不少讀者和評論者認為這種作法非常隨意、令人不滿。然而有趣的是，帕森斯在《社會》（*Societies*, 1966）和《現代社會系統》（*The System of Modern Societies*, 1971）這兩部著作裡提出的一些基本觀念，直到今天都還是人們進一步反思社會變遷時的重要出發點。

帕森斯的基本觀點，是將社會變遷描述為多面向的，也就是描述為四個面向的，並且聲稱，社會發展在所有他區分出來的四個基本功能領域中都會發生。讀者們可以回想一下 AGIL 模型，帕森斯在這裡的命題意味著社會變遷和發展在適應領域（A）是有可能的，帕森斯稱之為「適應性的升級」，意指社會有可能會逐漸學習去適應自然環境、更好地運用資源等等。在目標達成的功能領域當中（G），帕森斯認為，變遷過程是可能的，人們可以稱之為「分化」，意指社會為了處理各種問題，內部會變得越來越複雜，發展出勞動分工，會有越來越專殊的制度以滿足越來越專殊的功能。斯賓塞或其他類似的學者在談到社會形式從簡單發展成複雜的時候，也已經運用過分化概念。不過他們與帕森斯的不同之處在於，他們就只強調分化，並且他們關於變遷的設想是**單面向的**。在整合功能領域中（I），帕森斯將變遷趨勢稱為「涵括」，然後借這個概念指出，社會可能越來越會將政治和社會的國家市民權賦予居民，以此讓其中的居民能作為正式公民而被整合進（政治）群體當中。如同各位讀者可能知道的，政治權利的分配，例如賦予選舉權，是透過長時間且頻繁的爭取得來的，而且在許多國家直到近年來才獲得暫時性的結果。在許多第三世界的國家，直到

今天人民都還沒有被賦予這種權利。也就是說，實際上不是所有人在他們所身處的社會中都是完整意義上的公民。連在美國，非裔美國人的權利被承認之前，他們的市民權在很長的一段時間中也都是一個話題。帕森斯就經常討論這個話題（參閱："Full Citizenship for the Negro American?"）。最後，在「模式維持」或「潛存」（L）的功能領域中，帕森斯認爲可以觀察到一個被他稱作「價值的一般化」的過程，因爲在這個功能領域中，特殊的價值觀念會轉化成普世的價值觀念。宗教和政治的長久變革即屬於這個過程。

帕森斯在進行這些抽象討論時，談到了將西方社會形式引向「現代」的某種世界變革系列史，以此將抽象的討論與有具體內涵的命題相連結。即便如前文所述，帕森斯原則上遵循著多面向的變遷理論，但同時顯然他也正是根據這個分化過程，推導出「某種世界變革系列史將西方社會形式引向現代社會」這個說法。也就是說，帕森斯認爲，人類社會一開始是一個相對**沒有分化**的狀態，接著經過了若干革命性的階段，然後從歐洲產生劇烈、快速的宗教與政治變革開始，出現了功能領域的日益**分化**。工業革命即是在這樣的情況下，讓經濟系統最終從「社會共同體」產生出來。或者帕森斯也說：經濟是透過工業革命而分化出來的。最初出現在英國，然後 17、18 世紀也隨後出現在法國和美國的民主革命，則讓政治分化出來。20 世紀 50 和 60 年代特別在高度發展的社會——如北美和歐洲——出現的教育革命，讓「信託系統」，亦即文化系統，分化出來。

上述的這些帕森斯的理論命題，當然也遭受了眾多批評。首先又一次受到指責的是，帕森斯太過任意地將分化過程歸類到「目標達成」這個功能領域。人們可以質疑，教育革命是否眞的與「信託系統」的分出有關。帕森斯這一整套的功能主義的秩序理論，在很多方面都被人指責太過任意。當然，對我們來說，另外一個根本上很難反駁的批判更值得重視，亦即，在帕森斯整個變遷理論當中，他所推導出來的變遷過程四面向沒有因果性的內容，也就是說他所謂的「適應升級」、「涵括」、「價值的一般化」、「分化」這四個過程，並沒有解釋任何事情。如果讀者們對分化概念再思考一下（20 世紀 70 年代，在繼承了帕森斯思想的社會學的變遷理論當中，分化是一個非常重要的概念），可能就會發現一件很奇怪的事，就是分化概念只是在**描述**一個改變過程，只是在說「喔！有東西分化出來了！」但並沒有指出這個改變或分化的**原因**。我們還是不知道原因是什麼。許多帕森斯理論的批評者問得很有道理：到底是誰，或是說哪些行動者、哪些團體之類的，推動了這一整個過程？誰該爲「適應升級」、「涵括」、「價值的一般化」負責？此外，還有一種批評不是沒有道理的：帕森

斯的演化論取徑最終彷彿假定了一個一帆風順的歷史前進過程。在帕森斯描述的過程中，**衝突**和**鬥爭**都或多或少被粉飾掉了。

不過，人們在進行各種批判的同時，不能忽視一件事，亦即帕森斯藉由他那原則上相當多面向的社會變遷理論，的確成功明顯改善了上述的變遷概念的某些缺陷。一方面，他的演化理論不是進化論：帕森斯絕不認為**所有**社會都必然沿著西方國家所指出的道路前進。沒錯，他是談到了「演化共性」，亦即談到了一些至今只在西方社會才完全實現的制度，像是理性科層制、市場經濟、理性主義的法律系統和民主政府形式，認為這些制度只有以現在這種方式來安排才是最適當的，而且這種安排方式下的制度比其他制度安排方式都要好，因為這樣能夠適應不斷變化的環境。也就是說，他的確最終在內心深處還是有著西方社會優越性的信念。但是儘管如此，他還是認為，別的社會形式也是可以有其一方天地的，或是社會可以跳過某些演化階段。所以他的觀念還是明顯勝過斯賓塞，以及與斯賓塞同樣處於維多利亞時期的那些人所抱持的單一線性歷史觀。而且還有一件事，表明了帕森斯與斯賓塞和其他變遷理論家的不同之處，且因此值得再次清楚強調，就是帕森斯的變遷理論是**多面向**的（雖然在他的論述當中，分化過程比起其他三個過程來說顯然更為重要）。藉助這種原則上相當多元的取徑，帕森斯能夠描繪出多種多樣的歷史發展圖像與現代性圖像。其他的理論競爭對手，或甚至一些號稱是帕森斯擁護者的現代化理論家，所描繪的圖像反而還沒有這麼多種多樣，他們都只是將傳統社會與現代社會粗糙地二分開來，以此過分簡化了社會現實與社會動力。帕森斯的歷史發展圖像與現代性圖像是非常分化多樣的，而且也很符合現實；這一點尤其表現在他一生最後所致力於研究的主題：宗教。關於宗教，帕森斯表現出不可思議的遠見，並且他所作出的預測，也比他同時代的人都要更為準確。我們最後來對此進行簡短的討論。

5. 帕森斯最後的一本大部頭著作，是一本在 1978 年出版的以《行動理論與人類境況》（*Action Theory and the Human Condition*）為書名的論文集。其中，他致力於宗教問題。這本書在討論帕森斯的大部分二手文獻中都完全被忽略了，但從今天的觀點來看，這本書相當特別，很值得一讀。

一方面，帕森斯對於現代性和現代社會的詮釋，與 20 世紀 60 年代和 70 年代，甚至是今天的大多數社會科學家的看法都不一樣。流行的看法認為，現代性的成功、現代社會的形成，是藉助市民權與自由權、法治國家的保障、民主制度的成就而來的。這根本上與宗教，比如說基督教，是**對立的**。現代性與現代社會最初興起自常批

判宗教的，甚至持無神論觀點的啟蒙時代。反對宗教非理性的啟蒙時代，必然會實現了，並且能夠實現承傳至今的民主價值。啟蒙獲得了最終的勝利，它會不斷進一步擊退宗教，造就人們所謂的世界的「世俗化」；宗教價值有朝一日終會煙消雲散。

帕森斯極力反對這種看法。他的許多見解是非常有道理的。雖然我們在這一講沒辦法詳細證明這件事，但還是可以提出幾點說明。帕森斯在《行動理論與人類境況》中詳細指出，猶太教與基督教傳統深刻影響了培養出啟蒙思想家的西方世界。大多數時候，啟蒙思想家與宗教的正面對抗並不明顯。因為像「包容」、所有人之間的兄弟情誼等觀念，對基督教來說並不陌生，這並不是法國大革命之後才創造出來的觀念。還有個體主義，我們今天都很習慣將之視作一種純粹的世俗概念。但就像韋伯早就注意到的，個體主義某種程度上根源於新教教派〔可以參閱帕森斯的《行動理論與人類境況》中的一些文章，例如：〈基督教〉（"Christianity"）以及〈重讀涂爾幹論宗教〉（"Durkheim on Religion Revisited"）〕。如果帕森斯的觀點是正確的，如果甚至像人權也完全起源於宗教的話（參閱：Joas, "Das Leben als Gabe"），那麼我們不妨可以想想看，在世俗化的，而且也許還在不斷世俗化的現代歐洲社會中，是不是有理由透過一些制度來保護宗教的生存空間，而不是透過法條措施或法律決策弱化宗教。帕森斯的文章至少可以提升我們對這個問題的**敏感度**。

帕森斯甚至試圖糾正時下流行的關於勢不可擋的世界世俗化的命題。因為顯而易見的是，這些命題都有顯著的歐洲中心主義特質。如果現代社會中的宗教真的衰退了，那麼這個命題也只在歐洲是如此，因為美國的情況完全不是這麼一回事，或是這個命題在地球上的其他宗教生活仍相當蓬勃發展的地方也完全不適用。帕森斯的貢獻在於他在不同的論文中指出，宗教活動並沒有變弱，而是一如既往。如果人們有個印象，覺得世界不斷在世俗化，那這也是基於錯誤的觀點。在許多地方，比如在美國，宗教並沒有直接消失，而是不斷在轉化，比如宗教價值僅僅只是改頭換面成世俗的形式（例如兄弟情誼和個體主義）而已。帕森斯指出，世俗化常常被詮釋成宗教全面衰落了，世俗價值已經取代宗教價值了，但這種詮釋是有問題的。其實還有一種說法，至少也有同樣的說服力，只是很少被考慮到：

> 亦即世俗秩序也許會變得很像由某種宗教，或由廣義上的宗教所提供
> 的規範模式。（Parsons, *Action Theory and the Human Condition*, p.240）

帕森斯在 20 世紀 70 年代要求人們換一種視角來看待常不斷被提到的世俗化過

程。這種視角怎麼看都與今天慣常的宗教社會學研究的觀點是相違背的，但今天慣常的宗教社會學觀點對當代社會的判斷常常是很有問題的。20 世紀 60 年代以來由許多社會科學家所提出的一般的世俗化理論，其實一出歐洲就會完全不適用。如果人們回頭去檢視帕森斯那幾乎為世人所遺忘的晚期著作，想必對此可以提出一些修正。

⋯⋯⋯⋯⋯⋯⋯⋯⋯⋯⋯⋯⋯⋯⋯⋯⋯⋯⋯⋯⋯⋯⋯⋯⋯⋯⋯⋯⋯⋯⋯⋯

於此，我們已經到了討論帕森斯的這三講的尾聲了。讀者們可能已經慢慢感覺到，帕森斯這一生的著作是多麼令人欽佩，而且在他之後，也很難再有像他那樣複雜的理論了。如果讀者想再次簡短回顧他的所有著作，可以參閱：《帕森斯》（Voctor Lidz, "Talcott Parsons"）。如果想仔細鑽研帕森斯的理論的話，有兩部著作值得推薦：《社會學的理論邏輯》（Jeffrey Alexander, *Theoretical Logic in Sociology*），第四卷；以及德語學界當中最好的一本書：《行動的秩序》（Harald Wenzel, *Die Ordnung des Handelns*）。

這些著作都對帕森斯的大膽進取深表贊同，對他思想的內在邏輯有深刻的描寫和領會。不過，如各位讀者已經知道的，人們對帕森斯的著作也常常抱著商榷態度，而且到了 20 世紀 60 年代末期，批評帕森斯的人遠比擁護帕森斯的人多得多。不過，我們要先向各位讀者預告：雖然我們在隨後幾講會指出，後來的社會學家如何辛苦地致力於研究帕森斯的理論，但我們在這裡想再次總結一下對帕森斯所有著作的主要批評。有一些批評完全出自政治動機。

第一點我們提過很多次了（因為這個問題經常出現），所以不需要再重複解說了：總的來說，帕森斯顯然沒有成功地將他的行動理論與秩序理論整合在一起。功能論與他的行動理論並不匹配。他沒有成功地將行動理論與功能論綜合在一起。

亦有批評指出，帕森斯最終將社會秩序解釋成價值本身，尤其是他的理論工具並不適合用於衝突研究。這種批評部分誤解了帕森斯，因為他的概念是在提出分析，而不是在提供規範。當帕森斯在討論偏差行為時，他絕非扮演著社會治療師的角色，保護社會免於社會衝突。但這個批評裡頭有一點是有些道理的：帕森斯把現代化過程描述成一種順遂的過程，對其中的張力他幾乎都避而不談。連美國的帕森斯後繼者亞歷山大，和德國的帕森斯後繼者明希（Richard Münch），也都承認這一點。這也難怪，20 世紀 60 年代的左派學生運動，會將帕森斯當作支配性的政治系統和社會系統的代表，而對他大加撻伐。尤其是當帕森斯在討論西方社會，特別是在討論美國的時候，

他將美國社會中的種種制度視作「在演化方面具有普世性」，認為這些制度的形式完美無缺。當然在今天，人們會用比較淡然的態度看待帕森斯的立場，因為事實上，認為「法治國家、理性科層制、民主、市場就是比其他類型的制度還要優越」這種看法，已經不再被人們覺得很奇怪了。

最後，帕森斯常被猛烈批評的一點是，人們認為他的影響和他發揮影響的形式，會導致理論和經驗現實很危險地脫鉤。對帕森斯和他的「宏大理論」提出這點批評的，就是美國社會學家，也是堅定的反帕森斯學者，米爾斯（C. Wright Mills, 1916-1962）。他說：

> 關於人類本質或社會的系統性的理論，都太容易變成一種精緻，但相當乏味的形式主義。人們在其中的主要精力都花在拆解概念，然後無止境地重新排列概念上。（Mills, *The Sociological Imagination*, p.23）

不過，就連一些認真鑽研過帕森斯理論的學者，也同意這點批評。因為他們擔心，整天搞這種宏大理論，最後會忽略經驗研究，因為帕森斯提出的很多概念，根本無法獲得經驗現實的驗證。所以默頓（Robert K. Merton）才會反對帕森斯，並致力於宣揚他所謂的「中層理論」。中層理論是一種關於具體的社會現象和社會問題的可驗證假設。而默頓提出中層理論的目的，就是為了將經驗現實和理論緊密地關聯起來。對於帕森斯的這個批評的確有道理；但這個批評也犯了一個毛病：帕森斯當然知道，他提出的許多概念或基本概念，並不保證總能用於經驗研究。但這樣的理論工作還是必要的，因為唯有如此，才能對現實進行具有豐富內涵的檢視。帕森斯自己是否成功地用了他這些概念進行了具有豐富內涵的檢視，是另外一回事。當然，進行基本概念研究是否真的有必要，是可以再爭論的。但就這點來看，鼓吹中層理論常常只是因為想逃離理論而已，並不是真的要協調理論與經驗現實。而且很多所謂「腳踏實地的」社會學家，他們的研究常常也不過就是「無腦的經驗主義」，並沒有比帕森斯那種抽象的唱高調有趣多少。

無論如何，帕森斯的理論為所有後來的理論研究提供了一個標準。令人驚訝的是，他的影響力自 20 世紀 70 年代以來就開始急速下滑，以至於很多帕森斯提過的觀點，必須得由其他學者再重新挖掘出來，並且此後這些概念變成這些學者的標誌了。在我們討論之後對理論綜合所進行的各種嘗試之前，我們必須先來討論一些自 20 世紀 50 年代以來，成功克服了帕森斯霸權的理論流派。

第五講

新功利主義

20 世紀 40 年代和 50 年代,帕森斯學派在美國,乃至於在國際社會學界的支配地位越來越強大。面對這種情況,人們可能會猜想,功利主義思潮大概就此結束了吧。帕森斯非常尖銳地證明了功利導向的行動模式的不足之處,至少他的第一本大部頭著作《社會行動的結構》,就指出了人們如何可以從內部瓦解功利主義的思想體系,以及來自不同領域的許多重要的理論家如何因此離開了這個理論模式。帕森斯認為,功利主義始終沒能想到,穩定的社會秩序已經是前後一致、毫無矛盾地存在著了。在對功利主義進行強有力、廣泛、精準的批判之後,帕森斯頗有道理地指出,社會學中所有的功利導向行動模式已經不再是需要被認真看待的理論取徑了。他不反對這種模式對於經濟科學來說還是可用的。但他認為,若要用於具有整合性的社會科學理論,這種模式已是不可接受的了。

儘管如此,功利主義在 20 世紀 50 年代末期還是經歷了某一種類型的復興;甚至這個復興就是始於對帕森斯思想體系的強烈反擊。這樣一種許多人早已不再信奉的思潮之所以會復興的原因之一,是因為「效益」這個對於功利主義來說極為根本的概念,其意涵有很多層次。很多學者認為,我們可以用不同層次的意涵來說明「效益」這個概念,以此來用不同的方式理解「效益」。這些學者相信,如此一來功利主義就可以回避帕森斯的批評。

我們在前面幾講,將「功利主義」呈現為一種理論方針,這種方針將進行行動的人視作單純自利地追求效益的行動者。帕森斯在討論功利主義內在矛盾與問題時,也是把這種觀點冠到功利主義頭上。這種說法也的確沒有錯,因為早期功利主義哲學家(如我們提到過的邊沁)事實上也曾指出,所有人最重要的行動準則就是趨吉避凶。還有現代經濟學之父亞當・斯密也如我們所願地(雖然語氣也有一點嘲諷)清楚說了:「我們還沒有準備好去懷疑誰是不自私自利的。」(援引自:G. Becker, *A Treatise on the Family*, p.172）

不過，毋庸置疑，我們不能這麼狹隘地定義「效益」這個概念。這個概念完全有可能擁有更廣泛的意涵。有一些 19 世紀的功利主義思想家就已經認識到這件事，這些思想家探討了最大多數人的最大效益；而上述的 20 世紀 50 年代社會學中的功利主義復興，採取的就是類似這種「最大多數人的最大效益」的討論策略。這讓「功利導向的行動」最終可以被理解爲一種能提升集體效益或是提升他人效益的行動。以此而言，效益當然不能被定義成一種**利己主義**的概念，而是人們也可以將「功利導向的行動」理解爲一種**利他主義**的行爲。當然，這種擴展功利概念意涵的方式，也是有其陷阱的。如果人們將利他主義的行動視爲功利導向的行動，那麼人們會把他人（尤其是接受了善行的他人）的效益獲得，解釋成是自身行動的原因。或是用經濟學的術語來說：人們會把利他主義的施予者，解釋成是在享受接受者的收受。這乍聽之下好像沒問題，因爲俗話就說了，施比受更有福。我們會因爲朋友收到生日禮物很開心而感到開心；這個具體的例子讓我們可以說，我們自身的效益獲得來自他人的效益獲得。但這種論證方式的問題在於，如果利他主義的行爲，**完全只以**「施予者無論如何也會以此間接感覺到自己的利益提升了」這件事爲基礎，那麼「利他主義」這個詞彙就會完全失去其意義了。因爲這種利他主義者不過就是一個非常奸詐地喬裝成利他的利己主義者。埃奇奧尼（Amitai Etzioni）是一位對功利主義（不論是舊版本的還是新版本的功利主義形式）提出尖銳批判的社會學家。他清楚指出上述這種「他人開心就是自己開心」的功利主義說法的荒謬之處：

> 如果我們假設，人只**會**趨吉（避凶），那麼我們必然會說聖人在犧牲的時候是非常享受的了；但如此一來，聖人「一定就是」受虐狂了？（Etzioni, *The Moral Dimension*, p.26）

他在這裡無疑點出了這種功利主義的眞正問題。而且後來，這種關於功利概念難點的看法，也使得許多經濟學家和一些社會學中採取功利主義取徑的代表人物，要麼就是寧願使用最原始的效益概念，要麼就是完全捨棄了效益概念。

> 的確，在早期的經濟分析史當中，人們假設財物在某些可測量的、心理學的意義上，能提供利益或效益。雖然人們已經拋棄了這種讓人產生誤解的心理學概念，但「效益」這個名稱依然保留下來。只不過現在，這個

名稱僅僅用來指稱基於個人偏好而來的選項排序而已。（Alchian and Allen, 1977；轉引自：Etzioni, *The Moral Dimension*, p.29）

也因此，從功利主義的角度來進行論證的社會學（有些學者也將之稱作「個體主義的社會理論」），常常不用「效益」這個詞彙，而是更多會說目的或偏好。因為如此一來，原本有著清楚邊界、用「趨吉避凶」這種心理現象的方式來定義的效益概念，就可以只剩下形式上的範疇而已。於此，效益概念僅意指一項假設，即一個行動者會專注地追尋某些目的（不管這目的是利己的還是利他的），這些目的不太會變，且會被行動者排列出一套固定的優先順序。不說效益，而是說目的或偏好，實際上可以讓人們避免效益概念只從「趨吉避凶」這種心理現象來定義時會產生的問題。當然這時候人們也會馬上遇到另一個新的難題。因為「偏好」這種說法的內涵是非常空泛的，這會讓人們忍不住去問，我們到底如何能用這樣一個既模糊、又更概括的概念，來囊括所有這些具體而高度相異的現象？亦即我們該如何用這種概念，同時囊括利己主義的效益最大化和利他主義的奉獻精神？而且這種概念既沒有說清楚偏好究竟是怎麼形成的，也沒有告訴我們，偏好是不是可以改變的。舊版本的功利概念，至少（剛開始）還有一個「趨吉避凶」的心理學基礎，但「偏好」這個詞彙就只是個空殼而已，我們還必須透過心理學、生物學、社會學來充實這個空殼。然而，我們該透過什麼樣的心理學取徑、哪一種生物學、哪一種社會理論來填充這個空殼呢？這些都是不清楚的。就連採取新功利主義取徑的代表學者都承認：

在我們對偏好的構成有一個大致的理論，或有豐富的資料之前，任何基於偏好的解釋，都需要讀者憑慧根來理解。（Friedman and Hechter, "The Contribution of Rational Choice Theory to Macrosociological Research", p.203）

以功利主義的角度來進行論證的社會學，都嘗試與 19 世紀的舊版功利主義進行切割，或進行修正，而這些作法都有些問題；然而儘管如此，他們的確也得到了新的擁護者，因為人們可以不用再偏執地在基本概念方面，假設個體的行為處事純粹是利己主義的，而且也可以至少乍看之下回避帕森斯的批評。

在我們討論 20 世紀後半葉的功利主義復興，或是被我們稱作**新**功利主義的取徑之前，我們必須先談一個問題，這個問題跟功利主義理論的邏輯地位有關，並且在 19 世紀時曾經被熱烈地討論過。這個問題是：當人們談到功利主義取徑，說行動者

總是會追求效益最大化、會追尋目的、會試著執行其偏好時，到底是什麼意思？這是不是在用人類學式的口吻宣稱，人類**總是**（亦即不受時間與文化的影響）會根據效益最大化來行動？還是語帶保留地意指，人類**常常**會這樣行動，或者**在某些情況下**會這樣行動？又或者是說，人類**應該**追尋自身的目的、偏好和效益，即便他們知道情況不總是，甚至很少會盡如人意？

　　如果人們看一下 19 世紀與此有關的爭論與討論的話，可能會注意到，此處至少有三種不同的立場。在邊沁那裡（這也是第一個立場），實際上是用「趨吉避凶」這個說法勾勒出某一種類型的人類學，亦即聲稱，實際經驗上的人類心理基本機制，就是總會嘗試避免痛苦、獲取盡可能多的愉悅。而其他社會科學家的想法則不一樣。例如韋伯（這是第二種立場），對於邊沁的那種庸俗的心理學不是那麼贊同。對他來說，邊沁如此簡化人類決策與行動複雜性的作法，是令人難以忍受的。但同時，韋伯並沒有反對在當時某些經濟學中占主流地位的（功利主義）行動模式，因為人們運用這種模式，可以將市場的運作回溯到市場參與者那追求效益極大化的理性決策。而他認為，有很多（而且越來越多）社會現實領域，我們也都可以用這種經濟行動模式來描述。在現代（資本主義）市場中，我們在一定程度上能有效地掌握市場參與者的實際行為（但在**現代之前**的市場中的行為我們無法有效掌握）。而在不斷進展的「理性化過程」中，我們同樣可以認為，人們在參與其他領域時也會像在經濟領域那樣，功利導向地行事，因此經濟學的行動模式，也越來越能夠適當地用來描述現實。韋伯並沒有將功利導向的行動擺在人類學的位子上，而是把行動導向放在類似於歷史學的位置中。亦即，唯有在資本主義的興起背景當中，「行動者會追求效益最大化」這個觀念才會在現實當中找到對應物（參閱如：Weber, "Die Grenznutzlehre und das 'psychophysische Grundgesetz'"，特別是 pp.395f.）。第三種立場則認為，當談到人類的功利導向或目的導向時，完全不是要進行經驗描述，也不應該想要進行經驗描述。對功利導向行動進行分析，應僅旨在了解目的與目標在實際上的可及性，應僅在於給行動者帶來啟發，讓行動者知道在達成目標的路上可能會遇到哪些阻礙，應為行動者指出貫徹目的的最佳道路。根據這種立場，當談到功利導向行動時，不是要提出一種在經驗上能加以確認或證偽的理論，而是要藉此提出一個**規範—分析**模型，研究理性地追尋目標所需條件、環境和執行機會，以此開啟行動的選項與其他的行動可能性。只有當人類真正的行為與行動很貼近理性規範時，這種規範—分析模型才能在經驗上提供實質幫助。國民經濟學即是如此宣稱的，亦即他們假設，行動者在企業和在市場中的實際行動，以理性觀點視之，大致上**應該會與最好的**行動相一致。

這三種關於功利導向行動理論的科學邏輯地位的立場，完全都不一樣，至今也都各有擁護者，但「人類學式的」立場今天已大大失去影響力了。當然也有不少的學者有時候也不知道自己採取的到底是什麼立場，不知道自己是在經驗層面上，還是在規範—分析層面進行論證的。在社會學的新功利主義發展過程中，人們可以看到，在20世紀50年代原則上發展出兩條理論軸線，這兩條軸線部分地與上述勾勒的關於功利導向行動模式的科學邏輯地位有關（參閱：Wiesenthal, "Rational Choice", p.436）。

第一，所謂的「交換理論」的代表人物，都很堅定地繼承早期政治經濟學的觀點，將社會實體視作是由個別行動集聚起來的產物。例如亞當・斯密，認爲市場是諸多個體的經濟交換行動的產物。所謂的交換理論家也一樣，認爲社會秩序一般來說是從諸多個人彼此關聯起來的功利導向行動中產生出來的。

第二，「理性選擇取徑」的代表人物雖然同樣仰賴（尤其是經濟學領域中所使用的）功利導向行動模式，但他們對於此種理論的科學邏輯地位的觀點，多半更是規範—分析性的，而不是經驗性的。他們首先並不是從個體的行動來研究社會秩序的構成。他們主要聯繫霍布斯和洛克那裡的政治哲學的契約論，旨在討論一個問題：個體的理性行動與功利導向行動，如何會帶來個體之間的合作？我們怎麼看待個體理性和集體理性之間的關係？個體的理性選擇行動有什麼樣的限制與邊界，以及開啟了什麼樣的可能性？

· ·

何門斯（George Caspar Homans, 1910-1989）是美國戰後第一批新功利主義社會學家中，相對來說知名度比較大的一位。他的知名度尤其得益於他對帕森斯的功能論提出了出色的批判。何門斯原本是帕森斯的學生，而且後來也成爲帕森斯在哈佛大學的同事。何門斯在1951年出版了他的主要著作之一《人類團體》（*The Human Group*），並以此在學術界逐漸獲得了知名度。這本著作旨在探討小團體中的人類行爲，不過主要是描述性的研究而非理論研究。這個研究跟帕森斯的思想還有著藕斷絲連的關係，並不眞的有什麼啟發性或了不起的內容。但何門斯對帕森斯作品的態度，很快就改變了。最晚在20世紀50年代末期，何門斯便陸續出版了一些定位明確的著作，並以此成爲堅定的帕森斯批評者。

他對帕森斯以及功能論擁護者的研究的批評，首先至少集中在三個要點上。

1. 何門斯指責帕森斯的理論體系不是真正的理論，因爲這套理論體系並沒有認真想要對事物進行**解釋**。何門斯只承認功能論是一種方法，可以讓人們**描述**社會對象和社會現象。功能論只提出了一些範疇，這些範疇被相當人爲地連結、交疊在一起，但它們並沒有呈現出任何理論（參閱：Homans, "Bringing Men Back In", pp.810f.）。這項批判的基礎，當然是一種很特別的，並非沒有爭議的對於理論的理解方式（可見本書第一講）。因爲對於何門斯來說，理論是一種，而且僅僅就是一套命題系統，這套命題系統旨在探究自然，乃至世界中各種事物與性質的關聯。

> 要構築一套理論，命題必須採取一種演繹系統的形式。其中，通常被稱作最低階的那種命題是需要被加以解釋的命題，例如宣稱「社會的工業化越是澈底，親屬組織就越趨向於核心家庭形式」這個命題。另一種要麼是一般性命題，要麼是關於特殊給定情境的宣稱。前者之所以被稱作一般性命題，是因爲除了所探問的演繹系統之外，這些命題還存在於其他、也許是很多其他的演繹系統中。的確，很多我們所謂的理論，就是一整組的演繹系統，這些系統共用著相同的一般性命題，但也有不同的待解釋物。重點是，每個系統都應該是演繹的。也就是說，最低階的命題作爲一種邏輯上的結論，必須是從特殊給定情境下的一般命題中推導出來的。（Homans, "Bringing Men Back In", pp.811-812）

何門斯稍後說了，除非理論具有解釋性，不然它什麼也不是。根據上述引文，所謂的理論具有解釋性，意指複雜和特殊的相關事物（例如上述的工業化與核心家庭趨勢），可以從較簡單的、符合法則的命題，也就是從個體行爲的層次（例如既定條件下的家庭中的個體）推導出來。這裡人們也可以瞥見何門斯的科學理論計畫，也就是建立一套社會科學，這種社會科學可以透過較簡單的因果關聯來解釋複雜的社會事物。何門斯覺得，功能論做不到這件事，沒有以真正的知識進步爲目標。功能論會讓社會學走進死胡同。

2. 此外，何門斯還批評帕森斯的「理論體系」——不過這東西到底能不能被稱作理論，何門斯覺得是很有爭議的——太過規範性。帕森斯的出發點，來自他對規範的分析。與制度相關的、透過規範而有所限制的社會行動，一直處於他的分析的核心位置。這也難怪，對於功能論的社會學來說，角色概念是一個非常重要的概念。但是，功能論的社會學都忽略了一個問題，即規範和制度是如何，以及為什麼會被建立起來。之所以這個問題被忽略了，正是因為人們常假設，人類總是在制度性的環境中行動的。如果我們如此看待功能論的「豐功偉業」，並且接受此描述背後隱藏的對於帕森斯的批判的話，以及如果我們想要解釋制度和規範的形成的話，那麼，何門斯認為，我們就必須關注「基礎的」行為形式。因為更高層次的、受規範管制的整體就是從這些基本的行為形式中產生的。

> 既然社會學家常將諸如角色及伴隨角色而來的制裁等東西稱作**制度**，並且把對應於這種角色的行為稱作**制度化的**行為，那麼我們也許可以把基礎社會行為稱作**亞制度**行為。但我們永遠要記住，基礎社會行為的制度框架從來不是僵化的，而且某些基礎社會行為，就算已經被足夠多的人執行得足夠久了，還是會被現存的制度破壞並且被取代。也許沒有一種基礎社會行為在發端之時是沒有制度的。（Homans, *Social Behavior*, p.5）

功能論者總是強調（規範）對於行動者的「限制」或強制力，但何門斯不同，他藉著上述命題指出不受規範約束的選擇行動的可能性與事實，並且認為唯有如此才能解釋制度的**形成**。

3. 最後，何門斯指責帕森斯（當然這項指責也跟上文提到的批評有關），說他的整個社會學都是反個體主義的，或都是集體主義的，因為在帕森斯的理論中，個體的行為或多或少都被理解成是制度安排作用下的結果。何門斯則完全相反，認為宏觀現象都可以被理解為，而且也**只能被理解為**個體的選擇行動或決策的集聚或集合。

• •

這些批評都反映在他 1964 年出版的著作的醒目標題上：《把人帶回去》，這也是

他於同年在美國社會學年會上，就任美國社會學會會長的演說標題。他說，功能論把制度、角色、價值，總而言之，人類行動的**框架條件**，當作主題，也只描述了這些東西；但何門斯總結認為，人類的**實際行為**才是分析的重點，我們應該去解釋人類的實際行為。但什麼是實際行為？

何門斯在 1958 年發表了一篇題為〈社會行為即交換〉（"Social Behavior as Exchange"）的重要的、綱領性的論文，並隨後在 1961 年出版了一本著作《社會行為：其基本形式》（*Social Behavior: Its Elementary Forms*）。在這兩部作品中他認為，「什麼是實際行為」這個問題的回答毋庸置疑能在行為心理學和經濟學中找到。何門斯將人與人之間的互動理解為「物質與非物質的財物的交換」（"Social Behavior as Exchange", p.597）。這裡，他用了典型的功利主義的風格，提出了一個觀點，即所有的行動——而且事實上這也是可以透過經驗研究來證實的——都會想避免代價、痛苦、懲罰等等，然後將愉悅和獎賞加以最大化。或者換句話說：人與人之間的行動都是在交換物質的與非物質的財物，而這些財物會根據不同的類型具有獎賞或懲罰的作用。如果這些財物具有獎賞的作用，那麼行動者會想要多一點；如果具有懲罰的作用，行動者會想要少一點。何門斯從一種原則上永恆不變、普世皆然的人類本質出發（*Social Behavior*, p.6），從所謂的行為主義心理學那裡借用了人類心理學的研究成果。行為主義心理學在美國的代表人物，是與何門斯頗有交情的史金納（B. F. Skinner, 1904-1990)。史金納的理論命題建立在動物實驗的基礎上。在實驗中，他試著用刺激來制約與影響動物的行為。刺激（意指獎賞或懲罰）可以強化或弱化動物的行為模式。由此，他得出一個解釋性的命題，指出一隻動物的某個動作若越常被獎賞，它就會越常作出這種動作。比如一隻鴿子，若它越常因為啄了某個特定的地方而獲得穀物當作獎賞，它就會越常表現出啄的動作，而且就是啄那個地方。雖然何門斯沒有說人類行為和動物行為是同樣一回事，但他的確認為，對於某些刺激會產生什麼反應，以及從什麼樣的學習經驗會得出什麼結果，人和動物是一樣的。

> 於是，我們從關於動物行為的知識所提出的一套命題，對於我們來說，也可以是用來描述和解釋人類行為或人類交換的基本命題。（Homans, *Social Behavior*, p.31）

事實上，何門斯有很多表述為「如果……，那麼……」的句子，也就是幾近於自然科學的句子，以此提出了一些命題。比如類似激勵的作法與響應行為可能性之間

的關聯、獎賞價值與行為之間的關聯、經濟學裡提到的邊際效應遞減原理〔「如果一個人在過去越常從他人那裡得到獎賞，那麼接下來每次獎賞的價值對他來說就會越低。」（Homans, *Social Behavior*, p.55）〕，或是挫敗感與攻擊性之間的關聯〔「如果分配正義規則越無法撫平一個人的不如意，那麼這個人就容易表現出被我們稱為憤怒的情緒行為。」（Homans, *Social Behavior*, p.75）〕。

在表述這些句子時，何門斯是一位**新**功利主義者，因為他主要採用了基於功利主義的政治經濟學前提。然而，他確實在某一方面糾正或修改了「經濟人」假設：

> 〔經濟人的〕問題不在於他是經濟的，亦即不在於他為了某些好處而使用他的資源，而是在於他是反社會的、唯物論的，只對錢與物質財物感興趣，甚至為此滅親都在所不辭。經濟人的錯誤之處在於他的價值：他只允許有限範圍內的價值。但新的經濟人沒有這樣的限制。他可以擁有任何一種價值，從利他主義到享樂主義都行。只是他不會完全浪費他的資源在這些價值上；他的行為仍是經濟的。（Homans, *Social Behavior*, p.79）

也就是說何門斯踏出了我們在這一講開頭提到的一步，他與早期狹隘的功利主義的功利概念有所區別，或是擴展了功利概念。由此，他也涵蓋了利他主義的行為，且相信可以避開帕森斯對功利主義的批評。但同時我們也應該弄清楚，當他談到利他主義或價值時，他確切來說所指為何。因為對何門斯來說，價值就僅僅是早先獎賞情境下的結果。因為之後還會不斷出現新的獎賞或懲罰，所以沒有什麼必然的價值（即帕森斯所謂的「最終目的」），而價值完全是由行動者的計算而定。這跟帕森斯對於價值的理解方式完全不一樣，也跟我們之前用路德的例子（「我站在這裡，我別無他法」）所提出的說法完全不同。

何門斯這種對於價值的看法，與新功利主義的詮釋相似，但卻是另一種態度。他不同意價值有如此高的重要性，或是認為價值的重要性還需要再回溯到其他東西上去。何門斯的觀點中有一點很重要，就是他相信，對於理性的和能正常運作的共同生活來說，最好的道路，就是毫無保留地坦承現存的各種利益以及利益差異。他深信，人類在社會當中的共存，若要以最好的方式運作，就必須承認彼此之間無可避免的自利行為，而且不該用道德來阻止自利行為，因為各種偽善和道德批評總是只會不斷造成非理性的衝突。對於許多學者來說，之所以新功利主義取徑有不小的部分頗有吸引力，正是因為他們想要「揭穿面具」。人們常常會以身為一個堅定的新功利主義者

爲榮，因爲他們揭穿了看起來高尙無比的道德態度的假面具，回溯到了純粹的功利計算。一個標準的「道貌岸然的僞君子」——埃奇奧尼借用布倫南（Geoffrey Brennan）和布坎南（James M. Buchanan）的話這麼稱呼這類人（Etzioni, *The Moral Dimension*, p.249），而且這種稱呼也是蠻到位的——會用一些看起來好像很有道理的知識來企圖影響跟他對話的人，很理所當然地表現得自己好像高人一等似的。但新功利主義者早就看穿了這類僞君子的卑劣把戲了。

至此，我們已經介紹了何門斯對於行爲基本形式的分析，從行爲心理學推導出來的關於人類行動的解釋，以及他的理論建立形式的背景。讀者們如果想問，這種社會學跟像是以斯金納爲代表的行爲主義心理學有什麼不同，那麼何門斯可能會這麼回答讀者：差別只在於這主題是社會學家研究的，而且主題比較廣泛。事實上，何門斯的計畫就是有意要將社會學**還原成**行爲主義心理學的命題。他堅稱他自己是一個「澈底的心理學還原主義者」（"Social Behavior as Exchange", p.597）。依照他的說法，社會學的任務只能是去研究以心理學的方式來加以解釋的個體行爲，以及以此來討論這些行爲，在許多行動者的相互行動當中，如何集結成更高層次的形式。或是反過來說：社會學應該研究中層現象（像是團體當中的行爲）或是宏觀現象（大型組織結構）如何從個體的「基礎行爲」產生出來。當然這裡我們可能馬上就會注意到，何門斯的與此相關的宏觀社會學研究的成果其實非常微薄，因爲他的主要研究工作幾乎完全集中在微觀領域。再加上，雖然他批評帕森斯那一派的人對於規範只是在描述、沒有解釋，但他也沒有成功跨出新的一步。不過對於何門斯的這一個批評還不是主要的。要對何門斯提出眞正的批評，必須以另外一種方式來進行，而且學界也確實這樣做了。這就是我們接下來要進一步討論的。

⋅⋅

何門斯對帕森斯的理論綱要的批判相當尖銳，而且我們上述引用過的一些他的指責，也的確戳到了「痛點」。事實上，我們在上一講評論帕森斯時，也不斷提到，帕森斯某些功能論的歸類方式常常非常武斷，而且在功能論中，描述與解釋的界限常常十分模糊。以此而言，我們完全同意前文提到的何門斯的第一個對帕森斯的批評，只是我們並不同意他對理論的那種非常狹隘的理解方式（他的這種理論理解方式也讓他的理論研究都用「如果……，那麼……」的句子來表述）。何門斯批評帕森斯過於強

調規範主義，也不完全錯。如我們提到的，帕森斯特別是在中期和晚期，認為行動者的行動，正是源自基於規範而整合起來的系統的功能需求。只不過人們不能說帕森斯的論述方針完全是反個體主義的。

何門斯的批判有道理，或部分有道理，是一回事，但他是不是真的提出另一種理論可能性，滿足了他自己的知識要求，或至少比他的「對手」還要好，則是另外一回事。何門斯的計畫是否成功了，人們是可以質疑的。很顯然，他的整個理論結構是有一些缺失的。

首先，何門斯宣稱，他的取徑符合自然科學研究的標準，他真的在「解釋」事情；但這是值得商榷的。因為在他的取徑當中，直接浮現出一個循環論證邏輯的問題，亦即：我們用一個根本還有待解釋的東西來解釋現象。如果我們宣稱，人類總是會追求獎賞、追求功利，那麼我們當然必須探討行動者到底是怎麼看待他的功利的、怎麼詮釋獎賞的。但我們該怎麼探討這件事？原則上有兩個可能性。**第一**，我們可以說，有某個對於世界上任何時代的所有人來說都同等重要的目標。但這樣說當然會有個問題，就是也許根本就沒有一個所有人都會去追求的具體目標。若說有個目標是所有人一定都會想要的，比方「所有人都追求財富的增加」，那麼這種說法在經驗上顯然並非普世皆然的。因為也是有人（而且不少人）並不追求財富的增加。今天，在社會科學界已經不再有人真的認為「財富的增加」可以被用來定義「效益」了。不同的人、不同的文化，都會對效益有不同的界定。

所以人們必須找另外一種討論效益的可能性。亦即，**第二**，人們對效益有主觀的標準。行動者是怎麼看待效益與獎賞的？要回答我們的問題，就必須要行動者說明動機，也許還需要行動者告訴我們，是什麼促使了行動者的行動。唯有如此，我們才能知道是否每個人都會有功利導向的考慮，並且這個考慮**實際上**造成了相應的行動，或者是否在行動背後其實還有另外的動機。我們需要一個與行為無關的標準，才能測量是否「人們總是會追求效益、追求獎賞」這個命題是正確的。這也意味著，我們必須在行動**之前**就知道行動者事實上將效益視作什麼。如果我們之後也觀察到了行為，那麼我們才會真的看到，是否我們研究的對象進行了功利導向行動。無論如何我們都**不能**從行為本身來**推斷**功利結構與獎賞結構，否則我們等於把所有的行動都定義成是在增加行動者的效益，這會讓我們必然陷入一個矛盾循環，並且錯過所有能提出真正的因果命題的機會，然後理論就會變成一種循環邏輯，毫無價值，因為這個理論並沒有解釋任何事。我們可以舉個例子來看清楚為什麼這是循環邏輯。如果我作為一個社會科學家，沒有在一個所要研究的行動之前先揭示出相關行動者的功利考慮，同時如

果我宣稱——這就是何門斯在做的事——人類總是會追尋效益，那麼我可能會說，搶匪到慈善機構的櫃檯搶劫，因為他試圖增加自己的效益，所以用別人的錢增加了自己的財富。但問題是，若套用何門斯的這個命題，我也可以用同樣的方式來「解釋」一件「完全相反」的事。我可以說，一位捐獻者到勞動福利機構的櫃檯慷慨地捐了一筆錢，也同樣是在增加自己的效益，因為這讓捐獻者感到非常愉快，因為這筆慷慨的捐款讓他覺得自己是個大好人，所以捐獻者才會如他的行動那般地行動。也就是說，一個人無論做什麼事，都可以說成是出自效益考慮才這麼做的。這種理論完全沒有解釋任何事，它完全無法被證偽。自然科學認為證偽是很重要的，何門斯也很重視自然科學，但他的理論卻恰恰並沒有做到自然科學認為很重要的事。何門斯猛烈地批評帕森斯的理論缺乏解釋性的內涵，但就他自己的理論來看，他跟帕森斯其實也是半斤八兩。

　　再者，何門斯理論的基礎，即**行為主義**心理學，在心理學領域也已經大幅失去影響力與聲望了，因為行為主義貢獻有意義研究成果的能力已被證明是有限的。不斷追求效益最大化（不管是人還是動物）的假設，對於描述每個行為或行動來說，最終都不特別符合現實。在心理學中，已經出現其他研究取徑。就算是動物行為分析，學者也已經在考慮其他研究方式〔例如動物學家勞倫茲（Konrad Lorenz）就以「理解」的方式來進行行為研究〕。當然，功利主義最關鍵的假設並沒有完全消失，這個假設部分地「遷出」或「移居」到社會生物學和遺傳學領域或子領域去。在那些學科中，人們基於達爾文的物競天擇觀念來假設，唯有**那些**能將「具有再生產力的適應性」加以**最大化**，並且面對其他有機體或其他類屬時能堅持下去的有機體，相對來說才能夠生產出能存活下去的後代。也因此才會出現「自私的基因」這種說法。不過令人感到意外的是，在這些領域中，也像上述新功利主義中對於功利概念的爭論一樣，很快就出現了問題，即無法解釋為什麼在生物學領域也可以看到一些「利他主義的」行為，例如一些動物對於「親屬」的哺育或照料。而且也同樣令人意外的是，關於這些問題的答案，看起來也跟社會科學的討論情況幾乎一樣。生物學家也同樣確信，如果一個物種長期將「具有再生產力的適應性」提升了之後，就會形成利他主義的行為，然後生物學家也很「絕妙地」將這種利他主義視作一種基因的利己主義。但這都沒有什麼說服力。不過，社會生物學和民族遺傳學對社會學的影響力一直都很低，我們不用在這裡繼續深入探討這個問題。關於到底「**利己主義的**基因」的說法是不是真的有意義，不是重點。對於社會學理論來說真正重要的問題更多在於，基因對人類行動實際上會有多大的影響。到目前為止所提到的社會生物學的發現，無論如何都沒有指出，

「傳統的」社會學一定需要堅實的生物學與遺傳學的基礎。不過,與生物學和生物學的解釋進行持續的對話,對於社會學來說倒也還是一件很值得做的事。

最後(這也是何門斯理論的最後一個問題),人們也可以問,何門斯如此激進地推動社會學的微觀基礎,將複雜的社會現象回溯到個體行動(而且他是從純粹的心理學觀點來看的),是不是真的可行。因為顯而易見的,微觀情境中表面上的「基礎行為」也總已經是被制度預先決定了的,例如在潛意識中發揮效用的規範與價值、受社會影響的導向模式等等,這些制度都無法歸因到個體的行動上。弗曼(Franz Fühmann)的短篇小說《三個裸男》〔從社會學命題來看,這部短篇小說跟凱勒(Gottfried Keller)的中篇小說《人要衣裝》完全相反〕很清楚地呈現了這件事。弗曼在描述桑拿浴的時候呈現出一個場景。在桑拿室的時候,畢竟大家都是赤身裸體的,沒有外在的權力關係和支配關係的標誌,所以照理來說大家都是平等的,應會表現出「基礎行為」的純粹形式。然而這時候,在桑拿室外頭的支配結構,還是馬上會透過細微的支配儀式與臣服儀式,再次在桑拿室裡再生產出來:上司講個笑話,下屬馬上就會阿諛奉承地哈哈大笑——即便是在這種大家都脫光在洗桑拿浴的情況下。極端地還原到微觀層面的作法,幾乎是不可行的。亦即,我們若沒有將微觀情境回過頭去和宏觀結構相關聯,是無法了解微觀情境的。而且何門斯其實也沒有做到他自己強調的理論要求。他描述的社會行為的「基礎形式」,終究也還不夠基礎——甚至可能還太大了,因為我們可以質疑,「是否交換關係也是由規範所引導的,並且形成交換的秩序若沒有一個透過制度和規範加以保障的框架(例如『我們必須遵守契約』這項規範),是無法持續下去的。」(Wiesenthal, "Rational Choice", p.436)而且,如果我們總是必須預設制度是讓交換行動能順利進行下去的前提,那麼制度**形成**時會遇到的問題,跟制度**運作**時會遇到的問題,是否可以用同一種方式解決,也是值得探討的——但何門斯卻覺得這兩個問題都是可以用同一種方式解決的(ibid.)。

• •

由於上述所有這些知識上的和理論上的難點,使得最初由何門斯發展出來的交換理論也就不令人驚訝地無法真的繼續下去。布勞(Peter M. Blau, 1918-2002)的理論著作便指明了這點。布勞在經驗研究方面相當多產,特別是在組織社會學和社會不平等的社會學研究方面。但是他也有進一步的理論野心。布勞在 1964 年出版了《社會

生活中的交換與權力》(*Exchange and Power in Social Life*) 一書。從這本書的書名上就可以明顯看出,他要探討的是由何門斯所闡述的「交換理論」,不過布勞的這個理論路徑在社會學中也常被稱為「行為理論社會學」。雖然布勞的研究跟何門斯有關,但他又把何門斯的前提再往前推進了一步。布勞一樣討論了個體之間的交換過程,但他又比何門斯多走一步,指出何門斯忽略了交換過程也會再生產出權力關係與支配關係。

> 相互服務會創造出一種能平衡權力的獨立性。對於服務的單向依賴則相反,會保持權力的不平衡。(Blau, *Exchange and Power in Social Life*, p.29) 幾乎同一時間,也還有另外的學者提出與此相似的觀點。(可參閱:Richard M. Emerson, "Power Dependence Relations")

同時,布勞也與何門斯的根本前提保持了距離:布勞沒有再繼續追求極端的微觀基礎與微觀還原。因為布勞知道,不是所有的結構都可以回溯到個體行為的。所以他理所當然也拒斥心理學的還原主義。在這層意義上,他承認某些價值對於社會過程來說具有積極的重要性,但他卻不打算像何門斯那樣直接將價值追溯到功利計算那裡。這也意味著他對於功利定理或獎賞定理的看法在根本上不像何門斯那麼極端。布勞既討論「外在」好處,也討論「內在」好處。所謂內在好處,意指不會得到直接物質性的回報。這讓布勞明顯超越了何門斯狹隘的功利導向行動模式:

> 在內在的愛情依戀中⋯⋯每個個體為對方的付出,並不是為了想要相應的外在回報,而是為了表現與確認他自己的承諾,並且也促使對方能給出對於兩人關係的承諾。(Blau, *Exchange and Power in Social Life*, p.77)

不過,所有這些對原初何門斯理論框架的修正,雖然很必要也很有意義,但最終也使得這個討論方向與很多其他理論思潮——包括帕森斯主義——之間沒有太多區別。如果我們去閱讀布勞的研究,我們可以獲得一些關於社會互動的值得注意之處及其形式的有趣洞見;但是,因為布勞在《社會生活中的交換與權力》中也經常提到古典社會學大師齊美爾,使得我們同時也不斷想問,他的分析是不是並不需要特別用到交換概念,而是也可用到其他理論語彙。布勞一直以來都在將基於何門斯遺產對類似自然科學的理論建立的追求,與對其他大相徑庭的理論面向與範疇(例如他不斷參照

齊美爾）的運用，通通湊在一起，但他對他這個作法一直沒有提供清楚的解釋。這也造成他的理論綱要雖然對何門斯的理論方向進行了許多有意義的修正，但卻沒有什麼真正的建樹。今天已經很難還有聲稱自己在追尋一個獨立且與其他研究方向清楚區分開來的理論綱要的交換理論家了。何門斯的遺產已經是一個死胡同，對於整個新功利主義的計畫來說也當然不再有價值了。

••

在 20 世紀 60 年代中期，在社會學中有另外一種新功利主義理論開始日益盛行，人們多將這種理論方向貼上「理性選擇」或「理性行動」的標籤。這個理論方向跟何門斯的計畫不一樣。這個方向特別要問的是，諸功利導向的個體彼此合作追求**共同的**事物，是如何得以可能的。這個問題也與 17、18 世紀政治哲學和社會契約論的代表學者相關聯。這些 17、18 世紀的代表學者問的問題是：行動個體若要進行共同的行動、締結契約，必須具備什麼樣的前提？帕森斯已經根據霍布斯的問題討論過這件事，並且指出這個問題的答案是規範和價值。新功利主義的代表學者則不從這條途徑來進行討論。他們完全從另外的視角來看秩序問題，而且這並不是他們研究的核心問題。他們的論證核心要點更多是**基於模型理論的假設，而非經驗性的假設**。他們的假設是，所有行動者的行動都是功利導向的。而這種模型理論的假設常常會得出一些矛盾、違反直覺的宏觀過程結果或整體社會後果。讀者可能會覺得這裡所說的很抽象，但幸好有一本很不錯的書，相對簡單好讀，而且可以讓我們為上述勾勒的抽象問題找到一個從社會學來理解的切入點。這本書就是美國經濟學家奧爾森（Mancur Olson, 1932-1998）的《集體行動的邏輯》（*The Logic of Collective Action*）。

這本 1965 年出版的著作之所以令人印象深刻，是因為它打破了關於集體行動、團體、組織、叛亂、革命等如何形成的流行假設。當時流行的假設認為，集體行動或組織形式，由於當中諸個體有著共同的利益、目標和目的，因此會近乎自動地形成以實現其利益。在很多不同的社會科學理論中，都有這個乍看之下還頗有道理的假設。就連在馬克思或馬克思主義的理論中我們也可以看到這個假設。馬克思或馬克思主義假定，無產者和資本家雖然都是一個個不同的人，但因為在各自的階級中有相同的利益，因此會形成有組織的階級鬥爭。統一起來的無產階級出於共同的利益而試圖推翻資本主義秩序，資產階級則試圖捍衛這種秩序。

　　若有人要論證這件事（當然，為了維護馬克思的尊嚴，我們得說，「自在階級」與「自為階級」是不一樣的），亦即如果有人認為集體行動來自個別行動者對利益的功利導向追求，那麼——奧爾森指出——就會面臨一個問題。因為事實上，正如法國社會學家布東（Raymond Boudon）那令人印象深刻的描述所指出的：

　　　　一群有著共同利益、意識到這種利益並且有實現利益的手段的人，當他們構成一個鬆散的團體時，事實上會因為大家的狀況都不一樣而一事無成。利益共同體，就算相當自覺，本身也不足以引出一個朝向一般利益的共同行動。集體行動的邏輯和個體行動的邏輯是相當不同的兩回事。

（Boudon, *The Unintended Consequences of Social Action*, p.30）

　　為何會如此？為什麼儘管表面上集體行動是相當有好處的，但集體行動在「個體會進行功利計算」這個假設下的可能性卻極低（如果不是完全不可能的話）呢？原因很簡單，因為集體財物或所謂「公共財」總會遇到「搭便車」的問題。公共財或集體財物，是幾乎所有人都可以使用的。像「新鮮的空氣」，就是這類財物，因為事實上所有人都能使用；像「軍事安全」也是這類財物，因為在一個國家中，不是只有少數人，而是原則上所有人都可以從中受益。人們還可以洋洋灑灑地舉出一系列這類公共財，像科學知識、國家文化遺產、國家交通基礎建設等等。與無產階級有關的這類公共財，在馬克思主義的觀點中，則是成功的革命。成功的革命會讓**所有**無產階級（不只是一些或是多數，而是所有）都會得到非常大的好處。但所有這些公共財也表現出一個特點：**一個人不需要真的出一份心力**，也可以使用這些公共財。所有人都知道「新鮮空氣」很寶貴，作為一個德國人我深以為然。但同時我也知道，我一個人對維護空氣品質或汙染空氣來說無足輕重。我愛不愛護環境，對於我們這片土地上的空氣品質來說無足輕重，或影響甚微。但正是因為我知道這件事，所以我的功利考慮就會非常簡單：因為不管我有沒有出一份心力，都可以獲得「新鮮空氣」這個公共財，因此我並不需要對愛護環境多耗費什麼心力。我寧願駕駛一部每開 100 公里就要耗費 20 公升汽油的車，也不要改換一種雖然有益環境，但會花很多錢和很多心力的乘車方式。同時我也會想，反正其他所有人都會愛護環境，所以空氣不會被汙染。我這時候的舉止就是在「搭便車」，拿了「公共財」的好處，但卻沒有什麼貢獻，就像我搭乘地鐵卻沒有買車票一樣，我想說反正其他人都會買票，所以自己就不想去付這筆錢。在一些工會行動的情境當中也是類似的。當然，我作為一名企業職工，會因為工

會提升了較好的工作條件或更高的薪資而得到好處;但同時我知道,我自己對工會策略成功與否無足輕重,有我沒我無足輕重。出於這樣的考慮,對我來說更符合目的或更合理的作法,就是不去參加工會工作,不作出任何貢獻。因爲我不需要成爲公會成員,工會工作的果實也一樣會落到我手上,反正更好的工作條件和更高的薪資是所有薪資勞動者都可以獲得的。也就是說我可以設想,**別人**工作和冒著風險所得到的果實反正我也可以得到。

所有這些例子的重點在於,**不是只有我**會這樣想,而是**其他所有人可能也會這樣想**。如此一來我們會得出一個值得注意的結論,就是雖然所有人都能享有「新鮮空氣」這項利益,所有公共交通工具搭乘者都能享有「有足夠經濟支柱的公共交通服務」這項利益,以及所有企業員工／勞工都能享有「強而有力的工會」這項利益,但如果所有人的行動都是功利導向,而且沒有其他因素的話,那麼到最後誰都沒有公共財可用了。這當然是一個非常重要的洞見,因爲奧爾森描述的這個問題原則上在**任何**組織中都會出現,因爲在組織的運作中,公共財、集體財物普遍是所有組織成員都可以使用的。讓我們用奧爾森的話來說,他在他的書中非常仔細地用工會及其組織的困難之處來解釋「搭便車問題」:

> 一個典型的大型組織的個別成員,其情況類似完美的競爭市場中的企業,或是國家的納稅人:他的一己之力對他組織的情況不會有什麼值得一提的影響。不管他對他的組織有沒有做什麼支援性的工作,他都可以享受所有其他人帶來的進步。(Olsen, *The Logic of Collective Action*, p.16)

如果我們接受奧爾森的這個觀點,那麼實際上我們會得出一個新穎的研究視角:研究者的焦點不再只是放在社會問題,以及由此社會問題而來的、表面上客觀的利益局勢,因爲奧爾森指出了,集體行動不會自動就從共同體驗到的社會問題和相同的利益當中產生出來。所以我們要問的——回答這個問題也是奧爾森在他的這本著作中想嘗試的任務,並且也因此他繼續沿襲新功利主義的路徑——是爲什麼某些個體會主動積極地爲集體財物出一份心力,以及什麼樣的社會結構可能會造就朝向共同目的的**共同行動**。

奧爾森對這個問題提出了若干答案。他想藉此試著回答,我們如何避免組織當中的「搭便車」問題,以此讓共同利益也可以形成共同行動。當然,奧爾森也知道,現代世界中經歷了一場革命,讓組織變成非常重要的角色,而且集體行動在現實當中相

當頻繁地發生。問題是：哪些情況於此具有決定性的影響？

1. 奧爾森認為，成員為數眾多的大團體和小團體之間有根本的差異。相較於大團體來說，小團體中個別成員能為集體財物、團體目標提供的貢獻是較大的。團體越小，單個人的貢獻就會越大。所以對於小團體的個人來說，為很有價值的集體財物付出相對較大的成本，完全是合理的，就算有些人會「混水摸魚」。因為就算是一個人的貢獻，也可以預見能為小團體提供重要的集體財物。

> 因此，在非常小的團體中，每個成員都可以得到所有收穫中相當高比例的部分。因為團體中少有其他人（加入），所以集體財物常常可以由團體成員自願的、追求自我利益的行動所提供。（Olsen, *The Logic of Collective Action*, p.34）

但團體越大，個人為集體財物提供貢獻的可能性就會越低，集體行動形成的機會也會下降。此外，小團體在根本上比大團體還要容易「監管」個別的成員。也就是說，在小團體當中，個體的行動是更醒目的，大家都知道別人做了什麼事。這也意味著會有一種社會控制，某種程度上讓人更難「搭便車」，人們也會因此準備好或被逼迫要為集體財物出一份心力。但對於大團體來說，當然情況也是如此。如果大團體能讓潛在的「搭便車的人」變得更醒目，就會有更高的機會讓大家都一起追求共同的目標。較大的組織讓潛在的「搭便車的人」變得更醒目的方法可以是，比如，建立去中心化的小單位或次級單位、建立準聯合性質的結構。比起鬆散的巨型機構，聯合性質的小單位中的人，可以更好地相互監管。

2. 團體、組織之類的大部分都是**以強制的方式**來讓成員作出貢獻。國家稅收就是一個例子。當然，所有市民都可以享受由國家稅收所支付的集體財物，從自來水到高速公路都是。這也會誘使人們當「搭便車的人」而逃漏稅，因為一個人所繳納的稅金，對於建造一整條高速公路來說實在太過微薄，而且反正其他人也都會繳稅。但結果就是可能大家都會這樣想，然後大家都不繳稅。所以國家不能交由人民自願納稅，而是國家必須監督人民繳納足額稅金，需要的話還要用強制機制，對逃漏稅的人施以罰款或重刑。非國家組織也與此類似，必須有某些強制手段，例如驅逐出組織，或是警告會驅逐出組織，讓不出心力的成員不再能享有既存的集體財物。或是還有另一種

方式，就是組織讓成員進入想參與的領域之前，先對成員資格立下嚴格的規定。例如工會，就是執行所謂的封閉會員制，亦即**只有工會成員**才能被允許在企業工作。如此一來，「搭便車」的問題自然就可以獲得改善，因為工會成員與工會貢獻量直接就跟工作崗位掛鉤。不少的社會科學家都有一個既定偏見，認為不論從哪種角度來看，理性選擇理論家都是根深蒂固的自由主義者；但奧爾森顯然與這種偏見所認為的理性選擇理論家完全相反。奧爾森完全贊同工會應採取強制措施，這是正當的手段，因為這樣才能確保工會能夠在事實上有效提供「工會的」集體財物。

> 傳統的教條都說，工會單位不應該擁有強制權，因為工會是私人組織；而且傳統的教條還認為，公共部門的擴張無可避免地會導致經濟自由的喪失；但這種傳統教條都是基於不恰當的理解之上的。（Olsen, *The Logic of Collective Action*, p.97）

3. 在不少的組織中，還會提供所謂的「次級效益」或「選擇性的激勵」，以促使成員有更大的動機留在組織裡並貢獻一份心力。例如因為由工會帶來的薪資提高，不只參加工會的企業職工，而是所有企業職工都能享受得到，所以工會還會為工會成員另外再提供法律保障、休閒旅遊、工會自有圖書俱樂部的圖書優惠等等福利，好讓搭便車問題以各種其他方式來得到解決。工會會試圖額外提供一些如法律保護、優惠圖書等，**只有工會成員**才能享用的非公共財，以此避免如邀請大家享受免費消費、邀請大家來「搭便車」似的情況。工會就是以此激勵成員留在工會，或是吸引更多企業職工加入工會。

奧爾森的理論，也形成了很多研究主題和在理論上相當有趣的結論。奧爾森自己就已注意到，所謂的多元主義民主理論（即認為民主憲政共同體當中的所有團體，都能擁有或多或少的同等機會讓自己的需求得以被聽見）是錯誤的，因為不同的團體在維持組織的續存方面都有不同的困難。單就團體的規模而言，相對小的團體更容易在自願的基礎上被組織起來，且小團體更容易在公共領域有效表達他們的要求（Olsen,

The Logic of Collective Action, p.125）。由此我們還可以進一步再提出一些主題，例如我們可以研究企業家的組織條件和勞工的組織條件的差異。不過這個基於奧爾森思想，但更超越奧爾森思想的研究方向，絕不會只運用到理性選擇理論的原理。兩位德國社會學家和政治學家歐菲（Claus Offe, 1940-）和威森塔爾（Helmut Wiesenthal, 1938-）便指出：企業家和勞工組織行為的基礎，**必然**是基於截然不同的原則，因為這兩者所屬的團體規模就不一樣，成員動員的可能性也不同（Offe and Wiesenthal, "Two Logics of Collective Action"）。我們也可以用奧爾森發現的理論，來更好地理解德國社會學家米契爾斯（Robert Michels, 1876-1936）所謂的「寡頭鐵律」，亦即任何一種組織，包括民主組織，都會傾向於建立一種統治結構，透過這種統治結構，位於組織頂端的人能夠規避「普通」成員必須達到的要求和受到的控制，並且將自己的觀念強加在普通成員上，即便根據根本法條或規章，這些普通成員其實本來應該是可以決定組織政策的。法國一位相當出名的理性選擇理論代表人物也指出，（大量且難以形成組織的）成員和（少數的）組織幹部之間不同的數量關係，會導致：

> 當一個代表了其成員的組織所追求的政策，明顯違背了成員的利益時，成員在大部分的情況下並沒有辦法表達他們對所發生的事情的反對意見。（Boudon, *The Unintended Consequences of Social Action*, p.35）

一些研究者在分析社會運動或革命時，最後也會用到奧爾森的部分說法，以凸顯集體行動領域某些加速性的效果。德國理性選擇理論家歐普（Karl Dieter Opp, 1937-）就指出，在革命運動中，當運動規模達到一定的數量時，個體的成本結構會產生戲劇性的改變（Opp, "DDR '89. Zu den Ursachen einer spontanen Revolution"）。人們可以說，當革命運動達到一定的規模時，會讓我作為個人是否一起參加抗議、一起參加抗爭等等都變得沒什麼差異，因為我對於運動可能的成功所能提供的貢獻實在微乎其微。如此一來，我會理性地決定「躲在後面」。但同時對於個人來說，參加革命運動的代價也會降低，因為龐大的群體也可以讓個人消失在國家的監控視線之下，而且國家也幾乎不可能把這麼大量的抗議、抗爭群眾全都抓起來懲處。民主德國政權垮臺前夕在萊比錫爆發了週一大遊行，我們可以借用此觀點來對比進行分析，因為抗議民眾數量的不斷增加，越來越廣泛的不滿很快地凝聚起來，同時個人承擔的國家懲罰風險不斷下降。於是這形成一種內在動力，因為抗爭人數的急遽增長，讓抗爭行動的成本結構戲劇性地改變，所要付出的成本不斷下降，「獲勝機會」——即改變政治

局勢的機會——則明顯上升。

●●●

　　奧爾森建立的研究方向無疑帶來了豐碩的成果。但同時，我們對於這個研究方向自身明顯的理論問題也不能視而不見。連理性選擇理論陣營內部也看到：奧爾森列舉出三個讓集體行動得以可能的條件，但這並沒有澄清國家如何能執行強制徵稅機制，以及市民為什麼、如何每時每刻都會臣服於統治。奧爾森在這一點上，總將國家或任何一種強制暴力置於預設中了。還有他對於「選擇性激勵」的論證也沒有說服力。因為，首先，這在經驗上是不正確的，我們不能說任何一種形式的物質性激勵的價值，可以決定或解釋一個組織能長久持存還是會短命衰敗。其次，這種激勵也是必須由集體生產出來的，但這馬上就會產生一個問題：誰會願意提供激勵？

　　　　如果為了確保公共財物的生產，所以我們必須生產出選擇性的激勵，那麼選擇性的激勵也不過是另外一種公共財。生產這種激勵也必然會被視作是所費不貲的，且因此也是成問題的。（Hechter, *Principles of Group Solidarity*, pp.35-36）

　　這也凸顯出，「選擇性的激勵」這個概念不過是把一個原初的問題，即為什麼會出現集體行動，往後推遲而已。當然，人們也可以再藉助理性選擇理論，為這個理論缺陷尋找答案〔上段引言的作者赫克特（Michael Hechter）正是這麼做的〕，但無論如何這都已經顯示出，奧爾森這個乍看之下非常漂亮的理論，最終不再是那麼好用的理論了。

　　另一個更難反駁的批評，是關於奧爾森理論的運用範疇。奧爾森將他的功利主義導向的個體的模式，清楚地視為一種分析性的模式。但他也隨即承認，這種模式不適用於某些經驗情況，例如慈善現象或是宗教現象（Olson, *The Logic of Collective Action*, p.6, fn.6）。不過他同時又宣稱，對於某些，甚至許多現實領域（特別是與經濟組織相關的領域），他的模式非常適用，因為在這些領域人們可以看到個體的功利導向行動，並且也可以假設，事實上組織首先是服務於成員利益的。但是，哪些領域可以算作「與經濟組織相關的領域」，當然也是有爭議的。當理性選擇理論家擴展了

奧爾森的理論來研究革命時，人們也完全可以問，用這種理論工具來研究革命的**形成**是否真的是有意義的。奧爾森僅僅批判了馬克思的革命理論與階級鬥爭理論，但他自己並沒有試著分析革命、抗爭或社會運動。這其實是蠻奇怪的一件事，因為他的書恰好是在 20 世紀 60 年代社會抗議最如火如荼的時候出版的（參閱：Olive and Marwell, *Whatever Happened to Critical Mass Theory*, p.294）。而且，僅僅以功利導向或目的導向的個人為前提來研究如革命這類的現象，事實上也是非常困難的（如果不是完全不可行的話）。因為這個前提根本上跟革命的形成是相矛盾的。為什麼我會願意參加這種不只花錢、花時間，甚至還會賠上性命，而我一個人能提供的貢獻其實卻又非常微薄的活動？而且，就連參加投票選舉，對理性選擇理論家來說也是一大謎題。因為這個理論幾乎無法解釋，為什麼（總是會）有一堆人會去投票，即便人人都清楚知道，他們的一票對選舉結果並不會有什麼重大影響。為什麼他們會願意千里迢迢、耗費時間去投票站投票？理性選擇理論家總是必須藉助規範概念或是虔誠的信仰來解釋，但只要一回到個體偏好概念或效益最大化概念，規範或信仰又會隨即被拋諸腦後。這種出發點本身是完全沒有說服力的。探討社會現象時，任何**極端的**個體主義途徑（奧爾森所偏愛的也正是這種途徑）都是沒有說服力的。奧爾森，一位經濟學家，如同一位固執的普通理性選擇理論家，他始終認為，個體是**獨自、獨立地**作決定的，並且作出什麼決定，僅取決這個個體對集體財物是不是有所貢獻。關於革命的經驗研究已不斷指出，個體都是在採取行動的**團體**和現存的社會**網絡**當中作決定的，而且團體和網絡都會影響個體的決定。但——如同理性選擇理論中對革命研究和社會運動的研究當中，所謂的「資源動員論」者所批評的——奧爾森的後繼者卻把抗議分子、革命家等和快遞的客戶相提並論，認為抗議分子和快遞客戶一樣，都是待在家、坐在沙發上，研究便宜特價商品，在一個舒舒服服的位置上確切地評估效益並將之最大化。不過，資源動員論者對奧爾森及其後繼者的批評，某種程度上也可以被視作理性選擇理論內部的「家庭糾紛」。因為，雖然資源動員論在一個相當重要的議題上，與「理性選擇」決裂，但從另外一方面來看，理性選擇理論還是被繼續推進下去了。人們可以說，資源動員論對奧爾森及其後繼者的理論的批判，不過是「理性選擇理論」當中**集體主義的**理性主義觀在反對**個體主義的**理性主義取徑而已。因為這裡還遺留下一個很重要的問題，就是社會運動組織如何能成功地動員對運動目標來說很稀少的資源（如金錢和時間）。資源動員論的代表人物〔如美國學者歐伯蕭（Anthony Oberschall）、道格・麥亞當（Doug McAdam）、麥卡錫（John D. McCarthy）、薩爾德（Mayer N. Zald）〕承認，社會運動，抑或革命的出發點事實上都是團體。這樣一種集體的重大

事件，若沒有這些團體（規範性地）團結在一起，是不可想像的。因為若非如此，就會出現搭便車問題；個人的政治不滿也不會轉化成集體行動。以此而言，資源動員論者是與「理性選擇」的個體主義理性主義決裂，但他們的聲稱還是基於理性主義的前提，亦即聲稱相對穩定的**團體**或**集體**，在試著對抗其他團體或是推翻舊的國家機器時，會對行動進行成本的評估和功利的衡量。所以，資源動員論者認為，在國家機器較為羸弱的條件下，革命之所以發生，是因為：

> 在當時的社會和年代，為數眾多的團體以及強烈忠誠於它們的個體成員**理性地期待**從革命行動或抗爭行動中，可以得到**正面的最終利益**……（Goldstone, *Is Revolution Individually Rational?* p.161；著重處是約阿斯和克諾伯所加）

但是這種顯著的團體理性主義命題，當然也是令人懷疑的。我們在下一講討論「象徵互動論」時會稍微談一下這件事。不過我們在這裡還對一件事情感興趣：奧爾森的研究綱要最後怎麼樣了？

. . . .

在理性選擇理論如日中天的同時，所謂的**博弈論**也日益盛行。博弈論是在二戰末期出現的。這種理論主要在探討一種情境，其中，每個行動者的行動，皆直接根據他認為其他行動者會怎麼行動而定。我們馬上會來解釋這是什麼意思。但這裡我們得先把話說在前頭，這是一種以抽象的、分析性的方式來進行討論的理性主義的行動理論，而這種行動理論採取的是新功利主義的前提。博弈論有部分是用非常絢麗的數學程序來類比與分析一種或多或少是人為假設的行動情境，並以理論模型的形式，呈現理性行動者的行動邏輯及其共同行動的結果。博弈論跟奧爾森的理論是相關聯的，因為兩者都非常尖銳地呈現出集體財物問題。博弈論的研究者旨在探討每個孤立的個體的理性行動如何可能會——如同奧爾森指出過的——導致不是最佳的（次佳的）集體結果與個體結果。而兩者也都以同樣的方式駁斥「集體效益的獲得可能性可以從個體行動來推斷」這個偏見。就算表面上有顯而易見的集體效益，理性行動者也不是以集體效益實際上所實現的方式來行動的。博弈論也打破了古典經濟學的一項假設，即認

爲個體（在市場上）的行動會（透過亞當‧斯密所謂的「看不見的手」）自動地形成一個最佳結果。

博弈論所模擬或建構的每個不同的情境，大部分都有自己的（有時候很奇特或很有趣的）名字，例如「確信博弈」、「膽小鬼博弈」、「囚徒困境」。囚徒困境是最有名的，非博弈論者，甚至是理性選擇理論的批評者，也總會不斷討論這個博弈情境。我們來爲讀者簡短介紹一下這個博弈情境。

博弈論是這樣一種情境（對此，一個好懂，且數學很爛的人也可以理解無礙的解說，可以參閱：Boudon, *The Unintended Consequences of Social Action*, pp.79f.）：兩個人被逮捕了，他們被指控共同犯下罪刑，但是被分開審訊，所以他們沒有機會串供。法官在法庭上給他們如下選項，以促使他們招供：如果兩個人都招了，那麼兩個人都得坐 5 年牢；如果兩個人都不招，那麼兩個人一起坐 2 年牢。但如果一個人招、另一個人沒招，那麼招了的那個人可以直接釋放，沒招的那個人得坐 10 年牢。

這兩名被逮捕的人，我們姑且稱作穆勒和施米特。對他們來說，這是一個棘手且需要警惕的情況。對於穆勒來說，無論如何，招供**都會**是最好的選項。因爲如果施米特招了，他坐 5 年牢（不然有可能他得坐 10 年牢啊）；如果施米特不招，他就可以獲得自由了。施米特當然也是這麼想的：如果他不招（如果穆勒招了的話），他得承擔坐 10 年牢的風險；但如果他招了，他要麼坐 5 年牢（如果穆勒也招了的話），要麼可以直接被釋放（如果穆勒沒招的話）。雖然可能因爲，穆勒和施米特都會理性地行動與招認，所以對他們來說結果都同樣很差或次佳。因爲這樣兩個人都會被判 5 年，而如果他們兩個都不招的話只會坐 2 年牢。這可以下圖來呈現，斜線前後的數字是如果他們招或不招的話要坐牢的年數。

		施米特	
		招　供	不招供
穆　勒	招　供	5/5	0/10
	不招供	10/0	2/2

讀者可能會覺得，這只是虛構出來的情況。事實上，這就是一種模擬的情境。但是這種模擬不只有助於更仔細和確切地分析奧爾森所呈現出來的合作問題，也有助於梳理實際上的衝突情境，並闡明被隱藏起來或至少不是那麼清晰的行動選項。這樣的分析可以用於例如集體行動者的相互交織——像是工會、資方協會和國家，以

及揭示由其行動所生產出來的，有時候並不理性的最終結果。讀者可以參閱沙爾普夫（Fritz Scharpf, 1935-）的著作《互動形式：政治研究中以行動者為中心的制度主義》（*Interaktionsformen. Akteurzentrierter Institutionalismus in der Politikforschung*）。沙爾普夫本人不算理性選擇理論那一派，他的博弈論式的闡釋只是一種分析的輔助工具。世界強權國家的軍備競賽或是軍備裁減，也可以用類似的方式來進行研究，因為集體行動者決定該擴充還是裁減軍備，與法庭上的施米特和穆勒這兩名被逮捕的犯人的情況是類似的，他們的理性選擇完全可以產生從外在角度來看其實還有改善空間的次佳結果。

●●●

博弈論和理性選擇論的另一個我們想介紹的著名且格外傑出的代表人物，是謝林（Thomas C. Schelling, 1921-2016）。謝林長期在哈佛大學擔任政治經濟學教授，2005 年獲諾貝爾經濟學獎。他在 20 世紀 60 年代就已經廣受關注，尤其是因為他關於運用博弈論討論軍事策略的著作《衝突策略》（*The Strategy of Conflict*, 1960）。書中，他以相當傑出的方式分析了諸國家的行動選項。這裡所談的國家，是相互對峙的，並且在處於非常不同的情境且擁有非常不同的手段的情況下，過去或現在都受到戰爭的威脅。但是對我們來說較為重要的，是他在 1978 年出版的著作《微觀動機與宏觀行為》（*Micromotives and Macrobehavior*）。他在書中用很多例子指出許多不同的情況，像是「無害的」個體行為如何可以產生宏觀層面非常有問題的集體後果。關於這個問題，他曾用一個簡單的模型或博弈，討論了城市中的「種族」隔離現象；這個模型也頗為簡單好懂：在一個共有 64 格的棋盤上，總共有 44 枚硬幣，22 枚是 10 分錢，另外 22 枚是 2 分錢。我們先把硬幣隨機分布在棋盤上。我們的任務，是移動這些硬幣，盡可能讓某類硬幣不要處於其他硬幣當中，不要讓某類硬幣——從棋盤空間分布上來看——成為被其他多數硬幣包圍的「少數分子」。也就是說，某一類硬幣周圍不能都是其他類型的硬幣，不能在棋盤上某塊區域真的變成「少數分子」。我們可以在此規則下，任意將硬幣往上下左右移動，然後同類硬幣就會越來越聚集在一起。若把這個模型用來類比城市的種族隔離現象，我們會發現即使人們不是種族主義者，也不希望和其他種族群體在空間上特別分隔開來，也就是說，當他們僅僅希望避免成為其鄰近地區的（數量上的）少數群體時，他們的搬家和遷移行為，也會形成具有高

度隔離性質的模式。也就是說，「無害的」個體行為也可以因為這樣的集聚效果而產生並不是任何人想要的所謂的「反常效果」。布東（Raymond Boudon, 1934-2013）從這樣一種普遍存在的結果，亦即非預期的行動後果，得出了關於社會變遷理論的一個有趣的結論：普遍存在的非意圖的行動後果，反駁了社會學常常假設的線性歷史過程。任何想試著對社會進行規劃的意圖，都是值得懷疑的。

挪威哲學家與政治學家埃爾斯特（Jon Elster, 1940-）則更多在討論個體行動本身，而不是個體行動的集聚後果。埃爾斯特非常詳細地剖析了有哪些不同的理性行動形式是可以採取的，以及運用理性的手段可以獲得什麼效果。在他的《尤里西斯與塞壬女妖》（*Ulysses and the Sirens*）一書中有一篇論文〈不完美的理性：尤里西斯與塞壬女妖〉（"Imperfect Rationality: Ulysses and the Sirens"），指出行動者可以運用哪些自我約束機制，以確保自己未來的行為不會產生可能的不理性。就如同奧德賽讓他的水手將他綁在桅杆上，好讓他聽見塞壬女妖的歌聲時不會被迷惑一樣，個體和集體行動者也可以發展自我約束機制。社會會給自己制定憲法，以規範某些程式，並且約束自身的未來，讓所有行動選項都不會過於開放。不過埃爾斯特也指出，不是各類目標都可以透過理性而達成或制定出來的。例如「自動自發」這種事就不是能理性地強求得來的。要求人們「自動自發一點！」是沒有用的，因為自動自發在很高的程度上是其他活動的附加產物。而且也不是自己想要，別人就會自動自發；因為越是強求越可能反而讓人更被動。類似的還有「入睡」。人們越是迫切想要入睡，就越幾乎無法成功入睡。同時，埃爾斯特也自詡是一名尖銳的功能論批評者。他以令人難以置信的洞察力，指證許多相當知名的社會學家，都用上了所謂功能論式的解釋，並指出這些解釋其實都並不是解釋，而只是猜測、模糊的假設之類的（可以參閱我們第三講的介紹）。但值得注意的是，關於理性選擇理論本身日益增長的豐富研究結果，埃爾斯特也日益抱持著懷疑態度。在他著作的發展過程中，我們也可以看到他逐漸發現了規範的重要性。所以我們也可以說，埃爾斯特也走上了古典社會學家所走的道路，也就是從經濟學步向社會學。這條道路確切的終點，表現在他的著作《心智煉金術：理性與情感》（*Alchemies of the Mind: Rationality and the Emotions*）。在此書中，他回溯到社會學與情感心理學，以試圖建立一套基於社會心理學基礎之上的社會科學。從功利導向行動模式所延伸出來的經濟學，在其中已經沒有殘留多少痕跡了。

但這種「失敗主義」的論調，在偉大的芝加哥社會學家柯爾曼（James Coleman, 1926-1995）的著作中完全不存在。柯爾曼是美國理性選擇理論的**頭號**代表人物。除此之外，他還將關於社會行動的思路和一個很有趣的社會理論命題相關聯。柯爾曼一

針見血地指出，今天，是協作性的行動者（即組織）決定了社會中的行動動力，且相反地，我們對於個體的行動必須有新的評價。因為，要麼這些個體已經被鑲嵌在組織中了，要麼個體的行動與這些組織是相對立的（Coleman, *The Asymmetric Society*）。柯爾曼的理論在此之所以特別有創意，是因為他是少數幾位首次用新功利主義來探討規範的**形成**的人。不論對於哪個新功利主義流派來說，規範一直是一個很難解釋的現象。除非完全否認規範的存在，否則人們的功利計算都得顧慮到規範，但新功利主義中可用的理論概念都無法將規範真正解釋清楚。而柯爾曼將規範定義為對某些財物或行動的正當且可被接受的控制權利，並且指出了規範如何在某些情況當中形成。

> 讓規範所蘊含的利益以及由此而來的對規範的需求得以興起的條件，是一個行動對許許多多的他人都會產生相似的外部效應。然而，以控制此種行動的權利為交換對象的市場是無法輕易建立起來的，而且沒有單一行動者可以在這樣一場為了獲得控制權而來的交換中得到好處。這種利益本身不會構成規範，也不會保證規範會形成。這些利益所產生的是規範的基礎，亦即受到某些外部效應影響的人會**需要**這些規範。（Coleman, *Foundations of Social Theory*, pp.250f.）

但柯爾曼並不是說，他所描述的這種規範建立情況就是事實上最常見的情況。他所謂的規範形成的條件，在經驗上很少見，本身是很有限的，且還缺乏很多需要進一步補充的附加條件（參閱：Coleman, *Foundations of Social Theory*, p.257）。即便如此，柯爾曼在過去和現在都有很大的影響力，因為他學術生涯晚期出版的一部三卷本的巨著《社會理論的基礎》（*Foundations of Social Theory*），提出了一種理論綜合類型。這種綜合類型認為，所有值得一提的社會學理論問題，最終都可以試著用理性選擇理論的觀點來解決。德國社會學家埃瑟（Hartmut Esser, 1943-）也有類似的雄心壯志。他出版的導論性著作《社會學》（*Soziologie*）（共六卷本。雖然每一卷都叫「社會學」，但處理的是各不相同的理論領域），所做的研究工作，與和他同時代的柯爾曼是類似的。

最後這裡還要提一下獲得諾貝爾經濟學獎的芝加哥學者貝克（Gary S. Becker, 1930-2014）。他對人力資本理論的持續發展貢獻甚巨，為教育經濟學提供了很重要的啟發。他也始終如一地嘗試將經濟學的功利導向行動模式應用於社會學所探討的現象上。除了對犯罪和偏差行為的研究之外，他也將功利導向行動模式用在對於家庭的

研究上。他從行動者（家庭成員）的角度來描述家庭，指出不論是父母還是小孩，所有家庭成員都處於一個「性、生計、安全的交易」（Alan Ryan, "When it's rational to be irrational", p.20）過程當中。但是，如同這個簡短扼要又具有挑釁性的公式所暗示的，貝克對於行動模式的討論，常常又完全拋棄規範—分析的角度（許多理性選擇理論家都已經考慮到規範—分析角度了），這使得他的研究如同邊沁一樣，都想提出一個如人類學命題般的無所不包的命題，但這是很成問題的。

* *

這一講的最後，我們來總結評價一下。

這一講我們提到了新功利主義的一些流派。以「理性選擇」或「理性行動」為特色的流派，與「交換理論」這個流派不太一樣。「理性選擇」或「理性行動」這個流派，從規範—分析的模型來理解功利導向的行動者，其循環論證邏輯的問題不像何門斯的理論那樣那麼嚴重。不過這些所謂的理論家的興趣當然還是在於，將理論模型套用在現實情況上，以解釋現實情況。也就是說，他們的興趣在於，提出一套適用於**經驗層面的**選擇理論。不過這裡的問題是，在哪些領域當中真的會有這些如此理性、謹慎的行動者。這裡也隨即顯露出這種模型的侷限。因為在幾乎所有可以想見的情況中，都會有一些強制性的因素，讓行動者不可能像理性行動理論所建立的模型要求的那樣行事。行動者總是處於資訊短缺的狀態中，要為我們一些有待處理的抉擇與選擇情境獲得所有必要資訊，常常都是非常奢侈昂貴且複雜繁瑣的。或是有時候可用的資訊又太過廣泛，行動者面對所有數據時的概覽能力、認知處理能力有限。在理性行動理論和決策理論相關領域中，這些問題都很常見。這也使得許多學者拋棄了功利最大化的觀念，而是採用「恰當的滿足」的看法來進行研究（Herbert Simon, "Theories of Decision Making in Economics and Behavioral Science", p.262）。這方面的研究認為，追求「恰當的滿足」的行動者不真的是「理性的」，而是一旦找到符合要求的解決方案之後，就不會再去追問對行動來說最適當的手段，或是對決策來說最好的資訊。行動者的行動也常常是非常任意的，只要在面對所有現實生活當中遇到的困難時還能夠行動就行。行動者是「有限理性」的。不過，如果我們承認行動者是有限理性的，那麼馬上就必須再追問，「有限」到底所指為何。有限理性的行動者，與理想類型意義上的功利最大化的行動者到底差距有多大？不太大，還是非常大？如果非常大，那麼

「效益最大化的行動者」這個模式，顯然絕大多數時候並不適用於經驗地把握社會現象。（相關的批評，可參閱：Etzioni, *The Moral Dimension*, pp.144ff.）

若是如此，就會出現一個很有趣的問題了：哪些人真的會像效益最大化的行動者那樣行事？有時候人們在進行經驗研究時會遇到這個問題（例如：Marwell and Ames, "Economists Free Ride, Does Anyone Else?"）。有趣的是，大多數人類團體在日常生活當中都離行動理性模式非常遙遠。根據研究，只有一類人的行為一般來說會在經驗上非常貼近理性模型——經濟系的學生！但我們並不知道，這是選擇的結果還是社會化的結果；亦即我們並不知道這是因為所有經濟系的學生都剛好是如此理性地進行選擇，還是這其實是經濟學的思維方式形塑了他們的行為。但我們可以確定的是，新功利主義的行動模式是非常有限的。所以我們下兩講要討論的理論方向，不只主張要返回帕森斯那種內涵相當豐富的行動模式，而且還要批評帕森斯提出的行動模式太過簡化、內容**不夠**豐富。

第六講

詮釋取徑（1）：象徵互動論

　　我們在這一講與下一講，要來介紹兩個社會理論：象徵互動論與俗民方法論。這兩個理論不一樣，但在很多社會學文獻中常被統稱為「詮釋取徑」，因此兩者也常常被搞混。「詮釋取徑」這個概念不是沒有問題的，但卻呈現出一個很重要的觀點，亦即社會學在 20 世紀 50 年代和 20 世紀 60 年代，除了交換理論與「理性選擇理論」這類的新功利主義範式，以及除了帕森斯的結構功能論之外，還有另外一個很重要的取徑，而且這個取徑相當有活力。採取「詮釋取徑」的學者都擁護一種行動模式，這種行動模式不同於**理性**選擇理論，也不同於帕森斯所強調的行動**規範**面向。「詮釋取徑」從字面上就已經表明了這個標籤的意涵。一方面，這個取徑表明了對帕森斯與帕森斯行動模式的反對態度。許多「詮釋的範式」的代表人物都指責帕森斯，說他關於價值與規範（帕森斯認為這兩者總是與行動相關聯）的說法，太過簡化了。這裡所謂的簡化，不是說人類行動當中的價值與規範的意義太過簡化。完全相反。這裡說的是，帕森斯忽略了一個事實，即對於行動者來說，規範與價值不是抽象的東西，也不是在行動中可以毫無問題地實現成真的東西。規範與價值常會隨著具體的行動情境而異，必須經由人們加以**詮釋**。也就是說，帕森斯忽略了價值與規範是**有賴於詮釋**的。這也是帕森斯理論的一大缺陷，導致了在理論層面上一連串有問題的後果。

　　另外一方面，「詮釋取徑」這個概念也指出，這個取徑的理論常常（但並非必然是）和**人類學**的研究傳統，以及**質性**的社會研究方法密切相關。這個取徑的研究者都假設，在具體情境當中，不論是規範與價值的實現，還是完全非規範的目的與意圖的實現，都是相當複雜、絕非一帆風順的過程。所以，把人類行動的相關範圍仔仔細細研究一番，並**詮釋**行動者如何選擇行動，是相當必要的。不能只是用一大堆無所不包，但其實相當粗糙且充滿問題的數據來進行研究。「詮釋範式」的學者會認為，像在問卷調查研究當中常見到的那樣，蒐集一大堆關於意見、信念等等的數據，並不是

恰當的作法，因為人類在特殊行動情境當中的實際行為，不是用一大堆數據和統計分析就能夠加以解釋的。這種對於質性方法的偏好，並非針對帕森斯，因為帕森斯沒有討論什麼研究方法上的問題；而是針對那些偏好用量化方法來支撐其理論思想的社會學家。

• •

　　不論是象徵互動論學派，還是俗民方法論，在過去和現在都常被人們用「詮釋取徑」來統稱。這兩個理論有共通性，但是同時也需要強調的是，這兩個也是完全可以區分開來的取徑，因為它們兩個各自的根源是在現代哲學當中互有衝突的兩個思潮。我們在下一講會討論到的俗民方法論，其傳統是胡塞爾的現象學；而現在要來討論的象徵互動論，則是來源於美國的實用主義思想。實用主義思潮（我們馬上就會進一步討論這個思潮的內涵）與許多早期美國社會學家都息息相關。像是米德、托馬斯（William Isaac Thomas）、顧里或派克（Robert Park），他們的研究都直接與這個思想傳統有關，甚至促進並提升了這個思想傳統。就其高度仰賴實用主義思想而言，象徵互動論並不是一個**全新的**理論，它是「社會學的芝加哥學派」這個研究方向的一個**延續**。社會學的芝加哥學派是托馬斯和派克於 20 世紀 10-30 年代在芝加哥大學教導傳授並實踐得相當成功的一個研究方向。**當時**，這個研究方向在美國社會學界具有極大的影響力。不過之後，自稱為帕森斯學派的研究方向在 40 年代出現，並在 50 年代獲得了霸權地位，社會學的芝加哥學派於是就被排擠出支配地位了。

　　我們在第三講提過，帕森斯在《社會行動的結構》中重構社會學史時，忽略了（雖然不知道他是不是刻意忽略的）對於社會學的芝加哥學派的詳盡討論。不過，20世紀 50 和（尤其是）60 年代，象徵互動論倒是很高調地採取與功能論針鋒相對的取徑，在社會學學科中脫穎而出，而且象徵互動論的主要學者，就是原先「社會學的芝加哥學派」代表人物的學生，亦是最猛烈批評帕森斯理論的一群人。我們等下會對此再多聊一點。首先我們要先來弄清楚，象徵互動論跟美國的實用主義，以及與實用主義息息相關的「社會學的芝加哥學派」到底有什麼關係。這裡有四點特別值得一提。

1. 美國的「實用主義」這個哲學傳統有趣的地方在於，這是一個關於行動的哲學。以此而言，實用主義對於對行動理論相當有野心的早期帕森斯來說，應該是非常

重要的。然而事實是——這可能也是帕森斯之所以在《社會行動的結構》中忽視實用主義的原因——實用主義的行動模式，與帕森斯關注的行動理論，是在完全不同的背景下發展的。帕森斯緊貼著社會秩序問題來展開討論，並且特別強調將行動的規範面向當作社會秩序問題的「解答」。美國的實用主義的問題重點則是另外一回事。這個哲學傳統的代表人物，有像是我們在第一講已經提過了的邏輯學家皮爾士、哲學家杜威（John Dewey, 1859-1952）、心理學家兼哲學家詹姆斯（William James, 1842-1910），以及哲學家兼社會心理學家米德。實用主義者要問的是**行動與意識之間的關聯**，而不是行動與秩序之間的關聯。這個問題也讓他們在哲學方面提出了一些新穎的觀點（對此，可以另外參閱：Joas, "Von der Philosophie des Pragmatismus zu einer soziologischen Forschungstradition"）。美國實用主義中在某種程度上頗具革命性的要素在於，對於這個問題的討論，爲現代西方哲學帶來了一個基本前提。從法國哲學家笛卡兒（René Descartes 或 Renatus Cartesius, 1596-1650）開始，現代西方哲學就將個體、個人的思想，置於哲學研究與科學分析的核心。笛卡兒提出了一個論點：所有一切事物，原則上都是可質疑的，但唯有自己的存在是無可懷疑的，因爲任何進行懷疑的嘗試，最終都會指向進行懷疑的意識，亦即指向自我。也就是說，就算我想要質疑萬事萬物，我也無法否認**我**就是那個正在思考的人，**我**就是那個存在著的人。這即是笛卡兒的名言：我思故我在（Cogito, ergo sum）。由於每個自我意識都是確實的，所以笛卡兒得出一個結論，認爲哲學研究必須將自我意識視爲討論的出發點。或是反過來說：哲學研究需要有一個紮實的基礎，唯有自我意識、我、自我的確實性，才能提供這個基礎。由此出發，由這個絕對確實的基礎出發，哲學家才可以像科學家一樣開始他們的研究。

笛卡兒這個一般被哲學教科書稱爲「笛卡兒的懷疑」的極端作法，以及他爲哲學和科學打下基礎的嘗試，對歐美文化造成極大的影響。就像前文提到的，他的思想深深烙印在大部分現代哲學中，至少深刻影響了將個人意識如笛卡兒那樣擺在研究核心的那部分哲學，即「意識哲學」。但是，意識哲學也面臨一個很難回答的理論問題，就是笛卡兒這個被立爲榜樣的思想步驟（即最終回溯到個體意識及其無可懷疑的存在）也不是沒有問題的。因爲笛卡兒的懷疑認爲，就是只有「我」才是可以確實觀察的，而將世界上其他顯然也在起作用的東西——比方物、我周圍的其他人——都懸置不管了。這個被設想爲抽象、孤立的我，要如何再次走向世界、走向物、走向其他主體？也就是說，這套哲學思想造成的嚴重問題是，把自我（心靈、精神、意識，或是諸如此類的），跟客觀的、有生命或無生命的世界，極端地二元對立起來了，同

時也將非物質實存的心靈跟可見的行動極端地二元對立起來。意識哲學從一開始就不斷在嘗試克服這個在理論上令人感到不滿、充滿問題的二元對立，雖然最後總是徒勞無功。

　　從美國實用主義在 19 世紀末提出的革命性命題來看，之所以意識哲學無法克服這個問題，是因為笛卡兒的懷疑本身就是高度人造的思想步驟，所以才會誤入歧途、造成二元對立。實用主義的命題是，笛卡兒的懷疑是非常抽象的、窩在書房裡空想出來的東西，對於日常生活，以及對於哲學和科學的日常生活來說，沒什麼用處，也不會有用處。人並不會整天**刻意**懷疑東懷疑西的。一個人如果要刻意懷疑什麼東西，必須在某個意識層次上確定有那個東西存在。但人無法**同時質疑**所有事，不然就會癱著什麼事也做不了。如果我很認真地質疑大學是不是一個旨在教學與研究，而非娛樂與消遣的機構，質疑讀社會學的意義到底在哪裡，質疑到底大學裡面有沒有真的在上課，質疑學生到底有沒有在課堂上，那我一定早就被一大堆莫名其妙的問題壓得喘不過氣來，被所有同時壓在我身上的問題搞得什麼事也做不了。實用主義並不是說要對所有傳遞下來的知識抱持著毫不批判的態度，而是認為要在哲學內採取一個符合「現實、真正的懷疑」的態度（Peirce, "The Fixation of Belief", p.232；關於笛卡兒的懷疑，可以參考：Peirce, "Some Consequences of Four Incapacities"）。所謂現實、真正的懷疑，意思是指在**具體情境**當中、在**行動情境**當中真的冒出來的懷疑。如果人們懷疑笛卡兒的懷疑，那麼人們就不會再將個人孤立的意識假設為思想的基準點。如此一來，人們也就不再必然會認為自我是純粹抽象的、僅僅在進行理性思考的，也不會認為自我與非自我的其餘世界萬事萬物是分離開來的。而是會將自我視作一種**具有感官性質的**自我，一種處於世界、處於共在世界**當中**的自我。如此一來，就有可能把知識過程視作許多個體共同參與的合作過程。總而言之，這是一種完全不一樣的哲學提問方式，也是不同於笛卡兒「後繼者」的另外一種新的解答。

　　實用主義者在**具體的行動情境**當中討論懷疑，並且認為笛卡兒的懷疑沒有道理、不重要。但還不只如此。他們開啟了一個克服二元對立的可能性。要知道，這種二元對立──即一邊是被設想為非物質實在的心靈，另一邊是可見的行動──從笛卡兒的前提出發，幾乎影響了所有的行動理論。實用主義認為，若是沒有行動，心靈、意識、思想之類的都是無法想像的。或是換句話說：思想是在充滿問題的行動情境當中形成的，思想和行動彼此之間是相關聯的。這種看法也改善或解決了笛卡兒式的二元對立，而且並不是用極端唯物論的立場（即意識完全不過是生物學或生理過程的產物）取代意識哲學的觀念論立場（即認為行動源自心靈）的方式來解決這個二元對

立。對於實用主義來說，心靈、思想、意識不是物質實在，也不是非物質實在，而是要放在**行動脈絡下的功能意涵**來理解。根據實用主義的觀點，只有當我們在某一情境當中遭遇到了一個問題，意識才會開始發揮作用。只有在這個情況當中，我們才會去進行思考。只有在有問題的情境當中，才會激發行動者不得不注意到新的東西和面向，並試著處理和理解新東西和新面向——或是簡單來說，才會開始進行思考。只有當日常生活當中幾乎可說是自然而然的行動之流被問題打破的時候，之前被視為理所當然的情境構成部分才會被重新分析。如果行動者發現了解決方法，那麼這個解決方法就會被行動者記起來，未來如果遇到類似的情況，就會拿出來用。

至此，咱們討論的還只是實用主義思想在**哲學方面的**成果。它在**社會學方面的**重要性這裡好像還沒有真的談到。但在一些論點當中其實我們已經可以瞥見了，例如在這樣一種理論傳統當中，行動者被認為是主動的、尋求與解決問題的，而不是被動的、等待某些刺激出現的。或是說，沒有什麼東西本來就是刺激，而是只有在某些行動情境當中，刺激才會被界定為刺激。不過，一直到杜威和特別是米德之後，實用主義思想才對社會學和社會心理學具有了非常顯著的重要性。

2. 米德的思想最關鍵之處在於，他的分析不只聚焦在面對人類環境的行動情境，而是聚焦在人與人之間的行動情境（對此可以參閱：Joas, *Praktische Intersubjektivität*）。在日常生活中，我會對其他人產生作用，我的行動會引發其他人的行動。我自己就是其他人的刺激來源。當這個人際現象出現了一些相互理解的問題的時候，那我會開始注意到，我是**怎麼**對其他人產生作用的，還有其他人是怎麼回應我的。可以說，在他人對我的回應中會照映出我的自我。米德正是藉助這個思想，奠定了自我同一性建立過程的理論基石，並隨即成為社會化理論的核心。他藉著實用主義思想工具，清楚闡釋了互動情境中的「自我意識」是怎麼形成的。其中，重點不是個別的行動者，而是**在一些其他行動者中的**行動者。米德打破了社會心理學和社會學以個人主體出發的基本觀點。他強調，社會學和人文科學必須徹底將**主體之間**作為考察重點。但要掌握主體之間的性質，必須要掌握人類學式的**溝通**理論。米德也同樣奠定了這個理論的基石。

3. 對於米德來說，人類的獨特之處在於會運用象徵。物體、舉止、聲音，都可以被用來進行象徵。人類運用象徵來指代其他東西、再現其他東西。象徵是在互動中出現的（這是重點）。亦即象徵是**社會**界定的，因此也會隨文化而異。動物也會有一

些表現行為，但那不是象徵。一隻狗在齜牙，雖然的確表現出它的攻擊性，但我們幾乎不能說，這是狗狗們經決議後才採取這種憤怒表現方式的。動物的表現行為是本能決定的，所以是一樣的（姑且不論早期發展階段可能會對這種行為產生一定程度的影響）。具有象徵性質的人類舉止則完全是另外一回事。右手豎中指在中歐是個很常見的手勢，1994 年德國足球員埃芬伯格（Stefan Effenberg）的「中指事件」卻在那時惹起了軒然大波。但中歐一些比較偏僻的地方的人們，在那時候卻可能不是很了解中指事件為什麼如此沸沸揚揚，因為「豎中指」的意思，在那裡是用其他手勢表現的。關於象徵，人們會考慮，是要刻意展現出來，還是要試圖避免；是要改變一下作法、還是用嘲諷的方式運用。這些在動物世界當中是不可能的。米德的一項偉大成就正是在於他梳理出了這套說法，並且將人類的語言能力擺在這套說法當中的核心地位。不過米德還只是從「發聲姿態」來理解語言。

4. 以這套我們稍微簡單介紹了的溝通理論，以及對自我意識形成可能性的反思為基礎，米德更進一步提出了具有高度原創性與巨大影響力的發展心理學。這個發展心理學所提出的問題是：孩童如何學會設身處地？以及如何隨著時間的推移慢慢建立起自我同一性？米德指出，自我是經過數個階段而形成的。一開始幼兒和孩童還不真正了解自己的所作所為帶來的後果，他們還沒有辦法將自己與客觀世界區分開來。他們可能會覺得自己身體的一些部分（比方在被子末端露出來的腳指頭）與環境中的其他物體是一樣的。小孩子在講到自己時，也會像在講其他東西一樣。他們在講事情，不會說「我」，而是會用自己的名字來稱呼自己。比如小尤爾根可能不會說，「它弄痛我了」，而是可能會說，「它弄痛尤爾根了」。之所以會這樣，並不是因為他還不會用「我」這個字，而是因為他還在用他人的觀點，而不是自己的觀點來看待自己。小尤爾根知道，**他自己**就是引起他人對他產生反應的尤爾根，而且他會去注意他媽媽、爸爸、姐姐是怎麼看**他**的。他會藉此獲得自己的形象，不過這時這個形象還是一堆散落的、如他人一般的形象〔即諸多「客我」（»me«s）〕。如果我們能成功地將這些不同的如他人一般的形象綜合成一個一般的自我形象，那麼我們就可以變成我們自己的社會客體，變成我們自我觀察的對象。我們會形成自我，建立起「（自我的）同一性」。小尤爾根在他的名字中看到他自己，他透過不同的行動過程，不只學習到從和他有直接關係的他人身上認識自我，也認識到那些他人所面對的自己的角色是什麼樣子的。他用遊戲的方式（例如扮家家酒，或扮醫生看病等遊戲）來學習以他人的角度來想事情，以及從他人對自己的反應中得到經驗，知道他自己的行動在其他人那裡

會造成什麼影響。他可以吸收他父親、母親、好朋友的觀點，用遊戲的方式學習掌握他們的角色。而在接下來的階段，透過比賽的學習，亦即學習像足球比賽一樣要遵守抽象的規則，他不只可以了解他直接身邊的人的角色以及這些人對他的期待，也更可以了解較大群體（比如足球隊），甚至是整個社會的一般期待。因爲在與各種不同的人的交往過程中，他可以透過他們的反應而照映出自己的自我。而且由於同時也採取了許多他人的觀點（從身邊最親近的母親，到對我來說可能相對不熟的律師、員警、店家老闆），因此一個還算能清楚認知的自我同一性才會建立起來。

　　最晚在這個發展階段，行動者可以看到自己，有意識地把自己當作客體，因爲他已經可以採取他人的角色、他人的觀點〔即「角色取替」（role taking）〕了。但這也意味著，對於米德和與他觀點相關聯的學者來說，自我不是眞的固定、堅不可變的，而是透過根據與他人的互動而不斷界定與重新界定出來的。自我更多是一個過程而不是固定的結果，一個持續結構化的成果，不具有隱藏其後的本質。

● ●

　　至此，我們討論了美國實用主義的重要基本思想。這些思想對所謂「社會學的芝加哥學派」的一些嚴格意義上的社會學著作，產生了重要的影響（儘管哲學和社會心理學的理論基石，與當時那個學派在芝加哥的一些研究實踐，兩者之間的關聯並不總是一眼就能看得出來）。

　　實用主義和芝加哥學派在 20 世紀 40 和 50 年代開始，其影響力日益衰退。那時有一位米德的學生努力對抗當時的趨勢，當時他也成功召集了一批戰友。其中之一就是布魯默（Herbert Blumer, 1900-1987），他在 1927-1952 年間是芝加哥大學社會學系的成員，之後調任至加州大學伯克萊分校。布魯默在芝加哥時，有意繼承米德的思想遺產，之後也成爲熱烈擁抱米德思想的代表人物之一。同時，他也在**全國的**層次上，不遺餘力地將想傳承實用主義傳統的社會學家們組織起來。某種程度上他也成功了，因爲他在 1941-1952 年間被推選擔任美國最具影響力的社會學期刊《美國社會學刊》的主編，1956 年亦被選任「美國社會學會」會長。

　　也是布魯默，於 1938 年在一篇關於社會心理學的文章中創造了「象徵互動論」這個概念。當然，這個概念在這裡需要解釋一下。「互動」指的是**針對彼此的行動**，若干人的行動交錯在一起。最初，英文的「互動」（interaction）這個詞是用來翻譯齊

美爾（Georg Simmel）理論中的德文概念「相互作用」（Wechselwirkung）的。後來，
特別是對於社會學來說，這個詞彙與米德著作中的一個觀點相關聯，即人類不是孤立
的存在，而是總處於**主體之間**的關係當中，會被捲入兩人或多人的整個行動交織當
中，亦即被捲入「互動」當中。而關於「互動」的形容前綴詞「象徵的」，我們則要
正確理解：「象徵互動」不是說一次次的互動只是在象徵層次上進行的，亦即不是說
互動本身不是眞的、眞實的互動；也不是說象徵互動論只關心承載著高度象徵意涵的
行動，如宗教儀式行動。象徵互動論應被理解爲討論「運用象徵而促成的互動」的行
動理論（這個說法是哈伯馬斯提出的），亦即討論仰賴象徵系統（如語言、姿態）行
動的理論。「人類行動運用象徵來促成互動」之所以會被特別強調，是因爲人們從中
可以得出一個其他理論無法得出的結論。

　　「象徵互動論」這個布魯默在 20 世紀 30 年代提出的「標籤」，很久之後才廣獲
認可。這個概念在被提出後的 20 年間都默默無聞。一直到 20 世紀 60 和 70 年代，才
有一系列以此標籤爲標題的書籍陸續出版。這些書籍有助於讓追溯到米德的理論運動
獲得一個固定的名稱。雖然這個思潮究竟有多大的統一性，是值得懷疑的（Plummer,
"Introduction", 1991, p.XII）；一個學派或是傳統，常常是經由追溯而建構出來的。但
是這個思潮有多大統一性、怎麼追溯與建構，不是我們這裡的問題；我們這裡要討論
的是，布魯默如何繼承米德的思想遺產，他大力宣揚的是一種什麼樣的社會學，以及
在社會學辯論中，他和他的戰友建立了哪些命題。

　　布魯默在一本後來相當著名的、出版於 1969 年的論文集《象徵互動論：觀點與
方法》（*Symbolic Interactionism: Perspective and Method*）中，界定出三個簡單的象徵
互動論前提：

> 　　第一個前提是，人類對於物所採取的行動，乃基於這個物對他而言所
> 擁有的意義。……第二個前提是，這個物的意義來源於或產生自人與人的社
> 會互動。第三個前提：人在處理他所面對的物的時候，會進行詮釋，並在
> 詮釋過程中運用這些意義，藉此修改意義。（Blumer, "The Methodological
> Position of Symbolic Interactionism", p.2）

　　這三個命題非常簡單，人們也可以將之視爲關於人類行動能力特質與溝通特質
的社會心理學與人類學假設。讀者可能會問：這三個非常簡單，甚至感覺沒啥水準的
說法，眞的可以建立起一個理論，且還可以跟比如帕森斯的那種非常複雜的理論一較

高下嗎？真的可以。布魯默在這裡所提的，還只是前提與假設，而非完整的理論。如果讀者真的去鑽研帕森斯的理論（或是其他看起來非常複雜的理論），那麼會發現那些理論的前提雖然可能不一樣，但卻可能一樣是很簡單的。而且也許帕森斯也是會接受這三個前提的！這種情況完全有可能發生。唐納（Jonathan H. Turner）寫過一篇論文〈作為象徵互動論者的帕森斯〉（"Parsons as a Symbolic Interactionist"），間接引發帕森斯和布魯默的辯論。布魯默和帕森斯各自在 1974 年和 1975 年回應了唐納這篇文章。帕森斯在面對象徵互動論的攻擊時很不高興地指出，其實他早就已經把象徵互動論的思想和前提整合進他的理論了。帕森斯當時的回應，用比較通俗的說法來說，就是：「象徵互動論與結構功能論的理論哪有什麼差別？象徵互動論憑什麼抨擊我？我當然也知道，人類會賦予**意義**、人會說話啊！」而布魯默的回答，則可以總結為：「親愛的帕森斯，你只是很表面地同意這些前提，但事實上你根本沒有足夠認真地看待這些前提。因為如果你真的接受這些前提，並且一以貫之地遵守它，你根本就不會搞出這套你實際上搞出來的理論！」

　　事實上，從布魯默這三個看起來很簡單的前提出發，的確可以進一步發展出一整套完全是另外一種方向的理論成果，既不同於讀者在討論帕森斯的那幾講當中看到的，也不同於像功利主義那一講提到的東西。

　　我們先從第一個前提來看，即人類會基於物所擁有的意義來對物採取行動。這個說法背後暗藏著一件很容易觀察到的事，即人類行為不是受客觀存在的力或要素的影響而確立或決定的。表面上客觀的要素或力，總會得到行動者的詮釋，亦即行動者總會為客觀的要素或力賦予**意義**。一棵樹不只是一棵以物質的形式矗立在我們面前的樹而已。對於行動者來說，一棵樹還處於某個行動脈絡中。對於生物學家來說，樹是一個實際的研究對象，可以也必須不帶感情地加以分析。對於有些人來說，樹很浪漫，因為——比如森林中一棵美麗的橡樹——會讓他想起他第一次與情人的幽會。對象自身不會決定人類行動，不會「突然撲向人類」，而是反而會從人類那裡獲得意義，因為對象是處於某個人類行動脈絡當中的。不只物質客體如此，社會規則、規範、價值也是如此，不會決定人類行動，因為它們必須先被人類詮釋。這也就是說，規範在不同的情境下會對行動者以極為不同的方式「產生作用」，因為不同的情境會決定行動者實際上如何詮釋規範。不過這也等於宣稱：我們以往有個觀念，認為在一個社會中會有對行動具有明確決定作用的規範；但是這個觀念，在面對「行動者會運用意義」與「行動者有詮釋的空間」這些重要的事實時，完全失效了。這一點我們在第三講提到對於帕森斯的行動參照框架的批判時，就提過了：有批評者指責帕森斯的「客觀主

義傾向」，亦即帕森斯沒有認真討論行動者的意義運用，也普遍忽略了行動者的認知能力。

　　第二個前提「物的意義來自社會互動」，以及第三個前提「意義會在詮釋過程中不斷產生出來並改變」，並不真的全然令人感到驚訝或多麼驚天動地。布魯默透過這兩個前提只是想告訴我們，物對於我們而言所擁有的意義不是在物本身中被找到的。樹作為一種物理對象，本身無法推導出樹的意義。樹本身不包含「樹」的觀念或意義，樹本身也不是一種觀念的體現。布魯默還指出，意義也不是在個體內心中形成的。意義的內容更多形成自人際互動；而且事實上，我們也都是透過社會化而隸屬於某個文化的。如讀者也許知道的，人們會覺得德國人跟森林和樹有很特別的關係（這可能跟一些小說有關）。在德國，人們常常會用一些很浪漫的體驗來描述樹；這在別的文化中可能是完全不可理解的。簡單來說，行動對於意義的運用，很大一部分不是個體內心的、孤立的過程，而是**主體之間的脈絡**在其中扮演著很重要的角色。同時布魯默也說（這亦是第三個前提的意涵），已然存在且被堅定地信仰著的意義總會不斷改變。就拿「用個人電腦工作」這件很多人現在每天都會做的事來當例子吧。等一下這件事就會冒出問題了。對於讀者來說，電腦現在也不過就是另外一種打字機形式，大家很理所當然地覺得電腦就是拿來打字的，對吧？但假設現在這台「打字機」突然當機了，所以我們現在得好好研究電腦到底出了什麼問題，找說明書來看。這時候我們會開始一個自我溝通的過程，自己問自己，到底哪裡出錯了，要怎麼辦，要按哪個鍵，哪條線該插到哪個介面。緊張兮兮弄了老半天之後，這時這東西對我們來說就會突然有了新的意義，因為我們了解了原來這東西到底是怎麼運作的，我們開始會「用不同的眼光」看待這玩意兒了。

　　這些前提好像沒有什麼了不起的地方。布魯默也覺得這些前提實際上很理所當然。但他接下來卻得出了帕森斯的功能論和新功利主義都沒有得出的結論。

　　首先，象徵互動論的行動理論基礎根本上是截然不同的：象徵互動論的出發點是**互動**，不像帕森斯在《社會行動的結構》的討論和新功利主義那樣都只談個人的行動與個別行動者。如布魯默所言，社會互動是一個「形塑人類行為的過程，而非只是人類行為表現或宣洩的手段或安排。」（Blumer, "The Methodological Position of Symbolic Interactionism", p.8）他人的行動總是個體行動的構成部分，而不只是個體行動的環境而已。所以布魯默也常常說「聯合行動」（joint action）而非「社會行動」（Blumer, *Symbolic Interactionsim*, p.70），因為這個概念能夠說明他人行動和我的行動總是無法分割地交織在一起。

　　……聯合行動不能被分解成參與者所表現出的共有或相同的行為。
每個參與者都必然會占據著一個不同的位置，從這個位置出發來行動，
然後參與各個不同的行動。並不是因為這些行動具有共通性，而是因為
這些行動結合成了一個整體，所以構成了聯合行動。（Blumer, *Symbolic
Interactionsim*, p.70）

　　與此同時，關於自我的形成，布魯默和象徵互動論者的看法顯然也和其他理論傳
統的看法不一樣。他們的看法對行動理論也產生了影響。他們直接援用了米德有關自
我意識的形成的看法（見上述），強調人也是**他自己的**行動對象。我可以跟我自己產
生關係——之所以如此，是因為我總是已被捲入互動當中，並且我每一次的行動，都
會透過他人對我的反應而反射回我身上。我可以藉此反省自己、想想自己：我可能會
很生自己的氣，因為我竟然在那種情況下作出這麼蠢的事；我可能會很同情自己，因
為我的人生伴侶離開了我；我可能覺得能抬頭挺胸、走路有風，因為我成就了一件英
雄事蹟，諸如此類。「社會性」這個概念在這裡顯然和帕森斯的行動理論完全不同。
帕森斯的出發點，當然是「人是社會性的存有」。帕森斯認為，規範和價值都是在社
會當中被制度化，並且內化進個體當中的。如果人不是社會性的存有，規範和價值就
不可能有辦法發揮它的功能。但對於帕森斯來說，內化過程是一個只會從社會流向個
體的單向線性的過程。

　　而互動論者則是以另外一種取徑來想這件事。對於他們來說，**自己和自己溝通**是
一件非常重要的事。互動論者不認為有「單向線性的內化」這種事，而是如前文提過
的，在互動論者的眼中，自我更多是一個過程而不是固定結構。但這也就是說，這樣
一種將自我和行動視為過程的觀點，會讓人們很難運用一些一般在社會學或社會心理
學中很常見到的概念：

　　因此，我們無法透過將內在世界簡化成固定的組織元素，例如簡化成
態度、動機、感覺和觀念，而以此捕捉內在世界。相反地，我們必須將內
在世界視作一個這些元素發揮作用的過程，並且這些元素受制於在這個過
程當中所發生的事情。內在世界必須被視為一個內在過程，而非固定的內
在心理組成。（Blumer, "George Herbert Mead", p.149）

　　對於行動理論來說，這個觀點意味著，我們的討論不應（如同新功利主義那樣）

從給定的目標、願望、意圖、功利計算出發，也不應（如同帕森斯的理論所認爲的那樣）從固定不變的規範和價值出發，並認爲行動都會遵守著規範與價值。所以，帕森斯的理論中所提到的角色概念（見第四講），對布魯默來說也很成問題。如果我們考慮到自我的過程性，那麼就會發現，角色概念似乎暗示有一種固定的角色期待，人們的日常生活就只是在滿足這個角色期待。這種看法會讓自我彷彿就只是一個單純爲了生產行動而執行社會期待的媒介。自我在這種觀點中完全不具有主動性了（Blumer, *Symbolic Interactionism*, p.73）。

布魯默的這種說法，直接讓社會學至今常見的行動理論的立場全都可以被人們進一步質疑。這裡，我們又遇到了在第三講批判帕森斯的行動參照框架時就提到的一件事。當布魯默和象徵互動論者強調自我的過程特質和人類行動的不固定特質時，他們當然也意指人類不是一個被動的存在，不只是被動地面對刺激而加以反應而已。人類有機體就跟動物有機體一樣，都會主動出擊。並且如果出現了新的情境，引起了新的關注，那麼行動目標也會很快就隨之改變。原先的目標和意圖之所以可以這麼快就改變，正是因爲客體處於人類總是會不斷進行的詮釋過程當中，因此客體持續都在獲得新的意義。

帕森斯的「行動參照框架」概念，認爲有固定的手段和目標。但是這種想法在布魯默和互動論那裡變得可疑。布魯預設爲，人類行動不一定總是處於目的—手段的關係當中。比如儀式、遊戲、舞蹈等行動形式，亦即我們在第三講討論赫德和德國的表現人類學時所提到的表現行動，就不處於目的—手段的關係中。而且布魯默還認爲，日常生活中的行動者，常常都沒有眞正明確的目的和意圖；而且在日常生活中人們必須遵守的規範和規章，也很少是明確的。我們必須做的事和我們想做的事，常常都不是清楚明白的。行動終究都是高度不確定的。行動都是在一個高度複雜的過程中發展出來的，事先沒有人能確定任何事情。行動大多數不是被決定好了的，而是偶然的。

這種關於人類行動的觀點，跟很多其他社會學家的看法截然不同。比如像功利主義者，他們的討論出發點就認爲功利計算和偏好是預先被清楚地給定的，所以才能理性地選擇行動手段。或是像帕森斯，設想有一個預先被清楚給定的規範。但互動論者認爲行動在**相當一般的情況下**都是流變的，很少會被決定好。有一位相當知名的互動論者，施特勞斯（Anselm Strauss, 1916-1996），就曾針對這一點說道：

> 未來是不確定的，某種程度上只有在發生之後我們才能加以評斷、標記、知曉。這也意味著人類的行動必然都是在嘗試與探索。除非我們完

整越過了整個行動的足跡，否則行動的終點都是高度不確定的。目的和手
段，都會因為出現了意料之外的結果，而在流變當中不斷被修改。即便是
對於生命的主要道路或命運所作出的承諾，也會在過程當中不斷被修訂。
（Strauss, *Mirrors and Masks*, p.36）

行動是一個詮釋過程，一個在與他人的直接溝通和與自己的溝通中的互動詮釋過
程。所以任何認為有既定且不變的目標的想法，都是錯誤的。我們在第十九講討論新
實用主義時，會再回來討論這一點。

再進一步來看，因為個體行動從來不是直線前進的，也因為自我被視為主動且
過程性的，所以互動論者不認為人與人之間有**固定**的社會關係，也不認為有**固定不變**
的較大行動交織（如機構和組織）。很少有事先給定好或界定好的人際關係。當我們
與其他人相遇的時候，我們都會去定義我們相處的情境，不論這個情境定義的方式
是明確講定，還是心照不宣。亦即每次的互動都會包含著關係層面，這種關係層面
不是預先就存在的，而是必須經由**協商**產生。讀者們想必都有無數次這樣的經驗，有
時候可能還是讓人感到心碎的經驗。不妨試想一下和父母的關係：我們小時候一定都
曾想要和父母對等地、「平起平坐」地聊天或談判。有時候我們可能成功了，被當作
平等的、理性的、已經長大了的來對待。但常常有時候我們又會覺得，父母端出了老
大的姿態，在討論中我們和父母不是平等的。我們想試著成為一名平等的家庭成員，
但失敗了。這種情境在日常生活中層出不窮。我們一些好朋友可能願意讓我們「占便
宜」，但有些卻可能不願意。或是我們可能也會拒絕我們的朋友，把他們向我們建議
的某些情境定義給拒絕了。

由此我們可以說，不論是什麼形式的社會互動，都與我們和互動對象之間**相互
的**承認密切相關。而且社會關係的發展和形態都是易變的，因為情境的共同定義結果
無法事先預料，共同的情境定義也可能會破局。比較複雜的、由許多人交織而成的關
係網絡，如組織、社會，也是一樣。因此互動論者認為「社會」是一種行動過程而不
是結構或系統，因為結構或系統等概念都很成問題地暗指社會關係是固定的。象徵
互動論「……不會把社會視為一個系統，不管這系統是穩定的、活動的，還是平衡或
什麼之類的。而是，象徵互動論會將社會視作大量的聯合行動事件，許多聯合行動
彼此密切地聯繫在一起，許多完全沒有一點聯繫；有些有預兆且重複發生，有些則開
啟了新的方向。這一切都是為了滿足參與者的意圖，而不是為了滿足系統的要求。」
（Blumer, *Symbolic Interactionsim*, p.75）

這也顯示出，象徵互動論致力於**一貫地**用行動理論來解釋和描述群體現象。我們可以發現，新功利主義的代表人物也同樣如此。當然，這兩派還是不一樣的，因為兩派的行動模式就不同。象徵互動論認為行動是在主體之間構成的。

當然，我們社會科學家的研究出發點必須是行動交織網絡，而且我們一般也已經在這麼做了。當我們在談論婚姻、團體、組織、戰爭等等的時候，我們在談論的現象，從那些現象的定義來看，都是由各行動者發展出來的。但更重要的是，我們該去想想，這些現象絕對不是完全固定不變的結構，而是從行動者的行動中產生出來的，所以也都會是流變的。就算是表面上看起來穩定的共同行動形式，例如組織，也常常比人們設想的還要流變，因為就算在一般認為是固定的行動脈絡當中，行動在一定程度上也還是仰賴於詮釋過程。

> 象徵互動論不會把組織視為僵化、固定的，而是會視作有生命的、變動的形式。也許組織會活得比其中的各個成員都還要久，表現為超越個體、狀態、特殊情境的歷史。象徵互動論者不會聚焦在形式與結構的特質，而是將組織視作**協商**的產物，它對其中的成員有不同的限制。他們會將組織視為一種在各種組織的部分之間適應、調整的變動模式。雖然組織會創造形式結構，但是每個組織在日常活動中都是被個體生產與創造出來的，並且這些個體都會受制於人類形式的不可預測性與不一致性。（Denzin, "Notes on the Criminogenic Hypothesis: A Case Study of the American Liquor Industry", p.905）

關於制度的「內在動力」的談法，或是功能論典型會談到的「系統需求」，對互動論者來說都是值得質疑的。因為行動本身就是一種詮釋，也是這種行動在生產、再生產與改變結構。從來沒有什麼抽象的系統邏輯在改變制度或是在適應環境。（關於布魯默對帕森斯的批判，詳細的討論可以參閱：Colomy and Brown, "Elaboration, Revision, Polemic, and Progress in the Second Chicago School", pp.23ff.）

這種對於社會的看法，馬上就導致一個結果：布魯默和互動論者也同樣質疑帕森斯功能論中的規範要素。正是因為互動論的成員認為社會是流變的且有賴於詮釋，所以他們不認為社會可以經由某種價值共識而固定下來。如果有人認為社會可以經由價值共識固定下來，那麼這個人必然忽略了，社會是在互動中形成的，也忽略了社會是由彼此或連結或孤立的不同的人，以不同的方式交織而成的。社會更多是形成自不同

的意義世界和經驗世界的交織，例如不同的藝術、犯罪、體育、電視等「世界」（參閱：Strauss, *Mirrors and Masks*, p.177; Blumer, *Symbolic Interactionism*, p.76），而不是透過固定的價值而整合成的整體。帕森斯理論的前提總是認為，透過固定的價值，社會整合可以被經驗地研究而不是只停留於假設。

　　最後，布魯默從三個簡單的前提中，至少提出了一個對於社會學來說非常重要的結論——這個結論也是在對**社會變遷**這個概念當時的一些內涵提出質疑。因為布魯默在對於行動的描述和對相互情境定義過程的強調中，把詮釋要素抬得非常高，所以這種行動過程和定義過程當然也總會出現不可預測性。由於行動在日常生活中不斷在追尋與探索，所以行動也總會遭遇不確定性。我們從來無法知道我們的行動到底實際上真正會造成什麼結果，我們會不會轉換跑道、設置新的目標等等。行動同時包含了**創造性**與**偶然性**。如果是這樣，並且如果社會也是許許多多的人的共同行動，那麼每個社會過程，甚至整個歷史，也都是一個偶然的過程。

> ……不確定性、偶然性，還有轉變，都是聯合行動過程的基本部分。如果我們假設，構成人類社會的是多樣的聯合行動，那麼我們就完全沒有理由假定聯合行動會依循著固定、確立好的路徑。（Blumer, *Symbolic Interactionism*, p.72）

　　關於這方面，布魯默在一份龐大，但身後才出版的關於工業化的研究（*Industrialization as an Agent of Social Change*）中，作出了清楚的闡述。工業化，亦即現代工業、城市基本建設、水電設施等等的形成，完全不會決定社會最後會走上哪一條道路。布魯默認為，如果以為所有的社會在工業化的「衝擊」下都會有同樣的反應，那是完全錯誤的。這種看法之所以是錯誤的，是因為不同社會群體在接觸到經濟科技「結構」的時候，**所理解到的**都會相當不同。工業化會造成什麼樣的勞動市場、社會在工業化之前已經具備了什麼樣的群體、國家或城市在多大程度上邁入了新的工業結構，主政者在多大程度上介入其中等等，這些事情在不同的國家會有不同的情況，這也會讓不同的國家因此以不同的道路走向工業化，並且產生不同的後果。不論是發展社會學，還是功能論的變遷理論，長久以來都有一個觀點，就是認為現在的西方社會就是第三世界國家未來的樣貌，因為所有國家的發展道路都是一樣的，第三世界國家只是在同樣的道路上追趕西方社會而已。但對於布魯默來說，這種看法的理論基礎非常粗糙簡化，也是錯誤的。因為經濟結構不是客觀既存的東西，而是在不同的

社會中會有完全不同的構造。此外詮釋也是一個很重要的環節。社會成員對社會的變革過程都會有不同的詮釋，因此會相應地有不同的行動（這裡亦可參閱：Maines, *The Faultlines of Consciousness: A View of Interactionism in Sociology*, pp.55ff.）。

••

　　從布魯默提出的三個前提出發，可以得出怎樣豐富的社會學結論，至此已經談得很多了。布魯默也由此發展出一個跟帕森斯截然相反的主題綱要。他認為，長久以來占據支配地位的帕森斯的功能論，忽視了其他不同的主題，或是對其他的主題討論不足。所以，功能論偏好描述穩定的系統狀態，布魯默就反過來致力於對社會變遷現象進行社會學討論；功能論專注於有序的且不斷確立系統的過程，布魯默就反過來說有必要研究社會解組過程（而且，很有趣的是，布魯默之所以會說這很有必要，是因為正是在解組過程中，才會有潛在的可能性，讓**新的**行動方式與結構得以形成）；功能論把注意力放在持續不斷的社會化過程（功能論用的詞彙是「內化」），布魯默就反過來說，必須將社會化過程視為自我控制和社會控制之間複雜的共融與對峙（Blumer, *Symbolic Interactionism*, p.77）。

　　象徵互動論在 20 世紀 50 年代末到 70 年代初之間的鼎盛時期，的確專注於探討布魯默提出的一些（但不是全部）主題。這形成一種跟功能論相互分工的狀態。象徵互動論者主要研究社會心理學、偏差行為社會學、家庭社會學、醫療社會學、職業社會學、集體行為等等；至於其他主題（這裡尤其是指宏觀社會學主題），就大大方方、心甘情願地讓給功能論去研究。關於社會學的這一段歷史，有人說象徵互動論是功能論的「忠實反對派」（Mullins and Mullins, "Symbolic Interactionism", p.98）。因為互動論者雖然批評功能論，卻又跟功能論在研究主題上相互分工。至少致力於處理這些主題，有助於讓「象徵互動論」這個流派更加穩固，讓這個流派成功地建立起一個真正的研究傳統。於此，象徵互動論在許多方面都推動了芝加哥學派的經驗研究。

　　1. 首先是**家庭社會學**，像是唐納（Ralph Turner, 1919-2014）的著作《家庭互動》（*Family Interaction*），具體指出了家庭成員並非像功利主義所設想的那樣，是一個個功利導向、整天在進行利益計算的個體；但也並非像帕森斯設想的那樣遵守著固定角色模式的人。唐納的研究強調，家庭成員其實是會不斷嘗試新的互動模式的人，總

會不斷產生新的行動方式，也總會捲入複雜的協商過程。唐納的研究發現，家庭不是固定的結構，而是一種流變的互動過程。

2. 非常能代表象徵互動論的另一個研究領域是非常年輕的**情緒社會學**。這個 20 世紀 70 年代中期才出現的研究領域相當有趣，因為一般人們會把情緒當作生理性的，而非社會性的。但是互動論者指出，情緒也深受社會環境的影響。而且更重要的是，人類會**看管**情緒。情緒必須被理解為一種自我互動的過程，像生氣、害怕、暴怒的感覺，雖然的確存在，並且會用臉部表情或身體姿態進行身體表達，但是情緒表達當然不是完全不自主的，因為我們某種程度上也會控制情緒。當我們在控制情緒的時候，同時也會去預測其他人對我的情緒的反應，以此讓我們用更好的方式或用其他方式來控制情緒（參閱：Denzin, *On Understanding Emotion*, pp.49ff.）。如果我們的確是這樣在看管我們的情緒，那麼會有一些問題，比如社會中的哪些地方和哪些群體會特別重視情緒，就很值得研究。這一方面的開創性研究，當屬霍希爾德（Arlie Hochschild，生於 1940 年）的研究《情緒管理的探索》（*The Managed Heart: Commercialization of Human Feeling*）。這本書討論的是關於某些職業群體的情緒商品化，亦即把情緒變成商品。霍希爾德指出，有些職業會嚴格訓練人們去控制情緒，以便在遇到壞脾氣顧客的時候，還是可以保持友善的微笑、若無其事地面對顧客。比如空服員在狹小的飛機艙中，難免遇到一些突然失去理智的、喝醉的乘客，這時候看管情緒就是非常重要的一件事。

3. 在社會心理學方面，關於**自我認同的建立與發展**的研究，施特勞斯（Anselm Strauss）是一個相當領先且知名的學者。他那本我們在前文引用多次的著作《鏡子與面具》（*Mirrors and Masks: The Search for Identity*），是一本非常精彩的隨筆小書，在書中他挖掘出與接續了米德和布魯默的思想。施特勞斯運用了非常敏銳的文筆，描述了一個無窮無盡的人類認同建立與發現的過程。之所以這是無窮無盡的過程，是因為一個人總會對自己的過去有新的詮釋，所以過去從未過去。對於施特勞斯來說，社會化是一個一輩子的過程，而非在年輕的時候就結束的事，自我認同也不是在長大之後就幾乎不會改變的東西。施特勞斯指出，人的一生中總會不斷闖入新的和令人吃驚的事情，因此總會不得不重新詮釋自己的過去。施特勞斯特別關注重新界定自我認同的人生階段，並指出人生是一連串的「身分跨越」過程，而每個人都必須克服這些過程。像是從「沒有性別的」小孩跨越到有性欲的青少年，從花心或花痴的青少年跨越

到忠於伴侶的配偶，從男人跨越到父親，從女人跨越到母親，從生跨越到死。尤其是最後一點，施特勞斯和格拉澤（Barney G. Glaser）合寫了一本很有名的書《知道死亡接近時》（*Awareness of Dying*），該書分析了醫院中看護者和臨終病患及其家屬之間的互動。這些互動參與者之間可能會出現一些隱瞞，也可能會有一些坦承與接受自己的時間所剩不多的心碎過程。「行動再也沒有未來了」這件事在此也成了行動理論的研究對象。

　　除此之外，還有一個專門研究自我表現的領域。這個領域有一位學者，以其著作聲名大噪，但人們常將之視作象徵互動論的邊緣人物。這個人就是高夫曼（Erving Goffman, 1922-1982）。高夫曼雖然是芝加哥大學一位很有名的互動論學者休斯（Everett Hughes）的學生，也在 1958 年追隨布魯默到加州大學伯克利分校，但他的理論研究常常都是特立獨行的。他的思想很獨特，甚至有點奇特。高夫曼是一位非常優秀的日常生活觀察家，這個優秀之處首先表現在他的第一本著作《日常生活的自我表演》（*The Presentation of Self in Everyday Life*）中。在這本書中，他很仔細地描述了個人在與他人交往時的表演與表現技巧。他用了一些舞臺表演的比喻，來凸顯出日常生活像劇場舞臺一樣，大家都在進行一場藝術般的表演，而且會不斷提升演技。有一些社會科學的專業文獻會將高夫曼的這套說法稱為「戲劇學式」的行動模式，因為高夫曼不只在這本書，而且也在他後來的著作當中表明了，行動不是像功利主義設想的那樣，會受某些好處引導、追求功利最大化，也不是像帕森斯設想的那樣是規範導向的，但也不是像實用主義和「正常的」互動論者設想的那樣，總是不斷在探索與追尋。他將行動描述為完全的自我呈現：我們行動的目標是為了維護自我形象，為了作為某一種人在他人面前**登場露面**。所以我們都在演戲，其他所有事都沒有演戲重要。

　　在其他經驗研究中，高夫曼研究了在所謂的「全控機構」（total institution）（如精神病院）中的生活（例如他的著作《精神病院：論精神病患與其他被收容者的社會處境》（*Asylums: Essays on the Social Situation of Mental Patients and Other Inmates*），他分析了蒙受殘障之苦或種族歧視之害的人的行動策略及其認同，以及他們如何面對他們自己的缺陷、如何生活〔如《汙名：管理受損身分的筆記》（*Stigma: Noteson the Management of Spoiled Identity*）〕。在他晚期的著作《框架分析：論經驗組織》（*Frame Analysis: An Essay on the Organization of Experience*）中，他開始將他的觀察加以系統化，並放進一個理論框架中。不論是過去還是現在，高夫曼的書不只在美國，而且比如在德國，一直都賣得很好。其中一項原因是，他的書很好讀、很好懂，在書裡沒有太多社會學專業術語，而且他的研究常向讀者開啟了一些神祕而有趣

的世界，例如精神病。他的文筆也讓人們看到如何用一種嘲弄的視角看待我們日常生活中的行爲，這對很多讀者來說相當有吸引力。

　　但也正是因爲這種戲謔的文筆，讓人們對於高夫曼的著作有截然不同的詮釋。有一派人指責高夫曼，認爲他提出的行動模式的目標，只在於嘲弄地控制住行動者所面對的人，而且他對於全控機構的描述，沒有考慮到病患的協商權利，也忽略了在所有機構和組織中行動的過程性和多變性（這些批評可見：Meltzer et al., *Symbolic Interactionism: Genesis, Varieties and Criticism*, pp.107ff.）。相反地另一派的人則指出，晚期高夫曼走向了涂爾幹，偷偷採用了涂爾幹關於社會儀式意義的觀點，但更創新地推進了一步。

　　　　高夫曼明顯追隨了涂爾幹的觀點，認為在分化的現代社會中，各種孤立群體的各個神明，都已讓位給對一個我們全部的人都共同擁有的「神聖對象」的崇拜。這個神聖對象就是個體自己。（Collins, *Three Sociological Traditions*, pp.157-157）

　　高夫曼所分析的一些實際案例更應被理解爲雙方互給彼此留面子，而不只是單方面的、策略性的「印象管理」。高夫曼曾在他對於人與人之間自我呈現技巧的微觀研究中，指出了現代人的神聖性如何在對於人權的信仰中表現出來（更全面的關於高夫曼的詮釋，可以參閱：Hettlage and Lenz, *Erving Goffman–Ein soziologischer Klassiker der zweiten Generation*）。

　　4. 象徵互動論也運用上述那些讀者現在已經很熟悉的相關概念，在**偏差行為**這個領域著力特別深。最著名，且在這個方面最具開創性的研究，當屬貝克（Howard S. Becker, 1928-）的《局外人：偏差社會學研究》（*Outsiders: Studies in the Sociology of Deviance*）。這本書對於偏差次文化及其「成員」，對舞曲音樂人、大麻癮君子，作了可讀性很強、理論內涵也很豐富的研究（對於這些案例的經驗研究是 20 世紀 50 年代進行的；今天人們當然還會談到吸毒的次文化，但說到吸毒，可能首先想到的幾乎不是吸大麻了）。貝克這本出版於 1963 年的高度原創性著作，凸顯了一件事，就是他並不把偏差行爲描述爲一次性的行動，而是一種行爲序列，一種過程，人們是緩慢地、持續地淪陷進偏差的次文化中的。貝克用了「生涯」這個詞以指出，人們事實上是一種逐漸陷入根深蒂固的、偏離社會常規行爲的沉淪過程。貝克第二個驚天動

地的論點是，偏差過程不只存在於正慢慢進入次文化圈的新手和已經身在其中的老手之間，也存在於次文化和社會審判機構（如法官和員警）之間。這個論點爲他的理論帶來極大的活力，但也帶來極爲激烈的爭論。貝克認爲偏差行爲並非次文化固有的問題，而是**社會讓偏差行爲變成問題**。他強調：

> **社會群體創造偏差的方式，是建立一些規則，並說破壞這些規則就是偏差，然後把這些規則用在某些特殊人群，**將局外人的標籤貼在他們身上。以此觀點視之，偏差不是人所犯下的行動的性質，而是由其他人將規則和制裁運用在「罪犯」身上的結果。偏差是一類被成功地貼上標籤的人；偏差行爲是一種被貼上標籤的行爲。（Becker, *Outsiders*, p.9；著重處爲約阿斯和克諾伯所加）

貝克將日常生活（以及至今的社會學）中一般的觀點翻轉過來了。偏差行爲並非本來就是一種做壞事的、「不正常的」、不尋常的行爲。而是隨便一種行爲，只要社會中某些群體或審判機關說它是偏差的，這種行爲就會變成偏差行爲。把行爲貼上偏差標籤的作法，與利益和權力關係有關。社會中有權力的群體，把入店竊盜講成滔天大罪，卻同時將逃漏稅僅視作瑕疵行爲，法律對其也只是輕判。也是這些有權力的群體，把吸食海洛因的流浪漢趕出公園，自己卻在裡面辦起上流社會的舞會然後肆意吸食可卡因。「哪些人可以強迫其他人遵守他們的規則？他們成功的原因是什麼？這當然都是政治權力和經濟權力的問題。」（Becker, *Outsiders*, p.17）所謂的標籤理論即是由此誕生的。標籤理論強調偏差是貼標籤的結果，其中比較知名的學者有基塞斯（John Kitsuse, 1923-2003），埃里克森（Kai Erikson, 1931-），李瑪特（Edwin Lemert, 1912-1996）（關於他們的著作，可見本書最後的參考文獻）。讀者們應該可以想見，這個理論在動盪的 20 世紀 60 年代，激發了一大群學生，他們自詡要批判權力，擁護標籤理論的「弱勢群體視角」（貝克當時的口號「你要支持哪一邊？」就非常有名）。但後來這個犯罪社會學取徑的流行就慢慢降溫了。因爲很顯然，這種只強調社會控制機構角色的作法，無法完全解釋偏差行爲。但貝克理論的另外一個方面，指出某些行爲模式的學習是過程性的，即他的「生涯」概念，卻一直都很有影響力。例如在次文化研究中，他的這個概念歷久彌新（關於偏差行爲社會學中的象徵互動論，一個簡短的概覽，可以參閱：Paul Rock, "Symbolic Interaction and Labelling Theory"）。

5. 另一個象徵互動論建立起來的重要主題，是「集體行爲」。布魯默自己在 20 世紀 30 年代就研究過集體行爲，並將之視作每個社會的一個核心現象，因爲他相信從中有可能可以認識新的社會模式與社會行動形式是怎麼形成的。老一輩的芝加哥學派的一個主要任務，就是分析集體行爲。相反地，結構功能論長久以來都完全忽略了集體行爲現象。事實上，20 世紀 50 到 60 年代，布魯默的學生是唯一在研究這個領域的研究者（可以參閱：Shibutani, "Herbert Blumer's Contribution to Twentieth Century Sociology", p.26）。他們說的集體行爲，與所謂的謠言、恐慌、暴力性的群眾運動等模式不一樣。布魯默的學生看待所有這些社會現象的角度很不一樣，他們的研究當中最重要的是去討論今天用「社會運動」指稱的那些現象。在對於美國市民權利運動、國際學生運動、婦女運動、環保運動等等的經驗研究中，互動論者跟著「衝鋒陷陣」，並且發展出頗爲獨特的理論觀點。這些互動論者參與這些現象的方式，有個蠻有趣的地方，就是他們與一般社會科學的研究傳統完全不一樣、反其道而行，但也因爲如此，所以我們看到了一些沒有被傳統研究嚴肅對待的現象。20 世紀 60 年代，在社會運動研究領域中有兩個主流的理論取徑。一個是結構功能論，當時他們也才剛發現這個領域，並認爲社會運動是社會張力導致的。這個取徑的問題是，總是將社會運動與其他社會制度組織截然區分開來，會給人們一種印象，覺得好像只有適應不良的群體才會喜歡抗爭，而且社會抗爭與社會運動無論如何都是非理性的。當時另外一個重要的取徑，是我們在第五講講過的資源動員理論。資源動員理論的論點是高度理性主義的，彷彿社會運動都是社會群體在評估過風險與（政治）機會之後，僅旨在爲了爭取權力優勢而鬥爭。互動論者認爲，這兩個研究方向都忽略了，集體行動不是一種要麼理性，要麼不理性的行爲。此外，集體行爲不能僅被視作個體行爲形式的集合體。互動論者根據經驗研究指出，在具體的大眾集會情境中，參與者的行動目標會因具體情境而改變。大眾行爲是一種過程性的發展，有特殊的動力。這跟認爲社會運動是理性地依循目標的觀念完全相反。在社會運動過程中——如同互動論的行動模式所期待的那樣——新的意涵總是會隨著脈絡和情境而形成，且與舊的意涵差異巨大。對於 1965 年洛杉磯瓦茲鎮發生的種族大暴動所進行的研究指出，事件一開始是一個尋常的意外，幾個人在員警執行道路巡邏安檢時與員警起了爭執，最初也只聚集了一小批人。但很快整件事就發展出新的情境定義，一個交通事故突然被重新詮釋成典型的白人員警的壓迫措施，一個地方性的暴亂事件突然就變成對抗「白人體系」的革命事件。起初那一小批與員警對峙的參與者中，沒有人一開始就有這種革命的想

法，而是在共同的行動與事件程序中，才慢慢形成革命的想法，並且才轉變了認知、情感以及信仰的態度。這也是一個「產生」新規範的時刻（參閱：Turner, "Kollektives Verhalten und Konflikt: Neue theoretische Bezugsrahmen"; Turner and Killian, *Collective Behavior*, pp.21-25）。當新的意涵和行為模式在新的情境出現之後，情境也會被重新定義，真實會被重新詮釋，打破日常生活的例行公事。正在形成的新的象徵很快就會吸引人們的興趣——它會變成超越個別功利計算的行動焦點，就像法國大革命攻占巴士底監獄之所以會成功，不是因為這個地方是法國首都最具有策略重要性的地方或是最核心的監獄，而是因為這個碉堡變成了國王統治的象徵。但是，集體行動聚焦在象徵上，並不單純是不理性的。因為，事實上，行動還是會遵循著最基本的邏輯。不說別的，光「對象徵進行攻擊」這件事就不是不理性的。總的來說，社會運動研究中的互動論取徑，對於群眾現象，允許有完全另外一種觀點，而且這種觀點常常比「傳統的」社會學理論還更能夠貼近現實（關於社會運動的互動論取徑的特殊之處，可以參閱：Snow and Davis, "The Chicago Approach to Collective Behavior"）。

6. 職業與勞動社會學，也是象徵互動論的一個相當重要的主題領域，特別是討論具有高度專業性質的職業的社會學（即專業社會學）。當然我們在這裡又必須把互動論拿來跟功能論一較高下了。如第三講提過的，帕森斯很早就發展出對這個主題的興趣。而於此就不能不提到哈佛學派（帕森斯）和芝加哥學派在專業社會學這方面的競爭。在芝加哥學派這方面，專業社會學跟休斯（Everett Hughes, 1897-1983）這個名字是分不開的。休斯批評帕森斯，認為帕森斯在討論面對顧客時的服務態度、大學裡時常強調的結合實務的專業知識，以及各專業人士所強調的職業自我管理的必要性等現象時，太把各專業中被高度推崇的身分倫理當一回事了，以致帕森斯都沒有從社會學的角度再進行更深入的追問。與帕森斯完全相反，休斯從意識形態批判出發，認為這些現象其實都是在進行權力維持，以及將其他群體（特別是侵入這個職業領域，以及威脅這個現有的專業中既得利益的其他群體）排擠在外。他認為這些現象是一種面對顧客時提升自主性的手段。同樣地，他也認為職業團體致力於發展出自身「真正的」專業，亦即致力於將自身加以「專業化」，也都是：

> 為了追求更多的獨立性、更多的承認、更高的地位，這個專業和其他
> 外人之間更明確的界限，以及在選擇同僚和繼承人時有更高的自主性。在
> 我們社會中這種情況改變的一個確切證據，就是我們將「學習（所謂的）專

業」一事，引入了大學當中。（Hughes, *On Work, Race, and the Sociological Imagination*, p.43）

福雷德森（Eliot Freidson, 1923-2003）和阿伯特（Andrew Abbott, 1948- ），都是在專業社會學領域中重要的休斯後繼者（讀者可以在參考文獻中找到他們的相關著作）。他們的分析進一步推進了對於帕森斯的批判，而且與第八講將提到的衝突理論取徑有明顯的重疊之處。

⋯⋯⋯⋯⋯⋯⋯⋯⋯⋯⋯⋯⋯⋯⋯⋯⋯⋯⋯⋯⋯⋯⋯⋯⋯⋯⋯⋯⋯⋯⋯⋯

上面我們談的是象徵互動論的傳統主題領域。但除此之外，這個學派還對其他的「領域」有同樣強大的影響力；這個領域就是社會學研究方法。互動論者基於他們看待社會現象的特殊視角，認識到必須以相應於這些現象的特質的社會科學方法，才能捕捉到現實。布魯默就提到，在經驗研究當中，面對實用主義所認識到的社會過程流動性，人們需要一些特別的概念。布魯默提出「敏銳化的概念」（Blumer, *Symbolic Interactionism*, p.149），這是一種能說明我們掌握對象意義的概念，而不是只包含現象在其中，卻沒有解釋現象的確切意涵是什麼、可以拿現象發展出什麼的概念。這個概念後來由格拉澤和施特勞斯在其著作《扎根理論的發現》（Barney G. Glaser and Anselm L. Strauss, *The Discovery of Grounded Theory*）當中提出的方法所充實與實現。格拉澤和施特勞斯發表了一份定性的社會研究方法宣言，在其中依據許多例子，他們闡釋了貼合經驗、循序漸進地生產理論的「最佳策略」。如同很多人在批評帕森斯時提到的，理論不應該僅根據邏輯而從比如行動參照框架之類的抽象概念中推論出來。他們認為，建立理論的理想方法，就是基於經驗，謹慎、不帶預設地走近研究對象，然後細緻地研究這個對象，並且與其他對象進行**比較**以得出相似性與共通之處（許多關於「扎根理論研究法」的描述，都忘記了「比較」這個重要步驟！），然後才建立概念與提出假設。不過，由於本書是談理論的，所以關於象徵互動論的方法論部分，此處不再繼續細談。

⋯⋯⋯⋯⋯⋯⋯⋯⋯⋯⋯⋯⋯⋯⋯⋯⋯⋯⋯⋯⋯⋯⋯⋯⋯⋯⋯⋯⋯⋯⋯⋯

如果我們要在這一講的結尾問象徵互動論最新的趨勢是什麼的話，那麼一般至少有三點值得一提。**第一**，有一些互動論的代表學者在 20 世紀 80 年代末熱烈地參與關於後現代的討論。他們尤其密切地分析現代社會中的媒體及其角色。上文提過的鄧金（Norman Denzin, 1941-）就是一位這樣的互動論學者。他在許多研究中特別把電影當作研究對象，因為他認為，後現代的自我認同若沒有電影（或其他媒體）是無法想像的。電影和電視為人們的自我認同提供了參考形象（Denzin, *Imagesof Postmodern Society: Social Theory and Contemporary Cinema*）。顯然這裡碰觸到了一個關於自我認同建立的重要經驗問題。鄧金關於「頓悟」，以及像是離婚、性侵、地位的喪失、皈依等人生重大轉折事件的研究，也是在討論自我認同問題。不過，他深受一些後現代理論文獻的影響，將米德關於「認同建立原則上是永無止境的」觀點推得太極端了，使得他關於認同建立的理論有點太誇張、站不住腳。互動論在這裡，有過度獻身於所謂的「文化研究」因而失去社會科學專業身分的危險。

象徵互動論中**第二**個值得多說一點的新趨勢，是對於行動理論的擴充。在這方面作出重要貢獻的，就是我們之前已提到的施特勞斯在 1993 年的重要著作《行動的持續序列》（*Continual Permutations of Action*）。其中，他以相當直觀的方式提出了多樣的關於社會行動的命題。不過，這個行動理論領域中的進展，多半屬於**哲學**和**社會哲學**的領域，因為在那些領域，實用主義正透過廣泛的復興而成為一個名副其實的流派。對此，我們在第十九講會再詳細介紹。

這裡最後要討論的**第三**個新趨勢，存在於一個大家幾乎不作期待的領域：宏觀社會學。象徵互動論自 1950 年來的發展特徵，是跟功能論相互分工，在內容上相當專注於**微觀社會學**的主題。雖然布魯默在開展象徵互動論的研究領域時也提到了社會變遷，但他的戰友**對此**興致不高。布魯默對於工業化有一些討論，但這些討論更多是對既有取徑提出批判，而不是一個獨特、建設性的宏觀社會學嘗試。

互動論者很少參與對宏觀社會學的討論，其實是很令人側目的一件事，因為「社會學的芝加哥學派」一開始的研究興趣相當廣泛。像是派克和托馬斯就相當擅長於城市社會學，並進行過許多關於移民、種族、集體行為的重要研究。但關於這些宏觀社會學的主題，象徵互動論在 20 世紀 50-60 年代卻只剩下對「集體行為」的研究，其他「較大的」問題就沒有得到討論。可以說，象徵互動論首先僅僅推進了舊的「芝加哥學派」的**微觀社會學**面向。這也招致了一些並不是沒有道理的批評，這些批評指責象徵互動論專注在直接面對面交流的行動者之間的微觀面向，忽略了歷史性，也完全忽略了其他經濟、社會權力關係面向，亦即理論中存在著「缺失結構的偏誤」

（Meltzer et al., *Symbolic Interactionism*, p.113）。

　　事實上，象徵互動論對這個問題的克服相當緩慢。宏觀社會學研究在他們那裡特別坎坷。專業社會學的出發點即宏觀社會學，因為其中會研究到諸如醫院等職業團體活動組織。關於這些組織，施特勞斯便談到了「協商秩序」，談到了存在於每個穩定不變的組織中的結構是一種協商過程的結果。醫院絕對不是從一個明確的組織目標出發而構成的結構。很多結構，我們只有將之視為各個不同群體（醫生、護士、掛號櫃檯、病人等等）之間官方或非官方的協議，才能得到充分的理解。「協商」的這種思路，可以讓我們對於行動和結構之間的關係有更多細緻的思考。也就是說：

> 「結構」並非就已「杵在那兒」；它不是一個物體般的東西。當我們談到**結構**的時候，我們是在──也應該要──指涉一種與我們所研究的現象有關的結構性的**情況**。（Strauss, *Negotiations*, p.257）

　　這種組織社會學的研究也拋出了一個問題：人們是不是也許能用以下方式來理解整個社會：

> 由協商秩序而來的社會模式的特色，在於其中由各種競爭性的群體和個體構成的複雜網絡，會將他們的社會情境加以控制、維持，或增進成為符合他們**自身**利益的情境。這些利益、物質和理想的實現，是協商情境、衝突和關係的結果。（Hall, "A Symbolic Interactionist Analysis of Politics", p.45）

　　這種基於「協商」概念的宏觀社會學討論，最早可見於鄧金一篇令人印象深刻的討論美國酒精飲料工業運作方式的論文〈犯罪誘發假設箋注：美國酒精飲料工業個案研究〉（"Note on the Criminogenic Hypothesis: A Case Study of the American Liquor Industry"），其中鄧金討論了相關的集體行動者與結構（如釀酒工廠、批發商、零售商、消費者、法律規範等等），但也很聰明地把歷史脈絡包含進來。值得一提的是，這份研究也是第一次從互動論的立場嘗試掌握政治現象。不過其中的主旨更多是在討論政治議員的自我表現技巧，將之視作在不同性質的政治行動者之間發生的實際過程（Hall, "A Symbolic Interactionist Analysis of Politics"）。

　　無論如何，象徵互動論學派的各個學者，都很有活力地找尋能強化他們的理論與

宏觀社會學之間的連結的方式，尤其是施特勞斯、梅斯（David R. Maines, 1940-），以及霍爾（Peter M. Hall）。他們都很努力在思考，如何透過關係網絡、實踐、傳統等等來彌合行動者微觀領域、組織與社會宏觀領域之間的鴻溝。梅斯的「中觀結構」（參閱：*In Search of Mesostructured: Studies in the Negotiated Order*）概念是一個很有趣的出發點。上述這三個學者都發現，他們在這個領域中並不是孤單的，因為所謂的微觀─宏觀問題在（非互動論的）社會學理論傳統中長久以來都是很難解決的問題，而且宏觀理論的論點至今都無法令人滿意。並且很多學者突然都對這個問題感興趣了起來，這是大家都沒有意料到的，因為他們至今還都各自在表面上相當不同的主題領域和高度不同的理論傳統之中游移（參閱：Adler and Adler, "Everyday Life in Sociology", pp.227ff.）。此外，讀者在後來討論布赫迪厄和紀登斯的著作的幾講中會再看到這個問題。他們的部分作品回溯到已經存在於，或類似於美國實用主義和象徵互動論中的思想。甚至有象徵互動論者聲稱，今天的社會學中的很大一部分都在無意間與互動論的觀點殊途同歸（David Maines, "The Faultline of Consciousness"）。這也再次證明了我們在第一講提出的命題，亦即在社會學中，許多看起來毫不相干的理論體系，其實都有無數的共通之處！

第七講

詮釋取徑（2）：俗民方法論

我們在上一講已提過，除了象徵互動論之外，還有一個理論流派也被貼上了「詮釋取徑」的標籤，即俗民方法論（ethnomethodology），一個其名稱無比複雜到令人退避三舍的流派。其實這個名稱並不難懂，它是由兩個概念組合起來的，只要拆開來看就能明白。前半段譯為「俗民」的概念，詞彙原型是「ethnos」，「民族」之意，指涉與社會學相鄰的學科，民族學（ethnology）。後半段則是「方法論」（methodology）。這樣就可以推測這個取徑大概是幹什麼的了。俗民方法論，即是運用「民族學」這個研究陌生民族的學科的方法，來研究自己的文化，以此發現一些理所當然到我們常常沒有意識到的事物之中的一些特質。正是因為我們對自己的文化太過理所當然，所以如果我們可以把它加以陌生化，也許就能揭露出其潛藏的結構。除此之外，俗民方法論還有一個更大膽的野心：俗民方法論者不只想揭露出**自己的**文化當中沒有被意識到的結構特質，他們的最終目標是想發現**整個**人類日常知識與日常行動中普世的基本結構。每個社會的每個成員的知識，讓行動得以可能的知識，其結構是什麼？這是俗民方法論主要想探討的核心問題，而且對於俗民方法論來說，這個問題也正是傳統社會學一直忽略的問題。

這種類型的行動理論的旨趣的出現並不是偶然的。因為俗民方法論的奠基者，加芬克爾（Harold Garfinkel, 1917-2011）是帕森斯的學生，1952 年在哈佛大學拿到博士學位，當時他相當信奉帕森斯的作品。事實上，毫無疑問的，加芬克爾的理論工作完全就是以帕森斯的《社會行動的結構》出發的，並且也是帕森斯的戰友（這也再次印證了我們這本書的命題，即現代社會學理論是從帕森斯的著作開始的）。

> 在《社會行動的結構》的啟發下，俗民方法論的任務在於重新解釋永久的、普通的社會的產物及其可解釋性。它的作法是去找尋和解釋極端的現

象。在方案的找尋過程中，有一些在《社會行動的結構》中已被提及且詳細
討論過的主題，為俗民方法論在「重新解釋」這一方面的旨趣，提供了對比
性的出發點。（Garfinkel, "Respecification", p.11）

就像這段引言所表明的，加芬克爾的理論著作發展出了和帕森斯截然不同的方
向。更準確地說：在 20 世紀 60 年代變得相當熱門的俗民方法論，之所以與帕森斯保
持距離，不是為了像象徵互動論那樣，要當那時仍由帕森斯的功能論所支配的社會學
的「忠實的反對派」。俗民方法論者——其實就是加芬克爾——更多是想要作為整個
社會學的根本批判者。加芬克爾認為，整個社會學對社會成員日常知識的解釋都不夠
充分，所以對於社會現實的研究一直以來都沒有提供什麼實質性的貢獻。

· ·

但我們一步一步來，先介紹一下加芬克爾早期的作品。他與帕森斯之間的差
別，在他未出版的博士論文著作中就已經體現出來了。在他的博士論文中，他批判帕
森斯一直沒有真正說明，行動者如何、按照什麼樣的程序來定義行動情境，在行動執
行過程當中哪些考慮會產生影響，以及有哪些前提是必要的基礎。帕森斯在理所當
然地提到目標與價值的時候，所提出的「行動參照框架」還不夠複雜，因為他還沒有
研究行動者是以什麼方式來具體地與目標和價值產生關聯的（Heritage, *Garfinkel and
Ethnomethodology*, pp.9f.）。

加芬克爾在他接下來的工作中對帕森斯的批判更為尖銳，這與他從他的經驗研
究中的新發現有關。加芬克爾在哈佛大學博士畢業後，在俄亥俄州短暫逗留過，然後
到了加州大學洛杉磯分校。20 世紀 50 年代在加州大學洛杉磯分校的時候，他對法院
審判過程中陪審團成員的決策行為進行過一項小型研究。研究結果指出，陪審團的行
為並不真的遵循一條可以事先說清楚的軸線，就算原本就有明確的法律規範和清楚明
白的事實也一樣。人們可能會說，在一些案例當中，該怎麼判決是顯而易見的，陪審
團似乎不需要想太多。但加芬克爾指出，事實上對於陪審團來說，怎麼把法律規範運
用在事實上，**向來**都是很難的一件事。陪審團往往必須先把一個生活中複雜的現實
「塞進」一項法律規範中，然後才對這個現實進行相應的詮釋。更何況在法庭訴訟過
程中，原告與被告常常都還會呈現出完全不同的事實與事實發生經過。加芬克爾也指

出，爲了搞懂原告與被告雙方往往相互矛盾的說辭，判決過程總是會摻雜許多各自的考慮，事件的完整圖像也是陪審團一點一滴慢慢「拼湊出來」的。而且在這過程中還不斷會冒出新的說辭。所以，加芬克爾指出，我們不應該（雖然也不是絕對不能）假設陪審團——當然也不只加芬克爾所研究的法庭陪審團，而是也可以推及一般日常生活決策情境當中的所有人——**一開始就**清楚知道一項決策所仰賴的必要條件。相反地，常常都是等到**事後**，決策策略才**彷彿原本就已存在**似的。

> 此處報告的材料指出，陪審團事實上在給出判決之前，對能下正確判決的情況並沒有真正的了解。只有在事後的回溯當中，他們才確認他們給出的判決是正確的。只有當他們有了結果，才會回過頭去找「爲什麼」，去找得出結果的東西，以讓他們的判決更有條理，讓判決能夠「冠冕堂皇」。
> （Garfinkel, *Studies in Ethnomethodology*, p.114）

這個研究結果也讓加芬克爾發現，對社會學來說，不論再怎麼討論規範，都不太足以解釋爲什麼人會有這樣而不是那樣的行爲。僅強調規範和規則，會忽略了行動者爲了遵循規範而不斷三思的過程是很複雜的。同時人們也會掩蓋一件事，即規範也是在不斷三思的過程當中才會變得更爲恰當的。加芬克爾也認爲，研究結果還尤其凸顯出帕森斯所奠定的行動理論模式（當然也包括了新功利主義對於行動的看法），是一種過於普世線性的模式。日常行動當中，其實並沒有明確的目標與價值，決策所仰賴的價值和目標常常是**事後才**補上的。

到這裡，大家可能會猜想，加芬克爾如此批評某些行動理論概念，看起來應該就會轉而迎接美國實用主義和象徵互動論所論證的「建議」了吧。因爲如同我們在上一講看到的，美國實用主義和象徵互動論也同樣質疑過線性的行動觀，強調社會過程是流變的，所以（比如布魯默）也同樣強烈批判潛藏在帕森斯角色理論中的僵化的規範主義。不過互動論並沒有否認所有的角色概念，因爲角色概念還可以追溯到米德對於互動的分析。只是互動論的確明顯鬆動了帕森斯的概念。例如影響了互動論角色理論的唐納（Ralph Turner），就將角色中的互動描寫爲一個不斷在「試驗」與探索的過程。甚至他認爲，與其說人們會完成某些規範期待，不如說人們是在進行「**角色塑造**」。

> 當個體非常肯定地依據角色構築他的行爲，彷彿角色相當清楚而明確

地存在時，角色就會在不同程度的具體性和一致性當中「存在著」。這樣的結果是，當人們時不時在作出角色的各面向時，很明顯地他是在創造與改變角色，並且純然在展示角色；這樣的過程不只是進行角色替代而已，而更是在進行角色塑造。（R. Turner, "Role Taking: Process versus Conformity", p.22）

但很快就顯而易見的是，加芬克爾和俗民方法論學者並沒有對帕森斯的角色理論進行**這樣一種**批判。他們嘗試新建立的行動理論，比象徵互動論的觀點還要再「更深一層」。因為，正如同樣是俗民方法論的核心代表人物齊庫羅（Aaron Cicourel, 1929- ）指出的，就算是唐納的具有高度變化性的角色理論，也忽略了比如以下的問題：

> 行動者如何認知到重要的刺激，且會懂得（亦即把刺激置入有意義的脈絡，然後）展現行為，產生具有組織性的、會被認為對他人具有重要性的反應？行動者必定原本就具備某些機制或基本的規則，讓他能辨識環境，「適當地」調用規範。規範只是表面的規則，而不是讓行動者能作出關於角色取替或角色塑造的推斷的基礎。（Cicourel, "Basic and Normative Rules in the Negotiation of Status and Role", p.244）

換句話說，就算指出了具有創造性的「角色塑造」，我們也還是不知道，角色是如何、依據哪些規則（基本規則！）形成的，行動者具體而言究竟依循著什麼來進行角色塑造。

這為我們指出了加芬克爾的理論計畫與帕森斯及其他社會學之間的根本差異所在。我們這裡先大概列出這些差異，然後在這一講再來解釋清楚這些差異。

1. 加芬克爾與帕森斯的理論格外不同之處在於，加芬克爾**不認為行動的動機與行動的執行之間有密切且連續的關係**。帕森斯認為兩者之間是密切且連續的，彷彿只要行動者有了動機（例如：只要某特定的活動所需要的規範或價值內化進行動者當中），行動者就直接會努力完成行動。但情況絕非如此，加芬克爾在他對於陪審團判決情境的複雜考慮過程研究中就已指出這一點。因為帕森斯忽略了這個複雜的過程，所以加芬克爾嘲諷帕森斯理論當中的行動者像是「文化呆瓜」或「判斷呆瓜」：

　　我所謂的「文化呆瓜」，意指在「社會學家的社會」當中的人，順從著
一般文化提供的事先建立好的、合法的行動選項而行動，以此生產穩定的
社會特質。（Garfinkel, *Studies in Ethnomethodology*, p.68）

　　「文化呆瓜」這個詞所針對的，是帕森斯理論當中的行動者被認為沒有真正的自
我主動性，面對規範和價值都沒有自主性，彷彿行動者如被他人控制般盲目尊崇既有
的規範似的。帕森斯不允許他的行動者對內化了的規範和價值進行反思。加芬克爾指
責帕森斯的理論，將價值與規範描寫成彷彿固定的、具有因果作用力的物體一般，行
動者必須服從，且最終也會遵守。

　　如果這項指責是正確的，那麼帕森斯與他在《社會行動的結構》中所批判的立場
之間的距離也就很危險地離得太近了。帕森斯指責實證主義缺乏行動理論，亦即奪走
了行動者所有的自由，行動者被呈現為被環境或遺傳天賦所驅使的東西。也就是說，
帕森斯指責實證主義缺乏人類行動的自我主體性面向。而加芬克爾認為，帕森斯的行
動模式和實證主義的行動模式根本沒有不同，因為實證主義的環境和遺傳天賦，與帕
森斯的規範和價值根本沒兩樣。實證主義和帕森斯都忽略了行動者的反思能力與再三
思考的能力。加芬克爾懷疑，帕森斯的行動模式是否根本無法理解現實的日常行動。

　　加芬克爾之所以批判帕森斯的理論不是真正的行動理論，而是頂多只是一個行
動配置理論，是因為帕森斯沒有真的填補行動動機與行動執行之間的「空間」。相反
地，加芬克爾對一個問題展現出了極為顯著的興趣，即行動在事實上到底是怎麼進
行的。於此，我們必須透過經驗研究才能知道，行動者實際上擁有**哪些知識**，其行動
可以追溯到哪些知識構成，行動者如何運用知識，好讓社會集體行動得以產生（這裡
可以參考一下上面齊庫羅的引文）。在此意義上而言，加芬克爾認為應把行動者視作
「知識淵博的行動者」，並將行動自身視作「無盡的、不斷進行著的、偶然的成就」
（Garfinkel, *Studies in Ethnomethology*, p.1）。不消說，這不只跟帕森斯保持距離，也
跟新功利主義及其談到的（固定的）功利計算與偏好保持距離。正是因為加芬克爾不
認為行動會如帕森斯所說的筆直地沿著規範進行下去（參照前述加芬克爾對於陪審
團判決過程的研究），因此俗民方法論者將帕森斯的規範決定論改換成行動者的「規
範可解釋性」（normative accountability）概念。意思是，當行動者的行動與規範有關
時，行動者可以以**事後回溯**的方式順暢地解釋他為何會這樣而不是那樣行動，但他這
樣而不是那樣的行動不能等同於他**實際上的**行動過程。因為不論是帕森斯主義還是新
功利主義，都沒有注意到，甚至完全忽略了再三思慮的過程，也忽略了行動者往往事

後才試著為行動賦予意義，因此俗民方法論始終都懷疑這些理論的解釋能力其實是非常有限的（Heritage, *Garfinkel and Ethnomethodology*, p.112）。

2. 帕森斯對於規範的強調之所以是不足的，是因為他**從來沒有明確說明，行動者究竟是如何理解規範的**。帕森斯總是預設，人們就是可以理解鑲嵌在規範當中的語言或其他的象徵系統，然後就沒有追問，為什麼不同的互動參與者在具體的行動情境當中，可以對同樣的規範意義擁有同樣的理解。帕森斯（當然也不是只有帕森斯）沒有打磨出一套語言理論以解決這個不足之處。也許他根本沒有認識到一個問題，即規範從來都不是清清楚楚的，規則常常都是非常模糊的。加芬克爾認為，人們絕不能預設，規範的內化自然而然就會帶來行動的協調。比如「打招呼」這件事就是個好例子。我們社會中有一個規範或規則，就是遇到熟人時要打招呼，並且對方隨即也要回應。但就算我們都已經內化了這個規範，我們關於這個規範的知識對我們的日常生活也並沒有太多幫助。因為，如果我們在日常生活中要實際運用這個規範，我們還必須能夠清楚區分，我們對**誰**要**怎麼**打招呼——哪些是熟人，哪些不是；哪些人只是點頭之交，哪些人我們不用打招呼或甚至不應該打招呼（比方路上不認識的怪咖），我們又是應該如何跟超級好的朋友熱烈地打招呼，而且跟單純認識的人或甚至完全不認識的人打招呼的方式還不一樣。就算是遵守一項簡單的打招呼規範，也需要許多關於「邊緣條件」的知識。人們必須具備所有這些知識，才能夠讓規範實際「活著」，亦即才能夠真正實現規範。帕森斯幾乎沒有討論這件事，規範如何被解釋的問題他也從來沒有真正分析過，而且他的角色概念在這裡也沒有太多幫助。

3. 最後，加芬克爾與俗民方法論者也批判帕森斯，將秩序問題放在一個錯誤，或相對膚淺的議題層面。他們的論點是，**不是只有行動者之間出現了利益衝突，秩序才是值得提出的問題**。帕森斯在他關於霍布斯問題的討論當中指出，在嚴格的功利主義前提的基礎之上，社會秩序是不可想像的，因為不受規範的利益對立會造成無止境的所有人對所有人的戰爭。唯有規範，才能解釋為什麼人類共同生活可以是穩定的。相反地加芬克爾認為，日常生活中的秩序在**與既存的利益分歧沒有關聯的情況下**總也已經被建立起來了，因為互動中的行動者一直都會（在沒有明顯關聯上規範的情況下）相互確認對方行動的意義與世界的意義。互動中的行動者總是可以很快確認對方的語言表述是否可理解，並確認行動是否可以繼續銜接下去，而在其中可以完全沒有出現帕森斯不斷強調的規範。在規範成為議題之前，行動者之間就已經主動建立起某

種類型的信任（信任也正是社會秩序的基礎）。換句話說，正是因爲規範並不眞的決定行動的過程，也並不眞的會將行動過程加以結構化（可參閱上述加芬克爾對帕森斯的第一點批判），所以帕森斯不斷強調的價值與規範的內化根本就**不是**社會秩序的關鍵支柱。人們還必須尋找讓人們在現實日常生活中獲得某種保證的**更深**一層的機制。因爲有**這些機制**，現實中的日常生活才會明顯與規範相關聯（這裡可以再參閱上述齊庫羅的引文）。人們必須從不同於帕森斯所猜想之處去尋找社會秩序的眞正基礎。

⋯⋯⋯⋯⋯⋯⋯⋯⋯⋯⋯⋯⋯⋯⋯⋯⋯⋯⋯⋯⋯⋯⋯⋯⋯⋯⋯⋯⋯

　　這三點對帕森斯理論的批判（但其實不只是針對帕森斯的理論，而是也針對其他大多數社會學取徑）聽起來也許有點抽象。但讀者在這一講之後就可以讀到比較清楚的解釋，因爲我們將會爲各位讀者介紹加芬克爾和俗民方法論的一些**經驗**研究。不過首先我們要先簡短地駛入理論航道，介紹一下俗民方法論的理論體系究竟建立在什麼樣的哲學基礎之上。

　　我們在上一講提到了，俗民方法論和象徵互動論這兩個被稱作「詮釋的社會學」的理論流派，都源自現代哲學思潮。互動論有其美國實用主義的基礎，而加芬克爾及俗民方法論者則主要源自興起於德國的現象學，特別是胡塞爾（Erdmund Husserl）的現象學。對於俗民方法論來說，這個哲學思潮的魅力特別在於，它發展出了一種概念，其主旨之一在於發現在人類行動與人類知覺當中理所當然到不被注意到的事。俗民方法論的目標正好也是試圖讓自身的文化加以陌生化，以此發現其潛藏的結構，所以當然也就熱烈擁抱這個哲學思潮。

　　建立了現象學的胡塞爾，1859 年生於當時屬於奧匈帝國、今屬於捷克的摩拉維亞，曾任教於哈勒、哥廷根，並自 1916 年起任教於弗萊堡，1938 年逝世。現象學的主旨在於揭示我們的意識結構，也就是去研究我們**如何**意識某對象物。這乍聽之下不太有趣，但事實上卻是很好玩的東西，並且帶來了深遠的後果。胡塞爾嘗試將現象學建立爲一個「嚴謹」的科學，其主要在解釋當時占據支配地位的自然主義心理學或實證主義心理學的一些公理。自然主義或實證主義心理學將意識設想爲被動的，僅在處理感官資料而已。胡塞爾認爲，這些心理學忽略了一個事實，就是意識自己也會發揮作用，亦即將資料賦予意義。胡塞爾的這個觀點，有點像我們第一講引用皮爾士的文句時提到的，任何知覺都必然無可避免地會受到理論的引導。姑且不論這些不同的理

論方向的確有一些關聯，胡塞爾在這裡說的具有建構性的意識作用，也許可以用兩可圖來當個簡單的例子。同一張圖，觀察者用不同的關注角度，就會看出完全不同的東西，因而得出不同的意義。比如：

圖 7.1

從某個注視方式來看，人們會看到一個高腳杯；但用另一種關注方式來看，就會看到兩張面對面的側臉。也就是說，知覺會隨著關鍵的意識作用而建立起來，所以讀者們在看東西時，並非不帶預設。但當然不是只有這個實驗的、奇妙的兩可圖之類的例子是如此。胡塞爾還進一步強調，我們日常生活中的知覺基本上都基於這樣一種意識作用之上，而且也仰賴這種意識作用。比如（這也展示出胡塞爾的研究方法相當有魅力的地方），在講堂課或討論課上，教師高舉一本書，希望學生能把教師推薦的這本文獻放在心上。學生知覺到這本書，但事實上學生並不是「看到」書。學生可能遠遠只看到這本書的封面而沒有看到背面，甚至連封面都沒有看仔細。學生觀察到的只是一個平面，可能這個平面是有顏色的，上頭印了一些學生可能讀得懂的字。但就這樣而已。所以學生「看到」的並不真的是一本「書」，而是學生的意識在知覺中把所看到的圖像具體化成一本書，具體化成一個有背面、有很多頁數、摸得到、拿得到、能夠閱讀的感官對象。一本書之所以對學生來說會是一本書，是因為有一連串無意識和自動的心理運作與作用。此外，學生以前已經碰過書，知道書看起來長什麼樣、摸起來是什麼感覺，這些經驗也對心理的運作與作用很有幫助。胡塞爾努力想要做的是，揭露我們在日常生活的知覺世界或在進行行動時，早已經在運作的意識作用。胡塞爾將之稱為「自然態度」（natürliche Einstellung）。胡塞爾的現象學的任務，就

是要去分析客體如何在自然態度中被經驗到。為了進行分析，現象學必須和自然態度保持距離，必須進行胡塞爾所謂的「現象學還原」。我們在日常生活中，可能覺得一本書就是那個樣子；但現象學家要仔細分析，我們是**如何**把一本書看作一本書的，一本書是**如何**在我們的意識中顯現為一本「書」的。這也是加芬克爾之所以對胡塞爾的現象學特別感興趣的原因。因為胡塞爾試圖打破與凸顯我們日常的知覺模式，而加芬克爾也是想將我們的世界加以陌生化，以說明其內在結構，並進而論證面對世界時的「自然態度」的意義。

胡塞爾的現象學在哲學史上的影響相當深遠，他對 20 世紀的很大一部分德國哲學影響甚巨。受他影響最大的當屬哲學家海德格（Martin Heidegger, 1889-1976）。而在經過複雜的引介過程之後，20 世紀 30 年代開始胡塞爾在法國也有極大的影響力，有些哲學家，如沙特（Jean-Paul Sartre, 1905-1980）和梅洛龐蒂（Maurice Merleau-Ponty, 1908-1961）也都特別鑽研過某些現象學的觀念，並且隨後與存在主義哲學的觀點連結在一起。法國的存在主義，在 20 世紀 40 年代末期和 50 年代，是一個具有巨大影響力的思潮，特別是在西歐吸引了許許多多的知識分子。但影響加芬克爾的倒不是法國存在主義，而是奧地利的一位銀行業務員兼社會理論家，舒茨（Alfred Schütz, 1899-1959）。舒茨在 1939 年因為躲避希特勒，因此從歐洲流亡到美國，並且最後在紐約的社會研究新學院（New School for Social Research）任教。舒茨從一開始就對行動理論的基本問題很感興趣，在他於 1932 年出版的第一本著作《社會世界的意義建構》（*Der sinnhafte Aufbau der sozialen Welt. Eine Einleitung in die verstehende Soziologie*）中，他特別與韋伯的行動概念進行對話，想把行動概念從他認為過於狹隘的、理性主義的束縛中解放出來。舒茨給自己設立的任務比韋伯還要明確，就是借用胡塞爾的觀念，剖析對於行動者來說意義是如何構成的，他人的理解是如何得以可能的。舒茨一輩子都在討論這些問題。他注意到胡塞爾晚期著作所討論的一個議題和概念，這個概念最晚在 20 世紀 70 年代有極大的影響（讀者們在之後討論哈伯馬斯的章節當中就會讀到）。這個概念就是「生活世界」（Lebenswelt）。

胡塞爾在他最後一本較有篇幅的演講論文集，出版於 1935 年的《歐洲科學危機與超驗現象學》（*Die Krisis der europäischen Wissenschaften und die transzendentale Phänomenologie*）中，嚴厲地攻擊自然科學日益擴張的威脅及其在整個西方思想當中顯著的霸權。在對從伽利略到笛卡兒的整個自然科學的批判重構中，胡塞爾注意到，自然科學最初起源於感官世界，亦即起源於實際知覺到的世界，但後來**自然科學家及「其」哲學家不斷將世界加以量化、數學意識形態化、抽象化，使得這個起**

源越來越被排擠掉了。甚至連心理學，也出現把心理事物收編進數學意識形態、抽象化的趨勢（Husserl, *Die Krisis der europäischen Wissenschaften und die transzendentale Phänomenologie*, p.69）。胡塞爾認為，相對於這種收編，「日常的生活世界」是一個「被遺忘的自然科學的意義基礎」（ibid, p.52）。我們應該從現象學的角度，來解釋（某種程度上也是復興）日常的生活世界，以及所有其他整個行動脈絡。胡塞爾所謂的「日常的生活世界」，或者「生活世界的態度」，跟上述的自然態度談的是同一回事。「生活世界」某種程度上與（自然）科學的宇宙完全相反，它指的是我們不會去追問、不會想到要去反思的**樸實的世界情境**。它是我們整個日常行動的基礎，我們唯有經過一番努力才能對其提出問題。胡塞爾是這麼說的（其說法與自然科學的思維形式完全相反）：

> ……既存的生活世界的存在意義是一種**主體的產物**，是有所經歷的、先於科學的生活的成果。世界的意義與存在有效性都以其作為基礎而建立起來。也就是**這個**世界，對於有所經歷的生活來說才是真正有效的。至於「客觀為真」的世界，科學的世界，則是基於先於科學的經歷與思想，基於讓世界具備有效性的體會與思想的成果而來的更高階段的產物。
>
> （Husserl, *Die Krisis der europäischen Wissenschaften und die transzendentale Phänomenologie*, p.75）

我們行動者總是身處其中的這個「生活世界」，是過去世代、我們的祖父母與父母的行動與經歷的結果，是他們造就了對我們來說如此理所當然的世界，一個我們在日常生活中至少不會去追問其基本結構的世界，一個構成了我們行動執行的世界。「生活世界」是我們所有行動與知識的基礎。（如果讀者們對胡塞爾的作品感興趣的話，我們推薦一本輕薄短小又深入淺出的著作：Werner Marx, *Die Phänomenologie Edmund Husserls*）

讓生活世界變成一個可以用於社會學的概念，則是舒茨的功勞（關於舒茨這個人及其作品，可以參閱：Helmut R. Wagner, *Alfred Schütz: An intellectual biography*，以及 Ilja Srubar, *Kosmion. Die Genese der pragmatischen Lebenswelttheorie von Alfred Schütz und ihr anthropologischer Hintergrund*）。他在無數的論文，以及一本原本只是不完整的遺稿，但後來由他的學生盧克曼（Thomas Luckmann, 1927-2016）整理成書出版的著作《生活世界的結構》（Alfred Schütz and Thomas Luckmann, *Strukturen der*

Lebenswelt）中，不斷探討生活世界概念。舒茨致力於闡明**日常知識**的結構，他將日常知識視作生活世界的核心構成部分，而生活世界是一種「現實領域」：

> 　　對於清醒且正常，處於健康的人類知性態度的成人來説，這個現實領域就是已然存在的。我們會用已然存在來指稱那些我們體驗當中覺得不成問題的事物，那些一時半刻我們不覺得有問題的事情。（Schütz and Luckmann, *Strukturen der Lebenswelt*, Bd. I, p.25）

　　舒茨仔細討論了對他人的理解、對他人行動的理解是如何順利進行的。人們會用**典型化**來進行理解，例如將之歸類到**典型的**動機、**典型的**身分，指認爲**典型的**行動──亦即回溯到一些理所當然的社會說明模式，以便弄懂他人的行動。也就是說，理解是一個非常需要有社會前提的過程，我們必須回溯各種由生活世界提供給我們使用的說明模式。即便是我們無法馬上說清楚的事，我們也會試著在日常生活中用典型化的範疇來加以掌握，亦即我們也會試著將之**正常化**。我們在日常生活中的整個行動執行，都是要讓我們眼前的世界不會出現可疑之處。我們將會看到，就是這一點觸動了加芬克爾。

　　因爲事實就是這樣，因爲我們在日常生活中總是很依賴典型化，所以我們的行動可以說都是在熟悉的和理所當然的「視域」中進行的。我們只是有一些知覺模式和行動方式可用於非常不同和特殊的情境，因此我們也不會去追根究底。但同時也有一些情況，比如白日夢、狂歡、瀕死體驗、科學的理論態度等等，讓生活世界變得不再理所當然，在那裡突然出現另一種現實或讓人想到還有另一種現實可能性（Schütz and Luckmann, *Strukturen der Lebenswelt*, Bd. II, p.139ff.）。

　　舒茨於此也留給俗民方法論一條可以追隨的道路。加芬克爾和他的戰友薩克斯（Harvey Sacks, 1935-1975）的說法是，「舒茨的作品爲我們的社會學實際調查的情境和實踐研究，提供了無窮的指導。」（Garfinkel and Sacks, "On Formal Structures of Practical Actions", p.342）

　　一方面，胡塞爾提出，特別是舒茨所改寫的典型的知覺模式與行動方式，還必須**經驗地**加以呈現，才可能比作爲哲學家的胡塞爾與作爲哲學式的社會理論家舒茨所說的要清楚好懂。爲了更經驗性地「貼近」現象學所意指的事情，加芬克爾提供了一個非常有原創性的方法技巧。他說，將被視爲理所當然的知覺模式與行動方式呈現出來的最好、最直接的作法，就是刻意破壞它。因爲，當理所當然的事情被破壞之後，相

關的行動者必然會感到手足無措；而「手足無措的人」同時也指出了此時有一個日常生活中被視爲理所當然的規則被破壞了。加芬克爾是這麼說的：

> 要說明具體行動特質的持續性與連續性，社會學家通常的作法是選擇幾套穩定的、具有組織性的活動特質，然後找出當中有助於其穩定性的變數。不過還有另外一種作法可能會更經濟實惠：從一個具有穩定特質的系統開始，然後去問可以做哪些搗亂的事。透過對我們所知覺的環境表現出會造成與會遭受失序特質的行為，透過故意對互動加以搗亂，我們也許可以彰顯出社會結構通常是如何被維持下來的。（Garfinkel, "A Conception of, and Experiments with 'Trust' as a Condition of Stable Concerted Actions", p.187）

這種所謂的「破壞性實驗」（我們等一下就會對此多談一點），可以彰顯「實踐行動的形式結構」（Garfinkel and Sacks, "On Formal Structures of Practical Actions", p.345）或所謂實踐行動的「語法結構」（Weingarten and Sack, "Ethnomethodologie", p.15），而且這種結構比帕森斯致力於討論的規範參照層次或規範爭論層次還要更深一層。

另一方面，加芬克爾的戰友則對「其他的世界」展現出極大的興趣（舒茨也對此很感興趣），尤其是非西方文化，以及那裡可以觀察到的另外一種理性。因爲正是透過比較，可以凸顯出西方文化及其生活世界中被認爲理所當然的事情。當時，對其他生活形式與理性形式進行研究，是一件相當時髦、相當流行的事。但這個風潮很快也引起了很有問題的相對主義之爭，亦即在爭論科學知識是否能夠允許自身聲稱比其他知識還要高人一等。

不過我們先來討論破壞性實驗。加芬克爾給他自己和他學生的一個任務，就是在一種實驗性的情境中刻意偏離人們通常會期待的、「正常」的行爲，以此來發掘日常行動中的潛藏結構。這個研究實際上是怎麼做的呢？例如加芬克爾安排了一場國際象棋賽，在這場棋局當中，一邊是對這場實驗一無所知的受試者，另一邊是坐到受試者對面跟他下棋的實驗者。然後，實驗者故意系統性地破壞棋局、搗亂，比方突然推倒自己的棋子，或是突然挪動對方的棋子等等。幾乎所有的受試者都會覺得莫名其妙，而且我們的實驗者隨即就可以發現（這也是對社會學來說最有趣的），受試者會馬上想把情境加以**正常化**，也就是試著對這個莫名其妙的現象提出一個正常的解釋，好讓

他自己搞懂實驗者的行為，**並且隨之告訴實驗者正常的情況到底是什麼樣子的**。受試者可能會把整個情境當作是在開玩笑，或是覺得實驗者是不是在用另外一種什麼奇怪的規則在下棋，所以他不是在下「國際象棋」而是什麼其他種類的棋，或是實驗者是在下國際象棋，但想搞什麼把戲（只是笨手笨腳搞砸了），又或者是這場棋局根本只是一場實驗，所以根本不是「真的」棋局之類的。對於加芬克爾來說，我們可以從這樣的實驗中得出一種理論看法，即：不只是這場可以說是假造的棋局，而是在整個慣常的日常行動當中，我們幾乎都會竭盡全力試著將不尋常的、令人手足無措的、難以置信的他人行為進行分類，然後將之視為正常的，「以把觀察到的行為視作是一種合理而正常的事件的其中一例」（Garfinkel, "A Conception of ", p.22）。我們總是會為對方偏離常態的行為提供（甚至是硬加上）一個可以接受的、可以理解的解釋。我們彼此都會完全不由自主地把我們自己行動的**意義合理性**與**可理解性**拿來當作參照。我們在日常生活中執行行動時，都會主動呈現出常態性，為我們自己確保我們世界的常態性，用我們信任的詮釋框架來歸類那些偏離常態且讓我們手足無措的事件，以此來解釋那些事件，把那些事件給解釋清楚。以這種日常生活中主動的常態性呈現為基礎，加芬克爾和俗民方法論者認為，我們遭遇的現實不是自動就擺在那裡的；毋寧說，現實是一種「反思性的活動」（Mehan and Wood, "Five Features of Reality", p.354）。

另外一種文獻中常提到的破壞性實驗，讀者自己也可以簡單試試看；這種實驗與我們行動的身體性有關。行動不只是一種心靈上的活動，也是一個手勢、面部表情等發生變化的過程，因此，身體方面扮演一個重要的角色，如同我們從米德和象徵互動論那裡所學到的那樣。在互動當中，比如互動參與者之間**適當的**身體距離，是非常重要的。這種距離會隨著不同的文化而有所不同。我們會依著直覺與根據不同的情境來與和我們談話的對方保持身體距離。而我們可以用破壞性實驗來清楚找出這種距離。如果我們在買東西時，和老闆靠得太近、鼻尖都貼在一起了，這個老闆一定會覺得莫名其妙。他一定會馬上退後一大步，以和我們再度保持「正常的」距離。另一方面，如果我們在日常談話中，堅持要與和我們談話的對方保持 3.5 公尺長的距離，但這種過長的空間距離卻是沒有必要的，那麼對方一定也會覺得莫名其妙。

又或是在一般的距離無法維持的情況下，我們對於常態化的努力也會馬上浮現出來。比如在大城市每天擠公車或捷運時，我們都會體驗到這種情況。擠公車或捷運時，我們文化中所認為的一般距離自然會受到損害。我們的臉可能會與完全不認識的陌生人貼得只剩幾釐米的距離，剎車時手臂或手可能會與他人的下半身或胸部離著「很危險」的近距離。這種極近的距離一般都只有在親密關係下才會被允許。但我們

在搭乘捷運時，當然不是在和別人進行親密行爲。所以在這種不得不人擠人、彼此之間實際上也沒什麼親熱意圖的情形中，我們都會試著將這種情況加以**常態化**，排除親熱的意涵。例如當我們在擠捷運和一個完全陌生的人鼻尖貼近得只剩兩公分的距離時，絕不會還盯著對方的眼睛看，而是會望向別處，看看天花板或乾脆閉上眼睛。

最後，我們還想再多介紹一下破壞性實驗，看看加芬克爾的方法是如何受到舒茨思想的影響與啟發。加芬克爾從舒茨和他的分析中得知，人類在日常彼此的交往活動當中，對於重要的行動面向和情境面向，彼此都會有一些大致的共識。亦即當人們遇到某人、和某人交談時，人們會習慣不去呈現出自己生平的一些特殊的個人面向，而且，**雙方**都會以同樣方式參照同樣的情境，以此爲基礎來進行互動。這聽起來有點複雜，所以我們用加芬克爾和他的合作夥伴進行的一項實驗當作例子來解釋一下。

加芬克爾的一個學生（實驗者，以下簡稱 E）拿她丈夫來做實驗（亦即她丈夫是受試者，以下簡稱 S）。實驗情境如下：

　　某個週五，我先生跟我在看電視。我先生說他累了。我問：「多累？身體累，心累，還是只是無聊了？」
　　(S)「不知道，我猜主要是身體累了吧。」
　　(E)「你是說你肌肉酸痛？還是骨頭痛？」
　　(S)「我猜就那樣。不用那麼認真啦。」
　　(S)（又看了一下電視之後）「所有這些老電影的套路都是一個樣。」
　　(E)「你的意思是？你是說所有的老電影，還是一些老電影，還是就只有你看過的老電影？」
　　(S)「你是怎麼回事？你明明知道我是什麼意思。」
　　(E)「我希望你說得更仔細一點嘛。」
　　(S)「你知道我是什麼意思！有病啊你！」

（Garfinkel, *Studies in Ethnomethodology*, p.221）

這個實驗至少清楚指出了三個在理論方面很有趣的情況。

1. 我們在日常溝通中，都會假設行動者的相關面向上有一些我們上述提過的共識。實驗裡的那位丈夫在說他累的時候，他**就只是**感覺到累，**模糊地**感覺到累意，他說他累並不是在追求什麼清楚的目標。他就只是說說而已。事實上我們在日常溝通中

很多時候互動雙方就只是在瞎聊而已，沒有想追求什麼特定的、能說清楚的目標。實驗裡的妻子是一位實驗者的角色，有意破壞這種假設，刻意採取一種如醫生一般的較真態度，想描述他那可憐的丈夫在說「累」的時候到底是什麼意思。在這種晚上看電視的情境當中，在舒服的家裡頭，妻子的這種態度完全不適當，所以可以想見妻子的這種態度就惹惱丈夫了。

2. 在上述溝通中顯而易見的是，日常的談話是不確切、不確實、模糊的。這在第二部分的對談中格外明顯，因爲如果我們從科學的、理論的態度來深究的話，就會知道事實上「所有的老電影」這種說法其實意思有很多，甚至也根本不是丈夫眞正的意思。但這位妻子又再次採取了認眞態度，凸顯她丈夫話語中意思的不確定性。顯然，我們在日常溝通中彼此都會以爲我們說的話是清楚的。我們假設，我們說的話有意義，別人也會毫無問題地理解其意義。我們日常世界的結構會讓我們能毫無問題地與我們溝通中無可避免的模糊性生活在一起。加芬克爾指出（Garfinkel, *Studies in Ethnomethodology*, pp.38f.），我們可以將日常溝通記錄下來，同時試著用精確、明確的語言來領會這些溝通，如此（有可能）可以清晰呈現出默會的假定與假設（見下表）。

表 7.1

丈夫：今天，沒有人抱唐納，唐納就成功地把硬幣投入停車定時器裡了。	今天下午，我帶著唐納，我們 4 歲的兒子，從托兒所回家。當我們在計時停車場停車時，他踮起腳尖，成功地伸手把硬幣投入停車計時器裡。之前我們都要抱他，他才夠得到那個高度。
妻子：你帶他去唱片行了嗎？	當他把錢投入停車計時器，就表示他跟著你，而你停車了。我知道你會把車停在唱片行；這可以是在去接他的路上，也可以是在接到他要回家的路上。你是接他回來，然後車停在唱片行，所以他跟你在一起，還是你是去接他的路上把車停在唱片行，然後接到他在回來的路上停在別的地方？
丈夫：沒有，去了修鞋店。	不，我在去接他的路上，將車停在唱片行。在回家的路上他跟我在一起時，我把車停在修鞋店。
妻子：幹嗎？	我知道將車子停在修鞋店會有哪些理由。但你去那裡的實際理由是什麼？
丈夫：我要給我鞋子拿一些新的鞋帶。	如果你還記得的話，我有一次弄斷了我棕色牛津鞋的鞋帶，所以我把車停在那裡好去拿鞋帶。
妻子：你的平底鞋實在很需要新的鞋底。	我覺得你還可以再做一些其他事。你那時候可以帶上你的黑色平底鞋，它很需要換鞋底。你那時候帶上那雙鞋就好了，那雙鞋就可以馬上改換如新。

　　就此而言，繼胡塞爾之後，加芬克爾提出，我們的日常語言都滲透著「機遇性的」表述（okkasionelle Ausdrücke）或是「索引性的」表述（indexical expression），亦即會滲透一些詞彙，「如果聽者沒有必要的知識，如果沒有假定一些關於說者的生平或意圖、使用這些詞彙的情境、對話的先前語境、說者和聽者之間實際上或潛在的特殊關係，那麼聽者是無法確知這些詞彙的意義的。」（Garfinkel, "Aspect of the Problem of Common-Sense Knowledge of Social Structure", p.60）

　　這種語言的索引性，對加芬克爾來說也是對帕森斯的行動模式的一個重要批評。帕森斯認為，行動者會不加質疑地關聯上規範或目標。但對於加芬克爾來說，每一種表述和行動都是複雜的詮釋過程的出發點（Heritage, *Garfinkel and Ethnomethodology*, p.140）。這種複雜的詮釋過程是行動者所進行的，也是社會學必須闡明的。這也為俗民方法論的經驗的社會研究帶來了一些後果。俗民方法論不信任任何沒有考慮到日常語言必不可少的**索引性**的研究方法，不信任排除了這種**索引性**的研究方法（例如標準問卷）。他們非常質疑這些研究方法是否無論如何都無法掌握住日常的複雜詮釋過程。同時俗民方法論者也看到，就連科學過程本身，亦即科學家之間的每次溝通，每次在處理所採集到的數據時，也依賴日常語言，所以科學表面上的客觀性也無可避免地會受到日常語言的「汙染」。我們科學家對此必須有所反思，而不是不當一回事，才不會得出錯誤的結果。

> 　　我們必須假設，在日常生活中可以發現的自然態度，不只在由社會成員**於日常基礎上**所執行的實際社會學研究中具有影響力，而是在專業社會學家所執行的社會學研究中也同樣具有影響力。社會學研究對專業社會學家的束縛，不亞於日常生活的自然態度對「平民老百姓」的束縛。
>
> （Garfinkel, "Aspect of the Problem of Common-Sense Knowledge of Social Structure", p.195）

　　加芬克爾所謂的一般社會成員的「社會學研究」，指的是某些俗民方法論者不認為科學在面對其他的「世界」時有什麼了不起的地位，並且將社會科學自身當作研究主題（Psathas, "Die Untersuchung von Alltagsstrukturen und das ethnomethodologische Paradigma", pp.186ff.）。不過我們之後討論俗民方法論所偏好的研究領域時，對此再多談一點。

3. 從丈夫與妻子之間晚上看電視時的溝通的實驗中（尤其是丈夫最後講的話），也可以最後得出一個對於理論來說非常有趣的觀點，就是我們在日常生活中非常信任他人的詮釋能力。「信任」對於加芬克爾來說是一個很重要的概念，這牽涉他對帕森斯的第三點批判（見前述加芬克爾對帕森斯的三點批判）。我們可以藉此更容易弄懂他為什麼會批評帕森斯在錯誤的層面上討論秩序問題。

實驗中，丈夫對妻子的回答與追問感到不耐煩、最後生氣了。不過加芬克爾在其他大量的破壞性實驗中指出，這不是這個被實驗的丈夫個人的特殊反應。**幾乎所有**的受試者，在實驗過程中，如果對日常世界的常態性的信任被破壞了，都會有同樣的反應。如果日常生活和日常知識的規則被破壞了，如果人們對於日常世界的理所當然的感覺受到威脅了，懲戒就會隨之而來，例如受試者的生氣、憤怒、吼叫等反應。這跟某些所作所為被懲罰，或是當某些人被當作（偏差的）犯人時會發生的事，完全是兩回事。因為這位妻子並不是破壞了人們隨時可以指陳出來的明文規定或非明文規定的規範。她傷害和破壞的，**是對世界的常態性的信任**，讓丈夫生氣的也是**因為這個信任被破壞了**。擔保社會秩序的，是我們日常世界的理所當然的有效性，這在很大的程度上是由信任所保護與支撐的。於此，俗民方法論可以聲稱，帕森斯所強調的道德規則根本就只是次一級的本質現象，因為社會秩序乃基於另外一個比帕森斯所想的還要更深的層次之上建構起來的。加芬克爾自己之所以能理直氣壯地如此聲稱，是因為他基於（帕森斯提出的）行動的規範、規則與（俗民方法論凸顯出的）日常行動被視為理所當然、由信任所支撐的穩定性之間的關係，指出：

> 「被賦予的規則的影響強度有多大」，或令人尊敬、崇敬，具道德性的規則狀態的「影響強度有多大」，不是關鍵。環境事件的常態性才是關鍵，因為這種常態性是讓我們能界定可能事件的前提。（Garfinkel, "A Conception", p.198）

加芬克爾認為，關於社會秩序，重要的、基礎性的面向不是涂爾幹或帕森斯不斷強調的道德規範約束力的「強度」，而是日常的常態性。有這種常態性作為基礎，人們才會參照規範。或者，套用前文引用的齊庫羅的話，我們可以說：日常知識與日常行動的結構是一種基礎規則；規範的可運用性首先就是由這種基礎規則所決定的。

　　總的來說，俗民方法論從一開始就旨在分析日常知識與日常行動的潛藏語法。毫無爭議地，俗民方法論「發現」了一連串重要的規則與基礎規則，其研究結果對行動理論來說，以及對於批判既有社會學理論來說，都非常重要。這不只要歸功於其理論觀點，讓俗民方法論在 20 世紀 60 年代非常時髦，吸引了社會學當中的青年才俊。它的吸引力也在於，人們可以用這個理論——看看破壞性實驗就知道了——引發一些很滑稽的態度，刻意搞出一些「很蠢」的情況。人們從事破壞性實驗，就是想把「從在世界中想**做些**什麼事情的人的立場來看沒有問題的東西弄得很有問題」（Wieder and Zimmerman,"Regel im Erklärungsprozeß", p.124）。破壞日常世界的結構中的信任，給人以惡作劇般的樂趣，而且同時還可以有意識地從中得出重要的結論。俗民方法論跟 20 世紀 60 年代很流行的荒誕派戲劇顯然還蠻像的，兩者都刻意違反規則與規範。這使得俗民方法論常常會面臨一個危險，就是破壞性實驗可能會釀成一些「事件」，損害了這個學派在理論方面所要求的嚴肅論證。

　　這個危險，又因為上述的俗民方法論對於陌生的、其他類型的文化與理性的強烈興趣，而更加嚴重。在嬉皮運動和反傳統文化盛行的時代，吸毒世界，以及卡斯塔尼達（Carlos Castaneda）關於人們不熟悉的印第安世界的著作（這些著作又被錯誤地認為是民族學著作），對人們非常有吸引力。所以俗民方法論當時對於陌生文化會如此感興趣，也就不令人驚訝了，因為它非常符合那個時代背景。許多俗民方法論者感興趣的就是另外一種世界觀，那些世界觀——根據俗民方法論的前提——會以一種一貫的邏輯運作，而且那些「陌生的」行動者在日常生活中也會不斷生產出**他們的**常態性。透過與某部分極度不同的文化語法的比較，可以得出關於我們自己的「世界」的運作方式的一些見解，同時也可以理解陌生文化以及陌生文化關於合理性的看法。俗民方法論者再次銜接上舒茨的觀點並因此注意到，我們文化的核心前提就是一種客體恆定性前提。亦即我們相信客體一直都會是一樣的，不會突然改變成完全另外的東西，而且客體（這裡指的是無生命的客體）也不會自己移動、消失（參閱：Mehan and Wood, "Five Features of Reality"）。這種觀點看起來沒什麼，但在某些情境下會變成很有趣的情況。

　　讓我們來想像一下，我們忘記把一個對象物（例如一副墨鏡）放在哪了。最初我們從戶外走進家裡相對比較暗的走廊時，摘掉墨鏡並把它放在玄關架上。然後過

了 20 分鐘，我們在這陽光普照的一天又想離開屋子走到戶外。當我們走到玄關，墨鏡卻不見了，而且家裡又沒有別人，只有自己在家。我們可能會信誓旦旦地認為我們把墨鏡放在架子上，但墨鏡就是不在架子上。然後我們開始在家裡四處找那副墨鏡，找了老半天最後在窗臺上找到了。這時候我們的反應，可能就是如此解釋這整件事：「雖然我非常確定我把墨鏡放在玄關架上了，但我還真的就沒放在玄關架上；我可能記錯了。我經常會這樣，我有時候真是粗心大意，所以我不知怎的就把墨鏡無意識地放在窗臺上了。」在整件事中我們的想法可能是這樣子，或類似這樣子。雖然我們一開始在找墨鏡的時候信誓旦旦墨鏡就是在架子上，但後來發現它不在架子上時，我們不會真的覺得是因為墨鏡自己移動了，不會覺得墨鏡因為某種魔法而飛走了，不會覺得墨鏡有時候喜歡在架子上、有時候就是喜歡跑到窗臺上。如果我們真的如此確信自己將墨鏡放在架子上，那麼說是墨鏡自己飛走了，也並不是個沒有說服力或完全不合理的解釋，至少並不比事後不甘不願地承認是自己粗心大意還要來得沒有說服力或不合理。我們之所以不會假設是墨鏡自己飛走了，是因為我們在我們的文化當中相信客體恆定性（在這個例子中指的是無生命的客體），所以我們會用另外一種合理化的方式來解釋這件事。

但有的文化不會如此理所當然地假設客體恆定性。所以上述的例子，這些文化可能就會作如此解釋：這個對象物的消失是因為神、魔法神祕力量的作用結果。我們的確可以在某些文化中找到這種解釋策略。俗民方法論者指出，這種解釋策略並不是非理性的，因為這種解釋方式在這些文化的前提之上完全是可以想像的。在陌生文化中，行動者也都會不斷生產出常態性，始終如一地行動。在西方文化中人們總是會有一些行動邏輯的假設，陌生文化成員也是如此，而且他們也是根據**他們的前提**而以對他們來說非常有說服力的方式來進行假設。

這種思路很快就引起了一個問題：西方文化的合理性程度是否根本不比非西方文化更高；還有，尤其是科學，是否其實並不能聲稱比其他知識形式（如魔法）有更高的合理性。於此也開始了一場爭論得非常激烈，但有時候也不知道在吵什麼的相對主義之爭（可以參閱如：Kippenberg and Luchesi, *Magie. Die sozialwissenschaftliche Kontroverse über das Verstehen fremden Denkens*）。這場爭論不是讓人很清楚到底可以得到什麼收穫。這主要是因為，這場爭論出自一個無法否認的事實，即知識都是一時一地的，與其背景有關；但這個事實常常讓人直接得出一個結論，就是所有的知識形式都是**同等**有效的，完全不可比較，也不能下評斷。但當然完全不是如此。人們當然還是可以理性地比較與判斷知識形式與知識庫。這種理性比較與判斷有時候很困難，

人們也許有時候完全無法給出一個清楚的結論。但是在科學中也同樣會有這種情況，人們在科學中還是會需要在兩個相互競爭的範式中進行選擇（如我們在第一講提到的）。就算沒有「決定性的實驗」，人們還是可以**理性地討論與比較**。我們可以用類似的方式，來對照不同文化的日常知識庫。

不少俗民方法論者沒有看到這件事，而是常常從他們的研究得出相對主義的結論。而且至少有一些俗民方法論者常常非常熱衷於扮演科學批判者，以及社會學批判者的角色。這對這個流派產生了很不好的影響。俗民方法論在美國和其他地方，自從 20 世紀 70 年代中期之後，非常快速地失去了影響力，而且直到現在一時半刻也似乎不再能夠提供什麼新的啟發。不過這卻無損於在法國可以觀察到的一個相反的潮流。在那裡，長久以來一直被忽略的俗民方法論現在突然爆紅了（參閱：Dosse, *L' Empire du sens*, pp.180ff.）。

••

如果人們追問這個理論的議題重點是什麼，那麼就會發現一件事，就是這個理論很少碰觸**宏觀社會學**領域，而且這個理論流派的學者也幾乎不討論一般都會談到的社會變遷。俗民方法論一直以來擅長的是對**微觀情境**的詳細描述，以此得出關於**行動理論**的重要結論。這個流派透過危機實驗來推動經驗研究，以此提出一些對行動理論來說非常重要的說法。在所謂的對話分析當中（Harvey Sacks、Emanuel A. Schegloff），俗民方法論也發展出一些經驗研究分支，並廣泛地著手分析了對話機制（但也包括非語言的溝通，例如眼神交流）（可以參閱如：Schegloff, "Accounts of Conduct in Interaction: Interruption, Overlap, and Turn-Taking"）。至於秩序理論，我們提到俗民方法論對於帕森斯的批判，以及與此同時強調的日常知識的理所當然性。而這裡也有一些很重要的知識，滲透進「其他的」社會學理論取徑。我們在第十二講討論紀登斯時再繼續討論這件事。

除此之外，根本上還有五個領域和經驗場域，至今都深受俗民方法論的影響。

1. 由於俗民方法論對傳統行動理論概念的強烈批判，以及由於其所提出的日常語言的索引性，因此人們在一般的社會學方法討論中，也彌漫著一種新的小心謹慎態度。有時候，人們對於數據的採集與獲取，也比在俗民方法論出現之前，抱持著更強

烈的根本反思。這歸功於一本至今仍非常重要的著作：齊庫羅的《社會學中的方法與測量》（Aaron Cicourel, *Method and Measurement in Sociology*, 1967）。這本書致力於探討研究過程，以及某些數據獲取工具的適當性。對於任何想討論量化社會研究的人來說，齊庫羅這本 1964 年出版的著作都是不能不讀的文獻。另外，道格拉斯的《自殺的社會意義》（Jack Douglas, *The Social Meaning of Suicide*）提出的一些俗民方法論的研究方法批判，也有非常直觀且驚人的重要性。與涂爾幹的《自殺論》不同，道格拉斯感興趣的是從國家或地方的行政機關**採集自殺數據**的過程。道格拉斯仔細闡述了「官方的」自殺建構中有哪些背景假設和偏見，以此清楚指出，不能「盡信」官方統計。關於涂爾幹的某些發現，道格拉斯的說法當然是有影響力的。涂爾幹沒有認真解釋他的數據是不是成立，而且幾乎直接就從官方資訊得出他的理論結論；道格拉斯覺得這種作法大有問題。面對犯罪數據時，人們也須持類似的保留態度，因為——從俗民方法論研究中我們可以學到——人們有時候並不知道，這些相關的數據到底是怎麼生產出來的。如果我們去分析犯罪數據，會發現一個很奇怪的現象：員警越多的地方，所測量到的犯罪率就越誇張地高。若說員警越多的地方，犯罪事件就越多，這顯然不合理，而且事實也的確不是如此。之所以如此，是因為若有越多員警在工作，就會有越多員警在記錄不法行為，所以蒐集到的犯罪數據就會越多。

2. 上述的最後一點也與接下來這個領域有關：偏差行為社會學。俗民方法論在這個領域也非常有存在感。許多監控機構和員警，都會以此對「造成不法行為」的所作所為進行相當精確的研究。有一些學者的著作，例如畢特納的文章（Egon Bittner, 1921-2011, "Police Discretion in Emergency Apprehension of Mentally Ill Persons"）或薩克斯的文章（Harvey Sacks, "Note on Police Assessment of Moral Character"），都指出了員警在日常值勤時有哪些極大的行動空間，員警在某些情況中會根據有哪些依情況而定的、跟法律條文無關的標準而讓他們採取主動，以及關於一些非常普通的事情，員警的知覺結構和一般外行人是如何地不同。

3. 從我們之前的講述，大家應該也可以想見，許多深受舒茨影響的學者，對知識社會學領域也產生了根本的影響。只不過，這裡最重要的並不是由加芬克爾所創立的俗民方法論，而是某些與舒茨有關的著作。這些著作與一些古典社會學研究的意識形態批判方面息息相關。其中，特別是伯格與盧克曼的《現實的社會建構》（Peter L. Berger and Thomas Luckmann, *The Social Construction of Reality*），最具有開創性。

這本出版於 1966 年的經典之作，用舒茨的思想來強化或修正了古典知識社會學的學者，如馬克思、謝勒（Max Scheler, 1874-1928）、曼海姆（Karl Mannheim, 1893-1947）。在 20 世紀 60 年代，人們又再次對馬克思的著作產生濃厚興趣。這本書對當時因馬克思的著作而興起的關於意識形態的「本質」與內容的爭辯，提供了非常重要的思想資源。雖然 20 世紀 60 年代在西方社會關於意識形態的、政治的爭論，以及知識社會學，後來都失去了重要性，但是伯格與盧克曼的這本著作（雖然我們得再次強調，這本書與加芬克爾的研究方向幾乎沒有共通之處）卻並未失去它的經典地位。

4. 與上一點提到的主題相當類似的，就是科學社會學。因為俗民方法論的任務就是去研究，如何在對不同的「世界」的比較中呈現出現實，因此可想而知的是，科學本身也很快成為了重要的分析對象。加芬克爾本人也參與了這方面的研究。他對實驗室的現實，對實驗室中如何生產與詮釋事實的類型與方式，特別感興趣（Lynch, Livingston and Garfinkel, "Temporal Order in Laboratory Work"）。這一項以民族誌為研究方法所進行的科學社會學研究，藉由回溯到俗民方法論所提出的觀念指出，所謂高度理性的研究過程，如何也深受日常行動結構的影響，研究過程是如何受到一些武斷的決策所決定的，研究工作的流程如何受到偶然性影響，「事實」是如何斷定的，看起來很清楚的研究規則如何經常被推翻或大轉彎，研究報告如何也是事後才對真正的過程加以自圓其說（這裡可以參考加芬克爾早期關於陪審團的研究），以及連高度專業的實驗如何也非常「依賴於」科學家之間的互動，還有這互動如何關鍵地連帶決定了對於數據的評價（參閱：Karin Knorr-Cetina, *Die Fabrikation von Erkenntnis. Zur Anthropologie der Naturwissenschaft*）。

5. 俗民方法論也對女性主義的研究和理論建立，帶來了顯著的影響。不過我們在此不再進一步討論這件事，因為我們會在第十七講再仔細討論這件事。

• •

這兩講關於「詮釋取徑」的討論，在這裡就到尾聲了。象徵互動論和俗民方法論，連同新功利主義，在 20 世紀 50-60 年代，都是在力圖反抗帕森斯的霸權。但還有一個理論方向，也是在對抗帕森斯的理論，我們到這裡都還沒有提到。這個理論就是衝突理論。我們下一講就來介紹衝突理論，然後我們就會順著時間再繼續走下去。

屆時我們會看到，20世紀70年代出現了一個重大事件，有人開始試圖把所有這些批評全部納入考慮，相當有創意地繼承了帕森斯想要進行理論綜合的遺志，並且相應地提出了規模非常宏大的新的綜合。唯有如此，才能保護這個學科，免於分崩離析成互不相干的「學派」或「取徑」。

第八講

衝突社會學／衝突理論

　　不論是新功利主義，還是象徵互動論與俗民方法論這兩個詮釋取徑，都是 20 世紀 50-60 年代對帕森斯學派的支配的回應。這些取徑首先都是對行動概念進行爭辯。新功利主義認為帕森斯的行動模式太過規範性，且總體來說太複雜，這也削弱了所謂的社會學解釋力。互動論和俗民方法論則認為帕森斯規範論的行動概念還有不足之處，也不夠複雜。所以新功利主義致力於復興被帕森斯否定的功利主義傳統，而象徵互動論延續著在帕森斯早期著作當中被忽略的美國實用主義理論家的思想，俗民方法論則採取了現象學觀念的假設另闢蹊徑。這三個理論主要處理帕森斯的行動概念，但他們都很少討論社會秩序問題，更遑論社會變遷問題。

　　20 世紀 50 年代中期興起的所謂衝突社會學，必須被特別放在這個背景下來看。衝突社會學呈現了一種對於帕森斯的理解方式，並且處處都在反對帕森斯的命題。許多社會學家認為，特別是秩序理論和變遷理論的概念，由於受到帕森斯對社會現實的規範要素的過度強調，而都被抹除了。帕森斯僅設想有一種穩定的社會秩序，把靜態、秩序良好的社會當作無須反思的前提。衝突社會學則提出另外一種相反的理論，凸顯社會生活中的權力關係和赤裸裸的利益鬥爭，並因此特別強調社會秩序的動態性與經常出現的快速變遷。簡單來說，社會「衝突」於此被相當有活力地置於社會學理論建構的核心地位。衝突社會學在 20 世紀 60 年代展現出很特殊的吸引力，並不令人感到意外。因為當時各社會運動（尤其是學生運動）風起雲湧，對於西方社會——特別是美國社會——的批判日益尖銳，帕森斯的理論也被視作為美國社會狀態的反動辯護。但同時我們必須知道，衝突社會學對帕森斯的批判絕對不僅僅來自政治光譜上的**左派**一端而已。

　　無論如何，這些批評者是想在政治方面有所動員的。帕森斯自己覺得他的部分理論是被粗暴地誤解了，在他早期《社會行動的結構》中對於行動理論與秩序理論的

分析，或是在他的結構功能論創作時代的中期，都在高度的抽象層面上論證過，他從未為某個特殊的社會秩序或政治秩序——例如美國——進行辯護。他也完全沒有要否認社會衝突的存在。他自己認為，他的論證所針對的，更多是康德意義上的「超驗」的東西。他要問的是社會秩序得以可能的條件。這個問題的答案，完全無關乎人們是不是經驗上真的在某個社會現實看到著作中提到的秩序安穩或充滿衝突的時刻。帕森斯的出發點是秩序在經驗層面的存在，但他當然也不否認衝突的存在。所以衝突社會學對他的攻擊完全是不恰當的，更何況他在 20 世紀 60 年代也明顯在處理社會變遷理論（見本書第四講）。所以衝突社會學的興起是一場誤會，是對帕森斯理論的扭曲與片面理解的後果嗎？對，但也不對。帕森斯講的當然有道理，他的行動理論與秩序理論分析不應直接遭受來自經驗層面上的批評。他實際上多半也都是在高度理論性的層面與許多他的衝突社會學批評者進行辯論。但另一方面，帕森斯和他的支持者的理論框架的確缺乏敏銳的概念工具來把握衝突。批評者責備帕森斯的著作——包括他的經驗分析——呈現出來的景象太過和諧了，大量的衝突與利益鬥爭被粉飾，總體來說社會變遷被以不恰當的方式呈現成持續且線性的；這項責備絕不是完全錯誤的。帕森斯晚期處理宏觀社會變遷的演化論著作，如我們已經提到的，也沒有真的克服上述的責難。以此而言，人們有理由質疑帕森斯理論體系的根基有一種「和諧的成見」，亦即這套理論體系的構成方式，很難將社會衝突當作核心議題來討論。

· ·

但就衝突社會學本身來說，也是有一些概念上的難點或是歧義性。我們可以把衝突社會學當作一種「××社會學」來理解。就像家庭社會學討論家庭、宗教社會學討論宗教一樣，衝突社會學討論的是衝突。這是一種對「衝突社會學」這個概念的理解方式。但我們也可以把衝突社會學當作一種**獨立的理論取徑**——對我們這本討論現代社會理論的書來說，這種概念理解方式是我們特別感興趣的。所以我們在這裡也為了這個意涵而保留「衝突理論」這個概念。澄清這一點對我們來說很重要，這可以讓讀者不會太過一頭霧水。從歷史層面來看，我們可以在**衝突社會學**中尋找**衝突理論**的根源。

· ·

　　前文提到帕森斯的理論體系的時候，我們稍微講到，帕森斯沒能成功地將衝突當作核心議題來理解。我們這裡來好好交代一下這件事。雖然帕森斯和他的追隨者研究過作為經驗現象的衝突，但衝突在他們那裡實際上從未能占據**核心地位**。與帕森斯較為親近的社會學家，很早就已經開始修正與拆解帕森斯的角色理論。他們的作法是——例如默頓（可參閱："Continuities in the Theory of Reference Groups and Social Structure"）——指出角色之間與角色內在的衝突。亦即他們指出，在同樣一種角色中，常常必須滿足不同的、彼此之間有衝突的行為期待。例如小孩可能會面對來自父親與來自母親的不同期望。或是人們幾乎都必須滿足不同的角色（例如女性常常同時要滿足母親角色和某個職業工作角色），但各角色彼此之間是不相容的，因此產生衝突。但這方面的接續發展並沒有要對帕森斯進行根本的批判，加上默頓也馬上指出，行動者一般來說有一種緩和或克服這個問題的技巧。他們也無意將結構功能論的重點放在社會衝突分析上。帕森斯的規範論的理論體系並沒有什麼更動；在此只是擴展出一個研究特定衝突——即**角色**衝突——的空間。

　　真正值得注意的進展，是由生於柏林、1941 年移居到美國的社會學家柯塞（Lewis Coser, 1913-2003）成功推動的。柯塞雖然很贊同帕森斯及其理論取徑，但卻在其 1956 年出版的著作《社會衝突的功能》（*The Functions of Social Conflict*）中提出了一針見血的批評。他尤其指責帕森斯這樣的功能論學者主要將衝突視為由心理所決定的現象，一種個人的錯誤行為，甚至有時候還將其詮釋成「病態的」。之所以會這樣，是因為在這個理論傳統中，社會現狀被詮釋成一種正常狀態；偏離正常狀態，都被認為是個人沒能適應社會現狀而造成的干擾。對帕森斯來說格外如此，他對充滿社會衝突的社會過程幾乎沒有認真感興趣過，因為他太過偏向涂爾幹、太少重視韋伯了。柯塞認為，帕森斯太過贊同涂爾幹對社會整合的價值的強調，相反地就擠壓了韋伯關於社會組織衝突重要性的正確洞見（參閱：*The Functions of Social Conflict*, pp.24ff.）。

　　從政治上來看，柯塞當然是從帕森斯那裡移向了左派那一端，也總是公開捍衛他的民主—社會主義的理念。但是，柯塞對帕森斯的靜態社會世界模式的批評，絕不僅僅源於**這項**差異而已。這更多是文化面向使然。因為柯塞是猶太人，他深受一位猶太學者的影響。這位猶太學者是德國社會學的奠基者之一，在 19、20 世紀之交曾寫過一篇分析衝突的重要文章。這個人就是齊美爾（Georg Simmel）。齊美爾在 1908 年出版的著作《社會學》中有一篇題為〈爭執〉的精彩章節。他提出了爭執的類型學，分析了這種社會關係形式的後果，給出了關於這種情境的深富啟發性的洞見。在爭

執情境中，協力廠商可以利用兩人之間的爭執。用一句中國成語來說，就是「鷸蚌相爭，漁翁得利」。但對柯塞來說重要的不只是齊美爾的這項觀察而已，更重要的是齊美爾清楚表明他偏離了德國當時（也許現在也還是）的主流文化傳統，他不馬上就將爭執、衝突、爭吵等等貼上負面的標籤。相反，齊美爾認為這種社會關係形式是一種積極的關係，因為猶太教在數百年中發展出一種爭執文化，在這種文化中，衝突絕不被認為會威脅到共同體的存在。正是這種對於爭執和衝突的積極態度，或至少是中立的態度，是柯塞所採取的態度，並將之轉化到對功能論的論證當中。就像柯塞的《社會衝突的功能》的書名以及在其前言當中所表明的，這本書探討的是社會衝突的功能性。衝突被柯塞視為一種社會關係的形式。

> 本質上這意味著……沒有團體是完全和諧的，因為這樣團體會缺乏過程和結構。團體既需要和諧，也需要衝突，既需要聯合，也需要解體。在團體當中，衝突絕不是分裂要素。團體的形成就是這兩種過程的結果。
> （Coser, *The Functions of Social Conflict*, p.31）

柯塞有時大量引用齊美爾的言論，並以此指出衝突可以「淨化空氣」，並且可以造就一種安全閥門。絕不是所有的衝突都必然會伴隨著攻擊行為，而且特別是（這也正好是在反對帕森斯理論的狹隘之處）沒有衝突也不意味著社會系統就會是穩定的，因為衝突的缺失可能表示有一種潛在的張力，這種張力隨後會失去控制地爆發出來。換句話說，把衝突排解出來，完全也可以是一種穩定的表現（Coser, *The Functions of Social Conflict*, p.94）。柯塞甚至在他 1967 年出版的續作《再續社會衝突研究》（*Continuities in the Study of Social Conflict*）裡進一步聲稱，衝突對於整個社會來說常常也有正面的效果，因為衝突對社會來說也是一種學習過程，可以帶來新的規則和制度。他認為，如果社會不允許衝突，就沒辦法擁有學習能力，長久而言也不具有持存能力。

> 對於我們來說有一個觀念很重要，就是衝突……可以迫使社會系統要有創新、創造力，使社會系統避免僵化。（Coser, *Continuities in the Study of Social Conflict*, p.19）

我們可以用環保運動來說明這個命題。20 世紀 70 和 80 年代，當時的聯邦德國

出現了大規模的抗議。那時候衝突衝擊了日常秩序，甚至出現火爆的爭吵。但是民主程序框架允許衝突，這帶來了學習過程效果，讓所有政黨都贊同環境保護。就算人們實際上對於環保政策的執行並沒有特別印象深刻的感受，或是就算不是所有政黨都認可生態的重要性，大家也必須承認，當時的民主德國就是因爲暴力鎮壓了生態運動，所以阻礙了社會在這方面的學習，使得民主德國在 20 世紀 80 年代不斷產生嚴重的環境破壞。

雖然柯塞對帕森斯多有批判，但柯塞根本上還是在功能論**中**進行論證。《社會衝突的功能》出版的時候，社會學已經出現了另外一些與功能論激進地斷裂開來的發展。這些發展用衝突現象來**反對**功能論，並以此一步一步試著將衝突社會學建立爲一個獨立的、與功能論相競爭的**理論取徑**。

在美國，這個運動與本迪克斯（Reinhard Bendix, 1916-1991）這個名字是分不開的。本迪克斯跟柯塞一樣，都是德國猶太裔學者，1938 年移居到美國，並且先在芝加哥大學，隨後在伯克萊大學開始了後來極爲成功的學術生涯。與柯塞相對較快地將齊美爾的理論視爲出發點，並且以較爲複雜的方式與帕森斯的理論傳統連結在一起的情況不同，本迪克斯是在其著作發展過程中慢慢摸索找尋「合適的」學者與一個合適的變遷理論。本迪克斯無疑受到馬克思的影響，但從一開始他就敏銳地看到其理論的巨大缺陷，並且運用托克維爾（Alexis de Tocqueville, 1805-1859）和尤其是韋伯的思想工具，來克服該缺陷。這個移向一個適當的社會變遷理論的追尋過程的標誌性文章，是他在 1952 年發表的〈社會分層與政治權力〉（"Social Stratification and Political Power"）。文中，他不認同馬克思理論將**所有**衝突都歸於階級衝突，這使得這個理論在經驗層面失靈了。但是本迪克斯沒有完全與馬克思決裂；他認爲馬克思主義在根本上是一個「有趣的」社會變遷理論。所以馬克思的社會學觀點還是值得從馬克思和他的擁護者那裡拯救出來、加以捍衛。

> ……我們不應該……拋棄讓馬克思主義理論如此有吸引力的重要洞見。在社會中產生的對立，尤其是內在於經濟結構當中的衝突，可能——但不必然——會造就集體行動。分析者的任務，就是去發現集體行動產生或沒有產生的情況。我相信，由於馬克思熱衷於預言，使得他預示資本主義有一條確定的發展道路，但這種確定性常常是他用他自己的歷史感得來的。而正是因為他的這股熱衷，讓他沒能洞察到關於階級情境與階級行動之間的關係的不確定性。（Bendix, "Social Stratification and Political Power", p.600）

在衝突理論，以及以下馬上要討論到的**歐洲的**衝突理論中，我們常常可以看到學者的動機，就是想要將馬克思的洞見從馬克思那裡拯救出來。這裡我們先來看看本迪克斯自稱的對馬克思理論的大幅改寫帶來了什麼後果。從上述引文可以看到，因爲本迪克斯對階級情境與階級行動之間的關聯抱持著懷疑態度，並且認爲團體的集體行動就像個別行動者的政治行動那樣，相對來說與抽象的階級情境無關，所以他與馬克思理論所深信的那樣不同，他不認爲社會變遷過程是可預測的。他更多地認爲歷史過程是偶然實現出來的，衝突團體與社會運動總是不斷由「地方情況、歷史上的前鑒，以及重大危機」所刻劃的（"Social Stratification and Political Power", p.602），所以任何超越歷史的普遍性都是值得高度懷疑的。本迪克斯的命題可以明確地被詮釋成對馬克思主義史觀的攻擊；但因爲他採納了馬克思的觀點，認爲歷史過程中的衝突是很重要的，因此不令人意外的是，本迪克斯的著作的發展也越來越（即便常常是隱諱地）顯示出對帕森斯思想體系的持續批判。

本迪克斯在 1956 年出版的著作《工業中的工作與職權：工業化歷程中管理的意識形態》（*Work and Authority in Industry: Ideologies of Management in the Course of Industrialization*）是他的理論發展過程中很重要的一本書。在這部歷史比較研究中，他探討了英國與沙俄早期工業化過程，和美國與民主德國的「成熟的」工業化。本迪克斯所描繪的圖像，跟帕森斯對組織的描述，以及帕森斯及其學生在幾年後進行的關於分化理論與演化理論的研究，都完全不一樣。本迪克斯在該書開頭用了很挑釁的衝突理論措辭：「不論在哪裡建立企業，都是少數人在指揮、多數人在服從。」（*Work and Authority in Industry*, p.1）甚至在描述層次上他的視角也跟帕森斯完全不同。帕森斯總是認爲，組織會爲了提升效率，以基於價值的勞動分工作爲運作方針。受到帕森斯影響的關於社會變遷的文獻，都或多或少將歷史視爲一個線性發展的過程，現代社會結構也是基於深思熟慮的理性來進行運作的。但本迪克斯不同，他認爲社會變遷過程是充滿衝突的。工業化不是一個自然發展的過程，而是一個許多團體（貴族階級與市民階級，工業家與工人，國家官僚人員與管理者）彼此鬥爭的過程，並且這種鬥爭會藉助意識形態來加以粉飾和正當化。

> 然而，若不是有什麼更正當的理由的話，幾乎沒有人會對指揮感到滿意……而且許多人也幾乎不會溫順到對這種正當理由完全沒有怨言。
>
> （Bendix, *Work and Authority in Industry*, p.1）

本迪克斯在這本書的新版前言裡強調，他的分析追溯到托克維爾和馬克思，但他更爲倚重的是韋伯的統治社會學（*Work and Authority in Industry*, p.XXV）。

對於不少衝突理論家來說，在古典社會學家中，韋伯事實上應可**視為**值得參考的學者。衝突理論傳統中，涂爾幹被大加撻伐，有時候甚至被認爲不值一哂（參閱柯塞的猛烈批評：*Continuities in the Study of Social Conflicts*, pp.153-180）；但韋伯不同，他的著作對衝突理論來說是一個適當的出發點，可以用來批評馬克思主義和結構功能論。當然，這個韋伯的形象，跟帕森斯在《社會行動的結構》中向美國大眾介紹的韋伯的形象，就截然不同了。帕森斯首先是在涉及綜合命題時詮釋韋伯的。他將韋伯的思想，與源於功利主義和實證主義傳統的馬歇爾、巴烈圖和涂爾幹，一併視作與他的「唯意志論的行動理論」有很高親緣性的學者，而「唯意志論的行動理論」又正好認爲規範和價值非常重要（見本書第二講）。本迪克斯在他的著作《韋伯的學術肖像》（*Max Weber: An Intellectual Portrait*）中大力反對這種用規範主義詮釋的韋伯形象。本迪克斯在他這本出版於 1960 年的著作中，把鬥爭面向——亦即韋伯的統治社會學——放在他對於韋伯的詮釋的核心上，而不像帕森斯著重在韋伯的宗教社會學的世界觀分析。透過不同的焦點，本迪克斯駁斥帕森斯與結構功能論把韋伯當作結構功能論的前輩的說法。本迪克斯用韋伯來隱諱，但相當紮實地批評帕森斯：

> 韋伯將社會視為對立力量之間的平衡，且至少在社會學研究的脈絡裡，他反對將社會結構詮釋為一個整體。對他來說，社會學旨在對社會裡的個體的可理解的行為進行研究，而集體——像是國家或民族或家庭——並不「行動」或「自我持存」或「運作」。……韋伯的作法，是將社會設想為一個身分團體的競技場，每個團體都有自己的經濟利益、聲譽、面對世界和面對人的態度。（Bendix, *Max Weber: An Intellectual Portrait*, pp.261-262）

在美國社會學界，可能因爲帕森斯範式的支配力量實在太大了，所以談到「社會衝突」議題時，首先要麼提出一種跟結構功能論互補的批判（像是柯塞），要麼對結構功能論提出一種根本的、隱諱的批判，但並非眞的有另提理論的企圖。本迪克斯是如此，但另外比如對非學術公眾很有影響力的美國社會左派社會評論家米爾斯（C. Wright Mills, 1916-1962），其於 1956 年出版、對美國社會進行的權力理論與精英理論研究著作《權力精英》（*The Power Elite*），也是如此。但在歐洲社會學界的某些部

分，尤其是英國和德國，在 20 世紀 50 年代對待帕森斯的著作時更多是持中立態度。這些社會學家在對帕森斯進行根本批判時，也試著發展出另外一種理論方向——即**衝突理論**。

在英國，有兩位學者對 20 世紀 50、60 年代的衝突理論特別有影響力，即洛克伍德（David Lockwood, 1929-2014）與雷克斯（John Rex, 1925-2011）。洛克伍德在這段時間以大量關於階級理論的經驗研究而聞名。他以韋伯提出的分類範疇，對藍領階級意識與白領階級意識進行分析。對我們來說比較重要的是，他也是率先對帕森斯的《社會系統》進行猛烈抨擊的英國社會學家之一，並且他也藉此批判提出一個完全不同於帕森斯的理論觀點。他在 1956 年發表（且後來相當知名）的文章〈《社會系統》評注〉（"Some Remarks on 'The Social System'"），強烈反對帕森斯的著作對於規範的過度強調，也反對帕森斯將物質方面的生活機會和非規範的利益排擠到理論的邊緣位置。洛克伍德認為，我們應該對規範和物質利益要有同等的對待；對待帕森斯的社會化命題，與對待馬克思關於（被某特定群體）剝削與因剝削而來的社會衝突，也應同等對待。於此，洛克伍德絕非不加質疑地運用馬克思的範疇。相反地，如同本迪克斯一樣，洛克伍德也反對馬克思。洛克伍德認為社會衝突不是只由經濟結構導致的。他以欽茲（Otto Hintze, 1861-1940）的歷史研究和韋伯的統治社會學理論為基礎，指出軍事的與政治的權力衝突也是需要重視的，而且這種衝突恰恰不能簡化成經濟情況來看。然而，雖然馬克思狹隘地凡事都只從經濟因素來談，但只要對馬克思的觀點加以修正，就可以用馬克思的觀點對帕森斯的分析策略進行決定性的修改調整。簡單來說，洛克伍德強調，帕森斯的理論取徑與源於馬克思的衝突理論取徑，兩者是可以「相輔相成」的。所以他要求將這兩種取徑結合起來，因為社會現實既有規範秩序，也有基於權力的「實際秩序」。在他之後出版的著作，他又刻意回到這一點上來（見：*Solidarity and Schism: "The Problem of Disorder" in Durkheimian and Marxist Sociology*）。但他在 1956 年時就已經提到了：

> 每種社會情境，都是由帕森斯原則上提到的規範秩序，以及由實際秩序或實際基礎所構成的。兩者對於個體來說都是「已然存在的」；兩者都是外部的、具有強制力的社會世界。社會學理論會涉及（或應該要涉及）社會過程和心理過程，且在這兩個過程中，這種雙元意義下的社會結構是人類動機與行動的條件。規範秩序的存在絕非會讓個體真的以對應著規範秩序的方式行動；同樣地，已然存在的實際秩序的存在也不意味著某些類型的行

為必然會出現。（Lockwood, "Some Remarks on the 'Social System'", pp.139-140）

雷克斯是英國另一位知名的衝突理論代表人物。他出生在南非，20 世紀 40 年代到了英國，並且以對倫理衝突的分析而聞名。在《社會學理論的關鍵問題》（*Key Problems of Sociological Theory*）中，雷克斯指責帕森斯的理論發展是相當片面的。雷克斯認為，《社會行動的結構》值得讚賞，「這本書作為社會學思想的分析史是無可比擬的」（*Key Problems of Sociological Theory*, p.96），且基於該書的行動理論觀點，衝突的存在也至少是可以想見的。但帕森斯至少在其結構功能論階段，他的視野就只看得到一種沒有間斷、順利制度化的過程，衝突就僅被視為例外（亦即個體的偏差行為）而已了。

> 因為雖然我們也許可以認同帕森斯的觀點，主張規範要素會滲透進產生自社會系統的單位行動中，可是這絕不意味著社會系統完全就是由這樣的元素所整合起來的。但帕森斯的思想卻似乎一直往這個方向移動。在《社會行動的結構》中是如此，在《社會系統》當中顯然更是如此。（Rex, *Key Problems of Sociological Theory*, p.98）

雷克斯認為（他的說法跟洛克伍德有點像），帕森斯的思想體系到最後變得很理想化，因為帕森斯不再追問，是否穩定秩序和規範模式，其本身也是權力情境的表現；是否對於某些私有財產秩序的正當性的信仰，是一個可以回溯到權力衝突的長期制度化的結果。對此，雷克斯指出，韋伯介紹的正當性概念是「統治的可能基礎之一」，而「非形成自任何一種規範共識」（*Key Problems of Sociological Theory*；著重處為約阿斯和克諾伯所加）。所以他以修辭學的方式和基於批判帕森斯的意圖問道，「用權力平衡來進行分析，或用以權力平衡處理利益衝突來進行分析，是不是會比一開始就假設規範的存在還要好些？」（*Key Problems of Sociological Theory*, p.116）但雷克斯沒有完全否定帕森斯的觀點。他更多的是像洛克伍德，將帕森斯式的「整合理論」和韋伯—馬克思的衝突理論視為互補的，因為社會事物的重要，但也非常不同的各問題領域，只有藉由將兩個理論結合起來，才能夠解決。「任何社會都可能會有財富問題、權力問題、終極價值問題，以及宗教問題。」（ibid, p.222）

但是對帕森斯主義最激進的批判以及對衝突理論最重要的辯護，還是首推德

國社會學家達倫道夫（Ralf Dahrendorf, 1929-2009）。達倫道夫與洛克伍德同年，是德國社會民主黨政治家、反法西斯異議抗爭人士古斯塔夫・達倫道夫（Gustav Dahrendorf）的兒子。由於他不凡的才華，所以在德國社會學界，其職業生涯的發展順遂得令人難以置信。他曾任教於漢堡大學、圖賓根大學、康士坦茨大學。同時他也是一位非常成功的政治評論家，所以也一帆風順地步入政壇。他在 1969 年短暫擔任了聯邦外事處的國務祕書，1970 年成為歐洲經濟共同體議員。他的這條職業之路也促使他走向英國，他 1974-1984 年間擔任倫敦政治經濟學院的院長，最後也在英國被封爵，成為達倫道夫勳爵（這方面的生平，可以參閱：Ralf Dahrendorf, *Über Grenzen. Lebenserinnerungen*）。

達倫道夫的學業大部分是在英國完成的，並且在洛克伍德和雷克斯**之前**就以批判帕森斯的結構功能論而聞名。也許可以說，英國的衝突理論根本上可以追溯到達倫道夫的貢獻。但同時達倫道夫本人也深受英國的社會學傳統的影響，且這也使得他的作品在英語世界比在德國還更受歡迎。達倫道夫的重要論文〈結構與功能：帕森斯與社會學理論的發展〉（"Struktur und Funktion. Talcott Parsons und die Entwicklung der soziologischen Theorie"）發表於 1955 年，這篇文章對洛克伍德與帕森斯的爭辯有決定性的影響。這也難怪，在此之後英國社會學對帕森斯的批判中都可以看到達倫道夫的影子了。關於帕森斯理論的發展過程，達倫道夫認為，帕森斯根本沒有必要從行動理論轉換成**功能論的**秩序理論（讀者可能還記得，我們在第三講已經提到這點批判了）。更何況帕森斯的這個發展還導致他必然錯失了因果分析，功能失調分析也在他的理論當中喪失一席之地，使得帕森斯的理論呈現一派穩定的特徵。但這個時候，達倫道夫還是希望能擴展帕森斯的理論，而不是反駁他（Dahrendorf, "Struktur und Funktion", p.237）。他在 1957 年出版的著作《工業社會中的社會階級與階級衝突》（*Soziale Klassen und Klassenkonflikt in der industriellen Gesellschaft*）也還是保留著這條妥協的軸線。他認為，結構功能論雖然可以分析社會的整合力量，但是缺乏類似的分析工具去解釋和描述**結構改變**的力量（*Soziale Klassen und Klassenkonflikt in der industriellen Gesellschaft*, pp.128f.）。和洛克伍德與雷克斯一樣，達倫道夫也認為可以用馬克思的階級理論來補充帕森斯的取徑，但馬克思的理論必須擺脫「形上學」的束縛／框架，亦即擺脫歷史哲學、人類學，甚至還有政治經濟學的束縛／框架，完全還原到其在社會學方面最有價值的核心──即對於社會衝突的解釋。如此一來，我們才能獲得一種變遷理論，解釋結構改變的力量。達倫道夫認為，如果馬克思的階級理論要有所超越，那麼「關於階級形成的標準，我們不該根據實質私有財產的占有與否，

而是應該根據統治地位的占據比例或是否被排除到統治地位之外來判斷。」（ibid., p.138）就如同本迪克斯和洛克伍德一樣，達倫道夫認為生產工具的控制只是統治的一個特殊情況；統治關係也存在於另外的關係中，而且這不必然需要被簡化到經濟結構那裡去。

> 馬克思相信，權威和權力是產生自實質私有財產部分的要素。但是事實上正相反：權力和統治才是不可簡化的要素，以法律私有財產和共有財產所標示出來的社會關係才是從權力和統治產生的。……財產……絕不是統治的唯一形式，而只是其眾多形態之一。（Dahrendorf, ibid., pp.138-139）

達倫道夫的想法是，權力和統治是社會學根本上的基本概念，其他現象都是從中產生的，社會動力分析也要由此入手。因為，統治之所在，亦是被統治者之所在，而被統治者會反抗任何一種形式的被統治現狀。所以達倫道夫認為，統治之所在，亦是衝突之所在，因為大部分的社會都會有各異的統治團體，也會受到不同的衝突的影響。「理論上來說，在一個社會裡，會有許多的相互競爭的階級，就像社會裡會有各種統治團體一樣。」（ibid., p.195）

藉由這種階級理論，達倫道夫似乎也就擁有了一種可用於**社會變遷理論**的重要工具。他的理論企圖尤其表現在隨後的一篇論文上：〈離開烏托邦的小徑：社會學分析的新方針〉（"Pfade aus Utopia. Zu einer Neuorientierung der soziologischen Analyse"）。雖然達倫道夫沒有想要將他的衝突模型提升到一種「放諸四海皆準」的程度（Dahrendorf, "Pfade aus Utopia", p.262），但他也還是在 1957 年提出了一個明確不同於帕森斯的理論綱要。這個綱要相當簡潔有力，但與雷克斯、洛克伍德、柯塞和本迪克斯都不同。雖然文中和顏悅色地指出，帕森斯的理論方向與衝突理論之間的相互啟發是可能且必要的，但整篇文章還是掩蓋不住一件事，即對達倫道夫來說，衝突理論才是有說服力的取徑，衝突理論才是未來。

> 就我舉目所及，我們在解釋社會學問題時既需要社會的均衡模式，也需要社會的衝突模式。而且從哲學的視角來看，人類社會現實同時有著兩張面孔：一張是穩定、和諧、共識的面孔，另一張是變遷、衝突和強迫的面孔。嚴格來說，這無關乎我們選擇研究問題時是用均衡模式來理解，還是用衝突模式來解釋。不過我有種印象，就是當我們在未來面對我們這個領

域的新發展與上述的批判性思維的時候，我們所需要的不只是專注於具體的問題上，而且也要專注在必須用強迫、衝突和變遷的視角來解釋的問題上。（Dahrendorf, "Pfade aus Utopia", pp.262-263）

　　這也讓我們將在 20 世紀 50、60 年代發展衝突理論取徑的學者們視爲同一派的。但關於我們至此所處理的這些取徑，事實上我們需要注意，這裡並沒有**一個**領導性的學者在「推動」一個朝向衝突理論的運動，也沒有一本權威的著作能夠決定性地，且富有成果地論證出一個新的「範式」。衝突理論中，不存在如功能論的帕森斯、俗民方法論的加芬克爾、象徵互動論的布魯默，也不存在如對新功利主義來說影響甚巨的奧爾森的《集體行動的邏輯》。此外，也不存在一個孕育出衝突理論取徑的統一的傳統。雖然的確如上所述，在古典社會學家韋伯那裡這條軸線與此有關，但是齊美爾所扮演的角色也絕非不重要。此外，衝突理論家也都在討論馬克思，雖然他們有些人是出於明確不同的政治目標，雖然他們都試著將馬克思的觀點與韋伯的觀點結合起來，或是用韋伯的工具來矯正馬克思的錯誤，但是，這些學者到底與馬克思保持了多大的距離，也是眾說紛紜的。在英國，正好有一種始終相對認同馬克思主義的所謂韋伯—馬克思主義，或被稱作左派韋伯主義，對左翼政治來說有高度吸引力。像洛克伍德和雷克斯都算屬於這個模糊的流派。儘管這些理論家大多數都顯然相當仰賴馬克思的思想，衝突理論卻絕非一種左派計畫。例如阿隆（Raymond Aron, 1905-1983），這位我們於此僅稍加提及的法國「二戰」後相當偉大的社會學家，在深受韋伯的影響與身處深受涂爾幹影響的法國討論氛圍下，是最早採納衝突理論立場的人。但他曾在當記者的時候，嚴厲批判當時擁抱馬克思主義的政治潮流，也極力反對當時以沙特（Jean-Paul Sartre）爲核心的法國左翼知識分子。前面我們也指出，達倫道夫與馬克思的明確關聯也相當重要，但他卻顯然不是韋伯—馬克思主義者。達倫道夫是一位社會自由主義者，他談韋伯只是要對馬克思進行**大幅修正**，但是他也不是只談韋伯，而是也部分談到了親義大利法西斯主義的思想家莫斯卡（Gaetano Mosca），或是也談到清醒地望向政治精英統治的巴烈圖。

　　如果我們考慮到所有這些不同理論家的這些差異，那麼我們能說事實上有一個單一的理論嗎？眞的有這麼一個**衝突理論**嗎？答案是「有」，至少在 20 世紀 50、60 年代，在一個所謂 ×× 社會學出現之前是存在的。但我們等一下再來談這件事。首先我們需要先確切指出所有這些理論家的共同之處。我們可以從四點來談。

1. 衝突理論的出發點不是社會秩序問題，而是該如何對人與人，或群體與群體之間的**社會不平等**進行解釋的問題。社會不平等問題當然絕對不是什麼新問題，也有很多知名學者在討論這問題。姑且不論如盧梭（Jean-Jacques Rousseau, 1712-1778）的社會哲學著作，在社會學出現之前也有像恩格斯在 1845 年出版的《英國勞動工人階級狀況》（*Die Lage der arbeitenden Klassen in England*）這種新聞學式的調查。又或者對美國城市不同生活條件的製圖學研究，如 1909-1914 年之間以六卷本形式出版的知名的《匹茲堡調查》（*The Pittsburgh Survey*）。在社會學作爲一個學科出現之時，也不乏對不平等和貧窮進行的分析。然而，眞正讓衝突理論能不同於單純的描述，且使之與馬克思主義有共通之處的，在於衝突理論從**理論層面**來追問不平等的**原因**。藍斯基（Gerhard Lenski, 1924-2015）在其出版於 1966 年的一本討論社會分層的偉大著作《權力與特權：社會分層理論》（*Power and Privilege: A Theory of Social Stratification*）中，試圖結合衝突理論與功能論（但衝突理論的要素明顯占優勢），提出一些在理論層面上很有趣也很精闢的問題：「誰得到了什麼，爲什麼？」如藍斯基和衝突理論家所強調的，社會中的財物分配之所以如此不均，是有理由與原因的。但這原因不是結構功能論所說的那樣。帕森斯也討論過分層和社會不平等，他的命題是，現代工業社會裡不同的工資結構整體來說表現了社會核心價值。醫生有較高的薪資與處於較高的階層，是因爲醫生主掌著「健康」這種被高度評估的價值。衝突理論家恰恰就對他這個命題提出異議，認爲社會不平等、不均等的財物分配，**不能**用社會的規範結構來解釋。

2. 由此我們也可以推導出第二點。衝突理論對藍斯基提的問題的答案是，社會不平等問題最終是一個**統治**的問題。藍斯基的說法是：因爲財物既有身分價值，也有使用價值，且是稀少的，亦即沒有多餘的，因此每個社會裡人們都會爲了財物而鬥爭。由於不同的原因，鬥爭中（總）有人會是贏家、有人會是輸家。統治地位即是在這種鬥爭的情況下應運而生，以確保財物的不平等分配可以持續下去。社會中某些團體會積極想要維持特權，而另一些團體則會反抗。這也回答了藍斯基提出的「誰得到了什麼，爲什麼？」這個問題，雖然這個回答並沒有充足地確立與界定衝突理論的立場。要確立與界定衝突理論的立場，必須透過接下來的兩點才有可能。

3. 當衝突理論家談到**財物**或**資源**，並且指出財物或資源是藉由統治關係所確立

的，然後統治地位的財物或資源會再被利用來進行掠奪時，所謂的財物與資源的意義其實非常寬泛。衝突理論家指責帕森斯因為顯然過度強調規範與價值，所以幾乎都沒有談到物質資源。但馬克思主義者也有過於粗糙而片面的毛病，因為他們都只談到**一種**資源類型，亦即**經濟**資源，也就是擁有生產工具的權利。而衝突理論家則認為，除此之外還有更多「有趣的」資源，人們會為了資源而鬥爭，也會運用資源來鬥爭。而資源的分配則是在統治關係中決定的。衝突理論家尤其指出了**政治**資源（例如擔任公職）的重要性，因為政治資源對社會不平等的形成有極大的影響。還有暴力手段、武器，也都是一些不同於經濟和政治的資源。暴力手段和武器讓統治得以可能，也讓享受特權得以可能。而暴力手段和武器都不能簡化成經濟或政治資源，因為眾所皆知的，在人類歷史中，暴力手段都是不容小覷的，而且在戰爭當中大獲全勝的社會，並不總是在經濟或在政治方面「最進步」的社會。柯林斯（Randall Collins）這位近來衝突論的領軍人物，最後指出了**非物質**資源，如「性紅利」（下文會解釋這個概念），以及由性紅利而來的所謂「情緒能量」。這些資源可以由某些特定的人或團體所占據，以此來繼續支持這些人或團體的統治。讀者在軍事史中應該可以看到，「適當的」敵人形象常常可以強化「同仇敵愾」現象；這時候讀者應該可以理解，「情緒能量」於此可以是一種很有趣的資源。衝突理論家指出了各式各樣的資源，在統治關係裡人們都為了資源你爭我奪，並因此形成了不平等現象。

4. 最後，對於衝突理論家來說，「紛爭」**一直都是**人類歷史的特徵。紛爭來自無處不在的社會鬥爭，這明顯與帕森斯那高度整合的社會圖像形成對比，但也不同於馬克思主義。馬克思主義認為，一旦社會主義的或共產主義的社會形式成功建立起來了，就會有「歷史的終結」和階級鬥爭的終結。但衝突理論家認為這是毫無根據的，因為馬克思主義者只注意到經濟資源，而忽略所有其他類型的資源。衝突理論家認為，就算廢除了擁有生產工具的權利，就算經濟資源被平均分配了，其他紛爭（如性別之間的，管理者與被管理者之間的）也絕不會因此消失了。當然衝突有時候會平靜下來，但不論是在過去還是現在的歷史階段，沒有衝突的時候是極少的。這種「風平浪靜」對衝突理論家來說都只是**暫時的**妥協，**短暫的**休戰，因為衝突各方中沒有特權的那幾方不會一直接受這種不平等的資源與財物分配，衝突總是很快就會迸發的。

基於上述命題，衝突理論內部會對帕森斯式的社會學的核心命題進行重新評估、重新詮釋；大多數社會現象都會被用「現實的」或「冷靜的」視角來看待。衝突

理論與帕森斯的理論之間的對立於此也表露無遺。帕森斯認為社會秩序基於價值之上，但衝突理論認為社會秩序只不過是衝突各方之間短暫的妥協而已，這種秩序任何時候都可以被中止。對帕森斯來說，價值是「最終目的」，只要行動者真心相信它，就不能操控它，更不會質疑它；但從衝突理論的角度，更多的是用嘲諷的眼光來看價值，認為價值更多的是社會不平等的幫凶、意識形態、社會不平等的表象。對帕森斯來說，政治權力表達了國家市民的價值允諾，某些人民代表即是基於此種價值而受託執政；但從衝突理論的角度來看，政治權力不過就是在盡可能維持社會不平等，國家則是鞏固階級結構的手段。至於叛亂、革命、暴力起義，在帕森斯眼裡是有威脅性的例外事件；但在衝突理論家眼裡卻是理所當然的事件，這種事件並不是不理性地爆發出來的，而是為了改變社會不平等結構而理性地進行干預。

• •

這種「現實的」、與帕森斯的理論明顯可以區別開來的理論觀點，激發出了許多研究領域，其足跡在很多「××社會學」當中都可以看到。

1. 首先是教育社會學。因為衝突理論對權力的敏銳度，可以為我們帶來關於教育制度作用方式的新認識和新洞見。這裡尤其讓人想到柯林斯的研究。柯林斯生於 1941 年，比柯塞、本迪克斯、雷克斯、洛克伍德或達倫道夫都還要年輕。他以最清晰和最有建設性的方式推進了衝突理論。柯林斯師從於本迪克斯，1971 年就發表了一篇相當優異的論文〈教育分層的功能理論與衝突理論〉（"Functional and Conflict Theories of Educational Stratification"），論證了在分析教育制度時，衝突理論取徑可以是成果豐碩且具有優勢的。柯林斯指出，在現代工業社會中可以觀察到一種趨勢，即在學校或大學受教的時間越來越長，企業職工的教育程度也越來越高，但功能論式的說明和解釋力對此卻沒有什麼說服力。因為這類的解釋都是基於一個很有問題的假設：（因為科技之故）我們越來越需要教育程度更高的勞動力。但柯林斯指出，從經驗上來看，沒有證據表明工作上的要求變得越來越複雜，也沒有證據表明教育程度較高的勞動力實際上會比教育程度較低的勞動力更有生產力。還有，工作上的技巧、能力大多都不是在學校，而是在工作中學到的。這些都讓「（因為科技之故）我們越來越需要教育程度更高的勞動力」這種說法站不住腳。柯林斯認為，高學歷勞動力不斷

攀升的質與量沒有單一的經濟的或科技的強制因素;換句話說,獲得某些學校成績或大學成績所必須的**知識內涵**,從整個社會來看並沒有關鍵重要性。所以,對於柯林斯來說,這勢必需要另外一種詮釋方式。而且在表面上相當平等的 20 世紀中,工作上的成功實際上還是跟社會出身密切相關。柯林斯聲稱,教育提升趨勢的原因很簡單:**身分團體為了**社會利益和經濟利益而鬥爭,或是為了維持身分地位**而鬥爭**。柯林斯的意思是,學生在學校首先學的是「語彙和腔調、穿著風格、美學品味、價值與舉止」(“Functional and Conflict Theories”, p.1010)。不同風格的學校,會有不同的聲望和不同的資金支助(這尤其是美國學校系統的特色),授課對象也是不同的身分團體,因為不是所有家長都有機會將孩子送到高層次、有聲望的學習機構裡去。如此一來,社會中本來就有的階層結構就被再生產了,而企業主也會偏好僱用處於較高階層的人。「(1) 學校所提供的,要麼是訓練精英文化,要麼是維護精英文化;(2) 老板也是用教育來當作選擇文化屬性的工具。」(ibid., p.1011)不過至此,柯林斯只解釋了為什麼社會不平等無法透過教育建設而有根本性的降低。但又是為什麼──這也是功能論的教育社會學一開始所要問的──人們的教育水準不斷提升了呢?柯林斯的回答是:底層階級的人努力想透過更好的學業來獲得更高的身分地位,亦即藉助教育來在社會中力爭上游;但中高階層的人也會再藉由提升他們自己本來的教育水準,來回擊底層階級,拉開與底層階級的距離。

> 由規模最大、最有聲望的組織所領導的雇主們,會提升他們的教育要求,以此既維持他們自己的管理階層,也維持中間階層的相對聲望。
> (“Functional and Conflict Theories”, p.1015)

於是,底層階級想透過教育來向上流動的作法,僅提升了整個社會的資格水平,但對於階層結構卻沒有造成根本的改變,也沒有將社會出身與工作成就之間的關係脫離開來。柯林斯在其著作《文憑社會:教育與分層的歷史社會學》(*The Credential Society: A Historical Sociology of Education and Stratification*)中繼續專門討論這件事,並且從歷史層面提出了更好的基礎。值得一提的是,這本出版於 1979 年的著作,還有上述的早期論文中,柯林斯的命題和我們在之後有一講會介紹的法國社會學家布赫迪厄(Pierre Bourdieu)的理論很相似。布赫迪厄也指出,文化財物(例如學歷或學校知識)會被用來與其他想力爭上游的階層劃分開來,以此達到──用布赫迪厄的話來說──「區隔」的目的。

2. 衝突理論的觀點在**專業社會學**的研究領域也造就了豐碩的成果。專業人士是帕森斯很感興趣的一類研究對象。帕森斯之所以討論這個群體（見本書第三講），是爲了論證：現代社會的發展絕不意味著規範越來越不重要。甚至在一些表面上由目的理性考慮所支配的市場現象，在所謂澈底理性化的資本主義當中，也還是存在著很重要的根基與職業分支，這些根基和職業分支的職業行爲還是會強烈受到規範的調整，不會完全受市場邏輯的擺布。所以帕森斯，以及專業社會學中依照帕森斯的方向來進行研究的學者，在描述與分析專業時，都特別會注意身分倫理現象，甚至將這種倫理解釋爲一種定義專業的核心要素。受衝突理論影響的所謂專業社會學的芝加哥學派，則批評所謂的哈佛學派，說哈佛學派只注意到某些職業團體的官方意識形態。衝突理論家認爲，帕森斯強調的、由職業代表人自己強調的身分倫理，不是單純表現某些價值態度的榮譽而已，而是將之視爲一種有用的意識形態工具，確保職業在公眾當中的地位，並維持其特權（讀者們在這可以比較我們前面談象徵互動論的那一講）。與此有關的重要著作，是拉爾森（Mafali Sarfatti Larson）的《專業主義的興起：社會學分析》（*The Rise of Professionalism: A Sociological Analysis*）。該書指出，專業人士，如醫生，常常會運用他們所謂的確切的知識和能力，建立起一個「唯一的」職業群體，並以此壟斷市場，排除競爭對手（如理療家、女巫、接生婆等等）。他們也常常會用專業語言來剝奪病人的權利，提升醫療專業人士的權利。最後，這也是爲什麼某些學術性的職業（如醫生、律師），會要求建立能享有特權的完整專業制度，而其他像是工程師等職業卻無法享受如此殊榮。

3. **偏差行爲社會學**也明顯受到衝突理論的觀點的啟發，這兩者的親近性也部分受到象徵互動論與俗民方法論的影響。本書第六講提到的標籤理論，就吸收了衝突理論的觀點，並指出，**由權力所支持的**、由利益所引導的定義過程，爲什麼會讓某些不法行爲和某些肇事者被貼上違法和罪犯的標籤，而另外一些不法行爲和肇事者卻不會被貼上同樣的標籤。衝突理論家比詮釋取徑的學者更強調權力面向。

4. 衝突理論觀點對一個與新功利主義有關的領域也有影響，即**社會運動**研究裡的資源動員理論。資源動員理論基於理性主義的態度，認爲社會運動會等待一個有利的政治機會結構，並且動員參與者會盡可能降低成本，把握較高的獲勝機會。除了個人之外，團體或階級也會計算成本與獲利。這裡也暗含了衝突理論關於統治者與被統

治者之間、掌權者與被排除在權力之外的人之間永恆的權力鬥爭的觀點。所以也難怪，某些運動研究者將新功利主義和衝突理論的思想緊密結合起來。我們在第五講提到的麥卡錫和薩爾德，以及著名的歷史社會學家蒂利（Charles Tilly, 1929-2008），就明確指出了兩種思想的密切關聯（他們的一些研究，可以參閱本書後面所列的參考文獻）。

　　5. 性別關係社會學，我們在第十七講會仔細討論。這個領域也透過衝突理論的論點而變得更加豐富。首先認真看待這個領域的**男性**社會學家之一，就是我們在前面提到很多次的柯林斯。在他的一本系統性地概述衝突社會學的著作《衝突社會學》（*Conflict Sociology*）（出版於 1975 年）中，他認為性別關係對社會變遷過程來說非常重要，也用了一個相對新的視角來將男性和女性之間的不平等加以理論化。柯林斯用非常冷酷、冷靜的語言，將家庭描寫成一個極為平常的統治結構。在這個結構裡，無情的權力關係和支配關係維持著等級制度。即便家庭形式再怎麼轉換，今天也依然如此。柯林斯認為，人類過去和現在都會想要施用暴力，展現武力，盡情縱慾。但這種能力會因為不同的性別而不同。男性在生理上的強勢地位和女性因為生物學方面的原因（例如懷孕期間）的脆弱性，使得從歷史的角度看女性是處於被男性剝削的地位，且在男性相互間的權力鬥爭中成為獲勝者的獎品。總的來看，家庭就是這種鬥爭的產物。家庭組織是穩定的性財產占有形式，雖然這種形式在不同的文化和社會中有很大的差異。性統治與性支配還不只如此。在這種統治結構中，財產關係也有一席之地，意識形態也扮演了一個特別的角色，這都可以用來解釋性別關係在歷史上的易變性。

> 　　家庭組織是一種穩定的性財產占有形式，它會受到暴力使用條件的影響。政治組織是暴力組織，所以政治組織是一個主要的背景變數。當政治情況限制個人暴力、支持特殊的經濟情境，那麼會為男性和女性帶來好處的經濟資源就會改變兩性的權力平衡，且會因而改變兩性的行為模式。
>
> （Collins, *Conflict Sociology*, p.230）

　　但是柯林斯認為，在與性有關的行動中也包含著脅迫與暴力的時刻，這也是男女之間的社會分工的根本基礎，所以性別分工對於生理方面較為弱勢的性別是不利的。這也難怪，女性主義者對柯林斯提出的基本概念都相當心有戚戚焉。帕森斯的社

會學，將男性的行動視爲工具性的，將女性的行動視爲情感表現性的；帕森斯的這種看法，是美國戰後小家庭形式的黃金時代的寫照。在功能論的以及被認爲是父權體制的觀點中，家庭都被認爲滿足了「人類對於愛的需求」，而女性在家庭和社會中之所以扮演次等角色不過是因爲功能需求所致。但柯林斯的理論完全不與這種帕森斯式的功能論觀點爲伍。不過柯林斯也不滿馬克思主義的傳統「論斷」，因爲馬克思主義傳統一談到兩性關係，都馬上將之簡化成財產關係，兩性之間的問題或兩性之間的支配關係在理論層面都是被邊緣化的。柯林斯的觀念讓傳統的關於「性別分工」的理論得以被修改，並且得以用特殊的衝突理論形式加以補充。〔可以參閱柯林斯和女性主義社會學家查菲茲（Janet Saltzman Chafetz）等人合寫的文章：Collins et al., "Toward an Integrated Theory of Gender Stratification"〕

●●

雖然，毫無爭議地，衝突理論的觀點爲不少經驗研究領域帶來了豐碩的成果，但這些成果最終並沒有像達倫道夫和雷克斯等理論家在 20 世紀 60 年代時所期盼的那樣，眞的帶來了什麼重大突破。之所以如此，有一部分原因出於理論內在的困難，亦即這派理論的根源太模糊了，沒有辦法建立持續的穩定性。但最終的原因在於，在對現代社會過程進行分析時，越來越難明確指出一個**核心的**衝突模式。

我們先來看一個理論方面的困難，這也是對我們這本書來說直接相關的問題：相比於帕森斯的理論，衝突理論是否毫無疑問地推動了理論的進步。我們可以看到兩個彼此部分有關聯的面向。**第一**，衝突理論的觀點乍看之下特別貼近現實、「切合實際」；而且宣稱衝突無所不在，強調社會平靜時期只是團體之間、階級之間的無盡的鬥爭的暫時休戰狀態，這種作法與帕森斯截然不同。但人們當然也可以質疑，這麼強調衝突，會不會也太過了些，會不會因此不恰當地對衝突理論**所援引的學者**的其他核心觀點視若無睹。例如齊美爾就提過，爭執或衝突如何在長時間的過程當中產生改變，以及這種改變如何也改變了衝突的參與者。爭執的結束，不只是暫時的、當事人或多或少「不太樂見」的休戰狀態，而是也可能最初的衝突爭端在學習過程中慢慢消失了，大家體驗到各退一步是有價值、有意義的。

但這麼說並不是要重提馬克思所希望的歷史的終結、衝突的終結，而是想指出，雖然衝突總是不斷會出現，但爭執的結構是可以改變的。齊美爾已認識到這件事。追隨齊美爾的柯塞也談到，衝突「淨化了空氣」。不過 20 世紀 60 年代的一些極

端的衝突理論家，例如達倫道夫，很快就遺忘了這個看法。他們沒有繼續探究衝突轉變的可能性，即便就連韋伯對此也有一些非常重要的說法。韋伯最終認識到，衝突的和解如果被系統性地「勸服」過，並且發展出科層化、法制化的趨勢，那麼和解是可以發展出一套自身的形式的。西方世界的歷史，在 19、20 世紀時，曾爆發過激烈的勞動衝突，以及為爭取市民權的衝突，為爭取女性在婚姻與社會裡平等、平權的衝突。這些都掀起多個階段的暴力衝突。但這些衝突隨著時間變遷，都漸漸獲得了立法改善，並且某種程度上都平靜下來了。而且這些經由法律手段而來的和解，不是易變、不穩定的。這不只是因為法律本身是穩定的，多半很難改變，或很慢才能改變，而且也因為當和解以立法的方式來進行時，時常必須獲得廣大民眾——包括原本的衝突雙方——的同意，而廣大民眾也會因為都同意以制定法律條文的方式來進行和解，因此具有了相同的價值觀而維繫在一起。如此一來，我們很難想像衝突還會再以舊的形式爆發出來。我們在這裡也可以看到，社會衝突的核心產生了轉變——不過與此同時，也出現了一種社會發展趨勢（如「立法改善」），是必須透過爆發衝突才能進一步形成的。

　　讀者可以用源遠流長的女性運動抗爭史作為例子。當然，讀者可以發現在現代西方社會裡直到今天都還有各種形式的性別歧視，可以輕鬆指出將女性平等視為眼中釘的男性「沙文主義」。但是我們要知道，廣大民眾（包括許多男性）都會認為性別平等是一個理所當然，且極有價值的觀念，而且嚴格來說我們很難想像，在社會層面或政治層面這種觀念會產生倒退，即女性的法律地位再次倒退到 18 世紀的情況。雖然家庭在歷史演變過程中的性別暴力被柯林斯凸顯、強調，而且柯林斯的說法是可被接受的；雖然我們同意，兩性之間包含了暴力面向——但我們並沒有必要因此得出結論，認為暴力是決定家庭或社會中性別分工形式的**那個最重要的**或**最終的**因素。柯林斯自己就承認，「意識形態」也會影響性別關係。如果我們不用含有貶義性質的「意識形態」這個說法，而是改用「基於價值而聯繫在一起」這個說法，那麼我們還可以看到，衝突——包含性別之間的衝突——不是自然而然就存在的，也不是透過意識形態而一下子就出現的。儘管性別衝突的某些面向也許會以某種形式持續下去，但衝突雙方——男性和女性——還是可以建立法律上的妥協形式，讓日子依然「過得去」，因為人們發現法律規定還尚可獲得普遍的認可。

　　這也帶出衝突理論面臨的**第二個**難題，即在理論層面過度強調行動者的理性，以致犯了和新功利主義和理性選擇理論很類似的毛病。我們在提到運用衝突理論的觀點帶來豐碩成果的各研究領域時，曾指出過，衝突理論和新功利主義或理性選擇理論有

時候有某種共生性。例如社會運動社會學領域裡，衝突理論和資源動員理論就有某種共生性。事實上，這種共生現象並非偶然，因為這兩個理論方向對價值和規範都抱持著懷疑態度，都認為價值和規範不過掩飾了「利益」這件事。這兩個理論都將政治組織和單位詮釋為一種粗鄙的統治結構，將國家和法律詮釋為確保權力的手段，也總是從啟蒙哲學的角度，將文化詮釋為意識形態、操控手段。就像宗教發明出「神父」這種神職，把民眾騙得乖巧順從，還詐取民眾的錢一樣，法律、價值、規範、國家正當性的話語等等，都是永恆的權力鬥爭中，某些團體精心建構出來的東西。但從經驗上來看，這兩個理論的所有這些論點都既沒有說服力，也並不準確。因為這些都**高估**了人類的目的理性行動的可能性（人類的行動，只有極少數情況才會像衝突理論家或新功利主義者所說的那樣，如此以策略性和功利的導向），且**低估**了觀念和文化模式的自身動力。觀念和文化不是那麼容易就可以被操控的，也不能簡單詮釋為前人企圖操控而來的結果。

●●

衝突理論就是因為面臨了上述難題，因此沒辦法如同其擁護者最初所希望的那樣，真的帶來了什麼突破。上述提到的第二點難題，尤其扮演了一個不能被低估，甚至是非常重要的角色。我們已經提到過，衝突理論並沒有一個核心的創立學者，也沒有一個權威的文獻，所以我們很難毫無疑問地說衝突理論家建立起了一個統一的範式。再加上衝突理論中各學者的**政治**立場並不是一致的，所以我們不能說（雖然很多人常常這麼說）衝突理論是一種從帕森斯主義移向左派立場的理論。如果對衝突理論進行簡化的政治立場歸類，很容易把試圖用衝突理論來和帕森斯割裂開來的各種不同理論動機全都搞混在一起。「無盡地為權力而鬥爭」這個命題，也可以被用來為無道德、不道德、弱肉強食等行為進行馬基雅維利式的辯護。正是因為衝突理論在政治方面的差異，使得這個理論很難建立起一個持續的、統一的理論方向，也很難保持這個理論最初的形態。所以也難怪，柯塞、本迪克斯、雷克斯、洛克伍德和達倫道夫，很少有「志同道合」的後繼者。事實上，自從 1970 年以來，很少再有青年社會學家會將衝突理論當作**一個獨立的理論取徑**來擁護。柯林斯幾乎是唯一一位認真嘗試這麼做的人，如我們上述提到過的他在 1975 年出版的《衝突社會學》所嘗試的那樣。柯林斯從那時候就開始著述不輟，直到今天都還令人印象深刻地持續進行各類既深且廣的

研究。在他的研究中衝突理論的論證模式也一直不斷出現，包括他最近出版的《哲學的社會學：全球的知識變遷理論》（*The Sociology of Philosophies: A Global Theory of Intellectual Change*）。人們完全可以說，衝突理論的「聖火」已經實際上傳遞給下一代了。然而，儘管如此，不可諱言的是，柯林斯也離開了衝突理論最初非常清楚的軸線。而且在他的理論中，也嵌入了如高夫曼等學者的理論要素，而高夫曼等學者的理論要素幾乎不能說是**衝突**理論的基本思想。所以，不論對於柯林斯來說，還是對於整個衝突理論來說，「在社會學裡，一個清楚、明確的衝突取徑，已經不再存在了。」（J. H. Turner, *The Structure of Sociological Theory*, p.162）

清楚、明確的衝突取徑的「停滯」，最終也跟社會變化有關。由於社會的變化，因此我們已經越來越難沿著一條有清楚結構的衝突軸線來描繪社會變遷，也越來越難有一個能用以進行衝突理論思考的基礎。這些原本都是達倫道夫的關懷與研究的軸線與基礎。他在 20 世紀 50 年代中期刻意聲稱，階級衝突是沿著統治結構而發展出來的。統治組織之所在，即階級與階級衝突之所在。但十多年後，他出版了《衝突與自由》（*Konflikt und Freiheit*），在其中就對衝突理論的適用領域提出了懷疑。達倫道夫在書中承認，他最初的理論說法只適用某些衝突，即**在**一個統治組織**中**的衝突，但不適用於倫理方面的和國際層面的爭執（*Konflikt und Freiheit*, pp.15ff.）。他也坦承，就算是大幅修正衝突理論式的階級理論，這個理論也幾乎不再能掌握當代社會的社會變遷了。因為社會領域已經變得模糊了，我們很難一眼望盡不同的集體或個體行動者如何基於各自非常不同的利益而形成行動。達倫道夫賴以建立他的衝突理論的那個原初的、教條式的階級理論，已經不適用於開闢一個真正的新觀點了。

> 現代世界的許多政黨並非利益團體，並非從基於共同利益的初級團體和權力地位形成出來的。這些政黨是政治事件的合成物，它們的社會基礎越來越成問題。換句話說，政治衝突的黨派與方案似乎已不再直接基於社會利益結構之上。利益彷彿消失，或被滿足了，不再出現在團體抗爭的競技場上。對於稍前的政治發展時期來說，我們用一種更一般性的理論來取代馬克思的理論，也就夠了。這裡所謂的更一般性的理論，乃基於權力結構而非財產結構，旨在解釋而非假設社會變遷的規律與方向。但今天這種更一般性的理論也已經不足了。新的階級衝突理論也必須再被取代掉，才能解釋我們在這世界上可以觀察到的圍繞著我們的東西是什麼。（Dahrendorf, *Konflikt und Freiheit*, p.85）

這也難怪，「純粹的」衝突理論（如果有的話）頂多只存在於一個我們到目前為止還沒有提到（但在第十三講會多作一些討論）的領域，即歷史社會學。衝突理論的理論工具，似乎特別適合分析**前現代**社會的宏觀過程，或至少是 20 世紀**之前**的社會的宏觀過程。這尤其是因為，在這段時期，我們需要關注的行動者或團體的數量是有限的，對每個統治地位的利益的歸因也相對簡單，所以權力概念與衝突概念似乎對整理歷史過程來說有特別的潛力（J. H. Turner, *The Structure of Sociological Theory*, p.211）。關於基於國王與貴族之間，或國家與國家之間的爭執而推動的國家形成過程，關於階級形成過程，亦即關於農夫或勞工形成有行動能力的集體行動者而有分量地站在政治舞臺上的過程，以及關於某些團體為了參與政治權力而進行鬥爭的民主化過程——這些，衝突理論都可以很成功地加以分析。歐洲和北美的現代社會的形成歷史，**是充滿暴力的**；而衝突理論尤其對此提供了新的洞見。而這個面向是帕森斯的變遷理論和演化理論幾乎沒有討論到的。所以人們可以說，衝突理論在 20 世紀 50 年代和 60 年代「移居到」歷史社會學那裡去了，而且歷史社會學從 20 世紀 70 年代末在英美學界非常蓬勃。

⋯⋯⋯⋯⋯⋯⋯⋯⋯⋯⋯⋯⋯⋯⋯⋯⋯⋯⋯⋯⋯⋯⋯⋯⋯⋯⋯⋯⋯

不過總體來看，衝突理論與前面幾講提到的理論並非真的**截然不同**；以此而言，它也算不上一個**獨立的**理論流派。20 世紀 70 年代，衝突理論已經過了高峰期。那時候，社會理論開始著手處理一個議題，這個議題不論對衝突理論，還是對於帕森斯學派來說，都是一個難解的問題，即權力與文化之間的不明關係。人們在批評衝突理論的時候發現，在對衝突過程進行分析的時候，除了關注「權力」這個角色之外，也必須認真關注「文化」這個角色。「如何適當地將文化與權力綜合起來」這個問題，也成為一個很重要的動機，引發了社會學界兩方的理論辯論：一方是帕森斯與詮釋範式的代表人物，另一方是衝突理論家。這個辯論也推動了理論發展。到了 20 世紀 70 年代末期，開始了一波嘗試進行理論綜合的偉大時代。有一些非常出色的社會學代表人物，致力於保留當時值得保留的理論取徑，並將其整合為一個新的綜合理論。哈伯馬斯（Jürgen Habermas）的作品，很快就在這波討論中進入核心位置。在接下來的兩講，我們就來介紹他。

第九講

哈伯馬斯與批判理論

　　如果人們要描述 20 世紀 60 年代中期的國際社會學發展的話，那麼就不能不提到當時的一個情況，即理論生產中心出現了明顯的轉移。如果現代社會學理論的開端，與「帕森斯」這個美國社會學家的名字是分不開的，如果新功利主義、俗民方法論、象徵互動論以及（極其有限範圍內的）衝突理論等這些互相爭鳴的理論取徑，都興起自美國、深受美國背景的影響，那麼在這之後，社會學的理論工作就開始相當驚人地大幅「歐洲化」了。很矛盾的是，之所以會出現這樣的改變，與美國社會學的高度專業化有關。與歐洲相比，美國的社會學很快就建立成一個獨立且特色鮮明的大學科系。而這帶來的後果是，美國在帕森斯的霸權之後形成的理論多樣性，也比歐洲還要早、還要強烈地受到質疑。很多美國社會學家認為這種多樣性意味著零碎散亂，容易變成政治的附庸，並且會威脅「社會學」這門學科好不容易才得到的專業地位。所以人們覺得應該把握好**現有的**、似乎「已經受過考驗」的理論方向（尤其是帕森斯主義和理性選擇理論），然後該做的就只是再進一步細緻化這些理論，或是頂多微調一下就好，或者人們乾脆避開宏大理論，僅僅專注在經驗研究上。簡單來說，理論工作不斷被邊緣化。在美國的背景下，學科的高度專業化和專門化，更加重理論工作的邊緣化，因為社會學如果要專業化和專門化，就必須和其他人文學科明確區分開來，不能老是在從事一些很像是別的學科──尤其是哲學──在做的事。

　　但在歐洲，社會學和哲學之間的區隔一直都不那麼鮮明。這顯然因此讓歐洲的社會學家對理論問題始終保持著強烈的興趣，並讓他們在這時候適時填補上了他們美國同行留下的理論缺口。同時他們──如上一講最後強調的──隨即提出了一個非常迫切的問題：我們是不是可以透過**理論綜合**工作，來將這麼多樣的理論加以去蕪存菁？

　　哈伯馬斯屬於那種自然而然地就將哲學和社會學結合起來的學者。也許正是因為如此，所以他很快就很敏銳地注意到「新的理論綜合是否必要」與「新的理論綜合是

否可能實現」的問題。哈伯馬斯在 1981 年出版的扛鼎之作《溝通行動理論》，就是在嘗試綜合各理論。這本著作也讓他在**國際上聲**名大噪，讓他在全世界，甚至是在學術圈之外，都因被視作 20 世紀最偉大的思想家而備受敬重。不過哈伯馬斯的思想發展可一點都不簡單，所以我們在這一講先來簡短地討論一下他的生平以及他早期的著作，下一講再來介紹剛剛提到的那部扛鼎之作。首先來談一些哈伯馬斯賴以發展出他的理論概念的基本思想。

●●●

　　哈伯馬斯和洛克伍德、達倫道夫同年，都生於 1929 年，並且在一個信仰新教的資產階級家庭中長大（不過他的家庭卻是位於天主教非常興盛的萊茵區）。他的童年與青少年都被籠罩在納粹的統治之下。哈伯馬斯後來不諱言地承認，他那時候加入過希特勒青年團，並且完全相信了納粹政府的理念。第三帝國的覆滅對他來說是一個很重要的人生轉捩點。納粹政府規模龐大而難以置信的暴行，以及他年輕時竟然輕信了納粹政府的理念，這兩件事都給他往後的人生帶來了極大的震撼。若不考慮這些事，就無法恰當地了解哈伯馬斯的學術與著述工作。因為我們在讀他許多重要的論述時，都要將其看作他在對這一段德國歷史黑暗期進行討論（因為無論如何都需要討論），以及看作是在對抗這類極權（不論是左派極權還是右派極權）理念的誘惑。

　　哈伯馬斯最重要的學術導師，亦是他的博士指導教授，羅特哈克（Erich Rothacker, 1888-1965），是相當典型的哲學人類學和德國精神科學傳統的代表。從他的博士指導教授的背景，以及哈伯馬斯的博士論文〔這篇論文主要在討論浪漫主義觀念論哲學家謝林（Friedrich Wilhelm Joseph Schelling, 1775-1854）〕來看，哈伯馬斯最初的出身不是社會學，而是哲學。但在 20 世紀 50 年代早期，他也針對政治問題和社會政治問題出版了一些非常成功的著作，同時他亦在一些學術期刊和日報與週報上發表文章〔可參閱 1971 年再版的文集《哲學與政治學側寫》（*Philosophisch-politische Profile*）當中的一些論文〕。這表明了，對他來說光有哲學是不夠的，所以他還想關聯上其他的學科。因此他在 20 世紀 50 年代中期，就順理成章地跑去著名的法蘭克福大學社會研究所，擔任學術助理工作。法蘭克福大學社會研究所是 1923 年受到捐款資助而成立的研究機構，以跨領域的馬克思主義（亦即沒有黨派關係的那種馬克思主義）為研究導向。在納粹時期曾遷離德國，但二戰結束之後，當時研究所成員霍克海

默（Max Horkheimer, 1895-1973）和阿多諾（Theodor W. Adorno, 1903-1969）從美國返回德國，便將此研究所在德國又重建起來了。

　　1961 年，哈伯馬斯雖然還沒有取得教授資格，但已受聘為海德堡大學哲學教授，在那裡任教至 1964 年。在海德堡任教的時候，他正在撰寫教授資格論文。但對他的人生來說頗為戲劇性的是，他的教授資格論文指導者並不是法蘭克福大學的學者，而是馬堡大學的政治學家阿本德羅特（Wolfgang Abendroth, 1906-1985），一位在當時的聯邦德國相當有名望的馬克思主義者。哈伯馬斯並不是完全「自願地」**掛在**馬堡大學下撰寫教授資格論文的，他原本是掛在法蘭克福大學社會研究所下進行教授資格研究的。但霍克海默不喜歡他，對他有或多或少的刁難，因為霍克海默認為哈伯馬斯太過左派、太過認同馬克思主義，但霍克海默當時希望能將社會研究所與這個研究所最初的馬克思主義根源切割開來。不過，哈伯馬斯卻在 1964 年，霍克海默因年齡原因卸下教授工作之後，回到了法蘭克福，同時也接任了霍克海默在法蘭克福大學的哲學與社會學教席（關於哈伯馬斯的生平細節，以及早期的工作，可以參閱：Rolf Wiggerhaus, *Die Frankfurter Schule*, pp.597ff.）。

　　1971 年，哈伯馬斯離開法蘭克福大學，因為他反對、厭惡當時越來越極端化的學生運動，他指責這個學生運動是「左派法西斯」（哈伯馬斯的這項指責相當有名）。他後來到施塔恩貝格（Starnberg），在較為清靜的（至少那個地方的環境較為清靜，民眾也平和得多）馬克斯普朗克研究院，擔任「科學技術世界中的生活條件」研究項目的領導崗位；那時還有另外一位共同主持人韋茲塞克（Carl Friedrich von Weizsäcker, 1912-2007）。他在那裡撰寫了代表作《溝通行動理論》，1983 年返回法蘭克福大學（但就只接掌哲學教席）。哈伯馬斯於 1994 年退休。不過雖然退休了，卻絲毫不影響他一如既往的論文發表產量，他也依然經常在美國各大學客座任教。

　　在德國，哈伯馬斯除了他不朽的**學術**事業之外，他在**公眾生活**中也扮演著重要角色，對許多科學和政治方面的辯論有很大的影響力。20 世紀 60 年代德國社會學界的實證主義之爭，他是其中很重要的參與者之一（這一講稍後也會提到這場辯論）。20 世紀 70 年代他與魯曼的辯論，也在社會學界轟動一時。20 世紀 80 年代初，在當時極為激烈的所謂歷史學家之爭當中，他認為有一部分的德國歷史學家企圖事後為民族社會主義脫罪，他警告這種作法是相當危險的；在這場爭論當中他極具影響力。在同一時間，他也對生命倫理與基因科技的辯論有很大的影響。

　　哈伯馬斯的個人生平就介紹到這裡。當然，我們還沒有交代哈伯馬斯的思想基於哪些知識傳統，以及他在《溝通行動理論》當中進行的理論綜合工作，有哪些淵源。

我們認爲，哈伯馬斯的思想，有三個很重要的知識傳統背景。

1. 哈伯馬斯的思想淵源，首先毋庸置疑的是馬克思主義。值得注意的是，在 20 世紀 60 年代初期學生暴動**之前**，學術界一般不太會積極地關聯上馬克思主義。這裡所謂的「積極地關聯上」，是說哈伯馬斯討論馬克思著作的方式，和大部分的衝突理論家（尤其是達倫道夫）完全不一樣。達倫道夫討論馬克思的著作，只對以階級鬥爭爲核心命題的社會變遷理論感興趣，而將馬克思思想的其他要素視作形上學的，非社會學的，所以也完全不具有社會學性質的空想，並棄置不理（他認爲馬克思在經濟學方面的剩餘價值學說是錯誤的，也認爲馬克思早期著作的哲學人類學內涵沒有用）。哈伯馬斯不同，他從根本上更全盤地看待馬克思的著作，如同他在 1957 年出版的〈關於馬克思與馬克思主義的哲學討論文獻報告〉（"Literaturbericht zur philosophischen Diskussion um Marx und den Marxismus"），以及 1960 年發表的論文〈哲學與科學之間：批判的馬克思主義〉（"Zwischen Philosophie und Wissenschaft. Marxismus als Kritik"）當中所指出的那樣。他以極高的敏銳度和極爲淵博的知識，承接了國際上對馬克思著作核心問題的各式各樣的討論，並且非常認眞地處理所有這些討論。與達倫道夫不同，哈伯馬斯無意用馬克思思想中所謂的社會學核心要素，來反對馬克思的哲學空想。相反地，哈伯馬斯認爲，人們可以發現在馬克思主義中，科學論點與哲學規範論點是相互交錯的，以及（科學）理論和充分發揮人類潛能的、改變了社會的實踐之間也是相互交錯的；而這正是馬克思整個思想體系中最吸引人的地方。因爲透過將這些相互交錯的論點結合起來，人們就可以對現有的社會關係進行有效的批判，並且同時還可以超越現有的社會關係。關於達倫道夫，哈伯馬斯是這麼說的（雖然這段話不太好懂）：

> 社會學最近關於馬克思的討論，都將科學要素與非科學要素區分開來……這種作法將理論模型的形式建構在對象化的抽象層次之上；但這卻恰恰是馬克思覺得有疑慮的作法。因爲這種作法將社會關係圈限在與歷史無關的永恆自然法則當中，然後藉此將資產階級關係偷偷轉化成顚撲不破的社會自然法則。（Habermas, "Literaturbericht zur philosophischen Diskussion um Marx und den Marxismus", pp.415-416）

這段話的意思是說，將馬克思著作當中的哲學要素剝除開來，會把「衝突無所不

在」的這個命題上升成一種自然法則。這會讓我們無法設想出突破、超越這種情況的方法，馬克思著作當中原本的批判潛力也被犧牲掉了。因為在以這種方式運用馬克思理論的（衝突）社會學的描述下，社會現實就只有一種樣貌，而完全沒有想到社會現實可以是**另外一種**樣貌。

哈伯馬斯之所以反對達倫道夫和其他的衝突理論家，是因為想拯救馬克思理論中關於「解放」的要素（「解放」是當時很流行的詞彙）。但他這麼做，絕不是要不加批判地全盤接受馬克思，也不是天真地想加入某個流派，一起爭論誰對馬克思的闡述才是「正確的」（這種爭執已經吵了幾十年了）。哈伯馬斯從一開始便有一條清楚的軸線，就是反對當時兩種不同類型，但同樣相當具有影響力的對於馬克思的詮釋，並且試著與這兩種詮釋劃清界限。

(1)哈伯馬斯毫不懷疑地認為，最初由史達林認可的「馬克思主義－列寧主義」的學說，以及史達林和後史達林時期的蘇維埃政治模式，是一種毫無前途的哲學計畫、失敗的政治計畫。

> 俄國革命和蘇維埃體系的建立，最後帶來了**那樣的**事實。馬克思主義的系統性討論，以及關於馬克思主義的系統性討論，大部分都被那樣的事實給阻絕掉了。這場由脆弱的無產階級發起的、由小資產階級與前資產階級的農民群眾所擔綱的反封建運動，這場在受過列寧主義訓練的職業革命家的率領下於 10 月 17 號肅清了議會與蘇維埃雙重統治的運動，並不是直接有什麼社會主義的目標。這場運動建立了幹部與骨幹統治，而史達林就是在這種統治基礎上，10 年後，藉著農業的集體化，以官僚制的方式由上至下進行了社會主義革命。（Habermas, "Zwischen Philosophie und Wissenschaft", pp.229-230）

哈伯馬斯顯然很鄙視這種採用馬克思思想的方式，也不喜歡這些共產主義政黨骨幹帶來的政治後果。

(2)但這不意味著哈伯馬斯就同意 20 世紀 50 年代某些東歐異議分子對馬克思的詮釋方式。這些人的理論基礎，是馬克思那深受人本主義影響的**哲學性質的早期著作**（這一講稍後會對此再多說一點）。哈伯馬斯認為，這些人的工作，有著與衝突理論的馬克思詮釋方式完全相反的缺陷。因為，如果馬克思主義不能被視作純社會學或純科學，那麼它也不應被視作純哲學（"Literaturbericht zur philosophischen Diskussion um Marx und den Marxismus", pp.396f.）。哈伯馬斯認為，如果缺乏相應的政治學和經濟學分析，那麼光有哲學，亦即沒有實踐政治行動引導的**單純**哲學，是沒有用的。所以人們不能夠對馬克思著作當中的政治社會學面向置之不理。

當然，馬克思主義的政治社會學內容是需要大規模修正的。只不過，這番修正的**方向**雖然是清楚的，但修正的**範圍**卻還是未定的。這也顯示出，哈伯馬斯在理論上對當時**每一種詮釋**馬克思主義的**方式**都是持保留態度的。對於哈伯馬斯來說，在他那個時候只有一件事是確定的，就是馬克思，或馬克思主義的勞動價值理論，由於忽略了「技術生產力的科學發展是可能的價值來源」，所以已經站不住腳了（"Zwischen Philosophie und Wissenschaft", p.256）。還有，經典馬克思主義關於下層建築與上層建築之間的關係的表述，也不再有說服力了。因為在他那個時候，干預主義國家和福利國家已經介入了市場，所以「（國家）上層建築的依賴性不再是理所當然的了」（"Zwischen Philosophie und Wissenschaft", p.228）。最後，在資本主義中也失去了馬克思所謂的承擔社會進步的力量，因為馬克思意義上的無產階級，亦即在物質方面**極度貧困**的階級，至少在西方社會中，已經不再存在了。尤其因為最後這一點，所以哈伯馬斯非常反對所有在馬克思主義中可以發現的一些論點，這些論點在談到歷史的推動者是無產階級時，都假定存在著「無產階級」這種巨大主體，但卻根本都沒有經驗地研究，這種有行動能力的集體行動者，究竟是如何建立起來，或是否已建立起來了。最後的最後，哈伯馬斯認為，馬克思主義的政治經濟學與社會學內容，必須透過**經驗研究**來加以強化，才能修正得更為可信，而且也才能指出翻新之後的「唯物主義」的理論當中，有哪些原本的馬克思主義要素還可以保留下來。

> 唯物辯證法必須透過具體的分析，重新證明其對歷史現實的力量，而非把辯證法的框架直接硬套在歷史現實上。（Habermas, "Literaturbericht zur philosophischen Diskussion um Marx und den Marxismus", p.454）

但哈伯馬斯是如何在馬克思主義的瓶頸當中找到卓有成效的出路，且**不需要貶低或忽略當中的規範哲學能量**呢？這與他在他的博士指導教授羅特哈克的指導下，又進一步回溯了另一個偉大的知識傳統息息相關。

2. 這裡所謂的另一個偉大的知識傳統，意指德國精神科學的詮釋學傳統。詮釋學是一門「理解的技藝」。這門技藝旨在對文本，特別是權威文本，進行**理解**。這聽

起來可能有點玄，但這個傳統的興起背景相對來說其實很簡單。讀者們一定都有種經驗，就是有些文本非常難懂，或是意涵非常模糊。這種文本對讀者來說，理解起來非常吃力，甚至還需要根據一些方法來思考，文本**如何**，以及**為什麼**可以如此理解而不是那樣理解，**為什麼**這樣的詮釋而不是那樣的詮釋可能比較好或比較適當。在西歐的觀念史當中，很多重要的文化現象都會出現這種理解問題。

　　首先而且可能是最重要的，就是關於對聖經進行的「正確」批註。聖經是基督教的權威文本，但這本書絕不好讀，裡頭有很多難懂的比喻，有些敘述對後人來說完全沒什麼意義，甚至難以置信或莫名其妙。這裡就出現了一個問題：到底該怎麼理解這樣一個文本，以及這樣的文本要怎麼關聯當下的生活？不論過去還是現在，對於虔誠的基督徒來說，聖經既不能僅僅被詮釋為一個內容已經無關緊要了的很久很久以前的故事；也不能完全只用幾百年後的眼光來闡述聖經。因為若完全只從後人的眼光來看聖經，那人們可能會覺得古人的信仰合理性是有問題的，然後覺得自己的信仰才是「更真誠的」，但這樣做顯然是不對的。我們到底該怎麼適當地理解聖經？怎麼闡述聖經？類似的問題也出現在對於古詩的詮釋上。有一段時間，比如在歐洲，所有的古希臘或羅馬文學都有創作格律，但搞懂這些格律是很難的事，因為這些詩歌語言來自一個對我們來說很陌生的世界，我們得先破譯它。破譯詩歌對讀者來說就是一個與上述情況類似的困難問題。最後還有對法條文本、法律規範的理解。因為在歐陸法律傳統中，怎麼將一個可能在很久以前制定的抽象規範，和具體的個案、具體的情境相關聯，常常是一大難題。如果一位律師想追問，到底立法者制定的這法條是什麼意思，到底這個抽象的法律是否適用於眼前的這個具體案例，那麼就需要運用上理解的技藝了。

　　理解的技藝在 19 世紀與 20 世紀初期，由於各種原因，在德國大學當中相當興盛；這在科學史中其實是一件還挺特別的事。人們甚至可以說，這是德國的精神科學在那個時代的一個特長。很多德國人在各個不同的領域——神學、法學、哲學、歷史學——致力於理解問題，讓詮釋方法的水準，亦即對精神科學研究的基礎與前提進行反思的水準，達到一個今人難以達到的高度。於此，理解問題也擴展了，不只是對文本的理解，而是也涉及對圖像、偉大的事蹟、日常行動等等的理解。雖然在過去民族主義高漲的時代，詮釋學（比如在歷史科學當中）偏向於對精英進行詮釋，因為人們常常很需要理解像是馬丁‧路德、斐特烈大帝、俾斯麥之類的**偉大人物**的所作所為（當然同時也包括對這些偉大人物的所作所為進行辯護，而且這些辯護常常很值得商榷），但這無損社會學使用詮釋學的觀點來進行研究。有些德國的社會學之父，像韋

伯和齊美爾，他們的討論也都與理解問題密切相關。

　　哈伯馬斯當然也與此相關。他就是在詮釋學傳統中長大的，深知在進行行動理論研究時，理解有多麼重要。唯有對行動進行理解，才有可能對行動加以分類。哈伯馬斯後來的作品中的論證風格，深受詮釋學思想傳統的影響。這使得他的作品有個特色，就是他的論證都是在與過去的學者的對話中展開的。這種作法與其他很多學者不一樣。比如帕森斯，他在《社會行動的結構》中雖然系統性地與過去的學者進行對話，但是這對話只是作為他自己的理論的基礎，在這基礎之上，他就另外運用了完全不相關的其他領域——生物學和控制論——來完善他的理論了。或是比如俗民方法論和象徵互動論，**完全只基於某些**哲學傳統，而對其他傳統忽略不管。相比之下，哈伯馬斯著作的一大特色，就是從詮釋學的角度，致力於理解歐洲歷史的整個哲學問題和哲學主題。哈伯馬斯非常努力地與非常多的重要的哲學家和社會學家進行對話，以此發展出他自己的見解。他一直都在和這些學者的著作進行「對話」，試著去理解他們的理論問題以及解決方式。所以，雖然他的論證行文常常都非常尖銳嚴苛，但可以看得出他和所有詮釋學家一樣，都有個信念，就是很重視前人的（理論）成就，力求保留其洞見。

　　3. 第三個對哈伯馬斯來說無疑相當重要的傳統，就是政治學傳統。哈伯馬斯從一開始就是以西方自由民主思想作為方針的。他年輕時盲目輕信納粹的經驗，他對蘇維埃及其所有政治形式的尖銳評判，都讓他對民主理念有極高評價，尤其是**英國、法國**和**美國**所強調並制度化的民主理念。對於德國的民主傳統，哈伯馬斯反而總有點不信任，認為德國的民主傳統不夠強大到保護德國免於極權的蠱惑。這種不信任感想來與他的生命歷程有關。也因此哈伯馬斯認為，德意志聯邦共和國應該完全接受西方的民主思想，以避免可怕的文明崩壞再次出現。不過，他不只相當景仰西方民主憲法國家，而且他也對馬克思主義的某些面向進行了很重要的檢視，並嘗試建立一個對於實踐來說很重要的「唯物」理論。但同時他又很重視詮釋學傳統。他所有這些思想究竟如何結合起來，以及這些思想對於他的政治立場具體來說究竟意味著什麼，這在 20 世紀 50 年代和 60 年代都還沒有一個明確的答案。不過毫無疑問的是，哈伯馬斯深知並讚揚學術自由的重要性，因此非常敏銳地捍衛能保障學術自由的民主制度系統。

　　至此，我們交代了三個深深影響了哈伯馬斯思想的重要傳統。在二手文獻中還常常提到另一個對哈伯馬斯來說很重要的傳統（而且這些文獻常認爲這是最重要的！），我們到目前爲止顯然完全沒有提到。這些二手文獻指出，哈伯馬斯是批判理論的代表人物，而且可說是霍克海默和阿多諾的正統繼承人。我們懷疑這種對於哈伯馬斯的定位是否眞的正確，他是否實際上如此深受批判理論的影響。我們接下來簡短交代一下我們之所以如此懷疑的原因。首先我們必須解釋一下，所謂的「批判理論」是什麼。「批判理論」是 1937 年由霍克海默所提出來的關於某種馬克思主義形式的概念，其理論內涵主要是由上述提到的法蘭克福大學社會研究所發展出來的，並且這個研究所的成員在二戰因納粹迫害而流亡時也依然繼續著理論研究工作。在 20 世紀 20 年代與 20 世紀 30 年代，這個研究所旨在推動跨學科的、包含精神分析的社會科學研究，所憑藉的是一個相當革命性的，但在政治立場上比較不明確的方針。這個方針是，希望能藉助馬克思主義的理論工具，克服西方世界的政治、經濟和社會的危機，但不用眞的提出一個革命主體。因爲當時的德國工人階級要麼滿足於德國社會民主黨（Sozialdemokratische Partei Deutschlands, SPD）的改革主義，要麼就是加入了日益強盛的納粹黨的軍隊，因此這個研究所並不信任工人階級。而且這個研究所也與信奉史達林的德國共產黨保持距離，因爲蘇維埃的馬克思主義，顯然也無法滿足這個研究所所抱持的崇高人文主義理念。

　　在希特勒「奪權」之後，這個研究所遷移到了國外，研究所成員也被迫移民。但這不意味著這些成員的出版活動就因此減少或完全終止了。這個研究所在 1932-1939 年之間主編的《社會研究期刊》，是其成員和支持者的核心出版刊物，在流亡時依然相當有活力。除此之外，這個研究所在差不多同一時間，還有一個很重要的出版物，即 1936 年集體撰寫的研究報告《威權與家庭研究》。這份報告基於威瑪共和時期所蒐集的資料，且相當倚重精神分析，並以此研究獨裁行爲是怎麼擴散開來的。人們可以從這份報告得到一些關於納粹如何崛起的解釋。這個研究所最著名的著作，當屬霍克海默和阿多諾在 20 世紀 40 年代合寫的《啟蒙辯證法》。這是一本哲學著作，這本著作的內容就算不是充滿悲劇性的，也至少是非常悲觀的。其中認爲，現代啟蒙的、科技理性的世界，會讓韋伯所說的理性化不斷攀升，最後物極必反，造成（像納粹所造成的那種）殘酷暴力。

　　從我們的觀點來看，人們幾乎不能說哈伯馬斯特別受到這些研究所成員在流亡時所撰寫的著作影響。**就形式上來看**，他全然不具有《啟蒙辯證法》那種悲觀的歷史圖像。人們可以發現，他頂多跟法蘭克福大學社會研究所早期和草創期比較接近，或

是跟在《社會研究期刊》上發表論文的其他作者比較接近，但哈伯馬斯其實並不熟悉這些早期著作。而且霍克海默在當時（相當保守的）聯邦德國重建社會研究所時，刻意與馬克思主義的淵源切割開來。哈伯馬斯 20 世紀 50 年代末期在法蘭克福大學擔任助理時，堪爲社會研究所傳奇的《社會研究期刊》多半都已經塵封在地下室了。所以人們不能說哈伯馬斯受到批判理論的**影響**，而是應該說他其實**一開始並不知道批判理論**，只是他後來有意無意地走向批判理論。到了 20 世紀 60 年代，哈伯馬斯的風格才慢慢變得越來越像是批判理論的代表人物，並且同時開始被別人稱作所謂的「法蘭克福學派」（這是另一個用來指稱批判理論代表人物的概念）第二代核心人物。尤其是在 1968 年的學生運動時，哈伯馬斯才開始被歸到批判理論陣營。這段歷史帶來的結果，大概就是造成了一些誤解。人們應該要知道，事實上哈伯馬斯更受到剛剛所說的那三個偉大傳統的影響。這也就是說，他的思想是更自主、獨立於批判理論的，而不是「法蘭克福學派第二代代表人物」這個命題所暗示的那樣，彷彿他深深受到批判理論的影響似的。

⋯⋯⋯⋯⋯⋯⋯⋯⋯⋯⋯⋯⋯⋯⋯⋯⋯⋯⋯⋯⋯⋯

如果哈伯馬斯的思想發展是來自三個（而不是四個）偉大傳統的影響的話，那麼人們當然也應該要馬上注意到，這些傳統彼此之間並不是自然而然地和諧共存或互補。至今，這三個傳統之間的關係在大多數情況下都是**充滿張力的**。所以人們可能會質疑，哈伯馬斯會不會因爲受到這些差異極大的傳統的影響，使得他的著作特色就只是一個大雜燴，亦即不同的觀念**彼此之間**並沒有一個眞正的思想主線。不過，事實並非如此。因爲針對所有這些影響，哈伯馬斯首先用一種尚不成科學的直覺來把握，然後再慢慢總結、梳理成一個越來越具有系統性的觀念，一個**以人類語言、人類溝通爲主要特色**的觀念。哈伯馬斯特別喜歡語言，覺得語言很神奇，因爲語言讓人類的溝通形式非常不同於動物的溝通形式。他對這個主題充滿熱情，而且他帶來的影響相當深遠，因爲他充滿洞見地將語言視作人類共同生活的最重要的東西，並將其與一系列的哲學、歷史學和社會學的研究問題相關聯。

在**哲學方面**，人們可以將這種見解與在西歐思想史中常被強調的一種觀念相關聯，亦即語言內在具有和解的力量，**或是**具有理性化的力量。哈伯馬斯深信，語言蘊含著**讓人們能進行合理辯論的可能性**。在他的著作的鋪陳中，他非常仔細地交代了，

為什麼**理性的**論據會對參與討論的人產生一種特殊的強制力，以及比較好的論據為什麼，以及如何帶來共識並協調行動（而且以好的論據來協調行動，顯然比其他像是透過暴力或透過市場來進行協調的形式來得更好）。* 在**歷史方面**，人們則可以問，人類溝通中能帶來的合理辯論可能性，在什麼時候，是如何、經由何種途徑而發展起來的。比如某種統治形式，隨著歷史的演進，如何在更好的論據的逼迫下，失去正當性。或是比如政治權力在什麼時候，以及在何處，被認為必須**基於論據來自我辯護**才能進行統治（亦即最終要透過民主的討論形式，統治才能具有正當性），而不再能夠比如透過宗教性質的預設而無須對其統治給出交代。最後，上述各式各樣的問題都會立即被關聯上一個**社會學方面**的問題，這個問題是「上一輩的」批判理論的核心問題，是整個西方馬克思主義的核心問題，也甚至是（在政治方面無法清楚歸類、較為混亂的）文化批判的核心問題：資本主義與內在於資本主義（或至少跟資本主義有親近性）的技術合理性或工具合理性，想把一切東西都變成商品，並且只允許以符合經濟效益的目的—手段範疇來進行思考，這會不會摧毀所有其他的生活形式、摧毀所有其他的思想與行動形式？資本主義和「工具合理性」的所謂的破壞性的勝利前行，是否勢不可擋？哈伯馬斯贊同批判理論，但是也贊同其他政治立場與批判理論完全相異的文化批判家，認為必須對抗「技術—工具」合理性的勝利前行。不過他**並不贊同批判理論和文化批判的悲觀論調，因為哈伯馬斯認為，語言潛藏著廣泛的（亦即不是狹隘或有限的）合理性，能夠在實際上很有效地，或至少很有可能對抗「技術—工具」**

---

*　在介紹哈伯馬斯的這兩講中，有兩個概念，Rationalität 和 Vernunft，有時會比較拗口，但被明確地區分開來翻譯。這兩個概念在中文都可以翻譯成「理性」。但在哈伯馬斯這裡，這兩個概念有必須表明的差異，所以這兩講會將 Rationalität 譯為「合理性」（或形容詞「合理的」），將 Vernunft 譯為「理性」。不過，這兩個譯詞看起來也有點難懂。這兩個概念是什麼意思呢？在哈伯馬斯的用法中，Rationalität 意指有理智的，但這種理智僅表現在手段和目的之間的恰當性；Vernunft 也是有理智的，但這種理智更著重目的在道德上的可接受性。例如資本主義的技術合理性或工具合理性，意指資本主義認為有理智，就僅意味著獲得（經濟）效益的手段是適當的。但哈伯馬斯相信，理想上人際溝通若是有理智的，那麼在考慮溝通時的手段與目的之間的合理性時，也會同時考慮到目的的道德方面是否可被接受。所以，如下一講會提到的，哈伯馬斯認為溝通合理性也就是溝通理性。但這裡必須強調，本書只有在哈伯馬斯的意義下，Rationalität 和 Vernunft 才會有這種區分以及被如此分開翻譯。在其他學者（如康德），甚至在其他語言（如英語的 rationality 和 reason）那裡，這些概念的內涵和恰當的譯法並不一定跟哈伯馬斯的用法完全一樣。所以在本書其他講（或是雖然這兩講有提到，但主要是在其他講進行探討，例如「理性選擇理論」或「理性主義」），這兩個詞彙還是都被譯為「理性」。——約阿斯與鄭作彧注

合理性。

哈伯馬斯後來，即在 20 世紀 80 年代初，便是基於「語言潛藏著合理辯論可能性」的想法，大膽地進行自己的理論綜合工作，並聲稱這個理論綜合工作將至今所有社會學理論的優點都統一了起來。但在這之前還有一段過程。我們先回到 20 世紀 60 年代。那時，哈伯馬斯在不同的研究中關於溝通的想法，他嘗試看看自己在社會學中能做出什麼東西、做到什麼樣的程度。亦即他在 60 年代所寫的各種著作和論文（人們可以把這段時期看作哈伯馬斯人生中天分大爆發的階段。他在這段時期展現出巨大的學術生產力，重要著作一本接一本出版），雖然表面上主題都不一樣，但我們應該將「人類溝通具有特殊性」視作貫穿其中的指導觀念，來對他的著作加以提綱挈領的理解——雖然哈伯馬斯這些試水並不是全部都得到令他滿意的結果，有些也走進了死胡同。

1.《公共領域的結構轉型》（*Strukturwandel der Öffentlichkeit*），這本 1962 年出版的教授資格著作，也許是哈伯馬斯最精彩，也是最好讀的書。該書也特別適合當作進入他浩瀚著作的入門讀物。這是一本對公共領域的（政治哲學）**觀念**，以及特別是這觀念在資產階級時代（亦即 18、19 世紀）的各種**制度**，進行探討的歷史社會學研究。哈伯馬斯在這本書中描述了，在尚不具有政治性質的空間——像是咖啡廳、私人讀書會與研討會、俱樂部、宴會等等——中，公共領域一開始是怎麼建立起來的。在公共領域中，人們可以自由地討論文學問題、藝術問題，以及廣泛意義上的「社會」問題與事務。而隨著報紙雜誌的普及化，公共領域便開始政治化了，人們越來越要求參與**政治**發言：

> 具有政治作用的公共領域，首先是在 18 世紀初的英國形成的。有些社會勢力為了影響行政決策，因此向具有批判性的公眾提出呼籲，好讓這些社會勢力的要求在進入會議之前能具備正當性。與此實踐相關的是，從等級議會轉變成了現代議會。當然，這個轉變過程經歷了一整個世紀。
>
> （Habermas, *Strukturwandel der Öffentlichkeit*, p.122）

至少在最初的階段（亦即在由專業政客構成的具有穩定結構的政黨形成**之前**），哈伯馬斯認為，議會是一個認真嚴肅地進行討論的地方，大家都在以更好的論據去爭取更好的政策。議會是一個由具有批判性的市民代表組成的會議，而不是（如後來很

常出現的）由單純的利益代言人群聚在一起，各自僅僅單方面地爲自己的立場辯護。

在對尚不具有政治性質以及已具有政治性質的公共領域**制度**進行反思的過程中，政治哲學上的公共領域**觀念**也隨即出現了。這種觀念對於哲學家和知識分子來說，是最爲重要的。因爲只有在自由開放的公共領域，我們才能認識到其他的世界觀。只有在公共領域，才有可能先放下自己的利益來進行理性的討論，並且才有機會改變自己原先的利益，可能的話甚至還可以取得共識。也只有在公共領域，如同康德（Immanuel Kant, 1724-1804）所猜測的和哈伯馬斯在下述引文中相當認同的那樣，才能對牽涉共同福祉的事務進行獨立的判斷。

> 在公眾面前，所有政治行動都必須以法律作爲基礎，並且這個法律在民意面前要被證明是一般性的、理性的法律。在全面照章行事的狀態下，由統治所制定的自然法，會被由自然法所制定的統治給取代——如此一來，政治基本上就可以轉化成道德。（Habermas, *Strukturwandel der Öffentlichkeit*, p.185）

哈伯馬斯對市民公共領域的觀念與制度從歷史社會學的角度所進行的重構，我們在這短短的介紹中當然無法交代得很清楚。但是人們應該已經可以發現，公共領域的觀念，與語言現象，以及與論據交流方面理性辯論的可能性，是相關聯的；所以哈伯馬斯在這裡又表現出了他對於語言的神奇能力是多麼充滿熱忱。以此而言，這也是哈伯馬斯首次大規模地嘗試，對整個社會或政治的影響作用與語言的重要性進行研究。

雖然該書撰寫得相當精彩與具有啟發性，但當然也有一些明顯的缺陷，而且哈伯馬斯後來也坦承有這些缺陷（參閱這本書在 1990 年的新版前言）。哈伯馬斯從文化批判的角度，呈現出公共領域在當代是如何衰敗的。亦即 18、19 世紀時的各種制度在他的描述下，彷彿政治哲學觀念當中的公共領域**真的實現了**；而後，在當代，由於商業化以及職業政客與政黨政治的大行其道，使得公共領域慢慢衰敗了。換句話簡單地說：哈伯馬斯深受文化批判思潮的影響而美化了過去，認爲資產階級時代充滿理性，制度可以充分發揮作用。而當代，則無可避免地被他抹上了陰鬱的色彩。但這種文化批判的態度是很成問題的，哈伯馬斯在他後來的研究成果中——如我們將會看到的——也越來越不再採取這種態度，因爲語言分析爲哈伯馬斯提供了一個方式，讓他可以避免文化批判暗含的弊端。

2.《理論與實踐》（*Theorie und Praxis*）最初出版於 1963 年，是一本論文集。前文提到的〈關於馬克思與馬克思主義的哲學討論文獻報告〉和〈哲學與科學之間：批判的馬克思主義〉兩篇文章，也被收錄其中。此外，該書也收錄了 20 世紀 60 年代早期非常理論性的和社會政治學方面的研究，並且特別對後來的學生運動產生了莫大的影響。在直接與馬克思主義進行對話的論文當中，哈伯馬斯將馬克思主義理解為一種「帶有實踐意圖的經驗的歷史哲學」（Habermas, "Zwischen Philosophie und Wissenschaft", p.244）。此處的形容詞「經驗的」，意在反對教條的馬列主義。亦即馬克思主義應該，也必須實際上面向經驗開放，應該「在科學上可證偽」，因為這樣才能讓我們「比馬克思自己還懂馬克思」（ibid.）——當然，這種作法在馬克思正統捍衛者的那些人眼中，是大逆不道的。

從該書的書名就可以看得出來，該論文集有個很引人注意之處，就是「實踐」一直是哈伯馬斯的論證中很重要的概念。實踐概念在馬克思主義的討論中，有著錯綜複雜的歷史。在知名的義大利馬克思主義思想家葛蘭西（Antonio Gramsci, 1891-1937）的思想中，實踐扮演了一個非常重要的角色。但實踐也是東歐社會主義陣營當中的異議知識分子，在反對史達林主義時所運用的概念。特別是在匈牙利、捷克斯洛伐克、南斯拉夫，異議分子藉助馬克思主義的思想工具來推動反對意見。雖然現實存在的社會主義，造成了令人不快的現實，但這些異議分子還是堅持馬克思主義；當然他們堅持的是另外一種馬克思主義，而不是政黨理論家所意圖編纂出來的那種教條。這些異議分子所仰賴的，是馬克思早期的哲學人類學著作。這些著作中的實踐概念，可以追溯到亞里斯多德的哲學，且貫穿著浪漫元素。「實踐」在這裡首先並不是意指由目的理性所驅動的活動（比如以維生為目標的勞動），而是表現在藝術方面的人類行動潛能的發展，亦即創造性的自我表現；同時也意指在大家的共同努力下，幸福、理性生活的實現。東歐的知識分子，運用在馬克思早期著作當中可以發現的思想主題，來批評政治教條化的馬克思主義，並指責在社會主義陣營中，馬克思的思想主題沒有真的獲得制度性的實現，現實的社會情況依然令人感到相當絕望。哈伯馬斯在 20 世紀 60 年代初期也很依賴並使用實踐概念，不過這個概念在他那裡主要是關於社會秩序的理性構成。這也暗示了在那個時候，他關於語言分析的理論意涵還沒有太多的想法，他還不知道怎麼從語言分析中建立出一個基礎，以此來批判現狀。也就是說，他在那時候完全還沒有深入到一種足夠細緻、可用於社會學的語言理論，所以當時暫時還只能運用馬克思早期思想和東歐異議分子所提的概念，以此來批判（人們在資本主義中和

在蘇聯的社會主義那裡可以觀察到的）技術合理性的蔓延（雖然技術合理性在蘇聯的
社會主義那裡，是以另一種方式在蔓延的）。

> 在理論與實踐的關係中，真正的困難之處在於，我們再也無法將技
> 術的力量和實踐的力量區分開來了。科學化的文明必須回答實踐問題。但
> 是，當科學化的過程逾越了技術問題的邊界，卻還是只以科技合理性來進
> 行反思時，就會出現一種很特殊的危險。亦即關於以實踐來掌控命運一
> 事，人們不再追求由公民來達成的基於理性的共識。（Habermas, *Theorie*
> *und Praxis*, pp.308-309）

哈伯馬斯的這段話在指責一件事，就是科學和科學技術合理性不斷蔓延開來，使
得「如何理性地爲社會中的共同生活制定規章」這個高度政治性的問題，照理說應由
市民共同澈底討論，卻被「降格」成一個單純的技術合理性的問題，政治討論則面臨
被專家一手遮天的危險。哈伯馬斯這個對於當代文明的批判，是他運用實踐概念而發
展出來的。他對實踐概念的倚重持續了好一陣子，直到他後來放棄了「技術力量與實
踐力量」這組二分法之後才停止。因爲他後來轉而去區分「勞動」與「互動」（參見
下文），而所謂互動即意指人與人之間基於**語言的**行動。

3. 德國社會學的實證主義之爭，始於 1961 年在圖賓根舉辦的德國社會學年會上
阿多諾與波普爾之間的論戰。這場論戰可不是什麼德國社會科學史上值得稱頌的時
刻，因爲在法蘭克福學派的影響下，當時所有論戰陣營都在各說各話，而且也因爲這
場論戰的影響，使得當時的整個學生世代都以很有問題的態度，偏激地唾棄實證主義
（參閱：Adorno et al., *Der Positivismusstreit in der deutschen Soziologie*）。在這場哈伯
馬斯也參與其中、起了關鍵作用的論戰當中，阿多諾尖銳地指出，在社會科學中（日
益）流行的量化方法是很有問題的。因爲量化方法都在以隨意濫用的態度對待社會世
界，並且把「用技術統治自然」這種作法當作榜樣。之所以量化方法值得批判，是因
這種作法最後會造成人類的自我奴役。阿多諾這套說法背後的科學觀，有很強烈的規
範傾向，並且對於「理論」有很明確的立場（雖然就像我們在第一講提過的，在社會
學中，關於「何謂理論」這個問題從來沒有清楚的解釋）。對於阿多諾來說，理論研
究與規範問題從來都是分不開的。科學永遠都不能忘記「解放人類」這個目的。但因
爲量化方法的大行其道，使得科學似乎越來越忘記了這個重要目的，而這種遺忘是非

常危險的一件事。不過關於這一點，哈伯馬斯並**沒有**採取同樣的極端立場。哈伯馬斯認為在自然科學中，存在這種以隨意濫用自然為目標的方法，是很自然而然的，所以他並不同意阿多諾對自然科學採取文化批判的觀點。不僅如此，出於某些目的，哈伯馬斯其實很能接受社會科學當中的量化方法。不過，基本上來說，哈伯馬斯還是很捍衛阿多諾的一個理念，亦即科學應解放人類；所以他也反對阿多諾的對手，波普爾。而波普爾則堅持，科學不應該摻雜規範問題，亦即不應該摻雜應然問題；所以波普爾當然也不接受「科學應解放人類」這種觀念。

很多人看這場辯論，感覺像在霧裡看花；而且整個辯論也誤導了當時的學生世代，讓許多學生對實證主義產生了偏激態度。之所以如此，**一方面**是因為阿多諾和哈伯馬斯成功地將他們的對手，亦即波普爾，烙印上了「實證主義者」的標籤。但波普爾完全不是實證主義者。如我們在第一講就講到的，波普爾其實還重重打擊了實證主義的思想體系。**另一方面**，這場爭論吵得如此沸沸揚揚，彷彿在一個很重要的、觸及（社會）科學自我理解的問題當中，每個人都堅守自己的立場、**毫不妥協**似的。然而事實上，哈伯馬斯在幾年後與波普爾的科學理念的某些方面（如果不是所有方面的話），顯然越走越近。以此而言，在這場實證主義之爭當中，大家的立場實際上並非真的那麼天差地別。

4.《知識與旨趣》（*Erkenntnis und Interesse*）出版於 1968 年。該書雖然包含了一些很有原創性的論點，但某種程度上是實證主義之爭的延伸。因此我們應當僅將該書視作一本過渡性的著作，即便書中展現了關於美國實用主義的廣泛討論（象徵互動論就是根源於這個哲學傳統的。此處關於這事我們只是順帶一提，但對於哈伯馬斯後來的著作，這一點其實很重要）。在該著作中，哈伯馬斯的對話對象是廣泛的各科學領域裡，與該領域對自身的理解有關的理論；於此他提出一個命題：沒有一種知識形式（包括科學知識）是憑空反思的，也沒有一種知識形式只是「純粹」在反映世界。相反，任何知識都會與一種根深蒂固的、人類學式的旨趣有關。所以該書才會被命名為《知識與旨趣》。在自然科學當中，知識涉及**技術的**旨趣，其主旨在於掌控自然。詮釋學的科學傳統，則是以**改善**人與人之間的**相互理解**為目標。精神分析的知識與唯物演化論思想的知識，背後的旨趣一個是**解放與批判**，亦即從非必要的統治和壓迫當中解放出來；同時另一個是**洞察所有科學知識各自所關聯的旨趣**。用哈伯馬斯的話來說：

自然科學的研究過程，是在超驗的工具行動框架當中組織起來的。因
此自然科學的觀點必然希望透過技術盡可能地支配自然，並基於此觀點將
自然當作知識的對象。人文科學則是在超驗的溝通行動層次上進行研究，
其觀點必然旨在盡可能對促成相互理解的互為主體性進行保護，並基於此
觀點來闡釋與意義相關的事物。對我們來說，我們可以從這兩種超驗的觀
點的表現，認知到是什麼旨趣主導了知識，因為這兩種觀點反映了勞動與
互動的結構，亦即反映出與生活相關的事物。但是知識與旨趣的關聯，必
定是在科學的自我反思過程當中釐清的，而這種自我反思就是一種批判的
類型。（Habermas, *Erkenntnis und Interesse*, p.348）

在《知識與旨趣》中，哈伯馬斯指責波普爾的科學理念相當片面；以此而言，
該書當然也是在跟波普爾進行對話。因為波普爾對於科學的理解，是以自然科學知識
過程作為基準的；但這種對於科學的理解粉飾了一件事，就是自然科學也不過僅代表
了三種人類知識旨趣當中的其中一種而已。而且波普爾的這種科學理解方式忽略了另
外兩種具有人類學根源的旨趣，亦即「闡述與意義相關的事物」（或曰追求更好的相
互理解），以及從暴力當中解放出來。哈伯馬斯對自己提出的要求（而且這大概也是
對批判理論所提出的要求，因為他當時就是在批判理論傳統當中成功立足的），就是
採用一種廣泛的合理性概念。這裡所提的理性包含技術工具合理性，但不限於此合
理性。

不過至少關於他在批判的、解放的知識旨趣方面的命題，哈伯馬斯後來的立場不
一樣了。亦即他很快就對某些學科領域（亦即精神分析與親馬克思主義的社會科學）
不抱希望了，不覺得這些學科領域會扮演革命性的，或是會支持革命的角色。他不再
抱著不切實際的期待。**但是他堅持一個觀點，就是人們必須再用另外一種合理性形式
來補充技術工具合理性**。這一點，我們在前面的引文當中就可以看得出來。在引文
中，哈伯馬斯提到了「勞動與互動」的對立，他就是用這組概念上的二分法，取代了
他在 20 世紀 50 年代和 60 年代所運用的實踐概念。

5. 這組二分法在 1967 年發表的論文〈勞動與互動：黑格爾耶拿時期的《精神
現象學》評注〉（"Arbeit und Interaktion. Bemerkungen zu Hegels Jenenser *Philosophie
des Geistes*"）一文中首次表達得最為清楚。在這篇討論青年黑格爾與馬克思思想的
文章中，哈伯馬斯回顧了米德的溝通理論，而且也顯然討論到漢娜·鄂蘭（Hannah

Arendt, 1906-1975）的著作《人的條件》（*The Human Condition*）（雖然哈伯馬斯沒有明確引用這本著作），並以此爲基礎說明了，**爲什麼「人」這種類屬的形成過程，可以被理解爲一種兩類行動形式——亦即勞動與互動——在共同作用與相互作用的過程**。如同他援用黑格爾的觀點所闡述的：「將互動歸因於勞動，或是從互動推導出勞動，都是不可行的作法。」（"Arbeit und Interaktion", p.33）但馬克思草率或倉促地混淆了這兩種行動形式，這也對馬克思的理論造成了很大的問題。

> ……透過對《德意志意識形態》第一部分的確切分析可以指出，馬克思沒有從根本上說明互動與勞動的關聯，而是在「社會實踐」這個模糊的標題下把其中一者化約成另一者，也就是把溝通行動化約成工具行動。……這會讓他以原創觀點提出的生產力與生產關係之間的辯證關聯，很容易被曲解成一種機制性的關聯。（Habermas, "Arbeit und Interaktion", pp.45-46）

哈伯馬斯在這篇文章中所針對的對象，顯然是馬克思，而且也尤其針對某一種馬克思主義的說法，亦即天眞地認爲單憑生產力的發展就可以帶動人類歷史的進步。與此相反，哈伯馬斯堅持認爲這兩種行動形式是不能化約成同一種形式的。互動，或曰溝通行動，不能跟工具行動或目的行動混淆在一起。這兩種行動各自的邏輯——或是人們也可以說：這兩種作爲行動基礎的人類學式的旨趣——是截然不同的。這就是爲什麼哈伯馬斯後來不再使用實踐概念的原因（可再參閱上述引文），因爲實踐概念會致使人們抹除或忽略了勞動與互動之間必要的概念區分。

如果勞動與互動眞的不能化約成同一種形式的話，那麼關於歷史的進程顯然就必須換一套說法，而且這一套說法與正統的、從經濟主義的角度來說明歷史進程的馬克思主義基本假設完全相反：生產力的發展本身並無法保證社會進步。因爲：

> 從饑餓和磨難當中解放出來，並不必然等於從奴役與屈辱當中解放出來，因爲勞動與互動之間，不是自動就會發展出關聯的。（Habermas, "Arbeit und Interaktion", p.46）

哈伯馬斯對「勞動」與「互動」的區分，對於他的思想發展來說非常重要，而且至今依然很重要。批判正統的馬克思主義，以及批判東歐異議分子強調實踐概念的馬克思主義，對哈伯馬斯來說是必要的一步。但這一步也付出了一些理論方面的代價，

因爲這帶出了一個問題：按照哈伯馬斯的說法，馬克思的勞動概念是一種純粹目的合理性導向的行動。但在馬克思早期的著作中，尤其在他的實踐概念中，其實也認爲**勞動可能具有表達性的特質**，亦即勞動也可能是勞動從事者的自我表現。那麼哈伯馬斯是不是忽略了馬克思早期的這種觀點呢？換句話說，哈伯馬斯將行動分成「勞動」和「互動」兩種類型，是不是太過簡化了呢？

6.〈勞動與互動〉這篇論文在 1969 年又再版了，不過這次被收錄到一本論文集中，該論文集以其中一篇論文的題目爲書名：《作爲「意識形態」的技術與科學》（*Technik und Wissenschaft als "Ideologie"*）。〈作爲「意識形態」的技術與科學〉這篇論文一開始在系統地進行時代診斷，但文章越到後面就越變成一篇社會學式的論文。在這篇文章裡頭，哈伯馬斯運用了他之前對於「勞動」和「互動」的區分，從宏觀社會學的角度來分析現代社會的改變。哈伯馬斯很清楚地提出了他的問題：資本主義對自身的正當性的辯護方式，產生了根本的結構性轉變；我們該如何解釋這件事？在當代的資本主義社會中，「國家須由技術專家來統治」這種說法成爲了一種意識形態，並且資本主義利用這種意識形態來奠定了**自身的**正當性。這是前所未有的事，我們該如何解釋這件事？爲了回答這個問題，哈伯馬斯援引了馬克思的，或至少是馬克思式的思想，發展出一個理論框架。但這個理論框架既非科技決定論，也非經濟決定論。這個理論框架認爲，在社會發展中，不論是科技還是經濟，都並不具有優先地位。換言之，哈伯馬斯打破了馬克思提出的生產力與生產關係之間的辯證關係，因爲他在〈勞動與互動〉當中已經指出了了，在馬克思的思想中，由於沒有對勞動與互動進行概念上的區分，因此生產力與生產關係之間的辯證關係會被誤解爲一種機制性的關聯（可再參閱上述引文）。所以哈伯馬斯提出了另一種辯證關係。辯證的兩端，一端是目的合理性行動**系統**或目的合理性行動**子系統**，另一端是社會的制度框架，或更準確地說，是**生活世界**的制度框架，這種制度框架是由溝透過程所調節的（關於「生活世界」這個概念的詳細解說，我們在討論俗民方法論的那一講已經介紹過了。不過我們在下一講還會再回顧一下這個概念）。於此，行動的二分以社會領域的二分形式再度上演了：勞動，亦即目的行動，是子系統中居支配地位的行動模式；互動，亦即溝通行動，則形成了生活世界。

　　因此我想在分析的層次上對以下兩者進行一般性的區分：(1) 社會的制度框架，或曰社會文化方面的生活世界的制度框架，以及 (2) 鑲嵌於制度框

架當中的目的合理性行動子系統。倘若行動是由制度框架所決定的，那麼
行動隨即就會受到某種期待的指揮與逼迫。這種期待是對於行為的期待，
廣泛受到認可，並且各種期待會相互交疊在一起。而倘若行動是由目的合
理性子系統所決定的，那麼行動就會遵循著工具行動或策略行動的模式。

（Habermas, *Technik und Wissenschaft als "Ideologie"*, p.65）

　　哈伯馬斯的時代診斷，就是由這套部分借鑑自現象學、部分借鑑自系統功能論
的概念組所推進的。在此時代診斷中，哈伯馬斯指出了當時在所有西方社會當中都
出現的國家結構的重組，也就是從古典的守夜人國家（意指國家的職能僅侷限在提
供秩序與安全），轉變為現代的干涉主義國家和福利國家。於此，哈伯馬斯認為，國
家已經不像馬克思主義者所認為的，僅是純粹的上層建築而已。社會批判也不能僅僅
是政治經濟學批判，因為國家不只參與了分配過程，而是甚至也透過如研究政策或科
技政策，直接參與了生產過程。古典政治經濟學當然也失去了重要性，因為不論是交
換，還是生產，國家都會透過政策來加以調控，所以市場參與者之間的公平交換（至
少在自由放任的自由主義階段，可能會有公平交換，即便一般不相信真的存在著公平
交換。對此，可以參閱第二講提到的帕森斯關於市場公平交換的闡釋），最終也都被
破壞掉了。如此一來，在今天，還在談論一種單純的市場公平正義，是一件很荒謬
的事。

　　但是，在資本主義社會，又是什麼替代了「公平交換」這個基礎意識形態呢？哈
伯馬斯聲稱，是福利國家確保了大眾的忠誠度。但同時，福利國家體制也讓政治變成
一種純然消極、不再積極進取的角色。因為福利國家政策的主旨就僅在於避免社會功
能失調而已，然後只關心如何解決技術和金融方面的問題。這使得政治最根本的實踐
內涵──亦即建立一個新的觀念，並基於此觀念形塑出理性的社會關係形態──完全
消失不見了。古典政治哲學的一個重要問題，就是探討何為「美好生活」；但在現在
這樣一種政治情境中，這個問題，以及關於此問題的公共探討，都變得不再重要了。
政治實踐問題變成科技問題（這個觀點，哈伯馬斯在《理論與實踐》一書中便已提出
來了。可參閱該書，第 303 頁）；政治問題就只圍繞著既存的社會結構**內部**目標在轉
而已。這使得人民對政治漠不關心，但最終這卻有利於福利國家資本主義的運作，因
為福利國家資本主義的基礎就在於，人民必須得是對專家措施不會懷抱惡意的**被動
客體**。

　　總的來說，這意味著，在公眾意識中，由於生產力的潛力已經得到了大規模的

挖掘，並且由於大多數人在福利主義的介入下實質上達到了富裕狀態，因此哈伯馬斯所強調的「勞動」與「互動」這組基本的區分有被忽略抹滅的危險（在馬克思的著作當中，這兩者就已經被混為一談了）。因為在今天人們都覺得，社會是否有所發展，似乎完全可以去看，而且**就只去看技術**是否有所進步。換句話說，關於公平正義的問題，以及關於理性社會、關於能讓人過上美好生活的社會等「豐滿理想」問題，被認為在面對「骨感現實」時只能變成次要問題。哈伯馬斯在這裡看到一種危險，他在之後的作品中也清楚指出了這種危險，亦即社會的制度框架、生活世界，被目的合理性行動子系統擠壓到邊緣地位。

> 這兩種行動類型當中的其中一種類型的結構，亦即目的合理性行動的功能範疇，不僅支配著制度框架，而且還一步一步地吞噬了溝通行動。
>（Habermas, *Technik und Wissenschaft als "Ideologie"*, p.82）

事實上，哈伯馬斯在這裡非常精彩地描述了 20 世紀 60、70 年代在大部分群眾那裡相當流行的「技術統治的精神」，亦即相信社會關係在現有的社會組織下具有無限的可形塑性，以及將政策等同於社會現實問題的解決方案，並且認為這一切相當值得慶賀。那時候，美國甘迺迪總統的政府團隊，就是由眾多聰明絕頂的專家組成的〔當時號稱「最出類拔萃的團隊」（the best and the brightest）〕，這就是技術統治精神的展現；此外 70 年代時任聯邦總理的施密特的內閣也是如此。那時，人們都會不假思索地認為，反對政府制定的政策，是不識時務、愚昧無知的。

這一套對西方資本主義的顯而易見的批判，同時也包含了一種馬克思主義的觀點，但哈伯馬斯也提到，馬克思主義那「歷史唯物論的基本假設」是必須要改寫的（Habermas, *Technik und Wissenschaft als "Ideologie"*, p.92）。因為對於哈伯馬斯來說，「階級鬥爭」在今天的社會理論中已經不再能被當作核心範疇了。原因尤其在於福利國家讓各階級都皆大歡喜，階級鬥爭平息了，階級對立頂多只是潛在的而已。再加上哈伯馬斯也覺得，「勞動」與「互動」的這組區分，比起馬克思提出的生產力與生產關係之間的辯證法，還要更適合用於檢視與分析在西方社會中將技術問題與政治實踐問題混為一談的危險。為了不讓「勞動」與「互動」混為一談，哈伯馬斯再次強調，目的合理性行動子系統的合理性化，和互動層次的合理性化，必須嚴格區分開來。倚重溝通的制度組織的合理性化，其主旨並不在於提升對自然的控制，而是在於是否，以及在多大程度上，社會能成功地促進社會成員之間自由的相互理解，並以此消除社

會情境中既存的壓迫與僵固。哈伯馬斯認為，我們應該利用語言中潛藏的理性辯論可能性，推動社會制度的改造，進而合理地形塑社會結構。他關於語言的功能與任務的核心思想，於此再次表露無遺。

哈伯馬斯在 20 世紀 60 年代末期的研究，無疑是非常有力的時代診斷；但回顧這些著作，我們顯然可以提出兩個批判性的問題。

(1)為什麼「技術統治」這個意識形態在 20 世紀 70 年代中期，或至少在後期，完全失去了重要性、垮臺了呢？當然人們不能認為哈伯馬斯有先見之明；而且另一方面人們還必須問：如果才過了 10 年，「技術統治」這個意識形態就幾乎不再具有影響力的話，那麼對於 20 世紀 60 年代的西方資本主義來說，這個意識形態究竟有多麼根深蒂固，多麼重要或必要？因為，一方面，在 70 年代初期群眾發起的環保運動與反核運動之下，人們相對來說很快就不再認可技術統治了。同時，年輕的，且經常是受過學術教育訓練的西方社會市民普遍也越來越懷疑，是否還能奢望眼前的政治和科學是可行的，甚至對於經濟增長本身也越來越感到質疑。另一方面，就連政府自己都不再認可技術統治了，尤其是英國的柴契爾夫人和美國的時任總統雷根，一百八十度地轉回舊的資本主義正當性模式。在許多英國和美國的選民眼中，福利國家顯然不再是一種解決方案，反而是問題。公平交換的市場觀念始料未及地又重新獲得了說服力和滲透力，國家於是也就收回了相關的經濟政策與社會政策了。而哈伯馬斯的時代診斷並沒有預料到或猜到這個趨勢。

(2)第二個異議更多的是在抽象理論方面，而不是政治診斷方面。人們可以批判性地質疑哈伯馬斯，他關於「目的合理性行動子系統」的說法是不是太過於簡化了。因為哈伯馬斯將目的合理性行動與系統概念結合在一起，暗指有一種「專門進行」目的合理性行動的形式，亦即有一種真的澈底**只**根據目的合理性所確立出來的社會領域；但實際上，這種社會領域在現實中幾乎是不存在的。就像我們在第三講看到的，帕森斯指出市場乃基於規範之上。如此一來，哈伯馬斯的理論，說得好像**一整個**經濟子系統都是由目的合理性行動形式所刻劃似的，這就非常成問題。隨便一種工業社會學研究都會告訴我們，在企業中很多行動都是在進行協商，或是很多行動都是基於規範、習慣和不合理的特權之上。但這一切，在哈伯馬斯的概念策略中，都沒有被描述到。不過哈伯馬斯很快就發現了這件事。他指出，**行動類型**與**行動系統的類型**是兩回事。他承認，社會子系統並非是只由一種行動類型所構成的。在後來的《溝通行動理論》中，哈伯馬斯又用另一種方式來描繪了這件事。

　　到目前爲止，我們已經介紹了哈伯馬斯到 20 世紀 60 年代末期的著作，這是一個生產力相當旺盛的天分大爆發階段。接下來要來介紹的是，他的著作在 20 世紀 70 年代、20 世紀 80 年代之後，朝著什麼方向繼續前進，以及如何在帕森斯之後，成功發展出前文常提到的偉大的理論綜合嘗試。因爲到了 60 年代末期，哈伯馬斯對社會學的影響力最終都還是有限的。平心而論，人們可以把這個時候的哈伯馬斯界定爲西方馬克思主義者，一位**非常有創意的**西方馬克思主義者。之所以強調他非常有創意，是因爲他將人類互爲主體性的特殊結構運用於他的理論中，這一點與其他新馬克思主義學者非常不同。不過他出於很好的理由，總的來說不再信任馬克思主義傳統，或是不再對馬克思主義傳統抱著滿滿的期許；如此一來，光是人類互爲主體性的特殊結構概念，是遠遠無法滿足他的理論需求的。而且帕森斯作品的複雜性與多面性，還有衝突論、象徵互動論、俗民方法論和理性選擇理論之間熱熱鬧鬧的討論，光用馬克思主義（或是改良過的馬克思主義）是很難有說服力地加以綜合起來的。那麼，哈伯馬斯接下來的理論之旅走向何方呢？他是如何形成影響甚巨的綜合性理論的呢？

第十講

哈伯馬斯的「溝通行動理論」

　　20 世紀 70 年代初，哈伯馬斯的理論出現了重要的轉折。他毅然決然地與黑格爾和馬克思的思想決裂開來，並且在此背景下，和學生運動的烏托邦想像進行激辯。在此之前，他都還在批判性地繼承這些傳統；但在此之後，他便斷開了與這些傳統的聯繫。他開始將一系列新的理論元素引入他的思想體系，透過這些元素來推動他自己的理論綜合工作。

　　哈伯馬斯**首先**拒絕了一個觀點，這個觀點認為歷史總的來說可以理解為「**人**」**這種類屬**的形成過程。馬克思即採用了黑格爾的風格，認為人類經過漫長的異化階段，最終會在資本主義時代之後臻至宏大主體的境界。但是哈伯馬斯強調，這種**整個**的主**體並不存在**。認為後來的世代都會站在前人的肩膀上，並且因此期待**整個**人類的發展是持續不斷的，是不切實際的理想。**整個**前人的知識並不會就直接流傳給全部的後人；**整個**後人的知識，也並不是只建立在**整個**前人所知道的，且以後人不能改變的方式所創建的知識之上。要知道，是一個個的**個體**在學習知識，並且也是**個體**，（比如在家庭環境中）繼承了前人的經驗，或是也可能駁斥前人的經驗。人類一直都得重新開始：每個人都是「一無所知」地降臨世上，然後才各自習得自身的知識。

　　這種說法聽起來好像很理所當然，相對來說不算什麼大道理，甚至微不足道。但是哈伯馬斯的這一步其實非常重要，因為這意味著他拒絕了在馬克思主義思想中並不罕見的一種觀念，即認為後人過得幸福就表示沒有辜負前人的苦難與貧困，或是說當下世代只要期待著後代的生活情境會更好，就可以對當下的苦難感到無怨無悔。這種觀念對政治實踐來說，是非常危險的思想。在現代歷史中，這種思想總是不斷地帶來許多糟糕的後果。哈伯馬斯認為，人類**不是整個的主體**，所以在「人」這種類屬的形成過程中，不能將個別的發展時期、個別的社會，或是個別的人所遭遇的苦難與歡樂，草率地拿來進行同等的權衡。哈伯馬斯的結論是，要掌握社會變遷，不需要回溯

黑格爾和馬克思主義的歷史哲學中心思想。所以哈伯馬斯不去追問假想中的**整個類屬**的學習過程，而是開始去分析**個體**真正的學習過程。他開始去研究個體如何學習，以及在哪些行動面向上進行學習，因為學習過程必須始於每一個具體的個體。當然這並不是說集體沒有學習過程。團體，甚至整個社會，也是會學習的。但是這種學習也不過就是在某些情況下，將許許多多的個體的學習過程成功結合起來罷了。人們不能將集體學習視作是**整個**人類在形成過程中自然會產生的結果。

從這條思路來看，許多研究個體學習過程的學者，尤其是**發展心理學**領域中的學者，對哈伯馬斯來說就變得很重要了。特別是瑞士心理學家皮亞傑（Jean Piaget, 1896-1980）以及美國社會心理學家柯爾伯格（Lawrence Kohlberg, 1927-1987）的研究，對哈伯馬斯來說相當具有參考價值。這兩位心理學家在 20 世紀 50-70 年代，以相當創新的方式，研究了兒童與青少年的認知學習過程，而且還研究了其**道德學習過程**。之所以參考這兩位學者，是因為哈伯馬斯在想，如何把社會心理學的知識和演化理論結合起來。個體的認知發展與道德發展階段，是不是可以用什麼方式來對人類的發展階段進行類比呢？個體的發展、「本體生成」，跟種屬、類屬的「種系生成」，能不能相提並論呢？如果可以相提並論，那麼人們該如何正確地進行類比？下面這段引文，出自哈伯馬斯在 20 世紀 70 年代的研究。這段引言只是**提問，而不是回答問**題。顯然地，在他那相對早期的研究中，他還沒能給出完全令人滿意的答案。

> 構成世界觀的要素中，有一種要素有助於認同的確立和社會整合：這種構成要素，就是道德系統，以及由道德系統所給出的詮釋說明。面對日益增長的複雜性，這種世界觀的構成要素會遵循著一種模式，這種模式與道德意識發展的本體發生學是可以類比的。（Habermas, *Legitimationsprobleme im Spätkapitalismus*, p.24）

就像所有通曉理論，但也因此相當謹慎的演化理論家一樣，哈伯馬斯只能說，人類發展階段的順序是有邏輯的，這種邏輯和個體的認知發展與道德發展之間有一定程度，但還尚待解釋的可比性。**至於每一次新階段的產生，背後是不是有什麼機制、原因，就不是該討論的主題了。**哈伯馬斯認為，歷史過程的**發展邏輯**和**歷史過程本身**，是兩回事。演化理論家和社會理論家只能在事後重建發展史的邏輯，至於每個具體的歷史過程，就不該再多加解釋了。演化論只能進行重建，不能進行因果分析！

　　演化理論不討論歷史整體，也不討論個別的歷史過程，而是將歷史整體和歷史過程**視作**歷史性的、可以敘述的事件後果。歷史素材更多是透過對社會演化的考察所得出的。這種演化不是由某一種類屬主體來進行的宏觀過程，演化的擔綱者是行動主體，以及由行動主體整合而成的社會。我們可以合理的方式，在**事後**將範疇日益擴增的結構建構成一種分層模式，以此來觀察演化。如果我們把結構和經驗基礎的改變過程區分開來，那麼我們就不需要假設歷史過程具有**一致性、連貫性、必然性**，也不需要假設歷史過程是**不可逆的**。（Habermas, *Zur Rekonstruktion des historischen Materialismus*, p.248）

　　對於歷史學家和任何對詳盡的過程分析感興趣的人來說，上述的說法當然還不夠充分，也不令人滿意。但這種說法至少已經摒棄了純理論的、黑格爾主義的馬克思主義，也摒棄了這種馬克思主義的充滿問題的社會變遷理論；取而代之的是基於發展心理學觀點的演化理論——而且哈伯馬斯還強調，這種演化理論不是進化論（可以參考我們在第四講談到的「演化理論」和「進化論」之間的差異，第 91 頁）。在哈伯馬斯的著作當中，這種演化理論具有相當重要的策略意涵。雖然前文提到了一個還沒有解決的問題，亦即什麼樣的**機制**能讓我們假設種系生成和本體生成之間可以進行類比。但姑且不論這個問題，哈伯馬斯的論證走向，是想推導出一個命題：在生產領域和世界觀領域中，有認知的學習過程和道德的學習過程，而這兩種過程彼此之間是相對獨立的。這與「勞動」和「互動」的基本區分是相對應的。於此，哈伯馬斯再次批評馬克思：生產力的提升，並不會自然而然就帶來道德進步，也不會自然而然就因此讓社會關係更加理性。道德行動有其自身的邏輯，因此在解釋社會變遷時，不能只想著從經濟的層面來談。哈伯馬斯使用馬克思的概念來反對馬克思，說道：

　　我們可以將生產力的發展理解為一種產生問題的機制，這種機制**雖然會觸發，但不會造成**生產關係的變革與生產方式的演化革新。（Habermas, *Zur Rekonstruktion des historischen Materialismus*, p.161）

　　其次，哈伯馬斯拒絕黑格爾和馬克思的思想遺產的第二步——但某種程度上這與上述第一步有關——是放棄了所有關於理想化的超主體的說法。這裡，他要反對的，顯然是一位匈牙利的馬克思主義理論家，盧卡奇（Georg Lukács, 1885-1971）。盧卡

奇在 1923 年出版的著作《歷史與階級意識》（*Geschichte und Klassenbewußtsein*）在學生運動中有極為巨大的影響力。一直到了 20 世紀 70 年代，《歷史與階級意識》都還是左派的文化批判的相當重要的參考著作。因為該書的「物化現象」一章，很有說服力地討論了資本主義的商品形式如何造成文化方面的破壞作用，令人印象深刻、富有啟發性。不過，盧卡奇完全將希望寄託於列寧主義的共產主義政黨，指望這個政黨能終結造成物化以及被物化的狀態；盧卡奇的這個想法當然是很有問題的。盧卡奇認為，列寧主義的共產黨是客觀的無產階級意識的體現，是唯一能為「自相矛盾的資產階級思想」與資產階級社會指引出路的政黨。

> 如果**有意識地**想要有一個自由王國，就必須有意識地實際走出朝向自由王國的那一步。……這意味著必須有意識地使自我從屬於一個總體意志。這個總體意志已經確立了能真正獲得的真正自由，它今天正在認真地走出那困難的、不確定的，還在摸索中的第一步。這個總體意志，就是共產黨。（Lukács, *Geschichte und Klassenbewußtsein*, p.480）

盧卡奇的這個想法相當令人吃驚。令人吃驚的一個原因在於，他宣稱，經驗層面的階級意識最終都是無效的，並相反地提出了一個「客觀正確的階級意識」（因為**他**是一位馬克思主義哲學家，對於歷史過程的走向顯然已經了然於胸）。不僅如此，這個想法令人吃驚的另一個原因在於，盧卡奇將真正的階級意識和人類的進步，與某一個特定政黨直接等同起來，而且這個政黨正是列寧主義的幹部型政黨。

哈伯馬斯強烈反對這種思想，甚至是讓人能稍微有這方面聯想的思想也都同樣反對。這也呈現了他是如何反對 20 世紀 60 年代末、70 年代初的部分學生運動的。那部分的學生運動，令人驚訝地高舉著列寧主義。許多學運成員，用一些今天看來很可笑，但當時卻在某些大學非常具有主導地位的方式，宣揚關於人類歷史運行法則的知識，以及由此而來的（革命）行動策略。在《理論與實踐》以及〈關於馬克思與馬克思主義的哲學討論文獻報告〉中，哈伯馬斯指出，對於歷史過程的分析，以及關於團體和階級的行動能力的假設，是不能從「辯證法框架」推導出來的，而是只能在經驗分析中進行探討（參閱第九講，第 208 頁）。由於哈伯馬斯對學生運動誤入歧途的發展感到非常吃驚，因此他比以往更加堅定地宣稱，理想化的超主體觀念是錯誤的。此外，哈伯馬斯在著作中也指出，右派黑格爾主義將**民族**的實現視作歷史使命，這和那些學生運動很像，都是誤入歧途。哈伯馬斯力圖解構超主體觀念，就是為了在政治層

面反對左派的和右派的極權主義。

哈伯馬斯甚至試著用這種極度懷疑的態度，去檢視所有系統性地構想出集體行動者的理論，包括那些在經驗層面頗有道理的理論。對哈伯馬斯來說，任何「集體行動者」的概念背後，都暗藏著歷史哲學中理想化的「超主體」概念。他甚至說，只要是可以駁斥超主體概念的看法，他都會接受。這裡他指的就是功能論的系統理論。在上一講曾提到的引文中讀者也許已經可以看到，哈伯馬斯在20世紀60年代末期就已經透過魯曼的作品，了解了帕森斯的系統概念（關於魯曼的理論，可參閱下一講）。哈伯馬斯從魯曼和帕森斯的理論中學到了一件事，就是行動理論的貢獻無疑是有限的。如同魯曼於1968年在他的著作《目的概念與系統合理性》（*Zweckbegriff und Systemrationalität*）（我們在下一講會對此有詳細的介紹）中所嘗試指出的，組織、機構等等不是單純由一個事先給定的合理目的來操控的。或是說，行動者（包括組織當中的執行者）的行動目標和目的設置，跟組織具體的功能運作方式，幾乎都是不一致的。組織的目的通常是清楚、明確的，但組織當中的行動者所設置的目的和目標，卻常相當模糊、多樣，且相互衝突矛盾。**組織的運作通常遵守著組織自己的功能邏輯，**與個體的行動目的沒有關係。對於哈伯馬斯來說，這種觀點佐證了一件事，亦即當一堆人湊在一起、聚集在一起時，每個人其實都帶有自己的目標與目的。集體組織的功能運作方式與邏輯，不能從人類具體的行動觀念當中推導出來。在這裡，哈伯馬斯認為系統概念非常重要。他很同意功能論的一個論點，即行動概念對於社會過程的分析來說是不夠的。

不過，因為哈伯馬斯之所以採納這種純理論的論點，是出於他的政治意圖，所以他完全不考慮一件事：系統或集體的確某種程度上可以被**類比**成主體。他這句話的意思格外明顯：「系統不能被當成主體來看。」（Habermas, *Legitimationsprobleme im Spätkapitalismus*, p.12）哈伯馬斯認為任何談及**整個**無產階級或是**整個**民族的說法，以及談及整個無產階級或民族的使命的說法，都是荒謬的，因為這種「整個」的概念之下所指涉的行動交織，並不會真的就總和成一個整體，所以用主體概念來進行表達是沒有意義的。這裡也凸顯了，哈伯馬斯的作品之所以會引入系統概念，是因為想抵抗學生運動那帶著極權主義誘惑的口號。

哈伯馬斯的這個政治動機是可以接受的；亦即他果斷地採取一個反對所有列寧主義誘惑和民族主義誘惑的立場，並警告不能使用**理想化的**集體主體概念，這種作法是有道理的。但是另一方面其實也無法反駁的是，集體，或是集體行動者，事實上是存在的。我們可以問，哈伯馬斯如此果斷地走向了功能論的系統概念，是不是太

操之過急了，因爲這樣會讓他的理論無法再去設想集體行動者概念。提及集體行動者的說法，不一定都是基於歷史哲學的理想化觀念。我們應該從經驗的層面去檢視，我們是否，以及在何種程度上可以討論集體行動形式的某些現象。由於哈伯馬斯對學生暴動的荒謬後果感到震驚不已，因此他只想，也只會像帕森斯那樣，完全只用**功能論的**方式來想像社會秩序。對哈伯馬斯來說，將社會秩序想成是脆弱的，是不同集體行動者和個體行動者之間有序的「相互協調」（而且這種有序的相互協調也只是短暫的存在），並不是辦法。與其採用互動論的觀點，將社會秩序視作流動的（參閱第六講），還不如擁抱功能論的觀點會好一些。

於此，便出現了一個難題：如何將功能論與詮釋學、系統理論與行動理論，在政治層面與理論層面結合起來？在 20 世紀 70 年代，哈伯馬斯便在嘗試解決這個難題；我們可以將這段時期看作他的探索時期。哈伯馬斯從他的時代診斷的研究〔即 1973 年出版的《晚期資本主義的正當性問題》（*Legitimationsprobleme im Spätkapitalismus*）〕，到嘗試用演化理論工具來重構馬克思主義的純理論分析〔即 1976 年出版的《重構歷史唯物論》（*Zur Rekonstruktion des historischen Materialismus*）〕，都提出過一些暫時性的結論。但是眞正最重要的，還是他在 1981 年出版的代表作《溝通行動理論》（*Theorie kommunikativen Handelns*）。我們這一講接下來，將會花很大的篇幅來討論這本著作。

． ．

《溝通行動理論》是分成兩冊、總共超過 1,100 頁的大部頭著作，全書系統性地分成了四大主題區塊：一、合理性理論；二、行動理論；三、社會秩序理論；四、時代診斷。哈伯馬斯聲稱，這四大領域必然是密不可分的。不過他的這個聲稱是值得商榷的。但我們先不討論這個。我們先來看，他抱著什麼樣的野心，來處理這些廣泛和全面的主題。他的這個研究，也在力求進行理論綜合。他認爲，社會學已分裂成各種不同理論方向，而他想透過檢視各種理論方向的要求與關懷，將社會學統整爲一。所以也難怪，《溝通行動理論》明顯把帕森斯的《社會行動的結構》當作榜樣。人們常常把哈伯馬斯的著作只當成哲學著作來看，以致帕森斯的理論在書中的重要性常常被忽略。如同《社會行動的結構》，《溝通行動理論》中系統性地進行理論探討的部分，也輪番地用一整章來專門對一個理論家進行詮釋。如同帕森斯一樣，哈伯馬斯很

仔細地討論了韋伯和涂爾幹。當然,哈伯馬斯不像帕森斯那樣討論具有強烈經濟學取徑的巴烈圖和馬歇爾,而是另外去討論了被帕森斯忽略的重要社會科學家,像米德,以及批判理論的重要代表人物霍克海默和阿多諾。當然,哈伯馬斯討論的對象還有帕森斯!如第二講提到的,帕森斯曾建立了社會學大師名錄;而《溝通行動理論》出版時帕森斯甫過世沒多久,因此帕森斯自己此時也進入了社會學大師名錄。

《溝通行動理論》第一卷討論了韋伯和批判理論,第二卷則討論了米德、涂爾幹和帕森斯。這個討論順序不是隨意的,也不是依照這些學者的年齡先後或著作出版先後順序來編排的。這個討論順序很清楚的是根據社會學的範式轉移來安排的(雖然他所認為的這個社會學範式轉移順序,不是沒有爭議的)。哈伯馬斯在《溝通行動理論》的開頭,就活力充沛地討論這些範式轉移。從範式轉移過程中可以看到,在社會理論中人們已經越來越注意到,將所謂**目的合理性**行動擺在首要地位的理論作法(韋伯和批判理論即是這麼做的),是有缺陷的。同時人們也看到了採取另一種行動模式的必要性。這個「另一種行動模式」,即是可以追溯到已經由米德提出,但某種程度上在涂爾幹那裡也可以看到的**象徵互動**。象徵互動模式是當時百家爭鳴的各理論的殊途同歸之處。哈伯馬斯認為,如果不去討論這些理論大師的思想,就沒有辦法克服各種社會學理論取徑到他那時為止所遇到的難題。最後,哈伯馬斯討論了帕森斯。如前文所述,哈伯馬斯對行動理論所能涵蓋到的範圍感到高度質疑,因此他認為帕森斯論證了一件很重要的事,即除了行動理論之外,某種程度上我們還需要一種**功能論**的秩序理論。不過哈伯馬斯也認為,帕森斯的功能論最後是有點太極端了。

我們來大致介紹一下這本書的內容。首先來看看《溝通行動理論》中的第一個重要主題,即哈伯馬斯的合理性理論。

1. 要想搞清楚哈伯馬斯怎麼理解「合理性」,最簡單的方式就是去看他如何透過對其他兩種非常具有影響力的合理性概念**所進行的闡述**,來發展出他自己的合理性概念。首先,他很顯然地在批評一種理論,這種理論僅僅將合理性視為手段與目的之間的適切關係,亦即將合理性等同於為了實現既定目的而對適當手段所作出的最佳選擇。這裡指的首先當然就是理性選擇理論。顧名思義,理性選擇理論的合理性概念即是這一類的合理性概念。但這裡指的不是只有新功利主義**中**的理性選擇理論,而且也包括**所有**功利主義和新功利主義的理論。哈伯馬斯認為,這些理論的合理性概念都太過狹隘,因為這一類的理論家都認為,關於目的選擇的問題(注意,這裡說的是怎麼選擇目的,而不是說怎麼選擇手段),完全沒有**理性的**答案。從這類思想家的觀點視

之，目的都是隨意、任意、主觀的等等，所以對於科學分析，或合理分析來說，**怎麼選擇手段**才是可分析的，目的是無從分析的。

關於哈伯馬斯發展自己合理性概念時的另一個批評對象，他提得非常隱諱，但人們在他對合理性進行的根本批判中可以看得出。這個批判對象，就是後現代主義。我們在第一講提到無政府主義科學理論家費耶阿本時，其實就已經稍微碰觸到後現代主義了。因為費耶阿本將孔恩的命題加以極端化，這讓費耶阿本成為後現代科學批判之父。我們在之後討論後結構主義的章節（第十四講）時，會再詳細介紹後現代思想，這裡先按下不表。哈伯馬斯認為，後現代主義的合理性概念和功利主義與新功利主義的合理性概念同樣狹隘。不過兩者的差別在於，功利主義將合理性視為非常重要的角色（雖然其重要性僅侷限在手段的選擇方面），而後現代思想則完全否定了合理性的重要性。對於後現代思想家來說，科學和合理性思想，並不比其他的知識類型（比如魔法）享有更高的正當性。科學不過就是為權力提供依據的另一種意識形態的形式罷了。

哈伯馬斯認為，（新）功利主義和後現代思想最終都只會走向死胡同，兩者他都無法接受。所以他從更廣泛的意義上來討論理性與合理性，以此提出了「溝通合理性」或「溝通理性」這個概念。這個概念一看就知道與語言有關。這個概念想表達的是：我們不一定非得像功利主義那樣狹隘地理解合理性。看我們的日常生活就知道了。當我們在日常生活中彼此聊天的時候，雖然我們會聊到很多非常不一樣的現象與觀點，但與此同時我們都會期待可以達成一致，亦即期待**可以得到一種理性的共識**。我們在日常生活中運用的理性化功利主義所說的更加豐富。不過，哈伯馬斯不是只從直覺上去猜想日常生活和語言中的這種合理辯論的可能性，他還充分運用了語言分析哲學的知識，來對這種合理辯論的可能性進行了詳盡的分析。語言分析哲學，特別是美國哲學家希爾勒（John Searle, 1932-）提出的言說行動理論，對於語言和言說者有著詳盡的研究。希爾勒的分析問題，像是：當我們在說話時，我們實際上究竟在做什麼？語言究竟會帶來什麼成效？在言說行動中被表達出來的究竟是什麼，以及這些是如何被表達出來的？此外，顯而易見地，言說行動會牽涉各種完全不同的世界面向；而這正是哈伯馬斯想探討的。哈伯馬斯有一個命題，這個命題也是他那更廣泛的合理性概念的基礎，亦即：在任何語言表達中，甚至原則上在任何行動中，都包含了三種「有效性要求」。亦即在任何的表達和行動中，我們會建立起與世界的關聯；與世界的關聯有三種不同的形式，並且原則上我們都已經準備好為這三種關聯形式進行辯護。

(1)在任何表達中，我們會與世界中的某事或某物相關聯，而且我們會聲稱，某事或某物是這樣子而不是那樣子。用哈伯馬斯的話來說，就是：我們會提出一種**對於真理的有效性要求**（Geltungsanspruch auf Wahrheit）。對於功利主義者來說，合理的或科學的辯論只有一種作法，就是去爭論我們關於世界的說法在經驗上是否正確。功利主義的這種看法當然不會不重要。但是，我們把自然當作對象、對自然投注勞動力、我們的自然科學和科技──這一切都還有一個很重要的基礎，就是我們所提出的關於世界的說法，是可以爭論、修改、修正的。就算是在任何的工具行動當中，也都暗藏著這種有效性要求。不過哈伯馬斯認爲，合理性不是**只基於這種有效性要求**，不是光有這種言說行動就能構成合理的論證，光這樣去看語言和行動是不夠的。因爲：

(2)在任何表達與行動中，我們也會界定一種社會關係，並說出某件事從社會觀感來看是否恰當，或是從規範方面來看是否正確。用哈伯馬斯的話來說，就是：我們會提出一種**對於規範正確性的有效性要求**（Geltungsanspruch auf normative Richtigkeit）。當然，從哈伯馬斯的觀點來看，人際互動並不會遵守一個固定不變的模式；我們在談象徵互動論的那一講中就已經提到這件事了。我們說話與互動，往往都得先協商之後才能進行下去。有些人在面對我們時，可能會覺得可以對我們下命令，以領導自居，因爲從某些規範來看他們聲稱他們可以下命令、我們必須服從。但是，我們當然可以明確或委婉地駁斥這種情境。或是簡單來說：對方行動的規範正確性，是不是有效的，是可以爭辯的，我們大可再提出另一種規範。而當我們在針對這樣一種有效性要求進行爭辯時，哈伯馬斯認爲我們原則上都可以用合理的論點來進行爭辯。不過不只如此，哈伯馬斯還認爲：

(3)在任何行動或表達中，在關係到我們的體驗與願望，或我們行動是否發自內心，或是否言行一致的時候，還會有一種**對於真誠的有效性要求**（Geltungsanspruch auf Wahrhaftigkeit）。不論是在高夫曼的作品，還是在一些藝術理論中，都可以看到一種觀點：人類的行動和言說，不只與外在世界有關，也不只與由規範所規定的社會關係有關，而是也會反映言說者或行動者的**主觀性**。高夫曼令人印象深刻地分析過，展現自我是任何一個互動的根本構成要素之一。當我們在與互動對象進行溝通時，我們會在乎我們的行動是否看起來發自內心，是否看起來很矯揉造作，或是否做錯了。我們會希望自己看起來很真誠，呈現了「我們自己」；我們會希望我們所有的行動都清清白白、言行一致。當然，所有這些情況，我們也可以進行爭辯，亦即爭辯行動和表達是不是發自內心的。而且我們在日常生活中都已經在這麼做了。比方我們會質疑面前的這個人說話是否老實，我們會猜對方是不是只是在做戲而已。哈伯馬斯認爲，

藝術家也是在用類似的方式，要求將藝術作品當作藝術家的自我表現，而**藝術評論**則可以對此進行爭辯。

　　哈伯馬斯認為，透過上述命題，可以拓展出比其他合理性概念還要更寬廣的合理性概念。並且在這個更寬廣的合理性概念中，辯論是可能的。但在這裡，我們來看一下哈伯馬斯自己是怎麼說的：

> 　　就如同表述性的言說行動一樣，**由規範所規定的行動**以及**表現性的自我呈現**也有個特質，就是其表達（這裡指的，是有意義的、在其脈絡中可被理解的表達）與可被批判的有效性要求是密不可分的。這些表達與事實無關，而是與規範和體驗有關。行動者會要求，當他的行為在與一個被承認為正當的、符合規範的脈絡相關聯時，是正確的；或是要求，一個讓他格外觸動的體驗的表達是真誠的。如同表述性的言說行動一樣，這些表達也可能是無效的。一個可批判的有效性要求，有可能可以被互為主體地承認；而這種可能性，是其合理性的構成要素之一。然而，在由規範所規定的行動中，或是在表現性的表達中體現出來的知識，與事實的存在與否無關，而是與規範的應然有效性和所顯露出來的主觀體驗有關。透過規範的應然有效性和顯露出來的主觀體驗，言說者並不與在客觀世界中的某事或某物相關聯，而是與在共同的社會世界或每個人自己的主觀世界中的某事或某物相關聯。（*Habermas, Theorie des kommunikativen Handelns*, Bd. I, p.35）

　　這不是說，在每個表達或行動中，這三個有效性要求的提出都是**同等強烈的**。真理的有效性要求在某些行動（比如自然科學實驗行動）中，顯然會比在其他行動（比如宗教儀式行動）中相對更重要些。然而，在自然科學實驗行動中，真理的有效性要求很重要，絕不意味著另外兩種有效性要求就不重要了。另外兩種有效性要求就算不是最重要的，無論如何至少也都會是次等重要的。自然科學研究也要符合規範，並且人們同時也會看參與實驗的自然科學家在表達時是否真誠。不過，這也意味著一個寬泛的合理性概念必須要能適用於**所有**這三種不同的有效性要求。亦即人們可以**用理性的論點**對所有這三種有效性要求加以爭辯、反駁。哈伯馬斯將這種討論形式稱為「商談」（Diskurs）。他認為，如果人們擁有一種自由，可以讓人們完全免於內在強制束縛與外在強制束縛，那麼在這種理想的，或是理想化的自由條件下，人們就可以對所有這三種有效要求進行這種被稱為商談的討論。也因為人們可以對這三種不同的有效

性要求進行爭辯，因此在所有這些領域中，學習過程得以成爲可能。於此，哈伯馬斯便提出了一種合理性模式，這種合理性模式能夠涵括——亦即綜合——所有其他社會學的（行動）理論中已經包含，但都總是相當片面的合理性概念！

哈伯馬斯的合理性概念影響甚巨。雖然他關於第三種有效性要求，亦即對於眞誠的有效性要求，講得有點不清不楚，因爲這裡顯然混淆了不同的面向（日常生活中的眞誠與否，以及藝術的本眞性，當然是兩回事），但是他所勾勒出的另外兩種對於眞理的和對於規範正確性的有效性要求，大獲好評。哈伯馬斯的眞理商談理論和道德商談理論，不論是以前還是現在，對於許多關於倫理的辯論，以及關於認識論和科學理論的辯論來說，都是非常重要的出發點。在第十九講討論新實用主義時，我們還會再回來討論與此相關的哲學與社會學問題。

2. 哈伯馬斯的行動理論，與上述的合理性概念密不可分，因爲哈伯馬斯的行動理論就發展自他的合理性理論。他的這個作法，漂亮又簡單。如我們即將看到的，行動的類型會與合理性的類型進行匹配。但同時，這種作法也並非沒有問題，而是至少遭遇了兩點批判。第一，從合理性理論來建立行動理論的作法，是不是等於在用極爲合理性主義的觀點與方式來理解行動，然後就忽略，或幾乎是刻意無視沒有與合理性模式相匹配的行動形式呢？第二，哈伯馬斯的這種作法，與美國實用主義中和思維與行動之間的關係有關的哲學傳統觀點，是不是相矛盾的呢？從實用主義的觀點來看（見第六講），思維不是精神或意識，不是一開始就清清楚楚存在著的，而是在過程中、**在行動情境中產生的**。美國的實用主義認爲，當思維涉及行動問題時，思維是實用性的。但因爲哈伯馬斯的理論發展是從合理性理論開始的，**然後才**推進到行動理論，因此他似乎忽略了美國實用主義的觀點。

如果我們對哈伯馬斯的行動理論實際上有所了解的話，就會發現他在行文的後面，已經回答了這兩個問題。怎麼回答的呢？哈伯馬斯在根本上區分出三種行動類型，但是這三種行動與上述三種表達或行動的有效性要求之間的匹配，卻有點奇妙，因爲不是非常對稱。大家應該以爲，哈伯馬斯會把三種行動類型**完全一對一**地對應上他分類出來的三種有效性要求，對吧！是，他的確根據三種有效性要求，區分出三種行動：**基於目的論的**行動，意指以操縱外在世界爲目標的行動；**遵照規範的**行動，亦即基於社會關係適當性的行動；**戲劇**行動，其重點在於自我表現（Habermas, *Theorie des kommunikativen Handelns*, Bd. I, pp.126ff.）。但是接下來，哈伯馬斯並沒有把這三種與有效性要求相對應的行動形式，當作他的行動理論的討論出發點。他在根本上區

分出來的三種行動類型，其實是：一方面，基於狹義上的合理性行動，區分出**工具行動**與**策略行動**；另一方面，基於廣義合理性概念所提出的**溝通行動**。爲什麼他會這麼做？這些行動到底所指爲何呢？

工具行動與物質客體有關。這種行動，旨在以征服自然、操縱物體爲目的，選擇適當的手段。哈伯馬斯是這樣說的：

> 行動者實現目的、讓所希望的狀態出現的方式，是在既有情境中，選取能確保成功的手段，以及以適當的方式來運用這些手段。其核心概念在於實現目的，帶來最大化，以及透過對於情境的詮釋之後，在各種行動選項中進行選擇。（Habermas, *Theorie des kommunikativen Handelns*, Bd. I, p.126）

策略行動雖然也是根據目的和手段來進行的，但與物質客體**沒有**關係，而是與其他主體有關。典型的策略行動是：彼此交織在一起的行動者在選取最佳行動的時候，把彼此都僅當作能達到目的的工具（可參閱第五講談到的博弈論）。哈伯馬斯認爲：

> 如果行動者在預估決策時，把至少一位額外的進行目的導向行動的行動者，一併當作估算成果的要素，那麼基於目的論的行動模式就會被擴展成策略行動模式。這種行動模式，通常可以用功利主義來加以解釋：人們會假設，行動者會爲了追求效益最大化，亦即根據效益期待，來選擇與計算手段和目的。經濟學、社會學和社會心理學中的決策理論與博弈論，都是基於這種行動模式而來的理論。（Habermas, *Theorie des kommunikativen Handelns*, Bd. I, p.127）

溝通行動則相反，與工具行動或策略行動截然不同，但和上述的遵照規範的行動與戲劇行動也不一樣。雖然遵照規範的行動、戲劇行動與溝通行動有一些共通點，即它們都與工具行動和策略行動相反，不是來自**孤立的**行動者，不會想著要操控客體，或是把其他主體當作客體來操控。在遵照規範的行動中，我們必須滿足**團體**對我們的行爲的期待，亦即我們必須遵照**共用的**規範；在戲劇行動當中，我們對於我們的經驗的表現，必須**考慮到觀衆**（Habermas, *Theorie des kommunikativen Handelns*, Bd. I, p.128）。同樣地，溝通行動也是基於一個整體的情境，而**不是**基於以孤立的行動者

爲前提的情境。但溝通行動與遵照規範的行動和戲劇行動不同之處在於，行動者希望在彼此之間造就眞切的**相互理解**（Verständigung）。遵照規範的行動的基礎，是規範的**自然無疑的**有效性。戲劇行動的基礎，首先是被視作**沒有問題的**自我表現的形式。唯有溝通行動，將不被人們質疑的前提與被視作理所當然的東西當作主題：行動者會討論前文提到的那些有效性要求，並且會試著達到共識。「行動者們會試著就行動情境達到相互理解，以此來融洽地協調他們的行動規劃與行動。」（ibid.）

　　溝通行動的特點，亦是它與遵照規範的行動和戲劇行動的不同之處，在於它**不是目的論的**，也就是說它沒有一個設置好的目標。它既非旨在選擇某個手段以實現**某個目的**，也非以毫不置疑地遵守**給定的**規範爲目標，也不追求**卓有成效的**自我風格展現。溝通行動的特點更多是在於，會把事先給定的目標當作可質疑的問題。因爲在溝通行動中，重點是與他人進行眞誠的辯論，因此溝通行動不會，也不能想著要完成固定的目標。如果我要與他人進行辯論，那麼我要知道，我的目的和目標在討論中可以被修改、駁斥，或是可以被**有說服力地**拒絕。也就是說，在這種辯論形式中，所有的對談人都必須開誠布公，都必須能坦然面對交談的結果。在這種**公開討論的情況**當中，沒有事先給定的、每個參與者都想達到的目標。換句話說，溝通行動，亦即以相互理解爲導向的行動，是非目的論的行動。讓我們再來看看哈伯馬斯自己是怎麼說的：

　　　　溝通行動模式將語言假定爲一種能達到完整的相互理解的媒介。在溝通行動中，言說者與聆聽者會同時從他們的未受詮釋的生活世界出發，同時參考在客觀世界、社會世界與主觀世界中的某事或某物，以此商定出共同的情境定義。（Habermas, *Theorie des kommunikativen Handelns*, Bd. I, p.142）

　　如此一來，哈伯馬斯之所以將溝通行動與工具行動和策略行動對立起來的原因，就一目了然了。溝通行動必然都會假定有其他具有辯論能力的行動者，**而且同時**這種行動是非目的論的。如果要用一個圖表來呈現的話，那麼我們可以畫出如下的一個四格表，一軸是「非社會的行動情境」對「社會的行動情境」，另一軸是「以成果爲導向的行動方針」對「以相互理解爲導向的行動方針」。

行動情境 ＼ 行動方針	以成果為導向的	以相互理解為導向的
非社會的	工具行動	
社會的	策略行動	溝通行動

如果我們把這個表格，跟帕森斯的行動參照框架相比較，就會發現哈伯馬斯實際上已經跟目的論的行動模式斷絕開來了，因為他提出了溝通行動概念！帕森斯的行動都還只是指向目標與目的的（雖然他還提到了價值與規範。參閱第二講和我們在第三講對此的一些評論）；與帕森斯不同，哈伯馬斯的溝通行動的特色正好就在於，它沒有要完成**事先給定的**目的，或遵守**事先給定的**規範，而是把目的交給參與商談的行動者來處理。

最後，從哈伯馬斯的理論發展來看，這個框架也顯露出他想**綜合**各家理論的意圖。哈伯馬斯想要用他的行動概念，來把社會學中（特別是帕森斯或高夫曼）發展出來的所有行動模式全部包含進來，把每個學者的意圖都加以處理，以此來將所有的理論觀點綜合起來。溝通行動概念讓哈伯馬斯在一定程度上站在了以前的社會學家的肩膀上。這跟帕森斯在《社會行動的結構》中的野心完全是一樣的。帕森斯就曾聲稱過，他運用他的行動參照框架概念，將涂爾幹、韋伯、巴烈圖和馬歇爾等人已經顯露出的一些直覺想法集結在一起，並且使之變為更明確的概念。哈伯馬斯和帕森斯很像，也是透過先對古典社會學家進行詮釋來正當化自己的理論。他認為，他從古典理論詮釋中得出的那些命題（即第二卷的〈米德和涂爾幹的範式轉移：從目的活動到溝通行動〉一章）已表明了，在社會學草創時代，就已經出現了溝通行動轉向（即便那時候，這個轉向還沒有那麼明顯或還不完全）。尤其是米德（即第六講已經介紹過的象徵互動論的祖師爺）和涂爾幹晚期（特別是他的宗教社會學著作），實際上已經認識到語言和象徵性質的互動的重要性。而且他們的理論也已推進到合理性概念與行動概念，其廣度比韋伯談到的還要大。這些合理性概念和行動概念也是批判理論——即霍克海默與阿多諾的理論——的重要基礎，只是批判理論關於世界理性化的命題是非常片面的。

哈伯馬斯經由對古典社會學家的詮釋所得出來的社會學史，從某些方面來看當然是值得商榷的。尤其是，哈伯馬斯用超理性主義的觀點來詮釋涂爾幹的宗教社會學，說涂爾幹的理論呈現了「神聖事物的語言化」，這種說法遭受了猛烈的批評（參閱：Joas, "Die unglückliche Ehe zwischen Funktionalismus und Hermeneutik"）。不過這方面

我們不討論，我們要看的是哈伯馬斯的**行動類型學**遭受了什麼批評。

(1)前文提到的那個表格，有個明顯讓人覺得很奇怪的地方，就是「非社會的」和「非目的論的」交錯空格是空著的。哈伯馬斯深信，這一格沒有可以對應填入的東西。之所以出現這種情況，是因為，如我們在上一講提到的，他用「勞動」與「互動」的二分法拆解了馬克思的實踐概念，並且將「勞動」僅理解為目的合理性行動。所以他認為，與物質客體有關的，就只有目的手段範疇而已。但事實上，是不是真的只有這種對待客體的方式，其實是值得討論的。至少從美國實用主義的觀點來看，對待客體還有一種與目的手段模式無關的行動形式。小孩子在玩東西的時候，就與目的手段無關。或是藝術家在處理創作材料時，也沒有既定明確的目的。這種以遊玩或藝術的方式對待物質客體的情況，對於實用主義來說並非只是一種不重要的現象，因為這種現象蘊含著人類行動的創造性（參閱：Joas, *Die Kreativität des Handelns*，以及本書第十九講）。哈伯馬斯完全沒有想到這回事，所以人們完全可以指責說他那無所不包的行動類型學還是太過狹隘與貧乏。之所以會產生這種問題，是因為哈伯馬斯只從理性概念出發來建立他的行動類型學，而不是先從現象學的方式來看多樣各異的行動類型，再以此發展他的行動類型學。

(2)除此之外，哈伯馬斯完全僅致力於將溝通行動與工具／策略行動區分開來，以至於他沒有討論，到底**所有行動的共通點**是什麼，所有他討論的這些行動類型共有的與動物行為的不同之處是什麼。從人類學的角度來對人類行動進行討論，是可行，甚至是必要的，但哈伯馬斯卻完全沒這麼做。之所以哈伯馬斯這樣子是有問題的，是因為他錯失了修正與補充他那基於合理性主義的行動類型學的機會。哲學人類學，還有許多心理學和生物學研究，都提出了關於人類行動的特殊的**身體性**的洞見，但哈伯馬斯的理論在這方面卻沒有多提。我們在討論象徵互動論和俗民方法論的時候已經稍微勾勒過，人們可以如何思考所有行動都會有的身體面向。在本書稍後，特別是討論紀登斯、布赫迪厄，乃至新實用主義的那幾講，我們會再回過頭來討論這個話題。

· ·

3. 哈伯馬斯的秩序理論，也是密切、直接地和他的合理性概念與行動概念聯繫在一起的。哈伯馬斯談到了兩種社會秩序的類型，一種是**生活世界**秩序，一種是**系統**

秩序。這兩種明確二分的秩序類型，某種程度上是他從上述的溝通行動與工具／策略行動的二分所推導出來的。我們在上一講已經提過，哈伯馬斯在 20 世紀 60 年代末期就已經使用過「生活世界」和「系統」的概念。在《溝通行動理論》中，他重新充實了這兩個概念，並給予新的重要性，以此沿著讀者們已經熟悉的、源於帕森斯的這組區分，發展出他的秩序類型。

在《社會行動的結構》中，帕森斯已經注意到可以將「規範秩序」和「實際秩序」區分開來。這意味著，人們也可以將共同行動區分成兩種形式，亦即可以區分出兩種行動者之間的有序行動模式。其中的一種有序行動模式，產生自共用的規範。另一種行動者之間的有序行動模式，則是在一系列行動中偶然產生的，因此這種有序行動模式是由一系列行動無意地凝聚出來的，而不是遵照規範而來的，例如塞車、股票價格，或是市場上的黃油價格。哈伯馬斯就是用這種思路，來定義系統與生活世界（雖然他的定義前後不太一致）。他認為，**生活世界**是一種可以對應帕森斯所謂的「規範秩序」的秩序。這是諸多個體因共用的規範、共同的認可、共有的文化等等，而共同參與其中才形成的秩序。相反地，**系統**，就其結構而言，對應的是帕森斯所謂的「實際秩序」。這種有序模式沒有反映出參與者的某些意願；相反地，這種秩序完全只是由許多個體的行動帶來的非意圖結果。這種模式來自行動的後果，就如同在市場上，先有市場參與者的購買行為與生產行為，**然後才**形成某個價格。

> 哈伯馬斯想要區分兩種機制：一種是把參與者的**行動方針**相互配合起來的行動合作機制；另一種機制，則是將**行動結果**依據其功能而交織起來，以此將非意圖的行動穩定下來。行動系統的整合，在前一種機制中，是透過規範所確認的，或在溝通中被視為目標的共識所產生的；在後一種機制當中，則透過對個人決策下規定（這種規定是超出行動者意識的、非規範性的）而產生。這兩種社會整合形式——一種是**社會的**、與行動方針相關聯的社會整合形式，另一種是**系統的**、對行動方針作調整的整合形式——的區分，也讓社會概念自身中必須要有相對應的區分。（Habermas, *Theorie des kommunikativen Handelns*, Bd. II, p.179）

哈伯馬斯這裡談到了兩種整合。一種是以**社會整合**的方式來整合社會，亦即社會成員依照共有的**行動方針**而交織起來。這種整合方式，是借用從現象學發展出來的生活世界概念所描繪的情況。另一種，哈伯馬斯認為，則是透過**系統整合機制**來整合社

會，亦即諸多行動根據**行動結果**而聯繫起來。哈伯馬斯認為，系統整合的聯繫形式完全只能根據功能來進行分析，也因此需要用上系統概念。

關於兩種根本的秩序類型的劃分，我們已經很清楚了；但哈伯馬斯顯然還不滿意，所以又再區別出了兩種整合。但這時候我們就可以問了，兩種秩序——即依照**行動結果**而來的和依照**行動方針**而來的有序行動模式——和兩種整合之間關聯的是什麼。哈伯馬斯認為，互動對象是否共同在場，也是區分系統與生活世界的依據之一。在系統式的行動協調當中，例如資本主義市場，主要的行動者——比如買家和生產人員——原則上彼此之間互不認識，因此這種行動協調是在抽象的意義上形成的。與系統整合不同，基於生活世界的整合方式，是行動者直接（或至少相對直接）**在一個具體的行動情境中**面對面，亦即大家的身體都是共同在場的，以此確切地協調彼此的行動。

> 一個情境，是從**生活世界的參照背景**中，根據某主題所提出的、根據行動目標與規劃所表達出來的一個片段。生活世界的參照背景有一個中心點，隨著時空與社會的距離的擴展，生活世界參照背景會變得更模糊不清，當中的匿名程度也會越高。（Habermas, *Theorie des kommunikativen Handelns*, Bd. II, p.187）

哈伯馬斯不只區分了系統整合與社會整合，他也區分了探討這兩種整合形式的方式。關於系統整合，是由外在的觀察者，亦即科學家，透過功能分析來進行探討的；而生活世界的特色則在於特殊的存在形式。如我們在第七講提到的，生活世界這個概念來自現象學的討論，意指「所有既存事物的確實無疑的基礎，以及我不得不處理的所有問題背後那無可置疑的背景。」（Habermas, *Theorie des kommunikativen Handelns*, Bd. II, p.199；哈伯馬斯這句話援引自：Schütz and Luckmann, 1976, p.26）因此，生活世界是我們的行動背後無法完全反思到的背景，它構成了我們的思想與活動背後被視為理所當然的背景。我們無法用像系統式的行動合作機制那種方式（亦即原則上可以客觀化、用知識加以掌握的方式）在知覺層次上掌握生活世界。

哈伯馬斯所有這些試著用來掌握二分秩序類型的**額外的**討論與劃分，顯示出他的討論在理論策略上已經到了一個關鍵點，但同時這些令人眼花繚亂的討論與劃分也許也掩蓋了一些問題。因為，像是行動究竟如何基於共用的行動方針、行動者的共同在場、被視為理所當然的（文化）背景來進行合作，哈伯馬斯都沒有說清楚。他把所

有這三方面都界定爲生活世界的社會整合機制，但卻沒有說清楚，行動合作到底是否，以及在多大的程度上依賴於共同在場。同樣值得注意的是，他認爲**行動結果**只在系統當中很重要，在生活世界中不重要；但這並不符合我們的日常經驗，因爲我們一直都得面對我們行動的非預期結果。哈伯馬斯認爲只有系統整合的研究才會用到功能分析，但如果我們總是會面對非預期結果，那麼難道共同在場的情況就完全不需要功能分析了嗎？還有，爲什麼我們一定只能用功能論的分析框架來討論行動結果呢？如我們在第五講已經討論到的，新功利主義（特別是理性選擇理論）正是透過對帕森斯的功能論範式的很有道理的批判，以不斷深化對非預期行動結果的討論，使之成爲新功利主義的專長領域之一。所有這些有待解釋的方面，都讓人們最後可以再問一個問題：哈伯馬斯眞的事實上如願以償地將兩個來自極爲不同的傳統的秩序概念（一個是可以粗略地被歸爲詮釋取徑的生活世界概念，一個是源於功能論思想的系統概念）成功地混合在一起了嗎？還是他只把兩個概念硬湊成一對，然後反而造成了無法克服的理論問題？（對此的詳細討論，可以參閱：Joas, "Die unglückliche Ehe von Funktionalismus und Hermeneutik"）

無論如何，哈伯馬斯現在將兩種秩序概念跟兩種不同的行動基本類型對應在一起了：一個是「與溝通行動相輔相成」的生活世界概念（Habermas, *Theorie des kommunikativen Handelns*, Bd. II, p.182），另一個**主要是**工具性或策略性的系統中的行動。接著，他又把這個概念體系，繼續再用於一個基於演化論的命題，即從歷史層面來看，系統與生活世界脫離開來了。他的意思是，社會在演化早期階段，亦即「原始」部落社會，完全可以被理解爲一種基於社會文化的生活世界。那時，社會結構深深直接由受規範引導的互動所決定。換言之，部落成員之間的行動合作完全是根據行動方針在共同在場的情況下進行的。其中，語言是核心且唯一的媒介。行動者們透過語言來相互理解彼此，不會有人把**行動結果**當作單獨考慮的方面。但是後來，在社會演化的較高階段，人們開始把行動結果當作一個可以單獨考量的方面了。此時，政治統治以國家的形式建立起來，並且自由市場秩序在資本主義中形成了，這些最終都與透過語言而來的直接相互理解脫離開來了。哈伯馬斯借用帕森斯和其他功能論的理論家的話，說這是一種系統分出過程，這種過程造就了像是政治與經濟這樣的系統的存在。這種系統，是透過在象徵層面上進行象徵的一般化溝通媒介（symbolisch generalisierte Kommunikationsmedien）（如權力和金錢）來被加以操控的，並且所有的社會成員不再能依靠直覺來理解這些系統了。

系統與生活世界的脫離，在現代生活世界中首先具體反映出，社會系統確實地砸破了生活世界範圍，不再與日常實踐的溝通理解有關，而且只有自 18 世紀以來形成的社會科學的違反直覺的知識，才能搞懂這種社會系統。（Habermas, *Theorie des kommunikativen Handelns*, Bd. II, p.258）

從術語來看，哈伯馬斯很明顯借用了帕森斯的思想（如分化概念，或是對於媒介理論的採用）。但事實上，哈伯馬斯也嘗試用這裡所提出的歷史命題，來說明他的思想體系中爲何會採納功能論的論點：因爲政治和市場已經獨立出來了，所以詮釋取徑已經不足以分析現代社會了；也因此生活世界的秩序概念也已經是一個不足的概念了，使得系統概念的引進是有必要的。而同時使用生活世界概念與系統概念，有助於進行時代診斷，且有可能可以建立起一個批判現代社會的視角。

4. 這裡我們便進入《溝通行動理論》的第四大部分，即時代診斷。不過這部分的內容沒有什麼太驚天動地的說法，因爲關於這部分，讀者在哈伯馬斯 20 世紀 60-70 年代的作品中，已經可以（至少粗略地）認識到一些討論的基本軸線。

這裡的時代診斷，直接涉及哈伯馬斯的演化論思路。他將社會演化視作一個系統與生活世界逐漸脫離開來的階段過程，並描述了專殊化的系統如何逐漸從非常簡單樸實的生活世界社會分化出來。這裡說的專殊化的系統，特別是指市場與國家，這兩個系統透過它們自身的特殊媒介（市場的媒介是金錢，國家的媒介是權力）產生出特殊的動力。顯然，哈伯馬斯的這一套基於演化論的分化理論，跟帕森斯的思想非常相近。帕森斯也將分化解釋爲歷史發展的主要趨勢。就連媒介理論，哈伯馬斯也顯而易見地援用帕森斯的理論體系。但是接下來，哈伯馬斯就不像帕森斯那樣，繼續把系統化需求當作核心重點來推動理論了。他沒費盡心思地尋找像金錢那樣的媒介，而是完全相反。他小心翼翼地思考，在哪些社會領域中，系統概念可以用來描寫社會情境，以及哪些不行。他認爲，只有經濟以及（某種程度上的）政治，才會在社會文化的演化過程中，從社會成員直接互動的領域分化出來，並且開始透過金錢媒介與權力媒介，以與日常溝通區分開來的方式來發揮其功能。在這兩種功能領域中，正是這兩種媒介，或多或少地取代了溝通的相互理解。不過，即便如此，哈伯馬斯在談到權力媒介時，也還是相當謹慎、小心翼翼，沒有像帕森斯那樣直接基於所聲稱的媒介抽象程度與媒介效用能力就理所當然地將權力與金錢相提並論。哈伯馬斯注意到，相比於金錢，權力和日常溝通之間並沒有那麼涇渭分明地分離開來，尤其當人們在談到權力的

正當性的時候（哈伯馬斯的這個說法，不只在批判帕森斯，也顯然在批判魯曼。可參閱下一講）。我們在使用金錢的時候，並不需要特別解釋什麼正當性，但是在運用權力時，就需要有正當性作為基礎：

> 　　只有在關係到具有正當性的集體目標的時候，權力關係才能跟理念型意義上的交換關係相提並論。交換過程的利益判斷，不需要和交換對象之間取得相互理解。但眾人的利益不一樣。關於眾人利益的問題，需要集體成員之間達成共識。不論這個共識是經由傳統而事先被確定下來的，還是經由相互理解過程而建立的，都顯然是透過語言而建立起來的，而且共識的建立都必須基於充足的潛在理由。（Habermas, *Theorie des kommunikativen Handelns*, Bd. II, p.406）

這樣一種政治及其「權力」媒介與日常生活溝通的關聯，與功能論一貫的看法截然不同。帕森斯最初所提出的功能論，以及後來尤其是魯曼更極端地呈現出來的功能論，都認為每個系統與子系統都僅僅遵照著系統自身的邏輯，所以系統的功能運作絕不會再回過頭去關聯日常世界的疑問與問題。哈伯馬斯不想，也沒有按照這種極端的看法。他從一開始就想把行動理論與系統理論綜合起來。所以他也不允許將系統的功能需求當作首要的，把將行動及（在他的行動理論與理性理論中就已經仔細討論過的）隱藏在行動中的有效性要求當作不重要的。因為，如果語言和行動與某些理性特質有深刻的關聯，如果人類與人類社會的發展，可以歸因於語言當中的合理辯論的可能性的發展，那麼合理性就必須要能發揮完全的效用，而不能讓被「基於目的合理性行動的系統」所侷限住的、只講求有效性的合理性，排擠掉廣義的合理性。

　　這種想法直接反映在哈伯馬斯的時代診斷當中。他致力於挖掘出生活世界與系統之間的合適關係。這裡所謂的合適關係，意指既能符合人類語言中的合理辯論可能性，也能關照到現代社會的效益需求的關係。而哈伯馬斯關於時代診斷的命題是：今天，生活世界與系統之間「健全的」平衡被破壞了，系統關係不斷蔓延開來，由政治機制和經濟機制所控制的系統與過程不斷逼迫著、單方面地影響著生活世界。哈伯馬斯用一種強而有力的譬喻來描述這件事：「系統對生活世界的殖民化」。這個譬喻的意思是說，系統性質的事物獲得了壓倒生活世界性質的事物的力量。當然這些東西聽起來很抽象，但如果我們在這裡簡短地舉例一下，哈伯馬斯如何透過他的系統與生活世界當下關係的命題，探究政治的壓迫趨勢，應該有助於讓讀者讀懂哈伯馬斯這裡到

底在說什麼。

(1)哈伯馬斯最初採用系統論的思路，是因為想試著在理論層面，避免源自黑格爾主義或馬克思主義的集體主體概念，特別是理想化的超主體概念。這我們已經說過了。但同時與此也並非毫不相關的事情是，系統理論的論點的使用，也有助於掌握現代社會，以此來確立某些「事實」（哈伯馬斯這種作法，也是在針對極端左派）。哈伯馬斯認為，系統從生活世界脫離開來，的確是必要的；所以他也同意經濟和（至少某種程度上的）政治有很好的理由分化出來成為獨立的系統。因為唯有如此，在社會文化的演化過程當中，才能產生極高的效率。他相當反對左派的烏托邦夢想。他認為，在現代社會中，金錢和合理的（政治）管理是必不可少的功能機制。讓生產者直接握有權力，或是廢除金錢制度，會極大地失去效率和理性。雖然隨著這兩個子系統的分化，產生了與日常溝通和**日常溝通的**合理性不再有直接關聯的領域，但社會的潛在效率卻也的確是因為這兩個子系統而生產出來的，人們不能，也不應該放棄這種效率。

(2)但另外一方面，哈伯馬斯也警告，不能讓系統機制毫無節制地蔓延開來、逾越到生活世界當中。什麼叫作系統機制逾越到生活世界當中呢？像日常生活中凡事都只向錢看齊就是。比如以下這些情況：在長久的傳統當中形成的、自然而然的鄰里守望相助，變成看能拿到多少錢才決定要不要守望相助；或是家人因為錢才做家事，比如被寵壞的女兒和兒子因為看在錢的分上，所以才去遛狗、洗碗盤、幫助兄弟姊妹、整理房間。像這種在某些生活領域只向錢看齊的情況，就是哈伯馬斯所說的生活世界的殖民化的一種形式。因為在這些例子中，市場交易形式開始有可能危害、取代人與人之間的其他關係形式。規範或行動協調過程，本來可以理所當然地、公平地發揮效用，但卻都被金錢媒介介入，因而完全被金錢媒介替代，或因為金錢媒介而被忽視了。

不過，哈伯馬斯認為，造成生活世界殖民化的，不是只有市場，而且還有國家。在福利國家有一種趨勢，就是社會關係被非常細緻地官僚化了，凡事都看法律規定；而這也會危及生活世界的互動。因為，如果為了遵照某些社會保障要求，因此所有的生活情況都只用法律來加以界定、只從法學觀點來加以爭辯，那麼最終「一般老百姓」就不再有辦法彼此對生活情境加以溝通與爭辯，而是只能由律師在法官面前進行溝通與爭辯，並且也只能由國家行政機關來執行法官判決。在這種情況下，生活世界也一樣被排擠到邊緣，因為由權力在背後支撐的國家介入也逐漸代替了日常溝通。

對於哈伯馬斯來說，這種對生活世界所遭受的危害所下的診斷，同時顯然也具有

提出預測的潛力。他認為，系統與生活世界之間的衝突，也表明了現代社會具有一種特殊的抗爭潛力，比如環保運動抗議科技不斷擴大對自然的破壞。或是有一種比較鬆散的另類選擇運動，特別著重強調對於現代社會過度重視合理性的擔憂，擔心表現性的行動形式在過度重視合理性的現代社會中再也沒有立足空間了。

藉由這個時代診斷，哈伯馬斯聲稱他繼承了以往社會學家與社會理論家的診斷（當然他這個聲稱跟他的理論綜合企圖有關）。他認為，他的概念勝過了馬克思、韋伯，乃至阿多諾和霍克海默的舊版批判理論所提出的概念。所以他已能夠對馬克思的資本主義批判中有道理的地方進行重新表述，讓韋伯對現代社會中事理化（Versachlichung）趨勢的擔憂可以再被人們進一步討論，用更具建設性的方式採納與吸收「法蘭克福學派」對技術的批判。或是換句話說，哈伯馬斯可以用更合時宜的方式，表述出對現代社會異化面向的必要批判，並且也可以仔細地闡明，可以如何在不抱著澈底的文化悲觀主義的情況下，繼續援用傳統左派與在政治方面相對來說不具特殊政治立場的文化批判。因為他認為，透過他的合理性理論，他可以構想出一個適當的尺度，來判斷現代社會中分化過程的合理性。而且這個尺度也提供了反抗的希望，因為如果系統機制過於直接地介入日常生活的話，人們就可以根據這個尺度知道必須進行抵抗。

●●●

哈伯馬斯的「生活世界的殖民化」這個說法，由於簡單好記又一目了然，使得他的時代診斷獲得了極大的反響。20 世紀 80 年代，公眾在展開關於社會的當下與未來的辯論時，他的著作也對辯論產生了極大的影響力。不過也是因為如此，哈伯馬斯面對了無數對他這本著作的批評討論，並且他也提出了無數嚴肅的抗辯。這裡，我們僅簡短提出三個批評。

(1)哈伯馬斯在他的時代診斷中，幾乎只討論系統與生活世界**之間**的相互作用與失衡關係，但幾乎沒有討論系統內部可能產生的功能失常。他幾乎沒有處理經濟內部的問題，比如反覆的景氣循環、壟斷趨勢等等，也沒有討論政治系統在今天已顯露出來的問題，即很難滿足不同社會的需求。20 世紀 80 年代，許多西方民主國家的保守主義的復興，意味著國家撤出了經濟領域；此外，經濟危機與高度的長期失業也是聯邦德國當時的顯著問題。但哈伯馬斯的時代診斷**對這方面的**發展完全忽視不顧。

(2)在其時代診斷中，哈伯馬斯提出，系統與生活世界之間的失衡是社會運動和集體行動者之所以形成的可能原因。但他這套說法實在非常粗糙。因為他雖然解釋了「（幾乎所有的）社會運動」之所以形成的「肇因」，但他卻沒有研究「集體行動者」的存在究竟要如何用系統／生活世界這個二分概念來討論。或是反過來說，集體行動者呈現出來的共同行動形式，似乎正好既不能用生活世界，也不能用系統來討論，或至少很難直接說它就是生活世界抑或系統。當然，當初哈伯馬斯引入系統概念，就是想避免「宏觀主體」這個談法。但哈伯馬斯其實沒有講清楚，在他的理論體系中，集體行動者究竟具有哪些系統特質。因為在經驗層面上，我們實在不能將集體行動者單純地詮釋成是系統與生活世界關係的失衡程度的**指標**，否則我們對社會就只會有一種非常僵固的理解方式，並且直接就將深刻影響了現代社會（但不只現代社會）的社會、宗教、經濟、政治等運動，全都簡化成系統與生活世界的關係的失衡指標。

(3)哈伯馬斯始終無法從他的理性理論中發展或勾勒出一個標準，告訴我們在經驗層面系統與生活世界的「正確的」關係應該是什麼樣子的，以及生活世界確切來說在什麼時候、如何遭受到系統機制的逼迫與危害。雖然因為他沒有提出標準，所以他可以不須大費周章就指出社會生病了、社會關係受到干擾了。但很顯然地，也就是因為他這套理論缺乏標準，所以人們無法意見一致地判斷什麼時候可以認為系統因為發揮了效益所以是好的，什麼時候可以認為系統過度擴張了所以是病態的。哈伯馬斯在這方面的討論常常都只是假設性的。

不過，哈伯馬斯的理論發展當然不是在 1981 年出版這本書之後就結束了。如我們之前就提到的，他雖然退休很久了，但還是有非常大的生產力，依然是讓人印象非常深刻的理論家。我們這裡無法把他之後的著作全部討論一遍，只能討論兩本特別具有影響力的著作。第一本是 1985 年出版的《現代性的哲學話語》（*Der philosophische Diskurs der Moderne*），該書根本上旨在和所謂的後現代和後結構主義思想家進行辯論。書中，他尤其批判深受尼采（1844-1900）影響的法國哲學家和社會學家。這些法國哲學家和社會學家極力批判理性，譴責理性總體上就是一種統治計畫。哈伯馬斯批評這些思想家，說他們過於急躁地把整個理性都拋棄了（即便他們對於狹義上的合理性模式的批評，有部分還蠻有道理的）。如果直接把整個理性都拋棄，那麼他們就會都無法認識、重視語言中的理性地辯論可能性。我們在第十四講談到在這裡被批評的這些思想時，會再回來討論這個問題。哈伯馬斯這本書其實也是拐個彎在為他的溝通合理性和溝通行動理論辯護，以對抗後現代理論對理性的質疑。

《在事實與規範之間》（*Faktizität und Geltung. Beiträge zur Diskurstheorie des*

Rechts und des demokratischen Rechtsstaates）出版於 1992 年，同樣也旨在進一步發展在《溝通行動理論》中涉及的問題，或更多是在試著解決當時沒有解決的問題。該書首先是一本法律哲學著作，書中問的是法律在當代社會扮演了什麼樣的角色。在《溝通行動理論》中，哈伯馬斯並沒有清楚說明系統／生活世界這個二分的秩序，**彼此之間**要怎麼整合起來，乃至整個社會究竟要怎麼整合起來。當然他總是堅持生活世界的優先性，因爲從歷史來看系統是從生活世界分化出來的。但在《溝通行動理論》中哈伯馬斯沒有說清楚，在倫理方面與文化方面都已分裂破碎的社會，該如何統整爲一。因爲人們已經沒有給定的共識了，而且也無法想像，一個遍及整個社會的、能建立起普遍共識的商談形式，究竟是什麼樣子的。現代社會要怎麼整合起來呢？人們可能很容易就想到一些作法，比如可以形成某種價值，亦即可以透過宗教之類的行爲，讓人們**信奉**憲法中訂定的人權的有效性，或是讓人們**信奉**演化原則的有效性，或是可以形成人們對某些民族的文化優越性和政治優越性的**信念**。但哈伯馬斯完全不信任這種作法，因爲他覺得**所有**這些價值都是分立的，無法真的進行合理的討論，所以也無法獲得共識。

在《在事實與規範之間》，他想到一個作法，就是透過法律來進行整合。因爲法律處於系統與生活世界之間很關鍵的位置，所以他覺得法律可以發揮整合作用。「因爲法律可以與金錢和行政權力結合起來，也能以同樣的方式與社會團結結合起來，所以法律可以在其整合功能中吸收不同來源的律令。」（Habermas, *Faktizität und Geltung*, p.59）法律保留了溝通理性帶來的廣泛的合理辯論可能性，因此它是一個很好的工具，能將現代分裂破碎的社會中各種不同的利益通通湊到一起。哈伯馬斯認爲，今天人們不再能藉助一個共用價值來構成集體認同。因爲現代社會的分歧太多樣了，說可以用一個特殊價值來促成團結一致是無法讓人相信的。今天，如果要構成集體認同，只能藉助國家憲法的合理約束，以及其中合理的法律程序。哈伯馬斯認爲，今天，只有基於憲法，亦即只有我們被法律規章和法律程序當中的合理性所說服，合理的愛國主義才得以可能。所以，唯有憲法愛國主義，而非價值愛國主義，才是德國、美國、俄國等等的適當的集體認同形式。

很明顯地，哈伯馬斯給法律加上了一個重責大任，而人們在這裡當然也可以問，他是不是太誇大了法律的整合能力。而且人們也還可以再問，他是不是也太草率地否定了透過價值來構成認同的想法。我們鼓勵讀者可以再回過頭去看看第四講的最後關於帕森斯晚期著作的那部分討論。

所以我們可以對哈伯馬斯提出批判性的問題，質疑他是不是因爲預設了世界已

不斷在世俗化了（即他提過的「神聖事物的語言化」），使得他完全忽略了帕森斯曾敏銳注意到的問題。當然，不是所有價值都是可以普世化的，也許能普世化的價值只有極少數，而且民族主義的那種民族優越性信仰是絕對不該普世化的。但有一些價值，尤其是那些廣泛獲得認可的價值，的確有很強的凝聚力，而且這種凝聚力不是根據合理性而加以證明的，而是因為這種價值就是成千上萬的人心之所向。如果人們對法律是否能夠形成認同與形成共識感到懷疑，那麼人們至少可以提出這種價值哲學問題，不要一開始就覺得價值在商談當中完全不值一哂。（此處可以參閱：H. Joas, *Die Entstehung der Werte*）

哈伯馬斯最近顯然也非常小心翼翼地往這個方向前進（他在 2001 年獲頒德國圖書交易和平獎時就提過這件事）。但至今這個空白他暫時還沒有填補上。至今在他的著作中，他對於價值哲學和宗教理論的問題，始終還是沒有系統性、基於經驗層面的討論，而這個問題在今天已經越來越不能繞開不談了（可參閱我們在第十八講中關於社群主義的討論，以及在第十九講對新實用主義的介紹）。

• •

最後開個補充書單吧！如果讀者想對哈伯馬斯的主要著作有多一點的了解，可以參閱：Axel Honneth and Hans Joas (eds.), *Kommunikatives Handeln. Beiträge zu Jürgen Habermas' "Theorie des kommunikativen Handelns"*。書中收錄了很多從不同角度來討論《溝通行動理論》的文章。如果想對哈伯馬斯的理論有更全面的了解，可以參閱：Axel Honneth, *Kritik der Macht. Reflexionsstufen einer kritischen Gesellschaftstheorie*，第七章到第九章。更詳細的還可以參考這本書：Thomas McCarthy, *The Critical Theory of Jürgen Habermas*。

第十一講

把功能論發展到極致的魯曼

　　魯曼（Niklas Luhmann）是德國社會學除哈伯馬斯之外的另一號重要人物。魯曼對於我們這本書從第一講到現在所描繪的，20 世紀 60 年代以來可以觀察到的理論的紛雜多樣性，感到非常不滿意，因此轉而進行他自己的理論綜合工作。當然在魯曼這裡，「綜合」不能完全按照字面上的意思來理解。他與哈伯馬斯不一樣。哈伯馬斯實際上對各種不同的理論立場，很努力地以融會貫通的方式來進行詮釋，並且他認為在他建立自己的理論體系時，會保留每個理論中有道理的見解，所以在他的理論中還是可以完全辨識出「原本的理論」的某些元素。但魯曼的綜合方式則直接得多，他**沒有**使用哈伯馬斯那種特別顯眼的詮釋性的作法。他致力追求的，是避開社會學中那些相互爭鳴的理論的提問方式，或是改寫那些理論的提問方式。他藉助的是比帕森斯更加極端化的功能論。魯曼**從一開始**就都在運用功能論的分析方法，在他著作發展的過程中不斷擴建出一種「超級理論」，以此嘗試提升他的理論的綜合——或更應該說：無所不包——的能力。所以和哈伯馬斯比起來，魯曼著作的發展是一條相當令人感到驚訝的直線。即便魯曼自己和他的擁護者說魯曼的理論在 20 世紀 80 年代初期有一種理論轉向（即我們等一下會討論到的「自我生產轉向」），但他的理論基礎其實一直都沒有改變。

· ·

　　魯曼於 1927 年出生在德國的呂內堡，跟哈伯馬斯同輩，兩人的中產階級出身背景也很類似。魯曼的爺爺是呂內堡的議員，父系家族成員也都是很有影響力的士紳。魯曼的父親在呂內堡擁有一小間釀酒場和麥芽作坊，母親則來自瑞士經營飯店的家族。魯曼對納粹政府沒有好感，所以對納粹政府的倒臺、1945 年二戰結束的體驗，

與一般人不太一樣。很多人認爲這段歷史巨變是人生中的重大事件，覺得一直以來的信念被大大地動搖了；但魯曼對這件事更多的是感到「很奇怪」、「莫名其妙」。這也導致他後來原則上對社會政治事件抱著「保持距離」的態度。他在 15 歲時擔任空軍技師，在二戰末期被美軍逮捕，一直被關到 1945 年 9 月，這段時間他遭到非常不公的對待。所以他和哈伯馬斯不一樣，不覺得「解放」有什麼悲天憫人的、道德上的價值，因爲他認爲自己被美軍囚禁的這件事，無法用「有罪」或「無罪」的範疇來說明。用一個他理論中扮演著核心角色的概念來說的話，他的這段經驗的源頭是「偶然性」。1945 年 5 月 8 日之前，是一種（納粹政府的）秩序，之後就完全變成另外一種秩序——什麼事情都可以是另外一種樣子，而且在 1945 年之後也的確什麼事情都變成另外一種樣子了。正因社會現象都是偶然的，所以魯曼認爲，我們沒有必要對道德範疇多費什麼心力。不過這種觀點和與此有關的理論概念，我們稍後才會再多說一點。

我們先繼續來看魯曼的生平。戰後魯曼先在弗萊堡學習法律，畢業後在行政機關工作。一開始擔任呂內堡高級行政法院議長助理，然後到漢諾威擔任下薩克森文化部的負責人。但這些工作很快就讓他感到很無聊，顯然這些工作對他來說沒有什麼挑戰性。所以 1960-1961 年間他把握了機會，獲得一筆到哈佛大學進修的獎學金。在那裡，他和帕森斯過從甚密。在那之前，魯曼只上過法學的課，還有在他擔任下薩克森文化部負責人的時候出於興趣讀過一些社會學的讀物（可見他在行政機關工作的時候有多無聊和多麼沒挑戰性……）；一直到去美國之後，他才眞正在學術機構中認識到社會學。

這次進修後，他寫了一本很優秀的著作，其中魯曼理論性地探討了他之前的工作經驗。這本書是 1964 年出版的《正式組織的功能與後果》（*Funktionen und Folgen formaler Organisation*），一個很有分量的組織社會學研究。書中他從帕森斯式的功能論觀點出發，與當時組織社會學領域裡的研究進行極爲批判性的對話。不過，雖然魯曼出版了這本相當突出的著作，但他當時完全沒有想走學術之路。雖然他在 1962 年離開下薩克森，到施派爾擔任行政學高校的研究機構負責人，但一直到 20 世紀 60 年代中期，他才被德國戰後相當偉大的保守主義社會學家謝爾斯基（Helmut Schelsky, 1912-1984）大力鼓勵，走上社會學之路。1966 年，魯曼在謝爾斯基的支持下，一年內（！）就完成了博士論文和教授資格論文，並隨即就到謝爾斯基主持改革的比勒費爾德大學任教。在這所大學一般科系和社會學系的建立過程中，出現了一件小事，這件小事後來很有名，也彰顯出那時候魯曼的理論野心：魯曼在那時被要求提出研究

計畫，而他在申請書上非常扼要地寫下：「研究名稱：探討社會的理論；執行時間：30 年；所需經費：0。」（關於這段故事的詳細經過，可見：Luhmann, "Biographie im Interview"）

但到了 60 年代末期，魯曼仍自認在社會學領域他主要是組織與法律社會學家，而不是社會理論家。一直到 1971 年，發生了上一講稍微提到過的哈伯馬斯與魯曼之爭〔《探討社會的理論，還是社會技術學？》（*Theorie der Gesellschaft oder Sozialtechnologie?*）一書即是兩人的辯論文集〕，事情才出現改變。魯曼藉著功能論—系統理論的取徑，成為哈伯馬斯最重要的對手。這也讓德國社會學在理論相當興盛的 20 世紀 70 年代裡，由哈伯馬斯和魯曼各占了半壁江山，其他理論在這兩人的光芒下都相形失色。至少**在德國**，魯曼獲得了巨大的成功。也由於魯曼非比尋常的學術生產力，因此他的影響力從那時候開始就不斷攀升。其影響力至今在德國的社會學界——而非哲學界——肯定比哈伯馬斯大。1995 年創立的《社會系統》（*Soziale Systeme*）——一份魯曼學派最重要的期刊——即反映出魯曼的巨大影響力。因為德國除此之外沒有任何一個理論學派，可以獨立創立一份期刊。

不過魯曼一直到 80 年代才真正在**國際**知名。當時，在日本和義大利都有無數的魯曼追隨者和魯曼信徒。而且在這些國家裡，魯曼的影響力不只在社會學，也延伸到法學和政治學。不過有趣的是，魯曼的影響力在美國社會學界一直都很小。究其原因，一方面，可能是因為魯曼不像哈伯馬斯有麥卡錫（Thomas McCarthy, 1945-）那樣極富天分的「譯介者」將德國的討論脈絡介紹給美國公眾。另一方面也可能是因為，總的來說，魯曼的理論太過抽象，因此專業化程度極高，且常以經驗研究為導向的美國社會學，對魯曼的理論必然會持懷疑的態度。除此之外，魯曼在德國被當作帕森斯的接班人，同時也被視作結構功能論的另一種現代版本；但美國的帕森斯擁護者卻覺得魯曼的理論偏離了帕森斯，認為魯曼不值一哂。

儘管「被美國漠視」，但在 20 世紀 80 和 90 年代，魯曼依然成為一位越來越時髦的思想家，某種程度上變成了一位明星學者，大家都很喜歡引用他的著作和看法，即便很多人可能根本不懂魯曼在說什麼。雖然他在 1993 年就從比勒費爾德大學退休了，但一直到他 1998 年過世之前，他還是在萬眾矚目下保持著巨大的學術生產力。而且他過世後，大量已完成與未完成的手稿還是不斷地被整理出版，使得魯曼的著作清單依然看不到盡頭。

就像我們前兩講介紹哈伯馬斯的著作那樣，我們對魯曼的介紹，也先來談談他所歸屬的，或深刻影響了他的知識傳統。和哈伯馬斯一樣，在魯曼這裡，至少有三個思潮需要被提及。

‧‧

1. 影響魯曼學術生涯的一個關鍵時刻，就是他與帕森斯的相遇。魯曼的很多觀念都要歸功於帕森斯。但魯曼當然完全不是一位「正統的」帕森斯信徒，他的思想非常獨立於帕森斯的理論。魯曼更多的是吸取了帕森斯的**某些**思想，至於帕森斯思想中其他許多非常重要的論點，就完全被他擱在一旁了。

魯曼感興趣的不是帕森斯的**行動理論**；整個**早期的**帕森斯似乎並沒有特別讓魯曼印象深刻。他所提煉的，是帕森斯創作中後期的結構功能論、系統理論的思想體系。但即便在這方面，魯曼也還是非常具有獨特性，因為他將帕森斯的理論基石逐步推向極致，最終明顯地將它整個改寫了。帕森斯一直以來的問題是，每種社會現象對於一個較大的集體或整體的功能是什麼。例如家庭會為社會發揮什麼效用。帕森斯的出發點是一個（穩定的）系統結構，這個系統結構是透過理論家可以發現的某些功能效用而持存下來的。這種結構功能論的取徑，以及帕森斯那偏好先列出結構，然後再去找出相應功能的分析方式，不是令魯曼滿意的作法。魯曼接受帕森斯的批評者對結構功能論的指責，特別是有些批評者指出，對於社會科學來說，結構或系統的持存所需要的東西，並不能被清楚界定出來，因為社會的結構或系統和生物有機體不一樣，沒有實質意義上的死亡。任何一個理論，如果用任何一種類型或方式，先將結構或系統當作出發點，**然後才**探問其功能，實際上都會面臨這項指責所揭示的問題，因為社會現象的穩定或存在，無法與某一項功能直接明確等同對應起來。

所以魯曼決定把帕森斯的分析策略翻轉過來，也就是特別強調系統理論的功能主義的要素。如此一來，他就可以得出一個和帕森斯明顯不同的立場。魯曼所運用的術語便指出了這件事：他想用「功能結構論」的系統理論，取代帕森斯的「結構功能論」的系統理論：

> 結構功能論的系統理論的不足之處，在於它的原則，亦即在於它將結

構概念置於功能概念之前。將結構概念置於功能概念之前，讓結構功能論
有可能完全只把結構當作問題，以致只去追問結構的建立、系統的建立有
什麼意義。但是如果人們把基本概念的關聯反轉過來，也就是將功能概念
置於結構概念之前，那麼就可以獲得另一種可能性。功能結構論要問的是
系統結構的功能，但不需要把一個無所不包的系統結構當作提問參照的前
提。（Luhmann, "Soziologie als Theorie sozialer Systeme", p.114）

藉著這樣的理論轉換，魯曼跟帕森斯的理論體系至少在三個（彼此有關聯的）方
面區別開來。

第一，因爲魯曼不從系統結構的**持存**（即系統必須維持其狀態）出發，所以秩序
問題對於魯曼來說，就不如對於帕森斯那樣成爲社會學的**整個**核心問題（秩序問題從
帕森斯的行動理論開始就已經非常重要了）。因此魯曼的構想，並不依賴於（應該要）
維繫社會團結的價值和規範。這使得他自然也就將帕森斯理論當中規範主義的基本要
素拋在腦後了。讀者們應該還記得，帕森斯在晚期的系統功能論階段指出，有的子系
統需要發揮「潛在的模式維持」這項功能，而且整個控制論的控制等級中最高等的位
置即「託付給」這項功能。但魯曼將帕森斯的規範主義從理論基礎中完全排除出去。
此外，魯曼還從經驗層面認爲，現代社會裡規範和價值已不再扮演整合的角色了。

第二，如果我們不再根據具體的持存需求來界定系統，如果我們和帕森斯不一
樣，不再需要或不能夠再論證價值和規範的整合作用，那麼我們就必須用抽象，而且
是非常抽象的方式來理解系統。魯曼在根本上從生物學中汲取了靈感。生物學會去觀
察與分析有機體如何在多變，且原則上始終威脅著有機體的環境中，透過不斷調節自
身的體溫而穩定地持存下來。魯曼把這個原本屬於生物學的模式應用到**社會**整體上，
並將社會系統定義爲一些彼此相互關聯的行動，而且這些行動會跟其他彼此相互關聯
的行動**區別開來**。系統，包括**社會系統**，是與環境相區別的。這裡的「環境」指的不
只是日常用語中所說的那種自然生態環境，還指所有不屬於系統的一切。

社會系統只能從經驗上來觀察，如果人們把社會系統想像成**行動系統**
的話。〔……對於〕在社會科學中，以及在較新的生物學、自動調節系統
技術、心理學的人格理論中都被大力強調的功能的系統理論〔而言〕，……
穩定性不是一個系統最根本的本質，彷彿其他的可能性都被排除掉似的；
而是一個系統是否會穩定下來本身就是問題。穩定問題是面對著變換不定

的、獨立於系統而改變的、無情的環境而解決的，所以系統的運作方針必須要能朝向其他可能性。我們不能將穩定性當作不變的本質來理解，而是要將穩定性理解為一種系統與環境之間的關係，理解為一種系統結構與系統邊界在面對變換不定的環境時的相對恆定性。（Luhmann, "Funktionale Methode und Systemtheorie", p.39）

魯曼的功能─結構的系統理論，顯然也等於一種「系統／環境的理論」（ibid.）。這也讓魯曼不必將他的組織分析侷限在組織的內在運作，而是可以把更廣泛的脈絡包含進來。藉此，他可以擺脫傳統組織理論的核心假設，不用再認為組織的內在目的或某些內在價值終究會控制組織的進程。相反，魯曼指出，所有的組織都要更複雜，系統和子系統跟環境的關係非常多樣，不能採取簡單的假設。

第三，魯曼最後指出，社會系統的基本問題不是透過一種固定的結構就能澈底解決的。社會系統的基本問題總是**只能暫時地**以某種形式相對成功地處理掉。這些問題在適當的情況下也可以用別的形式和結構來解決（但也依然只是暫時解決）。於此，魯曼完全和以帕森斯為代表的持存功能論（即相信，系統可以被指認與界定出一種固定的特質）分道揚鑣了。魯曼將他的功能論稱作「對等功能論」。對等功能論認為，在適當的情況下總是有對等的（即其他具有同樣效用的）解決方案可以被提出或被發現，以（暫時）解決系統的問題。唯一的條件就只有：

> 將系統結構加以組織起來的方式，以及將系統結構加以制度化的方式，必須使系統在必要的範圍內，能允許自身具有多變性，以持續地適應環境。（Luhmann, *Funktionen und Folgen formaler Organisation*, p.153）

魯曼在如此致力於這樣一種對等功能論的同時也獲得一個好處，就是他表面上可以避開後來對原本的功能論的根本批判。我們在第四講提過，功能論的論點不能跟因果陳述混為一談。當我們指出「一個次級單位能為一個較大的整體發揮一項功能」的時候，並沒有解釋為什麼這個次級單位會產生。也就是說人們批評功能論只是一種描述或因果假設，而非真正的解釋。

魯曼從他學術生涯一開始就很直接地在和功能論的指責者與批判者進行辯論，並且用他的對等功能論的觀點來直面挑戰。他馬上就承認，行動的功能不能被當作行動實際上之所以出現的原因。魯曼注意到，功能論者總是試著用不同的持存功能論的

論證方式來加入限定條件，或是作出間接的因果說明；而之所以如此，是因為這樣才能夠「解釋」系統的持存或穩定性。但魯曼認為，這種作法不論在經驗上，還是在邏輯上，都是站不住腳的。所以魯曼認為，功能論者最終必須要了解和接受一件事，即功能論的任務完全不是作出因果說明（參閱：Luhmann, "Funktion und Kausalität"）。表面上似乎不可避免，但實際上很有問題，甚至根本是錯誤的因果科學式的持存功能論，應該要被替換成對等功能論。最終放棄因果說明不應該被視為一種缺陷。因為，魯曼認為，我們必須承認，我們本來就幾乎無法對複雜的行動系統找出最終的原因和結果。預言、預測幾乎是不可能的。但這對對等功能論來說卻是個好機會，因為對等功能論並不是要指出**某特定**功能效用實際上為什麼會出現，而是要指出可能性的多樣性，亦即指出讓系統可以穩定區分出與環境之間的邊界的對等效用。這種由對等功能論而來的思想，探討的是**可能性**的範疇，這可以讓一位研究社會的理論家在理論上討論許許多多極為不同的因果關係所產生的各種作用情況。功能論在因果說明方面的無力，本來應該是它的弱點；但在魯曼轉變定義後，卻變成了強項。對於以功能論來進行研究的社會學家來說，重點根本不在於找出具體的因果關係，而是在於**可能的**因果關係。這也意味著，功能論的理論是一種啟發性的、引導知識的綱領。藉此，關於環境中各系統的各種有待解決的穩定性問題，我們就可以更開闊地用不同的方式提出問題。

> 未來，功能論的思想也許該以新的方式界定人類自由。功能論的分析要做的，不是告訴行動者，他的行動的穩定且完美的最終目的是什麼，也不該告訴行動者一個正確設想的目的是什麼。功能論的分析該做的也不是試著根據法則來解釋行動的原因。它要做的，是從一種選擇性的、抽象的，也因此是可替換的觀點來說明行動，好讓人們能將行動理解為眾多可能性當中的一種可能性。……對社會法則提出或驗證一套假設，無法讓社會科學解決社會生活的穩定性問題。社會科學要做的，是把穩定性問題變成一個分析的核心參照觀點，然後從這個參照觀點出發，去研究各種能將行為期待加以穩定下來的功能對等可能性。（Luhmann, "Funktion und Kausalität", p.27）

2. 另一個讓魯曼饒有興致地吸納，也因此對魯曼思想影響甚巨的，是生物學研究的理論發展與經驗發展。我們已經看到，他的功能論式的系統／環境的理論採納了非常多的生物學知識。在魯曼的晚期著作中，他依然還是相當依賴生物學。

當然，對於魯曼來說更重要的是，在不同的方面（雖然是以他自己高度選擇性的方式）將生物學關聯上德國的「學科」。這個學科指的是「哲學人類學」。哲學人類學（過去）是一種跨領域的「經驗性質的」哲學。這門學科旨在運用特別是生物學、人類學和社會學的知識與知識工具，來探討人類存在與人類行動的特性。這種研究和思想在德國文化圈很受歡迎，人們可以在德國觀念史裡找到很多知名的哲學人類學開創先驅（對此可以參閱：Honneth and Joas, *Soziales Handeln und menschliche Natur. Anthropologische Grundlagen der Sozialwissenschaften*）。例如第三講提到的，18 世紀晚期赫德的表達人類學，或是 19 世紀人們不能不提到的費爾巴哈（Ludwig Feuerbach, 1804-1872）的研究，以及馬克思早期哲學人類學著作。20 世紀還有謝勒（Max Scheler）與普雷斯納 (Helmuth Plessner, 1892-1985)，這兩位更是哲學人類學的代表人物。透過這些學者，哲學人類學變成一種很有力的哲學思潮，亦變成在廣泛的公共領域也產生影響的文化批判。除了謝勒跟普雷斯納之外，格倫（Arnold Gehlen, 1904-1976）也是常被提及的代表人物。格倫才華橫溢，但因為他與納粹的糾葛，使他成為一位很有爭議的思想家。他在施派爾和亞亨執掌社會學教席，其極端保守的政治社會立場有很大的影響力。

格倫的代表作《人：其本性與在世界中的位置》（*Der Mensch. Seine Natur und seine Stellung in der Welt*）最初出版於 1940 年，二戰之後又經過改寫而不斷再版。這是哲學人類學奠基著作之一，其中將人視為一種「有缺陷的存在」。這種說法乍聽之下很奇特，但格倫要談的情況其實相對來說很好解釋。格倫指出，人相對於動物來說，並不真的會受到本能或驅力的束縛與約束。動物或多或少是透過本能和驅力而對既存的環境**直接**產生反應，也就是說對刺激產生反應，然後這種由刺激所產生的行為幾乎是自動進行的。而人類，格倫認為，相對而言是一種有缺陷的存在，因為人類恰恰**缺乏**這種驅力和本能。這種本能的缺乏，同時也是一種面向世界的開放性；這為人類在另外一方面開啟了一個機會，即人類的行為得以從本能驅力的功能中解放出來。人類也因此獲得一種更主動，且特別是更廣泛的學習可能性。如此一來，「行動」才得以可能。如格倫所言，人類不是「被註定好」的，不是受驅力推動的；而是人類必須「找出」自我，並且人類相應地可以，也必須透過智慧，透過與他人的接觸，以形

塑出人類自己的世界。

　　但也由於缺乏本能，使得人類被迫自己設法獲得行為的確定性。習慣和常規可以為人類**減輕負擔**，讓人類不需要每次行動都得特別三思與刻意控制，讓人類能夠沒有問題地、輕易地依賴早先學習的成果，避免讓行動一直成為過大的負荷（Gehlen, *Der Mensch*, pp.65ff.）。這裡已經涉及「減輕負擔」這個概念。這個概念對於格倫的制度理論非常重要，最後也對魯曼的理論建構產生很大的影響。因為不只個人的常規與習慣，制度與傳統也可以減輕人類的負擔。也就是說：

　　　　制度這種形式之所以會出現，是因為人類本質上是充滿風險的、不穩定的、情感過於豐富的，而制度可以讓人類經受住彼此與自己的這種本質。制度是一種讓人們可以指望與信賴自己和他人的東西。在制度裡，大家可以一起處理與推動生命的目的。另一方面，人類在制度裡的所作所為可以遵循著一種穩定的確定性，這最大的好處就是內心生活可以獲得穩定，也讓人們不必在每個場合都要處理自己的情緒或是作出基本的決定。（Gehlen, "Mensch und Institutionen", p.71）

　　這樣的論述很容易讓人得出一種保守的結論。格倫認為，人類這種有缺陷的存在，需要減輕負擔，而制度可以為人類減輕負擔；這種論點讓格倫推導出一種為強大國家進行辯護的言論，從而讓他成為德意志第三帝國的擁護者。任何對這樣建立起來的社會結構的批判之詞，在他看來都是造成「西方社會衰敗」的幫兇。這樣的態度，讓格倫成為德國 20 世紀 50、60 年代保守的文化批判的要角。

　　魯曼援用了格倫的重要思想。之所以如此，是否因為他們兩人有相似的政治動機與文化批判動機？對此我們持保留態度；這很難回答。魯曼這樣一位相當置身事外的科學家，極少清楚表達他的政治立場，只在他的作品裡非常隱晦地稍加顯露而已。無論如何，魯曼出於理論方面的原因而運用了格倫的「減輕負擔」概念，並將之轉換成他的系統理論的語言，即後來變得非常流行、讀者可能都聽過的說法「化約複雜性」。不過，這樣的概念轉換過程跟魯曼自己的理論計畫有關，而且與格倫是大相徑庭的。格倫就和所有的哲學人類學家一樣，都將人類置於反思中心、將人類定義為一種作出行動的存在，所以都屬於行動理論家；但魯曼不一樣，他對那樣一種行動興致索然。

　　這也難怪，「減輕負擔」這個觀念在魯曼那裡主要是出於**系統理論**的目的而使用

的。如我們已經看到的，魯曼在原本帕森斯的系統理論體系中強化了功能論的要素，而他對於格倫思想的援用則又開啟了一個特別的可能性。魯曼問了一個帕森斯並沒有持續重視的問題：「系統，或是作爲系統的結構，其功能究竟是什麼？結構本身的功能是什麼？」而這個問題，魯曼現在可以回答：「系統的功能就是化約複雜性！」制度、穩定的結構或系統，都是在確立某種互動形式，縮限互動參與者的行動可能性，減少原則上無窮無盡的行動可能性的數量，藉此，不僅可以造就個體的行爲確定性，而且還可以造就有序的人際共同行動。如同格倫指出，人類的行動能力有賴於能減輕負擔的常規、習慣和制度，魯曼也認爲：

> 由於人類的注意力注定只能聚焦在很小的範圍內，因此唯有建立系統才能成功提升效率。系統可以確保資訊在有意義的脈絡中被加以處理。
> （Luhmann, "Soziologische Aufklärung", p.77）

社會系統和其他系統藉著確定相對有限的行動可能性，化約了原則上無窮複雜的環境，以此讓「提升效率」得以可能。同時，系統也與環境，例如與其他系統，劃分開來，而其他系統也只會偏好一些相當特殊的行動可能性。如同我們不斷強調的，系統降低了環境的複雜性；但與此同時，系統本身也會再次建立起一個複雜的結構。眾所周知，國家機關或大型公司企業都會在自身內部分化出極爲細緻的組織結構。

3. 最後，另一個影響了魯曼的是胡塞爾的現象學。我們在第七講介紹俗民方法論時已經談過這個哲學傳統了，所以讀者們應該已經知道現象學的基本觀念了。不過，俗民方法論首先感興趣的是胡塞爾晚期的生活世界概念，但魯曼主要關聯的是現象學關於知覺心理學方面的研究。胡塞爾和美國的實用主義有點像，認爲知覺不是一種被動的過程，而是一種必須依賴意識主動性的過程。在知覺心理學的研究脈絡中，胡塞爾運用了如「意向性」、「境域」、「世界」或「意義」等概念，以指出我們的行動和知覺無法涉及整個世界，而只能專注於或涉及世界的一個片段而已。所以對我們來說，意涵和意義都產生自某特定知覺境域。這種關於個體知覺研究的現象學觀點與範疇，被魯曼借用到社會系統中。魯曼把系統當作幾近於主體一般來處理與理解。一般的系統與特殊的社會系統——如我們在前文看到的——化約了複雜性；而世界無窮的複雜性，是功能分析的最高參照點，因爲意義就是透過這種化約才能產生的。功能分析的出發點不再是（帕森斯所認爲的）**持存**，而是必須從世界的複雜性問題出發。

唯有如此，才能了解系統的功能。如果沒有系統所發揮的化約效果，我們會沉沒在無邊無際且原則上無法理解的知覺之海裡頭。唯有透過系統的建立，意義才是有可能的，因為系統會迫使我們專注在一個相對較小，且原則上可處理的世界片段。意義是在心理系統與社會系統裡生產出來的，藉此才能確定出什麼東西是可以被思考、被說的，而什麼不行。在「經濟」這種從屬於社會的子系統裡，每個溝通與行動最重要的參照點是（金錢）支付和「獲利」，而不是美學享受、體育修養或正直態度。系統只能知覺到世界的片段，在非常**特定的**世界境域背景下，以非常不同於環境當中其他系統的方式來進行運作。魯曼或多或少地隱約認為，系統的結構方式跟胡塞爾所說的個體的知覺方式是類似的。系統和個體的知覺都是有限的，人們唯有了解系統和個體知覺世界的形式和生產意義的類型與方式，才能理解系統和個體的知覺內在邏輯。

• •

我們現在已經指出了決定性地形塑了魯曼思想的三個影響因素。但我們很難說這三個影響因素，比起我們在第九講提到的哈伯馬斯作品發展的三個影響因素，是同質還是異質的。但這不重要。在哈伯馬斯那裡，三個不同的影響因素被某些重要的直覺聯繫在一起；在魯曼這裡也一樣。魯曼將帕森斯、哲學人類學、現象學的基本觀念，都綜合了起來，而且因為他運用了他在政府機構從事法律相關工作的經驗，並且他從行政部門（即正式組織）的問題出發，將他的理論分析推向了各種不同經驗領域，所以他的理論綜合很有說服力和穿透力。不過，哈伯馬斯受到語言效用的鼓舞，因此對自由討論的合理性力量與政治公共領域的重要性特別感興趣；但魯曼則是著迷於發展出正式組織的政府機構的執行與程序，想探討正式組織如何在環境當中維持下來、與環境區隔開來，以及在許許多多的例行常規中發揮功能。

如此一來，魯曼和哈伯馬斯的差異便顯而易見了。哈伯馬斯以語言效用作為主軸，朝著一個顯然具有規範性的方向推進，並且藉著潛藏在語言中的合理辯論的可能性的觀念，試著推動對現存社會結構的根本批判。魯曼則不同。他大膽的理論工作是堅決非規範，甚至是反規範的。他完全不搞社會批判。他頂多會去問，社會批判，或是對於價值和規範的籲求，在現代社會裡到底可以有什麼功能。魯曼這種原則上非規範的立場，可能跟前文提到的他在 1945 年的特殊經歷有關。但這裡重要的不是他的生平背景，而是在魯曼的理論框架中，「偶然性」概念總是占有一席之地。事實上，

魯曼對社會現象和秩序的「偶然性」相當著迷，亦即認為所有事情都可以是另外一種樣子。魯曼將「偶然」定義為：「既不是必然，也不是不可能，某件事（現在、過去、未來）是這個樣子，但也可能會是另一個樣子。」（Luhmann, *Soziale Systeme*, p.153）

　　魯曼的定義最初源自亞里斯多德，在詹姆斯（William James）那裡也可以看到。詹姆斯在他 1907 年出版的著作《實用主義》（*Pragmatism: A New Name for Some Old Ways of Thinking*，尤其請參閱 pp.137ff.）中運用了偶然性概念來標示某些政治立場，亦即標示某些謹慎的、反烏托邦的改良主義。這種改良主義意識到任何政治行動的侷限，亦即政治行動的結果是「偶然的」、無法真正預料的，因此當權者的政策改革應一小步、一小步地制定。魯曼也同樣提到任何社會秩序的極度偶然性，認為社會秩序可以完全是另一個樣子；但他一如既往地得出與詹姆斯極為不同的結論。

　　前文提到過，魯曼放棄了清楚的因果陳述；亦即他是用偶然性命題來為他的作法加以辯護。不只如此，偶然性命題也可以為他運用對等功能論的方法提供正當性。社會現象原則上的偶然性也深刻影響了魯曼的**論證風格**。正是因為社會秩序「既不是必然，也不是不可能」，所以人們必須放棄道德判斷，因為道德總是假定某些行動必然會帶來某些結果。正因為這個觀點，魯曼著作的字裡行間讓人明顯覺得他**有系統地**、且**一貫地**刻意不作道德判斷（「一般」讀者肯定很不習慣魯曼的這種風格）。這帶來了一種明顯的「把熟悉的事情給陌生化了」的效果。加上魯曼的用語極度抽象，就算在描述一些平凡無奇的事情時也極度抽象，這更加深了這種陌生化的效果。魯曼坦言，理論的「旨趣無關乎承認或治療，也無關乎狀態持存，而是首先，且尤其關乎分析，亦即關乎打破規範性的外表，無視經驗和習慣……」（Luhmann, *Soziale Systeme*, p.162）

　　這種陌生化的效果在文學中也扮演了一個重要的角色。例如布雷希特（Bertolt Brecht）認為，我們在舞臺上就是要將日常生活的表象加以「陌生化」，才能凸顯出日常生活的可變性。不過，布雷希特在著作中還是充盈著道德與政治活力，但魯曼完全沒有。魯曼想達到的陌生化效果，讓人聯想到如霍夫曼（Ernst Theodor Amadeus Hoffmann）或蒂克（Ludwig Tieck）等浪漫文學家。他們企圖運用諷刺的形式，在文學中表達出關於理想與現實之間不可避免的分裂。

　　就像有些浪漫主義的諷刺家一樣，魯曼某種程度上也挺「冷眼旁觀」的。這位社會理論家雖然指出了，社會中的人為什麼會相信規範、價值、宗教等等，但他自己卻冷眼旁觀，且用一種或多或少頗為淡然的諷刺態度來處理他觀察到的事情。魯曼好像不存在於社會中似的；他某種程度上像是一位超然於世的分析者，像是「人世間之

外」的旁白。但很大程度上正是這種態度讓魯曼的思想相當有吸引力，這種態度正是讓魯曼的理論自 20 世紀 80 年代以來獲得大批粉絲的原因。如同馬克思主義和功利主義（參閱本書第五講）各自的擁護者因為想揭露出某些事而聚集在一起一樣，魯曼也是以類似的方式獲得了他的「信徒」。不過馬克思主義者和功利主義者都認為真理要素是最重要的，他們都想揭露在精美的「規範」外表下的經濟真相和利益相關／利己主義的真相；但魯曼卻刻意放棄這種定位。他所指出的「凡事都可以是另外一個樣子」雖然也有揭露的效果，但因為**偶然性問題**，所以他從一開始就不打算去追求真理。他的觀察，帶有一種嘲諷的、保持距離的神情；他的立場，就是高高在上地給予啟發。但他的理論也因此在某個時代發展出很特別的吸引力。魯曼在他自己生前最後的大部頭著作中提到了一種浪漫主義式的嘲諷，不過他（一如既往地）並沒有表明他是否真是一位嘲諷家：

> 人們……總還是可以選擇，看自己是偏好表達出悲天憫人、感同身受的呈現形式呢（但這樣做，不採取立場是幾乎不可能的），還是偏好（浪漫主義式的）嘲諷的反思形式，無論如何都帶著距離感來表達被捲入了各種事態的情況。（Luhmann, *Die Gesellschaft der Gesellschaft*, p.1129）

根據這種（間接）指出了浪漫主義式的嘲諷的說法，我們可以合理地說，魯曼是戰後「懷疑論」世代的一位特別的代表人物。魯曼的幕後推手，前文提過的謝爾斯基，便在一篇很有影響力的社會學研究裡描述道：這個世代，由於尤其被納粹蠱惑過，因此失去了所有偉大的信念，也因此已經不再準備步上道德與政治的戰場。當然，魯曼許許多多的擁護者比魯曼年輕得多，無論如何都不再屬於**戰爭世代**；他們的那個世代，是在 20 世紀 80 年代，被描述為玩世不恭、享樂主義的世代。但他們在他們的父母於 60、70 年代表面上徒勞無功的抗爭之後，也同樣失去了對於偉大信念的信仰，因此也同樣抱持著「懷疑論」的態度。

關於魯曼的知識來源和他的核心觀念，我們就介紹到這裡。由於他巨大的生產力和由此而來的出版的大量著作，因此我們在下文的討論中無法總覽他的整個著作發展過程。我們要做的，是簡單介紹他一些特別重要，或是能讓人們相對容易地了解他思想的著作，以及介紹他著作發展過程中最重要的一些階段。我們以下將分三個步驟來進行介紹。

....

1. 魯曼在 20 世紀 60 年代出版的著作，主要致力於組織社會學、法律社會學與政治社會學的主題，也只有一小批專業人士對此感興趣。不過，如果我們只去看魯曼所處理的經驗材料，會忽略魯曼在這些研究裡所勾畫出來的龐大的理論觀點。也就是說，他在這些研究中，已經在爲他後來的宏大理論作準備了。所以，用一種以理論爲旨趣的視角來回顧魯曼的這段創作期，是必要的。

根本上，這段時期有三本專著是特別知名且富有影響力的：前文提到的出版於 1964 年的《正式組織的功能與後果》，1968 年出版的《目的概念與系統理性》（*Zweckbegriff und Systemrationalität. Über die Funktion von Zwecken in sozialen Systemen*），以及最後在 1969 年出版的《透過程序以進行正當化》（*Legitimation durch Verfahren*）。接下來我們簡單探討一下這些書裡的論證觀點，爲各位讀者講解魯曼的思維方式，以及根據經驗研究領域來講解魯曼和其他社會學理論家的根本差異。

《正式組織的功能與後果》中充斥著經驗材料，主要旨在與過去組織社會學的核心假設進行對話。這個領域的古典學者，如德裔義大利學者米契爾斯（Robert Michels, 1876-1936）或韋伯，都嘗試用統治與服從的概念來描述與解釋組織，尤其是科層組織。韋伯和米契爾斯假設，目的理性行動模式（某些情況下，這種模式適用於個別行動者）和組織所追求的目的之間有選擇的親近性。換句話說，韋伯和米契爾斯將科層組織理解爲一種大型的理性行動者，理解爲被規劃好滿足某些目的，也依此運作的宛如機器一般的東西。韋伯在他的《政治著作選》（*Politische Schriften*）相應地描述道：行政科層組織是（也必須是）首長手中順從的工具，它必須實現政治負責人的規定。科層制度是一種等級組織，位於頂端的人規定目標，然後分派給底下的人，即底下部門的負責人、官員、行政專門人員等等。

魯曼懷疑這種方式是否真的能適當地描述組織和科層組織。他參考了各種各樣從米契爾斯和韋伯那個時代就已經出版的經驗研究。這些研究還指出，在科層組織中所謂的非正式關係扮演了什麼樣的一個重要角色，上司與祕書之間良好且充滿信任的關係是多麼重要，科層組織裡友誼關係有多麼重要，各部門之間「原本」不存在的資訊管道可以多麼有用。一個小小的半官方途徑，一通短短的非正式電話，比起經過層層大量正式職員通報的緩慢、惱人的正式官方途徑，還能更快地解決問題！如果人們把

韋伯以理念型描述的正式組織與科層組織當作基礎，那麼上述那些非正式過程都只會被當作「卡住齒輪運轉的小石子」，當作干擾，或至少不會被認為是有實際意義的現象。但這樣就會忽視組織實際的運作情況。

這個組織社會學研究的結果，指出了組織成員的行動動機絕不必然總是會和組織頂端所設置的目標相一致。這個結果同時也指出了，古典組織社會學關於科層組織的理念型的重要假設，在運用上必須謹慎、大打折扣。我們也可以在比如象徵互動論裡看到這樣的觀點。例如「協商秩序」這個觀點，就強調了在極為規範的機構裡的社會秩序本身，是具有流動性的（可參閱第六講）。

不過，魯曼想走得更遠。他不只想補充或部分地改寫現有的研究，還想撼動古典假設的**核心**，甚至想駁斥用固定的組織目的來理解科層組織的作法。魯曼認為，目的設置對於組織分析來說，完全不重要，或只有極低的重要性。

> 人與人在大多數情況下，是出自自覺地意識到的理由，或甚至是為了某些目的，而聯合在一起的：為了滿足需求，為了解決問題。理由或目的為人與人之間的聯合奠定了形式上的意識形態基石。不過，理由是一回事，但在長期的生活和工作中出現的問題，則是另外一回事。不是所有的需求，不是所有有意義的衝動和機會，都可以被歸入基礎結構的範疇，即使對其進行或大或小的修改與調整，也不行。人與人之間的聯合會形成社會系統，社會系統必須滿足複雜的需求，必須在多個方面得到保護。

（Luhmann, *Funktionen und Folgen formaler Organisation*, p.27）

讀者可能會想到，我們在第十講提過，這個論點對哈伯馬斯來說也極富洞見、非常重要。哈伯馬斯接受這種想法，認為行動理論無法闡明宏觀社會學的脈絡，因為在集體層次上是看不到個體的行動目標的。這就是為什麼哈伯馬斯會採用系統概念來建立他自己的理論的關鍵原因。

魯曼認為，維持一個組織或系統所需要的遠非僅僅實現某個時刻被確定下來的目的。如果人們承認這件事，那麼任何一個組織或系統的部分與部分領域所需要得到滿足的，也不只是所認為的目的而已（ibid., p.75）。系統或組織分化成子單位和部分，無論如何都不是起因於最上層的組織目的或系統目的。否則系統或組織的運作方式會大大受限，無法適應環境。因為：

一來不是所有對系統來說甚為必要的效能，都與單一或數個彼此互不衝突的系統目的有關。系統因其目的而得到維持，前提是它的環境是穩定的、完美有序的。但因為這樣的前提從來不能完全成立，因此所有系統除了自身的目的之外，都還必須發展出進一步的自我持存策略。系統唯有擁有這樣一種自我持存的機制，才有被討論的意義。二來具體的行動從來不是只與一個目的有關，彷彿行動無視自己的副作用似的。行動總是會帶來各種各樣的後果，這些後果對於不同的系統問題來說，有的是好事，但有的是壞事。每個實際的行動，每個具體的系統子結構，在這個意義上都是有多重功能的。（Luhmann, *Funktionen und Folgen formaler Organisation*, pp.75-76）

如果人們也接受魯曼的這個說法，那麼就會得出一個結論，即系統「不是根據一個單一尺度，如目的，而加以理性化的」，而是必須「以多重功能的方式來加以組織起來」（ibid., pp.134-135）。組織社會學必須注意到這件事，不能再從「完全一致性與絕對的穩定性是系統必不可少的」這種想法出發。相反地，人們必須接受一件事，就是系統偏偏需要不一致性，才能在一個原則上從來無法被完全掌控的環境中持存下來。

∙∙

如果人們在多年後再回過頭來看魯曼這第一部正式大作，可能會覺得很奇怪，因為魯曼在這段時間還對行動理論的問題相當感興趣，至少還討論與此有關的問題。他不只從組織或科層機構的層面，而且也從個別行動者的層面，對主流的目的─手段範疇提出了有力的批判。值得注意的是，他還引用格倫的著作《原始人與晚期文化》（ibid., p.100, Fn.20）。格倫在書中，運用了美國的實用主義以指出，行動並非總是在實現目的與目標，而且也有無目的的活動，並且，在其中行動本身變成了目的（讀者可以參閱我們在第三講對帕森斯提出的批評，也可以參考第六講）。格倫的這個看法，促使魯曼對行動理論進行討論，讓魯曼提出，韋伯和米契爾斯的科層模型之所以有問題，是不是因為出於有問題的行動理論，亦即出於各種理由而不合理地將目的理性置於優先地位，並傾向將行動的其他形式當作是有問題的，或是沒有理論意義的。

韋伯（和米契爾斯）都在宏觀的層面將秩序形式，如組織和科層機構，以理念型的方式加以描繪。他們都將目的理性行動置於核心位置，卻忽略了現實中的組織和科層機構的運作過程。象徵互動論也提出了這樣一種，或類似這種的批評。象徵互動論試著運用「協商秩序」這個取徑，打破在社會學中根深蒂固的超穩定組織的觀念。象徵互動論大幅運用實用主義的行動理論修改了韋伯的說法，以提出關於組織運作的更貼近經驗的觀點（讀者可以再次參閱第六講）。

不過魯曼**沒有**走上象徵互動論的道路。他並沒有對原本的組織社會學所賴以為基礎，但很有問題的行動觀念加以修正，沒有藉此修正來從更好的行動理論出發以攀登上「更高的」集結層次。他的策略更多是想直接「轉移」到系統理論。

這個策略在《正式組織的功能與後果》中還體現得不太明顯，但在他下一本自20 世紀 60 年代開始相當知名、主要仍是組織社會學的著作《目的概念與系統理性：論社會系統中的目的功能》（*Zweckbegriff und Systemrationalität. Über die Funktion von Zwecken in sozialen Systemen*）中，這個策略就很明顯了。該書的標題與副標題就表明了他的計畫。

在該書中，魯曼更直接、更仔細地與**行動理論**中有問題的目的概念進行對話。他特別引用了杜威和美國的實用主義，來批判將行動視為由目標所控制和與目的有關的過程的觀念，以及批評「目的論的行動模式」（參閱 *Zweckbegriff und Systemrationalität*, pp.18ff.）。杜威（格倫也曾援引過他）不從因果主義的角度來理解人類的行動流，亦即不認為一個原因在產生行動時，也會自動決定接下來的行動該怎麼做，因為因果主義——後來的象徵互動論和俗民方法論也如此強調——完全忽視了行動者的反思性、思考能力，以及面對新情境時的創造性（參閱：Joas, *Die Kreativität des Handelns*, pp.224ff.；亦可參閱第六講與第七講）。

魯曼同意這種說法，但他不繼續去找一個更好的、非目的論的行動理論；他更多的是立即從系統理論的觀點**去問，目的和價值滿足了哪些功能**，或是具有哪些功能，尤其是當行動者聲稱他們是根據某些價值和目的在行動的時候。魯曼知道，或似乎知道，自然科學和社會科學都幾乎無法得出清晰的因果鏈。他聲稱，就因果模型的可運用性來看，「我們從來無法確切預知某原因必然會產生什麼結果，而是只能根據對實際引發作用來說必不可少的因果脈絡中的可能原因的分布，得出各種或然性。」（Luhmann, *Zweckbegriff und Systemrationalität*, p.26, Fn.7）

關於價值，他的說法也是類似的，認為價值在現實中從來不會給出清楚的行動指示，而且我們也無法想像價值會明確操控行動。但是為什麼在日常生活中，像在組

織或科層機構，我們都會談到目的設置、談到所謂的引導價值呢？魯曼的回答是，目的設置與價值對於行動者的用處僅僅在於化約複雜性而已。目的設置，亦即「行動者實際上可以可預見、預料的因果作用作爲目標」這個背後的想像，跟價值設置一樣，可以將行動者的行動境遇加以結構化，以有助於理性地解決問題。魯曼提出了一個命題：

> 人們應對複雜性的潛力，掌握與處理複雜事情的能力，主要在於下意識的知覺過程。相反地，所有較高的、能有意識地進行選擇的思維能力，在同一時間能全面掌握的變數非常少。只是在一個裝著四顆蘋果、一個裝著五顆蘋果的果籃之間進行選擇，尚不困難；但如果籃子裡裝的是多種水果，選擇就會變得困難得多，即便價值差異明顯增大。我要麼根據強烈的主要偏好來下決定——例如我就是喜歡香蕉勝於其他，要麼就是進行價格比較。但不論是哪種方法，都是在走彎路，因為首先都得化約複雜性。出於同樣的原因，當人們必須同時處理背後有許多因果要素相互交織的選項時，人們是無法馬上全面掌握各種因果關聯的。面對這樣的困難，就像我們的果籃例子的簡化作法一樣，把原因和結果區分開來，是有助於克服困難的。因為這種作法可以讓其他要素保持不變，只改變一項要素。在此之後，我們還可以將同樣的模式運用在所有或部分其他要素上。（Luhmann, *Zweckbegriff und Systemrationalität*, pp.31-32）

因果假設跟價值一樣，其功能都在於化約複雜性。但這同時也就是說，科學理論所教導我們的、以因果假設來進行研究的**科學**，是不會有意義的。並且，如果我們無法作出毋庸置疑的因果陳述，那麼科學就必須找到另一種思維方式；如果不同的行動概念論點都需要被摒棄，因爲目的和價值概念都沒有特別的用處的話，那麼——魯曼建議——我們事實上就只能採用一種新的思維方式。當然他的建議是，此處應提出系統理論，**他的**系統理論。他的系統理論雖然僅僅探問功能對等性而已，但還是可以解釋目的設置、價值設置與因果宣稱的**功能**。

我們還可以把這本書的標題理解爲「目的理性」，以和「系統理性」比對。魯曼認爲，（目的論的）行動理論，以及對目的的強調，因其科學理論方面或其他方面的弱點，使得我們不得不轉向系統理論。如同我們接下來會看到的，隨著他的學術發展與他的系統理論的繼續擴建，魯曼慢慢也將行動本身當作系統的一項成果。提及行動

或行動者，意義就只在於將溝通加以結構化，以及將溝通歸因於某特定的人格系統或社會系統而已。在無盡的溝通之流中，提及行動，有助於將脈絡加以結構化，以及將當下與過去區分開來。對於魯曼來說，「行動」變成了一件必須運用系統理論才能理解的事。

∙∙∙

至此，魯曼所發展和描繪出來的系統理論，雖然受到帕森斯的影響，但和這位偉大的美國社會學家的系統理論明顯很不一樣。這種不同在 20 世紀 60 年代還沒那麼清楚，但在這裡要提到的第三本書《透過程序以進行正當化》裡就非常明顯了。帕森斯晚期的系統理論是從社會價值整合出發的。帕森斯談到了「控制論式的控制等級層次」（參閱第四講），指出社會系統或社會最終是透過價值而被整合起來的，並且會透過「潛在的模式維持」這項功能而凝聚起來。也就是說，帕森斯的規範主義的理論的核心出發點，是社會有一個可被指認出來的控制中心。

這整套說法完全被魯曼改換了。魯曼鄭重指出，現代社會是功能分化的社會，科學、經濟、政治等等功能領域都遵循著它們自己的邏輯，它們不需要被一個頂層系統或價值來按級分置。這不是說今天已經完全不存在「分層的」或其他種類的分化形式。今天還是有階級，貧富之間、社會的核心與邊緣之間還是有差異。但是現代社會是根據不同的**功能**領域來加以分化的，沒有清楚的「上」、「下」之分，不再有等級原則。

魯曼在他對於民主政治和法律系統的分析中，非常清楚地論證了他的這個觀點。魯曼認為，民主選舉或訴訟程序並不與一個最頂層的價值連接在一起，並沒有與真理或正義相關聯；所以也不能說，政治系統或法庭的正當性所依賴的，是藉由選舉來找出真正的或正確的政策，或是藉由過程秩序來下一個正確的判決，亦即遵循與執行某個價值。但帕森斯認為是有一個頂層的價值的。哈伯馬斯與帕森斯的看法是類似的。在哈伯馬斯較近的法哲學著作中，他認為基於規範的法律——而且也只有法律——能發揮巨大的整合作用（參閱上一講）。但相反，魯曼完全打破這個傳統的假設。真理與公正對他來說不再是能充分描述現實的概念了。

> 此刻……在真理發展的過程中，現代思想已經更明確地定義了真理概念，並且把真理概念與非常嚴格的方法前提關聯在一起。自然法思想因此被瓦解了，法律因此被加以實證化了。這意味著決策程序的基礎已

經改變了。這一切讓我們很難看到，除了**偏見**之外，我們如何還能堅持認
為真正的知識和真正的公正就是目標、就是由法律所規定的程序的本質，
以及──若是如此的話──我們如何還能達成這樣的目標。（Luhmann,
Legitimation durch Verfahren, p.20；著重處為約阿斯和克諾伯所加）

當然，我們今天還是會談到真理與公正；但對於魯曼來說，這些討論都只是在滿
足特定的功能，以能夠在「化約複雜性」這個意義上減輕負擔而已。今天，正當性已
不再透過市民對於崇高價值的信仰與期待而建立起來，不再透過正確或真正的決策而
建立起來。正當性在今天是政治系統或法律系統自己建立的。亦即，正當性之所以能
建立起來，是因為人們參與了自由選舉或法律訴訟，特別是因為參與了程序，所以覺
得自己可以接受決策，至於具體的決策內容是什麼並不重要。像選舉或法律訴訟這類
的程序，轉變了真理問題或公正問題，使之最終只與各當事人對每次的程序有關。而
接受與否，**在心理上是否能接受**則取決於人們在政治系統或法律系統中，是不是被分
派了不同的角色，然後因為他們必須扮演角色，所以不得不接受程序規則。魯曼以法
律訴訟為例，進行了以下的描述：

　　當各參與者發生爭執時，為了獲勝，他們會服從某些行為規則，將
自己的行為置入正在進行中的程序，然後黨同伐異。當判決還沒有被決定
下來之前，這種作法是被允許的。每一方都被允許反對另一方，但衝突結
果並不會因此而受到影響。以此而言，各方的平等原則是很重要的程序原
則。（Luhmann, *Legitimation durch Verfahren*, pp.103-104）

魯曼認為，真理問題或公正問題在這裡不再能發揮什麼作用了！決定決策的正當
性，以及整個系統裡的子系統的正當性的是程序的參與；決策與整個社會所共用的價
值或規範之間，既不可能有連結，也無法設想能有什麼連結。這也就是說，魯曼將規
範主義，乃至於帕森斯的系統理論，全都拋棄了；對於必然會探究真理或公正概念的
社會批判分析，也都敬謝不敏。唯有子系統自己的邏輯，唯有它自己的特殊程序和步
驟，才是最終能決定子系統的穩定性和動態性的東西。雖然子系統策略上與環境密不
可分，但子系統有自身的動力，不會受到外界的目的設置或價值設置的操控，也並不
依賴外界的價值。魯曼的這種關於社會子系統自身動力與自身邏輯的想法，後來變得
越來越極端，也成為他的理論的新基礎。

2. 20 世紀 70 年代和 80 年代早期，魯曼繼續出版了大量的著作，用他極大的生產力來探討各種不同的理論問題與經驗問題。魯曼的核心興趣還是法律社會學、組織社會學與管理社會學，也出版了一些很有影響力的書，像是 1968 年出版的《信任》（*Vertrauen*）、1975 年的《權力》（*Mahcht*）這兩本小書，以及 1981 年的大部頭著作《福利國家政治理論》（*Politische Theorie des Wohlfahrtsstaates*）。在這段時間，魯曼也出版了數本題爲「社會結構與語義」（Gesellschaftsstruktur und Semantik）的相當廣博的知識社會學研究論文集。在這些論文集中，他呈現了在現代社會，亦即不再是層級結構化的，而是功能分化的社會中，許多重要概念的意涵，**還有**語義，是如何改變的。關於浪漫主義的「愛情語義」的研究就是在這個脈絡下出版的〔即 1982 年出版的《愛，是激情》（*Liebe als Passion. Zur Codierung von Intimität*）〕。

雖然有這麼多的著作，但人們還是可以說，魯曼的取徑在根本上並沒有改變。理論是一樣的，只是運用在新的領域上。所以這些著作也招致批評，因爲理論框架都是一樣的，所以研究的結果沒有什麼新奇之處，即便可能有些細節還算有點意思。

一直到 20 世紀 80 年代初，他的理論才出現了新的變化，特別是他在 1984 年出版的代表作之一《社會系統》（*Soziale Systeme. Grundriß einer allgemeinen Theorie*）。這本書也是他對哈伯馬斯在 3 年前出版的《溝通行動理論》的回應。魯曼在該書中表現出來的轉向，嚴格來說也不是什麼轉向，而僅僅是他系統理論思想的進一步極端化。**一方面**，魯曼拋棄了帕森斯和他自己早先的觀點。他不將「系統」的說法僅用在分析上了，他不認爲系統理論僅是在進行社會學分析，也不認爲這個理論工具不過是用來更好或更恰當地檢視現實而已。他開始將系統重新理解爲是實在的。意思是，他假設社會現象事實上就具有系統特質，就像他在《社會系統》第一章開頭幾句清楚說到的：

> 以下思考的出發點是：假設存在系統。也就是說，以下的思考不始於認識論的懷疑，也不再宣導系統理論「僅在分析方面具有重要性」。我們應該避免將系統理論極其狹隘地詮釋爲僅是一種分析現實的方法。當然，我們不能把陳述與陳述的對象搞混；我們應該意識到，陳述就只是陳述，科學陳述就只是科學陳述。但是，就系統理論的任何情況來說，陳述關係到現實世界。系統概念所指涉的東西，實際上就是系統，所以系統理論的責任就是要去證明自己對現實的陳述能力。（Luhmann, *Soziale Systeme*, p.30）

　　最後一句——要證明系統理論面對現實時的能力——究竟是什麼意思，以及我們如何證明一個社會現象是否真的是**系統**，魯曼並沒有講明白，而且這一句看起來更像是一個很教條的斷言。但魯曼就是邁出了這一步，並且同時宣稱，社會學至今的所有理論問題都可以用他的系統理論含括進來。他把理論綜合的任務完全放進系統理論當中，魯曼自己認為，系統理論是一個「無所不包（也就是說，連它的對手都包括了）的……超級理論」（Luhmann, *Soziale Systeme*, p.19）。

　　另一方面，魯曼自己聲稱他的系統理論乃建於新的基礎之上。他說，系統理論思想自從幾十年前在自然科學中成功建立起來之後，一直在不斷持續發展，所以現在也是時候讓社會科學的系統理論知識一同向前推進了。魯曼將系統理論思想區分為三個階段（參閱：*Soziale Systeme*, pp.20ff.）。第一個是還相當不成熟的階段，即從部分與整體之間的關係來思考系統。這種系統觀點，認為整體大於部分的總和。但由於種種原因，這種說法沒有什麼建設性，也不怎麼正確。系統理論第二個階段的發展在於，不再把整體與部分之間的關係當作主要問題，而是把系統與環境之間的關係當作問題。系統理論的第二個階段認為，系統自己會與環境劃分開來，但同時也向環境開放，好能夠適應環境。讀者可能會注意到，魯曼自己在 20 世紀 60 和 70 年代就是抱持著這種態度，所以特別強調系統在面對環境時的「適應成效」。但魯曼說，系統理論現在，尤其在生物學和神經心理學中，已經出現了新的發展，開始質疑迄今的系統－環境模式，並以「**自我指涉的系統**」理論取而代之了。這是什麼意思？

　　這裡的意思，用最簡單的話來說，就是認為我們若要了解生命有機體，最好**不要**把有機體跟環境之間的交換當作重點，而是要去關注有機體的**運作封閉性**。有機體雖然因為要從環境汲取原料，所以在**生理上**是開放的；但是原料的處理，卻完全依照系統內部的邏輯。同樣地，在有機體內部流通的資訊，也遵循著有機體自己的邏輯，而非由環境決定。對此，充滿洞見且令人印象深刻的探討，來自兩位拉丁美洲科學家的神經生理學研究，馬度瑞那（Humberto R. Maturana, 1928-）與瓦雷拉（Francisco J. Varela, 1946-2001），他們也是魯曼主要的援引對象。馬度瑞那與瓦雷拉在對顏色感知的分析中，非常驚訝地發現，眼睛內視網膜下的某些神經細胞的活動，與光的物理性質之間，顯然沒有什麼確切的關係。光源與神經系統之間沒有明確的因果關係（詳細一點的介紹，可參閱：Kneer and Nassehi, *Niklas Luhmanns Theorie sozialer Systeme*, pp.47ff.；更難一點的，可參閱：*Irrgang, Lehrbuch der evolutionären Erkenntnistheorie*, pp.147ff.）。如果確實如此的話，那麼人們就可以像馬度瑞那與瓦雷拉那樣宣稱，神經系統是一個**封閉系統**。意思是，神經系統或知覺器官沒有生產出一個完全仿造環境

的仿造物，而是用**它自己的運作邏輯**建構出**它自己的世界**。

生命器官的運作，是一種自我生產與自我關聯的系統。馬度瑞那與瓦雷拉將之稱作**自我生產的系統**〔自我生產（Autopoiesis），由 autos（自我的）和 poiein（產製）兩個詞所構成〕。這是一種組織上封閉且自主的系統，至少在系統自身內生產其構成要素這方面來說是自主的。當然，系統與環境還是有接觸的；或用專業術語來說，系統和環境之間有「結構耦合」。但系統的重要構成部分不是由環境供給的，外界只能刺激系統，但系統是用它自己的邏輯和處理方式來回應刺激的。此外，生命系統的特質也不是由其組成部分所決定的，而是由組成部分的組織模式，亦即由在組成部分之間產生的過程所決定的。神經系統不是由神經元所決定的，而是由神經元之間的資訊傳輸類型與方式所決定的，而神經元即是用它自己的方式來對由視網膜所傳遞來的刺激產生反應。

魯曼將這套生物學和神經生理學的知識運用在社會系統上。其實馬度瑞那與瓦雷拉非常懷疑他們倆的理論怎麼能這樣用在社會科學上，但魯曼完全不管他們的質疑。心理系統和社會學家特別感興趣的社會系統被魯曼理解為自我生產的系統。關於這個「自我生產轉向」的意義是什麼，魯曼是這麼說的：

> 在一般系統理論中，這第二個範式轉移（即從系統—環境理論轉向了自我指涉系統理論）引出了一個顯著的轉變，即從對設計與控制的興趣轉向對自主性與環境敏感性的興趣，從規劃轉向演化，從結構穩定性轉向動態穩定性。（Luhmann, *Soziale Systeme*, p.27）

魯曼在這裡指出，他的功能論還可以更極端一點，亦即將他的功能分化概念再推向極端。事實上——我們等一下會再多說一點——這個新的理論工具，有助於他完全拋棄社會整體性的觀念。功能分化的子系統，例如科學系統、知識系統、宗教系統、藝術系統、法律系統、教育系統、政治系統，在魯曼看來都僅遵循著它們各自的邏輯。這些系統是根據自己的符碼〔當然，這裡與帕森斯在象徵層次上進行一般化的溝通媒介（symbolisch generalisierte Kommunikationsmedien）理論有明顯的相似處，可參閱第四講〕來運作的，有自己特殊的綱領，因此不受外界的操縱與控制。外界僅能為這些系統帶來刺激，至於這些系統對這些刺激要怎麼回應，則由子系統自己的綱領來決定。如此一來，「對總體社會進行規劃」這種觀念就完全沒有意義了（這也就是「從規劃轉向演化」！）。魯曼對規劃、設想等作法都抱持著無人可及的悲觀態度，

而且讓政治對經濟的介入企圖顯得無比可笑。但是，國家對於科學系統與法律系統的
日益干涉，在魯曼看來也是一樣的情況。

> 　（政府）關於發展經濟、確保德國地位、增加就業率等等的說法，所
> 發揮的功能跟霍皮族印第安人的祈雨舞一樣重要；這個功能就是讓大家覺得
> （政府）在做事，不是只在呆等事情自己好轉。（Luhmann, *Die Politik der
> Gesellschaft*, p.113）

　　顯然對於魯曼來說，政治方面的所有談論和所有作為，不會為經濟帶來什麼影響
或改變。「只有經濟才能造就經濟」──魯曼毫不懷疑地接受了持自由主義立場的前
德國經濟部長的這句名言。不過他還補充道，藝術、科學等等也同樣如此。藝術是藝
術系統造就的，科學是科學系統造就的。現代社會是依照**功能**而分化的；這些功能領
域不再是一個等級結構。所以魯曼認為，規劃或控制都已經是完全沒有用的概念了。
系統和子系統會演化，而這是不可計畫的。這顯然是一類很特殊的時代診斷，我們在
這一講最後會再仔細討論這件事。

　　現在，魯曼關於「現代社會以功能分化為優先」的命題取徑，從所謂的「自我生
產轉向」開始，明確地變得更極端了。不過另一方面，對於魯曼來說，雖然他更新了
理論，但顯然他並不需要因此就改寫或拋棄他之前對社會或社會子系統的描述。以此
而言，自我生產轉向只是把功能論的螺絲擰得更緊而已。

　　不過，我們更感興趣的地方在於自我生產轉向帶來的理論後果。魯曼自稱，這個
後果是「要素概念的極端時間化」：

> 　如果人們想將自我生產系統的理論轉化到行動系統領域，那麼人們
> 必須將系統要素視作沒有延遲性的，即不斷透過要素系統而進行自我再生
> 產。（Luhmann, *Soziale Systeme*, p.28）

　　在將自我生產模式應用到社會事物的過程中，魯曼是很認真在談「要素的時間
化」的。魯曼將系統區分成機器、有機體、心理系統與社會系統，然後將社會系統視
作社會學的主要研究對象。在其中他格外強調，系統理論跟（他所謂「舊時代歐洲
的」）主體概念是決裂的，而且也必須決裂。相反，在藉助馬度瑞那與瓦雷拉的啟發
以建立理論時，重點是其他要素，其他「沒有延遲性的、會不斷透過要素系統而進行

自我再生產」的那些要素（見上述引文）。魯曼在這句話裡想指出的是，系統的構成
要素不是人，也不是行動，而是溝通。溝通是社會系統的基本單位。在溝通中，意義
被生產出來，並且會不斷與意義相關聯。人——魯曼驚世駭俗地說——不是「社會」
這個系統的部分；並且不是人在溝通，而是溝通在溝通（Luhmann, *Die Gesellschaft
der Gesellschaft*, pp.29f.; pp.103ff.）。溝通雖然依賴於心理系統，依賴於人類意識，但
因為我們從來也無法真的看透另一個人，所以溝通總只與所溝通的東西有關。

　　這種說法的結果是，社會（和心理）系統不是透過固定的整體來定義的，而是透
過意義不斷的再生產來定義的。在這種情況下，系統分化的理論所關涉的是每一次的
溝通形式，而不是人或行動。科學系統之所以是一個整體，並且之所以可以不斷自我
再生產，是因為科學系統就只與真理有關，它只根據「真」與「假」的區分來運作。
在科學中，真的陳述和假的陳述會被不斷反覆參照，假設的正確性會被不斷測試。
「科學」這個系統之所以可以被指稱出來，是因為這裡有一種非常特別的溝通形式，
有一種非常特殊的「二元符碼」在這裡被不斷運用。科學系統之所以是一個整體，不
是因為某些人屬於這個系統。眾所周知，科學家不會只是科學家而已，科學家同時也
可以是與政治和經濟有關、尋求法律、追求藝術的市民。所以魯曼認為，一個具體的
人是無法被固定在系統中的，具體的行動也不行。因為在不同的脈絡中，在藝術和科
學中，行動都可以出現。對於系統來說，重點只在於讓意義得以生產出來的符碼：

　　　　人們不能說人是從屬於功能系統的，不能說一個人就只屬於一個系
　　統，不能說人只會參與法律而不參與經濟、只會參與政治而不參與教育
　　系統。如此一來，人們就不能再聲稱社會是由人所構成的，因為人顯然
　　並不能被安置於社會子系統中，不能被安置於社會中。（Luhmann, *Die
　　Gesellschaft der Gesellschaft*, p.744）

　　各種社會系統——最無所不包的社會系統就是社會——是透過持續不斷的**溝通**界
定出來的。唯有溝通終止之處，才是社會終止之處。所以在一個溝通涵蓋到全世界的
時代，「世界社會」就需要被提及了。對魯曼來說，以民族國家作為分析社會過程的
出發點，已經是完全過時的作法了。

　　魯曼的社會學的基本核心概念，是溝通和意義，而不是「行動者」或「行動」。
對魯曼來說，提及「行動」或「主體」，只是在進行歸因或歸屬而已。心理系統提及
行動，不過就是在提及一個可以清楚劃分開來的、歸因於個體的過程。歸因是為了化

約複雜性。而魯曼當然「知道」，行動自身不是真的存在的，至少行動不能被用來描述現實過程。

> 　　行動是透過歸因過程而被建構起來的。行動是透過被歸因於系統的諸多選擇——該出於何種理由？在何種脈絡？藉助何種語意（該藉助「意圖」、「動機」，還是「興趣」呢）？——而實現的。這種行動概念無法對行動進行充足的因果解釋，因為這種行動概念顯然忽略了心理事物。（Luhmann, *Soziale Systeme*, p.228）

魯曼以此，將所有可能的行動理論問題全部抹除。並且，魯曼也可以——至少在他的系統理論的前提的基礎上——聲稱，他的功能論的超級理論實際上能夠將社會學理論迄今的所有知識全都囊括進去。

3. 我們已經講到，魯曼那極端的現代社會功能分化命題，以及他對人世間的可規劃性所抱持的極端悲觀態度，表達出了他的某種時代診斷，也表現出他的一種保持距離的觀察者姿態。他長久以來不相信社會狀況是可以改變的，並且嘲諷地旁觀各種徒勞無功的社會參與活動。

魯曼很少將他著作中的這些時代診斷要素展開來細談。所以，有一本他很坦率地進行時代診斷的小書，很值得我們在這一講最後簡短討論一下：《生態溝通：現代社會能應付生態危害嗎？》（*Ökologische Kommunikation. Kann die moderne Gesellschaftsich auf ökologische Gefährdungen einstellen?*）。如書名所示，這本書旨在回應自 20 世紀 70 年代以來重要性不斷攀升，且藉著綠黨在德國的成立而對政治或社會政策產生極大影響的環保運動。看看魯曼**如何**回應環保運動，頗能獲得啟發。

魯曼在該書一開始，先對他的理論進行了一個頗為詳實且易於理解的介紹。這也讓該書成為魯曼的一本對社會學初學者來說最容易上手的著作。他又一次說明，現代社會（我們今天總的來看可以將之視作一個個國家社會）是由不同的子系統所構成的，像是政治、經濟、法律、科學、宗教、教育（順帶一提，在 20 世紀 80 和 90 年代，魯曼對這些子系統都分別寫了相當廣博的著作）。這些子系統都有自己語言，使用一種「二元符碼」，以此來處理系統中的資訊。例如經濟，「是一種關於金錢支付的運作總和」（Luhmann, *Ökologische Kommunikation*, p.101），以「擁有 / 沒擁有」或「支付 / 不支付」這組符碼來運作。科學以「真 / 假」這組符碼來運作，今天的政

治系統則以「執政／在野」這組符碼來運作。沒有一個子系統會越俎代庖去管其他子系統的事，也沒有一組符碼比其他組符碼更重要。

當然我們還可以進一步再去問經濟和政治的關係，藝術和宗教的關係，科學和法律的關係。但是我們不能認為某一個子系統可以控制或領導其他子系統。經濟只能透過「支付／不支付」（而不能用任何其他的語言）來回應政治。藝術在面對宗教的影響時，也只能用美學符碼來進行回應，宗教也是只能用「超越／內在」這組符碼來回應法律的影響。沒有一組符碼可以簡單地轉譯成另外的符碼。

魯曼的這個觀點無疑很有趣。如同我們在帕森斯的理論中已經可以看到的那樣，這種觀點是一種研究啟發法，它可以讓人們更為敏銳地看到，各個社會子系統是以何種特殊邏輯在運作的，以及如果可能的話，子系統之間的交換過程——如果真有交換的話——是以何種方式進行的。人們也許可以藉此擁有一個比馬克思的上下層建築概念更現實的觀察方式，來分析社會過程（帕森斯便認為他的 AGIL 模型，就能夠提供這樣的觀察方式）。

但是，當魯曼提出的命題認為社會（子）系統是自我生產的系統，這些系統只按照自己的系統邏輯來運作，外界只能給予刺激，但無法施加操控的時候，魯曼自己也阻絕了任何關於計畫與控制的希望了。子系統只能彼此觀察，只能將外界影響它們的企圖轉譯為自己獨特的語言——它們只能做到這一點！政治系統就是因為這樣的侷限，所以對其他系統原則上總是不得其門而入的。所以才會有「只有經濟才能造就經濟」這句名言。但這也讓人們想問，魯曼這個極端的假設是否符合現實。

但首先我們先來看魯曼這本書副標題的問題：現代社會是否能應付生態危害，例如車諾比核災事件？魯曼的回答，想必讀者現在都已經不會感到驚訝了，當然是「不能」！魯曼的理由雖然簡單，但很有啟發性。在現代高度分化的社會中，人或團體已經無從看到「整個」社會了，所以也無法警告整個社會要避免危害，或是保護整個社會免於危害。所以，說要發展出整個社會的意志來避免所謂的生態危害，都是完全可笑、定會遭遇失敗的。

魯曼這樣一位語出驚人、言語犀利的浪漫主義嘲諷者代表人物，也是從這種觀點出發來看待環保運動的。他認為綠色運動都是狂妄的、道德上自以為是的（Luhmann, *Ökologische Kommunikation*, p.235）。

魯曼完全就是這樣看待現代社會所遭遇的危害的。在他生前出版的最後一部巨著中，他說：

環境過度開發的實際後果，還沒有超過極限；但大家沒用太多想
像力就去想像事情不能繼續這樣下去。（Luhmann, *Die Gesellschaft der
Geselslchaft*, p.805）

魯曼對於我們影響已發生的事情的能力抱持根本性的悲觀態度。當然我們為環保
採取了各種措施，像是定下廢氣排放值、關閉核電廠等等。只是我們不能認為我們真
的從外部影響或操控了政治系統，不能認為真的採取了「有效的」措施。我們頂多只
能說，政治系統用自己的溝通邏輯來遭受與回應刺激。對於魯曼來說，「新社會運動
缺乏理論」。當然他的意思是，新社會運動缺乏他的系統理論與以功能分化為先的洞
見。所以他對這種運動的評價極低：

所以人們大多數時候都可以看到這些目標和假設是如何簡單和具體
地固定下來，進行敵我區分，然後下道德評斷。（Luhmann, *Ökologische
Kommunikation*, p.234）

對於魯曼來說，這些道德態度都是令人難以忍受的，因為在現代功能分化的社會
中，沒有一個立場可以代表整個社會，所以上綱到道德的作法都是不恰當的。再加上
在環境領域中，因果鏈幾乎是理不清的，所以關於誰有錯、誰沒錯的問題根本是無解
的。環保運動跟仇視外國人的抗議，兩者的道德平臺高度沒啥兩樣（參閱：Luhmann,
Die Gesellschaft der Geselslcahft, p.850, Fn.451）。在魯曼眼裡，這兩者的立場都很愚
蠢、自大。這一類的抗議或運動，對於構成了現代社會的功能分化來說都是有害的。
魯曼在這裡，似乎採取了一個想將現代社會加以擬人化的立場，有的加以讚揚（如各
種現有的政黨），有的加以責備（如令他難以忍受地上綱到道德的「綠黨」）。但是，
儘管魯曼對這些德國綠色運動和參與其中的知識分子不單純是嘲諷，而根本是惡意挖
苦和持相當宿命論的態度，卻還成為一位相當時髦的學者。為什麼會這樣，其實讓人
很難理解。可能要在環保運動的複雜的歷史形成背景下我們才能搞懂吧。

無論如何，在批評生態人士時，魯曼的態度有點像是傳統的保守知識分子。所
謂的魯曼推手，謝爾斯基，其於 1975 年出版的相當知名、內容滿懷抱怨、有時相
當反動的著作《勞動是其他人在做的：階級鬥爭與知識的神權統治》（*Die Arbeit tun
die anderen. Klassenkampf und Priesterherrschaft der Intellektuellen*），也是用這種態
度與生態運動辯論。順帶一題，魯曼覺得謝爾斯基的著作是很突出的「批判性的反

思」，所以他不懂爲什麼謝爾斯基的這種反思會被認爲是「保守的」（Luhmann, *Die Gesellschaft der Gesellschaft*, p.1108, Fn.382）。

魯曼對於生態運動的批評，從**理論方面**來看完全是很有問題的（至於他在政治方面的評估怎麼樣，可以是另外一回事）。因爲魯曼把（生態學）**對特殊的分化形式**的警告，和對功能分化**本身**的批評，混淆在一起了。魯曼的說法彷彿是認爲，生態學對現代工業社會生態危害的警告，都是想要回到**現代化之前**的，即沒有功能分化的社會。但這不只在經驗層面是錯誤的，因爲抗爭者始終各自屬於非常不同的團體；而且魯曼自己在理論層面上也缺失了對另一種可能性的想像，亦即沒有想到社會也可以用**另一種方式來分化**。在現有的西方工業社會中，就社會分化的工業化形式來看，各個國家相比起來都有極大的不同。經濟、宗教、政治、法律等等的制度結構都隨國家而異。所以我們完全有理由可以假設，不同社會在過去和在未來都一直有關於分化**形式**的不同爭辯。決定分化形式的是政治民主過程，即約阿斯所謂的「分化問題的民主化」，而不是（魯曼那類的）社會理論家。魯曼那極端的操控悲觀主義似乎過於誇張了。爲制度形式而鬥爭的確無法預見結果，但僅僅用「刺激」這個概念去談事情，也是無法談出什麼所以然的。因爲爭辯的確也造成了各種衝突陣線，也造成了爭取特殊制度結構的各「贏家」和「輸家」。當我們在本書後面討論到杜漢與貝克的著作時，就會看到，我們還是完全可以有另外一種說明生態運動的理論觀點。

最後我們推薦三本相關文獻吧。對於魯曼的作品、他的系統理論的導論著作多不勝數。但大部分有個很嚴重的缺點，就是它們幾乎都只從系統理論的觀點來談魯曼，所以常常對魯曼完全不加批判，甚至把他的系統理論講得彷彿是社會學中唯一的理論似的。但有三本書是比較出色的：霍斯特的《魯曼》（Detlef Horster, *Niklas Luhmann*），這本書之所以值得推薦不只是因爲他的介紹比較簡明，也是因爲在其中還有一些魯曼生前最後幾年所做的有趣的生平採訪。克內爾和納塞希的《魯曼社會系統理論導引》（Georg Kneer and Armin Nassehi, *Niklas Luhmanns Theorie sozialer Systeme*），也許是最紮實地介紹魯曼理論的導論著作了。相較起來，維克的《系統理論：基本問題導論》（Helmut Willke, *Systemtheorie. Eine Einführung in die Grundprobleme*），如書名所示，是對系統理論思想進行全面介紹的一般性著作。

介紹魯曼的這一講，就到此結束了。20 世紀 70 和 80 年代在德國最宏大的兩個理論綜合，我們之後就不再談了。不過，就像我們之前提到過的，在這段時間之前，社會學的理論生產深受「美國」影響，但之後，不只是德國社會學，而且**西歐的社會學**都開始占據主導地位了。其他地方也有嘗試進行理論綜合的學者，例如一位 70 年代開始主導許多爭論的英國學者，紀登斯。

第十二講

紀登斯的結構化理論與較新的英國權力社會學

　　之前幾講介紹的德國「宏大理論家」，無可避免地要詳細介紹他們的生平，因為這樣我們才能展現他們理論體系的核心思想。不過關於紀登斯（Anthony Giddens），這種作法沒有那麼必要。只要了解英國社會學在 20 世紀 60 年代以來的趨勢背景，那麼就算不用介紹紀登斯的生平，也可以很好地解釋他的理論綜合嘗試。我們這裡先來回顧在第八講討論過的衝突理論，因為這對紀登斯後來的兩個理論發展來說尤其重要。

　　1. 20 世紀 50 年代和 60 年代初，英國的衝突理論與雷克斯和洛克伍德這兩個名字是分不開的。他們跟達倫道夫不一樣，並沒有完全和帕森斯的理論取徑決裂。他們只是想讓衝突理論成為與帕森斯的功能論並駕齊驅的取徑。當然，衝突理論的擁護者從未滿足於僅僅「並駕齊驅」而已。眾所周知，在理論方面野心勃勃的洛克伍德，就想要在權力理論與衝突理論取徑，和功能論（與詮釋）取徑之間的對立之外，找出突破點，亦即他想進行某種類型的理論綜合。以此而言，後來哈伯馬斯、魯曼，還有紀登斯所進行的「宏大的」理論綜合嘗試，在洛克伍德那個時候就已經被做好了事先準備工作。

　　洛克伍德有一篇在各方面都非常重要的論文，即 1964 年發表的〈社會整合與系統整合〉（"Social integration and system integration"）。這篇文章基於在第八講就提過的韋伯—馬克思式的傳統，對各種功能論與衝突理論的取徑進行分析。這些分析指出了功能論與衝突理論中頗有道理且內涵相當豐富的理論說法，並透過洛克伍德自己創造出來的一些概念，來推進一種具有內在一貫性的理論框架。在 20 世紀 50 年代時，

洛克伍德的立場認爲，我們不能將功能論和衝突理論當作是互斥的。規範—共識—秩序，與權力—異化—衝突，並不是相對立的，而是**這兩組現象**在社會世界中雖然各有特殊之處，但又總是會隨著不同的社會而以不同的方式連結、交織在一起。達倫道夫的理論（還有雷克斯的部分理論），都只片面地關注權力、衝突和異化，而這樣的理論會忽略社會現實的核心面向，因爲衝突幾乎無法脫離價值系統的形式與發展而被適當地討論。「因爲，現有的權力結構，價值系統的本質，對於潛在衝突的形成、強度與方向都有極大的重要性。」（"Social integration and system integration", p.248）這樣一種觀點特別關注權力與文化的關係、目的理性工具取徑與其他理性形式之間的關係（稍後的哈伯馬斯即是這麼做的）。這也率先設置了一個很重要的理論目標，大部分之後的理論綜合就是朝此目標前進的。

洛克伍德認爲太過極端的衝突理論是有問題的。之所以有問題，不只是因爲這種理論忽略了文化與權力的關係，還因爲它對於社會變遷的闡述不夠系統，也沒有注意到社會變遷雖然常常與衝突相伴，但也不是所有衝突——即便是極爲嚴重的衝突——都必然會導致社會變遷。「衝突在社會系統裡可以既難以擺脫、又相當強烈，但卻不會造成任何基本的結構改變。」（ibid., p.249）也有一些衝突，在社會制度結構的改變方面造成了社會變遷，但在其他方面卻沒有造成改變。顯然人們必須將兩類問題區分開來。**一類**問題是，一個社會裡的行動者或團體、階級，是否彼此在相搏與鬥爭；**另一類**問題是，社會結構是否事實上因此產生了改變。這樣的思路，讓洛克伍德提出了讀者已經很熟悉的一組概念，即**社會整合**和**系統整合**。這組概念後來被哈伯馬斯援用了，雖然其意涵也被哈伯馬斯改變了。洛克伍德認爲，一個系統裡**行動者之間的關係**（社會整合）和系統的**部分之間的關係**（系統整合）必須區分開來。完全可以有一種情況是，在一個社會中有很多的矛盾，即很多系統問題，但在行動層次上卻不必反映或表現出這種矛盾，亦即不必有可見的抗爭、公開的衝突、階級鬥爭等等。反過來說，也可能社會有抗爭或衝突，但卻不影響社會子系統之間的關係。洛克伍德這種對於社會整合與系統整合的區分，顯然反映了西歐左派的政治經驗，也就是經濟危機不必然會導致階級鬥爭，反而在經濟繁榮的時代卻有可能產生階級鬥爭。

洛克伍德認爲，極端的衝突理論最終缺乏這種洞察力，因爲衝突理論感興趣的只有顯性的衝突，而非系統整合現象。衝突理論只討論表面上的衝突，而沒有去追問，衝突是否，以及如何導致了真正的系統變遷，也沒有追問社會系統的部分是否，以及如何被衝突撼動或是受到牽連。對洛克伍德來說，運用系統概念與採納功能論的思想，對於分析現代社會來說不只是可行的，且根本就是必須的。只有**同時**處理社會整

合問題**以及**系統整合問題,我們才可以建構出一個有說服力的社會理論。洛克伍德也是從這一點出發,來批評帕森斯的(規範主義的)功能論。他認為帕森斯的功能論完全只以規範的(社會)整合為優先,認為**所有**的機構和子系統只是體現了整個社會所共用的價值,沒有認識到系統部分的張力。而且帕森斯的功能論也幾乎沒有想到——用馬克思的話來說——「物質基礎」與制度秩序之間的矛盾。洛克伍德指責帕森斯,因為其無處不在的規範整合的觀念,所以遮蔽了社會的系統整合的可能問題。

我們在這裡簡短介紹的洛克伍德的理論,非常知名,而且也呈現出了朝向理論綜合的**徵兆**。但洛克伍德自己還沒有完成**真正的突破**。這可能與他太過倚重馬克思的思想有關(雖然他對馬克思也有批判)。洛克伍德不斷強調,馬克思理論建立了社會整合和系統整合之間的複雜的相互作用。但洛克伍德自己缺乏足夠的理論工具和哲學工具,無法像哈伯馬斯那樣,在維護他的這個觀點的**同時**擺脫馬克思理論的核心面向,尤其是擺脫馬克思作品中功利主義和經濟主義的思維模式。這使得他幾乎沒有辦法綜合性地掌握權力和文化的關係。不過,洛克伍德的思想還是可以繼續發展下去的。在英國,將之發展下去的就是紀登斯。只是紀登斯用另一種方式詮釋了「社會整合與系統整合」,所以在紀登斯的理論中,幾乎看不到洛克伍德原初的意涵成分,也看不到後來哈伯馬斯的成分。

2. 紀登斯著作的發展背景,除了包含洛克伍德那未完成,但極能激發靈感的理論綜合嘗試之外,還有在 20 世紀 70 年代的英國相當盛行的、在歷史層面進行辯論的權力社會學,一個——如第八講最後已提到的——「移居」到歷史社會學的衝突社會學。

歷史取徑的權力社會學或衝突社會學在當時的英國開始爆紅(在美國情況也類似,但在當時的聯邦德國則迥然有異)。之所以如此,至少有三個原因。**第一**,英國有一些非正統的馬克思主義歷史學家與知識分子,如湯普森(Edward P. Thompson, 1924-1993)、霍布斯邦(Eric Hobsbawm, 1917-2012),或是安德森(Perry Anderson, 1938-)。他們有著豐富的研究成果,他們的著作部分有強烈的社會學性質的反思。而且他們那史料豐富的歷史學研究,也將社會學和他們最新的分析在歷史層面關聯在一起,因為他們覺得社會學很有啟發性。正好社會學中已有的韋伯—馬克思主義的思潮(雷克斯和洛克伍德即屬於其中的代表人物)也開啟了規模極大的歷史學議題。**第二**,英國比德國還要早受到伊里亞斯(Norbert Elias, 1897-1990)的影響。伊里亞斯在納粹時期從德國出逃,他那出版於 1939 年的偉大的歷史社會學著作《文明的進程》

（*Über den Prozeß der Zivilisation*），在德國一直到 20 世紀 70 年代後期才廣為人知。他在漂泊過數個國家之後，最後 1954 年在英國萊斯特大學（University of Leicester）擔任講師。在那裡，他由於優秀的教學能力而對英國社會學產生了很大的影響。他的宏觀歷史社會學的核心命題，是國家的建立過程會產生規訓作用。意思是，這種宏觀過程，會將自我控制逐漸內化到人的內心當中，以此對一個人最私人的感知帶來決定性的影響。這對於聚焦在權力和社會衝突的社會學來說，當然非常有吸引力。**第三**，20 世紀 50 和 60 年代，對於（英國的）福利國家發展的社會學研究在英國相當盛行，這些社會學研究有著強烈的理論取徑與歷史取徑。蒂特馬斯（Richard M. Titmuss, 1907-1973）和馬歇爾（Thomas H. Marshall, 1893-1982）即是代表人物。對於歷史社會學感興趣的社會學家，也會和這方面的社會研究有所關聯。

受這種學術氛圍的影響，20 世紀 70 年代以來有些青年社會學者就是從歷史社會學起家的；紀登斯與這些青年學者也有所往來。首先不能不提到的就是麥可・曼（Michael Mann, 1942-）。他以數卷從社會學的角度進行的極具野心的世界史研究《社會權力的來源》（*The Sources of Social Power*）轟動一時。1986 年出版第一卷之後，他就收到多所美國大學的盛情邀約，後來他到加州大學洛杉磯分校任教。麥可・曼被視為左派韋伯主義者，且從一開始就對帕森斯主義**和**馬克思主義同樣感到疑惑，因為他既不相信整個社會可以透過價值來加以整合，也不相信勞工運動原則上的革命角色。他在 20 世紀 70 年代開始作為一位階級理論家，出版了數本勞工意識和西方社會知識分子角色的研究。但很快地，在 20 世紀 70 年代末期，他就轉而對歷史感興趣了。對他來說，似乎唯有藉助歷史社會學分析，才能對一些表面上理所當然，但實際上卻很成問題也很有害的社會學思想前提加以刨根問底。麥可・曼至少修正了三個原先的社會學立場（參閱：Haferkamp and Knöbl, "Die Logistik der Macht"）：

(1)麥可・曼很極端地嘗試瓦解整體論的社會概念。社會學從一開始的成立階段，就將整體論的社會概念當作分析的核心範疇，但沒有想到，「社會」被想成一個封閉的整體，其實這與在 19 世紀時穩固下來的民族國家息息相關。也就是說，民族國家概念和社會概念是等同的。在前現代或北美和歐洲之外的地方，像民族國家這樣一種自成一體的整體其實是不存在的，因為彼時彼地還沒有嚴格控管的邊界。或是像早期現代的神聖羅馬帝國，有很多在小地方據地為王的政治體，這些政治體無法用自成一體的「民族文化」整體概念來掌握。社會概念在這樣的脈絡下是沒有用的。麥可・曼由此得出結論認為，人不能用「社會」（society）來界定，而只能說是一種具有社會性質的存有（social being）。他想藉此讓社會概念不再是社會學的**基本**概念。

(2)在討論整體論的社會概念時,麥可‧曼談到了只有部分重疊的**權力網絡**。麥可‧曼的核心命題是,人類是在不同的網絡(他提到了四種權力網絡:意識形態的、經濟的、軍事的,以及政治的)中游移的,或是說人類「被迫」透過這些網絡來進行或多或少有序的共同行動。基於此命題,至少有三個理論策略的目標是他想達到的。**首先**,麥可‧曼反對馬克思,認為馬克思老是將自己侷限在「經濟原則上是優先的」這個出發點,這是他無法忍受的。他完全從衝突理論的傳統出發強調,會產生衝突的資源或權力來源是有很多種類型的。四種權力來源中,哪一種在特定的歷史時刻是最主要的,要經驗地視當時的情況而定。**然後**,麥可‧曼便開啟了一個直接朝向歷史分析的社會學,因為他隨即就遇到一個問題:歷史上,人類建立組織的手段,究竟是經濟、政治、軍事,還是意識形態?權力網絡是如何發展的?歷史上人類的組織能力有提升了嗎?在這些問題上,麥可‧曼堪為歷史社會學分析大師,指出了人類透過哪些傳播手段和運輸手段,連結成一個穩定的網絡,以及這樣的連結嘗試在哪些歷史的十字路口又不斷失靈。**最後**,麥可‧曼藉由那四個只有部分重疊的權力來源的說法,避免倒退回整體論的社會思想。因為他藉此開啟了一種看法,即有一些權力網絡的影響範圍比較大,但有一些權力網絡的影響範圍比較小。也就是說,如果我們將「社會」視同於民族國家,那麼我們不能不假思索地認為,政治、經濟、意識形態與軍事的權力網絡的擴展從以前到現在都是同一個樣子的。這同時也開啟了當代政治學—社會學的爭論,例如關於時常被提到的「全球化」的爭論。因為從麥可‧曼的權力網絡理論來看,今天哪些網絡全球化了、哪些沒有,都必須完全按照各自的情況來判斷。

(3)麥可‧曼也正是基於他的歷史研究,特別關注對於「社會」(特別是現代西方「社會」)的形成來說戰爭所具有的意義。領導人和國家各部長對於「社會內部的」關係的形成方面,總是扮演著很重要的角色。之所以如此,是因為國家間常常會爆發戰爭,而且對戰爭來說相當重要的稅收,對於社會結構來說有極為重大的影響。麥可‧曼反對在社會學中頗為流行的對歷史過程的「內因性」觀察,亦即認為社會的發展主要,或甚至僅僅基於特定的內在邏輯(就像帕森斯的演化理論所認為的),或僅基於生產力的進步(馬克思主義就是這麼宣稱的)。相反,他指出,影響階級構成形式,乃至於影響「社會」總體結構的,往往是**外因性的**力量,例如軍事暴力的突然衝擊。德國著名歷史學家尼伯代(Thomas Nipperdey, 1927-1992)在他三大卷的《德國歷史(1800-1918)》中,以一句稍嫌誇張,但不無道理的話作為開頭:「開端,是拿破崙。」(p.11)他這句話是想告訴大家,如果大家不去關注拿破崙的統治機構和他的軍隊所扮演的角色,那麼是無法理解德國19世紀早期歷史的。因為德國「社會」

就是在**對此的反應上**開始了史無前例的動員和改變，亦即開始了「現代化」。麥可・曼很強調國家的角色以及由國家引發的戰爭，這也是他的事前準備工作，他想以此修改社會學中流行的線性史觀，尤其是以和諧主義來詮釋現代性的那種說法。帕森斯那一群人長久以來就是持這種說法的，但當然也不是只有帕森斯他們才這樣，而且這種說法在20世紀80和90年代的一些時代診斷中就已經被大力否定了（參閱第十八講）。

大約在同一時期，跟麥可・曼交情甚篤的霍爾（John A. Hall, 1949-）也是強烈基於衝突理論觀點的歷史比較研究者。霍爾在1985年撰寫了一本非常精彩的文明比較研究著作《權力和自由》（*Powers and Liberties: The Causes and Consequences of the Rise of the West*），並且在接下來的時間，從社會學的觀點出發，處理關於國際外交、戰爭與和平的問題（此處亦可參閱：*Coercion and Consent: Studies in the Modern State*）。他很多論點都和麥可・曼的方向是一樣的，他也認為，國家軍事在現代社會的興起中扮演著核心的角色。

紀登斯承接了這些學者，並接受了他們的許多思維模式。當然紀登斯對他們也不是照單全收，因為他很快就看到，麥可・曼和霍爾所推動的宏觀社會學缺乏行動理論的視角。洛克伍德將權力與文化的**綜合**視作重要任務，但麥可・曼和霍爾卻沒能完成這個任務。簡單來說，因為麥可・曼和霍爾幾乎是純粹的衝突理論家和權力理論家，而非文化理論家。麥可・曼僅僅只是將經濟的權力網絡和意識形態（也就是文化的）權力網絡**並置**在一起，而沒有去問這兩者**之間**的關係究竟是什麼，沒有去問經濟如果沒有被嵌入意識形態、文化，是否還能夠存在。不論是韋伯還是帕森斯（如同我們在第二講和第三講提到的），都不斷致力於這個問題。但不論是麥可・曼，還是霍爾，都沒有適當地處理這個議題。紀登斯認為這個取徑必須被修正，而這個修正則唯有基於廣泛的行動理論的反思才得以可能。而且紀登斯在進行秩序理論的思考時，一直都沒有「忘記」這個行動理論根源，所以他的秩序理論比起哈伯馬斯還要更一以貫之。就像我們所批評的，哈伯馬斯在追求一個適當的秩序理論時，由於受到魯曼和帕森斯的影響，因此太快踏上功能論的，但也因此缺乏行動者視角的道路。

影響紀登斯研究的學科脈絡，我們就介紹到這裡。在我們接下來探究紀登斯的理論立場之前，首先簡短看一下他的生平，這樣讀者對於這位當代英國社會科學最出色的人物才可以有更鮮明的認識。紀登斯的學術生涯的重要階段是在英國的精英大學——劍橋大學——中度過的，也擔任過相當知名的倫敦政治經濟學院的校長。他生於 1938 年，比他德國的「競爭對手」哈伯馬斯和魯曼小差不多 10 歲。和哈伯馬斯和魯曼一樣，他很年輕時就展現了令人驚訝的巨大學術生產力。他一開始在 1971 年出版了《資本主義與現代社會理論》（*Capitalism and Modern Social Theory*），該書也是一部在英語學界相對來說頗具影響力的教科書。其中，他對古典社會學家涂爾幹和韋伯進行了很有創意的詮釋。此外，從一開始，他就在和帕森斯的理論進行對話，也和帕森斯對社會學史的詮釋（也就是我們在第二講已經向讀者介紹過的《社會行動的結構》這本書）進行辯論。紀登斯尖銳地反對帕森斯的**規範主義的**秩序理論，也不同意帕森斯關於古典社會學思想的說法，亦即認為古典社會學思想的形成都來自與功利主義的理論爭辯。紀登斯更傾向於一種**政治學的**詮釋，並從社會學形成之初在時代診斷方面的貢獻來看，認為社會學的緣起是為了要回應自由主義自 19 世紀末以來的危機（可參閱他在 1973 年發表的論文："Classical Social Theory and the Origins of Modern Sociology"）。

不過，除了社會學史的研究之外，紀登斯也在 1973 年出版了在國際上極具影響力的著作《發達社會的階級結構》（*The Class Structure of the Advanced Societies*）。在該書中，他與馬克思和韋伯的階級理論進行對話，並從中對資本主義社會和國家社會主義社會的階級結構進行分析。他特別深入討論了勞工階級與中產階級的發展趨勢。紀登斯在書中表現得像是一位左派社會理論家，但他沒有「照搬」正統的馬克思思想，而是頗具創意地結合了馬克思**與**韋伯的思想，也就是前文提到過的韋伯—馬克思主義。在書中，紀登斯也提出了一個後來相當有名的概念：「結構化」（structuration）。紀登斯用這個概念是想描述一件事，即從歷史經驗來看，階級和階級界限**很少是穩定的**，而是階級形成過程中大多具有**多變的**「階段」，其既受社會生產方式的影響，也受可能會產生改變的世代間的流動的影響（見：*The Class Structure of the Advanced Societies*, pp.107ff.）。紀登斯最初是在階級理論的框架中使用結構化概念的，但他後來在 20 世紀 70 年代末、80 年代初，就開始一般性地將其應用於社會過程，並且為其提供了行動理論基礎，以此來突破社會學中大多過於靜態的概念。紀登斯不說（穩定的）結構，而是說**結構化**。因為他想指出，社會總是具有動態的運作過程，亦即社會總是會形成表面上似乎挺穩定的結構，但也總是會消失，並且會不斷

被行動者改變。這裡，他也在探討一個 20 世紀 60 年代初由英國馬克思主義社會理論家湯普森（E. P. Thompson）所推廣而很有影響力的思想，這個思想在湯普森的名著的書名《英國工人階級的形成》（*The Making of the English Working Class*）中就已經隱約透露出來了。他刻意說是勞工階級的「形成」而不是「興起」，因為他想指出階級是一種由行動者積極推動出來的過程，而不是一個從自身開展出來的東西。湯普森是一位馬克思主義者，但他反對馬克思主義的階級理論家，因為這些階級理論家都過於重視結構（即生產關係），以至於忽略了行動主體。紀登斯跟著湯普森的步伐，但是把從階級形成過程中得出的洞見更進一步延伸開來。紀登斯一貫的行動理論觀念，讓他認為結構是被形成的，**而且也是**可形成的。然後，他將這個觀念更一般化地擴展成**結構化**概念，指出行動者總有意**或**無意地推動著結構化。這種說法和讀者已經知道了的魯曼的系統理論大相逕庭，也和稍後在第十四講會介紹的結構主義的看法截然不同。

20 世紀 70 年代中，紀登斯開始吸收社會學的各種不同理論思潮，並進行批判的評論。像是俗民方法論與象徵互動論（如 1976 年出版的：*New Rules of Sociological Method*），或是結構主義和德國批判理論（如 1979 年出版的：*Central Problems in Social Theory: Action, Structure and Contradiction in Social Analysis*）。20 世紀 80 年代初，他開始出版了數卷，但最後沒有真的完成的與歷史唯物論對話的著作（*A Contemporary Critique of Historical Materialism.* Vol. I: *Power, Property and the State*）。書中更明顯地體現了，當時在英國開始興起的從歷史社會學角度出發的權力理論和衝突理論，是如何強烈地影響了紀登斯。

他巨大的學術生產力表面上涵蓋了很多領域，吸收各種相當不同的理論取徑；不過在 20 世紀 70 年代末期之前，他的工作僅僅是對這些理論進行一些評論而已，沒有什麼理論原創性，那些著作沒有什麼內在的洞見和一致性。但後來，在哈伯馬斯的《溝通行動理論》出版的 3 年後、魯曼的《系統理論》出版的同一年，即 1984 年，紀登斯出版了一本非常有系統性的著作，並用這本書證明了他並非沒有原創性的評論家。這本書就是《社會的構成：結構化理論大綱》（*The Constitution of Society: Outline of the Theory of Structuration*）。在該書中，紀登斯將他所吸收的各種不同的理論焊接成一個一體成形的框架。我們以下對紀登斯理論的分析，主要便是集中在他這本具有系統性的代表著作上。

《社會的構成》出版 2 年後，他又出版了第二本跟歷史唯物論進行對話的著作《民族國家與暴力》（*The Nation-State and Violence*）。這是一本很重要的歷史社會

學著作，其中認為政治權力對於現代性來說扮演著很關鍵的角色，並對戰爭也多有關注。

1989 年，紀登斯出版了一本厚達 800 頁的教科書《社會學》。這是一件很不尋常的事，因為像他這樣名氣非常大的理論家，通常不太會寫這種入門教科書。20世紀 90 年代初，他出版了一系列討論現代性的小書，像是《現代性的後果》（*The Consequence of Modernity*）、《現代性與自我認同》（*Modernity and Self-identity: Self and Society in the Late Modern Age*）、《親密關係的轉變》（*Transformation of Intimacy*）。這些著作銷量很好，但遠不如他在 20 世紀 80 年代中期的著作那樣系統和重要。美國社會學家亞歷山大（Jeffrey Alexander）甚至很不屑地說這是如同健怡可樂般的「健怡紀登斯」（Giddens light）。事實上，這時候紀登斯已轉向政策顧問工作了。他與布雷爾（Tony Blair）交好，提出了所謂「第三條路」的新版歐洲社會民主計畫。他出版了許多著作，試圖提出一個不再相信國家的左派政治路線（見 1994 年出版的：*Beyond Left and Right: The Future of Radical Politics*）。人們可以說，紀登斯邁向國策顧問之路，讓他的知名度甚至在國際上又再次顯著大幅提升了，但卻不一定提升了他的學術聲望。他近年來發表的多是政黨宣傳性的著作，顯然不再追問社會學的問題了。但他在 20 世紀 80 年代中期的那些著作，卻是綜合性的社會理論的一個發展里程碑。（他後來的著作，以及其關於時代診斷的面向，我們會在第十八講再回過頭來介紹。）

• •

好，現在來看看他的這本系統性的主要著作《社會的構成》吧。以下，為了避免重複講到上文已經介紹過的內容，所以我們這裡就只呈現紀登斯用以提出上述他那些理論立場的論證。這裡至少有 6 個**行動理論**方面的要點值得一提（以下亦可參閱：Joas, "Eine soziologische Transformation der Praxisphilosophie: Giddens' Theorie der Strukturierung"）。

1. 紀登斯在 20 世紀 70 年代吸收了俗民方法論與象徵互動論，當時他也採納或改寫了這兩個理論流派發展出來的許多觀念。這裡的重點是，他當時就已經強烈反對帕森斯的行動參照框架了。帕森斯從單位行動出發，並以此嘗試確認每個行動的要

素。紀登斯認為這個出發點是錯誤的,例如分析哲學,以及由分析哲學延伸出來的一連串社會科學與人文科學思潮,也同樣採用這種錯誤的出發點。紀登斯認為,行動不是由一個個原子式的單一行動所構成的,並不是一個封閉的行動接著下一個封閉的行動,我們也不能把行動當作孤立且單一的進行分析。紀登斯運用了現象學以及實用主義、互動論的觀點,認為我們必須將行動想成是整體的、持續不斷的行動流。

> 人類行動是作為一種綿延而產生的,是一種持續的行為之流,如同認知一樣。有目標的行動不是由一些或一連串分開的意圖、理由和動機所構成的。「行動」不是「動作」的結合。唯有當我們對綿延的體驗經歷給予零碎的關注的時候,才會看到「動作」。(Giddens, *The Constitution of Society*, p.3)

紀登斯認為,我們只有在回溯時刻意把每個動作獨立出來,才會說有(一個個封閉的)行動。但行動不是這樣進行的。我們的討論出發點必須是持續的行動流,即一種——用法國哲學家柏格森(Henri Bergson, 1859-1941)的概念來說——綿延(durée)。

為了抵禦過於理性主義的哲學與心理學,柏格森在他 1889 年完成的關於我們意識過程特質的博士論文裡,運用了綿延概念。因為他想指出,「我們的自我若要繼續存在下去,就必須避免自己的當下狀態與之前的狀態分離開來。」(Bergson, *Time and Free Will*, p.100)

柏格森的作品裡某些觀點,對胡塞爾(即現象學的創建者,也是俗民方法論在哲學方面來源的奠定者)和詹姆士(William James)(實用主義的奠基者之一)都產生了影響。柏格森不將我們的意識視為前後接續的一個個思維,而是視為一種體驗之流。思維內容就是在這個體驗之流當中流轉、相融的。就像「當我們在回憶裡想起一段旋律時,所有的音符都是交融在一起的。就算這些音符是相繼的,我們能不能說,我們還是會把它們統覺**在一起**呢?」(Bergson, *Time and Free Will*, p.100;著重處為約阿斯和克諾伯所加)柏格森特別感興趣的,是當我們的主觀時間意識被「空間化」,亦即臣服於一個客觀的框架、臣服於物理時間時,所遭受到的扭曲。「時間」議題,就主觀經歷到的時間性方面,在柏格森之後,並且也因為柏格森,成為了 1900 年後文化批判的一個常見議題,不論在文學〔如普魯斯特(Marcel Proust)的文學著作〕還是在哲學〔如海德格(Martin Heidegger)〕中都是如此。紀登斯援用了這些思想

（從上述引文便可看出來了），但他把這個思想應用到行動上。柏格森說得有道理，意識狀態的確是一種「綿延」，除非我們刻意去將之拆解、間斷開來。但紀登斯認為，這個思想若僅侷限在**意識過程**，就太狹隘了。因為我們也必須如此去理解**行動**。行動同樣不是動作的前後接續，而是持續的流。唯有出現了阻礙，唯有回溯地反思，行動之流才會被間斷、拆解成單一的動作。

2. 紀登斯用與俗民方法論和象徵互動論類似的方式，反對一種觀點，亦即認為行動有**事先被安排好的**清楚目標。當然這個反對意見也是在針對帕森斯的行動參照框架。不過，這種從目的論的角度來理解行動的方式，倒也不是只有在帕森斯那裡才看得到。帕森斯將行動描寫為是在實現目標。行動者立下目標，考慮情境條件，根據現有的規範和價值採取可用的手段。紀登斯反過來強調，人類行動很大一部分**並沒有**事先確定好的意圖。意向不是外在於行動的，行動者不是先設置一個目標，然後再為了達成目標而行動。目標常常是**在行動當中**建立起來的。行動者是在行動中才越來越了解自己想要幹什麼，而且在行動中還會再不斷進行修正。紀登斯所認為的意向，跟傳統行動理論的意向，也因此是不一樣的。紀登斯將意向理解為在行動過程中，能反思地自我控制的能力。他將之稱作「行動的反思監督」（reflexive monitoring of action）（Giddens, *The Constitution of Society*, p.3）。行動不單純是在實現所定下的目標和意圖。而且，紀登斯認為，人類會不斷回過頭來看看自己在幹什麼，自我觀察，然後在過程中改變目標和行動方式。「監督」這個比喻就是在表達這個情況。現實的行動是一個很複雜的過程，不是一般認為的「定下目標—行動—達成目標」這個時間序列。

可能因為紀登斯認為行動**先於**意圖，所以他放棄對行動進行分類。他總是很高調地和帕森斯，還有哈伯馬斯進行辯論，但卻刻意不對行動進行分類，是頗引人注意的一件事。對紀登斯來說，行動顯然是一個極為流動性的過程，所以把這個過程靜置成不同的類型是沒有意義的。但是，對他的宏觀社會學分析來說，不去系統地反思能對行動產生影響的不同「途徑」，是很危險的。如果不推敲出一種行動類型學，那麼他的權力理論可能會變得相當單一，讓關於文化獨立性的觀點缺乏立足之地（見第304頁）。

3. 紀登斯從「傳統的」行動模型偏轉到另一個，但卻與原初模型很有關聯的要點上。他不只聲稱，常常是先有行動、明確的意圖才建立起來；他還質疑理性主義對行動的理解方式，也就是質疑是否行動是由行動者**有意識地**操控著的。相反地，紀登

斯認為日常生活常常是由**常規**——即先於意識的機制——所推動的。他的命題是，行動在很大的程度上都是在常規裡進行的，而且也**必須**在常規中進行。紀登斯想做的是，把常規概念從其負面涵義中解放出來，並且擺脫一種「要麼是自主、完全清楚明瞭的行動，要麼是沉悶而老套的行為」的截然二分的想法。他想打破一個觀點，即以為「自主行動」和「常規」是非此即彼的對立概念。他最令人印象深刻的解說在於他對極端危機情況的討論（參閱：Giddens, *The Constitution of Society*, pp.60-64）。關於集中營裡被囚禁者的報告描寫到，有不少被囚禁的人，其習慣的每日常規在囚禁條件下被完全破壞了，以至於他們完全喪失了行動能力。而且行動能力如此澈底地喪失，不是單單集中營拘禁的殘酷生理條件可以解釋的。這樣一種常規的破壞帶來的心理震驚，使已遭受的巨大生理痛苦雪上加霜。被囚禁者的死亡，往往就是來自身心疊加的痛苦。

> 對生活普通常規的破壞與刻意持續攻擊，造成了高度的焦慮。而且，與身體管理的安全性有關的社會化反應，以及社會生活可預期的框架，兩者也因此被剝離開來了。這樣一種焦慮的激增，表現為行為模式的倒退，也侵害了基於對他人的信任的基本安全系統。相反地，慣常日復一日的社會生活……涉及本體的安全。這種安全的基礎，在於在可預期的常規與邂逅之中能自主地控制身體。（Giddens, *The Constitution of Society*, pp.63-64）

這也就是說，常規和行動自主性不是截然二分的。唯有維持常規，行動才有可能。常規不只是，甚至主要不是侷限，而更多的是一個賦予了可能性的面向。即便紀登斯並沒有特別強調或指出，但實際上他這種觀點與美國的實用主義非常類似，也與和實用主義相關的象徵互動論很類似。實用主義者也常指出「慣習」對於人類行動能力的重要性。

4. 對於人類行為常規特質的強調，隨即帶出了紀登斯的下一個要點，而且這個要點是大多數的行動理論所忽略的。當我們在講常規、「慣習」的時候，我們幾乎無可避免也會說到人類的**身體**和人類行動（從上述引文中就可以看到了）。因為我們知道，我們許多日常行動的執行都是身體幾近自動地活動的。我們在小時候的某個時刻就學到了怎麼繫鞋帶；我們長大之後，繫鞋帶時已經不再需要動腦筋想怎麼繫。這個活動已經變得像成語所說的「心閒手敏」了。這類活動，在日常生活中比比皆是，讀

者只要想一下一定馬上可以列出一大串清單。從騎自行車，到用電腦鍵盤打字時手指之間的協調，都是如此。紀登斯認為，只把**有意識**地控制的身體活動當作「行動」，並把身體活動和「眞正的」行動區分開來，是不對的。他更多地認為，唯有行動與先於意識的身體控制不可分割地交織、交融在一起，才能造就出健康的、正常的人。對於腦部受到創傷的病患的研究便指出，他們常常無法正常地運作他們自己的身體，也就是說，病患必須有意識地專注於他的手臂，才能伸手去拿東西。病患在日常生活的活動中必須有意識地控制他的身體，並耗費健康的人並不需要耗費的大量力氣。健康的人和他的身體之間一般說來並沒有這種「工具性的」關係，因爲他自己**就是**身體。對他來說，行動總是基於常規化的身體活動而進行的；行動與常規化的身體活動是息息相關的。如同美國的實用主義（參照第六講），紀登斯也反對身心二元論，反對將「單純的」身體運動與「眞正的」行動對立起來。他用一種很諷刺的方式指出，這種二元論對於描述腦部損傷病患的問題來說很適用，因爲這恰恰就不是日常人類行動。於此，另一個要點緊隨其後。

5. 因爲紀登斯透過常規概念觸及了人類身體的議題，所以他也比其他的行動理論家在根本上更強烈地承認**人類互動時身體的核心地位**。例如他強調，人類身體不是一個整體，因爲人類學和社會學研究已經從各方面論證了，人類面部在表達和溝通時比其他身體部位都更重要。像是「面無表情」或「表情生動」這種說法就清楚表明了，表情、姿態、表達行爲等等，因爲都和面部有關，所以特別具有道德涵義。也就是說，把身體互動只當作溝通中不重要的構成部分來看待，絕對是錯誤的。紀登斯非常同意美國社會學家高夫曼（見第七講）的說法。高夫曼對日常人類表達行爲有著非常敏銳的觀察，他的研究總是不斷指出自我呈現時身體是如何處於核心地位的。紀登斯吸收了高夫曼的觀點，並多少有意地以此來反對像哈伯馬斯那類的理論家，因爲他們把溝通在根本上化約成**語言**表述。紀登斯認爲，溝通不是在兩個會提出某些有效性要求的智慧型機器之間進行的過程。至少在面對面溝通上，語言也總是會和身體，也就是姿態與表情，交織在一起。互動的涵義內容不是在語言中就能油然而生的！所以在紀登斯的理論裡，「共在」概念非常重要，因爲在言談或互動中彼此共處的行動者，不只有靈魂，而且當然也有身體。對於紀登斯來說，「共在」、意識能被看到和知道，自己的視線能被對方觀察到，**就是**人類互爲主體性的基礎經驗，**就是**最根本的經驗，所有其他的溝通和互動形式都是源於此。

6. 最後，紀登斯——與帕森斯相反——極為關注行動的認知面向。帕森斯的「行動框架」很明顯地有客觀主義的偏好，所以沒有再去追問，行動者**如何**知覺到行動的條件。帕森斯假設，所有行動者都會如實地知覺到行動條件。而紀登斯則明確將被知覺到和沒被知覺到的行動條件區分開來。他像加芬克爾和俗民方法論者一樣，把行動者視為「有知識的行動者」，在日常生活中會運用某些，但因人而異的知識狀態。紀登斯也將人類行動的非預期後果區分成不同的形式（Giddens, *The Constitution of Society*, pp.8ff.；此處也可參閱本書第三講）。不過，他與一些功能論者（如默頓）不同，他沒有把非預期行動後果用來論證**功能論的**秩序理論。有些功能論者在探討功能論時會談到非預期後果，有部分原因是因為他們聲稱，這種繁多的非預期副作用之所以會存在，是因為固定模式不是經由主體而再生產的。例如市場，不能僅回溯到參與市場的行動者的有意圖的行動；市場是有意圖的行動和無數行動副作用摻雜在一起的令人捉摸不定的混合體，而我們只有藉助系統概念，才能有意義地了解市場。但這種說法對於紀登斯來說（還有對於理性選擇理論家也是）沒有說服力，他的結論和功能論者及系統理論家不一樣。他認為，每個行動都不可避免地會有的副作用，恰恰會破壞系統的功能性。正是因為總是會不斷出現新的副作用，所以**關於穩定的系統狀態的說法與相應的功能論的秩序理論，都是很有問題的**。人們當然可以指認出同一個結構，但結構都是不斷在流動的，從不是始終不變的。從結構化思想的意義上來看，結構總會被行動者生產出新的、不同的樣貌。紀登斯因此提到了「結構的雙元性」：結構的影響作用雖然是有限的，但也就是結構才讓行動成為可能；結構表面上雖然是固定不變的、會不斷被行動者再生產出來，但結構也總是會因為行動者的再生產而不斷轉變。

‧‧

　　紀登斯的行動理論及其特色，就談到這裡。不過上述的最後一點，讓我們從行動理論走向了秩序理論，也讓我們必須去問，我們要用什麼概念來掌握許許多多的人的行動的交織。紀登斯的秩序理論有以下幾點特色。

1. 如我們已經指出的，紀登斯是一位反功能論者，而且非常反對功能論。他在20世紀70年代和80年代初期，就與功能論有非常激烈的辯論，並且吸收了反對功

能論思想的各種科學理論的論點（關於這些論點，可以參閱本書第三講）。紀登斯同意一種批判的說法，即認爲功能論把原因和結果很奇怪地堆疊在一起，並且在理論中暗示了一個實際上並不存在的因果關係（Giddens, "Commentary on the Debate"）。但他自己對此的批判，也不是僅依賴科學理論，而是也運用了經驗研究。紀登斯認爲，功能論之所以是錯的，是因爲功能論假設社會關係是固定的，而且還假設行動者對此是無能爲力的。紀登斯的結構化觀點的基礎正好與功能論的假設完全相反。結構化觀點的基礎是，行動者不只會再生產結構，而且也會生產和改變結構。紀登斯批評功能論在談到系統時，都很成問題地假設社會結構是超穩定的，但這種假設根本站不住腳，而且這種假設在分析歷史**變遷過程**時也會遭遇不必要的困難。

但這不是說紀登斯就因此完全拒絕在社會科學中運用「系統」這個概念。紀登斯非常清楚，社會世界中**也有**非常穩定的行動模式。很多行動者，甚至是許多世代的行動者，也會執行相同的行動，讓行動非常穩定，而這時候系統概念是可以用的，且是有道理的，但不能就因此說**所有的**社會結構和過程都是穩定的。帕森斯將系統當作一種**分析性的**概念來用；魯曼則完全從**本質論的**方式來假設系統是存在的，所以不假思索地使用功能系統論的概念工具。但紀登斯不是，他是從**經驗的**層面來理解系統的：系統概念只有在某種經驗條件下才能運用，即人們在觀察一個社會現象時能假設其「系統性的程度」很高。意思是，唯有當人們眞的可以確切無疑地觀察到，共同行動的結果會不斷透過反向耦合而對行動者的行動的初始條件產生反作用，並且因此會不斷產生相同的行動形式時，人們才眞的可以用「系統」來進行討論。但這種系統在社會現實中是很少見的，就算眞的有，「我們也應該根據社會系統所呈現出來的『系統性』的程度，將之視作變異範圍極廣的變數。而且，我們也許可以在物理系統或生物系統那裡發現某種內在統一性，但社會系統很少會有這種內在統一性。」（Giddens, *The Constitution of Society*, p.377）

如果紀登斯認爲功能論或系統理論的秩序理論是不可行的，如果紀登斯在著作各段落也都批評了哈伯馬斯，認爲哈伯馬斯在其理論的某些地方太過不假思索地採納了功能論的秩序理論，也太過不假思索地將之與他另一個秩序理論概念「生活世界」並置在一起，那麼紀登斯當然馬上就會面臨一個問題，即他自己要用什麼來「代替」功能論的秩序理論。紀登斯的「商標」，即在於他實際上非常一貫地致力於從行動理論發展出社會秩序理論。也就是說，他沒有要用一種無主體的系統理論來補充或甚至代替行動理論。他的權力概念讓他沒有去這麼做。當然，他的權力概念的意涵，跟一般日常的理解方式和許多其他社會學家的理解方式，都不一樣。

2. 我們這裡先說，紀登斯的權力概念和行動概念是直接聯繫在一起的。如我們將會看到的，把兩個概念聯繫在一起，並不是理所當然的作法，但這符合紀登斯一貫的行動理論論證軸線。因為，如果人們從單一行動者及其行動出發，然後慢慢「上升到」越來越複雜的整體，那麼人們幾乎會不由自主地注意到權力現象。因為許許多多的行動者，就是藉由權力而連結或被捆綁在一起的。這乍聽起來很抽象，所以我們現在來一步一步講解，讓讀者更了解紀登斯的想法。

首先值得注意的是，紀登斯認為韋伯的權力概念是不充分的。韋伯對權力的定義是：「權力意指自我意志在社會關係中即便遇到阻力也還是能夠得到貫徹執行的機會，不論這個機會的基礎是什麼。」（Weber, *Wirtschaft und Gesellschaft*, p.28）用博弈論的概念來說，這意味著權力是一種零和遊戲。權力的總和是不變的，某人獲得權力，其他人就會失去權力，反之亦然。當社會科學家以此權力概念來進行研究時，幾乎無可避免地會特別關注，有時候幾乎是僅僅關注**權力分配**問題。但在社會學史中，這個定義也飽受批評，因為這個權力概念是不充分的。帕森斯就明確提出過他對此定義的不滿，如讀者在第四講已經看到的，帕森斯將權力視為一種媒介。不論這種論點好不好，帕森斯的說法的確有一定道理，就是權力也是可以累積的，或是可以**在權力關係參與者不必一定得失去權力的情況下生產出權力**。權力像資本一樣，是可以增加的。人們在一個團體裡透過合作而得到的權力，可以比每個人單槍匹馬時能擁有的還要多。在這種情況下，權力可以在沒有「輸家」的情況下被生產出來、積累起來。

紀登斯採納了帕森斯的這個看法。在政治哲學——如漢娜‧鄂蘭（Hannah Arendt）在1970年出版的著作《論暴力》（*On Violence*）——中，人們也可以看到類似的看法。紀登斯也因此對權力的**生產**特別感興趣。紀登斯很認真地再邁出了一步，強調**每個**行動都是跟權力連結在一起的。在某些語言裡，「權力」和「做」有著相同的詞源。法文的「pouvoir」就同時有「權力」和「能（做）」的意思；英文的「power」也同時有「權力」和「力量」、「能力」的意思。所以紀登斯認為，「行動」和「權力」的意思是一樣的，都是指「能涉入世界」。

> 行動取決於個體對事件過程或對事情的先前狀態「造成差異」的能力。一位行動者，一旦失去了「造成差異」的能力，亦即一旦失去了運作某種權力的能力，他就不再是行動者了。……換句話講，從「造成轉變的能力」這個意義上我們也可以說，行動在邏輯上是包含了權力的。就「權力」的這個

最廣泛的意涵來看，權力在邏輯上先於主體性，先於行為的反思監督的構成。（Giddens, *The Constitution of Society*, pp.14-15）

在這種把行動與權力等同起來的觀點中，很難想像會有完全不存在權力的情況。紀登斯認為，許多關於權力和統治的社會學分析都忽略了，被統治者和臣服於權力的人，也完全可以有很大的行動空間，並且統治者如果要實現目標，也必須依賴於被統治者的合作。以此而言，被統治者也是有權力的。被統治者可以透過自己的行動「造成差異」，亦即可以至少用這種或那種方式，來逼迫某種程度上需要依賴被統治者的統治者。而統治者也不擁有絕對的控制可能性。紀登斯頗有道理地將之稱為「控制的辯證法」或「統治的辯證法」，並以此來描述一個情況，即：「在一個已確立起來的權力關係中，較少權力的人，可以用這樣的方式來控制較多權力的人，以此來使用資源。」（Giddens, *The Constitution of Society*, p.374）

這種看法在文學和哲學中也扮演著一個很特殊的角色。例如啟蒙時代的作家狄德羅（Denis Diderot）的小說《宿命論者雅克和他的主人》（*Jacques the Fatalist and His Master*），或是黑格爾的著作《精神現象學》（*Phänomenologie des Geistes*）中提到的主奴辯證法，都可以看到這種思想。但我們當然不能過於誇大被統治者的權力。因為，例如在監獄或甚至是集中營這種全控機構中，這種關於被統治者（即被囚禁者）的權力的思想，可能會讓我們隨即錯誤地用在規範方面很成問題的方式來進行情境描述。不過另一方面，我們從高夫曼的分析和象徵互動論那裡已經知道了，在各種機構（連全控機構也是）中的生活，的確多少還是會有可協商的部分（即「協商秩序」。讀者們可以再回去看一下第六講）。也就是說，具體的機構形成與運作過程，總是由統治者和被統治者雙方共同參與的，被統治者總還是會有有限的行動空間和「權力」。

這也難怪，在衝突論傳統下，紀登斯和麥可‧曼的觀點很類似，都不認為權力的基礎只有經濟而已。紀登斯所運用的權力概念更多是**多維度的**，並且他承認，權力地位的基礎可以是不同的資源（他區分了「分配性資源」和「專斷性資源」兩種理念型）。當然有經濟資源，但也有政治資源、軍事資源，而且不要忘了還有知識資源。關於知識資源這一點，顯然要歸功於法國理論家傅柯（Michel Foucault）的著作（參閱第十四講）。紀登斯非常強調知識資源，因為他和傅柯一樣，都不認為知識和知識庫、言談與言說形式等等是中立或「無辜」的，而是這些都有可能將人與人之間的關係加以結構化，並且是**不平等地**結構化。

至此，我們談的是紀登斯關於「權力」的看法裡一條非常抽象的軸線。但是我們

已強調過，紀登斯之所以會這樣定義權力概念，並將之等同於行動，是因爲他想嘗試從**一貫的行動理論觀點**來發展出一套秩序理論框架。這是什麼意思呢？

　　紀登斯探討這些問題的方式，在某些方面不是我們一般習慣的作法。因爲他雖然從我們在前幾講已學到的一些理論出發，但他在使用這些概念時，卻又把其意涵改得和我們之前學到的不一樣了。有一組對紀登斯的秩序理論來說特別重要的概念尤其如此，即哈伯馬斯和洛克伍德提到的「社會整合」與「系統整合」。哈伯馬斯和洛克伍德對於這組概念的定義雖然有差異，但至少兩人還有個共通點，就是這兩個面向必須用不同的理論工具來掌握。社會整合問題要用行動理論的工具來討論，系統整合問題要用功能論的工具來談。但紀登斯想違背這種理論的二元論。他認爲，在建立一套秩序理論框架時，沒有必要藉助功能論的分析工具。只要人們正確地運用將行動與權力並置起來的觀點，那麼人們可以一以貫之地用行動理論來進行論證。

　　紀登斯與其他行動理論家（特別是與哈伯馬斯）的不同之處，在於他非常強調人類的身體面向，並且採納了高夫曼的觀點，格外關注表達行爲、表情與自我呈現。所以他認爲直接的「面對面」互動特別重要，因爲這時候身體是有直接影響的。紀登斯將「社會整合」理解爲在場且相互觀察的行動者的行動交織，也就是在**共同在場**的情況下的行動交織。在此議題脈絡下，紀登斯進一步將秩序理論的觀念與俗民方法論和象徵互動論相連結。帕森斯提到了規範，或是哈伯馬斯提到了各種有效性要求的平衡，以此來解釋共同在場時穩定的相互關聯；但紀登斯認爲，我們不需要像帕森斯和哈伯馬斯那樣做，也可以解釋這種相互關聯。因爲那樣一種秩序理論，要麼太表面了（帕森斯就是這樣），要麼太過理性主義了（哈伯馬斯就是這樣）。相反地，他強調，秩序是基於一個更深的層次之上建立起來的，這個層次一方面是象徵表達（不論是語言表達還是身體表達）的可理解性，另一方面是對日常世界的理性的信任（讀者們可以再去參閱我們在第七講關於俗民方法論對秩序理論的論點的詳細介紹）。

　　但有趣且新奇的是，行動的連結現在已經**擺脫了時空距離**，行動者在行動時**不一定得**共同在場了，這裡就出現了紀登斯所謂的「系統整合」問題。這裡他沒有要回溯秩序理論原本的觀念，因爲一方面，主要進行微觀社會學探討的俗民方法論和互動論，在這方面沒有提供什麼有說服力的解釋；另一方面，哈伯馬斯和「正牌的」系統理論者使用的功能論工具，又很成問題，所以紀登斯也不覺得是可取的。那他想怎麼辦？

　　空間和時間對於紀登斯的「社會整合／系統整合」這組區分來說，扮演著重要的角色。然而，就算行動者因爲共同在場與沒有共同在場的行動交織方式（必須）不

一樣，也不意味著行動理論在這裡就沒有用了。完全相反，紀登斯在這裡依循麥可·曼的看法：我們必須從歷史的角度，來研究人類或團體的行動能力如何隨著時間而改變，我們發明了哪些科技來讓人類可以擺脫時空距離而交織起來，還有不同的文化因此發展出哪些權力能力（這裡，權力**生產**或權力**積累**的觀念便登場了）。這種和行動掛鉤起來的權力概念，完全足以為宏觀社會學給予啟蒙。所以紀登斯認為，我們完全不需要功能論的論證模式。

這些研究問題，紀登斯特別直接地在我們前面提到過的著作《民族國家與暴力》中進行探討。這本著作是在《社會的構成》隔年出版的。在這本相當歷史取徑的研究中，紀登斯分析了比如技術和科技，對於如美索不達米亞平原上的早期國家來說，充當了什麼樣的前提條件。他特別強調圖記和書寫的重要性，因為圖記和書寫具有讓統治得以延續下去的可能性。他認為，書寫的發明是讓大量人群能基於權力而連結起來的基本前提，因為只有透過資訊的儲存，國家管理才能運作。

> 書寫提供了一個編碼資訊的手段，能用來擴張國家機構對人與物的管控範圍。就算是最簡單的符號標記形式，都能作為一種輔助記憶的裝置來讓事件和活動的規律有序得以可能，否則事件和活動是無法被組織起來的。資訊的儲存，既允許將一定範圍內的事件加以標準化，同時也能讓這些事件有效地協調起來。一份表格，便能夠對物與人加以記錄與相對排序。也許正是在這一個最基本的意義上，書寫（就算是最簡單的記號）強化了時空伸延，也就是說，讓社會關係比在口頭文化中跨越更廣大的時空跨度。（Giddens, *The Nation State and Violence*, pp.44-45）

透過書寫以固定下來的資訊，也大大強化了「監視」的程度（「監視」這個概念，是紀登斯從傅柯那裡借來的），也因此讓國家的建立得以可能。按照「知識即權力」的看法，資訊儲存與資訊處理技術的發展，在歷史洪流中也總扮演著決定性的角色。如同紀登斯在討論現代歐洲國家的發展時所指出的，印刷術就權力生產方面而言造就了大幅度的進步。統治者在他所建立且極權掌握的國家裡，擁有前所未有的能力，可以蒐集資訊，控制資訊，甚至今天還可以對資訊以無與倫比的方式加以集中管理，以此來統治他的臣民。在民族國家時代，這一切都可以基於根本上已廣為人知的科技，不斷變得更加精緻縝密。

當然，我們於此可以問，今天已相當普遍的**資訊科技**，對於現代國家的權力結構

產生了什麼後果。紀登斯自己沒有系統性地處理這個問題。但是，根據他的「統治的辯證法」命題，他想來不會說統治已**單方面**地強化了。因為，雖然在專制時代和民族國家時期，中央集權國家的權力的確提升了，但宗教團體和政治團體的能力也同時成長了（讀者可以想想歐洲啟蒙時代英國的異議分子或批判統治的知識分子）。他們同樣掌握了印刷的權力，因此也可以生產出反抗的權力。人們也可以用同樣的方式觀察到，國家監管基於電腦而來的權力，和以網路為根據、無法完全控制的社會團體的反對權力，彼此之間也有著「辯證」的關係。

　　紀登斯認為，關於許許多多人的跨越時間和空間所進行的行動的聯繫，完全可以基於行動理論的思想來加以描述。人們不需要一個由功能論提供的沒有行動者的秩序理論。的確，功能論的秩序理論在這裡是沒有用的，因為我們已經認清了社會結構的流動性，也認清了統治與控制的辯證事實，亦即統治與控制不過就是不同行動者和行動團體之間不穩定的協商過程。這些事實和「結構和系統是固定的」這種想法是不相容的。

　　3. 上述關於行動可以跨越極廣的時空距離而連接起來的說法，以及藉助權力概念將微觀結構和宏觀結構連接起來的觀點，標示了一種很特殊的秩序理論。紀登斯就是透過這些觀點，和帕森斯的想法保持了距離。因為利益衝突藉由規範和價值緩和下來後並不會帶來**宏觀社會**秩序。對紀登斯來說，秩序問題處於一個更根本的層面上。紀登斯對此的想法，和加芬克爾及魯曼比較像。雖然紀登斯在談到社會過程的時間面向時，讀者們可能會感受到一件事，就是紀登斯把主觀體驗到的時間和客觀過程（例如城市一天中不同時段的不同交通流量）的時間很不幸地混淆在一起了。但姑且不管這件事。重點是，紀登斯在此基礎上，和麥可‧曼非常像，都特別關注科技機制與科技資源，關注運輸工具和傳播工具，因為這些都讓許許多多人擁有了連結彼此的可能性。規範不是不重要，但其重要性只是次要的。因為唯有在人們能夠（依賴某些科技）彼此廣泛地連結在一起**的前提下**，人們才有辦法共用規範和價值。唯有在某些權力能力的基礎上，價值、意識形態、文化模式等等才能傳播開來，讓不是只有一些人或團體，而是多數人都能接觸到這一切。

　　所以，紀登斯跟麥可‧曼一樣，也一貫地反對將社會概念視作社會學的核心概念或基本概念。因為人們應該先從歷史─經驗的層面上去研究，穩定的人類網絡是如何藉助運輸工具和傳播工具得以建立起來，以及研究不同的網絡是否可被搭接起來，讓現實上具有鮮明的空間邊界的社會結構得以形成。紀登斯和麥可‧曼一樣，都警告人

們不能將前現代的政治結構與現代的民族國家當作同一件事，以為前現代的政治結構也是由相對同質的文化、受到監管的邊界所標示出來的。以前的帝國和統治結構可能是完全另一種樣子的，那時候不會談到相對同質的文化，因為根本就沒有傳播工具，可以將那樣一種文化傳播給許許多多的人。那時候也沒有清楚劃分的疆界，前現代的帝國邊界更多是「漸層的」，亦即權力網絡在遠離核心政體中心的周邊是逐漸減弱的。當然在古代的城市國家管理中，也是有權力高度集中的政治結構的。但是，要從專制國家跨越到現代民族國家，還需要有權力能力的大幅提升，同時也還要有市場的發展、工業技術、越來越高的國家施政能力等等，也就是說要有對大量人民進行管理和監視的能力，以及所有這些要素能共同發揮作用。

> ……現代國家作為民族國家，在許多方面都變成一種特別卓越的權力
> 容器形式，變成一種有著領土疆界（雖然內部有著高度的區域劃分）的行政
> 整體。（Giddens, *The Nation State and Violence*, p.13）

紀登斯認為，當今天人們談到「社會」，以及把社會隱含地等同於現代民族國家時，都會讓我們忘了去問，民族國家到底有哪些特殊之處，以及與早期的「社會化形式」相比，有什麼特殊之處。

但是紀登斯於此還不只是想拋棄「社會」這個概念而已；他還想拋棄一種一統性的、滲透一切的、制約宏觀結構過程的邏輯觀念。就現代（西方）民族國家方面，紀登斯認為馬克思主義把現代西方「社會」詮釋為「資本主義社會」，完全是錯誤的。馬克思主義的這種詮釋，彷彿說社會生活的特徵就只有一種權力資源（即經濟），所有其他事物都是由這種權力資源決定似的。但紀登斯覺得這種說法在經驗上是不成立的。現代民族國家的運作不是只能用經濟邏輯來理解而已，也不能將所有其他權力形式都簡化成經濟邏輯。紀登斯更多地認為，現代性和民族國家，從以前到現在，都是由不同的制度複合體所構成的充滿張力的領域。紀登斯藉著將基於不同資源和規則之上的若干權力形式區分開來，而將「資本主義、工業主義，以及國家系統」這幾種複合體區分開來（Giddens, *The Nation State and Violence*, pp.287ff.）。**資本主義**動力在過去的確是現代性的形成的重要出發點，但是資本主義動力在過去和現在都與造成**工業現代性**的**科技**動力是不一樣的。例如在蘇聯的權力領域，工業化也可以在**非**資本主義的情況下發生。至於民族國家系統，不是由工業主義，也不是由資本主義所產生的，而是發展出一個自身的、根本上是雙重的動力。**一方面**是最晚從法國大革命

開始，在歐洲形成的各個民族國家（注意，是複數！）的合作中產生了龐大的**軍事動力**，軍事動力也深層地刻劃了現代性。紀登斯在這裡又和麥可・曼很像了，也很敏銳地意識到宏觀社會暴力所扮演的角色。比如**在哈伯馬斯和魯曼的理論裡**，都沒有這種宏觀社會暴力的一席之地。**德國**社會學家都沒有關注這一點，是很奇怪的一件事，因為對於「德國」社會的歷史來說，國家暴力明明就扮演了一個很重要的角色。**另一方面**，管控機構也運用了監視技術發展出自身的動力。監視技術讓 20 世紀的極權統治形式得以可能；同時管控機構所發展出的自身動力，既不能化約成工業過程，也不能化約成資本主義過程，更不能化約成軍事過程。

紀登斯認為，個體和團體一直都想防止市民社會被全能的國家控制。所以民主化運動之所以會發生，首先可以說是因為要抵抗現代民族國家的管控滲透進社會關係。當然我們在這裡可以批判地問，民主是否就僅是權力與反抗權力之間的辯證而已。由於紀登斯沒有對行動進行分類，所以這讓他的說法最後會產生一個問題，就是忽略了平等、公平、政治意見表達、公正等等的觀念也是有其文化根源的。雖然民主化運動也的確和權力形勢有關，但**單單就**權力形勢是不足以解釋民主化運動的。紀登斯想將權力與文化加以綜合起來，但他可能只完成了一半。因為他那非常精緻複雜的行動理論的分析焦點，過於專注在行動的權力面向上，太少關注到行動也是鑲嵌在文化裡的。

另外，紀登斯在運用一個對他的宏觀社會學來說非常重要的概念「監視」時，非常依賴傅柯的說法，但同時紀登斯又不斷反對傅柯那缺乏行動者的理論概念。不過紀登斯的這種作法是可以原諒的。我們在第十四講會提到，一方面，傅柯的分析在講到權力技術的使用或推動時從來不提行動者。在傅柯那裡，權力「如幽靈一般徘徊」在歷史中，但無法捕捉、無法分配。這對於像紀登斯那樣堅定的權力理論家來說，是無法忍受的。另一方面，傅柯在分析權力的時候，總是過於誇大權力的作用。因為，至少在傅柯的晚期著作中，他對行動者及其行動不是真的感興趣。所以從傅柯的觀點來看，身體只是權力技術的施加對象，身體是一個被權力技術與規訓技術形塑與雕琢的對象，完全沒有自主性。紀登斯則相反。對於紀登斯來說，行動者一直都有行動能力，所以也一直——在「統治的辯證法」的意義上——都可以反抗、抗議、抗爭（參閱：Giddens, *The Constitution of Society*, p.289）。紀登斯常用一種說法來反駁傅柯，即傅柯的「身體」沒有「臉」。意思是，傅柯的身體概念沒有回顧到任何事，也沒有指出這個「客體」中無法化約的「主體性」。

在這裡，紀登斯和魯曼的差異也相當明顯。也許讀者已經注意到了，紀登斯在

談到制度複合體之間的張力時，和魯曼關於現代社會功能分化的命題，有一定的相似性。在魯曼那裡，個別的子系統只會依照自己的邏輯來運作，再也不存在什麼共有的符碼或共有的語言了，子系統只會被干擾或刺激而已。這兩個理論家的不同之處在於，紀登斯認為魯曼那種**極端地**認為制度複合體或子系統複合體是不相干的看法，是沒有說服力的。而且更重要的是，紀登斯認為這些複合體的邊界是**行動者**劃分出來的。確定制度複合體的內在邏輯和邊界的，是行動者——不論行動者是有意還是無意，是明智的還是被誤導的。

··

這裡，我們要進入到這一講的尾聲了，同時也要來介紹一下紀登斯關於社會變遷的看法。我們在討論紀登斯的秩序理論時提到，他是極度反功能論的。正好——想來不是湊巧——功能論的思想，在變遷理論這方面的構想，非常受到演化理論的啟發。但姑且不論後來這種構想是在哪個領域繼續發展下去的，重點是演化理論也是有不同版本的。帕森斯的演化理論是由「分化」作為所謂的主要過程出發的（參閱本書第四講），只是他還根據他的 AGIL 模型再提出了其他變遷面向，如「適應升級」、「價值的一般化」、「涵括」。我們可以不無道理地說，後來社會學的演化理論沒有再對帕森斯的這套說法新加上什麼重要的東西了。我們甚至還可以問，比如魯曼的演化理論命題，比起帕森斯的社會演化說法，是不是反而還退步了，因為魯曼非常，甚至僅僅堅持在功能分化命題上，使得帕森斯理論的其他面向都被他淡化處理了。再加上魯曼也完全沒說清楚，除了什麼「系統內的溝通的自我邏輯」這種奇怪模糊的東西之外，到底是誰或是什麼推動了功能分化。

紀登斯完全不信功能論那一套，頂多只在經驗的層面允許使用系統概念。而且他也總說，行動的副作用（不論這個副作用有沒有被認識到，是有意還是無意地造成的）會破壞幾乎每個系統的功能性。所以他也因此不太認為（社會）系統會有由內在機制所推動的「發展」。他認為，行動者是「有知識的行動者」，會以特殊的方式一次又一次地使用各種不同的權力資源來達成他們的目標。所以他不相信可以把歷史塞進線性的（進化論的）描述方式。正因為行動者如此機智，以及他們那不能忽視不管的行動副作用，所以歷史總是會發生重大事件、出現新的開端。也許在那之後，**在每一段特定的時間**中，我們可以觀察到一種持續的發展。但因為我們也總有可能會看

到極端的不連續性的出現，所以紀登斯主張，我們應用「情節片段」來理解歷史與變遷。紀登斯認為，我們是可以頗為清楚且連貫地勾勒各個情節片段或時期，但我們不能用基於演化論的、總體的敘述方式，將人類歷史描繪成一個整體。不論是某種「主軸過程」（例如分化）還是單一因果（如馬克思主義說的階級鬥爭），都無法充分地掌握複雜的人類歷史。

> 沒有任何鑰匙可以解開人類社會發展之謎，將之簡化成單一公式；也沒有鑰匙可以這樣來解釋不同社會類型之間的主要轉變。（Giddens, *The Constitution of Society*, p.243）

社會變遷是一個錯綜複雜的過程，不是用一個簡單的公式就能描述的，更遑論用一個簡單公式來解釋。全球化過程也是一樣的。紀登斯在 20 世紀 90 年代初期，在公共領域和大眾領域對此多有討論。他從一貫的理論觀點出發，認為全球化不能首先被視為一個經濟過程，而是必須被視為一種多面向的過程，而且我們必須用時空範疇來掌握。

> ……全球化概念最好被理解為一種對時空伸延基本面向的表述。全球化牽涉在場與缺席之間的交錯，以及「遠距離的」社會事件與社會關係和地方的脈絡性之間的交織。我們應該根據時空伸延與漫長而易變的地方情境及地方活動之間持續的關係，來理解現代性在全球的蔓延。（Giddens, *Modernity and Self-Identity*, pp.21-22）

不只是全球經濟結構會與地方脈絡碰在一起，因此改變了世界和人們知覺世界的方式；還有移民、難民、遊客與媒體，也會將過去在某種程度上「有效地」分離開來的各種脈絡帶到一起。而這對人類的個人認同會造成難以預測的後果，這也讓紀登斯進一步對時代診斷進行了思考。不過，因為這方面與德國社會學家貝克（Ulrich Beck）有關，無法三言兩語交代，所以我們到第十八講再來討論。

總的來說，紀登斯的「情節片段」式的歷史與變遷觀，相比於演化理論以線性方式來進行建構的方式，的確有優點，這讓我們不能視而不見。此外，麥可‧曼和紀登斯不斷強調大範圍的宏觀暴力的重要性，這也是在補充論證歷史過程中的**不連續**時刻。但我們還是可以批判地追問，紀登斯對演化論的一般批評是不是太過了。人類總

是會不斷確認自己的歷史，並且嘗試為自己的歷史生成賦予意義。人類會根據所設想的未來，為了詮釋與控制當下，而詮釋過去（Joas, "Eine soziologische Transformation der Praxisphilosophie", p.219）。也就是說，歷史的連續性並非由社會學家或理論家虛構出來的，而是許許多多的主體的確「作」出了這種連續性。

如果我們完全不去追求一種解釋歷史的公式，那麼我們就會不得不把所有不同的過去都整合成**單一種**歷史（參閱第十七講關於利科的討論）。

⋯⋯⋯⋯⋯⋯⋯⋯⋯⋯⋯⋯⋯⋯⋯⋯⋯⋯⋯⋯⋯⋯⋯⋯⋯⋯⋯⋯⋯⋯

在介紹了哈伯馬斯、魯曼和紀登斯的理論綜合嘗試之後，我們已經把 20 世紀 70 和 80 年代這一類的研究中最有影響力的都介紹完了。這段時期其他的理論嘗試，以及之後的發展，我們接下來繼續為各位讀者介紹。不過在這之前，我們在下一講先來討論一下新帕森斯主義。屬於這個旗幟之下的學者，要麼非常倚賴「舊的」帕森斯理論框架，也就是雖然帕森斯蒙受許多批判，但他們依然相信從帕森斯的著作中可以找到原則上是「正確的」理論取徑。要麼他們專門討論宏觀社會學議題，並且雖然他們在討論中對社會變遷理論有系統性的反思，並且頂多只能接受社會秩序理論，但是他們和帕森斯，以及後來的哈伯馬斯、紀登斯，甚至魯曼不一樣，不覺得因此要急切地去進行行動理論研究。不過，今天的**理論綜合**工作已經不能繞過這三位理論家的成就了。讀者必須將這件事謹記在心，並且當我們在接下來幾講為讀者介紹後來的理論取徑時，讀者應該檢視一下，是否這些理論取徑能與上述學者的綜合工作一較高下。

第十三講

「帕森斯主義」與
「現代化理論」的翻新

　　我們在前面四講已向讀者介紹了最重要的幾個理論綜合嘗試。這些在 20 世紀 70 和 80 年代嘗試進行理論綜合工作的學者，都在將不同的理論傳統相互連結起來，並且用帕森斯的那套方式建構出新的宏大理論。但我們說 20 世紀 70 年代後理論創作的重鎮轉移到歐洲，讀者千萬不要誤以為美國的社會學在理論方面從此就完全不重要了。雖然大家可以看到，帕森斯被新功利主義、象徵互動論、俗民方法論和衝突理論批評得體無完膚，但這不是說帕森斯的思想體系在 20 世紀 70 和 80 年代就完全失去吸引力了。帕森斯那無所不包且具有多重層次（即便並不總是那麼縝密）的作品，給人們很大的詮釋空間。這也就是說，帕森斯的弟子多少可以獨立於他們「師父」的思想，開創出自己的道路。尤其是帕森斯的**社會變遷理論**，人們可以從各種不同的方面對之進行修正。帕森斯自己雖然也在不斷發展他的變遷理論想法（見本書第四講），但因為他總是在用比較抽象的方式來論證他的演化論想法，所以他的想法能被推進的程度是有限的。至少對於更偏好嚴肅的經驗研究的社會學家來說，帕森斯那一套在歷史方面講得不清不楚的說法，大部分都讓人很難接話。

　　這裡就不能不提到**現代化理論**。雖然如果沒有帕森斯的作品，我們是無法理解現代化理論的；但另一方面，現代化理論的一些作品，卻和帕森斯理論在一些核心要點上背道而馳。到底什麼是現代化理論？簡單來說（以下可以參閱：Knöbl, *Spielräume der Modernisierung*, pp.32f.），現代化理論是一種社會變遷理論，這種理論試著透過歷史比較法，來掌握社會的發展歷史。現代化理論有幾點假設：

　　1. 現代化是一種全球性的過程，始於 18 世紀中期（或甚至更早）的工業革命。一開始在歐洲，但漸漸也涉及所有的社會，而且總體而言是不可逆轉的。

2. 歷史發展，或是所謂的現代化過程，是**從所謂的傳統社會轉變為現代社會**，同時現代與傳統於是也成為一組對立的概念。

3. 在傳統社會或第三世界國家，以人情態度、價值、角色結構為主。用帕森斯的模式變項來說（參閱本書第四講），可以用「繼承」、「特殊主義」、「功能寬泛」等概念來說明，並且可以將之詮釋成阻礙了經濟發展和政治發展。

4. 與傳統社會相反，歐洲和北美文化圈的現代社會，則是以**成就相關的**價值與**普遍主義的**價值，以及以**功能特定的**角色模式為主。

5. 不同國家的社會變遷，都會以相對一致的形式，線性地朝向現代社會。

更簡單一點來說，現代化理論的目標，就是從歷史的層面來解釋西歐與北美的資本主義經濟與民主政治的形成，並且同時去弄懂世界上**其他**地方的經濟成長與民主化的條件。這整個理論設計，是為了想提出一個可以和馬克思主義一爭高下的宏觀理論。與馬克思主義那僵化的上下層建築概念截然不同，現代化理論採用了「模式變項」，是一個本質上較為彈性的理論工具。它是**多維度的**，所以可以避免用簡化的方式掌握極為複雜的經濟、政治、文化的共同作用。和馬克思的經濟決定論不同，在現代化理論這裡，經濟、政治或文化，**沒有**一個在理論基本概念上會被認為占有因果優先地位。

這樣一種理論，在 20 世紀 50 和 60 年代早期，出於很多原因，相當受歡迎。

1. 對於嚴格意義上的社會學來說，這樣的現代化理論，與帕森斯那非常抽象的文風不同，是很具體的，所以也足夠用來進行真正的經驗研究。而且在 50 年代的時候，帕森斯關於社會變遷的想法還沒有真正發酵，他的演化理論是到了 60 年代才發展出來的。現代化理論的魅力首先在於人們首次有了一個普世，卻同時又好上手的變遷理論，而且可以聲稱至少比馬克思主義有說服力得多。

2. 這種現代化理論的吸引力還在於，現代化理論家可以借用帕森斯的模式變項，聲稱繼承了古典社會學家的遺產。因為，如果讀者還記得的話，帕森斯之所以提出「模式變項」，是因為想將在社會學之父們那裡常可以看到的二分概念（如「共同體」對「社會」，「機械團結」對「有機團結」等等）進行更確實的分類，並且把其中一些有矛盾的地方理得更順。當現代化理論家回溯到帕森斯的這種模式變項時，他們表面上可以正當地說，他們無疑將古典社會學者一些歷久彌新的知識繼承進「新的」理論了。當然這種說法忽略了，帕森斯之所以提出模式變項，是因為最終想**揚棄掉**這些二分概念。因為他相信，雖然古典社會學家這些二分是有道理的，但是社會現實太過複雜了，不是單用幾個簡單的二分概念就可以掌握的。當現代化理論家說，歷

史是一個從「傳統」社會到「現代」社會的過程，是一種從繼承、特殊主義、功能寬泛的人情與角色結構，轉變到成就相關、普遍主義、功能特定的社會時，這些現代化理論家反而陷入了帕森斯正想避免的二分法。但是這些現代化理論家與帕森斯的差異原則上可以忽視不管。現代化理論表面上就是因此相當有吸引力、相當精彩，瑕不掩瑜。這些現代化理論家大多自認完全堅守著帕森斯式的傳統，而且其他人也沒提出什麼異議，因為帕森斯自己也沒有明確要跟現代化理論劃清界限。

3. 除了狹義的社會學之外，整個社會科學也對現代化理論頗感興趣，因為現代化理論是跨學科的。事實上，「模式變項」這種特殊的掌握方式，對於歷史學家、政治學家、經濟學家、心理學家以及社會學家來說，都很有用、很有啟發。現代化理論許諾了一個真正跨學科的社會科學研究實踐。

4. 之所以許諾了實踐，也是因為人們相信，這套理論亦能用來引導非西方世界的發展過程。

事實上，現代化理論就是產生於某種「實踐性質的」脈絡的。當時美國杜魯門政府試圖回擊蘇聯對後來所謂「第三世界」的國家的影響，而現代化理論即源自這個背景。1949 年，美國政府為了想穩定第三世界國家，提出了一個很龐大的計畫，即經濟援助那些沒有（或還沒有）被共產主義影響的國家，一種全球馬歇爾計畫應運而生。非歐洲的貧窮國家，應在美國的經濟與知識的援助下，在經濟方面自力更生；但後來大家很快就發現，援助者和發展專家在拉丁美洲、亞洲和非洲的工作，完全和一開始想像的不一樣。很多原本善意的協助，除了因為語言障礙，還因為文化或社會方面的障礙而失敗了。大家覺得無論如何都得克服這些障礙，但卻不知道該怎麼克服。這時候，社會科學專家便被招募進來參與這項計畫了。這些專家對發展阻礙進行了辯論，最後很快就得出了某種基於帕森斯理論體系的理論論證模式，覺得這種模式特別有說服力。這種理論模式基於「模式變項」的動態發展觀，大家都覺得這是最適合用來描述，甚至是解釋發展過程的理論模式，所以大家馬上就用這種理論詮釋開始進行大範圍的跨領域研究。這些研究的目光超出了西方世界，開始關注一些以前從未想過會如此系統性地加以研究的地方。雖然韋伯和涂爾幹也處理過歐洲外的主題，像是探討世界宗教的經濟倫理，或是澳洲與北美原住民的世界觀；但他們的研究所依賴的，都是非社會學家的經驗研究。而現代化理論改變了這一切。社會科學，特別是社會學，不論是在文化方面還是地理方面，都開啟了一片新天地，並且允諾能為實踐提供貢獻。因為，如果「貧窮」國家的發展阻礙可以用經驗的社會研究方法來加以分析的話，那麼這些分析同時也應該可以為克服障礙給出一把鑰匙。

　　因此，20 世紀 50 年代末、60 年代初，出現了一系列相當重要的研究，這些研究都屬於現代化理論和戰後社會學的主要著作：貝拉出版於 1957 年的《德川宗教》（Robert Bellah, 1957, *Tokugawa Religion*），勒納出版於 1958 年的《傳統社會的消逝：中東的現代化》（Daniel Lerner, 1958, *The Passing of Traditional Society: Modernizing the Middle East*），李普塞特（1922-2006）出版於 1959 年的《政治人》（Seymour Martin Lipset, 1959, *Political Man*），斯梅瑟出版於 1959 年的《工業革命中的社會變遷》（Neil J. Smelser, 1959, *Social Change in the Industrial Revolution*），羅斯托（1916-2003）出版於 1960 年的《經濟成長階段》（Walt Rostow, 1960, *The Stages of Economic Growth*），麥克里蘭（1917-1998）出版於 1961 年的《成就社會》（David McClelland, 1961, *The Achieving Society*），阿爾蒙德（1911-2003）和維巴（1932-2019）出版於 1963 年的《公民文化》（Gabriel Almond and Sidney Verba, 1963, *The Civic Culture: Political Attitudes and Democracy in Five Nations*）。這些社會學和政治學、經濟學和心理學的著作，雖然它們的理論在細節上都是不同的，但大致都從上述五點假設出發。

　　為了讓讀者更好地想像上文這些很抽象的討論，我們這裡來為讀者簡短介紹勒納的著作。一方面，他這本書的書名就使用了「現代化」這個概念，而且這個概念也因為他這本書而更廣為人知。另一方面，他的理論模式相對簡單，或是甚至可以說，過於簡單。

　　勒納認為，現代社會生活依賴很多先決條件。現代社會中的每個人，如果沒有高度的心理流動性的話，是不會主動參與社會事件的（*The Passing of Traditional Society*, p.202）。心理流動性意指一種被勒納稱為「同理心」的特殊感覺狀態。他將同理心理解為一種能根據抽象的準則來思考與行動的能力，並且人們能以此超越狹隘的人情範疇與家庭領域（這兩者是傳統社會的典型領域）。現代社會會根據某些原則來運作，而這也打破了人們在傳統社會中似乎都會有的聽天由命態度，讓人們不再受到特殊的家庭結構和親屬結構的嚴格束縛。勒納認為，唯有「同理心」，才能讓人們擺脫傳統社會的壓迫，並將自己視為現代社會的**主動成員**。

> 　　傳統社會是非參與性的。它就是按照親屬關係，把人安排進各種彼此不相干，也與中心不相干的共同體裡去。它沒有大都市的那種勞動分工，也沒有發展出什麼經濟互賴需求。由於缺乏這種相互依賴的紐帶，所以人們的眼界就僅侷限在地方上，他們的決定只與他們所認識的人、認識的情

境有關。因此傳統社會不需要遵循次級象徵所表述出來的超個人的、共用
的教條——即國家「意識形態」。意識形態，可以讓人們在不認識彼此的
情況下，參與政治辯論，或比較彼此的觀點以達到「共識」。（Lerner, *The
Passing of Traditional Society*, p.50）

　　勒納仔細地探討了易於接受現代社會的人或是現代人的精神特質或心理特質。他
相信，在 20 世紀 50 年代的中東地區，總的來說雖然仍存在著相對僵固的傳統社會，
但那些地方同時也已經顯露了現代化的趨勢。在大城市的人口稠密地帶或其附近，都
可以看到這種趨勢。這些地方，實際上也為（現代）心理流動性提供了前提。因為，
根據勒納的一個非常單純的命題，唯有在大眾媒體（報紙、廣播等等）被廣泛使用的
地方，唯有在被大城市透過媒體設施所影響到的地方，才會促進能引發同理心的知識
與相應的角色模式。寫作與閱讀能力即便不是**唯一的**，也是其中的一種很重要的提升
大眾心理流動性的工具。勒納聲稱，在現代化過程中，特別是在大城市中，現代大眾
媒體可以為口頭的和直接的溝通形式提供補充，甚至會部分替代了這些溝通形式。對
於社會成員的心理改變以及對於整個社會變遷來說，媒體傳播既是這種改變與變遷的
表現，也是這種改變與變遷的肇因（Lerner, *The Passing of Traditional Society*, p.196）。
　　雖然勒納的現代化理論「編織」得相對簡單，其他的理論家可能有較為不同的說
法，但認為歷史乃從「傳統」社會朝向「現代」社會發展的觀念，還是所有現代化理
論家研究的共同構成要素。而且這種思維形式也暗含著對於進步的期許，即希望透過
理論與實踐的緊密結合，可以引導非歐洲國家的發展。
　　然而這種帶著上述五項假設的現代化範式，沒有持續太久。這個範式的鼎盛時
期差不多只有 15 年。20 世紀 60 年代末，這種範式就遭遇到猛烈的批評了。另一
個宏觀社會學範式取而代之（以下我們馬上會看到），它不再抱有一種想對大面積
社會變遷過程進行描述與解釋的現代化理論觀念。為什麼現代化理論會這麼快成為
眾矢之的、被邊緣化呢？對此，有一些不同的說法。其中，帕森斯的學生亞歷山大
（Jeffrey Alexander），亦是我們在這一講要仔細介紹的學者，他的說法可能是最主
流的（"Modern, Anti, Post, and Neo: How Social Theories Have Tried to Understand the
'New World' of 'Our Time'"）。他聲稱，現代化理論是時代精神下的犧牲品。現代化
理論本身沒有什麼問題，也不是不能與時俱進，但在 20 世紀 60 年代的學生動亂中，
社會科學都被政治化了，現代化理論對青年世代來說也因此失去了吸引力。事實上，
現代化理論描繪出了非常清楚的「現代」的圖像；它將在歐洲與北美世界以不同形式

塑造出來的制度系統與價值系統，呈現為是值得追求的。相應於此，在所謂第三世界的「現代化」，被認為會，也應該以各種方式邁向「現代的」制度與價值。但亞歷山大認為，正是這種觀念被左派學生運動視為眼中釘，並因此在（北美）大學裡各社會科學院系瀰漫的政治氛圍下，被認為不再適當了。大量的示威遊行在抗議越南戰爭、美國帝國主義，也抗議對美國非洲裔族群的壓迫。這些抗議都似乎指出了，美國和西方的這些系統絕不是什麼值得第三世界學習的規範榜樣。現代化理論的規範發展方針也在這種情況下被抓出來討論。在 20 世紀 60 年代晚期和 70 年代群情激憤的氛圍中，極左派的知識分子將現代化理論詮釋為**種族中心主義的**產物，所以毫不留情地批判這種理論，認為它不過是想把西方那套很需要商榷、很有問題的系統灌輸給其他國家而已。亞歷山大認為，由於現代化理論有帝國主義之嫌，所以當時很大一部分的青年，或較年輕的社會科學家，都轉向了現代化理論在宏觀社會學方面的競爭對手——馬克思主義。他們認為馬克思主義對（他們所身處的）西方社會提出了根本批判，因此很有吸引力。亞歷山大的結論是，現代化理論是左派的時代精神下的犧牲品，因為這個理論的缺點，實際上並沒有嚴重到我們要完全將之棄如敝屣的地步。所以亞歷山大認為，現代化理論完全是可以重獲新生的！

　　當然，關於現代化理論在 20 世紀 60 年代末之所以會「消亡」的原因，人們也可以給出另一個說法。這個說法與對這個理論的振興能力的另一種判斷有關（參閱：Knöbl, *Spielräume der Modernisierung*）。這種說法認為，現代化理論不是被外在的左派時代精神給「謀殺」的，而是這個理論自取滅亡的（這和亞歷山大的說法非常不同）。現代化理論並沒有一個穩定的基礎，它有個很致命的弱點，就是這個理論雖然採用了帕森斯理論中的一些概念，但總的來說，它這種採用只是斷章取義，並發展出一個在帕森斯那裡並不存在、過於簡單的社會變遷過程觀。這個理論從一開始就很成問題。「傳統的」和「現代的」社會的對立，雖然乍看之下好像沒毛病，但這其實掩蓋了一個問題，即現代化理論希望自己是一個社會**變遷**理論，而不是僅在對不同的社會狀態進行靜態的描述分類。是誰或是什麼，將社會變遷**從**傳統推**向**現代？這裡的因果關係是什麼？現代化理論似乎並沒有回答這些問題。像勒納說，大眾媒體打破了舊時社會傳統結構，並讓新的、現代價值模式蔓延開來，帶動了經濟發展。但他的說法馬上就會帶出一個問題，就是這些科技創新是如何、透過誰而被廣泛使用的？傳播科技的創新本身就依賴著經濟前提（沒有經濟增長過程，大眾媒體被廣泛使用的程度必然是相當有限的），而如此一來，勒納的解釋模式馬上就顯露出循環論證的問題了。在勒納那裡，經濟變遷最終被認為受到媒體的影響，但媒體本身也唯有透過經濟變遷

過程才能發展出其影響力。這種解釋就變成一種循環了，亦即，人們用有待解釋的東西來解釋東西，然後又用如此解釋出來的結果去解釋原本那個有待解釋的東西。

在現代化理論討論的內部，產生了一種觀點：如果人們想要提升這個理論真正的解釋力，那麼就不能只參照科技發展趨勢。所以，為了要提出清楚的因果說明，人們必須試著指出現代化的**擔綱者**，指出實際上推動了社會的現代化的**社會團體**。但這當然是很難的，因為我們常常並無法明白確切地指出誰是擔綱者。政治精英並不總是心甘情願地踏上**西方**現代化道路，而是常常還更接受在莫斯科或北京所實現的社會主義社會模式。一些中間階層的，例如技師或科學專家，雖然好像屬於這一類對西方社會模式很感興趣的現代化擔綱者，但這一類人在第三世界國家的數量其實大多是稀少的，因此他們是否足以擔任能帶來影響的現代化擔綱者，是很成問題的。雖然我們大概不能真的希冀務農民眾推動建立起以西方為標竿的社會形式，但現代化理論並沒有說清楚到底誰或是哪些團體，可以推動讓大家都公認的現代化。「誰會想要執行現代化，還有誰能夠執行現代化」這個因果問題沒有得到解釋，這也因此讓現代化理論的說服力很有限。

最後，現代化理論的核心假設——將傳統結構與現代結構清楚二分，也很成問題。只要人們仔細想一下就可以發現，西方社會的「傳統特徵」絕沒有完全消失。美國看起來是現代西方社會，但那裡的宗教傳統還是相當生氣蓬勃；美國也是一個憲政愛國主義國家，但憲政愛國主義也是一個有 200 年歷史的政治與法律傳統。像英國等歐洲國家的君主制結構也依然維持至今。人們可以看到眾多像這樣實在無法簡單無疑地說是「現代」的現象。如果「傳統」與「現代」實在很難被**明確區分開來**，那麼現代化理論的「**從傳統到現代**」的**變遷命題**自然而然就很成問題了。除此之外，現代化理論將帕森斯的「模式變項」運用在歷史面向上，可能也會帶來不好的後果。帕森斯之所以發展模式變項，是為了想捕捉常令人感到頭大的社會**複雜性**，例如一個社會中即便有著一些特殊主義的價值，但其中的角色模式依然可以具有功能特定性。但是這種觀點與大部分的現代化理論家的觀點是不一樣的，因為現代化理論家把帕森斯的模式變項中的一半歸於傳統（特殊主義的、功能寬泛的、繼承的等等），一半當作現代的（普遍主義的、功能特定的、成就相關的等等）。如此一來，帕森斯式的複雜性就又變成一個二分架構了。然後再把這個架構投射到歷史過程，自然就會得出一個「從傳統到現代」的簡單變遷命題。

所有這些現代化理論的困難之處，終究會帶來一個後果，就是這個範式的內在批判在 20 世紀 60 年代末期越來越激烈，讓這個理論從內部就開始分崩離析了。也就是

說，埋葬了現代化理論的——與亞歷山大的說法不同——不是單純的「時代精神」，而是現代化理論家自己，因爲他們自己都覺得這種過於簡單的命題是站不住腳的。

之所以說是現代化理論家自己埋葬了現代化理論，是因爲還有一個證據：正好就是那些與現代化理論有關的學者，對後來的社會學理論發展產生了特殊的影響。這些學者並**沒有**將帕森斯的取徑給簡化掉，而是相反，採納了帕森斯理論中的複雜性。事實上，帕森斯培養出了一些學生，正是致力於此。雖然他們和帕森斯不一樣，志不在發展出一個抽象的普世理論，而是**同時**對理論研究和經驗研究感興趣；但他們同意在幾乎所有社會裡，不同的（「傳統」與「現代」的）結構還是複雜地交織在一起，因此就這點而言帕森斯的洞見沒有被拋棄。於此，這些學者中有一些踏上了新的理論道路，一條遠離了原本的帕森斯主義，也與現代化理論完全分道揚鑣的道路。

●●

這裡，值得一提的是席爾思（Edward A. Shils）。席爾思雖然沒有出版過什麼驚世巨作，但他的一些重要的小研究和小論文，從理論和經驗的角度看也爲國際理論辯論指明了方向。席爾思的學識非常淵博，對芝加哥大學和英語世界的許多精英大學都很有影響，並且其影響力超出了社會學界，遍及整個知識圈。最後他甚至在文學界都名留青史，因爲諾貝爾文學獎得主貝婁（Saul Bellow）的小說《拉維爾斯坦》（*Ravelstein*）裡的角色「科貢」（Rakhmiel Kogon），原型就是席爾思（可見：Bellow, *Ravelstein*, pp.130ff.）。當然我們這裡感興趣的首先不是席爾思這個人，而是他的社會學作品。讀者們可能還記得，席爾思在 20 世紀 50 年代初期，跟帕森斯合寫了一些很重要的著作，像是 1951 年出版的《邁向一般行動理論》，以及 1953 年出版的《行動理論論文集》（*Working Papers in the Theory of Action*）。但不要忘了，席爾思比帕森斯還有更強烈的經驗導向，他最後也發展出了新的理論觀點。

席爾思很早就透過軍事社會學研究而嶄露頭角了〔可以參閱他和賈諾維茲（Morris Janowitz, 1910-1988）在 1948 年合寫發表的："Cohesion and Disintegration in the Wehrmacht in World War II"〕。這篇文章在 50 年代促進了小團體研究的蓬勃發展。但對我們來說更重要的是，他在這些年很認眞地探討了知識社會學問題，特別是關於知識分子的社會學。這也讓他得以彌補現代化理論的不足之處。因爲，席爾思認識到，現代化理論如果想認眞掌握現代化的肇因，那麼就必須以一個具有一致性的行

動理論作爲基礎。他的建議是，必須探討發展中國家的精英，特別是那裡的知識分子（參閱：Shils, "The Intellectuals in the Political Development of the New States"），因爲知識分子的創造潛力就算不是最重要的，也是非常巨大的。雖然席爾思對知識分子的研究很快就指出，我們無法像現代化理論的觀點所期待的那樣，簡單地對知識分子的行爲加以預測，所以席爾思的研究沒有眞正給出什麼明確的結果；但他對原本的現代化理論的發展和修正，還是作出了很大的貢獻（以下可以參閱：Knöbl, *Spielräume der Modernisierung*, pp.228ff.）。

但席爾思不只如此而已，他自己在理論方面還努力地從現代化理論和帕森斯自己所陷入的窠臼當中解脫出來。他的研究暗含的主要命題是，**不論是現代化理論還是帕森斯，對文化的理解都是不充足的，而且這正是他們的軟肋之所在**。席爾思深受韋伯的影響，也受到早期社會學芝加哥學派和另外他所熟識的一些學者的影響（見本書第六講），所以他所邁出的第一步，是去追問文化和權力的關聯。他開始系統地闡釋韋伯的卡里斯瑪（魅力型權威）概念，但卻是用涂爾幹的思想工具來進行闡釋的。

席爾思援引了涂爾幹（但也援引了帕森斯，見本書第四講）提出了一個命題：**任何**社會——包括現代社會——都有某種關於神聖性的觀念。所以我們絕不能像韋伯或其他現代化理論家一直以來所相信的那樣認爲，現代社會裡的一切事物都世俗化了，或將會世俗化，不能認爲現代社會裡任何的神聖性都會因爲世俗化而煙消雲散了。

> 所有的社會，都會把某些審判標準、某些品行和思想的準則，以及某些行動的安排，視作神聖的。這些社會僅僅在承認、允許這些事物進入到神聖的範圍、參與其中的程度等等的強度和自覺方面不一樣而已。（Shils, "Tradition and Liberty: Antinomy and Interdependence", p.156）

雖然人們與神聖性的關係無疑會隨著現代化過程而改變，但這種變遷更多應該說是昇華而不是消失。爲了把「宗教在現代化過程中是昇華的」這個命題說得更清楚、更有說服力，席爾思引入了涂爾幹的神聖概念與韋伯的卡里斯瑪概念。他把某些事物或人的神聖性質，等同爲卡里斯瑪的性質。他認爲，具有卡里斯瑪性質的事物和具有神聖性的事物在各個社會裡無所不在。他藉助人類學的思路來聲稱：所有人顯然都需要秩序，這就是爲什麼在所有社會裡，都有具有卡里斯瑪性質的事物。誰有權力建立和保護秩序，誰就會被認爲具有卡里斯瑪。一個人若被視爲聖人而備受敬畏，那麼他就可以更有效率地使用權力來維持秩序。

能促成或創建秩序的事物或人，都會引起感召回應。不論那是神的律則、自然律則、科學律則、實證律則、整個社會，還是甚至一個特殊的法人團體和如軍隊那樣的機構。不論這些事物或人是具體化了、表述出來了還是象徵化了有序宇宙或任何當中的重要部分，都能喚起敬畏與崇仰之情，喚起卡里斯瑪之情。人需要秩序，才不會手足無措。秩序能提供條理、持續性，以及正義。（Shils, "Charisma, Order, and Status", pp.125-123）

韋伯把卡里斯瑪概念主要運用在人身上，但席爾思不是。就如上述引文裡可以看得出來的，他把這個概念也用在政治角色、機構、象徵符號，甚至是某個階層上。這種作法的要點在於，他擷取了韋伯的卡里斯瑪概念的那種破壞性的、非日常的特質，然後又把卡里斯瑪和神聖性說成是日常的正常「現象」，亦即說成一種**滿足了穩定社會的功能**，部分還甚至以此**維持了社會常規**的現象。這方面，他後來廣為人知的研究，是關於 1952 年英國女王伊莉莎白二世的登基加冕典禮（參閱：Shils and Young, "The Meaning of the Coronation"）。在這份研究中，席爾思將卡里斯瑪詮釋為穩定秩序，而非鬆動秩序。

從這個基本想法出發，席爾思有兩個目標：**一個**，他想對集體價值約束力的形成與持續性，提出一個比結構功能論更有說服力的解釋。價值對於社會成員來說，是如何，以及為什麼會有如此的約束力？關於這個問題的答案，帕森斯和現代化理論家相對來說沒有提供什麼貢獻。**另一個**，席爾思想脫離古典現代化理論，因為這些理論都是簡單地從現代社會來定義傳統的。席爾思認為，把傳統與現代二分是行不通的，所以他把他關於神聖性和卡里斯瑪的命題，跟傳統概念結合起來。席爾思認為，當社會成員把行動與現象，和某種卡里斯瑪的或神聖的性質連結在一起時，行動或現象就會帶有傳統的味道了。

毫無反思地接受傳統，並不是說這種接受就是不分青紅皂白、木然的。對傳統的接受，也是有主動的、外向的、積極的方面。傳統的判斷準則與規章的有效性，會指引與引發人們內心自發的道德傾向，引發人們想要通達終極的真理與正確，以尋找、求得傳統的指引和紀律。（Shils, "Tradition and Liberty: Antinomy and Interdependence", p.155）

傳統若要擁有生命力，不是單單靠某些行動的重複進行就可以了，而是這些行

動還必須持續與神聖性或卡里斯瑪結合在一起才行。席爾思認為，神聖性在現代社會裡不會喪失意義，而是會高度昇華。同樣地，傳統也不會輕易消逝。傳統不是單純過去的沉積而已，而是具有蔓延下去的生命力。就算是現代民主社會，也是會追溯傳統的。讀者只要想想一些國家紀念日，或是像一些隆重的就職典禮、向憲法宣示等儀式就知道了。

　　傳統在現代社會裡不但不會輕易消逝，而且還會主動地吸收與延續。這裡，席爾思提出了**精英理論**的說法。他說，每個人都需要秩序；這種對於秩序的需求，解釋了卡里斯瑪性質是怎麼來的。而創建秩序的，一般是精英分子。席爾思的命題是，**精英分子**就是吸收並延續傳統的具體擔綱者。他們透過他們的權力地位與權威地位，保證了政治秩序、社會秩序與文化秩序，所以**他們**具有卡里斯瑪的性質，所以也**正是他們**讓傳統生生不息。「偉大的權力乃是透過它對秩序的控制以展現出來的。它發現秩序，創造秩序，維持秩序，或是毀滅秩序。權力確實是一件非常重要、與秩序相關的事。」（Shils, "Charisma, Order, and Status", p.128）在這個脈絡下，席爾思也引入了「核心」和「邊緣」這一對概念，但他是從文化社會學，而不是像其他學者那樣從經濟地理學或政治經濟學的角度，來談這對概念的。他用這對概念提出了一個命題：每個社會都會有一個非常重要的價值系統，也都會有一個非常核心、由精英所承擔的制度系統。這裡的「核心」，涵括了象徵秩序、價值秩序，以及信仰觀念秩序。這些秩序對一個社會來說非常重要（Shils, "Center and Periphery", p.93），同時也會擴散到「邊緣」這樣一種不屬於核心的社會區域。精英的卡里斯瑪性質非常強，由他們造就的文化成果非常令人印象深刻，所以就算是在「邊緣」區域，他們還是充滿吸引力。

　　藉著這樣的理論轉向，席爾思在帕森斯主義中向前跨出了很重要的一步。即便他並沒有從他這些想法發展出一套持續的研究計畫，他還是為後人鋪平了康莊大道。他的研究不只以創新的方式來運用卡里斯瑪概念和傳統概念，也運用了「核心」和「邊緣」這一對概念。這讓他不用再像早期帕森斯那樣把文化僅視作一種（與行動無關的）意義脈絡，彷彿文化無根無形地「懸浮」在行動者上空似的（見第三講），或是像晚期帕森斯把文化視作與行動者無關的「控制論系統」（見第四講）。席爾思更多的是在帕森斯主義中給出了一個用行動理論分析文化的機會，亦即讓人們關注到具體的行動者，以及由行動者造就的文化成果的重要性（關於席爾思這方面的成就，亦可參閱：Stephen Turner, "The Significance of Shils"）。於是，想來也非偶然的是，席爾思的一位學生，成功地推進了席爾思的思想，逐步發展出龐大的研究計畫，這個計畫遠遠超過了帕森斯主義，也超過了現代化理論，至今都影響甚巨。

••

席爾思的這位學生，就是艾森斯塔特（Shmuel N. Eisenstadt, 1923-2010）。他出生於波蘭，1935 年搬到了巴勒斯坦。在耶路撒冷，他擔任知名社會學家與宗教哲學家布伯（Martin Buber, 1878-1965）的助理。布伯是來自德國的移民，從 1938 年開始就在耶路撒冷的希伯來大學執掌社會哲學與一般社會學教席。艾森斯塔特在很年輕的時候，就很積極地與當時社會學界的諸多知名大老聯繫接觸，為相對孤立的以色列社會學尋求國際合作。於是他在倫敦政治經濟學院遇見了席爾思，在哈佛大學遇見帕森斯。席爾思和帕森斯都很盡心竭力地栽培艾森斯塔特，也讓他因此參與到關於結構功能論發展與現代化理論發展的激烈爭論中。但艾森斯塔特最終走出了自己的路。雖然他因為他的老師席爾思和帕森斯，無疑深受功能論的影響；但同時，他在漫長的過程——這段過程持續了數十年之久，而且似乎最終沒有結束——之後，成功擺脫並持續修正原初功能論的前提。**這讓他邁向了一個實際上幾乎不會再被視作功能論的理論**。嚴格來說，艾森斯塔特最終離開了功能論的影響範圍，因為他越來越清楚這個理論模式的弱點是什麼。影響他如此發展的，顯然是他早期接觸的布伯哲學，以及該哲學對於人類行動的創造性的強調。艾森斯塔特在自己的生平回顧中也是明確這麼說的（對此，可參閱該書的導言：Eisenstadt, *Power, Trust, and Meaning*）。

不過，艾森斯塔特不是一位純粹的理論家。他對功能論持續且一貫的修正，都是來自他的經驗分析。他的整套計畫，是韋伯式的世界宗教及其對社會進程影響的比較研究（這是艾森斯塔特的作品裡除了理論之外，最令人印象深刻的面向）。我們等一下會討論這些經驗研究，但這裡我們想先為讀者介紹艾森斯塔特在**理論方面的**創新。他對帕森斯和原初的現代化理論採取批判的態度，這些批判要點裡有一些在本書前幾講已提到過了。

1. 艾森斯塔特同意席爾思為功能論開啟行動理論面向的作法。帕森斯將功能論極端化成一種系統理論，行動者在這個理論中不再有一席之地，或是說這個理論的分析內容已不再對行動者感興趣，因為行動者只需要滿足系統需求就好。但艾森斯塔特跟席爾思一樣，認為這是錯的。艾森斯塔特認為，理論必須將行動者包含到分析中，而且對於宏觀社會學方面的分析來說，**集體**行動者是特別重要的。在他的研究中，士紳、宗教領袖及其追隨者、組織、軍隊等等，一直都扮演著很重要的角色。而且和席爾思一樣，艾森斯塔特的研究也特別指出推動了社會變遷（或是用更專業一點的話

來說：推動了現代化進程）的**關鍵**行動者。如同席爾思，艾森斯塔特也特別關注**精英分子**。

2. 這種強調行動者作法的後果，就是艾森斯塔特不再像帕森斯那樣討論系統或是子系統之間的交換過程。艾森斯塔特更多是將交換過程詮釋爲權力擔綱者之間爲了資源而進行的**鬥爭**。透過這種衝突理論式的說法，艾森斯塔特和功能論思想體系的核心要素——即均衡狀態——分道揚鑣，而且他還提出了一些重要的進一步想法。

3. 如果人們將分析重點放在行動者身上的話，那麼就會知道，不是只有「系統內部」的行動者才是需要討論的。事實上，艾森斯塔特開啟了一個視角，即人們唯有考慮所謂外在影響與外在情境的作用，才能適當地研究社會進程。社會從來不是完全自主自治的獨立單一體，而是總會與其他的社會有所交流、貿易，或是與之發生戰爭等等。功能論的社會模式很難探討這個現象，因爲它理所當然地把「整個」社會當作分析的最高的與最終的參照系。艾森斯塔特開啟的視角，也讓人們突然可以質疑功能論在面對「諸多社會」之間持續增長的「國際」聯繫時，若仍只考慮系統內在條件與內在要素，認爲有一種社會均衡狀態，是否還有意義。因此，艾森斯塔特致力於挖掘社會**之間**的文化關聯。他的這種研究作法，也讓人們所理解的社會，在根本上比原本的功能論更多了動態性。

4. 這種將高度不同的「內在」與「外在」的影響與行動者全包含進來的作法，同時也讓人們無法忽視各種制度化過程與整合過程的不同後果與結果。帕森斯的功能論從來沒有認眞討論過特定價值是**如何**制度化的，社會的整合與穩定在帕森斯那裡也更多的是一種假定而不是研究出來的結果。而艾森斯塔特認爲這是不充足的，因爲他對社會進程的分析聚焦在具體的（集體）行動者，因此他很快就注意到，價值的制度化絕不是一種簡單且毫無問題的過程。價值是可以被詮釋的，而且行動者會爭取自己的詮釋，並且會不斷爲了讓價值能**正確地**或**眞正地**制度化而鬥爭。相應地，社會也不是將某一個特定的價值系統整合起來就一勞永逸了，相反地，已經建立起來的整合形式總有可能會遭受質疑，因爲對立團體總會想推動另一種價值的詮釋、爭取另外一種制度化形式。

這裡，社會學的分化定理（至少就這個概念原本的用法來說）也是可質疑的。分化是由結構功能論所（再）引進的概念，用來描繪社會變遷的輪廓。這個概念的假設是，社會變遷有一個不止息的、線性的分化進程，會從簡單的整體變成許許多多越來越專殊的單元，然後這些單元會再整合成一個複雜的整體，以造就能提升這個整體系統運作效率的結果（參閱本書第四講）。艾森斯塔特反對這種理解分化的方式，因爲

他認為，制度化過程和整合過程的結果是開放的，價值制度化和社會整合實際上不是理所當然就會成功的。雖然的確是有一種分化進程，但因為分化進程是由行動者推動的，所以分化的結果與形式不是能用理論推導出來的（這種看法跟功能論者和現代化理論家的假設大相徑庭）。分化進程根本不能保證最後是成功的！艾森斯塔特和（帕森斯式的）功能論與現代化理論截然不同，他提出了一個後來相當有名的分化後果的類型學。他強調：(1) 制度方案可以是失敗的；(2) 分化進程也可能倒退到更低的分化層次（去分化），也就是說我們不能把分化假設成是一種進步；(3) 我們不能排除分化是部分的，意思是一個社會中只有部分領域會分化出來，其他領域不會，而這必然導致社會發展的「不同時性」；以及最後 (4) 分化過程當然也可以是成功的，也就是制度成立了，能將分化出來的新單位整合起來（參閱：Eisenstadt, "Social Change, Differentiation, and Evolution", pp.111ff.）。但這種分化成功的情況，絕對不是通常的情況！

5. 正是因為如此，人們必須拋棄在現代化理論和在某些社會學演化論中，關於普世線性發展、持續進步的假設。歷史過程是由行動者之間的某種衝突情況所決定的，我們不能直接預設分化會是成功的。進步絕不是必然會發生的。我們同樣不能認為，不同社會的歷史都會殊途同歸、歸於西方社會模式。艾森斯塔特指出，就如同我們不能假設發展中國家遲早都會步上西方現代化道路一樣，我們也不能簡單假設所有地方的衝突情況都是類似的，或是衝突結果會是類似的。由於各種外生因素，以及由於不同團體之間的衝突，我們必須考慮偶然性與無法預見的過程。這種偶然性和無法預見的過程，往往證明了歷史不是只有一條線性發展道路，不會殊途同歸。

6. 所以我們要知道，誕生於歐洲和北美的現代性，同樣不過形成自某種偶然的情況而已。也就是說，這種發展歷程不是必然會出現的。西方人應謙虛地看待自己的過去，打破面對其他文化和文明時的自信與優越感，質疑傳統與現代的二分對立。唯有如此，人們才能認真思考，既然這一切都是偶然的，那麼西方現代性是否也不過就是某種傳統的產物、一種——艾森斯塔特最後所謂的——非常特殊的文化「符碼」的發明而已。雖然西歐和北美地區近代以此發明和其他的文明保持了距離，但不能因此很有信心地認為其他地方就會以西歐與北美為樣板來發展自己。艾森斯塔特認為，不論過去、現在還是未來，人們都必須考慮各種不同的傳統，西方現代性只不過是其中一種而已。這種看法和**整個**現代化理論的核心假設是背道而馳的。

艾森斯塔特理論方面的創新就討論到這裡。不過如果我們不同時去看他的研究對象和研究方式，他的理論看起來就會太抽象了。更何況，如上所述，艾森斯塔特的思

想不是純粹地就理論談理論，而是在和經驗問題進行對話的。

　　20世紀60年代之前，艾森斯塔特雖然已經在國際上出版多本著作，絕非無名之輩，但一直到1963年開始，他才因為一本野心勃勃的著作而站到了整個國際社會學的聚光燈下，即《帝國的政治系統》（*The Political Systems of Empires*），一本從古埃及、印加文明、古代中國，到拜占庭和歐洲專制制度的對不同龐大科層帝國的比較研究著作。這本著作引人注意之處，一方面在於它對帕森斯主義和現代化理論進行了修正。書中艾森斯塔特聚焦在不同行動者，或不同團體、統治者、科層組織等等之間的政治鬥爭。對此我們前文已有所涉及。但除此之外，另一方面，這本書最不可思議的地方是，艾森斯塔特的討論無所不包，他對非常不同的時代與區域中的諸多現象進行了比較，而且他的現代化理論還探討到了**距今相當遙遠的古代時期**，這是古典現代化理論很少討論到的。古典現代化理論主要討論的還是「最近」的過去，頂多在討論歐洲歷史時回溯到宗教改革時期而已。因為在現代化理論裡，人們還是相信其研究主要為了實踐，所以沒必要反思過於遙遠的歷史。但艾森斯塔特完全不是這樣。他當然也是想生產出「當下的」結果，但同時他心裡也很清楚，歷史不只是與當下相關的社會學的一個麻煩前奏曲而已。他的出發點是，**非常遙遠的過去**也會造就非常關鍵的轉捩點。如果人們想理解各大陸之間不同現代化歷史的開始與經過，就必須要對那些非常遙遠的過去進行比較性的理解。

　　唯有追溯到很久很久以前的歷史，才能開啟一個新的視角。帕森斯的演化理論也是這麼做的（參閱本書第四講），雖然艾森斯塔特本身**沒有**參與進帕森斯的理論轉向（這一點很重要）。因為艾森斯塔特的目標恰好就是想發展出一個**非**進化論的社會變遷理論，以避免古典現代化理論和社會學演化理論的缺陷，取而代之的是一個考慮到行動者之間的衝突和偶然過程的行動理論。不過艾森斯塔特真正設計出他自己滿意的理論時，已經10年過去了。其中，對他產生幫助的是20世紀70年代中期，在宗教科學與宗教歷史學圈再次出現的一場辯論。這場辯論的主題，是一個相對較舊的思想：德國哲學家雅斯培（Karl Jaspers, 1883-1969）提出的所謂「軸心時代」的命題。

　　雅斯培在他1949年出版的歷史哲學著作《論歷史的起源與目標》（*Vom Ursprung und Ziel der Geschichte*）中提出了一個問題：我們是否可以把歷史當作一個整體來進行思考，並且勾勒出一個其有效性不因觀察者立場而異的世界史結構？像黑格爾這類的哲學家，都理所當然地將基督教的啟示錄當作世界史的出發點與軸心。但在20世紀，這種觀點已經不再被接受了，因為人們已經意識到種族中心主義的危險性了。雅斯培很有道理地強調：「如果世界史真有一條軸心，那麼這條軸心不能只適用於基督

教，而是必須適用於所有人。」（*Vom Ursprung und Ziel der Geschichte*, p.14）要找出一條非種族中心主義的軸心，似乎不太可能；然而令人意外的是，雅斯培卻顯然能為讀者「提供」這樣一條軸心。他指出了一個並不是不為人知的經驗事實：世界上**所有規模龐大的宗教**（順帶一提，他這裡也說到了古希臘哲學）的起源，都是在西元前 800 到前 200 年間——這段時間，即是雅斯培所謂的「軸心時代」。

> 不尋常的事物，都集中在這段時間。在中國，有孔子和老子，中國所有的哲學方向也是在這段時間形成的……；這段時間在印度，《奧義書》成書，佛陀降生。且跟中國一樣，所有的哲學類型，從懷疑論到唯物論，從詭辯術到虛無主義，也是在這段時間發展出來的；在伊朗，所羅亞斯德傳授他那富有挑戰性的善惡世界觀；在巴勒斯坦，出現了從以利亞、以賽亞、耶利米、第二以賽亞等先知；在希臘，我們可以看到荷馬、巴門尼德斯、赫拉克利特、柏拉圖等哲學家；還有悲劇作家、修昔底德、阿基米德。（Jaspers, *Vom Ursprung und Ziel der Geschichte*, pp.14-15）

這些東西方、印度、中國等高級文明的知識進程，相互平行，彼此獨立無關聯地出現，而且也沒有受到彼此的影響。雅斯培認為，這段進程取代了神話時代，引領出了一個系統性地反思人類基本存在條件的時代。這個平行的發展狀況是怎麼來的，雅斯培無法，也沒有想要解釋。對他來說重要的是，軸心時代文明之間的相互理解是可能的，因為雖然這些文明沒有共同的起源，但他們都**面臨著一個有著非常類似問題的情況**（ibid., p.20）。

雅斯培除了在該書一開始對人類存在條件進行了縝密的反思之外，對於所謂的「有著非常類似問題的情況」究竟是什麼情況，他沒有給出清楚的解釋。20 世紀 70 年代，軸心時代這個概念又再次被人提起，但參與討論的宗教歷史學家和神學家對這個概念漸漸得出一種共識，即所有這些宗教和哲學的共性，最好用「**超越性**」這個概念來把握。換句話說，超越性的思想，**就是**軸心時代文化（當時）的特色。但「超越性」是什麼意思？

超越性指的是，每個宗教和哲學的世界和神祇，雖然在空間方面都相隔千萬里，但大家都會設想有一種超脫塵世的、超越性的國度存在著。在神話時代，神是入世的，他們就是世界的一部分。神的世界和人的世界並不真的是分開的。神靈是可以被影響和操控的，因為他們是世界的一部分；或至少在神的國度和人的世界，其運作

方式沒有太大差異。但軸心時代新的救贖宗教與哲學，將神世和人世之間劈開了一個巨大的鴻溝。這些宗教和哲學的核心思想，都是認為神世才是最原本的、真正的、不同凡響的；而人世則相反，是有缺陷的。

這樣的想法帶來的不只是兩個世界的差異而已，而是「凡俗世界」（人世）和「超越世界」之間前所未有的**分裂**。這個分裂帶來的後果是相當巨大的，因為這種想法與神聖王國是不相容的。亦即統治者不再被認為具有神性，因為神是在另外一個世界的。還有，如此一來，統治者就越來越不得不接受神的考驗以證明自己。統治者屬於人世，而且他們必須在彼岸的真實世界面前證明自己。這讓一種新的（統治）批判形式得以可能，這種新的批判形式也帶來了一個全新的歷史進程動力，因為人們總是可以挑出統治者沒有做到神之戒律的地方。同時大家也可以用更極端、忿懑的方式，就真正的神或真正的神律批註等問題進行爭辯。這也會帶來不同倫理團體和宗教團體之間，或長或短的衝突和分化。知識分子，如神職人員、先知等等，所扮演的角色比在軸心時代之前更為重要，因為這些人背負了一個困難的任務，即詮釋那遙不可及、人世不再能輕易掌握的神的意志。這種超越性的觀念，開啟了歷史。亦即，歷史可以被設想成一個全新的鬥爭場域。用抽象一點的方式，可以說：這種超越性的觀念，讓人世出現了根本上對秩序重構的需求。從這時候開始，社會秩序被認為是可以依託神的指示而加以改變的；這是人類第一次可以設想一個有著明確目標的澈底變革！這種源自軸心時代的觀念，有著相當巨大的效應，讓新的社會動力應運而生。

艾森斯塔特援用了這個軸心時代的觀點，特別是在他 1978 年出版的著作《諸社會的革命與轉變》（*Revolution and the Transformation of Societies: A Comparative Study of Civilization*）中，他用了一種比較特殊的方式來理解雅斯培的命題，並以此為基礎，進行一個非常有野心的研究計畫與理論計畫。他的這個計畫開啟了一個全新的社會變遷分析視角。艾森斯塔特提出了一個命題：所有軸心時代的宗教，會以不同的方式來化解凡俗世界與超越世界之間的張力，這也讓不同的軸心時代文明有著不同的變遷速度。簡單來說，艾森斯塔特相信可以描繪出一種化解張力的類型學。怎麼描繪呢？

艾森斯塔特的論點是，在某些文明中，人們會以世俗的方式來化解張力，例如儒家思想（古希臘和古羅馬有部分也是這樣）會發展出一種哲學和倫理，以最終能保持和穩定社會關係。

> 正統儒家文化思想的要點，是培養出社會、政治和文化秩序，以此作

> 為維持宇宙和諧的主要方式，化解張力。……儒家思想強調在現有的社會框架——家庭、家族、朝廷——中適當地履行世俗的職責和活動，以此作為解決超越秩序和凡俗秩序之間的張力，以及作為解決個人責任的終極方式。（Eisenstadt, "This Worldly Transcendentalism and the Structuring of the World", p.171）

這種以世俗的方式來揚棄超越世界與凡俗世界之間張力的作法，是**在人世間**的。亦即，人們透過培養出當下的社會秩序來追尋宗教神聖性。換句話說，為神的意志服務的最好方式是**入世**地完成被指派的任務，並且順應社會秩序，而不是脫離俗事、隱遁山林。

但人們也可以用宗教的方式來化解張力。對此，艾森斯塔特把佛教和印度教（這兩者都是非人概念的超越性的國度）與一神論的宗教（這些一神教的神，是人格化地處於宇宙中的）區分開來（Eisenstadt, "Cultural Traditions and Political Dynamics", pp.163-164）。在佛教和印度教那裡，解決張力的方式完全是**出世**的。佛教徒和印度教徒的行動強烈地指向彼岸秩序，對這些教徒來說，**他們努力的目標並不是為了改革人世**。一神論的宗教，像是猶太教、基督教、伊斯蘭教，對張力的化解則搖擺於入世與出世之間。**不過，這些宗教如果執行了入世的化解想法的話，那麼就會有強烈的改革人世的要求**。

這些論點聽起來好像很複雜，實際上也真的很複雜。我們這裡先稍微停一下、總結一下。艾森斯塔特的核心命題是，軸心時代賦予歷史一個大幅加速進程的潛力，這個潛力來自凡俗世界與超越世界之間的張力。但怎麼「加速」，則取決於消解張力的方式。如此一來就不難懂了：純粹出世的作法，如佛教和印度教，不論過去還是現在，都不太會激起政治和社會的變革。所以艾森斯塔特擁護接下來的一個命題：一個文明，如果該宗教的特徵是其信仰有可能具有**入世**的方針，尤其又以**改變**社會而非培養社會為目標，那麼這種文明的變遷過程就有可能廣泛且快速。

這種「加速的」或「快速的」變遷過程的說法，非常奇特，人們也可能會提出質疑。這種說法到底指的是什麼？社會變遷速度是可以測量的嗎？測量標準又是什麼？事實上，艾森斯塔特並不真的有什麼測量標準，他不是在自然科學的意義上進行「測量」。不過，關於不同的變遷速度此一命題，他還是可以給出最低限度的說服力的。他要大家注意到一種情況，這種情況只有擁有真正廣博的歷史知識的人——比如艾森斯塔特！——才會注意到，即：「革命」可以被定義為快速且廣泛的社會變遷結果，

但革命絕不是到處都會發生的。只有在軸心時代的文明裡，「大革命」才有可能發生，或是只有在那時的文明裡，人們才會嘗試進行，或是想到要大革命。

••

艾森斯塔特認為，不論是過去還是現在的「大革命」（典型的像是美國革命、俄國革命，或是法國大革命），都會有一些基本的觀念史背景，而且這種觀念史背景與軸心時代基本的世界重構需求是息息相關的。非軸心時代的文明（例如日本的歷史就沒有軸心時代）就沒有這種思想史基礎，所以也沒有具有宏大目標的、極富影響力的行動者。日本即便在 19 世紀有極快速的經濟變遷，似乎為革命性的起義暴動或至少是想揭竿革命的嘗試提供了可能性，但從來沒有發展出相應的意識形態模式。連 19 世紀後半葉的大政奉還或明治維新，也缺少意識形態或象徵的要素。而在如北美或歐洲現代社會的「大革命」，或在任何有軸心時代的文明中，都具有彌賽亞主義或普世主義的特質（參閱：Eisenstadt, "La convergence des sociétés modernes", pp.137ff.）。

就算**所有的軸心時代**文明都有革命的意識形態基礎，但這當然不是說所有這些地方都會發生革命。是否發生革命，取決於行動者所處的特定情況，以及當然還有——這裡我們又回到了軸心時代宗教**之間**的差異——凡俗世界與超越世界之間張力的特定化解方式。後者要說的是，凡俗世界與超越世界之間的張力的特定化解形式，特別會「鼓勵」顛覆**整個**現有秩序，或讓現有秩序淡出歷史。艾森斯塔特認為，所以也難怪在以**入世**行動方針為主的一神教文明中，會出現第一場「大革命」。因為，與改變世界有關的行動主義，比起遁世或保守的態度，會為革命計畫提供更有力的前提。具體地說，就是在猶太教、基督教和伊斯蘭教中，都有重要的思潮，能夠，且想要強烈地表達入世的目標。

以入世為導向的宗教，例如基督教（而不是伊斯蘭教，即便伊斯蘭教的根源也可以歸於軸心時代的宗教），為什麼為革命提供了溫床呢？這和行動者所處的具體情境，特別是**結構性的**條件，息息相關。雖然伊斯蘭教也有強烈的彌賽亞的特質（而且到現在都還是），但伊斯蘭教的政治擴張和地理擴張，超出了阿拉伯半島，削弱了國家與市民的地位。所以伊斯蘭教也缺乏近代歐洲或北美那些讓革命動力得以可能的要素。基督教文化圈不只有高度的社會動力，而且也有特定的結構情況能實現這種動力。近代歐洲出現的革命的加速，在經過了不同的中間階段之後，也讓西方文明在世

界上持續占據著支配地位。

艾森斯塔特的理論設計就先討論到這裡。我們再說一次：艾森斯塔特的命題主旨，是每個宗教，以及透過宗教而建立起來的文明，都有自己的變遷速度，而速度差異，則取決於凡俗世界與超越世界之間張力的不同消解形式。他不相信韋伯的說法，即如果非西方文明發展較慢，且最終落後於西方，是因為這些非西方文明的宗教還留有神魅要素或傳統要素、缺乏澈底的理性化。他指責這種種族中心主義的觀念，並相反地強調，不論是過去還是現在，所有宗教都有理性化的可能性。只不過，這些宗教用不同的方式來運用理性化，以消解超越世界和凡俗世界之間的張力。每個文明都在此脈絡下發展出自己的傳統。在歐洲和北美，這種傳統則產生了所謂的（西方）「現代社會」的情況。

艾森斯塔特關於西方「現代社會」的說法，和現代化理論家所說的現代社會，不是同一回事。艾森斯塔特所說的現代社會，有深植於軸心時代的猶太—基督教傳統的根源，而且這個傳統在 18 世紀又明顯改變了，某些情境讓行動者發起了革命，所以又創建了新的、動態性的出發點。根據艾森斯塔特的說法，西方現代社會不是在哪裡都必然會發生的歷史原則產物。西方現代社會來自一個很偶然的源頭；這也意味著，其他文明漫長的發展道路，幾乎無法如此簡單地就銜接上西方現代道路。其他文明有他們自己的傳統；或更應該說，其他文明也有他們的**各種**（注意，是複數！）現代社會！所以對於艾森斯塔特來說，傳統與現代的二分法沒有意義。所有今天的非西方文明都是現代的，它們最晚在歐洲近代殖民擴張的時候就被根本地改變了，在與歐洲的碰撞當中就受到深刻影響了。這些文明將來自西方的衝擊加工與吸收進自己的傳統，因而產生了改變，但是發展出了的是另外一種現代性。所以艾森斯塔特的用詞始終都是「多元現代性」！

艾森斯塔特這些「大部頭著作」想論證的，就是這些觀點（雖然這些論點聽起來都僅是理論推論而已）。艾森斯塔特的知識極為淵博，所以他能夠「消化」極為龐大的歷史素材，並且能夠深入掌握世界上許多地方的歷史發展。這樣的研究方式讓人最印象深刻的成就，也許就是他在 1996 年出版的磅礡著作《日本文明》（*Japanese Civilization: A Comparative View*）。他一字一句地「埋首苦讀」關於日本的文獻，以解釋為什麼這樣一個國家既沒有經歷軸心時代，也沒有接受過軸心時代的宗教，並且由於其源頭是非軸心時代的，所以沒有發展出大革命，並在許多方面都和西方社會截然不同，卻最晚在 19 世紀時在經濟方面銜接上西方社會，並且還能和西方社會一較高下。

　　如果讀者正確領會了艾森斯塔特的研究方式，並且同時熟知他相當淵博的歷史學—社會學研究興趣，那麼各位可以去讀一下他的一本篇幅較小的導論著作《現代的多樣性》（*Die Vielfalt der Moderne*）。該書濃縮了艾森斯塔特對歐洲、美國、日本的歷史分析。同時，這本出版於 2000 年的著作，也簡短介紹了他如何基於軸心時代的命題，以解釋當今不同宗教的原教旨主義的出現（讀者可以回想一下前文講到的，軸心時代文明的彌賽亞特質）。而且艾森斯塔特較近的研究討論的都是當代現象。

　　如前文所述，艾森斯塔特的理論反思的基礎，是他相當令人欽佩的關於各種地理脈絡與時代脈絡的經驗知識。由於他的研究相當廣泛，所以他自稱是當今唯一真正的韋伯繼承人。但我們也是可以對艾森斯塔特的著作提出一些批判問題的。我們在這裡至少簡短地提四點。

　　1. 艾森斯塔特自 20 世紀 60 年代以來的諸多著作裡都指出，要分析社會變遷過程，就必須要抽繹出各種（來自內部與來自外部的）行動者和影響。但問題是，艾森斯塔特的「軸心時代轉向」是不是又回到一種往內部找成因的觀察方式呢？雖然艾森斯塔特當然不否認外部成因，但關於文明動力，他還是根據文明**內部**特定的知識史或宗教狀況來進行解釋，這也讓他面臨低估外部影響的危險。這和下一點有直接關聯。

　　2. 我們在介紹艾森斯塔特的時候，不經意地用了「文明」這個概念，這是他自己就這麼用的。但這個概念很難定義。艾森斯塔特強調文化特質：他認為，文明是透過相當特殊的宗教問題或哲學問題來標示其特色的。但人們可以批判地追問，這些文明實際上是不是統一與同質的，以及文明與文明之間是否真的是涇渭分明的。紀登斯曾批判人們常把「社會」設想為封閉的（見上一講），類似的批判當然也可以用來針對文明概念。此外，如果文明在過去和現在都不是那麼統一的，那麼「社會變遷動力會隨文明而異」的說法也就是有問題的了。

　　3. 艾森斯塔特在研究軸心時代的根本變革時，必然會專注在精英分子上。之所以說這是必然的，是因為這個時代的歷史資料來源，大部分時候都會忽略一般老百姓的生活。艾森斯塔特的論證採取的是精英理論的途徑，但是他在討論近代時期時也依然採用這種作法。艾森斯塔特和他的老師席爾思一樣，也是專注在由精英分子所造就與留下的意識形態（亦即知識產物）上。但我們可以批判地問，如果這研究包含更廣大的大眾階層的價值與行動，是不是會對歷史過程有不一樣的評斷，並因此得出不同的結果。比如我們可以這樣反駁艾森斯塔特的論點：革命在不少時候都是起因於微不足道的理由，並且常常都是**在變革過程中**，甚至是在**事後**，革命才被賦予了象徵意涵，之後我們又將此意涵很簡化地——但也正因此很成問題地——詮釋成是本來就有

的、潛在的「革命計畫」，並說成是知識分子發起的。

4. 艾森斯塔特專注於軸心時代以及那時候的意識形態變革，這種作法也慢慢陷入一種危險，即把一般社會變遷形式或現代化過程的**結構**條件的重要性給貶低了。雖然在他不斷強調行動者與精英分子的情況時，完全是從結構的層面來討論的，但另一方面令人感到奇怪的是，像是殖民主義，以及與殖民主義息息相關的對非洲、南美、澳大利亞或亞洲的原住民所施加的赤裸裸的暴力等現象，在艾森斯塔特的研究當中卻毫無重要性。雖然他也區分了自我決定的以及由外在暴力所造就的「現代化」的差異，但他的著作中卻很少談到軸心時代的問題與**那些**結構性的給定條件之間的關係是什麼。

●●

至此，關於帕森斯主義和現代化理論的翻新，我們的介紹還僅縮限在席爾思和艾森斯塔特的著作，並從這兩位學者的理論重要性中，明確證明了帕森斯主義和現代化理論被翻新了。但是，讀者不能因為前文的這些鋪陳而得出錯誤的結論，特別有兩點相關的可能誤會，是我們想叮嚀的。

第一，帕森斯當然不是只有席爾思和艾森斯塔特這兩個弟子而已。美國社會學自 20 世紀 50 年代以來，其帕森斯傳統就與一些學者的名字是分不開的，而且這些學者至今都還是相當有名望的。我們這裡提兩個最具代表性的人物。一位是貝拉（Robert Bellah, 1927-2013），他是與帕森斯關係非常密切的同事，50 年代時就已經相當專注於探討日本的現代化過程。我們在前文已經提到他在 1957 年出版的《德川宗教》，並將之視作現代化理論的經典文本。但同時，比起其他大多數把傳統與現代進行相對簡單的二分的現代化理論家，貝拉與帕森斯那複雜的論證方式走得更近。

《德川宗教》首先是一本關於對日本特殊價值模式（這個價值模式，讓這個亞洲國家在 19 世紀末成功迎頭趕上西方國家）進行歷史研究的開創性著作。貝拉採用了韋伯的提問方式，嘗試找出在日本的價值模式中，什麼東西在功能上等同於新教倫理，造就了日本的蓬勃發展。但他的研究之所以如此重要，還有另外一個原因。他的研究指出，日本經歷的工業化過程，和比如美國的工業化過程，完全不一樣。美國工業社會以經濟價值為優先，但日本的現代化不是這樣的。在日本，**政治**扮演了關鍵的角色，經濟價值必須讓位給政治價值。具體來看，日本的工業化過程和現代化過程是

由政治精英所推動的，而且推動的方式對西方世界（尤其是英語世界）來說是很陌生的。日本會步入現代化，其基礎是所有社會精英分子對天皇家族的極爲特殊的效忠，以及所抱持的以效益爲導向的**軍事**價值。軍事價值在 19 世紀遍布整個日本社會。從這一點出發，貝拉提出了一個質疑：幾乎所有的現代化理論家都將「模式變項」俐落地剖成兩邊，把某一邊的變項歸於傳統、某一邊的變項歸於現代；但模式變項是否眞的可以被這樣俐落地劃分成兩邊？因爲比如像日本，特殊主義的價值導向就不能直接說是被歸於傳統的。同時，「現代化過程只有單一維度的方向」這個命題也很成問題。貝拉認爲，現代化並非簡單、毫無疑問地由理性價值與世俗價值所支配的。這也意味著，在現代化過程當中，宗教並沒有消失，而是——貝拉在這裡的說法，和帕森斯與席爾思頗爲類似——在**新的**地方轉變成**新的**形式。貝拉不像許多現代化理論家那樣簡單地主張世俗化命題，而是主張一種「宗教演化」理論。

關於「宗教在現代社會中仍然有力量」這個命題，貝拉在 20 世紀 60 年代和 70 年代特別以美國作爲「研究對象」，繼續進一步的闡述。他指出，從 18 世紀美國國父，到 20 世紀的甘迺迪，美國的政治動機始終都伴隨著宗教動機。他援用了盧梭提出的概念「市民宗教」，來進一步掌握**這種**後傳統世界的宗教現象（參閱：Bellah, *Beyond Belief*）。貝拉認爲，美國的認同始終有極深的宗教根源，而且沒有證據指出這種根源有重大的改變。貝拉基於這個假設，在 20 世紀 80 年代和 90 年代對具有經驗性質的時代診斷提供了很重要的貢獻。我們在第十八講會再仔細討論這件事。

斯梅瑟是這裡另外一位值得一提的帕森斯主義者。在帕森斯主義的展開或接續發展方面，他扮演了很重要的角色。斯梅瑟還在當學生的時候，就和帕森斯合作出版了我們在第四講提到過的著作《經濟與社會》。在這之後，他也一直參與規劃帕森斯的理論發展，或是排除結構功能論的缺陷。他在 1959 年出版的《工業革命中的社會變遷》（*Social Change in the Industrial Revolution*）提供了一個很重要的貢獻，就是讓「分化」這個概念成爲現代社會學的一個基本概念，它既是帕森斯建立他的演化理論的基礎，也是後來所有功能論者，甚至到魯曼，都繼續沿用的核心概念。斯梅瑟一直都在打磨分化概念；但在打磨的過程中，也修正了一些一開始過於簡單的觀點。他今天已不再基於「分化是一個普世線性的過程」的觀點了，即便他始終聲稱：「分化依然是當代社會的主要特質。」（Smelser, *Problematics of Sociology*, p.54）但他在不同的研究中還是強調分化過程會造成心理、政治、社會等等的耗費，所以也會有分化不下去的時候（參閱：*Social Change in the Industrial Revolution*）。以此而言，斯梅瑟原則上也轉向了艾森斯塔特的立場。

斯梅瑟作爲第一批功能論者，在解釋集體行動，特別是社會運動現象時，也試圖排除帕森斯主義的理論缺陷。帕森斯沒有這樣的理論，而且似乎顯然也不需要這種理論，因爲他很堅定地專注在沒有行動者的系統理論，強調子系統之間的交換關係。跟艾森斯塔特一樣，斯梅瑟根本上極爲強調結構功能論中的行動理論面向，而且也因此對集體行動者特別感興趣，因爲集體行動者對於解釋**宏觀過程**來說顯然特別重要。他那出版於 1962 年的著作《集體行爲理論》（*Theory of Collective Behavior*）對集體行動的說明，就試著既不從完全的非理性，也不從完全的理性出發。即便斯梅瑟發展出來的模式並不是很協調一致的（對斯梅瑟的批判，可參閱：Hans Joas, *Die Kreativität des Handelns*, pp.298ff.），他依然爲功能論的研究開啟了一個新的研究領域。

第二，雖然我們這一講以帕森斯主義的翻新爲主旨，特別強調了艾森斯塔特的研究，但這並不是說他在 20 世紀 70 年代和 80 年代初就已廣獲關注。至少在 70 年代，艾森斯塔特著作的命運就與**所有**其他與帕森斯走得近的著作一樣，在國際社會學界都處在邊緣地位。如前文提到的，這尤其是因爲帕森斯或是與帕森斯扯上關係的演化論思想，甚至是像艾森斯塔特的較新的研究取徑，在 60 年代後期都被質疑其意識形態，然而這種質疑常常是不公平的。人們將帕森斯斷然地等同於內容相對簡單的現代化理論，這使得種族中心主義的批評者也對帕森斯的學生「扣上帽子」。這使得大部分對宏觀社會學感興趣的學者在 60 年代之後另尋出路，而且盡可能遠離那種根本不可信的現代化理論。不只是古典現代化理論內部構想很有問題，如同艾森斯塔特對其的持續修改所顯示出來的，就連實踐方面，現代化理論也顯然是失敗的。因爲人們在現代化理論中所懷抱的希望在現實中並沒有獲得滿足。第三世界國家並沒有獲得什麼實際上的發展，甚至還相反：許多國家越來越落後於西方世界。這也出現了一個問題：第三世界最急迫的問題，是否其實就是由西方世界造成的**剝削關係**？西方國家對第三世界國家做的是否並不是幫助他們發展，而是——如許多左派的、專注於南美洲研究的經濟學家和社會學家所討論的命題所言——害他們一直**低度發展**？這些社會科學家聲稱，南美社會由於西方社會強加的不利的貿易條件，以及由於當地極少數相當富有的資產階級，而遭受到系統性的剝削。這方面特別知名的著作，是兩位巴西社會學家卡多索（Fernando H. Cardoso，生於 1931 年，1995-2002 年間曾任巴西總統）與法雷托（Enzo Faletto, 1935-2003），於 1969 年出版的《拉丁美洲的依附與發展》（*Dependenciay desarrollo en América Latina*）。從書名中的一個關鍵字，「依附」，人們後來發展出了一個很龐大的理論計畫，即所謂的依附理論。在依附理論中，人們又建立起一套概念「核心」與「邊陲」。但這套概念與席爾思或艾森斯塔特的理論不

同，並不是針對某個社會或文明的文化理論概念，而是完全的**經濟學的**概念，**針對的是整個世界（經濟）**。核心（這裡牽涉的主要是西方世界國家）剝削了邊陲（也就是第三世界）。

到 70 年代，這個理論取徑越來越常被用來當作馬克思主義的分析工具，因此也越來越極端化。這種理論變化與美國學者華勒斯坦（Immanuel Wallerstein, 1930-2019）息息相關。華勒斯坦原先是非洲史與非洲政治專家，後來以所謂的「世界體系理論」聞名於世。他試著用世界體系理論去探討自 15 世紀歐洲擴張以來的世界史。他的出發點是世界經濟是由一些核心國家的世界城市所控制的，因為人們就是在這些城市控制資金與貿易流動的──從這段時期一開始的塞維利亞和阿姆斯特丹，到 18-19 世紀的倫敦，然後是今天的紐約。華勒斯坦也將國家系統描述為是在根本上依附於經濟結構的。這讓華勒斯坦可以用一把理論性的普世之鑰，將世界分為「核心」、「半邊陲」與「邊陲」，並以此描述與解釋宏觀社會學的變遷過程（參閱：Wallerstein, *The Modern World-System*, 3 vols.；簡短概覽可見：Wallerstein, *Historical Capitalism*）。

儘管華勒斯坦的模式相當簡化，而且他的許多解釋是有問題的（因為他把所有歷史現象最終都說成是不平等的經濟交換過程），但世界體系理論以及類似的研究取徑，在 20 世紀 70 年代與 80 年代早期，依然是世界社會學最有影響力的宏觀社會學範式。那時，現代化理論在經驗層面顯然是失靈的，而馬克思主義所指出的顯著的剝削關係，表面上很能夠有說服力地解釋「發展」的失敗。這種被越來越多人接受的觀點也「波及」到對帕森斯主義加以翻新的嘗試。國際層面的宏觀社會學的爭辯，很明顯地受到依附理論或是華勒斯坦的世界體系理論的支配，像艾森斯塔特這類的思想就很不受青睞，帕森斯與（後）帕森斯主義者也因此處於很被動的地位。

• •

到了 80 年代中期，情況發生了大轉變。為什麼會如此，原因是很多樣的。**第一**，至少作為共產主義政體的馬克思主義，由於蘇聯的解體，陷入了一個再也掩蓋不住的危機。而華勒斯坦和依附理論的那種西方馬克思主義，也很努力在爭取自己的解釋權。**第二**，所謂亞洲四小龍──如韓國──的經濟奇跡，是世界體系理論和依附理論無法解釋的。**第三**，甚至已經被拋棄的現代化理論又再次蓬勃起來（經歷了某種

類型的重生），因爲亞洲四小龍的例子指出了西方系統與制度系統的優越性。90 年代，至少有一批人，如另一位很重要的帕森斯的弟子，美國學者蒂爾亞基安（Edward A. Tiryakian, 1929-）〔特別是他的文章〈現代化〉（"Modernization. Exhumetur in Pace"）〕，以及德國學者查波夫（Wolfgang Zapf, 1937-）〔特別是他的文章〈現代化理論與不同的發展路徑〉（"Die Modernisierungstheorie und unterschiedliche Pfade der Entwicklung"）〕都是持這種說法。**第四**，連帕森斯本身在國際社會學中也被再次挖掘出來了。至少他無所不包且內容頗爲異質的理論體系的某些部分，被一些學者解釋爲是很重要且很豐富的。這些重新挖掘帕森斯的學者，有不少是頗令人感到意外的，例如哈伯馬斯，各位讀者可以回想一下第十講。

這一切都帶來一個結果，就是帕森斯的理論突然又被強化，再次回到理論辯論的中心。這一批新世代的社會學家，比帕森斯、席爾思、艾森斯塔特、貝拉或是斯梅瑟都年輕得多，他們都在將帕森斯的理論從根本處加以翻新。在德國，這個理論運動最重要的代表人物是敏希（Richard Münch, 1945-）。敏希是班堡大學教授，1985 年出版的《行動理論：重構帕森斯、涂爾幹與韋伯的貢獻》（*Theorie des Handelns. Zur Rekonstruktion der Beiträge von Talcott Parsons, Emile Durkheim und Max Weber*），是一本想和哈伯馬斯的《溝通行動理論》一較高下的著作。敏希對這些古典社會學家進行比較的根本目的是想表明，帕森斯絕對是一位極爲優秀的理論家，因爲他那追溯到康德所發展出來的「唯意志論的行動理論」，乃基於無所不包的文獻回顧，所以幾乎沒有什麼需要更改之處了。也就是因爲帕森斯的康德式的思維方式，讓他得以避免所有的還原論。涂爾幹、韋伯，以及那個時代的理論家，或多或少都有還原論的問題。雖然帕森斯著作中是否眞有如此深刻的康德哲學內涵，不是完全沒有爭議的〔已有一些學者進行了帕森斯的批註工作了。例如卡米克（Charles Camic, 1951-），極爲強調帕森斯早期著作的經濟學脈絡；文澤爾（Harald Wenzel, 1955-）則指出帕森斯如何地受到美國哲學家懷德海（Alfred North Whitehead）的影響〕，但敏希還是爲帕森斯的思想的重構提供了很重要的貢獻。不過，這種重構有其背景，即敏希與魯曼的辯論。敏希認爲魯曼把帕森斯的遺產給浪費了，將功能論帶上一個錯誤的方向。魯曼把子系統的分化說成子系統彼此之間不會「交談」，只會互相干擾。魯曼的這套說法，把功能論推得相當極端；但這麼做是沒必要的，只會失去帕森斯原本關於「子系統彼此之間會相互『滲透』」的洞見。（西方）現代社會的特徵，恰恰就在於子系統之間**不是完全**彼此涇渭分明的。文化模式和價值在不同的系統都會產生影響，特別是在西方國家的發展特徵，就在於價值系統與社會系統是會彼此滲透、相互影響的。這在今天都

沒有太大改變。所以敏希與魯曼相反（但跟帕森斯是一致的），堅守著社會**規範整合**的命題，並認為這個命題直到今天都還是有效的。在敏希的理論體系裡，這個強烈的規範要素在他後來的著作中都還是被不斷提起。他對現代社會的討論，以及他對英國和美國、德國和法國的比較研究，都有幾乎等同於文化決定論的假設（見：*Struktur der Moderne. Grundmuster und differentielle Gestaltung des institutionellen Aufbaus der modernen Gesellschaften*，以及：*Die Kultur der Moderne*, 2 Bde.）。近年來，敏希依然出版許多時代診斷的著作。

美國學者亞歷山大（Jeffrey C. Alexander, 1947- ）對帕森斯的著作採取的是比較批判，也比較保持距離的立場。1983 年，他憑著四大卷的《社會學的理論邏輯》（*Theoretical Logic in Sociology*）在江湖上「一鳴驚人」。書中，他對馬克思、涂爾幹和韋伯進行了鑽研，並且和敏希很像，都讚揚帕森斯的著作，認為帕森斯的著作非常優秀地綜合了許多理論。不過，亞歷山大在根本上比敏希更為強烈地指出，帕森斯在很多時候，自己都「忘記了」自己的洞見。他的理論架構，原則上是很多面向的，但卻被他自己窄化成觀念論的理論（例如他將行動的物質要素給慢慢排除掉了）。此外，他無法自持地將他的理論模型直接等同於現實，他的演化論分析也是以美國社會當作歷史的一種終點。亞歷山大對帕森斯的批判非常尖銳，但同時，他也發起了一種「集結運動」，將江湖上的功能論者與帕森斯主義者號召起來，並創造出了「新功能論」（neo-functionalism）的標籤。這個集結運動要做什麼呢？亞歷山大認為，雖然帕森斯的功能論中行動理論的要素是該強化，但帕森斯的功能論本身原則上並沒有什麼太大的毛病。而且更令人感到意外的是，最晚從 20 世紀 70 年代開始，有一批社會學家逐漸嶄露頭角，他們的研究取徑與透過行動理論加以修改、翻新的帕森斯主義，正好相一致。亞歷山大在 1985 年的時候聲稱：功能論絕沒有消亡，它活得好好的，只是它的理論設計需要一些改變，所以它被稱為「**新功能論**」。亞歷山大很寬泛地把很多差異極大的學者都視為新功能論者（艾森斯塔特、斯梅瑟、貝拉，連魯曼，甚至是哈伯馬斯，都被算在內。參閱："Introduction", p.16），並指出他們至少有五個共用的命題：(1) 將社會視為可分析的系統或模式；(2) 分析焦點更多地在於行動而非結構；(3) 社會整合命題是理論假設，而非經驗陳述；(4) 堅守帕森斯對人格、文化與社會的區分，因為唯有如此，才能避免還原論，也才能理解這三個領域之間充滿張力的關係；(5) 社會變遷最重要的方式是分化（"Introduction", pp.9-10；另可參閱：Alexander and Colomy, "Toward Neo-Functionalism"）。

最後的第五點，對「新功能論者」——至少是亞歷山大貼上標籤的那些學者——

來說特別重要，所以在文獻中這些學者有時候也被稱爲「分化理論家」。因爲，這個
本質上源於結構功能論和現代化理論的分化理論，可以用作描述與解釋社會變遷的
重要工具。但這個理論也大大偏離了原本的分化觀。人們從經驗上已經有了新的認
識，不再一開始就認爲分化效果會是正面的，而是也會是負面的，也就是會討論失靈
的分化，或是去分化等等（參閱：Colomy, "Recent Developments in the Functionalist
Approach to Change"）。眾所皆知，艾森斯塔特在 60 年代就看到這件事了。不過，
即便艾森斯塔特的看法也許還獲得了一些正面的評價，但新功能論者與（新的）分化
理論家依然面臨了一個對他們的批判：如果在討論分化的「主要進程」時，老是在談
分化的**例外**，那麼提「分化理論」的意義在哪？如果大家都覺得歷史進程不會直奔目
標前進，而是總會出現偶然現象，那麼大家到底爲什麼還要用分化概念來進行探討？
分化理論是新功能論的核心，但它相對來說似乎沒有什麼說服力。因爲如果正面、負
面、成功、失靈都被說成是一種分化，那就表示分化概念根本已經空泛到無法讓人說
出什麼有實質內涵的東西（參閱：Joas, *Kreativität des Handelns*, p.326ff.）。同樣地，
人們也可以問「新功能論」這個標籤中的「功能論」這個概念到底是什麼意思。這個
概念的內涵也相當空泛了，因爲很多被歸於「新功能論」的學者，其實已經不再談系
統與功能了。不過也就是因爲這樣，所以在諸「新功能論者」當中，功能論的「傳
統主義者」──如巴伯〔Bernard Barber，可參閱他的〈新功能論與社會系統理論〉
（"Neofunctionalism and the Theory of the Social System"）〕──就強烈呼籲大家要
注意系統概念，因爲唯有如此，才能更適當地運用功能分析。但這終究是徒勞無功
的，因爲新功能論「運動」恰恰就是在系統概念這一點上達不成共識。這使得人們大
可懷疑是否真的有一個叫作「新功能論」的流派。

　　即便如此，帕森斯主義的翻新不能說沒有得出重要的洞見，也不能說它沒有什
麼重要的發展。但有一件事的確是值得爭議的，即從帕森斯著作的遺產中是不是真形
成了一個**一致性的**理論框架，可以讓人實實在在地貼上一個單一標籤。我們更傾向認
爲，沒有「新功能論」，頂多只有一個個的學者，致力於翻新帕森斯主義（艾森斯塔
特無疑是頭號大將），但他們都是用各自不同的方式！

　　亞歷山大似乎有時候也看到這件事，他很明確不自稱是「新功能論者」，如他在
1998 年出版的著作的標題──《新功能論及之後》（*Neofunctionalism and After*）──
所指出的。事實上，亞歷山大本身的重要性不在於他建立了一個引人注意，但很
成問題的概念標籤，而是在於他跟其他人一樣，在一個很重要的面向上重新開啟了
帕森斯的著作。特別是從 20 世紀 90 年代以來，他致力於吸收各種不同類型的文

化理論分析，以排除帕森斯理論中的重大缺陷。因為帕森斯將「文化」描述成極為同質的、毫無內在張力的，他對每一個文化的描述也不是基於經驗上的「深描」（thick descriptions）〔這是帕森斯的學生、文化人類學家紀爾茲（Clifford Geertz, 1923-2006）提出的概念〕，而更多只是設想出來用以分析的東西而已。亞歷山大的計畫是，向紀爾茲或唐納（Victor Turner, 1920-1983）等文化歷史學家和文化人類學家學習，特別是從方法上探究文化的變遷過程。亞歷山大想指出，文化論述常常是一種基於二元符碼的結構（如「敵─友」、「純粹─不純粹」等等），並且基於這種二元性而發展出其動力的（可參閱亞歷山大的以下文章："Culture and Political Crisis: 'Watergate' and Durkheimian Sociology", "Citizen and Enemy as Symbolic Classification: On the Polarizing Discourse of Civil Society"；對亞歷山大這種作法的評論，可見：Wenzel, "Einleitung. Neufunktionalismus und theoretisches Dilemma"）。亞歷山大和席爾思與艾森斯塔特的意圖一樣，但作法不一樣（見本書第 317 頁），他將「文化」視作帕森斯理論的核心面向（但帕森斯很奇怪地沒有進一步分析文化），並加以深入探討。和席爾思不同，亞歷山大更多的是去討論卡里斯瑪或神聖性的破壞面向，以及因其破壞帶來的秩序真空情境。他也與艾森斯塔特不一樣，沒有去關注遙遠歷史的進程，而是較為關注近代與當代，特別是文明社會得以發揮功能的條件，以及探討二戰後人們如何處理大屠殺事件。亞歷山大的研究想指出，帕森斯的理論能直接運用於這些討論上，且能得出豐碩的成果；而且未來依然不斷會有人投入到該理論的詮釋與推進工作，不論這群人屆時會打著何種旗幟、標籤。

　　這一講雖然也提到了以色列社會學家艾森斯塔特與德國社會學家敏希，但主要都還是以美國理論傳統為主。不過我們在接下來的三講，會飛向另一個國家，甚至可以說這是另一個世界了——我們去法國吧！

第十四講

結構主義與後結構主義

　　如果讀者將到目前為止的十三講回顧一遍，可能會有一個印象，覺得現代社會學理論彷彿主要是美國、英國和德國的事，其他國家只是配角。但這不是事實。我們到目前為止的介紹之所以會呈現出（地理上的）重點區域，是因為這些國家的社會學傳統很關注彼此，而且大多數時候會對彼此有很及時的回應，所以讓我們至今的十三講在某種程度上得以按照時間順序來探討：「一開始是帕森斯；然後主要是美國的帕森斯批評者；再是歐洲的哈伯馬斯、魯曼、紀登斯進行了理論綜合工作，並且他們也在相互批判；之後就是對帕森斯遺產的批判性推進。」我們到目前為止的歷史「劇情」就是這樣上演的。

　　不過，至少如果人們對**法國**為現代社會學理論所作出的貢獻給予應有的重視的話，那麼這種簡單漂亮的「劇情」架構就不適用於這一講了。因為法國的社會科學與人文科學，在 20 世紀 60 年代末構築出了一片自給自足的大陸。這是由於法國一直以來都有著活躍且豐富的知識傳統，這個傳統為這個國家的獨立（如果不說是「孤立」的話）發展提供了基礎，特別是社會學。法國社會學深受涂爾幹著作的支配，這種情況是其他國家所沒有的。在第一次世界大戰造成的中斷之前，法國社會學幾乎就等同於涂爾幹學派。涂爾幹在 1917 年過世之前，不止深刻影響了法國社會學的討論氛圍，而且他的弟子也都位居許多學術要職。涂爾幹在學科制度的奠定工作方面極為成功，法國的社會學能這麼快就立足起來，成為廣獲承認的大學專業院系，幾乎完全就是涂爾幹一個人的功勞。雖然今天人們都幾乎自動會將韋伯視作**最重要的**德國古典社會學家，但其實他那時候在德國學術圈中的地位，絕對不是像今天人們所以為的那樣毫無疑義。更不用說，德國社會學設立獨立教席的時間點，遠比法國晚得多。在美國，具有領頭地位的芝加哥大學社會學與人類學系，雖然成立時間與法國幾乎是同時的，但是芝加哥大學沒有一個像涂爾幹對整個法國社會學那樣對全美占有絕對支

配地位的人物。芝加哥學派更多是一個網絡，不像涂爾幹學派可說是一個層級分明的企業。

涂爾幹和涂爾幹主義者在第一次世界大戰之前並不是沒有競爭對手的，但涂爾幹和涂爾幹主義者毫無爭議的是法國所有社會學討論的參照點（不論這個參照點是正面的還是負面的），而且至少涂爾幹及其追隨者的知識遺產在今天的法國都還是極為重要的。就算是法國社會學最前沿的理論辯論，如果我們沒有相應地將之放到對涂爾幹的詮釋脈絡下，是無法弄懂這些辯論的。所以，在討論這一講的主題——法國的結構主義與後結構主義——之前，我們有必要對法國社會學發展先進行簡短的回顧，因為這個理論知識所發源的地方深受涂爾幹著作的影響。

• •

雖然涂爾幹的思想，在法國從 19 世紀末到今天都一直很有生命力，但涂爾幹學派隨著「祖師」的辭世，當然也經歷過某種衰落歷程，而且這種衰落當時還因「外在」的情況而加劇。涂爾幹在建立基於他的觀念而成長起來的社會學研究方向時，獲得了很大的成功；但因為他不少成就非凡的弟子在第一次世界大戰時戰死沙場，使得涂爾幹成果中的很多部分也隨之化為泡影。雖然這個學派在 1918 年後也由個別很優秀的要角傳承下去，但涂爾幹大部分存活下來的弟子，也沒有能力在特別是理論的部分很有生產性地推進下去。那些「很優秀的要角」，包括牟斯（Marcel Mauss, 1872-1950）與阿布瓦西（Maurice Halbwachs, 1877-1945），這兩人直接受教於涂爾幹，並傳承了他的遺產。還有巴塔耶（Georges Bataille, 1897-1962）和卡約瓦（Roger Caillois, 1913-1978）也不能不提，他們在 1937 年創立了存在時間很短暫的社會學院（Collège de Sociologie），把涂爾幹的宗教社會學的某些主旨和超現實主義「攪拌」在一起，弄成一個讓文學領域很感興趣的理論混合物。後來德國的知識分子，如班雅明（Walter Benjamin, 1892-1940）和邁耶（Hans Mayer, 1907-2001），也與社會學院有所往來（參閱：Mayer, *Ein Deutscher auf Widerruf. Erinnerung*, Bd. 1, pp.236ff.）。但總的來說，在 20 年代，涂爾幹學派以及整個法國社會學的情況，就和當時社會學的芝加哥學派及德國社會學一樣，學科創造力日益衰退，研究取徑越來越沒有生命力。

法國知識圖景的新的、非常值得注意的改變，出現在兩次大戰期間，而且這個改變首先還不是出現在社會學界，而是在哲學界。當時法國開始引入了「德國思想」，

特別是在俄國移民科耶夫（Alexandre Kojève, 1902-1968）的引介下，大家首次開始一窩蜂地閱讀黑格爾、馬克思、佛洛依德的著作，以及像是胡塞爾和海德格的現象學思想。在社會學方面則是透過阿隆（Raymond Aron），讓法國社會學成功地吸收了韋伯的著作。我們在第八講就提到過的阿隆是法國在二戰後相當具有引領性的記者，隨後也成為很重要的戰爭與國際關係社會學家。此外，有一批年輕的法國知識分子是在範圍相對廣泛、深受德國思想影響的哲學（也有部分是社會學）的辯論當中成長的，這些知識分子在 20 世紀 40 年代初期尚被德國占領的法國就開始頗具影響力了。如沙特（Jean-Paul Sartres），他在 1943 年出版的《存在與虛無》（*L'Être et le néant. Essai d'ontologie phénoménologique*），是一部哲學運動宣言，這個運動在德軍占領與維琪政權皆結束之後，才真正以「存在主義」這個標籤蓬勃發展起來，並且在 20 世紀 40 年代末期與 50 年代主導了法國的知識辯論。沙特早期著作的寫作背景是法國受他國統治且日常與納粹有所合作的時期；他的那些早期著作，尤其面向在這樣一個受壓制的世界裡孤立的知識分子們，絕望地向他們呼喚本真性與責任心，呼喚每個人心中的道德感。如同沙特傳記的作者科恩索拉爾（Annie Cohen-Solal）所寫到的（*Sartre*, p.303），沙特的這些早期著作，是在「宣告主體在面對世界時的絕對優先性」，因此也是「最深刻的笛卡兒式的作品」。

從這樣的立足點出發，沙特在 1945 年後與其他優秀的哲學家——例如梅洛龐蒂（Maurice Merleau-Ponty）——進行合作，部分也是在與之對話並以此推動了一些哲學辯論。與此同時，沙特自己的文學著作，以及沙特的情人西蒙波娃（Simone de Beauvoir, 1908-1986）的小說，還有和沙特保持了長久友誼，卻因為政治觀念的差異而決裂（這場決裂當時還鬧得沸沸揚揚）的諾貝爾文學獎得主卡繆（Albert Camus, 1913-1960）的文學作品，喚醒了一種對廣泛大眾產生積極影響的生活態度。當時社會大眾都興致勃勃地閱讀存在主義的作品。之所以如此，與當時日益激烈的政治爭論有關。那時候，沙特曾短暫地擁護法國共產黨，但是大家都不知道沙特的主體主義理論，與他作為史達林式幹部黨的黨員身分之間，要如何協調起來（參閱：Kurzweil, *The Age of Structuralism*, pp.2ff.）。

法國知識分子在 20 世紀 50 年代的生活，就是彌漫著這種現象學、存在主義與左派激進主義的混合物，但這種混合物從這時候開始也慢慢失去影響力了。這主要也是因為，此時有一個來勢洶洶的以「結構主義」為名的反對運動——我們這一講要介紹的主題終於在這裡登場了——出現了。存在主義在面對結構主義時，為什麼會這麼快就喪失了其重要性，人們很難找出一個明確的原因。政治原因絕不是最主要的。雖

然沙特的政治參與行動很搖擺不定（他一下加入共產黨，一下又突然退出共產黨），讓很多他的支持者感到莫名其妙；但後來的結構主義者**就這方面**而言和沙特也沒啥兩樣。很多結構主義者也是很鮮明地站在左派這一邊，甚至還是法國共產黨的支持者。要解釋這件事，也許必須從哲學和科學方面來看。布赫迪厄和帕斯隆（Jean-Claude Passeron）即是這麼做的（見："Sociology and Philosophy in France since 1945: Death and Resurrection of a Philosophy without Subject"）。他們認爲，法國哲學與社會學在其發展歷史中，總不斷在太過主體主義和太過反主體主義（即客體主義）之間擺盪；所以結構主義的興起，只不過是沙特的主體主義到達巔峰之後物極必反的現象而已。我們可以在沙特的著作看到一種觀點，即認爲主體擁有個體選擇可能性，個體是有自主的行動可能性的，或是即便總是遭受威脅，但人類還會有自我實現的機會。而結構主義正好對這一點大加撻伐（這也是我們稍後會深入探討的結構主義的第一個特徵）。這也是沙特很容易遭遇到的批評，因爲他長久以來幾乎都只把自己關在哲學裡，很少涉及人文科學和社會科學的其他學科。對於那些新興起、發展勢頭強勁的學科，更是如此。他對語言學和佛洛依德的精神分析始終保持距離，甚至相當排斥。這在他的《存在與虛無》（*Being and Nothingness*, pp.458ff., 557ff.）中特別明顯。對於想找尋新道路和新關聯的哲學家來說，沙特的這種作法是不足取的。這也難怪，這些哲學家常常都很刻意地和沙特及他的哲學研究方式分道揚鑣（參閱：Dosse, *History of Structuralism*, vol.I, p.3）。沙特也是在對這些批評的回應中，才試著努力將各社會科學整合進他的思想中。

· ·

不過我們先慢慢來。當我們談到「結構主義」時，讀者想必馬上會發現，這裡頭藏著一個我們在前面幾講就已經很常看到的概念：「結構」。事實上，這個詞彙已經告訴我們一些很重要的事，這事與歸在這個標籤底下的理論家的意圖有關：

> 結構主義者與眾不同之處，首先在於他們熱切、強烈地抱持一個信念，即所有人類行為和心智運作背後都有著結構。而且他們相信，這個結構具有凝聚力與意義，人們可以透過條理的分析來發現這個結構。
>
> （Gardner, *The Quest for Mind*, p.10）

不過，這段引言所指出的特徵，乍看之下並沒有什麼特別之處。像帕森斯、魯曼、哈伯馬斯或是紀登斯，不都可以說是「結構主義者」嗎？不對！因為結構主義者**對結構有著非常特殊的理解方式**。

帕森斯和至此我們討論過的理論家，並**沒有**費心仔細解釋結構概念。當帕森斯說到「結構」的時候，最多也就意指一種建築圖示，一種由許多部分構成一個更大整體的集聚模式。在帕森斯之後，社會學一般都是以像這樣模糊的方式來運用這個概念。它大部分時候是一個萬用概念，可以在任何可能的脈絡下用於不同的目的，所以也很難被賦予一個獨特的定義，像是「城市結構」、「生活世界結構」、「交通結構」、「組織結構」等等，所有這些加上了「結構」這個詞彙的概念，意思幾乎都不一樣。

相反地，結構主義者對結構有著獨特的理解方式。這種理解方式，是 20 世紀上半葉**在不同的（人文）科學領域裡**，在對人類語言與人類思想的特性探究中顯露並發展出來的（參閱：Caws, *Structuralism: The Art of the Intelligible*, pp.11ff.）。社會科學中結構主義運動最根本、最重要的推進，是由**語言學家**進行的。於此，首先必須要提到的名字，是索緒爾（Ferdinand de Saussure, 1857-1913），以及他身後出版的課堂講稿，即 1916 年出版的遺著《普通語言學教程》（*Cours de linguistique générale*）。他的這本著作在語言科學裡引起了一種思想革命，也深深影響了 20 世紀 50、60 年代的法國結構主義和法國的許多社會科學。索緒爾思想中的革命性要素是什麼？這位富有影響力的日內瓦語言學家促使了什麼樣的改變？為什麼他的思想在數十年之後會獲得如此龐大且跨學科的支持者？我們這裡得先介紹一下索緒爾的著作，如此一來我們才能理解基於索緒爾的著作所建立起來的社會科學的結構主義。

有系統、持續性地對人類語言的研究，是在 18 世紀末、19 世紀初才興起的。當時的語言研究，採取的完全是歷史學的路子。那時候，語言科學和歷史語源學幾乎是同義的。當時人們的興趣，是將語言現象放到歷史進程中來進行編排分類，亦即去研究字詞如何隨著時間而改變，例如探討拉丁字詞如何慢慢演變成德文，古高地德語經由哪些步驟演變成中世紀高地德語和當代標準德語，或是派生語言如何從原語言發展出來等等。正好就是在（德國）浪漫主義的影響下，人們運用一些主要概念，如「語言家族」或是語言的「族譜」，來描繪（各種）語言的歷史變遷，並將之呈現為如有機體般的改變過程。

索緒爾和他後來的追隨者與詮釋者很極端地與這種歷史語源學決裂，反對將語言的**歷史**考察視作語言學的主要研究主旨。他們的作法和過去研究無文字紀錄的語言（如印第安人的語言）的學者一樣，聚焦在一個問題上，即一個單一的語言是如何內

在地構築起來的，以及一個語言如何具有能被描述的**穩定狀態**。這種新的分析焦點所跨出的（就算不是唯一最重要的，也是相當重要的一個）步伐，即是索緒爾將言談、人們每次所說的話〔即「言語」（la parole）〕，和具有抽象（社會）系統的語言〔即「語言」（la longue）〕區分開來。他認為，後者才是他的語言學最根本的研究對象。

> 語言是每個屬於同一個語言共同體的成員，透過言說實踐所共同儲存起來的寶藏。該語言的語法系統潛在地存在於每個人的腦袋中；或是更準確地說，存在於一群個體的腦袋中。因為語言絕非單一個體就可以完成的，它只有在集體裡才能完美存在。（Saussure, *Course in General Linguistics*, p.13）

索緒爾的「言語」和「語言」這組對讀者來說可能看起來有點不明所以的區分，背後究竟藏有什麼樣的想法呢？索緒爾是這樣想的：當我在說話，亦即在發出一個或一連串的聲音時，說話本身是一次性的事件。因為每當我在重複發出像「樹」這個聲音的時候，如果用聲波測量儀來測量，會發現每次發出的聲音的物理模式都不會是完全一模一樣的。**不同的**人在講出「樹」這個字的時候，情況更是如此。這種原則上總會存在的聲音的物理差異，也引發了一個問題：我們是怎麼知道這個發音聲波每次皆不一樣的字都是「樹」的意思呢？索緒爾認為，很簡單，因為我們聽到「樹」這個聲音的時候都會假設，我們要把當下的物理聲音當作**有思維內容**的發音〔也就是說，這個發音是指涉著某物的；這種發音在索緒爾那裡稱為**能指**（signifier）〕；同時我們知道，這個發音與所設想的那個有枝幹、有葉片或是針葉的東西〔那個被指涉的東西，即**所指**（signified）〕是聯繫在一起的。將所設想的東西和發音，亦即所指與能指結合起來的東西，被索緒爾稱為「符號」。一個符號就是一個非物質的構成物，由（概念性的）所指和能指所構成的。所指是所設想的那個樹；而能指，則是那個發成「樹」的音。

在對所指和能指之間的關係進行必要講解的時候，索緒爾堅決反對所謂的語言再現模式，**反對認為「所指和能指之間的關係是本來就該如此」的觀念**。索緒爾指出，我們不可能單從字詞的發音就能推論出這個字詞的意思是什麼。同樣地，一個字詞的發音幾乎不會自然而然地就長出一個預先存在的意涵。索緒爾更多地認為，能指和所指（概念）之間是相互獨立的；或是更一般地說，所指與能指之間的聯繫是任意隨俗或武斷的。我們舉個例子就會很好懂了：「車輛」這由兩個音節構成的發音，不過就

是意指一種用輪子在移動的東西；但是我們都知道，在其他語言中，例如英語，則是用另外一套發音（如 "vehicle"）來指涉這個概念。什麼能指會搭配上什麼所指，當然不是說話的人自己說了算，而是由傳統所決定的。語言是有歷史的；某個符號是在某個時候「虜獲」了某個意思的。索緒爾不斷強調，語言本質上是社會性的！

> 語言，在任何制度中，都是最不具創新性的。它與社會大眾的生活是直接合為一體的，而社會大眾的生活本質上是惰性的，而且特別會產生保守性的作用。（Saussure, *Course in General Linguistics*, p.74）

符號的非實體性，以及語言是一套基於傳統之上的符號系統，這兩點索緒爾都是用他先行區分的「語言」（la langue）和「個別言語」（la parole）來進行論證的。語言的存在顯然與個人言語無關；毋寧說，語言讓言談得以運作。因為，唯有當語言是一套穩定、即便沒有實體的符號系統時（索緒爾會說，語言是一種形式而不是實體），我們才能讓用不同發音聲波發出的語音擁有**固定的**意思，我們才能一直說話，並確定我們產出的是同一個意思。

索緒爾從這一套前提設想，尤其是所指與能指之間的任意性，所得出的結論是，語言符號的定義不是每個符號自身能確立下來的，而是**來自符號與其他符號的關係**，不論是文字還是口說都是如此。假如在某個語言的詞彙庫裡，有著「相信」、「認為」、「知道」、「猜測」、「覺得」等不同的字詞，那麼每一個字詞就是因為和其他字詞不同才得以有意義。如果有某個字詞不存在了，那麼那個不存在的字詞的「整個內涵就得轉移到它的競爭對手那裡」（ibid., p.138）。唯有當我們有不同於「相信」這個字詞的其他字詞時，「相信」這個字詞才能被分到特殊的意思，亦即讓「相信」這個字詞能有稍稍不同於「知道」或「覺得」的意思。

同樣的觀點，我們來舉一個音韻學的例子。人類都會有發聲器官（如聲帶、舌頭、嘴唇等等），這些器官幾乎可以發出無窮多樣的聲音。但每種語言實際上只會運用到所有可能的發音裡極低比例的部分。有些語言會用到鼻腔發音，有些語言的「s」是發清音而非濁音。像德語並沒有英語的「th」這種發音，所以每個德國人如果是成年後才到成人培訓教育中心學英語的話，都會覺得「th」這個音很難發，讓他的英語總是講得結結巴巴，痛苦萬分。或是中國讀者如果學過德語的話，應該都會遇到「r」這個音無法正確發音的困擾，因為漢語完全沒有小舌音。如此一來我們可以說，語言結構揭示出了某種邏輯，因為特定的語言裡可能只會有特定的發音組合、不會有其他

的發音組合，所以只有特定差異會被認識到、其他差異不會被認識到。就連語言的音韻學特質，也不能僅透過單一發音來進行研究，而是必須分析諸多（承載著意涵的發音的）個別音素的**差異**與**組合**（ibid., p.142）。

這也意味著，各種字詞與各個發音的意涵不是透過符號本身而產生的，而是透過每種語言中，特定字片語的各個字詞之間的特定差異，或是各種發音之間的對立而產生的。我們唯有將各字詞（和發音）區分開來，才能把它們確立下來。一個字詞／發音，唯有與其他字詞／發音區分開來，亦即唯有與其他字詞／發音有**差異**，才能擁有意涵。要理解語言，我們必須**相對**地思考、在**關係**範疇中思考。而此時，我們就碰觸到**結構**概念了，雖然索緒爾本人更喜歡說的是「語言**系統**」而非結構。

· ·

至此，我們介紹了兩個命題。其一，所指與能指之間的關係是任意隨俗的（乃至於符號總體都是任意隨俗的）；其二，語言是符號系統，唯有透過對符號之間的關係進行分析，才能對符號加以釋義。第二個命題在一定程度上也解釋了，為什麼索緒爾的觀點，在語言學之內和之外都引起了人們的興趣。這兩個命題，也讓語言學（隨後還有許多社會科學）得以可能踏上嚴格意義上的科學的道路，因為這讓人們可以用非常客觀且科學的方式來研究語言。亦即，人們在研究語言時，不用再老是去關注「主體如何賦予意涵」這種本身就很有問題，且很容易引起爭議的問題，而是只需要去關注能指的相對關係就行了，因為意涵是基於這種相對關係構築出來的。而人們可以從這個命題再進一步假設，只要對能指的組合進行客觀分析，就可以研究言說者或主體自己**沒有意識到**的語言**結構**，並以此指出意涵是如何構成的。或是換句話說，索緒爾的這一套想法強調能客觀描述的深層的系統本身，才是最重要的。我們雖然可以透過對系統的分析，探究出符號的意涵，但意涵只是表面現象而已，所以不過是次要的。沙特在與語言學進行辯論時，總是極力反對索緒爾的這種立場（這裡可以再去參閱：*Being and Nothingness*，例如 p.510）。

在索緒爾的推動下——雖然這種推動很晚才看到成果——語言科學轉變成了「堅實的」、近似於自然科學的學科。因為，如果索緒爾的前提是對的話，那麼語言學就不再有那麼多的歷史學成分，不會遇到一大堆詮釋問題（這是歷史學家和人文科學總是會遇到的問題），而是表面上可以生產出客觀的、近似於自然科學的知識。或是更

一般地說：語言學似乎不必再用詮釋學的方式來進行研究了！詮釋學建基於這樣一種觀點（見本書第九講），即象徵秩序唯有透過詮釋才能加以探討，然而因爲人們總是可以給出新的詮釋，所以這種討論永遠不會得出一個明確的結果，詮釋過程永遠沒有終點。而這種結構語言學似乎可以避免這種「永無止境的詮釋」的詮釋學問題，因爲人們相信語言系統可以客觀地給出最終的「解釋」。人們終於可以實現科學夢了；亦即終於可以詳盡探討語言結構，揭示意涵的形成過程，而且**根本不必分析（語言）主體如何給出意涵**。這鋪平了一條可以「拋棄」（賦予意義的）主體的康莊大道（Dosse, *History of Structuralism*, vol.I, p.59）。這裡又呼應了我們在前文提到的說法，即法國的精神總是不斷在極端的主體主義和極端的反主體主義之間循環反復。

索緒爾的結構方法很快就獲得很多支持者。其他國家的語言學家開始運用他的方法來進行研究（雖然這些運用方式有一些修改），而且也激發起人們對非語言的符號系統的研究興趣。語言只是各式各樣的符號系統**之一**；既然如此，其他這類系統（像是手語、象徵儀式、禮儀、軍事信號）何不也來用類似的科學工具進行研究呢？連索緒爾自己最後也都這麼覺得，所以他後來也致力於發展出一套一般性的符號學說〔即他所謂的「符號學」（sémiologie）。見：*Grundfragen der allgemeinen Sprachwissenschaft*, p.199〕。如此一來，社會科學家受這種思想吸引，運用這種觀念與結構方法對非語言的符號系統，乃至對有規則的社會關係進行研究，不過就是遲早的事了。

於此，有一個學者對法國來說特別重要，後來也被稱作「結構主義之父」；這個人就是人類學家兼社會學家李維史陀（Claude Lévi-Strauss, 1908-2009）。他把這套結構語言學的思維模式引介進人類學和社會學，並且發展出一種關於「結構」的理解方式。這種理解方式在社會科學當中非常新穎。如果讀者們回頭去看第342頁那句引述的話，也許就可以清楚知道這種理解方式是什麼：結構主義者所說的結構是所有行爲和**所有心智運作**的基礎。李維史陀就是遵循著這種綱領，並且野心勃勃地去探究**人類精神與人類文化的無意識結構**。

　　李維史陀生於布魯塞爾，在那裡的猶太裔法語知識分子家庭長大。他在索邦大學攻讀哲學和法律，但很快就轉讀人類學和社會學，後來很偶然地在巴西聖保羅大學獲得了社會學教授職位。李維史陀在 1934 年任教職，並且在聘期結束後，1938-1939 年間組織了一批深入巴西中心地帶的探險隊。他利用這次的探險對南比夸拉人（Nambikwara）與吐比卡瓦希普人（Tupi-Kawahib）進行了田野研究。1939 年他返回法國服兵役，但因爲 1941 年納粹德國攻陷法國，因此他又不得不離開法國。他到了紐約，結識了美國知名人類學家波亞士（Franz Boas, 1858-1942），並與來自俄國的知名語言學家雅克慎（Roman Jakobson, 1896-1982）結下友誼。雅克慎是第一個使用「結構主義」這個詞彙的人，並帶領李維史陀進入一個新的知識領域，即結構語言學。1945-1947 年，李維史陀在華盛頓的法國大使館擔任文化專員。40 年代末期，他出版了兩本講述他在巴西田野研究的人類學著作，讓他開始爲人所知，其中一本是 1949 年出版的《親屬關係的基本結構》（*Les structures élémentaires de la parenté*），這本著作標示著結構人類學的誕生。接下來，1955 年他出版了一本非常重要的著作，這是一本很有影響力、文辭優美，講述他在巴西探險經歷的遊記：《憂鬱的熱帶》（*Tristes Tropiques*）。這本著作讓他很快就攀上事業高峰，最後在 1959 年於知名的法蘭西學院——**就是那所**非常有名的法國教育機構——獲得了社會人類學教職。之後他也出版了一系列的著作，當中有不少都大幅跨越到鄰近的其他社會科學。他也獲得了許多榮譽，特別是 1973 年當選了法蘭西科學院院士。1982 年他自法蘭西學院退休。

　　只要大家去讀一下李維史陀那第一本大部頭的、很快就極負盛名的著作《親屬關係的基本結構》，那麼就算在今天都可以想見，這本書在當時是如何在法國部分的社會科學領域引起轟動的。這本書第一從哲學的角度，反思文化與自然的關係，第二從人類學的角度詳細地描述了極爲複雜的親屬關聯式結構，第三討論了結構主義的基本理論構思，聲稱這套理論構思可以洞悉親屬關係的複雜性；然後將這三方面的討論結合了起來。這也讓這本書，即便有一些命題對民族學者來說是站不住腳的，但依然無損其獨特的魅力。

　　這本書的標題就在某種程度上是有針對性的，至少李維史陀是刻意取這樣的書

名的。就如讀者也許已注意到，他是在對涂爾幹晚期的知名著作《宗教生活的基本形式》（*Les Formes élémentaires de la vie religieuse. le système totémique en Australie*）致敬。但李維史陀完全不是正統的涂爾幹主義者。相反地，像是涂爾幹對亂倫禁忌的詮釋就遭受他斷然的駁斥。不過，他倒是頗為倚重涂爾幹的學生，牟斯，在 1923-1924 年出版的著作《禮物》（*Essai sur le don*）。這本著作指出了禮物交換對社會運作的重要性。牟斯（順帶一提，牟斯也是涂爾幹的外甥）認為，禮物的贈送、接受、回贈，在古代對社會團結來說是一個最重要的機制。贈送（不論是什麼形式的贈送）是一個能建立雙方互惠的可能性，因為禮物造就了一個將人與人聯繫起來的期待與責任。李維史陀討論的是一個看起來截然不同的主題「親屬關聯式結構」。那麼他究竟是如何運用牟斯的思想呢？

李維史陀的論證分兩個步驟。首先他聲稱，自然與文化之間的差異在於自然缺乏規則與規範。唯有建立起（由語言所仲介的）規則和規範，文化才有可能發展，也唯有透過規範和規則，人類才得以成為一種有文化的存在。「沒有規則，我們就沒有可信的標準把自然過程與文化過程區分開來。」（*The Elementary Structures of Kinship*, p.8）因此，李維史陀說，任何事物，只要是普世所有人類都會有的，即屬於自然範疇；只要是由特殊的規範或規則所決定的，即屬於文化範疇。文化的角色就在於用（有規則的）組織來取代偶然，並以此確保群體能作為群體而存在（ibid., p.42）。但是，如同李維史陀也發現的，這種說法雖然清楚好懂，但一旦人們想去探討一個人類學家和涂爾幹都始終很感興趣的現象的時候，就會出現問題了；這個現象就是亂倫禁忌。因為，一方面，亂倫禁忌是一種規則，因為在動物那裡，看不到人類這種嚴格的亂倫禁忌。但另一方面，李維史陀說，亂倫禁忌又是普世的、每個文化都會有的。

> 也就是說，這裡牽涉一個現象，一個既有自然特徵，又有文化事實特徵的現象。這對於前述的理論來說，就是一個矛盾了。亂倫禁忌既有本能與天性那樣的普世性，也有法則或制度那樣的強制特質。為什麼會這樣呢？亂倫禁忌的地位和意涵是什麼呢？（ibid., p.10）

在這一點上，李維史陀運用了牟斯關於在古代社會中交換關係的思想。亂倫禁忌，亦即特定親屬關係內禁止通婚，是為了確保人們會「向外」通婚。男人或女人要向另一個團體的男女嫁娶，必須和另一個團體的男女結婚，因為亂倫禁忌禁止團體內通婚。亂倫禁忌強制人們一定要「族外婚」，保證人類會在**團體之間**被「交換」。所

以李維史陀認為,親屬關聯式結構乃基於普世的亂倫禁忌以建立起來的,它可以用類似於禮物交換或經濟交換的方式來進行說明。亂倫禁忌有助於團體雙方的互惠關係,建立團結聯繫,因為人類(尤其是女人)能透過其勞動力生產經濟財物。男人藉由放棄自己團體的女人,以同時開啟更廣泛的「聯姻集團」。意思是,男人們可以希望「族外」的女人帶著勞動力嫁進來,同時與那個團體建立起團結關係和互惠關係。在某些特別清楚符合「普遍化的交換」的親屬關聯式結構中,人們可以看到:

> 普遍化的交換建立起一種定期運作的系統。A 把女兒或姊妹轉讓給 B,B 把女兒轉讓給 C,然後 C 再把女兒轉讓給 A。這是最簡單的公式。普遍化的交換總是包含著信任要素(尤其是當這個循環的中間參與者越多,以及當越來越多的次級循環加入主要循環時,尤為如此)。人們必須信任,這個循環將是會成立的,嫁出去的女人可以得到娶進門的女人當作補償,即便這種交換需要等待一段時間。(ibid., p.256)

亂倫禁忌與族外婚對各團體來說有著明明白白的功能,因為這讓不同的團體得以建立起聯繫,具有整合的效果。李維史陀同時還聲稱,「結婚」從字面上來看就是一種交換形式:

> 因為結婚就是交換,因為結婚就是交換的代表形式,所以對交換進行分析,有助於對團結的理解。正是饋贈與回贈、嫁出和娶入,促進了團結。(ibid., p.483)

不只如此。如果親屬關聯式結構,就如同牟斯所分析的禮物交換系統那樣,是一種**符號系統**,那麼人們就可以像研究語言一樣來研究親屬結構,亦即原則上同樣可以用結構語言學所發展出來的方法來進行研究。李維史陀認為,隨社會而異的親屬關聯式結構都可以回溯到一個基本原則。索緒爾已嘗試指出,可以透過揭示語言(la langue)的理念結構來洞悉人類言談的複雜性。李維史陀走得更遠。他認為所有的符號系統,不管是語言、親屬關聯式結構,還是古代禮物交換系統,最終**都是遵循著某個內在於人類心智當中的邏輯**。如果我們能找出這個邏輯,那麼,根據李維史陀的觀點,我們就擁有了一把能分析所有符號化的事物的鑰匙。他相信:

人類心智的無意識的運作，甚至是人類長久以來最具有任意性的創造活動，都是由一種內在邏輯所引導的。而適用於研究這種內在邏輯的方法，與一般用來研究現實世界的方法，沒有本質上的區別。（ibid., p.200）

關於人類心智運作的方式，李維史陀在《親屬關係的基本結構》裡已經很清楚地呈現他的想法了，但這個面向在他後來的著作當中才真正明確表達出來。他認為，人類心智都是一種「二元」結構，都是以對立的方式在「工作」的。這種觀點，他借用自他的好朋友，語言學家雅克慎。雅克慎修改了索緒爾著作中的命題，認為語言不只有一種可以清楚確立出來的結構，而且這個結構還是**二元的**。人類都是透過一些對立來辨識語言的，如輔音對立於母音、濁音對立於清音、大聲對立於小聲等等，它們在每個語言當中都會以某種規則來相互對立。而李維史陀最後得出了一個結論：社會符號系統，例如親屬關係系統和禮物交換系統，也都是基於這種對立之上。例如「內」對立於「外」（像是族內婚和族外婚即是這種對立），或是贈禮對立於收禮（在禮物交換與基於此的相互性那裡即是如此）。所以李維史陀認為，雖然人們也許不能說：

「人類共同體的趨勢是自動且無意識地根據嚴格的數學規則，分解成完全對稱的要素。」〔弗雷澤（James G. Frazer）〕但人們也許必須承認，**二元性、交替性、對比與對稱性**，不論其形式是清楚勾勒出來的，還是非常模糊的，都並不是一件非常值得解釋的現象。相反地，**這種現象毋寧說這是心理實在與社會實在的一種基本且直接的事實，這種事實反而是提供解釋的出發點。**（ibid., p.136；著重處為約阿斯與克諾伯所加）

親屬關係基本結構的二元性（如「內」與「外」），雖然對於團體來說有維繫社會團結的功能，但我們之所以會在現實中觀察到這種二元性，**不是因為**它有功能，而是因為它表現出了「人類心智的基本結構」（ibid., p.136）。正是心智的結構，將人類歷史**在無意識的情況下**導向了特定的路徑。當然，人類歷史有偶然的、無法預見的結果，例如由於自然災難、政治動亂、經濟危機等等因素造成了印第安人遷移。「但一般性的歷史結果顯示出**有一種整合力量**，獨立於上述因素，**影響了歷史，使之趨向為具有系統的性質。**」（ibid., pp.76-77；著重處為約阿斯與克諾伯所加）

李維史陀後來又進一步發展了這種分析形式。特別是他指出，關於所有人類文化形式的二元結構，不只適用於分析親屬關係系統，而且也適用於其他種「對立」。

他在 20 世紀 60 年代中期陸續出版了數卷《神話學》（*Mythologica*），對例如神話故事的結構進行分析。像是第一卷的副標題《生食與熟食》就是想論證人類心智的二元性，特別是想指出人類思維中的「烹飪」概念即是自然與文化的一條很重要的分界限。

李維史陀的這些著作非常深奧難懂，用字遣詞總是相當文雅，寫得像是神話故事似的。但我們的興趣不是去解讀這些著作，而是去探討李維史陀思想世界的理論背景，因為藉此讀者們可以清楚知道，為什麼結構主義的思想在那個時代會這麼有魅力。

李維史陀對法國文人圈的影響，無疑來自他著作中不斷會出現的「浪漫」題材。他從來都毫不掩飾他對盧梭（Jean-Jacques Rousseau）的讚賞，並在他後來的著作《野性的思維》裡把原始的「野性的思維」，解釋為不同於西方科學理性的一種（更好的）思維模式（關於李維史陀著作中的浪漫元素，可參閱：Axel Honneth, "Ein strukturalistischer Rousseau. Zur Anthropologie von Claud Lévi-Strauss"）。僅僅這樣的說法，就讓那些不怎麼喜歡西方文明及其後果的知識分子感到很有趣了。前文提到的那本旅遊文學著作《憂鬱的熱帶》出版的時候，正好是西方政治去殖民化時期，也是對殖民主義感到越來越良心不安的時期。而《憂鬱的熱帶》以一種極富表現力的圖像，讓人們的目光轉向了另一個不久將消亡的原始世界，許多知識分子都覺得這個世界就像是另外一種類型的世外桃源。但李維史陀著作中的浪漫面向只是一個方面；此外他的著作裡還有另一個非常清楚的（雖然與浪漫面向形成鮮明對比的）**科學性的**方面。

李維史陀總是不斷強調，他的思想淵源與榜樣是結構語言學和馬克思。一個是由索緒爾等人所推動的語言研究；另一個重點在於馬克思所強調的**潛藏**結構的重要性，亦即我們唯有把握潛藏結構，才能解釋表面現象。對社會科學來說，像李維史陀這樣的結構主義說要把握「潛藏」的結構，意思是他們要找的是人類**沒有意識到的**結構。這種思想方式直接帶來的結果是，人們要解釋文化，不用追溯到主體那裡去，不用（甚至不能）去詮釋主體。如同李維史陀不斷強調的，在土著那裡，他們覺得社會是怎麼運作的，和他們社會實際上的組織方式，常常是相矛盾的（參閱：*Structural Anthropology*, vol.I, p.133）。但這不成問題，人類學家可以自己去確實地定義所發現的無意識結構，自己去挖掘出「集體現象的無意識本質的本源性」（ibid., p.18）。正是這種透過結構分析，以及對無意識結構的挖掘，保證了人類學的科學性。人類學和社會學值得以結構語言學為方針，因為結構語言學是社會科學和人文科學中，至今最接近自然科學的學科。

　　……在所有的社會科學與人文科學裡，只有語言學可以和精確的自然科學並駕齊驅。原因有三個：(1) 語言學有普世的研究對象，即用以表述的語言，這是所有人類團體必定會有的；(2) 語言學的研究方法是同質的。換句話說，不管所研究的語言是現代的還是古代的，是「原始的」還是「文明的」，所用的方法都是一樣的；(3) 其研究方法基於單一基本原理。所有的專家們，即便可能會有一些小分歧，都還是會一致承認其研究方法。

（*Structural Anthropology*, vol.II, p.299）

　　讓李維史陀的結構主義富有吸引力的，正是這種（自然）科學式的內涵，而不是其浪漫風格。李維史陀顯然觸動了當時法國知識分子的神經，尤其是他用他這套理論，與「不科學的」現象學和存在主義進行論戰。現象學和存在主義都以個人的經驗作爲出發點，並且因爲執著於「主體性的幻想」，所以相信個人的經驗就可以解釋任何事。李維史陀則相反地認爲：「人們若要獲得眞實，首先必須拋棄個人經驗，然後再把這種經驗整合進一個客觀的、不帶感情的綜合中。」（*Tristes Tropiques*, p.71）李維史陀將沙特的存在主義視作極端的笛卡兒主義，因而大加批判。因爲沙特就只從自我來思考，所以陷於一連串的偏見當中（*The Savage Mind*, pp.245ff.）。李維史陀對沙特著作中的這種特質的批評，並沒有錯。不過他對沙特哲學的毛病的解決方案，並不是移向**互爲**主體的理論，而是如前文所提到的，完全走到反主體主義的一端，**拒絕主體性，只探求心智的客觀結構**，一種穿過主體、無關乎主體，且支配人類社會及其發展的結構。一種思想誕生了：這種思想承諾在對不同的社會生活領域進行分析時，能具有一種眞正的、至今都還被認爲是不可能的科學性。李維史陀的著作，都在宣傳這種關於「符號系統不涉及主觀意向」的觀念。這種觀念極爲講究客觀性，允諾人文科學將可以完全地科學化。因此，可想而知，李維史陀的這個觀念受到很多學者的擁護。如果親屬關係系統、經濟系統和神話眞的都可以被視爲符號系統的話，那麼這種結構方法何不運用在**所有**社會現象上呢？所有社會科學學科，何不都接受這種結構分析方法呢？

　　事實上，在 20 世紀 60 年代中期達到巔峰的結構主義運動就都在這麼嘗試。至少在公共影響方面，結構主義者成功地把非結構主義者排擠得越來越邊緣。一些強烈批評結構主義的學者，例如杜漢（Alain Touraine）就說巴黎在 20 世紀 60 年代簡直就是被結構主義者整個「霸占」了。這樣說雖然有點誇張，但的確那時候到處都是結構主義者。在**精神分析**方面，可以看到拉康（Jacques Lacan, 1901-1981）和他的弟子的

崛起。他們以很特別的，亦即結構主義的方式來詮釋佛洛依德的理論。**在哲學、社會學和政治學**，有阿圖塞（Louis Althusser, 1918-1990）和普蘭查斯（Nicos Poulantzas, 1936-1979）等理論家，他們重新詮釋馬克思的著作，排除掉他們覺得不科學的要素。他們（尤其是阿圖塞）的作法是，用馬克思後期所謂以科學的方式，亦即用結構的方式，所進行的政治經濟學批判的論證，反對馬克思早期哲學式的、人類學式的作法。羅蘭‧巴特（Roland Barthes, 1915-1980）是偉大、敏銳的結構主義**文化理論家**，他分析了法國大眾文化（*Mythologies*）。最後，結構主義思想也進入到**歷史學**中，塑造了我們隨即要介紹的（歷史）哲學家傅柯（Michel Foucault, 1926-1984）。這些人都是當時法國知識界魅力極大的明星學者，支配了法國的討論脈絡，後來也成為全球知名的知識分子，讓結構主義在遲一些時候也「流溢」到別的國家。然而，這種「原本的」或「古典的」結構主義的光輝時刻沒有維持太久。最晚從 20 世紀 70 年代末開始，結構主義的光環就開始沒落了。這與上述各學者的個人悲劇有關。普蘭查斯 1979 年跳樓自殺；羅蘭‧巴特 1980 年 8 月死於車禍事故；阿圖塞 1980 年 9 月勒死了他的妻子，並隨後被送入精神病院；拉康在患上失語症的情況下病逝於 1981 年；傅柯 1984 年因愛滋病過世。這些人在同一段時間的悲劇命運，也宣告結構主義時期的終結（參閱：Dosse, *History of Structuralism*, vol.1, pp.xx-xxi）。

若人們回頭來看這些思想家的知識遺產，那麼很快就會發現，至少就與社會科學有關的方面，人們後來對這些理論的態度，與先前的結構主義熱潮相比天差地遠。結構主義的遺產並沒有被深深烙印在大家的印象中，而且完全相反：法國的馬克思主義，在經過對蘇聯的「古拉格」事件進行激烈的辯論後，便開始不被人們接受了，1989 年的政治風波更是一大打擊。所以雖然馬克思主義在知識界依然很有活力，但人們對其的討論已幾乎不再援引普蘭查斯和阿圖塞的觀點了。羅蘭‧巴特的文化分析雖然很精彩，但很多是帶有戲謔性質的短文，所以無法達到文化社會學的更系統性的要求。至於拉康推動以結構主義的方式進行的精神分析詮釋，僅擦了社會科學最周邊領域的邊。就算是在精神分析內部，人們也很懷疑拉康到底有沒有嚴肅地對待自己的事業。由於拉康寫的東西常常幾乎讓人根本讀不懂，所以他的批評者辛辣地嘲諷拉康乾脆叫「拉扯淡」（Lacancan）算了。

不過，對於傅柯的遺產，人們的態度不太一樣。他的著作對很多領域，包括社會學，無疑都有很深遠的影響。我們現在來介紹他。傅柯在「結構主義的舞臺」上登場是一件值得關注的事，因為他的結構主義式的論證方式，採用的是**歷史學的取徑**。就算李維史陀總是不斷強調，結構人類學應該要有對於歷史過程的洞察力，但同時卻顯

而易見的是，他在根本上有興趣分析的，仍僅是不變的結構，以及由於這樣的結構，因而處於穩定、幾近被凍住的狀態的社會。他偏愛的是「共時性」（即某個當下時刻）的分析，而不是「歷時性」（針對歷史變化）的分析。其實在索緒爾那裡就已經和歷史語源學保持距離了，所以索緒爾的結構語言學主要進行共時性的觀察。而傅柯從歷史的角度，仔細地研究了法國、西方的文化，可說是為結構主義的視角注入一股新的氣象。

當然，我們把傅柯當作像李維史陀那樣的「古典」結構主義者有點難。傅柯無疑採用了一些結構主義的思想，但他在很大的程度上，也採用了「結構主義之父」那裡看不到的新的理論要素，所以不少傅柯的詮釋者，都將傅柯稱作**後結構主義者**。這個標籤是什麼意思，我們這裡（暫時先）不討論。這裡先值得一提的是，傅柯**沒有**李維史陀那樣的野心，他沒有要找出人類心智中的普世基本結構。傅柯的著作，沒有想科學地追尋終極的基礎結構。之所以如此，與傅柯深受尼采和繼承尼采思想的學者的影響有關。尼采及其追隨者並不認為西方世界的歷史是進步的，也強烈懷疑是否真有一種普世有效的理性。此外，傅柯相當著迷於歐洲現代社會的「陰暗」哲學家或作家。這些人並不帶著樂觀的態度假設啟蒙是一種進步，而是反啟蒙主義者，並對所謂的啟蒙理性又再進一步追根究底。傅柯正是因為深受這種反啟蒙的傳統的影響，所以並沒有完全致力於李維史陀的那種科學計畫。

若想了解傅柯的思想世界，最好從他在 1961 年出版的大部頭著作《古典時代瘋狂史》（*Histoire de la folie à l'âge classique*）開始。這是一部非常詳細豐富的書，傅柯為了這本著作詳細查閱了無數歐洲國家的檔案館。這本書旨在分析西方對待瘋癲的方式，以及從文藝復興時代到 19 世紀這段時間關於瘋癲的思想。傅柯的分析散發著難以抵擋的魅力，連社會科學家也深感著迷。這尤其是因為，他讓人們感覺到，歐洲文明的特質是深刻地由理性和非理性（即瘋癲）之間的辯證所刻劃出來的。瘋癲與理性是一體兩面的，也許甚至瘋癲就是理性的真面目。傅柯認為，西方歷史不斷回過頭來致力於探討瘋癲就表明一件事，即在瘋癲這裡可以發現一個被理性隱藏起來的真理。

> 西方人從中世紀早期開始，就與一個被模糊地稱為瘋癲、痴呆或失去理性的事有關。也許正是因為這種隱諱的存在，西方理性才會有了某種深度。無論如何，理性與瘋癲在西方文化裡，最初是一體兩面的事。
>
> （Foucault, *Madness and Civilization*, p.xiii）

傅柯在這本書中寫到，文藝復興時代裡的神經病和瘋子，還是被整合進社會的，無論如何都並沒有與社會隔離開來。在這段時期，瘋癲是人們在日常中會遇到的現象。但在傅柯所謂的「古典時代」，社會對待瘋子的形式改變了。16世紀的一個特色就是發明了醫院。瘋子，和窮人、生理患病者、罪犯等一同被關在醫院裡。人類於此開始了廣泛的拘禁舉措。透過拘禁，瘋子（和其他可能的囚禁者）一同被隔離開來，亦即被社會排除出去。一直到了18世紀末，人們才開始將瘋子當作「悲慘的失去理性者」，與其他類型的被拘禁者區分開來。這時候人們成立了瘋人院、精神病院，瘋子首次被轉移到醫生那裡去，並且與所有其他人區別開來，完全僅被當作醫學的對象。

傅柯將這一段自文藝復興以來的歷史過程，視作一種馴服瘋癲的嘗試。但就只是一種嘗試，人們絕不能把這種嘗試想成是什麼啟蒙的進步。在文藝復興時代，瘋子還是被整合進社會當中的；但在19、20世紀，醫學成為管轄瘋癲的唯一領域，而對傅柯來說，這造成了一件事，即瘋癲完全變成了一個客體。我們因而遺失了瘋癲的真相，瘋癲與我們之間「異化」了（ibid., p.461）。有的人相信科學帶來的是進步，這些人往往總參考改革論者的說詞；但傅柯壓根不相信改革者自己的那套說詞。在18世紀，人們把不治之症患者、罪犯、窮人，與瘋子區別開來，但傅柯不認為這種區分有什麼人道主義的動機，不認為這是因為想對瘋子有更適當、更人道的對待方式。這種隔離的動機，僅僅只是想保護那些悲慘的人免於發瘋，因此將瘋子更嚴格地監禁在瘋人院和精神病院。

> 對於瘋癲在現代文明裡所占據的位置來說，重要（也許是最關鍵）的是，在監禁世界裡，當人們將犯罪與瘋癲、惡行與疾病進行區隔時，人們不再把醫務人員當作**仲裁者**來請教，而是將他們當作保護其他人的**門衛**，讓這團混亂的危險不散溢出監禁之牆。（Foucault, *Madness and Civilization*, p.363）

傅柯的這套歷史重構其實完全是值得商榷的。同樣的歷史材料，我們也可以換另外一種說法來講述：由於我們不將瘋子視作像你和我一樣的人，而是將之想成另外一個物種，所以我們反而能接受瘋子的存在。收容瘋子，我們也可以說是邁出接納與整合瘋子的第一步，非常有跨越性的一步。

無論如何，傅柯在接下來的時間都不斷用不同的歷史研究，推進了他批判與質

疑啟蒙的研究計畫。其中,他的一本關於刑罰史的研究,特別值得一提,即 1975 年出版的《監視與懲罰》(*Surveiller et punir. La naissance de la prison*)。傅柯在這本書一開頭,令人毛骨悚然地描述了 1757 年在巴黎,刺殺國王未遂的達米安遭受殘忍的公開嚴刑拷打與處決的場景。傅柯用這個場景作為開頭是有用意的。他接下來話鋒一轉,指出刑罰舉措在接下來的幾十年大幅改變了。刑罰越來越不是以身體作為目標,而是針對犯人的行為或心靈。身體的刑罰退場了,(越來越少被判決的)死刑越來越是在公眾視野之外執行的。相反地,步上臺前的是嘗試對每個犯人加以規訓,塑造他們,操練他們的身體與心靈。這種新的刑罰觀念的標誌就是現代監獄的誕生。當然,監獄「自古有之」。但「現代」監獄的新穎之處在於,它在建築設計和組織架構方面的建立方式,都是要讓身處其中的所有犯人隨時隨地都會被監視到,或者是讓所有犯人都會覺得自己隨時隨地都在被監視著。最明確構想出這種監視與規訓的觀念的人,傅柯歸於一位各位讀者在第二講時就遇到的學者:功利主義者邊沁。邊沁在他那個時代,是一位非常偉大的刑罰改革者。他呼籲要改變刑罰技術,並制定了一套監獄規劃。在這套規劃裡,每個將犯人孤立地關押的牢房,都設置得讓獄卒可以在一個中心點隨時觀察到所有犯人的行為舉止。持續不斷的監視,能夠重新形塑與規訓犯人,使之適應社會規範。這個觀點直到今天都仍是不過時的!

在邊沁設想的這個監獄中,所有牢房環形地圍著一個中間的監視區,在中間的監視區可以看到所有牢房。他將之稱為「全景敞視監獄」(這裡可以參閱:*Discipline and Punish*, pp.200ff.)。同時,全景敞視監獄也伴隨著一種新的刑罰形式。但是,就像傅柯在這本書裡所標示的根本要點指出的,這種監獄與刑罰形式不意味著進步或是更人道。這種新的、原則上沒有暴力的刑罰技術,與傅柯在此書開頭所描繪的嚴刑拷打與處決場景,如果要被視作完全對立的,是不會不恰當的;但傅柯卻沒有這麼論證。他想指出的是,從酷刑和處刑機構轉變為監獄,不過是一種**權力技術的改造**。刑罰固然不再**摧毀身體**,但**權力對身體和精神的作用被有效率地提升了**。監獄的形成,不過是在現代形成的一套全新的權力技術與規訓技術中的一個要素而已。現代早期的軍隊改革,對士兵建立了一套系統性的操練,要士兵能快速將步槍上膛,在交火時維持戰線或陣形。隨後,在作坊和工廠裡的工人那裡,也出現了同一種對身體的操練方式。監獄的誕生,不論是過去還是現在,都不過是權力史的一個進程步伐而已。

重點是(我們在介紹紀登斯的那一講時,已經提到過了),傅柯的權力概念,不是一種中心式的權力概念。意思是,傅柯並沒有設想在某處會有一個特別有權力的人,對士兵、工人或犯人施加權力。傅柯認為,**權力沒有所在地**,它是去中心的、沉

默的、不顯眼的，但無處不在的。傅柯的這個思想，完全反映了1968年「五月風暴」失敗之後許多知識分子的心情。傅柯在他後來的著作中，用他那陰暗的語言，將他的權力概念的特質進行如此表述：

> 對於權力的可能性條件……人們不能在某中心點的原初存在中尋找它，也不能在會產生次要或派生形式的唯一至高無上主權那裡去尋找它。持續產生權力的，是一種會晃動的力量關係基石，而且權力的狀態總是局部且不穩定的。權力無所不在。但這不是因為權力有一種特權，能將一切東西合併到它那無可抵抗的整體，而是因為在每個時刻，在每個點，甚至是從這個點到另一個點之間，都會產生出權力。權力無所不在，但這不是因為它囊括了一切東西，而是因為它來自任何地方。……權力不是一種制度，不是一種結構；它也不是我們天生擁有的某種力量。它是特定社會裡的一種複雜策略情境的名字。（Foucault, *History of Sexuality*, Vol.1, p.93）

權力之所以無處不在，也不在任何地方，是因為（這也是傅柯的權力理論另一個特殊之處）權力與「話語」（discourse）、特殊的言說形式，以及科學言談和語言是密不可分的。傅柯引用尼采的觀點認為，這反過來也可以說，科學與對於真理的追尋總是會生產出權力。這個對讀者們來說也許不是非常能理解的命題，傅柯在他晚年出版的《性史》第一卷表達得最為清楚。在這本副標題為《求知的意志》（*La volonté de savoir*）的著作裡，傅柯反對啟蒙式的、左派的壓抑假設。意思是，傅柯不認為「性」這種事，在「黑暗」的、飽受壓抑的基督教道德之苦的中世紀時，受到排擠與抑制，然後因現代醫學、精神分析等等才成功獲得解放。傅柯眼中的這段歷程完全是另外一種面貌。雖然沒錯，現代社會越來越不會透過禁止與管制來對性進行抑制，但這必不意味著對性的規範就比較少了。完全相反，傅柯注意到，在18、19世紀時，關於「性」的話語爆炸性地增加；生物學、醫學、道德哲學、精神分析、神學等等的話語都滲透進性當中。性的各種形式都被詳細地記錄與描述。性被各科學檢視得一清二楚，而且科學也影響了人們在性欲方面如何看待自己。傅柯認為，若覺得人類的性在現代獲得了「解放」，或以為至少所有這些話語為性帶來了意外的解放效果，那就未免太天真了（*History of Sexuality*, Vol.1, p.130）。這一切更多的是生產了一種**新的權力形式**，但沒有一個中心控制機構在負責這種權力。持續擴張的話語非預期地帶來了規訓與塑造人類的效果，將權力內化進人中，使得沒有人在下命令，但大家都在聽從

權力。科學，一種對眞理的探尋，是一種求知的意志，同時也有不可預見的權力作用相伴隨著。傅柯的一般命題是，眞理與權力是分不開的。所以傅柯的研究總是一貫地追問一個問題：

> 權力用來生產真理話語的權利規則是什麼？或者換句話說：在我們所處的這個社會中，哪一種權力類型能夠產生出具有權力效果的真理話語？（Foucault, *Society Must be Defended*, p.24）

傅柯從這個問題又進一步提出一個很挑釁的命題：「主體」就是由科學話語所建構出來的。主體概念是對人類的無盡滲透所建立出來的。意思是，主體是權力的結果，或是更確切地說是一種**特殊的權力技術的結果**。這種特殊的權力技術是近代，特別是 18、19 世紀構築出來的，並且也正是這個技術對人進行了越來越詳盡的檢視。人類主體不是一直都是那個樣子的，未來也不會是那個樣子的。人類主體是在歷史當中藉由某些權力形式建構出來的，只要這種支配的權力形式改變了，人類主體也就會再次消失。傅柯有一些名言，如「人類的終結」、「主體之死」，即出自他一本在 20 世紀 60 年代中期出版的大部頭著作《詞與物》（*Les Mots et les Choses. Archéologie des sciences humaines*）。書中他清楚地指出：

> 有一件事是清楚無疑的：人在人類知識裡，並不是一個最古老的，也不是一個永恆不變的問題。如果人們擷取出一個很短的時間跨度以及一個有限的地理區域，例如 16 世紀以來的歐洲文化，那麼就可以清楚發現，人是一個很年輕的發明。……人是一種發明。我們思想的考古學便清楚指出它的發明時間相當年輕，而且也許它也快要到了終結的時候。（Foucault, *The Order of Things*, p.387）

「人類的終結」這個命題，是傅柯第一次清楚表現出他的結構主義的特徵。這個命題首先是對（法國的）現象學的嚴厲批判，尤其是對沙特的主體哲學（對此可以參閱：Eribon, *Michel Foucault*, p.156；或是：Dreyfus and Rabinow, *Michel Foucault: Beyond Structuralism and Hermeneutics*, pp.44ff.）的批判。傅柯認爲，主體絕不能被當作哲學分析的出發點，因爲它僅僅是特定歷史階段的權力關係的產物。結構主義的反主體主義，從傅柯這裡開始以一種全新的類型和方式，亦即以歷史學的方式，獲得

了正當性。

傅柯思想中的結構主義特徵，也表現在他對現象的共時性檢視的偏好。雖然傅柯是一位極為以歷史素材來進行研究的哲學家，但令人訝異的是，歷史研究並不是他真正的興趣。傅柯自己在《詞與物》的前言裡就清楚指出，他對於歷史因果問題並不真的感興趣。當然，他並不是從未處理過因果問題，但他感興趣的首先是話語形式的**形態，而不是它的形成與發展**。在對「監獄的誕生」進行分析時，傅柯也會不斷稍微提到監獄的誕生與資本主義的形成之間的可能關聯，但是原則上這些關聯到底是什麼，傅柯是留給讀者自己去思考的。權力的無所不在，以及它不在任何一處，似乎是無關乎因果問題的。

為什麼傅柯會刻意回避因果問題呢？如果我們回頭去看一下上文在《詞與物》裡引用的句子中提到的「考古學」就可以清楚看到原因。傅柯使用這個概念似乎是想暗示，他要研究的是人作為知識對象，在歷史上是什麼時候出現的。這暗含著一種反進化論的想法。雖然這位人文科學的「考古學者」在探討他的歷史淵源，以挖掘、展示出我們現代社會幽暗的、被隱藏起來的那一面，也就是挖掘出我們今天的思想前提。這些前提就是因為被掩埋住了，所以經歷啟蒙洗禮的現代才會對進步如此樂觀，覺得自己一片光明。但挖開被掩埋之處並不是為了想進行治癒，考掘的目的不是為了提供什麼治療，以讓今天的人們對他們是怎麼來的能有更好的理解。完全相反，傅柯認為，話語的更替沒有目的也沒有方向。話語就像文物一樣一層一層地被埋在不同的地層，彼此之間並沒有什麼關聯。不同地層的權力對不同地層的話語是鞭長莫及的。我們也不能設想不同地層的話語會彼此轉換、前後相繼，以此將歷史視作一種「發展」。歷史更多的只是一場盲目的權力的遊戲。在這場遊戲裡，沒有「進步」這種事，也不用妄想在其中探求任何什麼其他的意義。傅柯借用了尼采的觀點，將這種揭露權力和知識的複合物的方法，稱為「系譜學」。這個概念意指一種歷史回想，但這種回想不是要強化什麼價值維繫，而是為了揭露與摧毀。

傅柯的話語（discourse）概念，與前文（第十講）提到的哈伯馬斯的商談（discourse）概念截然不同。傅柯的話語概念原則上是共時性的，其與結構語言學的關係是顯而易見的。傅柯早期著作裡提到的「話語」，是一種陳述系統，一種彼此關聯、以有序的模式建立起來的一套陳述。傅柯在後來的著作中，雖然讓這個概念更為「豐富」了，讓「話語」既可以被理解為一套陳述網絡，也可以被理解為在特定機構（如司法機構、醫院等等）裡的權力技術。但傅柯相對來說沒有講清楚的是，**「話語」是如何改變的**。就像李維史陀沒有問心智的結構是從哪來的一樣，傅柯也系統性

地繞過了一個問題，即我們該怎麼去想像話語的形成。傅柯會討論話語「起源」的情況只有一種，就是在他提及一個他並沒有進一步講清楚的基礎層次概念「知識型」（episteme）的時候。每個時代都有它的知識型，每個時代都是由它的一個深層的知識概念範疇標示出自身特質的，並以此為基礎形塑出隨時代而異的話語。就像言語是語言的一項機能（索緒爾）、親屬關係系統是人類心智基礎結構的一項機能（李維史陀）一樣，傅柯將話語和與話語息息相關的權力作用，僅理解為作為基礎層次的知識型的一項機能。雖然每個時代都有其典型的知識型，但知識型卻不是真的能從歷史學的角度來研究的東西。被結構主義者強烈指責（傅柯也有隱含的指責之意）的沙特，對於傅柯這方面的意見是很切中要害的：

> 有件事正好是最有趣的，但傅柯卻沒有為我們解釋，即：每個思想是如何基於這樣的條件而被結構化的，以及人是如何從一個思想跨越到另一個思想的？要探究這件事，就必須把歷史帶回研究中。但這卻正是他拒絕做的，雖然他的視角是歷史的，他研究了不同的時期，之前的和之後的。但他卻用幻燈片取代了電影，用一連串的定格取代了動作。（援引自 Eribon, *Michel Foucault*, p.254）

如果我們去回顧傅柯早期和中期的創作，那麼就會注意到他的立場變得越來越極端。雖然他早期的著作《古典時代瘋狂史》斷然反對進步樂觀論，但同時他的思想還是承認有一種原則上「純真的」真理——所以他那時才會將瘋癲描述為理性的「另外一面」。但他後來越來越強化了他的（尼采式的）權力普世主義，連真理也被他視作與權力密不可分的，並因此他越來越詆毀真理。在傅柯那裡，逃脫權力之網已經是不可能的了，真理也不再能夠提供解放。

不過我們在這裡可以問，這樣一種極端的立場是不是真有說服力，以及在理論上是否真有益處（至於另外其他對傅柯的批判，可以參考本書探討紀登斯的那一講）。這當然是值得商榷的，而且顯然——至少我們認為——連「晚期的」傅柯自己也深感這值得商榷。因為，就算人們願意同意傅柯的許多理論前提，並且能接受他的歷史詮釋，但人們還是可以質疑，我們真的被權力完全包覆起來了嗎？例如我們很努力地爭取人權，但卻被描述為這不過是一種權力話語，並且將所有關於「解放」的思想都解釋為不過是一種幻覺，這種理論真的有益處嗎？而且，雖然傅柯不相信有一種偉大的解放抗爭，但他還是很積極參與許多小型的政治抗爭與社會抗爭。那麼，他的理論立

場和他的政治參與之間的關係又是什麼呢？（參閱Eribon著作中關於傅柯生平的部分）

人們可以說，傅柯在他人生的最後也提出了這個問題，或至少類似的問題（亦可參閱 Dosse, *History of Structuralism*, vol.II, pp.336ff.）。他原本規劃了數冊的性史研究，但他後來沒有完成。他這個研究規劃的改變是值得注意的。《性史》第一卷《求知的意志》（1976）與《監視與懲罰》（1975）幾乎是同時出版的，只是他的論證從權力普世主義轉到了「性」這個領域而已。但他後來生平最後出版的幾卷，內容基調卻改變了。《性史》第二卷《快感的享用》（*L'usage des plaisirs*）與第三卷《關心自我》（*Le souci de soi*），比第一卷晚了將近 8 年才出版。這一大段時間內，傅柯的立場顯然出現了轉變。因為傅柯突然又談到了「主體」、「自我」，而且他討論的方式不再是早期那種嘲諷的態度，雖然他也沒有對這個轉變表現出自我批判的態度。在《性史》第二、第三卷中，傅柯描述從西元前 4 世紀的希臘到西元 1 世紀的羅馬，性是如何作為道德領域被建構出來的。傅柯認為，道德一方面形成自規章與法典，另一方面則來自主體化的形式，來自自我實踐，亦即來自如苦行主義的自我作用形式（參閱：*The Usage of Pleasure*, pp.30ff.）。傅柯以相當悲天憫人的態度，探討相比於後來相當嚴格的基督教，道德主體在古希臘羅馬時期是如何構成的，以及性生活是什麼樣子的。在這些研究中，人們已經看不到嘲諷式的權力普世主義。就像《性史》第三卷《關心自我》的書名指出的，傅柯不只想致力於區分不同的個體主義形式（*Care of the Self*, p.42），而且他也想描述，斯多葛哲學在強調要關心自我的同時，如何也造就了「他人價值的提升」（ibid., p.149）。相比於傅柯的早期著作，他在這裡不只提到了主體，還提到可以用什麼方式來發現本真的存在，亦即提到了一個不能僅被描述為「權力技術的結果」的主體！

或許人們會驚訝於傅柯的著作發展最後竟出現了這個轉變，並同時因此質疑在他著作裡占了相當大比例的權力普世主義，是否真有說服力與益處。但我們不討論這件事。雖然有這些問題，但傅柯的遺產對社會理論是相當可觀的。傅柯透過他那新穎的權力概念，讓我們敏銳地察覺到，就連語言也是會產生權力作用的，這建立起了一個對權力更為敏銳的社會科學。以此而言，傅柯推動了一個從帕森斯那裡便已出現開端的更能確實掌握權力關係的趨勢。帕森斯以韋伯那純粹是消極的、基於零和遊戲觀

念的權力概念為基礎，進行了擴展（參閱本書第四講與第十二講），注意到權力的生產作用。但帕森斯完全沒有想到，權力雖然可以有生產性，但卻不會因此就缺少壓制性。傅柯指出，例如科學，雖然讓知識有了大幅的提升，但它伴隨著其（積極的）權力作用，同時也與顯著的規訓機制與形塑機制是密不可分的。任何話語，包括科學話語，總是會在強調其他東西的同時把某人或某物排除在外，這就是權力作用的基礎。人們不用很驚世駭俗地將傅柯的這套說法轉化成對科學的根本批判，並且帶有根本的相對主義（雖然傅柯是這麼建議的，他的擁護者也是這麼理解的）。因為就算不這麼驚世駭俗地詮釋傅柯的命題，也不會有損他對社會學的重要性。他為整個世代的社會科學家開啟了一個新的眼界。尤其是像女性主義理論家就透過傅柯的理論，注意到一種雖然沒有血腥、直接的暴力，但因其隱匿性而無損其作用的權力機制（見本書第十七講）。

傅柯還有一個「提升敏銳度的貢獻」。雖然很多人批判傅柯對現代社會的總體闡述，但傅柯的研究，讓人們在面對用進步來詮釋歷史，以及對當代抱持著相當樂觀的診斷（在傅柯那個時候，社會學和尤其是現代化理論，即是如此）時，能有一個必要的抗衡力量。傅柯的作法雖然有爭議，但他讓人們注意到現代社會的「陰暗」面，為人們開啟了另一種詮釋空間，打破人們對於不斷進步所懷抱的自信心。在他之前沒有人這樣做，連阿多諾都沒有。

現在我們來介紹這一講的第二個主題，即所謂的**後**結構主義或**新**結構主義。雖然這同樣源自法國，但這兩個概念在法國卻不常見。反而在德國，以及尤其是美國，才比較常用這兩個概念。但這概念的確可以用來當作標籤，標示一些從結構主義傳統出發，但卻偏離了這個傳統，並想發展出新理論方向的法國學者。如上述，有一些人就將傅柯詮釋為後結構主義者。因為，很簡單，傅柯相比於李維史陀，完全帶出了新的要素，例如他訴諸尼采，並且以此質疑了西方世界的理性。此外，傅柯幾乎不關心結構概念，所以他也可以說是「沒有結構的結構主義者」。但他在推動歷史研究並追問其起源時，他的學術態度無疑是很嚴肅的。

不過其他可以沒什麼太大爭議地被歸類為後結構主義的學者，其學術態度就不一定有這麼嚴肅了。這些人之所以被稱為**後**結構主義者，是因為他們都告別了李維史陀

的結構概念**與**科學理念。他們對科學沒有熱情，並且面對要將人文科學加以科學化的舊日夢想時，持嘲諷的態度。質疑科學計畫，對這些後結構主義者來說是很稀鬆平常的。他們不再講求科學性，取而代之的是以遊戲人間的態度來處理文本。

在哲學界，這個運動雖然在 20 世紀 60 年代中期就已經開始，但一直到 20 世紀 70 年代末才流行起來。其中的代表學者有德希達（Jacques Derrida, 1930-2004）和李歐塔（Jean-François Lyotard, 1924-1998）。這些後結構主義者為什麼會拋棄索緒爾和李維史陀的結構概念呢？這在德希達出版於 60 年代的《書寫與差異》（*L' Écriture et la Difference*，此處可特別參閱：*Writing and Difference*, pp.351-370）對李維史陀的批判中，能最為清楚地看到原因。德希達深受現象學家胡塞爾與海德格的影響，並嘗試用結構主義來擊垮結構主義。當人們談到結構時，總無可避免地會面對結構整體性的問題。因為結構唯有與一個意義中心相關聯，才能維持它的內在凝聚性。換句話說，唯有當存在著一個中心觀念時，才能確定結構是什麼，亦即確定什麼東西實際上屬於結構，而不僅是一個表面現象而已。若沒有一個以秩序為基礎的觀念，任何關於「結構」的說法都是空洞的。但，什麼是結構的中心呢？是誰，或是什麼在維持這個整體性呢？像李維史陀等古典的結構主義者，雖然都說維持結構整體的當然**不是**主體，那麼到底是誰在維持結構整體，他們卻都沒有說清楚。然而對他們來說似乎又毋庸置疑的是，**的確有**這樣一種整體，而且必須有這樣一種整體。德希達就是在這一點上提出了批判，指出這種立場的內在矛盾。因為，如果真有一個意義中心，那麼這樣一種意義，就只能透過結構各部分的差異才能成立。讀者們可以回想一下前面提到的，根據語言學的觀點，意義與意涵唯有透過差異才能產生。但如果是這樣，那麼這個所謂的意義中心一點也不中心，而只不過是結構的一個構成部分而已。德希達認為，這樣就矛盾了。所以，如果有人認為存在有一種整體性的實體，那麼這種觀點就只是形而上的想像，而這種想像根本不值一哂。他進一步認為，既然缺乏中心，那麼結構就絕不會是穩定、同一的。而這，如同弗蘭克（Manfred Frank,1945-）在闡述德希達的立場時很漂亮地說到的，也就意味著：

> 每個意義、每個意涵和每個世界觀都是流動的，沒有什麼能逃脫差異的遊戲，沒有任何一種對存在和對世界的詮釋，是自在、自為、亙古有效的。（Frank, *Was ist Neostrukturalismus?*, p.85）

「古典」的結構主義都希望透過指出一個固定的、客觀的結構，來回避（歷史）

闡述與詮釋始終所具有的不確定性，但這個希望被德希達的這個觀點摧毀了。結構只能被想成是**去中心化的**，有賴於詮釋的，所以德希達認為，根本不存在一個對文本（和社會規則）的最終詮釋。用德希達的話來說：「由於並不存在一個超驗性的所指，因此符號意涵的領域與遊戲，是無盡蔓延的。」（*Writing and Difference*, p.354）在對文本的閱讀與對社會規則的詮釋當中，我們不再是去找到與找出一個確切的意義，而是只不過在**發明**意義，持續地創新意義，因為世界上根本就沒有什麼「最終詮釋」這種東西。在這之後，德希達用一種時而富有啟發性、時而任意，但大多時候頗為過激的修辭術來重讀大量的哲學文本。結構主義的客觀主義，最後竟然造就這種詮釋實踐的主觀主義。這實在很諷刺。

詮釋學也同樣認識到詮釋的主觀性，但詮釋學和德希達及其後繼者的立場是相反的。詮釋學假設，進行詮釋的主體與被詮釋的文本之間是有對話關係的。不過德希達命題的出發點是後結構主義哲學。我們這裡對後結構主義哲學所作真的只是非常粗略地概覽而已（詳細的介紹，可以參閱一本精彩的著作：Manfred Frank, *Was ist Neostrukturalismus?*），但讀者們也許從我們這個簡單的呈現當中可以推想，哲學界中的後結構主義的辯論也給社會科學界帶來了挑戰。因為他們提出了一個命題，即「自我」是多重、複數的，不具有單一性，而是持續在符號遊戲中變換身分。這個命題直接衝擊到傳統的社會化理論與社會心理學的立場。因為，正如文本並沒有一種最終、單一的詮釋一樣，人們也可以聲稱，人類沒有一個固定的身分。人類自身的存在，更多地只能被想成是一場在不斷轉換身分的遊戲。當然，這種聲稱在經驗上是不太站得住腳的（對這種聲稱的批判，可見：Joas, "Kreativität und Autonomie. Die soziologische Identitätskonzeption und ihre postmoderne Herausforderung"）。

哲學家李歐塔的著作，對整個社會理論來說可能更為重要。比起德希達，李歐塔的作品更以時代診斷為目標。他最著名的著作是 1979 年出版的《後現代狀況》（*La condition postmoderne. rapport sur le savoir*）。這本書是李歐塔應魁北克省政府的委託，所撰寫的一部關於知識的未來的著作。在書中，李歐塔就新的資訊科技與傳播科技的政治影響，以及這種影響為民主社會帶來的後果方面，提出了一些很有趣的想法。但這些想法的有趣之處不在於這「報告」本身，因為人們可以從其他學者那裡聽到與李歐塔的想法類似的說法，而且他們的說法在社會學和政治學方面，講得比李歐塔還好。讓這本書爆紅的根本原因，在於其中所謂「宏大敘事的終結」這個命題的衝擊力。李歐塔認為，現代性的特徵在於科學還可說是所有討論的一個毋庸置疑、無須追問的參照點。但在今天，一個後現代的時代，科學不過是**所有語言遊戲當**

中的一種。科學並不比其他話語還更能保證自身的正當性。「知識，尤其是它在當代的形式，不等同於科學。」（Lyotard, *The Postmodern Condition*, p.18）再也沒有一個明確的參照點了。再也沒有一種話語可以無所不包，可以爲所有其他話語提供一個最終判定、將之統合在一起的效用了。後現代社會的科學也必須參照其他非科學的話語、非科學的「敘事」，才能證成自身。自 19 世紀末以來，人們就對理性不斷提出堅實的批判（讀者們想想尼采就知道了）；這個趨勢在今天已經越來越強烈（ibid., p.39）。最頂層的敘事，以一個無所不包的宏大歷史詮釋來分派每個個別敘事位置的宏大敘事，已經消亡或終結了。這不只發生在科學那裡，而且也發生在像馬克思主義（值得注意的是，李歐塔在 20 世紀 50 年代也是個馬克思主義者）或以進步的邏輯（如「先鋒派」這種概念）來描繪藝術發展的美學理論那裡。「後現代」這個概念有著不同的根源，並且有部分的根源還可以追溯到很久以前（可參閱：Welsch, *Unsere postmoderne Moderne*）。在 20 世紀 70 年代早期，主要是從建築學開始使用這個概念的。因爲對許多人來說，建築風格似乎已經不再可能有什麼發展的了，能做的就只有將所有以前的建築風格用一種很嘲弄的方式結合起來。這種建築理論與建築實踐的觀點進一步流行開來，認爲我們再也無法想見藝術能有什麼實質的進步了。李歐塔這個關於語言遊戲的必然多元性的命題，其中的挑釁之處在於他的「宏大敘事之死」並不是在描述一段衰落的歷史，而是在描述一種新的可能性的開端。李歐塔認爲，在後現代社會裡，人們雖然知道宏大敘事終結了，但完全不用爲這個終結感到惋惜。

> 大多數人已經不再對失去的敘事感到惋惜，但這絕不會因此讓他們退化成野蠻人。之所以他們不會因此成為野蠻人，是因為他們知道，他們自己的語言實踐與溝通互動就是正當化的唯一源頭。對所有其他信仰「暗自竊笑」的科學，已經教導他們現實主義的殘酷艱辛。（Lyotard, *The Postmodern Condition*, p.41）

李歐塔**在政治方面**的目標，是認可在一個社會中不同但平等的語言遊戲、行動形式、價值與生活方式。李歐塔的看法，受到如同性戀權利運動或女性運動極爲熱情的擁護，但也激起了西方社會的多元文化主義辯論。**在社會學和哲學方面**，李歐塔的論點也同時抨擊了帕森斯和哈伯馬斯，因爲這兩人一個講求價值，另一個講求理性地追求共識，都抱持著舊的統一性的觀點。而李歐塔的命題，是所有這些語言遊戲〔這個概念，是哲學家維特根斯坦（Ludwig Wittgenstein, 1889-1951）提出的〕都有

無可避免的多元性。他的這個命題，可能會讓讀者想到我們在最開頭那一講提到過關於孔恩的範式概念的爭論，以及範式的「不可共量性」的說法。李歐塔把這種論調推得更極端。他認為，任何追求統一和共識的作法，都是極權的，甚至是恐怖主義的。連哈伯馬斯那種講求不受支配力介入的商談理論，在他看來終究也都是一種壓制。因為哈伯馬斯認為在語言中，潛藏著合理辯論的可能性，共識也因語言的這種性質而得以可能；但李歐塔認為，哈伯馬斯對於共識的追求是一種很成問題的宏大敘事，企圖摧毀語言遊戲本來的多元性（ibid., pp.60ff.）。李歐塔的結論是後現代是極為多元的，無論從哪個方面來看都是如此（對這個命題的批判，可以參閱：Benhabib, "Epistemologies of Postmodernism: A Rejoinder to Jean-François Lyotard"）。

李歐塔最初關於「語言遊戲與生活形式具有不可避免的多元性」的哲學命題，開啟了社會理論與時代診斷的討論，而且這個討論範圍相當廣泛。在社會學中，關於後現代的爭論，其立場既極端又不怎麼極端，既可理解、好懂，但又難以理解、不可思議。人們可以想見德希達和李歐塔的命題有個危險，就是科學的標準都被他們抹消了。因為如果再也不存在穩定的意涵與詮釋，同時如果科學也不過是眾多語言遊戲中的一種，那麼科學和虛構、高雅文化與大眾文化就差不多可以當作同一回事了。在這樣的前提下，人們根本不用再去在乎如何運用方法以檢視經驗證據。這種抹消科學標準的作法吸引了一批學者，其中最有名的也許就是社會學家布希亞（Jean Baudrillard, 1929-2007）了。他那大膽的命題，讓他有時候也成為國際媒體文藝版面的知名人物。他在 1976 年出版的《象徵交換與死亡》（*L' Échange symbolique et al mort*）和其他著作中宣稱生產已終結了，並接著宣稱勞動與非勞動、生產與消費之間沒有差別了。今天，在符號遊戲中，一切清楚的差異都變得模糊了，社會範疇和政治範疇早就再也無法指認出它們自己造就出來的東西。當代的特徵在於真實不過是種擬像；再也沒有什麼事物是實在的了〔布希亞有一本德文著作，書名就是《實在事物的垂死掙扎》（*Agonie des Realen*）！〕。但布希亞的這種說法，並不妨礙他提出一個引人注意的命題。這個命題清楚顯露出他的思想來源是**某一種**從馬克思主義那裡得到啟發的文化批判（這種文化批判也解釋了為什麼有不少原先的馬克思主義者會轉變他們的思想方式）。這個命題是：

在一個資本過程停止作為一種生產過程的階段，同時也是一個工廠消失了的階段：整個社會看起來就是一座工廠。（*Symbolic Exchange and Death*, p.18）

　　人們在這裡可以問，究竟是這種單純而荒謬的聲稱，還是布希亞作為一個社會學家，竟如此有自信地完全無視各種各樣對社會進行經驗研究所得出的知識，更會讓人感到不可思議。布希亞的創作的一個短暫的「高峰」，是他 1987 年出版的著作《美國》。而在 1991 年波斯灣戰爭的準備階段，布希亞最終宣稱，這場戰爭不會發生；等到這場戰爭真的發生了，他又似乎不覺得有自我批判的理由。他的命題是，這場戰爭只是一場擬像。雖然他用這個命題重新提出了一個重要的事件感知要素，但他表達這個要素的方式實在太誇張了。雖然他確實引起了媒體對他的關注，但連他一些一直以來的支持者也都開始不想理他了。

　　有不少後現代的討論都有誤入歧途的危險，然而也不都是如此。例如在馬克思主義的脈絡中，還是有學者的研究非常有意思、值得一讀，例如 1935 年出生的地理學家哈維（David Harvey）的著作《後現代的狀況》（*The Condition of Postmodernity*），以及 1934 年出生的文化理論家詹明信（Fredric Jameson）的《晚期資本主義的文化邏輯》（*Postmodernism, or, The Cultural Logic of Late Capitalism*）。這些後現代的討論都和馬克思主義的文化社會學相關聯。除了馬克思主義的辯論之外，最系統性地進行後現代討論的學者，也許當屬鮑曼（Zygmunt Bauman）（見第十八講）。他用關於大屠殺的辯論作為背景，重新討論了李歐塔關於生活形式與語言遊戲多元性的命題。因為非常顯然的是，不是所有的生活形式都會被人以同樣的方式接受，例如忠實的納粹分子，就致力於將所有的「非我族類」消滅掉。鮑曼刻意轉換討論的方向，極為嚴肅地討論寬容的倫理，並且探討一個更有內涵的差異概念。在哲學中（但也大幅跨越到一部分的社會學），則有新實用主義學者羅蒂（Richard Rorty）在討論後現代理論家的命題。羅蒂非常有活力地把主體性的主題又帶回討論中。要知道，主體性在受到後結構主義影響的後現代辯論中，一直以來都被刻意忽視不顧（見第十九講）。

　　若我們回顧結構主義與後結構主義，那麼就會發現，這兩者首先是因為它們的**時代診斷潛力**而產生影響力的。傅柯和李歐塔的著作尤其如此。而這些理論由於其固有性質，因此沒有「產生出」系統性的關於**社會變遷**的思想。此外，這些理論也由於主體的去中心化取徑，以及極端的反主體主義，所以在其中是看不到**行動理論**的。因此結構主義和後結構主義實際上很難被歸入社會學史。我們的命題是，社會學理論是沿

著「社會行動—社會秩序—社會變遷」這些概念而發展的；但這種命題在某種程度上不適用於結構主義和後結構主義。這兩種理論不論是過去還是現在，可能也因此**在國際上**都處於社會科學界裡理論探討的**邊緣地位**，不處於中心位置。然而，在狹義的人文科學界，特別是文學，這兩個理論有時候在實際上是占有支配地位的。顯然，人們必須跨出結構主義與後結構主義取徑的限制，才能夠關聯社會學。我們下一講要來專門介紹的布赫迪厄（Pierre Bourdieu）就正是這麼做的。他有著法國結構主義背景，但卻又極為強調行動理論的要素。

● ●

這一講的最後，我們來開一個推薦書單吧。如果讀者想對法國結構主義的「革命」有一個更仔細且深入的描述概覽的話，那麼多斯（François Dosse）兩卷本的《結構主義史》（*History of Structuralism*）就是不可錯過的。弗蘭克（Manfred Frank）的《什麼是新結構主義？》（*Was ist Neostrukturalismus*）是一部課堂講稿，對從李維史陀、傅柯到德希達的後結構主義或新結構主義的思想，有令人印象深刻的介紹。在這些優秀的哲學家的帶領下，讀者在非常複雜、常常令人感到混亂的後結構主義辯論叢林中不會迷失方向。如果關於這一講所處理的對於社會理論來說最重要的學者——亦即傅柯——的作品，讀者們想要有個批判性的概覽的話，那麼我們首推霍耐特（Axel Honneth）的《權力的批判》（*Kritik der Macht*）中的相關章節，以及德雷福斯等人（Hubert Dreyfus and Paul Rabinow）的《傅柯：超越結構主義與詮釋學》（*Michel Foucault: Beyond Structuralism and Hermeneutics*）。最後，另外兩本關於傅柯生平的著作〔Didier Eribon, *Michel Foucault* (1926-1984); James Miller, *The Passion of Michel Foucault*〕，可以讓讀者更為了解這位極為優秀的思想家的一生。

第十五講

在結構主義與實踐理念之間
—— 布赫迪厄的文化社會學

　　我們在這一講要來處理的這位學者，和哈伯馬斯、魯曼或紀登斯有點像，很早就已經在致力於理論綜合工作，也因此自 20 世紀 70 年代開始就成為國際上最有影響力的社會學家之一。這位學者就是布赫迪厄（Pierre Bourdieu）。他的作品深受他所處的國家的知識氛圍的影響，也就是 40 和 50 年代的法國知識氛圍，以及當時現象學者和結構主義者之間的辯論。但讓他與其他我們介紹過的「宏大理論家」有所不同的，並不是因為他受到這種國家與文化的影響。我們在前面幾講已經看到，像是哈伯馬斯和紀登斯是如何地受到他們國家的學術脈絡和政治脈絡影響的。但布赫迪厄的研究方式與他的德國和英國的「競爭對手」相比顯得突出的地方在於，他非常注重理論與經驗的結合。布赫迪厄首先是經驗主義者，他是從他的經驗研究中發展，並不斷精煉出他的理論概念的。他這種建立理論的作法，有好處也有壞處，我們等一下會對此多說一點。而布赫迪厄也因此首先不能被視為理論家，而是文化社會學家。他是用他的經驗研究來系統性地引出理論討論的。

　　布赫迪厄生於 20 世紀 30 年代，與哈伯馬斯和魯曼是同一輩的。有件事對於理解布赫迪厄的作品很重要，就是他出身自一種極為儉樸的環境以及法國極為偏僻的省分。布赫迪厄總是不斷強調他的出身背景：

> 　　我青年時期有很大一部分，是在法國西南地區一個很小、很偏僻的
> 村莊度過的。而我如果要滿足教育機構的要求，那麼我要放棄的不只是我
> 那特殊的腔調而已，而且還必須放棄許多我原本所經歷與獲得的東西。

（Bourdieu and Wacquant, *An Invitation to Reflexive Sociology*, p.204）

　　雖然布赫迪厄的出身條件顯然不太好，但他讀大學時還是進入法國最高學府，並且由於後來他受到聲名顯赫的法蘭西科學院的聘任，因此他在社會上也有相當高的知名度。布赫迪厄的人生是典型的出身寒微，但力爭上游而功成名就的人生。他沒有一個亮眼的基礎教育背景能讓他憑恃，這因此讓他有很正當的理由，用一種很抽離的態度看待法國的教育系統、高教系統，乃至於整個知識圈，而且他在學術生涯中，不斷以教育系統當作主題，進行了無數的研究。他採取了典型的社會學局外人、「邊緣人」的思維模式，以一種特別的，尤其是批判性的洞察力，批評「正常的」社會運作：

> 　　在法國，你如果出身自一個偏遠省分，出生在盧瓦爾南方，那麼你就會有一些和出身自殖民地沒兩樣的特質。它會讓你不論是主觀上，還是客觀上，都處於局外人的位置，讓你和法國社會的中心機構處於一種很特殊的關係，也因此和那些知識機構處於很特殊的關係。有一種很微妙（但又沒那麼微妙）的社會種族主義形式，是你察覺不到的。（ibid., p.209）

　　然而布赫迪厄在法國（各文化機構）的社會學之路，不是筆直往前與理所當然的。我們在別的宏大社會理論家那裡，像是哈伯馬斯與魯曼的身上也看到這種生平，他們也不是一開始就明確地走在社會學之路上。布赫迪厄以極高的天賦，在巴黎高等師範學校讀哲學，這是法國所有學科中名望最好的。他一開始似乎也是想專心讀哲學的，因為他畢業後曾在法國某一省的中學當過一小陣子的哲學教師（在法國，在進大學的人文科系工作之前先到中學當教師是很常見的一段經歷）。但布赫迪厄對哲學越來越失望，並對人類學越來越感興趣，於是他自學而成為進行經驗研究的人類學者，最後變成社會學家。他之所以離開哲學轉向人類學與社會學，有部分原因是因為李維史陀這位明星出現了。結構主義人類學透過嚴格的科學要求，對學科教條裡哲學的傳統優勢地位進行了抨擊。布赫迪厄覺得自己受到日益蓬勃、前途光明的人類學的吸引，所以心中也充滿了結構主義的那種反哲學（見上一講）的情緒。在他的著作中，我們常可以看到他因為這種情緒而聲討哲學的純理論的理性。

　　但布赫迪厄之所以走上人類學和社會學的道路，也受到他外在的生活情況的影響。他在 20 世紀 50 年代下半葉在阿爾及利亞服兵役，並且在想來非常艱困的阿爾及利亞戰爭環境中，蒐集了材料寫成了他的第一本著作《阿爾及利亞的社會學》（*Sociologie de l'Algérie*, 1958），用學術的方式探討了他在這個法國殖民地的經歷（對此可以參閱：Derek Robbins, *The Work of Pierre Bourdieu*, pp.10ff.）。同時他也對

卡比爾人（北阿爾及利亞的貝貝爾民族的一支）進行了田野研究，並出版了一系列的人類學文章與論文。他最後將這些作品集結、擴展成《實踐理論大綱》（*Esquisse d'une théorie de la pratique, précédé de trois études d'ethnologie kabyle*）一書。這本在法國出版於 1972 年〔然後在德譯本與英譯本（*Outline of a Theory of Practice*）裡又增加了很多篇幅〕的書，相當知名且很有影響力，因爲他在這本書裡離開了他原本追隨的李維史陀的結構主義，並同時發展出他自己的概念，想以此建立起一個眞正具有綜合性的理論。

幾乎在進行人類學研究的同一時間，布赫迪厄開始利用他從人類學中發展出來的理論觀點對**法國**社會進行社會學分析，特別是分析法國的文化系統、教育系統與階級系統。就布赫迪厄的社會批判所遵循的要旨來說，馬克思的作品在許多方面都是他的範本與榜樣。20 世紀 60 年代，布赫迪厄對此發表了一系列的論文，有些文章之後編成了論文集《攝影：一種中產階級品味的藝術》（*Un art moyen*）。布赫迪厄（和他的共同作者）在這些研究中，嘗試描述人們對於藝術和文化的感知，如何隨著階級的不同而有極大的差異，以及闡釋階級鬥爭如何可以透過不同的對藝術與文化的掌握來進行。階級之間的區隔是可以透過對藝術與文化的截然不同的理解來進行的，而（法國）社會的階級結構就是這樣或多或少在無意間再生產出來的。布赫迪厄的這個命題，在他也許是最有名的文化社會學著作《區分》（*La distinction. Critique sociale du jugement*, 1979）中，特別得到強調。

在這之後發表的作品中，布赫迪厄更多的是在補充與完善他之前就提出的研究方向與理論方向。在**文化社會學方面**，有兩項大型研究是比較重要的：1984 年出版的《學術人》（*Homo Academicus*），是一項對於法國大學系統（特別是在 20 世紀 60 年代末期的危機）的分析研究，以及 1992 年出版的《藝術的法則》（*Les règles de l'art*）則對法國 19 世紀下半葉藝術領域的自主性的形成，進行了歷史社會學的研究。此外，布赫迪厄也出版了一系列具有**理論方面**的野心的著作，像是 1980 年出版的《實踐的邏輯》（*Le sens pratique*），以及 1997 年的《巴斯卡式的沉思》（*Méditations pascaliennes*）。不過，人們可以說，這些理論方面的研究，其實不過是布赫迪厄在擴展他於《實踐理論大綱》中就已經提出的概念，並反駁對這些概念的批評而已。他的**理論**幾乎沒有什麼**發展**。布赫迪厄的理論體系和其他我們到目前爲止討論過的宏大理論家不太一樣，借用建築學的術語來說，他的理論的地基、牆面、天花板很早就蓋起來了，他後來的理論工作都只是在粉刷牆面與裝修而已。也就是說，他在 20 世紀 60 年代發展出來的理論，後來一直沒有什麼重大改變。

　　唯一隨著時間而有根本轉變的，大概就是布赫迪厄這個人或說他的角色了。布赫迪厄在政治上雖然是積極左派的，但相對於其他法國知識分子的活躍程度，布赫迪厄沒那麼高調，常常都很低調，所以一般大眾不覺得他很左派。之所以他讓人感到難以捉摸，也與他時常高調地批判法國一些受到萬眾矚目的知識分子（例如沙特）有關。布赫迪厄認爲這些知識分子常常很明顯地高估他們的學識能力，自以爲自己對公眾有責任、該憂國憂民，但其實他們根本沒有這種學識能力。可是布赫迪厄最晚自 20 世紀 90 年代開始（直到他 2002 年過世），也放棄了他原本的保守態度，開始越來越成爲很具有代表性的全球化批評者，這因此幾乎很自然而然地讓他變成他自己從不希望成爲的那種受到萬眾矚目的知識分子。他在 1993 年出版的《世界的苦難》（*La Misére du Monde*）中，就經驗性地指出全球化對不同生活領域和文化造成的負面結果。但我們得知道，布赫迪厄最終並沒有成爲一個單純在針砭時事的角色，因爲他還是有很強烈的經驗研究取徑，而且他明顯有一種會讓人聯想到涂爾幹的野心，亦即強化社會學在法國的學科地位，並將之與哲學和社會哲學區隔開來。布赫迪厄很熱衷於擴建他偏愛的社會學**經驗研究**機構，而且他是帶著權力意識在做這件事的。在他於 1975 年創辦，且擔任主編的一份面向一般讀者的雜誌《社會科學研究論叢》（*Actes de la recherche en sciences sociales*）中，也不斷聲稱他對經驗研究的偏好（關於布赫迪厄的學術生平，可以參閱一份布赫迪厄的訪談，收錄於：*In Other Words: Essays Towards a Reflexive Sociology*, pp.3-33）。

●●●

　　我們接下來會以幾個步驟來介紹布赫迪厄的理論。首先，我們會討論他早期在理論上比較重要的著作，《實踐理論大綱》，因爲其中已經有他整個論證方式的基本框架了。就算我們會談到他後來的著作如何不斷再精煉、深入解說，也只是要讓讀者更明白，布赫迪厄爲什麼，以及用了哪些概念，來回答他在相對早期的時候就已經提出的問題。然後，在不斷關聯他早期著作以及同時爲讀者介紹布赫迪厄的概念時，我們也會批判性地檢視布赫迪厄所擁護的行動理論模型，以及他所擁護的這套理論模型有什麼問題。接著，我們會呈現布赫迪厄理論的整個樣貌，並找出他這整套理論裡的致命弱點。之後，我們會簡短但生動地介紹布赫迪厄的文化社會學研究中一些比較有特色的面向，以及最後闡明他的著作的後續影響。

●●

1. 我們先來談談他早期對於卡比爾社會的研究。這份研究被冠上了一個很有綱領性的，但很需要進一步說明的書名：《實踐理論大綱》。我們在介紹布赫迪厄的學術生平時已經談到，布赫迪厄在 20 世紀 50 年代很著迷於李維史陀的人類學，並且用在結構主義中很常見的重點議題來對卡比爾人進行人類學的田野研究，也就是研究卡比爾人的親屬關係模式、婚姻行為，以及他們的神話。這樣的研究旨在闡述在該社會的這些過程的邏輯，以及這個社會如何在某些規則基礎上不斷進行再生產。然而，布赫迪厄進行的這些研究的結果與本來預期的結果不一樣，尤其與結構主義的前提不相符。他的研究結果指出，人類活動時並沒有恆定不變的（婚姻、交換、溝通）規則。人類活動時幾乎不能說在**遵循規則**；或是如果在遵循規則，也是為了要遮掩一些露骨的利益。尤其是遮掩利益這一點，在他這本書的開頭篇章用「榮譽」這個現象講得特別清楚。在卡比爾社會（但是當然也不是只有在卡比爾社會），榮譽扮演一個極為重要的角色。榮譽似乎不能跟鄙俗的經濟利益關聯在一起，因為「令人尊敬的行為」和唯利是圖的行為正好是相對立的。唯有**不貪婪**、**無法**被收買的人，才是能擁有榮譽的人。在這方面，卡比爾社會有特別明顯的儀式，亦即唯有遵循這樣的儀式，才能說一個人的行為是值得尊敬的，或者他是一個擁有榮譽的人。但布赫迪厄說，這種榮譽的儀式常常只是在掩飾利益。行動者常常都知道榮譽與利益之間是有關聯的；或就算不知道，也會在無意中造就之間的關聯。人們維護榮譽，常常正**因為**人們在追求利益。

> 展示聘禮的儀式是兩方團體的澈底對峙。在這個對峙中，經濟利益不過是一種指標或是說辭。花了更高額的嫁妝將女兒嫁出去，或下了更重的聘金為兒子求娶對方的女兒，都是維護或建立聲望的方式。……這兩個團體像是平常在討價還價似的，在進行反向的叫價，然後心照不宣地讓對方不斷出價以提高金額。因為在婚姻市場中，提高他們商品的象徵價值的明確指標，對雙方都有好處。然後在激烈的講價之後，若新娘的父親還能鄭重地退還大筆聘金，那就更能為人所稱頌了。退還的款項越多，他贏得的榮譽就越大，彷彿這種慷慨的行為讓整場交易更為圓滿了。這樣做的意圖是想把叫價變成榮譽交換。之所以雙方會如此公開激烈地這麼做，只是因為想用榮譽競賽與象徵利益最大化的追求，來掩飾對物質利益的最大化的追

求。（*Outline of a Theory of Practice*, p.56）

在榮譽儀式的背後，是一些相當露骨的利益。但如果人們從結構主義人類學的角度來描述這種規則的邏輯，會看不到這種露骨的利益。此外，因為如此，所以規則絕不是一成不變的，而且規則也完全不是如教條的結構主義者所認為的，會決定人有什麼行為。布赫迪厄觀察到，行動者會違背與行動者的利益不一致的規則。所以他得出一個結論：在規則與模式、儀式與規章方面的人類行動，都會有「不可預測」的要素，而這種要素讓整個結構主義的規則概念及其背後預設的前提，都很成問題了。相反地，布赫迪厄認為，遵循規則總會伴隨著衝突時刻：如果規則沒有完全被忽視的話（雖然忽視規則是完全可能會發生的事），那麼每個由規則所引導的交換行動、對話、婚姻，至少可以保護或實現參與者的利益，以及讓互動參與者的社會地位變得更好。意思是，行動者會有意識地把規則當作工具。

> 每次的交換都包含著一種被或多或少掩飾的挑戰；而挑戰與響應的邏輯，就是讓每次的**禮尚往來行動**不斷推向極限。面對慷慨的贈送，只能報以更慷慨的回禮。如果禮物太過貴重，讓收禮者無法回禮，收禮者很有可能就會覺得蒙羞了。若我們把一些現象——例如挑戰與回應的辯證法，以及更常見的像是禮物饋贈的往來、你言我語的往來，或甚至互換女人——看作僅具有禮尚往來（這個詞彙在這裡的意義是比較寬泛的）的功能，那麼我們就會忽略一種結構性的矛盾，這種矛盾可以讓這些現象在禮尚往來的功能中，或是透過禮尚往來的功能來實現政治性的支配功能。（ibid., p.14；著重處為約阿斯與克諾伯所加）

布赫迪厄在這裡指責結構主義過於理想地描述規則與文化模式，而完全忽略了社會行動者的利益相關行動。布赫迪厄認為，人也是會操縱規則和模式的；人不是社會分層系統的被動客體而已。正是因為行動者會追求利益，所以我們必須將「正式的與慣常的」（ibid., p.38）、（在理論層面）建構的模式和行動者的**實踐**區分開來。挖掘出社會規則也許是很有幫助的；但如果要探究行動者的**實踐**，光去看規則是不夠的。

> 人類學家建構出來的邏輯關係和「實踐的」關係——之所以是實踐的，就是因為這是持續被實踐出來的，是被一直繼續下去的，而且是會被涵化

的——是截然不同的。就像地圖上的幾何空間，是對所有理論上可能的路
線與通道進行想像的再現，而這和經由實踐性地持續使用而踩出來的軌
跡、道路，是截然不同的。（ibid., p.37）

　　這些最後就成爲了對結構主義的澈底批判（《實踐理論大綱》這個書名，就指出
了這件事）。此外，他也拒絕將啟發了結構主義的索緒爾語言分析範式運用在社會世
界（ibid., p.24）。這當然同時也讓李維史陀的結構主義人類學與社會學在理論方面和
經驗方面的豐碩研究成果，變得值得懷疑了。

　　　　索緒爾式的建構方式，若想構築出訊息的結構性質，那麼唯一的方式
　　就是（先簡單假設有個普通的訊息發送者和接收者，然後）忽視訊息的功能
　　性質，亦即忽視一件事：訊息是在使用訊息的特定情境中產生的；或是更準
　　確地說，訊息是在使用訊息的（由社會所結構化的）互動中產生的。只要我
　　們把焦點從語言結構轉向語言所要滿足的功能，亦即轉向行動者實際使用
　　語言的情況，那麼我們就會看到，單就**符碼**的知識，不足以讓我們掌握實
　　際發生的語言互動。（ibid., p.25）

　　布赫迪厄認爲，正是這種將焦點轉向「研究客體」實際上的實踐情況的作法，
凸顯出了結構主義分析的不適之處或不足之處。用更抽象的概念來說：布赫迪厄在原
本的結構主義理論框架中，再引進了行動理論的要素，也就是引進了行動者不符合規
則、唯利是圖的行爲要素。這明顯地改變了結構主義範式。如他後來在其他地方所說
的，他特別批評結構主義對行動理論的漠視，因爲這種漠視讓結構理論裡的「行動者
都消失了，把行動者的角色簡化成結構的承擔者」（*The Rules of Art*, p.179）。

　　但布赫迪厄並沒有完全和結構主義決裂。他始終都和結構主義的思維模式有所連
結，所以他始終將他的取徑稱作「生成的」或「建構主義的結構主義」（例如可參閱：
In Other Words: Essays Towards a Reflexive Sociology, p.123）。不過我們必須去看布赫
迪厄的著作發展，才能更清楚地看到這種連結。而他的著作發展乃基於他極爲重視的
經驗研究方針，這也讓他自己的概念不用總是必須對立於其他的理論取徑才能描繪出
來。在他的大部頭的理論著作《實踐的邏輯》中，他提到他將「相對性的思想引入了
社會科學」，並且「與本質論的思想決裂」（*The Logic of Practice*, p.4）。這都顯示出
結構主義是以何種類型和方式「刻劃」了布赫迪厄的思想。布赫迪厄的思想很依賴結

構主義（有時候還有功能論），所以對他來說，分析的重點不是單一行動者，而是行動者彼此的**關係**，或是系統或（我們之前提到的一個概念）「場域」中各位置之間的關係。布赫迪厄將「場域」定義爲一種空間：

> 這種空間中的各位置（或節點）都是被結構化了的，而場域的特質即由在此空間中的各位置而定。對場域特質的分析，可以與這些位置的占據者的特質無關（位置占據者的特質部分的還是由其位置所決定的）。場域的一般法則是：各場域，像政治場域、哲學場域或宗教場域，即便都不一樣，但都會有不變的運作法則。不論我們在什麼時候研究一個新場域，不論是 19 世紀的哲學場域、當代的時尚場域，還是中世紀的宗教場域，我們既可以發現這個場域特有的性質，同時也可以推動我們對於場域的普世機制的認識。（Bourdieu, *Sociology in Question*, p.72）

這也就是爲什麼對個別行動者的行爲進行分析是沒有意義的。許多行動理論家都在沒有確定行動者在其「場域」中的位置的情況下，就毫無反思地對個別行動者的行爲進行分析。布赫迪厄認爲，行動在其特定的「場域」中才會有意義。「場域」提供了行動的可能性，但只提供**某些**可能性。換句話說，也排除了其他種行動的可能性。行動者是受到制約的。宗教場域的行動邏輯必然與比如藝術場域的行動邏輯不一樣，因爲不同場域的制約是不同的。制約和界限影響了行動者的行動配置，不論是先知還是信徒、藝術家還是欣賞者都是受此影響的。所以如果要解釋宗教現象或藝術現象，但卻僅去研究行動者（例如先知、藝術家、作家）的生平背景，通常都不會有什麼建樹（參閱：*Pascalian Meditations*, pp.115ff.）。

有鑒於此，布赫迪厄都刻意不去談「主體」，而更多的是說「行動者」。對他來說，行動者是「相當主動、積極行動」的，而這是結構主義所忽略的。不過傅柯用具有挑釁意味的結構主義口吻提到「人的終結」或是「主體之死」，也是有道理的。因爲也只有這種（結構主義式的）觀點才會談到（場域中的）關係的重要性，並以一些好理由駁斥沙特或其他哲學家和社會學家那種「主體自己能造就自主性」的觀點（參閱：*Practical Reason*, pp.viiiff.）。布赫迪厄極有熱情地捍衛這種結構主義式的「知識」，並以此爲基礎，批判一種他所謂的「生平幻覺」的社會學或哲學思潮。所謂的「生平幻覺」意指人們以爲一個人的生平是這個人自己創造的，以爲人生是一個始自主體最一開始的奮鬥，然後隨著生命歷程的發展而形成的整體。但布赫迪厄毫不

留情地批判這種幻覺，他非常直接地指出，生平事件的意義與社會價值壓根就不是主體自己建構的，而是來自行動者在社會空間中的「位置轉換」，而且正是這種位置轉換顯示出生平事件的意義，然後這些事件對行動者來說才有了意義（*The Rules of Art,* pp.258ff.；亦可參閱：*Practical Reason,* pp.75ff.）。人才不是什麼「主體」，而只不過是在場域中深受場域塑造的行動者而已！

不過我們先暫時不去談布赫迪厄後面的作品，而是先聚焦在《實踐理論大綱》這本書。該書雖然有些地方的表述不是那麼簡潔扼要，有些關於布赫迪厄的立場的更清楚的說明要到他後來的著作中才會出現，但他想進行理論綜合工作的想法，在該書中就已經端上桌了。因為他在該書中明明白白地說，每一種行動理論的立場，**單單在孤立的情況下這些立場各自本身**是不夠的。不論是象徵互動論還是社會學的現象學思潮（如俗民方法論），都沒有能力破解社會學中真正有趣的事情。布赫迪厄認為，這些行動理論都太過不假思索地採取行動者的立場。意思是，他們都太過**天真**地看待世界中既存的事物，忘記了真正重要的是行動者**彼此之間的相對位置**，也忘了去看看行動者處在哪一個場域。布赫迪厄為了加強他的「客觀主義」的立場，因此借用了結構主義的觀點，但布赫迪厄又認為結構主義的某些方面太過唯心主義了。所以，他又追溯到相當「簡單有力」的唯物主義的馬克思主義去討論生產條件，指出婚姻儀式就是基於生產條件進行的，若不看這種生產條件是無法理解婚姻儀式的：

> 為了回答實踐的實際功能的問題，而去嘲笑功能論的那種形式有多麼天真，是不夠的。的確，將婚姻的功能普遍地定義為意在確保群體在生物性層面的再生產，因此被群體所許可的一種運作形式，完全沒有對卡比爾的婚姻儀式作出任何解釋。但如果運用結構分析，而忽略了儀式實踐的特殊功能，不去探討**生產配置的經濟條件與社會條件**，忽略了正是基於這個條件而形成了婚姻實踐以及對於實踐功能的集體定義（婚姻實踐即是在這種定義裡運作的），那麼這種功能分析也是膚淺的，無法對儀式實踐有更多的理解。（*Outline of a Theory of Practice,* p.115；著重處為約阿斯與克諾伯所加）

布赫迪厄對他所謂的主觀主義的行動理論抱持批判態度，並且最後宣稱了**客觀主義的分析形式的優先地位**。**社會學的觀察者**可以運用這種分析形式來確立一個社會場域的結構。這種結構對行動者有一種強制力，但大多數行動者都不會意識到場域的強

制力。華康德（Loïc Wacquant）是一位和布赫迪厄關係非常密切的社會學家，他比較了涂爾幹分析方法的「客觀主義」和布赫迪厄的客觀主義，指出：

> 涂爾幹的「社會學方法」的第一準則就是要系統地排除掉先入為主的觀念，要超越主體主義的觀點來對世界的實際理解進行分析。因為行動者的視角會隨著他們在社會空間占據的位置而系統性地改變。（Bourdieu and Wacquant, *An Invitation to Reflexive Sociology*, p.11）

　　但對於布赫迪厄來說，單單（以客觀主義的方式所進行的）結構主義是不夠的。同樣採取客觀主義立場，亦即忽略了行動者的功能論也一樣不夠。布赫迪厄不想讓他的社會學取徑忽略行動者的行動能力與行動強度。可是這也就是說，布赫迪厄的學術之舟想要，且必須（他自己也明白這麼說）從「現象學」或「主觀主義」這個斯庫拉女海妖和「客觀主義」這個卡律布狄斯大漩渦之間穿越航行過去。對布赫迪厄來說，所有這些認識方式**單單自身**都是不夠的，所以他想追求第三種社會學認識方式，一種他早期著作稱為「實踐學」的認識方式。這種認識方式超越了「客觀主義」，嚴肅看待行動者的行動。但這種認識方式要能夠成功，還必須指出，「在客觀結構（場域）和被結構化的配置（行動者）之間有一種辯證的關係。」（*Outline of a Theory of Practice*, p.3）也就是行動和結構有一種會相互決定的交互關係。

　　比較細心的讀者可能會在上述引文中發現一件事，就是布赫迪厄的這種說法很像我們在介紹紀登斯那一講時提到的東西。布赫迪厄也提到了「結構化」這個概念。雖然布赫迪厄的結構化概念，不像在紀登斯那裡被賦予了主動且系統性的意涵（這部分是因為布赫迪厄並不是「純粹的」社會理論家，而且可能甚至明確拒絕像紀登斯所進行的那種關於社會本體論的探討），但依然很明顯的是，布赫迪厄所追求的立場與功能論和結構主義相反，他以結構的「人造性」為出發點，強調結構會不斷由行動者再生產出來，但同時他──不同於純粹的行動理論家──又強調結構的因果作用力。

2. 至此，我們只是大致描繪了布赫迪厄的理論取徑。我們所提到的他的一些說法，主要只是一些他的意圖。關於理論綜合工作，我們目前談到更多的是布赫迪厄的

抱怨，而不是他真的進行了什麼綜合工作。當布赫迪厄說他想進行的研究既不是「現象學的」也不是「客觀主義的」時，都還只是用一種消極的方式來闡述他的研究計畫。問題是，他要**怎麼**於行動者層次上在他的研究取徑裡建立起一個行動理論的要素？他要**怎麼**具體地設想一種既會推動結構化過程，又會被這種過程給結構化了的行動者行動？人們很容易會想去問布赫迪厄和功利主義與功利主義式的行動理論之間的關係，因為布赫迪厄很常談到行動者的「利益」。而且事實上，也有學者（參閱：Axel Honneth, "Die zerrissene Welt der symbolischen Formen"）將布赫迪厄的取徑詮釋為一種結構主義與功利主義的混合物，不過布赫迪厄的反應是對這種詮釋極為不滿、極力駁斥。布赫迪厄實際上在許多著作中都極力批評功利主義和理性選擇理論，這也形成他的著作中的一個重要面向，亦即他的理論跟功利主義和新功利主義觀點的基本假設是完全不相容的。但我們還是可以合理地質疑他著作中的其他面向，甚至連他這個重要的面向是不是太容易讓人聯想起功利主義了。我們參閱第五講來想想看，布赫迪厄的行動者跟功利主義所設想的典型行動者，有什麼不一樣？

布赫迪厄對功利主義思想的**第一個**批評點，前文已經提過了。由於功利主義思想將孤立的行動者置於中心，所以功利主義忽略了關係層面的分析，但關係層面的分析正是布赫迪厄關於社會世界運作的最重要的觀點。布赫迪厄在這方面不只批評了功利主義理論，而且原則上也批評了所有的行動理論取徑。於是，更特殊的**第二個**批評是，功利主義取徑沒有系統性地去探問效益計算與利益是從哪裡來的。「因為理性行動理論預設有一個預先構成好的普世利益，所以這種理論幾乎不去探問不同形式的利益的社會起源。」（Bourdieu and Wacquant, *An Invitation to Reflexive Sociology*, p.125）此外，布赫迪厄在他的人類學研究中總不斷指出，現代西方資本主義社會的典型理性經濟計算，根本不存在於其他社會。布赫迪厄認為，功利主義者把在現代資本主義社會裡形成的行動計算，普世化成人類本質。布赫迪厄的**第三點**指責，更重要且更典型。他說，功利主義者把理論邏輯和實踐邏輯搞混了。

（這種理論所）設想的行動者，不過就是在把認知主體（sujet connaissant）的幻想投射到行動主體（sujet agissant）身上，然後構成一種怪物，這種怪物有著思想者的頭，以反思的、邏輯的方式，思索著置身於行動之中的行動者自己的實踐。……這種「幻想的人類學」把行動——不論是不是「經濟的」——建立在行動者的有意識的選擇之上，並且幻想這種行動者不受到經濟或社會方面的約束。（Bourdieu and Wacquant, *An Invitation to Reflexive Sociology*, p.123）

　　這段引文中，布赫迪厄首先提了功利主義對實際的行動過程抱有一種錯誤的幻想，因為實際的行動不是完全理性、不是完全具有反思性的。功利主義設想的理性和反思性，只有在特殊情況（像是在受保護的科學空間中）才是可能的，而這種情況在實際的實踐條件中很少存在。雖然行動旨在實現利益，但多數行動都並不是**有意識**地在遵循利益。布赫迪厄在這裡的立場和紀登斯有點像，也和美國實用主義有點接近（可以參考美國實用主義的「習慣」這個概念）。布赫迪厄認為，大多數行動遵循的是實踐邏輯，這種邏輯常常是由常規要求塑造的，所以不需要理性選擇理論家所說的那種反思能力。我們的行動方式是由社會化、早期的經驗等等塑造進我們的身體裡的，或者這些會制約著我們的行動方式。我們大部分時候都是無意識地在運用這些行動方式，而行動的形式就是這樣被預先決定好的。布赫迪厄將他這套概念稱為「慣習」（habitus）（「慣習」這個詞彙最初是由胡塞爾提出的）。「慣習」是布赫迪厄理論的核心術語，他很早就發展出這個概念，並且不斷在用這個概念來將他的理論與其他理論方向區別開來。

　　在《實踐理論大綱》裡，他將慣習界定為一種「持續的、可轉換的配置系統」。也就是說：

> 　　慣習整合了所有過去的經驗，像行動母體、知覺母體、思想母體般地運作，讓無限多樣的任務的完成得以可能。這要歸功於慣習能以類比的方式來調用圖式以此解決類似的問題，以及歸功於它能不斷修正由結果所得出的、辯證地產生的結果。（Bourdieu, *Outline of a Theory of Practice*, pp.82-83）

　　布赫迪厄這些話看起來很複雜，但其實解釋起來很簡單。他的出發點是，我們從小就會在家庭、學校、工作場所經由訓練而獲得某些思維的、知覺的和行動的圖式，而這些圖式原則上可以讓我們順利地面對不同的情境、解決實際的任務等等。我們的身體活動、品味、對世界最老套的詮釋都在我們小時候就形成了，並且讓我們在很關鍵的程度上能夠持續地行動。

> 　　透過慣習，生產慣習的結構統治了實踐。這種統治不是一個機械性的

支配過程，而是藉由方針與限制，透過慣習的創造性的運作而對實踐進行統治。慣習是一種後天獲得的、具有生產性的圖式系統，會根據構成慣習的特殊條件而客觀地進行調整。慣習會產生符合該條件的思想、知覺、行動，而非其他。……因為慣習是一種造就各種產物──思想、知覺、表達、行動──的無窮能力，所以慣習的界限是由它在歷史和社會中的生產條件所劃定的。它所取得的自由，既受到制約又有制約性。它完全不同於不可預測的新生創造物，但也不同於在最初的制約下單純機械性的再生產。（ibid., p.95）

從這段引文中我們可以看到，「慣習」這個概念不排除讓某些行為具有創造性與創新性的活動空間；但另一方面，我們又不能完全走出或割斷這種慣習行為，因為慣習就是我們人生故事和自我認同的一個面向。有些細心的讀者可能已經發現了，這裡存在著布赫迪厄的文化社會學研究和他的古典理論研究之間的連接線。顯然地，在一個社會裡沒有**單一的**慣習，而是不同的階級會培育出**不同的**知覺形式、思維形式與行動形式，而階級正是在這種差異中進行再生產，不過這不是重點。重點是，布赫迪厄想試著用這個慣習概念，來擺脫功利主義和新功利主義實際上所持有的典型的意識哲學式的、高度理性主義式的假設。

如果如我們所說的，布赫迪厄很明確地和功利主義劃清界限，並且表明他的理論體系和功利主義思想是不相容的，那麼為什麼很多人（而且這些人並不是惡意詮釋者或膚淺的讀者）還是會不斷指責他的理論「很像功利主義」呢？這是因為，布赫迪厄雖然的確批判了經濟學式的功利思想，但是**他的批判形式不足以讓他和功利主義思潮明確地區分開來。**

讀者在本書第五講可以看到，功利主義也是各種各樣的，像所謂的新功利主義就和舊功利主義的一些假設分道揚鑣了。新功利主義用「偏好」這個概念取代了「效益」概念，因為新功利主義恰恰認為純粹的（經濟）效益計算只能解釋很小部分的行動。雖然布赫迪厄運用他的慣習概念，有力地駁斥了「行動者是**有意識地**基於理性而行動的」這種模式，所以對「原初的」功利主義的批評是又更前進了一步；但他同時卻又像**所有的**功利主義者一樣認為，人類（不論有意還是無意）總是會遵循著自己的利益（或偏好）。按照布赫迪厄的說法，人透過社會化而進入「場域」，在場域學習採取適當的行為。人會掌握場域的競賽規則，將對**贏得**競賽來說必不可少的「策略」內化進自身中。「策略」的目的就是讓每個場域的參賽者能力爭上游，或至少維持原

本的地位。雖然布赫迪厄由於他對功利主義的批判，因此深知「策略」這個（功利主義式的）概念是很有問題的（參閱：Bourdieu and Wacquant, *An Invitation to Reflexive Sociology*, p.128），但他還是很常用到「策略」這個詞彙。

> 僅僅將場域的歷史說成一段為了壟斷知覺與欣賞的正當範疇而進行鬥爭的歷史，還不夠；場域的歷史就是在**鬥爭**中形成的，它就是透過鬥爭才具有時間性的。（Bourdieu, *The Rules of Art*, p.157）

行動者為了實現利益而進行的鬥爭，就是推動場域歷史變遷的要素。只不過在場域運用的策略不只是在追求經濟利益。布赫迪厄是強烈駁斥經濟學或原初功利主義的觀點的，但他卻說，策略的運用是為了在場域中的競賽中獲取收益。若是在經濟場域，這種收益**可以是**金錢上的獲利；在其他場域，策略的運用則可以是為了提升名譽或聲望（名譽或聲望不是必然或直接可以轉換成金錢的）。也就是說，所有場域的競爭，都是為了追求其中相關的**利益**的！

這種論證方式，無疑顯露出一種基於功利主義思維模式的前提，我們在衝突理論那裡就已經看到過這種前提，而且布赫迪厄也明顯提到這種前提：「社會世界是一個為了定義什麼是社會世界而不斷進行鬥爭的場所。」（Bourdieu and Wacquant, *An Invitation to Reflexive Sociology*, p.70）「鬥爭」這個概念，在布赫迪厄的著作裡出現的頻率和「策略」一樣高。而且他在不少地方都表現出他在觀察研究對象時，熱衷於嘲諷研究對象行為是多麼虛偽，認為這些對象的主觀動機根本不值一哂；他這一點跟功利主義和衝突理論簡直如出一轍。

> 最有利可圖的策略，通常是由那些不經過任何計算，在最絕對「真誠」的幻覺中，由客觀地符合客觀結構的慣習所產生的。而且這些不經策略計算的策略，還可以為策略的始作俑者帶來他們幾乎不會提及的一個附帶收益：社會對他們表面上的無私給予嘉許。（Bourdieu, *The Logic of Practice*, p.292, fn.10）

事實上，這種功利主義的、衝突理論的，甚至還帶有馬克思主義式的論證模式，在布赫迪厄理論的另一個核心概念中，表現得更為明顯，也就是「資本」這個概念。這個概念補充、完善了他的「場域」和「慣習」概念。

　　布赫迪厄之所以提出資本概念，要歸功於他所面對的一個難題：他必須解釋，行動者在場域中，到底是爲了什麼收益在鬥爭的，行動者在運用行動策略時究竟是在投注什麼。（原本的）功利主義的想法，認爲社會生活就是一場爲了（經濟方面的）收益而進行的鬥爭，但布赫迪厄反對這種說法。出於同樣的理由，他也批判馬克思，因爲馬克思同樣將對經濟方面的收益的鬥爭置於核心，忽略了探討其他形式的收益（參閱："The Social Space and the Genesis of Groups", p.723）。

　　布赫迪厄踏出了在他之前的衝突論者就已經踏出的邏輯的一步。**布赫迪厄想指出，社會鬥爭不是只爲了金錢效益和經濟資本**。但很奇特的是，他以這種類型與方式踏出這一步，意味著——此處又再次跟衝突論很像，參閱本書第八講——他與功利主義或馬克思主義的觀點並**沒有完全斷裂開來**。因爲他爲了確切指出社會鬥爭究竟是爲了什麼，他用了一個來自馬克思主義經濟學中屬於「資產階級」的「資本」的這個概念。只是他把資本的意涵又擴展開來，區分出**不同的資本形式**。在《實踐理論大綱》中，布赫迪厄批判馬克思主義只注意經濟資本，因此完全忽略了布赫迪厄所謂的「象徵資本」。布赫迪厄用了很容易讓人聯想起功利主義的語彙說道：「馬克思在根本上只知道、只在他的理論體系裡允許直接的經濟利益的存在，至於在『感覺或激情的非理性』領域中所有其他的利益形式都被排除掉了。」（Bourdieu, *Outline of a Theory of Practice*, p.177）經濟計算應該要適用於**所有的收益**（功利主義和衝突論者則是會說：適用於所有資源！）：

　　　　實踐並不會天真無邪地再現出「前資本主義的」社會（或再現出資本主義社會的「文化領域」），而是相反，它總是會符合經濟計算，就算是當它脫離了（狹義的）利益計算的邏輯、追求那些非物質性的和難以量化的東西，因而在表面上沒有利益性的時候，也是一樣的。（ibid., p.177）

　　布赫迪厄認爲，馬克思完全忽略了有些行動，由於不直接追求金錢方面的收益，所以乍看之下是不理性的，但實際上也還是在追求**其他**的收益。布赫迪厄將這種收益稱作「象徵性質的」，因此他在經濟資本之外又補充提到「象徵資本」。像是慷慨的贈禮、揮霍浪費的行爲等等，都依然可以讓人們獲得特殊的收益，如（優異的）地位、權力、聲譽等象徵性的收益。人們可以用這種象徵性的收益和底層的人區分開來。這種象徵資本對於社會的階級分等來說是有利可圖的，因爲在某些條件下，象徵資本可以轉換成「眞正的」資本。一個有較高聲譽的人、有名望的家族、喜歡高調炫

耀的達官貴人，常常也更可能獲得經濟資本，就像俗話說的：錢（象徵資本）是會生錢（經濟資本）的。象徵資本從經濟角度來看不是不理性的，而是象徵資本的積累也是一種維持經濟資本機會的精明策略。象徵形式的資本是一種「信用借貸」，許多經濟的機會正是以此爲基礎所形成的。所以布赫迪厄說，象徵資本是「『經濟的』……資本的一種轉化的、蒙上了一層面紗的形式。」（ibid., p.183）

> 因此，只要描繪全面的象徵收益的收支平衡表，並且記得資產的象徵面向和物質面向並不是分化開來的，那麼就有可能掌握被經濟主義駁斥爲荒謬的那些行為所蘊含的經濟理性。在收割季節結束之後多買兩頭牛，說這是因為需要它們來踹穀，但實際上是想讓大家知道他們家獲得大豐收了；然後在正需要牛的秋耕之前，又佯稱因為沒飼料了所以把牛賣掉——這種行為從經濟方面看起來很反常，但我們不要忘了，所有的物質收益和象徵收益都可以透過這種行為（即便很虛假）來積累，以增加這個家庭在夏末時節談親事時的象徵資本。這種虛張聲勢策略是一種很完美的理性，因為事實上，婚姻（在最廣泛的意義上）是一種經濟交流的事，而且這種世界無法單純從物質財物來看。（ibid., p.181）

但就像上述關於卡比爾社會研究的引文中讀者可以猜到的，象徵資本的高度重要性並不限於「原始的」或前資本主義的社會。雖然的確如布赫迪厄所說，前資本主義經濟「全然是一個象徵暴力之處」，因爲那裡有赤裸裸的剝削關係，極大的物質不平等用象徵的方式加以掩蓋或掩飾（或是反過來說，也用了身體暴力來殘酷地執行）。而這種作法在資本主義社會已經改變了（布赫迪厄在這裡的說法和馬克思很像），因爲資本主義社會的統治實踐不再用符號來加以掩飾，而是以另一種方式（亦即關於貨物、金錢、勞動力之間的合法交換的意識形態）來加以正當化，但這不意味著象徵資本在現代社會就因此不重要了。完全相反，布赫迪厄的文化社會學研究，就用非常清晰、時而帶點嘲諷的視角剖析現代社會（特別是現代法國社會）的「象徵資本」。他認爲，對於現代社會的分析，不能僅看到經濟形式的資本而忽略了人類的象徵資本。

布赫迪厄後來不怎麼進行人類學研究，而是越來越著重於對法國社會的分析，並且他也試著把相對模糊的「象徵資本」這個概念解釋得更清楚些。他在經濟資本之外，區分出了「文化資本」和「社會資本」；有時候他也講到「政治資本」。不過有些評論者認爲布赫迪厄理論的資本概念也太氾濫了。但我們不用把他所有的資本概念

及其差異一個個都搞懂,而是只需要知道他在著作中所區分出來的最有名的經濟資本、象徵資本、文化資本和社會資本就可以了。因為「經濟資本」的意思相對來說比較清楚,所以我們這裡就僅簡短介紹一下其他三個資本概念。

「文化資本」這個概念,**既是**如藝術作品、書籍、樂器,**也意指**行動者透過早期的社會化過程「吸收而得」的文化能力和文化知識,**而且還有**頭銜(如博士頭銜、學歷等等),因為這種頭銜一定程度上也反映了這個人的文化知識。

「社會資本」則意指一種資源,這種資源來自人們因作為成員而屬於或參加進一個團體,或是因出身自一個顯赫的家庭,或是因上某些精英學校或精英大學,所以擁有了某種社會關係網絡。人們可以運用這種社會關係網絡來達到某些目標。就像俗話說的:有關係就沒關係(這裡可以參閱布赫迪厄的一篇論文:"The Forms of Capital")。

「象徵資本」是一種更高層次的概念,由經濟資本、社會資本和文化資本的共同作用所產生的。這三種「初級的」資本類型會總的建立起一個人在一個社會或某個階級圈子中的聲望、名譽、名聲、聲譽(參閱:"The Social Space and the Genesis of Groups")。

藉由這些資本概念,布赫迪厄得以提出一種社會結構的模型。他還提醒人們要注意到,這些資本形式部分是可以交易或是彼此可以交換的,亦即是可以折算的。要確定社會某階級中的一個人的地位,就必須既研究這個人能夠運用的**資本總額**,也要研究與之相關的**資本結構**(也就是要去看哪些資本形式構成了這個人的總體資本)。例如:在現代社會,大學教授的經濟資本一般來說在排行的中間段,但同時大學教授有極高的文化資本(如有很多頭銜,而且不只擁有很多書,還看了很多書),且相對來說在不同人際圈裡都有不錯的社會關係。因此要判斷一位大學教授的社會地位,必須從多維的面向來看。為了介紹布赫迪厄的分析方式,我們在這裡為讀者舉一個例子,這是一個基於布赫迪厄的理論模型所發展出來的,但**簡化過的**階級模型。這是個只探討文化資本與經濟資本的模型,德國學者埃德(Klaus Eder)也曾用這個模型對聯邦德國進行過研究(Eder, "Klassentheorie als Gesellschaftstheorie", p.21, Fn.6)。這個模型的垂直軸是可用資本的絕對總額,水平軸是兩種資本的相對比重。

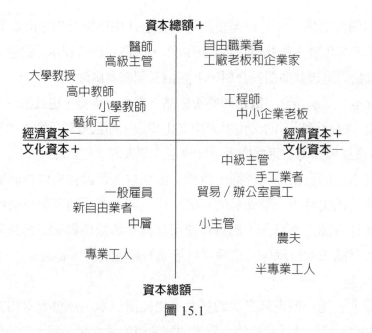

圖 15.1

在這個圖中，醫師和自由職業者的資本總額很像，但資本的構成完全不同。醫師相較之下經濟資本較低，但文化資本比起自由職業者來說相對較高。農夫一般來說沒有特別高的文化資本和經濟資本，而藝術工匠則擁有不對稱的相對高的文化資本和相對低的經濟資本。當然大家也是可以去爭論，圖中藝術工匠的文化資本和大學教授的文化資本彼此的關係位置是不是「正確的」；而且在圖表中確立各職業的資本位置的方法也是需要再進一步檢視的。不過，這不是我們在這裡的重點。

這裡我們只需要弄懂一件事，就是這樣一種更細分過的社會文化分析，比起教條式的馬克思主義，不只更有說服力，而且也是一個更符合當代情況的階級理論。這些不同的資本概念，顯然也填補了在馬克思主義中文化社會學方面的空缺。這也就是為什麼，很多原本的馬克思主義者會對布赫迪厄的理論感興趣，因為這些更細分過的資本概念能夠讓人們在不需要使用新的理論的情況下，與馬克思保持**某種**距離。

但是，當我們回到我們最初的問題，即布赫迪厄理論體系與功利主義足跡的關係時，布赫迪厄在從經濟學延伸出不同的資本概念的同時，也強化了在布赫迪厄理論中（我們先前提到過的）功利主義和衝突理論的「質感」，因為他對文化領域的描述所使用的概念原則上和對描述經濟領域的概念是一樣的。在他的描述裡，這兩個領域行動者的利益都扮演著關鍵角色，差別只在於資本的類型和投注的形式。這兩個領域的鬥爭和較勁每每都關係到收益與損失。布赫迪厄那關聯慣習概念的行動模式，在不同場域原則上都是一樣、沒什麼差異的。

　　我（用慣習概念所）提出的行動理論，其實是想說大部分的人類行動，
除了行動意圖之外，還有一種很不一樣的東西，即透過習得而來的配置。
這種配置讓行動可以，也應該被詮釋為一種**以這或那的目的為導向的**行
動，而且這種目的導向不是行動者刻意去設想的。（*Practical Reason*, pp.9-
98；著重處為約阿斯與克諾伯所加）

　　這也難怪，布赫迪厄在表達他的「宏大理論」的野心時，其說法幾乎掩蓋不住
他那經濟學和功利主義傳統的源頭。他的工作的更重要的、更長遠的目標是提出一套
（他自己所謂的）「**實踐的一般經濟學**理論」（*The Rules pf Art*, p.183；著重處為約阿
斯與克諾伯所加），以此掌握在各個極為不同的場域中，因利益而為各種不同的資本
類型而鬥爭的邏輯。

　　這樣一種與功利主義相呼應的行動理論導致了一個結果，就是「超個體的」或集
體的現象，只能用功利主義的前提來描述。對於布赫迪厄來說，「文化」只是一場競
賽，其中不同的階級在用他們自己的美學品味來與其他階級區隔開來（Bourdieu, *Zur
Soziologie symbolischer Formen*, p.72）；而「公共領域」這個被杜威和哈伯馬斯給予
甚高評價，在政治理論中關於沒有強制性介入且多元的交換的思想，對於布赫迪厄
來說也主要是一個高級官員階層在18、19世紀策略性地推廣開來的觀念，因為高級
官員階層想以此來與他們的競爭對手——例如貴族——一爭高下（*Practical Reason*,
pp.23-24）。在這些例子（但絕不是只有這些例子）裡，從布赫迪厄的觀點來看，凡
事都與資本收益有關，只是「資本」的意涵不一樣。在某些場域，行動者就算不一
定會意識到要追求利益（因為已經變成慣習了），也還是都會遵循競賽規則，追求
與該場域有關的利益。出於這個原因，布赫迪厄在他晚期的作品會特別用「幻象」
（illusio，其字根 ludus 意指競賽）而不用「利益」這個概念，因為他想澄清，「利益」
不是只意指經濟學的那種（有意識的）利益。

　　我更傾向用「幻象」這個詞，因為我談的是一種特殊的利益，一種在
特定歷史的場域運作裡既是作為前提，也是由其運作所生產出來的利益。
很矛盾的是，「利益」這個詞彙會讓人們不分青紅皂白地指責經濟學主義。
事實上，我把這個詞彙當作一種刻意的、暫時的還原論的手段。從歷史來
看，自從人們發明了現代藝術觀，且在文化生產場域獲得了自主性之後，
唯物論的提問模式就被排除出文化領域。但藉由還原論的手段，我就可以

把唯物論的提問模式引入文化領域。（*An Invitation to Reflexive Sociology*, pp.115-116）

布赫迪厄相信「幻象」這種說法足夠且澈底地與功利主義保持距離。同時他認為，這樣可以不用像哈伯馬斯區分目的理性行動與溝通行動一樣區分出不同的行動類型。布赫迪厄認為，像哈伯馬斯的那種區分，只會忽略不同場域裡不同的非物質的收益形式的存在。不只存在不同的行動形式，而且還有不同的資本類型。在各個場域裡，行動者會盡可能精明地積累這些資本。布赫迪厄認為，哈伯馬斯對行動的區分，只不過是以觀念論遮蓋住了這個事實而已。但布赫迪厄自己也忽略了，儘管他如此批判功利主義，但他這樣恰恰也是一種新功利主義的立場。新功利主義也不談行動形式的類型，而是試著用行動者的不同「偏好」來進行討論。新功利主義同樣認為行動類型學是沒有意義、沒有用處的，解釋行動是一件太容易的事了，因為行動說穿了就是在實現偏好而已。

不過，布赫迪厄引人注意之處還不只在於他看起來和（新）功利主義很像。有趣的是，布赫迪厄的立場本身似乎也不是沒有矛盾的。因為，如果我們接受他的「慣習理論」，亦即如果我們同意行動不是完全被決定好了的，那麼布赫迪厄的理論還是會面對一個問題，即該怎麼解釋行動者的**行動限度**，要怎麼解釋行動在**由慣習所設下的界限之內**的彈性。在場域中，行動者會有某種慣習；那麼行動者在場域中，具體來說，是如何實現各種「利益」的呢？畢竟，可想而知的，在由慣習所開啟的行動多樣可能性中，規範的、情感的等等各種行動形式，還是很重要的。若要闡明這種行動多樣性，行動類型學也還是很有幫助，甚至是很必要的。因為透過對不同行動類型的區分，我們才可以避免用過於狹隘，甚至是又回到功利主義的那套方式去理解行動。但布赫迪厄卻不關心這件事！對他來說，這個問題似乎並不存在，所以我們在他的理論中可以看到這個空缺。這也顯示出，例如布赫迪厄在研究藝術時，只說明了文學家和畫家如何努力地進行建立與區分的工作，以及如何被逼著做這些工作；至於藝術家的創造性，布赫迪厄都避而不談。當然也不是說創造性都與各個「場域」的邏輯無關。布赫迪厄批評很多人對於藝術家的自我創作都太過從觀念論的觀點去談了；布赫迪厄的這個批評是有道理的。但如果慣習不能被視作一種決定論的概念，那麼這位理論家就必須著力於行動的**非決定論的**面向，也就是可以被稱為「行動的創造性」的面向。

3. 至此，我們（批判性地）介紹了布赫迪厄理論的前提，也或多或少個別地呈現了他的一些基本概念，也就是場域、慣習、資本。現在我們要來爲讀者介紹布赫迪厄思想中這三個概念的關聯，以此讓讀者更了解布赫迪厄的整個理論體系，並同時指出他這個「靜態」體系中一些有問題的部分。

布赫迪厄理論的邏輯出發點是由場域概念（或者布赫迪厄會說是複數的諸場域！）構成的。社會現實是由各種場域組成的，各場域有自己的競賽規則。行動者如果想在場域中贏得所欲的收益 —— 亦即各種特殊的資本形式 —— 的話，就必須遵守競賽規則。再說一次：科學、政治、教育、體育等場域的規則都不一樣。這種說法在某種程度上很容易讓人想起特別是魯曼的系統理論的那種分化原理。事實上，布赫迪厄在這裡跟魯曼及其支持者所擁護的思想，相對來說走得比較近。他們都認爲社會世界會分成不同的領域，因此現代社會不再能建立起一個統一性。但在這裡布赫迪厄也和這類理論有同樣的毛病：他沒有辦法很有說服力地告訴大家，**場域有很多，但到底是有多少？**（布赫迪厄的出發點似乎是認爲，場域的數量非常多，這個數量只能透過經驗性的歷史研究才能確定。但是他的這個說法沒有什麼幫助，而且他自己的研究也只涉及社會世界的一小部分而已。參閱：*In Other Words*, p.88）還有，**我們該如何劃分出不同場域的邊界？** 分化理論家，以及特別是魯曼，對這些問題都有很詳細的理論思考，但他們從來都沒有給出令人滿意的說法。布赫迪厄在他學術生涯很晚期的時候才爲他的「場域」鋪下理論基底，他幾乎沒有意識到上述兩個問題，而且他後來也不像魯曼那樣對這些問題有什麼系統性的討論。布赫迪厄的「場域理論」和魯曼的系統理論，至少在兩方面是不一樣的。**第一**，和魯曼不同，布赫迪厄把鬥爭視爲核心概念，也就是說，他是用衝突理論的方式來分析場域的。但魯曼在分析「系統」時，對鬥爭從不感興趣。

> 如果在文學和藝術場域，我們確實能將構築了可能性空間的各種立場視作系統，亦即這些立場形成了差異性的、具有獨特與對立特質的系統，那麼這些系統特質不是（如同自我指涉原則所暗示的那樣）從其自身內部運動發展出來的，而是透過生產性的場域內部的衝突發展出來的。場域是力量關係的中心，而非只是意義的中心而已。而且場域也是鬥爭的中心，

門爭的目標則是要轉變力量關係，也因此場域是無盡的改變的中心。人們
在場域的既定狀態裡可能會觀察到的一致性，其表面上朝向了一般運作的
方針……都是從衝突和競爭中誕生的，而不是結構的什麼內在自我發展。
（*An Invitation to Reflexive Sociology*, pp.103-104）

第二，布赫迪厄還有一點與魯曼不一樣，就是布赫迪厄不認為場域與場域之間是
截然區分的，所以也不認為場域之間不可能建立起統一性。這也難怪，布赫迪厄作為
一位法國人，一個極度中心化的國家的市民會認為國家具有一種元功能。他將國家視
為一種「元場域」，其透過自身的能力造就一種強制性的規範，並且始終有能力在各
個場域之間扮演一種「仲裁者」之類的角色（*Pascalian Meditations*, p.127；亦可參閱：
Practical Reason, p.33）。布赫迪厄的這個命題，也讓他和極端的分化理論家與魯曼得
以區隔開，而且必須強調，他也沒有大談社會規範整合，這讓他和帕森斯或敏希也很
不一樣。

在每個場域都會有其主導性的競賽規則，這個競賽規則會刻劃出一種特別的慣
習。進入這個場域的人，不可避免地會去適應、必須適應這種特別的慣習。科學家、
政治家、運動員等等都會有其特殊的慣習，從他們的言談、舉手投足、喜好等就可以
看出來。這不是說每個政治家的言談、舉手投足、喜好都是一樣的，不是說他們的行
為都是被絕對地決定好了的。常有學者批評布赫迪厄是決定論者（例如可參閱：Luc
Ferry and Alain Renaut, "French Marxism (Bourdieu)", pp.153-184, in *French Philosophy
of the Sixties*），但布赫迪厄（如我們在前文就已經看到的）是堅決反駁這種批評的，
並且不斷強調，行動者只會以一定程度的可能性（即便這個可能性非常高）來吸收某
些慣習，而且慣習也還是允許行為有可變的可能性。

因為慣習是一種生產各種產物（如思想、知覺、表達、行動）的無窮能
力，並且慣習的限制是由它所處的生產的歷史情境與社會情境所構成的，
因此慣習提供的既受到制約，也可發揮制約性的自由，遠遠不具備能造就
出不可預測的新生事物的創造性，但也遠遠不會像機器一樣僅在對原初條
件進行再生產而已。（*The Logic of Practice*, p.55）

但是即便有這樣的可變性，隨場域而異的行動以及場域本身，依然多少是穩定不
變的。之所以如此，是因為場域作為一種知覺、思想和行動的圖式（布赫迪厄在這裡

採用的是俗民方法論的觀點），傾向不斷地自我確保與自我再生產。因為慣習會深植進人之中變成這個人的一部分，所以人會（不自覺地）偏好維護自己的一部分。我們總會想不斷確保我們自己所信任的世界，不會想摧毀我們對安穩的日常世界的信任。這也就是說，慣習會透過「對身邊的地點、事物、人的系統性的『選擇』，以此讓自己免於危機和危險的挑戰。」（ibid., p.61）如此一來，透過這種在場域裡建構出來的慣習形式，場域可以不斷確保它自身的原初形式，亦即確保有一種不斷以相同的結構化方式來進行的過程。

> 因為慣習……是一個歷史的產物。慣習會把建構社會的工具投入於實踐性的世界知識、投入於行動，但這種工具本身也是社會建構的；換句話說，這種工具是由被它結構了的世界所結構的。（*Pascalian Meditations*, p.148）

如果從一種更系統理論式的觀點來看，可能會說慣習表現出了社會場域的「分化」，但慣習不只是如此而已。慣習形式也是特定**階級地位**、特定社會氛圍的產物，同時也再生產了這些階級地位與社會氛圍。

> 慣習概念的功能之一就是可以用來解釋具有統一性的風格，一種統一了單一行動者或整個階級的行動者的實踐與財物的風格。……慣習是這種生產性的、統一化的原則，它會把某個地位的內在的、關係性的特質，重譯成一個統一的生活風格。（*Practical Reason*, p.8）

布赫迪厄一直以來都在致力於探討（法國）教育系統的問題，尤其他的目標是想指出不同階級會有不同的慣習；就算表面上整個社會都實施了精英教育方式，也還是幾乎不可能讓慣習因此就不會有那麼鮮明的階級差異。對，布赫迪厄認為，事實根本相反：教育恰恰就是在強化行為形式的階級差異性，恰恰就是在持續地再生產社會不平等（可參閱布赫迪厄的一篇文章："Reproduction"）。我們在第八講介紹衝突理論家柯林斯的時候，便看到過與這種命題很類似的說法了。

布赫迪厄用了慣習概念，描繪社會結構如何經由再生產而以幾乎一樣的形態維持下去。但這也出現一個問題，就是布赫迪厄究竟是如何想像**社會變遷**的。之所以我們可以提出這個問題，也是因為布赫迪厄不太覺得觀念或意識形態能有多大的作用或產

生改變的力量。當提到「統治的正當性」這個古典社會學的概念時就更明顯了。對於布赫迪厄來說，這個韋伯所提出的概念是很有問題的。因為，例如在討論「法理型統治」的時候，韋伯暗指人們會**有意識地**討論統治是否合於法理；但布赫迪厄認為事實上根本不是這樣子的。布赫迪厄認為，人從小就很習慣成自然地處於統治結構中了。在像是幼稚園、學校、工廠等機構中，特別是底層階級的人，都會被灌輸「該理所當然地忍受社會不平等」這種想法。底層階級的人幾乎不被允許妄議國是（*Practical Reason*, pp.53-54）。統治也不是透過意識形態或正當化的話語來維持的，因為絕大多數老百姓根本也不懂什麼是意識形態或正當化的話語。統治更多的是透過讓人民持續習慣服從於現有的權力不平等而維持下去的。

> 如果我漸漸避免使用「意識形態」這個詞，那麼這不只是因為這個詞的多義性以及由此造成的歧義性。首先，這個詞會讓人們去設想一種觀念秩序，以及一種藉助思想並針對思想的行動秩序，使得人們忘記了有一種維持象徵秩序的最有力的機制，即一種**雙重自然化**。這種雙重自然化一方面來源於社會事物既被銘刻進物中，也被銘刻進身體中（不論是統治者的身體，還是被統治者的身體，不論是依照性別、種族、社會地位，還是依照什麼可以辨識出來的要素來進行銘刻的）。另一方面則來自象徵暴力的效果。就像一些如「天生的差異」或「天分」等日常詞彙所凸顯出來的那樣，既定秩序要獲得正當性是很簡單的，因為它在社會世界的現實中幾乎是自動就會持續下去的。（*Pascalian Meditations*, p.148）

然而，這樣的立場很容易讓人立即想質疑布赫迪厄理論如何面對變遷理論的問題，而且這也讓布赫迪厄理論特別被指責是一種（負面意義的）超功能論。因為，從布赫迪厄的理論來看，（從規範上來看很成問題的）不平等的權力結構就算場域中一直都存在著鬥爭，但還是會自己不斷進行再生產並穩定化，這使得不平等權力結構的突破幾乎是不可能的。社會變遷理論在布赫迪厄的理論體系中不太有一席之地。在《藝術的法則》（*The Rules of Art*, p.253）中有一些評論，認為文學場域和繪畫場域是最能讓人期待有變遷過程的，亦即可以期待有**更年輕的**世代進入場域。布赫迪厄用福樓拜和波德賴爾當作例子來從歷史的層面證明這件事。他探討了這兩個當時的新人如何在文學場域建立並施行了新的美學形式，使得文學場域的結構產生了顯著的改變，但布赫迪厄很少提出一種真正的社會變遷理論、**一般性的**變遷理論。相反地，他認

爲，因爲每個場域各有既存的資本形式的配置，所以會有不同的變遷模式。而由於他只研究少數的幾個特定場域，所以他的著作必然會排除掉對於一般性的變遷的討論。

．．

　　4. 布赫迪厄的理論的**時代診斷潛力**，突出表現在他對全球化的批判（不過我們不擬對此進行詳細的探討）上，也表現在他的**文化社會學**的著作，尤其是 1979 年出版的相當著名的《區分》中。不過，他這類研究的概念性方面、理論方面的綱領，在他很早期的時候就已經提出來了，尤其下面這一段引言可能最讓人印象深刻：

　　　　事實上，在交流與區分的競賽——一場**根本上屬於文化性質的競賽，**同時也是一場根據階級結構客觀地組織起來的競賽——中，用經濟學觀點所標示出的那些最艱困、貧窮的團體和階級，不過只是一種對照工具。意思是，這些團體和階級只是用來凸顯出其他團體階級的必要對照物，只是用來當作一種「自然而然的事」。這一場象徵性的區隔的競賽，是在一個很小的空間內進行的。這個空間的邊界是由經濟限制所設定出來的，特權群體便透過這個競賽留在特權社會中。同時，特權群體也據此而得以掩飾特權群體與貧困群體真正的對立，即統治上的對立。（Bourdieu, *Zur Soziologie symbolischer Formen*, pp.72-73；著重處為約阿斯和克諾伯所加）

　　就像布赫迪厄在這段引文中聲稱的，文化是一場區分競賽，在其中會帶來階級差異，將階級差異建構得顯而易見。布赫迪厄對文化的定義相當寬泛（讀者們可以對比一下他的文化資本概念。他的文化資本概念也很寬泛，像是繪畫、書、知識、專業能力，甚至是頭銜等等，都被包含在內），並涉及美學判斷。《區分》這本書首先便涉及一個很有挑釁性的聲稱，即就算表面上看起來最個人的看法（關於飲食品味的意見、關於音樂作品的美學意見、關於一件衣服「穿起來如何」的意見等等），也都是由階級慣習所決定的。這個命題要說的是，「品味」、美學判斷，也是有階級性的，一開始就是由階級所決定的，因爲品味和美學判斷反映了一個人所具備的經濟條件。

　　布赫迪厄這個命題既有吸引力又很有挑釁意味。這首先是因爲，他饒有趣味地透過一些表面看起來最平凡無奇的事情，對人們最毋庸置疑的感覺提出了質疑，而讓人

們感到很訝異。涂爾幹的《自殺論》也有這種震撼讀者的效果。涂爾幹將一件看起來最由個人自己決定的事（亦即自殺）詮釋爲一件**依社會而定**的現象。這類論證告訴我們，我們的觀點不是我們自己的觀點；這種論證會讓人感到很驚訝。但布赫迪厄的工作，特別是《區分》，之所以很有挑釁意味，除了以上的理由，還因爲：他把美學（亦即藝術裡關於美與眞的學說）等同於一般日常的品味，或至少認爲兩者是近似的。布赫迪厄想指出，被美學理論奉爲偉大的音樂、偉大的繪畫、偉大的文學的那些作品，事實上也只是從對應於某種經濟地位的觀點來看是偉大的。他認爲，高雅藝術一直以來都是階級競爭的產物。一件作品是不是高雅藝術，是由統治階級界定的。統治階級把**他們的**美學眼光定義爲「正統的」藝術，同時將這種美學的階級決定性給掩蓋粉飾掉。布赫迪厄的「反康德主義『美學』」的計畫，就是想**揭開美學的神祕面紗、揭露美學的真相**。

在這樣的背景下，布赫迪厄把所謂的「奢華品味」和「實用品味」區分開來。實用品味是典型的社會底層階級的品味，這種品味只在乎能不能直接解決生活的物質問題；這種品味與日常的匱乏經歷、經濟不確定感有關。在這種情況下，人們不可能還有什麼時間和精力去管自己過得精不精緻。相應於此，底層階級的眼光和生活習慣，和統治階級的眼光和習慣也是完全不一樣的。飲食習慣就是一個很顯著的例子。

> 社會最頂端的階層特別認可一種節制飲食以追求苗條身材的新倫理。但面對這種新倫理，農民和尤其是工廠工人還是保持他們享樂放縱的倫理。一個喜歡吃喝玩樂的人，不只是喜歡吃吃喝喝而已；他可以透過與大家一起吃吃喝喝，處於一個掃除任何拘束與沉默的歡樂情境，以此象徵和建立起一個慷慨、跟大家打成一片的關係，亦即一種簡單、自由的關係。
>
> （*Distinction*, p.179）

但表現出實用品味的當然不是只有飲食習慣；底層階級**所吃的東西本身**基本上也會和統治階級所習慣吃的東西不一樣。布赫迪厄用了大量的統計數據和透過敏銳的觀察指出飲食文化的差異，並不厭其煩地再指出，上層階級傾向於（這種傾向有時候是有意的，但更多時候是無意的）透過精緻的用餐來和底層的飲食文化區隔開來。上層的奢華品味是一種區隔、**區分**的嘗試，以此不斷再生產出階級差異與階級邊界。知識分子、企業老闆、記者等等，會理所當然地去吃中式料理、越南料理、緬甸料理；但一位工人就算他負擔得起，也根本不會想到要去吃這些料理，因爲他對於「好吃的

東西」的想像完全是另外一回事。（當然，各階層的人覺得什麼料理好吃，也是根據不同的歷史情境而定的。）出身上層的人會透過社會化而習得某種飲食品味與相關的慣習，並且這個人會以此幾乎自動地和其他階層的人明確地區隔開來。不只是餐桌禮儀，而是連表面上最個人的品味，也會區分出「貴族」和「平民」。過去是如此，布赫迪厄認為即便在當代也是如此。

　　藝術的理解接受能力，也有類似的隨階級而異的模式。由於沒有經濟壓力，因此奢華品味和與此相關的美學，是無目的的、在表面上無關利益的。所以，上層社會的人相較於底層階級的人，會更從抽象藝術出發，像是布拉克（Georges Braque）、德勞內（Robert Delaunay）、馬列維奇（Kazimir Severinovich Malevich），或是杜尚（Marcel Duchamp）等人的繪畫藝術作品。底層階級的人則搞不懂這種無關利益的東西，他們更多的是從生活實用性方面來看待藝術。他們會覺得布拉克的畫不知道是在畫什麼、醜爆了，所以會更偏愛把斯波茨韋（Carl Spitzweg）或是弗里德里希（Caspar David Friedrich）（而非德勞內）的翻印畫作掛在臥室裡。工人和一般市井小民在看到馬列維奇的畫作時，常常都會問「這也是藝術？」但富有藝術思維的知識分子，可能對馬列維奇的畫作特別感興趣、感到印象深刻。因為要欣賞馬列維奇的畫作是有門檻的，而這也因此具有（布赫迪厄所設想的）區分效益，能把藝術門外漢「撇在身後」。同樣的情況也存在於音樂領域。工人只會聽古典音樂，所以更偏愛史麥塔那（Bedrich Smetana）的《沃爾塔瓦河》，而覺得蕭士塔高維契（Dmitri Shostakovich）的音樂是不好聽的「噪音」。

　　布赫迪厄不厭其煩地在各種領域，像是體育、政治意見、電影、服裝，或甚至是休閒安排等等，探究這種相似的模式。對他來說，這些領域都表明一件事：是**統治階級**在這每一個文化場域中定義了某些活動的正統性。是統治階級透過他們的區分需要，把最新的前衛藝術形式解釋成**真正的**藝術，然後把所有以前的藝術形式說成是膚淺的品味、不是真正充滿藝術內涵的東西。尤其是如果較低階級的人正準備吸收「較舊的」藝術形式的話，統治階級更會這麼做。

　　總而言之，布赫迪厄的研究最後得出一個命題，即人們在特定的階級中會習得相應的慣習（一種總體的知覺、思維、行動的框架），這種慣習會定義某種「生活風格」，這個階級會藉此在文化上與其他階級區隔開來。在一個社會中，不同的生活風格即是象徵競爭的表現，這是一種階級間致力於進行區分的競爭。布赫迪厄認為，這是一件特別值得我們理解的事，因為我們唯有理解這個現象，才能更好地呈現出社會的階級結構及其動力。教條化的馬克思主義，由於在文化理論方面的空白與忽視，因

此始終無法對階級結構及其動力有適當的呈現。

　　布赫迪厄的時代診斷的論點，即是基於這一套文化社會學的描述所得出的。不過他的視角限於階級不平等的持續再生產，因此不太有什麼改善狀態的展望。這至少與這一講開頭提到的布赫迪厄的一個角色，即法國教育體系和全球化的公共批評家，是矛盾的。因爲我們可以問，他是一個公共批評家，但他的診斷似乎又是說社會結構是無可改變的、堅固的，那麼他所扮演的角色和他的理論內涵之間該怎麼調和呢？不過布赫迪厄自己相信這個「矛盾」是可以解決的，因爲他認爲唯有人們認識到且承認社會的結構化法則，自由才是可能的。「社會學提供解放的方式，就是將人們從自由的幻覺中解放出來。」（Bourdieu，轉引自：Dosse, *History of Structuralism*, Vol.II, p.67）事實上，「人是有自由意志的」這句話本身就是一種權力話語，因爲這種話既忽略了自身行動可能性的邊界，也忽略他人行動可能性的邊界。社會情境決定論的說法，還反而比較可能是能提供解放的話語的出發點。布赫迪厄總是宣稱他的學術研究就是想帶來這種解放話語，特別是在他人生最後的 10 年間，他嘗試動員左派知識分子，以對抗在他看來越來越具有威脅性的生活情境全面經濟化，以及對抗自由放任的自由主義思想的霸權。一個會發展出這樣活動的人，其世界觀絕不會是悲觀的。所以布赫迪厄的時代診斷雖然呈現出社會不平等模式的持續再生產，但他還是有抱持著希望的面向。

　　講到這裡，對於布赫迪厄的理論的介紹也差不多要進入尾聲了。我們爲讀者推薦一本入門著作：《布赫迪厄導論》（Markus Schwingel, *Pierre Bourdieu zur Einführung*）。不過我們在最後還有一個任務，就是去看看布赫迪厄的理論帶來了什麼樣的影響。

● ●

5. 布赫迪厄的著作都已被奉爲經典，在社會學內部有很大的影響力。像是**政治社會學**和**社會不平等社會學**，都很深受布赫迪厄思想的啟發。例如在法國，布赫迪厄身邊圍繞著一群夥伴，延續發展布赫迪厄的研究方向，或是將他的研究方向運用在其他新的主題範疇。這裡特別值得一提的，是對特定階層和職業團體所進行的歷史社會學研究。波彤斯基（Luc Boltanski）出版於 1982 年的《幹部：一個社會階級的形成》（*Les cadres. La formation d'un group social*），即是當中頗具代表性的一

本著作。在**德國**，不平等研究特別會和布赫迪厄的理論相關聯，並且特別專注在生活風格概念上〔可以參閱埃德（Klaus Eder）自 1989 年以來編纂的一系列的著作：*Klassenlage, Lebensstil und kulturelle Praxis*；另外也可參閱：Hans-Peter Müller, 1992, *Sozialstruktur und Lebensstile*〕。不過，布赫迪厄的理論在德國有時候會被濫用，例如德國在使用生活風格概念時，越來越脫離了階級理論（但德國的生活風格概念也不總是基於布赫迪厄的思想）。生活風格好像是人們可以自由選擇似的，使得有人因此認為，德國社會再也無法辨識出「真正的」階級（可以參閱像是 Gerhard Schulze, 1992, *Die Erlebnisgesellschaft. Kultursoziologie der Gegenwart*）。這並不是布赫迪厄的思維方式會有的論證形式。至於**北美**，加拿大法語區的女性學者拉蒙（Michèle Lamont）在 1992 年出版的著作《金錢、道德與禮儀》（*Money, Morals, and Manners: The Culture of the French and the American Upper Middle Class*）特別引起轟動。該書發揮布赫迪厄的精神進行了社會結構比較研究，但某種程度上又超越了布赫迪厄，因為拉蒙檢視了布赫迪厄所忽略的階級的道德話語，沒有急於把階級的道德話語化約成其他要素。出生於 1957 年的拉蒙令人印象深刻地探討了美國和法國的各個上層中產階級，對於彼此關於道德層面的美好生活與美好行為的想像與觀念，被多麼明確地劃分開來，以及道德態度又是多麼適合清楚劃分出階級之間的邊界。

布赫迪厄的影響，對於**歷史科學**來說也同樣相當大，因為像是「資本」、「場域」或「慣習」概念，很顯然可以克服歷史科學既存的一些理論不足。最值得一提的例子，是一本深受布赫迪厄理論影響，但其主題也是布赫迪厄自己也不斷在討論，但我們在這一講不會再進一步深入討論的著作，即夏勒（Christophe Charle）的《知識分子的誕生：1880-1900》（*Naissance des 'intellectuels'. 1880-1900*）。這本平易近人的書，生動探討了 1880-1900 年那個時代的知識分子的形象是如何構成的，知識分子運用了哪些不同的策略來和「競爭對手」保持距離，以及如何從國家和教堂中解放出來。

• •

法國的知識分子，當然不是只有結構主義、後結構主義或「生成結構主義」（布赫迪厄）這幾種取徑而已。在法國，還有一些社會學家和哲學家自稱為反結構主義者，並且也因此在國際上很有影響力。在下一講，我們就來介紹這些學者和他們的研究。

第十六講

法國反結構主義者
（卡斯托里亞迪斯、杜漢、利科）

　　我們在第十四講已經提到，自 20 世紀 50 年代開始，結構主義便支配了法國的知識圈。雖然 20 世紀 70 年代末「古典的」結構主義失去了重要性，但結構主義對法國知識圈的支配性依然沒有太多改變。因為有些聲名鵲起的所謂後結構主義或新結構主義的學者，依然支撐起了至少部分的結構主義遺產。這讓非結構主義的人文學者和社會科學家，在法國很難得到人們的青睞。再加上這些非結構主義的人文學者和社會科學家的立場經常被批判，或甚至被指責為「主觀主義」。這些在結構主義霸權時代下過得不太順遂的學者，就是我們這一講要來介紹的。卡斯托里亞迪斯（Cornelius Castoriadis）曾提到，結構主義簡直是一種「語言學的流行病」。它的「膚淺的偽語言模式」，把明明很清楚的思想搞得很難懂（Castoriadis, *Crossroads in the Labyrinth*, p.120）。結構主義者的這種「統治」，讓一些非結構主義的法國思想家長時間在國外比在法國本土還要有影響力，因為他們的著作受到（結構主義）嚴重排擠。這種情況一直到近年來才出現改變，到近年來法國的知識公共領域才開始認真評估那些反結構主義思想家的重要性（亦可參閱本書第二十講）。

　　關於法國重要的反結構主義社會理論家和社會學家，我們先從一位學者開始。這位學者很難說屬於哪個學科領域，而且也不是在法國出生的，但是他和結構主義的理論辯論非常重要，也和馬克思主義有過非常重要的對話，因此在法國知識生活領域當中是一位很重要的人物，影響力相當廣泛。這個人就是卡斯托里亞迪斯。

　　卡斯托里亞迪斯 1922 年出生於伊斯坦布爾。但因為他的家庭被土耳其驅逐出境，所以他是在雅典長大的。不過當時雅典的政局也非常不穩定（以下關於卡斯托里亞迪斯的介紹，可參閱：Marcel van der Linden, "Socialisme ou Barbarie"）。在邁塔

克薩斯（Ioannis Metaxas）的獨裁籠罩下，卡斯托里亞迪斯加入了希臘共產黨青年組織。但他加入不久後，當希臘共產黨為了抵抗 1941 年 4 月納粹德國對希臘的侵略，而與其他主流政黨合作時，卡斯托里亞迪斯便退出了共產黨。

卡斯托里亞迪斯在雅典攻讀了法學、經濟學和哲學。1945 年，希臘內戰 (1944-1949) 期間負笈巴黎攻讀哲學。當時，巴黎已經處於我們在第十四講提到的知識氛圍了，亦即馬克思主義和存在主義的激烈爭辯氛圍。在這段時期，他的政治立場也出現改變。但他並沒有跟左派革命計畫分道揚鑣，而是在 1949 年成立了一個獨立的政治團體，並創辦了一個對今天來說堪為傳奇的期刊：《社會主義或野蠻》（*Socialisme ou Barbarie*）。這份期刊的成員包括了我們前文已提到過或稍後會介紹的知名知識分子，像是勒佛（Claude Lefort）、李歐塔、莫蘭（Edgar Morin, 1921-）。這份期刊旨在討論一個問題：革命團體如何組織起來，並同時避免在歷史上總不斷上演的官僚化及其可怕的後果，如在俄國革命那裡所發生的那樣。

卡斯托里亞迪斯當時的正式身分是經濟學家，但他也在那份期刊上用了各種筆名（因為他是外國人，不被允許參加政治活動）發表了無數的文章，討論了馬克思主義、資本主義、蘇聯統治系統。20 世紀 50 年代末期，他對於馬克思的批判越來越尖銳。最晚從 1963 年開始，他就和歷史唯物論的基本思想澈底決裂了，也因為對馬克思主義的態度所造成的立場衝突，《社會主義或野蠻》在 1965 年停刊。不過這份期刊在後來有很大的影響力，因為在 1968 年巴黎的五月風暴中不少重要的參與者〔例如孔一本迪（Daniel Cohn-Bendit）〕深受這份期刊的革命風格的影響（參閱：van der Linden, "Socialisme ou Babarie", p.1；亦可參閱：Gilcher-Holthey, *"Die Phantasie an die Macht". Mai 68 in Frankreich*, pp.47ff.）。

《社會主義或野蠻》停刊之後，卡斯托里亞迪斯開始接受精神分析培訓，成為精神分析師。雖然他很認真看待精神分析師工作，也發表了很多關於精神分析主題的作品，但這不意味著他沒有想成為社會理論家的野心。相反地，大概正是因為他對多種學科的涉獵，所以能夠從西方馬克思主義的舊紙堆中發展出新東西。例如他在 1975 年出版的主要著作《社會的想像構成》（*L'Institution imaginaire de la société*），便讓人印象深刻。之後他也出版了許多著作〔例如我們前面引用過的《迷宮中的十字路口》就有英譯本（*Crossroads in the Labyrinth*）〕，展現了卡斯托里亞迪斯源源不絕的生產力。當他在 1997 年過世的時候，還留下了許許多多未發表的手稿，直到今天乃至未來都有待整理出版。

當我們去看卡斯托里亞迪斯的作品時，會發現他的這些作品很難被歸類到我們至此所討論的各種理論取徑。他的理論立場太獨特了，我們只能用最簡單的排除法來標示他的理論立場，亦即去看看他抨擊了哪些理論。我們以三個關鍵字作爲重點來談：卡斯托里亞迪斯的反結構主義、反功能論、反馬克思主義。他正是在對這三個理論方向的批判當中，發展出他高度原創的方向。

1. 毫不令人意外的，卡斯托里亞迪斯和結構主義有特別激烈的爭論。因爲在法國，面對之前我們提到過的結構主義的霸權，與之的爭論實際上是無可避免的，卡斯托里亞迪斯深受梅洛龐蒂思想的影響。梅洛龐蒂是一位現象學家，對人類的身體性和自我的互爲主體性特別感興趣。在根本上，梅洛龐蒂在其晚期著作中，比沙特還要強烈地與結構主義的觀點，尤其是與語言現象有關的部分，進行辯論。卡斯托里亞迪斯也在梅洛龐蒂的影響下對結構主義的命題進行了批判。雖然他同意結構主義關於符號任意性的命題，但他沒有在這個命題上止步不前。相反地，他在此提出了與結構主義基本思想在根本上相違背的符號理論要素。

卡斯托里亞迪斯認爲，符號系統（如語言）組織起了世界，並與世界相關聯。語言當然不是世界的摹本；它並非僅對世界進行了再現而已，也不像我們在前幾講提到的那樣，認爲不同的語言會造就不同的世界觀。但這當然也不是說語言就完全與現實無關、完全是任意的。卡斯托里亞迪斯援用了梅洛龐蒂，指出語言「是被世界的『如此存在』（Sosein / being-such）從內在來進行加工的」（Castoriadis, *Crossroads in the Labyrinth*, p.125）。結構主義有個很典型的**雙面的**符號概念，亦即符號的意義，唯有根據能指與能指之間的關係才能辨識出來。或換句話說，所指完全要視能指之間的關係而定。但卡斯托里亞迪斯拋棄了這個概念，取而代之的是提出了**三面的**符號概念，在原本的雙面概念之外再注意到了「參照物」，亦即符號所關聯的世界。

> 事物在文化和語言當中所呈現出來的相對性是無可置疑的。但如果不直接藉助事物本身那無可名狀的非相對性，我們也無法指稱出其相對性。如果語言及思想是存在的，那麼這要歸功於無數重要的事實，像是：有樹存在著，有地球，有群星；有許多日子，有光。樹生長於地球上，群星在夜裡閃耀。在此意義上，這些事物是透過語言而被説出來的。（ibid., p.126）

　　這種關聯參照物的符號理論，必然會讓卡斯托里亞迪斯偏離結構主義。因為，從這樣的觀點出發，符號首先並不是世界中的客體，而是一種「符號客體」，亦即它**關聯著現實中的某個東西**。不過，如果符號並不是簡單反映現實而已，那麼這就只能意味一件事，即符號是被「創造的」、被發明的、被「設置的」。「符號之為符號，不過就是一種被制度化的圖形、形式和規範，一種社會想像力的創造。」（Castoriadis, *The Imaginary Institution of Society*, p.252）

　　符號的任意性是社會的創造性的結果，一種社會創造性的表現，所以在一個社會中這個（而不是別的）符號被確定來指稱這個對象或事物。但與此同時，卡斯托里亞迪斯在他的符號理論中，也將主體概念置於核心地位了。這是一種集體主體的概念，即「社會」。

　　如果符號系統（如語言）是社會創造性的表現，且語言同時也結構化了世界，那麼這也就解釋了為什麼不同的社會和文化會透過語言而組織起不同的世界。如卡斯托里亞迪斯所說的，每一種語言、每一種文化都會以創造的方式構築出某種意義核心、中心意涵。言說、思想、行動，就是圍繞著這個中心而組織起來的。這種中心意涵是每個文化世界的一部分，並且會變成其自身的現實。

> 　　不論是關於一些想像〔像瑪納、禁忌、正義（dikè）、命運（chréon）、神聖，或是神〕，關於一些概念（像城邦、共和、國民、政黨、存有、理性、歷史），還是關於高雅、可愛、舒適等，這一切都是基於某種實體、有賴於這些實體的，即便人們無法用相機拍下這些實體、無法邏輯地定義這些實體。這種實體會形成一種整體，構成一種形態，造就出每種文化的總體性……、非實在和極為實在的參照物。（Castoriadis, *Crossroads in the Labyrinth*, pp.130ff.）

　　符號系統是被社會加以制度化的。藉助這個命題，卡斯托里亞迪斯「在結構主義背後再次揭示出主體性在意義支撐方面的成就」（Joas, *Pragmatismus und Gesellschaftstheorie*, p.156）。但卡斯托里亞迪斯關於「社會的創制」的說法，不是說他完全只去看**集體**主體性的過程。完全相反。他認為，語言也同樣需要**個體**的創造性。語言不會約束言說主體，也不會被強加上一種強制系統。典型的結構主義的說法「主體是被說出來的」在這裡也因此是被駁斥的。語言更多的是：

一種沒有固定邊界的領域，主體在這之中悠遊著。但前提是，在這個領域中得「有人」在悠遊。也就是說，如果沒有言說主體的話，我們無法設想語言的存在。（Castoriadis, *Crossroads in the Labyrinth*, p.133）

新的意涵之所以可以形成，舊的、表面上長期被遺忘的所指之所以可以再次復活，是因為有主體說了這個語言，並且語言在被言說的過程中持續地改變了。梅洛龐蒂也曾強調，主體對於理解語言來說是非常重要的。藉著強調個體和社會的創造性，卡斯托里亞迪斯便可以對所有急於將人類存在的歷史性拋諸腦後、對社會變遷和社會世界的特質缺乏適切理解的理論，進行根本的抨擊。以此，我們就可以接下來看他的功能論批判了。

2. 卡斯托里亞迪斯對於功能論的反對，首先在於方法論的部分，並且他的反對相對來說是較為傳統的：與生物學或醫學的功能論思想不同，**社會的**需求是不可能被明確界定出來的。因此卡斯托里亞迪斯認為，我們也不可能確認出滿足社會需求的制度。

唯有當一連串的功能持續得到滿足（生產、孩子的養育、管理集體、解決紛爭，等等）的時候，社會才得以存在。但不能把社會的存在僅化約成功能的滿足而已，其解決問題的方式也不是一勞永逸地透過它的「本質」所決定的。當出現新的需求時，它會為自己發明與界定出新的方式，以回應它的需求。（Castoriadis, *Crossroads in the Labyrinth*, pp.116ff.）

這段引文的最後一句話，已經超出**原本的**功能論批判的範圍了。卡斯托里亞迪斯在這裡想讓人注意到一件事，即制度世界與符號性的事物是不可分割地交織在一起的。雖然制度本身不能僅化約成符號性的事物，但制度只有在符號性的事物當中才能存在（ibid., p.117）。制度的成就在於：

把符號（能指）跟所指（再現、秩序、做或不做什麼的命令或刺激、最廣泛意義上的行動的後果）關聯在一起，並使之具有效力，亦即使這種關聯在相應的社會或團體裡具有或多或少的強制力。（ibid）

　　可是，恰恰在這個制度的符號面向，功能論是失效的。符號系統不依循功能論的邏輯，因為符號雖然不是與現實完全沒有關聯，但符號的形成並不是本質上必然得產生自它與現實的關聯（ibid., p.118）。符號體系不是與所有現實過程都是對應的，而且這些符號體系也沒有滿足什麼與現實過程相關的功能。符號體系更多地表達了一個社會的創造性，而且這個社會還會不斷造就出新的符號、改變原本符號的意思、**連接各種符號**等等。這最終當然也就意味著，符號性的事物並**不是被決定好的**，各種制度也**不是被決定好的**。功能論的思想都默認了這類的決定論，並且因為認為制度是和符號交織在一起的，所以否認社會的創造性。試著將制度還原成「本來就具有的」需求，是一種很荒謬的作法。相反地，卡斯托里亞迪斯認為，社會科學的任務是要去研究，**需求是如何透過文化和社會而被界定出來的，以及哪些制度被製造出來以滿足這些需求**。

　　卡斯托里亞迪斯的這種說法聽起來並沒有特別驚天動地，但是卻有個很顯著的後果，尤其是在對馬克思主義的某些前提的批判方面。因為，如果制度都是和符號交織在一起的，並且如果同時所有的社會關係都是透過制度而界定的，那麼這也就是說，經濟關係，所謂的「下層建築」，也是被設置的（ibid., p.124f.）。而這直接可以得出一種說法，即沒有什麼是「外在於社會」的，沒有什麼可以規定社會結構。馬克思主義的一種很典型的嘗試作法，就是把經濟指認為一種近乎自然的事實，認為經濟會影響社會事物。但在卡斯托里亞迪斯的論點下，馬克思主義的這種作法看起來就會變得很空洞了。因為如果經濟本身就是一種會隨文化而異的社會創造產物，那麼「經濟歸根究底具有決定力量」這種馬克思主義中典型的說法就一點意義也沒有。這裡，我們便進入了卡斯托里亞迪斯的馬克思主義批判。

　　3. 卡斯托里亞迪斯這方面的批判的基本脈絡，在 1964-1965 年的《社會主義或野蠻》這份期刊上發表的文章中就已經被提出來了，但是在他的主要著作《想像的社會制度》裡又透過進一步的改寫而再次出版，亦即這本書的第一部分「馬克思主義與革命性的理論」。卡斯托里亞迪斯在這裡選擇了一條很奇特的路徑，他呈現他的各種對於馬克思主義和歷史唯物論的解讀，然後指出所有這些詮釋和說明，最終在理論層面都是站不住腳的。

　　這裡說的主要是在馬克思和恩格斯的著作，以及在許多對其著作的詮釋裡可以看到的一條論證分支，一種人們可以稱其為歷史唯物論的**科技決定論**版本的分支。這條分支是說人們可以「用一個社會的技術狀態來解釋這個社會的運作，以及用技術的發

展來解釋一個社會如何轉變到另一種社會。」（ibid., p.66）卡斯托里亞迪斯認為，這種觀點預設了一個前提即技術與科技發展是自主的，意思是技術與科技發展是外在於社會的、與文化意涵無關的解釋要素。但卡斯托里亞迪斯非常懷疑技術是否事實上真有朝向自主發展的內在趨勢，也很懷疑技術是不是真的是一種首要推動力。他的看法是，科技決定論假設自然不過就是一個「等著被人類剝削的儲存庫」（ibid., p.19）。這樣一種對於自然的看法，其實是把今天西方社會對自然的理解方式，以一種站不住腳的方式加以普遍化的觀點。因為不是所有的社會都會與它的環境發展出這樣一種工具性的關係，而且也不是在所有的社會中科學都只會被當作一種剝削環境的手段。

> 古希臘用於生產的技術，當然遠遠落後於科學發展已能達到的可能性。但這跟希臘世界的社會情境和文化情境是密不可分的，而且與希臘人對自然、勞動和知識的態度也是密不可分的。（ibid., p.19）

人類是否用技術來掌控自然，這是否會不斷帶來技術變遷甚至是社會變遷，都是和社會對自然的態度有關的。卡斯托里亞迪斯認為，現代資本主義是一種文化藍圖，並且和這樣一種對於自然的控制觀是密不可分的。馬克思和恩格斯，以及特別是馬克思主義的科技決定論式的說法，把基於資本主義的觀念錯誤地普遍化了，以為這種觀念在每個歷史時期都存在，還將之物化為一種社會法則。這不只從歷史來看完全是錯的，而且其實科技本身也是社會建構的。科技是「被選擇的」，取決於社會的符號創造性，並且人們運用科技的方式也會隨文化而異。

不過，在馬克思和恩格斯的思想體系當中，人們還可以看到一種**功利主義的動機**，這也常跟科技決定論連在一起。馬克思和恩格斯假設生產力的發展是歷史的推動力。他們在這裡提到了一種「人類行動裡不變的動機類型，簡單來說就是經濟動機。」（ibid., p.25）認為正是這種動機，讓人們孜孜不倦地利用和剝削人類和自然。在卡斯托里亞迪斯這裡同樣認為，人類學和歷史學對於不同的人類經濟形式的研究，一直以來都證明了馬克思和恩格斯所假設的超歷史的不變動機是錯誤的。擁護功利主義版本的歷史唯物論的人，都「把當代社會的運動與組織形式擴展出歷史整體之外了」（ibid., p.26）。

卡斯托里亞迪斯對馬克思主義的第三種解讀是，認為馬克思首先試著**將資本主義經濟構想成一種封閉系統**，並將之連同勞動價值理論來一起理解。馬克思深信他已經解讀了商品的價值表現，並聲稱決定貨品之間交換關係的，是社會勞動花在貨品生產

上面的量。這個觀點本身很有吸引力，但這個觀點若要能貼近現實情況，必須有一個前提條件，就是人類勞動的質與量是具有可比較性的。但人類勞動真的是可以比較的嗎？如果是可比較的，又要怎麼比較？

> 在「具體的勞動」（像是做裁縫、砌磚牆等等）的這種現實情況中，勞動是異質的。用機器裁出一尺的亞麻布「中」的勞動量，和用舊式裁縫機裁出一尺亞麻布的「具體的」勞動「中」的勞動量，可不是同一回事。若認為有某一種勞動，一種大家根本看不到也做不著的勞動，一種「簡單抽象」且又「對社會來說極為必需」的勞動，那麼這種觀點**必然**是有問題的，也一定是很成問題的。（Castoriadis, *Crossroads in the Labyrinth*, p.263）

馬克思陷入一種觀點，就是認為有一種「簡單抽象的」或「對社會來說極為必需」的勞動，所以他才會聲稱有一種比較標準可以用來衡量勞動，以及用來確立商品間交換關係的可能性。卡斯托里亞迪斯認為馬克思的這種觀點非常荒謬，因為根本沒有人知道「對社會來說極為必需」的勞動到底具體來說是什麼東西。進行貨品生產時所需的「一般平均的」勞動時間，也沒有標準可言。除非我們假設科技是不會進步的，或是假設「生產者之間的競爭都會讓實際的勞動時間保持在恆定的情況，並且實際上都會落在平均值上。」（ibid., p.268）但這種對完全競爭以及據此而想像的理想市場的假設是不切實際的。那麼，一種能定義對社會來說極為必需的勞動的標準，到底是什麼呢？馬克思從來沒有給出清楚的答案。就連「簡單」或「抽象」的勞動也沒有定義。之所以會這樣，卡斯托里亞迪斯認為，顯然是因為勞動畢竟不是商品，和所有其他商品都是不一樣的。「生產」勞動的條件和生產貨品的條件，完全是兩回事。而這一點正是馬克思所忽略的，或是他不想看到這件事。

> ……如果要說一位空航機長的價格高於他的勞動力「價值」，那就等於很荒謬地假設，清道夫之所以讓自己有那樣的資質、之所以做那樣的工作，都是在為了讓他的「價格」可以壓低得等同於他的「價值」。馬克思預言，在資本主義發展的終點，這個問題不會得到解答，而是會被**抹除：如果**資本主義事實上會把所有勞動變成大工廠裡無技能性的勞動，那麼就不再有「簡單的」勞動了。但情況並非如此。（ibid., p.273）

　　勞動力的價值不是固定的，因為勞動者的生活必需品是無法被準確確定的（ibid.,
p.320），而且資本家其實也無法確切知道他可以透過勞動力的購買得到多少收益。
最後，資本家並沒有辦法預見科技會如何地變遷，也無法預知勞工是否願意配合，還
是會冥頑不靈（Castoriadis, *The Imaginary Institution of Society*, pp.15f.）。但如果勞動
力的價值本來就不能被準確確定，因為勞動力的價格牽涉協商、衝突、估價等問題，
那麼其他馬克思所謂的資本主義經濟的「運動法則」就不是法則，而只是一種描述，
一種在特殊歷史情境中才適當的描述──或是其實根本也不適當！

　　卡斯托里亞迪斯認為，馬克思自己也看到了他的勞動價值理論中有不協調的地
方。他對於資本主義特徵的描述，總是擺盪在三個不相容的詮釋之間，亦即：**第一**，
正是資本主義，將人類與人類所執行的勞動造就成同質的單位；**第二**，人類與人類
所執行的勞動本來就是同質的，只是至今都被隱藏起來，是資本主義將之揭露出來；
第三，資本主義將實際上不同的東西在**表面上**呈現成同質的東西（*Crossroads in the
Labyrint*h, p.276）。這三種說法不可能同時都是正確的。

- -

　　卡斯托里亞迪斯檢視完馬克思主義或歷史唯物論的這三種不同的可能詮釋之
後，得出一個結論：這三種詮釋嚴格來說都是站不住腳的，所以我們必須完全拋棄馬
克思主義的理論。這種對於馬克思的批判，在理論上比哈伯馬斯還要更極端得多。但
是卡斯托里亞迪斯和哈伯馬斯不一樣的地方在於，卡斯托里亞迪斯**並沒有**因此就拋棄
了演化論的思想與極端的「社會自主性」的計畫。這也和卡斯托里亞迪斯的行動理論
的特質有關，因為他的行動理論的基礎和哈伯馬斯的完全不一樣。這是什麼意思？

　　首先，他們的馬克思批判形式不一樣。如同我們在第九講看到的，哈伯馬斯至少
還認為，馬克思的經濟學理論適用於（18、19 世紀的）自由主義的資本主義。到了
20 世紀，國家在越來越多方面進行干預，並且工業生產越來越科學化之後，馬克思
主義的價值法則才變得不適用了。對於哈伯馬斯來說，尤其因為這個原因，所以他認
為馬克思的「生產範式」過時了，必須用溝通行動理論來取而代之。

　　可是卡斯托里亞迪斯認為馬克思的經濟學理論根本上就是錯的；它連對 19 世紀
的實際經濟關係都不適用。也就是說，他認為，這種「生產範式」一開始就是錯誤
的，因為馬克思至少在他的作品的核心部分就已經運用了一個錯誤且片面的行動理

論，所以也自然就進一步忽略了個體和社會的創造性。但另一方面，卡斯托里亞迪斯又非常堅持馬克思的**某些**觀點（這也是他和哈伯馬斯最關鍵的差異所在）。哈伯馬斯相信，他可以提出一套很有說服力的行動理論。他相信，只要完全撇開馬克思，耐心地批判現有的社會學的行動理論（例如功利主義的行動理論或是帕森斯的規範主義的理論），並且援用在英美世界發展出來的言說行動理論，就可以建立他自己的行動理論。這種作法讓哈伯馬斯完全忽略「實踐」概念，亦即有創造性、創意性的活動，因為不論是現有的社會學行動理論，還是語言哲學與語言理論，都沒有這個概念。

但這正是卡斯托里亞迪斯想避免的事。他想保留尤其在馬克思早期著作中可以看到的實踐概念，並且將這個概念的意涵內容變成他的理論的根本核心。對他來說，回溯這個概念的歷史是非常必要的。實踐概念可以一直追溯到亞里斯多德，在亞里斯多德的著作中，實踐扮演著核心角色。哈伯馬斯試著透過他的溝通行動理論，來削減功利主義和規範論的行動概念的地位；而卡斯托里亞迪斯則是透過實踐概念：因為對卡斯托里亞迪斯和亞里斯多德來說，實踐是一種非目的論的行動，它既不遵循工具—目的模式，也不是按照事先給定的規範進行的。實踐行動意味著對未來是開放的，也因此對不確定性也是開放的，意味著新事物的創造，意味著逃離理性的、被規範固定下來的秩序。

> 不管做什麼，不管造就出來的是一本書、一個小孩、一場革命——「做」都意味著勾勒出一個未來的情境，一個從任何方面來看都是未知的、無法事先想到與控制的情境。（Castoriadis, *The Imaginary Institution of Society*, p.87）

卡斯托里亞迪斯援用了亞里斯多德的理論傳統。亞里斯多德的理論傳統，在20世紀的哲學當中，即便有一些很重要的哲學家擁護者〔例如歐克秀（Michael Oakeshott, 1901-1990）、麥金泰（Alasdair MacIntyre, 1929-），最有名的當屬漢娜·鄂蘭（Hannah Arendt）〕，但還是扮演著次要的角色。不過近來，亞里斯多德的哲學有水漲船高的趨勢〔可以參見我們在下一講將提到的納斯邦（Martha Nussbaum）〕。這種傳統尤其以**情境**行動（像是教育行動或政治行動）的形式來構築行動理論。在教育領域或行動領域中，人們並沒有一個可以按圖索驥的技術知識，也沒有一個可以事先清楚描繪的行動規範，再加上人們也無法完全知曉所有的行動條件。在這些領域中，行動者顯然必須以開放的態度面向新的、未知的事物。

卡斯托里亞迪斯比所有其他亞里斯多德傳統中的學者，甚至比漢娜·鄂蘭，當然也比哈伯馬斯都還要強調人類行動的創意性、創造性的面向。如果我們用一句簡短的話來比較哈伯馬斯和卡斯托里亞迪斯，也許可以說，哈伯馬斯想用「溝通」來突破功利主義和規範主義的行動模式的緊箍咒，而卡斯托里亞迪斯則是想用「想像」來突破。他所謂的想像，意指一種創造性的想像力。他認為，人類的行動、實踐都是由這種想像力所引導的。

卡斯托里亞迪斯把亞里斯多德主義再賦予了一個強而有力的創造想像力概念，這也是在他的代表作《社會的想像構成》中令人印象深刻地指出的。他非常有說服力地論證與描述了社會是如何不斷有突破性的創造力的：我們不能把制度看作在執行功能而已，而且符號領域也不是被決定好的；總是會有新的符號被「創造」出來，總是會不斷出現新的意涵，而這些意涵又會造就**新的**制度，推動社會朝向不可預見的方向變遷。這種關於新的符號和新的制度總會不斷形成的思想，幾乎必然會對人類提出一種特殊的人類學定位。因為事實上人們必須自問，這種新的符號究竟是如何出現的。而卡斯托里亞迪斯的回答是：

> 人類是一種哲學動物（就算人類自己都沒有意識到這件事）。人類在把哲學當作反思而提出哲學之前，就已經在提出哲學問題了。人類也是一種詩意的動物，因為人類會在想像中回答這些哲學問題。（ibid., p.147）

想像，創造性的想像力，一種「喚起想像的能力」（ibid., p.127），是人類心靈運作的成果。「想像」意指一種發明：

> 不論這種發明是一種「純」發明（「一段全新的故事」），還是一種改編、一種意義的改動，把現有的符號再賦予了一個有別於「正常的」、合法的意涵。（ibid., p.127）

這種想像必須透過符號、語言、文化賦予的象徵等方式來表達。這也解釋了符號的特質：符號雖然都會指涉某種現實的東西，但它同時也與想像性的要素交織在一起。正是因為想像會運用符號，也會不斷改變符號、玩弄符號的意涵，所以符號會處於一個持續改變的過程。但這同時也意味著，由於符號會造就制度，所以社會世界也從未是靜止的。卡斯托里亞迪斯運用這個觀點來對現存的社會科學理論取徑（不只是

馬克思主義）提出了根本的批判，並對許多歷史—社會現象提出了令人驚訝的詮釋。他主要集中在五個議題領域。

　　1. 卡斯托里亞迪斯首先基於他從對馬克思主義的批判所提出的觀點，建立一種**不確定事物的本體論**，亦即建立一種關於存在（Sein / being）的非決定論學說。正因為符號乃基於人類原初的想像能力之上，因為符號的意涵與不可化約的想像面向密切交織在一起，所以無法追溯最初的肇因。歷史—社會空間是由意涵鏈構成的，但意涵鏈不能完全從因果鏈中推導出來（ibid., p.46）。用一個也許比較極端的講法，這意思是歷史和社會根本上也包含著無因果性的事物。

> 　　無因果性的事物……並非僅是「無法預見的」，而是意指（個體的、團體的、階級的、整個社會的）**創造性的**行為：不只是偏離現有事物，而是**確立出**新的行為類型、新的社會規則的**制度**、新的對象或新的形式的**發明**。簡單來說，無因果性的事物是某種無法從至今的情境中得出的事物，一種超越原先條件、產生新的條件的成果。（ibid.,44）

　　之所以會提出這種說法，當然是因為卡斯托里亞迪斯懷疑，如果世界真是一個封閉的、由無盡的因果鏈所決定的空間，那麼人們如何還能想像有一種創造性的行動。卡斯托里亞迪斯不認為世界是封閉的、由因果鏈決定的。他認為，所有的社會科學理論都是基於一種確定性的因果科學本體論，所以忽略了個體行動的創造性面向，也忽略了社會的創造性。

> 　　如果沒有一種**創造性的、生產性的**，或我們所謂的**極端的想像力**，如同「歷史性的作為（doing）」和與此同時建立起來的「**意涵宇宙**」兩者不可分割的結合所顯示的，那麼歷史就既不可能出現，也無法被理解。如果歷史有一個觀念論哲學稱作「自由」的面向，或更好的說法是「非決定論」的面向……那麼這個面向就存在於**作為**當中。因為，作為會讓事情成為另外的樣子，讓事情不只是保持原樣而已。而**意涵**則寓居於作為當中。意涵不只是所知覺到的事物的摹本，也不只是動物性的欲望的延伸和昇華，也不是用嚴格的理性來對現存事物進行加工。（ibid., p.146）

　　這樣的觀點，讓卡斯托里亞迪斯提出一個非常獨特的隱喻和一個影響深遠的結論：他認爲，歷史－社會世界的基礎是流動的，絕非，也從未是固定的。卡斯托里亞迪斯援用了火山學的術語「岩漿」。意涵的指代具有無限可能性，意涵岩漿總是那麼捉摸不定。社會即是以此意涵岩漿爲基礎以組織並加以設置的。社會會用它自己特殊的方式，藉助語言和行動將**某些**意涵固定下來，形成諸如「神」、「罪」、「禁忌」、「金錢」、「國家」或「資本」等符號。這些符號似乎是穩定不變、堅不可摧的岩石，使得社會意涵和行動在很長一段時間都會圍繞著它們。但是，卡斯托里亞迪斯不斷強調，因爲語言和行動是面向可能性而開放的，會超越現存事物，發明新的意涵或新的行動形式，並將之再次制度化，因此社會從來不是靜止的（ibid., pp.269f.）。就連那些難以動搖、堅若磐石的符號，也是一樣。我們必須將社會理解成一種「進行設置」與「被設置」的相互作用；唯有如此，我們才能理解社會爲什麼不斷會具有突破性的創造性。

　　2. 卡斯托里亞迪斯還從這個觀點出發，提出了一個清楚的、以自主性爲核心概念（雖然他對自主性沒有進一步提出論據）的規範立場（ibid., p.100）。這種立場用反面的話來講，就是：如果社會「在制度的想像力中再也沒有屬於自己的產物」（ibid., p.132），那麼社會就是不自主的、異化的。如果一個社會自我宣稱它是基於外在於社會的支柱（如神、自然、超時間的理性等等）之上建立起來的，並且以此把制度、意涵和符號永遠固定下來，那麼它就會失去自我形塑力與行動能力。換句話說，一個他律的社會會拒絕負起設置新事物的責任。不過在這裡，卡斯托里亞迪斯急於在個體和集體的層面上把宗教信仰當作他律的。難道有宗教信仰的人就都沒有自主性嗎？有信仰的人跟創造性地褻瀆信仰的人，眞的都會水火不容嗎？在這個問題上，卡斯托里亞迪斯這位好戰的雅典人，跟下文要介紹的杜漢和尤其是利科，看法是非常不同的。

　　卡斯托里亞迪斯對於社會自主性眞的實現了，或（保守一點說）至少有顯著可能性的歷史時期，特別感興趣。他認爲，這種時期不是經常出現的，也就一次出現在古希臘、一次出現在現代社會。他許多重要的研究就是在探討希臘哲學的形成，以及他認爲與之密切相關的民主（參閱：Castoriadis, "La Polis grecque et la création de la démocratie"；以及 "Aeschylean Anthropology and Sophoclean Self-Creation of Anthropos"）。他指出，西元前 5 世紀第一次有一個社會認爲自己，即希臘人民可以做自己的主人，可以自己領導自己、自己形塑自己的事務。這產生了一種社會的自我

設置的過程，亦即不理會神的規章，有意由社會來進行創造，並以此作為目標，質疑當時所有的權威。用一種比較矛盾的說法來講，就是：在古希臘，人類第一次想到且部分實現了**制度化的制度化**，亦即人類出現了一種意志要去持續質疑舊事物，並以此創建新事物。卡斯托里亞迪斯看到，這正是民主的基本觀念。

卡斯托里亞迪斯這種關於自主性與民主的極端觀念，幾乎無可避免地讓他會認為某些政治形式在規範層面特別優異，這也讓他和像是哈伯馬斯的立場有顯著的差異（參閱：Arnason, *Praxis und Interpretation*, pp.236ff.; Kalyvas, "The Politics of Autonomy and the Challenge of Deliberation: Castoriadis Contra Habermas"）。哈伯馬斯從來沒有認真地討論規範和價值的形成，而只是在不斷追問政治過程的**正當性**問題。他的民主理論觀念始終如一，亦即認為重要決策應該要在遵守規則的政治系統中根據特定程序來決定，特別是必須受到批判性的公共領域的控制。按照這種觀點，政治應引導一種漸進的、按部就班的變遷。卡斯托里亞迪斯則相反。因為他鍾情於社會創造性，所以他的政治觀是更為激進的。他更喜歡激進的轉變與革命性的斷裂，認為這特別表現出了社會的自我活化。人們很難不注意到他的這種偏好。但這裡也有一件值得注意的事：儘管與哈伯馬斯相比，卡斯托里亞迪斯對馬克思的批判，因為更加深層，所以也更為尖銳，但與哈伯馬斯不同的是，卡斯托里亞迪斯**並沒有**放棄革命計畫。雖然他沒有具體指出革命計畫的擔綱者是誰，但他依然想繼續思考革命行動的可能性，並要求**更為激進的人類經濟平等**。他直到晚年，儘管有前述的一些經歷，卻還是會不經意地讚賞這種烏托邦式的計畫。卡斯托里亞迪斯拒絕轉向在他看來沒有烏托邦內涵的（哈伯馬斯式的）自由民主理論，因為對他來說，這種民主理論放棄了激進的自主性。但令人驚訝的是，他的研究卻沒有明確指出究竟想提出什麼樣的政治綱領。1989年在中歐和東歐的政治變革，雖然證明了歷史總是會出現新的事情，但這些變革卻完全沒有帶來讓卡斯托里亞迪斯認為足以表現出另一種現代性的新制度。歐洲政治的一些新制度，至今都和烏托邦的想法沒有什麼關係。

3. 儘管卡斯托里亞迪斯如此堅持革命計畫，但他拒絕將（社會主義）革命理所當然地視為歷史的終結。因為，由於人類具有創造性的想像力，所以原則上歷史**永遠不會**是靜止的。但是，出於同樣一個原因，他認為關於長期發展過程的非馬克思式的預言註定會失敗。類似的社會學思維模式，像是會讓人聯想起韋伯的理性化理論，以及部分運用了理性化理論的現代化理論（參閱第十三講），也是註定失敗的。艾森斯塔特曾宣稱，不同的文明面對西方社會的挑戰，會以自己的文化綱領進行回應，因此

我們不能認爲各個文明的歷史發展會匯聚到一起。卡斯托里亞迪斯的說法與此類似，但**他的**論據和闡述不太一樣。他沒有爲了闡明「現代性的多樣性」這個命題而援用軸心時代與宗教傳統生命力的概念。對卡斯托里亞迪斯來說，之所以現代性是多樣的，是因爲歷史是不可預見的，而且歷史—社會空間具有非因果性的要素。雖然想像力有賴於現存的符號，但想像力也會與符號一同「上演」並且改變符號。正是社會的創造性會造成斷裂，讓各文明的長期發展不會是線性的，也不太可能會廣泛地**匯聚**在一起（參閱：Castoriadis, "Reflections on 'Rationality' and 'Development'"）。

但是，如果這種統一性的「理性化」和「現代化」一直是一個荒謬的**觀念**，那麼這個觀念爲什麼還會這麼廣爲流傳、吸引了這麼多的支持者？對卡斯托里亞迪斯來說，這種主要在西方社會形成的觀念是一種想像的意義複合物，並且這種觀念想透過把事情推諉給外在因素，以此讓歷史停下來。意思是，這種觀念都在聲稱歷史可以說已經都是被決定好了的，就算是具有創造力的人類行動可能性，也改變不了什麼。

4. 卡斯托里亞迪斯還認爲，這種推諉給外在因素的現象還會帶來一個非常可怕的後果：極權主義（參閱："Les destinées du totalitarisme"）。卡斯托里亞迪斯不斷根據自己的生平經歷，對蘇維埃的統治系統進行深入分析，並且認爲這個統治系統非常極端，極度想把歷史給固定下來。意思是，蘇維埃統治系統的基礎在於一個想像出來的觀念，即歷史變遷已經完全被控制住了，資本主義之後必然會發展成社會主義。卡斯托里亞迪斯認爲，這種觀念幾乎必然相反地造成一種對大眾進行殘忍迫害的趨勢——一種從偏執地根除所有偏離到左派或右派的異黨分子，到消滅所有非「預先計畫好」的階級的趨勢。雖然從哲學的角度來看，卡斯托里亞迪斯有過度詮釋的嫌疑，而且他對於蘇聯的判斷也不總是恰當的（例如他在 20 世紀 60 和 70 年代的一些演講宣稱，蘇聯的軍事力量比西方更優越），但這還是成功地讓他深度地參與到 70 年代在法國興起的，社會科學界與哲學界關於極權主義的激烈討論（參閱 David Bosshart, *Politische Intellektualität und totalitäre Erfahrung. Hauptströmungen der französischen Totalitarismuskritik*）。不過這場爭論在德國幾乎完全沒有引起人們的注意；這實在是德國的社會科學界的一大損失。就連德國具有領軍地位的理論家，如哈伯馬斯或魯曼，也都完全沒有關注到這場辯論。

5. 卡斯托里亞迪斯對他的「想像力的不可化約性」的命題，處理得最廣泛、最仔細之處並不是在社會的層面，而是在個體的層面。他寫了無數的精神分析的論文。

這裡我們只能簡短地指出，他這方面的立場常常是在反對結構主義精神分析學者拉康（Jacques Lacan）。值得注意的是，卡斯托里亞迪斯在面對佛洛依德的精神分析和社會學的社會化理論時，他的立場是反對用過於理性主義的方式來理解主體的生成，並且他也聲稱，我們不可能完全看透個體，就像我們不可能完全看透社會一樣。無意識是無法撤除的，也是無法看清的。所以卡斯托里亞迪斯認為，關於佛洛依德所提出的「本我曾所在之處，即自我應生成之處」（Wo Es war, soll Ich werden），應再補充第二點：「自我所在之處，即本我應出現之處」（Wo Ich bin, soll Es auftauchen）（Castoriadis, *The imaginary Institution of Society*, p.104）。這兩點的結合，也同時表現出卡斯托里亞迪斯對道德自主性的理解。因為若我們基於這兩點來思考的話，那麼道德自主性就不會如康德的道德哲學所聲稱的那樣，當我們不顧自己的偏好而反思道德問題時就會擁有道德自主性，而是唯有我們**認識並承認**我們的驅力與欲望**是我們自己的驅力與欲望時**，我們才會擁有道德自主性。

> 欲望、驅力——不論是性愛欲望還是死亡欲望——這也是我。這些不只必須要被意識到，而且還要被表達出來、被實現出來。一個自主的主體要能理直氣壯地自我宣稱：的確沒錯，這的確是我的欲望。（ibid., p.140）

這樣一種立場，當然是以卡斯托里亞迪斯的一個核心命題為前提，這個命題與自我的想像力的原初性與不可還原性有關：正是想像力，讓自我得以和現實與自身的驅力保持距離。在上一段引文當中，卡斯托里亞迪斯想表達的意思是：

> 我可以學著把一段關於「真實」的宣稱當作是真的而接受下來，就算這個宣稱所說的事非我所願。同時我也可以學著承認我的驅力是我的驅力，就算我其實並不想遵循著我的驅力。（Joas, *Pragmatismus und Gesellschafstheorie*, p.162）

同時這也指出了，我們並不是直面著真實與驅力，而是透過想像力來觸及的。於此，有一個在卡斯托里亞迪斯整個作品裡始終徘徊著的主題，我們要在下一位介紹的學者那裡繼續討論，即個人與社會的創造潛力。大多社會理論（實用主義除外）就算沒有忽視這個議題，也總是將它視作很冷門的議題。

對於杜漢（Alain Touraine），一位在 20 世紀 70 年代最能與布赫迪厄並駕齊驅的法國社會學家，我們不太能說他和卡斯托里亞迪斯一樣都是學識廣博、跨領域、在哲學方面野心勃勃的學者。杜漢的願望與卡斯托里亞迪斯相比謙遜得多，他就僅僅在社會學領域深耕而已。但是杜漢有部分直接受到卡斯托里亞迪斯的影響，並和他有相似的哲學知識背景，所以杜漢在不同的創作階段，也對社會學不斷產生深具影響力的推動作用。

杜漢出生於 1925 年，他的早期著作有著清楚的經驗研究旨趣。他最先的研究領域是工業社會學，並且他很快就成為法國該領域最負盛名的代表學者。不過事實上，特別是因為他曾在哈佛大學跟著帕森斯學習過，所以他的工業社會學有很明確的理論推進方向，並且藉此方向他很快就成為很重要的帕森斯批評者。杜漢透過對企業的研究指出，企業裡的決策並不僅僅根據規範和價值而定，並非帕森斯式的規範主義範式所期待的那樣。相反地，企業雇員會在企業裡的權力鬥爭中將現有的價值和文化模式當作資源來使用。不過與布赫迪厄不同，杜漢的這個觀點並沒有讓他以一種幾近功利主義的方式來詮釋文化。他更多的是想解決一個在帕森斯的著作裡從來沒有說清楚的問題，即文化方針是**如何形成的**。

在杜漢於 1965 年出版的第一本純理論的大部頭研究著作《行動社會學》（*Sociologie de l'action*）中，他**也**從衝突論的角度來批判帕森斯，指責帕森斯太過強調社會秩序的共識面向。但與衝突論不同的是，杜漢在分析社會進程時，並不打算完全無視價值與規範。如他強調的，在人類行動中，目的的理性與價值理性的面向是直接彼此相連結的。衝突中的行動也是如此。就算是階級衝突，也不是只關係到純物質的事情，而是也在爭取規範方面的要求。對爭取規範方面的忽視，當然就是馬克思主義的經濟決定論取徑被人所批評的地方，也是法國共產黨偏愛的政治分析（這種分析總是忽略了個體與集體的創造性的面向）為人詬病之處。

而創造性的面向，對杜漢來說恰恰就是最關鍵的。他的這種看法也受到沙特的影響。沙特的自由哲學為杜漢建立了一個出發點，讓他可以避免馬克思主義的片面之處，也能避免帕森斯的那種文化主義決定論的缺失。杜漢認為社會學：

> 也應該是一種自由社會學，這種社會學致力於追求變動。變動同時既

> 建構，也反對社會生活形式；既組織，又抵制社會生活形式。（*Sociologie de l'action*, p.123）

這種源自沙特的基本立場，當然也遇到一個問題：沙特的那種高度個人主義，甚至是無政府主義的哲學，很難用來探討社會性。這使得杜漢必須將沙特和帕森斯的思想綜合起來。他必須在強調人類行動的自由與創造性的同時，承認規範與價值的存在，因為唯有如此，他才能解釋社會關係的穩定性。

這個綜合工作最重要（雖然也不是完全沒問題）的一步，就是杜漢將造就價值的、具有創造性的行動，先**不**關聯到個體那裡去。他為了一開始就避免沙特哲學的那種無政府主義傾向，因此他將行動與從總體社會的面向來理解的勞動概念相提並論：行動即是「社會」的勞動。不過，雖然提出了這種集體主義的行動概念，但杜漢當然並沒有把「社會」假設為一個同質的整體或一個單一整體的行動者。他只是想指出在歷史上新出現的一件事，即現代社會的形成同時也釋放出了巨大的控制能力。這種巨大的控制能力讓社會可以把自己理解為一種被生產出來的東西，並將自己的產物與生產關係重新認識為一種由自己所創造出來的產品。這讓社會在歷史上首次可以不將規範和價值當作是被給定好的，而是當作在衝突過程當中所造就出來並制度化的。

> 社會行動是透過人類勞動而造就出文化作品宇宙的創作。這種創作只能是集體性的。（ibid., p.60）

這段引文也表達出了「社會的自我生產」這個觀念；這也是杜漢在 20 世紀 70 年代出版的代表作的標題（*Production de la société*, 1973）。杜漢在這裡提出了一個命題，這是他於 20 世紀 60 年代末就已經在不同書裡呈現過並不斷處理過的（例如 *La société post-industrielle*, 1969）。這個命題就是：一個「後工業」社會如果越重視知識與科學，這個社會就會有越大的自我影響能力。這裡值得注意的地方，不在於杜漢強調了知識對社會變遷的重要性，以及教育水準對新形成的社會形式的結構所扮演的重要角色。知名的美國社會學家，貝爾（Daniel Bell, 1919-2011）在他於 1973 年出版的知名著作《後工業社會的來臨》（*The Coming of Post-Industrial Society*）中，就已經提出了類似的看法。他所提出的這個時代診斷，在 20 世紀 70 年代可以說比杜漢的影響力還要大。杜漢的這個命題真正重要的地方在於，他至少還認真探究了規範議題。就這一點來看，杜漢和卡斯托里亞迪斯立場的相似性是無法被忽視的，因為杜漢從社

會學的角度爲卡斯托里亞迪斯所謂的社會自我設置，以及社會自主性指標提供了進一步的論據。自主的**可能性**雖然（用卡斯托里亞迪斯的話來說）有賴於某些文化前提，但自主的可能性若要**實現**，社會必須也可以透過科學而獲得自我影響的能力，或是獲得杜漢所謂的（後工業）社會的「歷史性」。

雖然杜漢希望能透過知識和科學來使社會的改變得以可能，但他並沒有因此從實證主義的立場相信科學—技術的進步。杜漢不是那種想用社會科學來控管社會進程的社會工程師，而且他也壓根不認爲價值是能用科學來加以證明的。與卡斯托里亞迪斯再次很相似的是，杜漢致力與當代資本主義社會形式**決裂**。他夢想能找到新的社會模式與文化模式，以告別舊的、僅講究生產進步的資本主義工業社會。他想找出當下資本主義社會的衝突軸線與矛盾，爲集體行動者提供一個出發點，讓集體行動者可以創造並實現**新的**社會模式與文化模式。

談到集體行動者，首先讓人們想到的當然就是傳統的勞工運動。但正好就是勞工運動，讓杜漢很快就放棄了所有希望。因爲，不論是法國的社會主義政黨或共產主義政黨爲人們帶來的經驗，還是各種社會主義國家的權力領域，都沒有爲社會帶來眞正自主的未來。所以，杜漢開始致力於研究所謂的「新社會運動」，因爲 20 世紀 60 和 70 年代正好是各種社會起義的年代。在學生運動、女性運動、環境運動中，都似乎有種新的集體行動者登上了社會和政治舞臺，這種集體行動者似乎更像是杜漢所夢想的那樣。不過，這些社會運動眞的拋棄了舊的勞工運動的目標，宣揚了一種新的文化模式，一種民主的生產控制模式、知識模式，有意識地控制社會變遷的模式嗎？

杜漢當時隨即就對這些新出現的社會運動進行了不同的經驗研究。他對學生運動、生態運動、反核運動，以及法國的區域主義運動、波蘭的團結工聯運動和其他拉丁美洲的社會運動，都進行了大量的分析，這些研究也讓他成爲社會運動社會學領域的領軍學者。他在 1978 年出版的《聲音與目光》（*La voix et la regard*）即是與此相關的代表作。他的這些研究指出「制度化」很少是沒有衝突、順利完成的過程（但帕森斯卻是如此預設的）。不同的社會行動者總是在爭奪制度中的價值定義與價值實施。不過，杜漢的研究也因爲他的研究方法而充滿爭議。他並不是保持距離對現有的運動現象進行觀察，而是透過所謂「社會學干預」主動參與進社會事件中，其目的是推動「研究對象」去闡述現有的衝突，甚至是推動他們再激化現有的衝突。這個方法最受到批評的地方在於，這會讓研究者很有可能不恰當地將由理論所界定、本來與研究對象無關的衝突強加在研究對象身上。

不論杜漢在社會運動領域的研究結果如何，結果都是令他失望的。20 世紀 60 年

代，杜漢致力於找出後工業社會的衝突主軸，以及能實現新的社會文化模式，並作爲行動者取代舊的勞工運動的社會運動。但他當然找不到這樣一種具有一致性的運動。杜漢必須承認（雖然他很晚才承認），後工業社會沒有核心衝突，而是人們只能觀察到在後工業社會裡有零碎分裂的各種衝突場域。這些不同的「新社會運動」並沒有聯合成**一個**一般形式，這與這些社會運動的很成問題的構成基礎有關。因爲 20 世紀 70、80 年代的新社會運動實質上的社會文化後備軍，是由自由業和從事學術工作的人所構成的團體，而這些團體都比杜漢原先希望的還要歧異、「不可信」。

但杜漢的學習能力很強，他隨後逐漸離開社會運動社會學，並且從 1990 年開始越來越集中地從歷史的角度對現代社會進行診斷。不過此時又再度反映出沙特和卡斯托里亞迪斯的反結構主義傾向對他的影響，因爲他把被結構主義和後結構主義棄若敝屣的「主體」置於他的研究核心。而且很有趣的地方還在於，在政治競爭場域，他也同樣表現出和結構主義的理論分歧。杜漢和深受結構主義影響的布赫迪厄（見上一講）並列 80 年代到 21 世紀最初 10 年中法國最重要的公共知識分子，但是他跟布赫迪厄的政治立場大相徑庭。這在 20 世紀 90 年代表現得最爲明顯。那時，布赫迪厄的標誌是全球化批評者，並且因此立場而支持 1995 年在法國的一些大型抗議活動，特別是公務員爲維護自身權益而發起的抗議活動。但杜漢不同，在這方面，他很同意克羅澤（Michel Crozier, 1922-2013）的「受阻的社會」的說法。他也部分認可曾於 1997-2001 年擔任法國總理的法國社會黨領袖若斯潘（Lionel Jospin）的政治意見。杜漢在 80 年代末採取了**某種**自由主義的立場，但這正是布赫迪厄（卡斯托里亞迪斯也是）不斷強烈反對的。連在外交政策方面的意見二人也不同。與布赫迪厄相反，杜漢明確支持 1999 年北大西洋公約組織對科索沃的介入行爲。

讓我們回到杜漢基於歷史層面與反結構主義的時代診斷吧。1992 年，他出版了《現代性的批判》（*Critique de la Modernité*）。書中，他探討了 20 世紀 80 年代末出版的研究現代社會的形成的各種思想史著作，例如加拿大哲學家、政治學家泰勒（Charles Taylor）的《自我的根源》（*Sources of the Self*, 1989）。泰勒在書中精彩地概覽了西方思想，嘗試挖掘出現代認同的根源以及我們當代道德判斷能力的基礎。而杜漢的著作也有類似的宏大計畫的野心，但他的提問與泰勒明顯不同。杜漢傾向找尋

現代的摩擦，亦即**政治爭議問題**和這段時期的**各種衝突**，以及造成這些爭論的各種社會哲學與社會思想。他對此提出了一個命題，在這個命題中，他的主體理論立場也越發明確。

根據杜漢的詮釋，現代性的特徵在於**理性與創造性之間、理性化和「主體化」之間無法化解的張力**。杜漢認為，現代性的「古典」時期，以盧梭和康德的著作為頂點。他們的思想取代了「人與宇宙乃一體的」這個基於宗教的命題，以此開創了一個新時期（*Critique de la Modernité*, p.46）。因為在這段現代性的古典時期，傳統宗教的答案似乎已不再適用。運用了如「理性」或「社會」概念來進行探討的論點，便取而代之地進入了哲學討論。杜漢認為，人與宇宙之間的一體性問題，要麼用超主體的理性（如康德），要麼用和諧—合理的社會概念（如盧梭）來加以回答。即便當時有些批評者質疑由這樣一種哲學建構出來的人類主體性及其具有創造性的行動潛能是否符合事實，質疑人類是否真的能如此平順地鑲嵌進社會，是否人類真的能用理性範疇來加以掌握，但康德或盧梭等人的回答方式，在18世紀的確擁有相對強大的說服力。

但這種說服力沒有維持多久。從19世紀開始，由於遍地開花的資本主義工業化，原本穩定的社會結構開始越來越充滿裂痕了。曾經的一體性支離破碎了。最終，即便像馬克思和涂爾幹不願承認一體性的支離破碎，因此還堅持使用像是「總體性」、「革命」，或是「有機團結」等概念來嘗試挽救一體性，但在杜漢眼中這都已經是白費力氣、徒勞無功了！之所以徒勞無功，是因為現代的解組趨勢越來越明顯了。民族、民族主義，或是僅關心獲利的大型企業及其策略，構成了集體現象、聯合行動者，這些現象或行動者與至今所想像的社會理性都是背道而馳的。此外，在個體的層次上也有一種變遷趨勢。過去人們假設公民是冷靜而理性的，但一方面，在「性」方面，出現了越來越多不冷靜的、反理性的話語，另一方面也出現了以促進大眾消費為目的的廣告。在「古典現代」階段中，人們想像個體的合理性和社會的合理性是一體的；但現在這種觀念已經崩塌了。社會進步和個體解放之間的一體性也同樣崩塌了（ibid., p.155）。杜漢認為，20世紀50、60年代的帕森斯的社會學，是最後一個構思一種和諧、一致的現代性，並且把現代性當作一種理想而介紹給這個學科領域的嘗試（儘管在歷史上，這種嘗試很長時間內是不斷出現的，亦可參閱杜漢的論文："La théorie sociologique entre l'acteur et le structures"）。

杜漢從思想史層面對現代性的根源進行的重構，清楚揭示了主體從現代之始就成功抵禦了所有「整合嘗試」。意思是，主體從未具有無時間性的理性，或者從未被收編進一個和諧的社會。未來，任何類似的收編主體的嘗試，也都是會失敗的。但

是杜漢所謂的這種頑強的「主體」、「主體化」究竟是什麼意思呢？他在後來的著作〔1994 年出版的《何謂民主？》（*Qu'est-ce que la démocratie?*），以及 1997 年出版的《我們能否共同生活？》（*Pourrons-nons vivre ensemble?*）〕中清楚表明，「主體」只能用否定的方式來定義。因爲他認爲，個體不是僅僅在現代化的框架中擺脫傳統的束縛就可以成爲主體的。與個體化理論家（見第十八講）不同，杜漢的主體概念並不等同於一個單一化的、主要牽涉自我的個體。對他來說（這裡他又再一次地關聯上沙特的某些想法），要成爲主體首先要**鬥爭**，爲自主的行動可能性而鬥爭。現代史上，鬥爭很少是單一個體的鬥爭，而是在不同的文化運動中志同道合者的共同鬥爭。也是因爲如此，杜漢有時候把主體概念和社會運動的主體概念相提並論（*Critique de la modernité*, p.273）。這當然不是說主體會順暢無礙地投身進運動與集體認同當中，完全相反，杜漢認爲個體化是在極權統治結構、純粹由目的理性所支配的社會秩序，**以及**會扼殺主體的共同體中，透過對去主體化趨勢的反抗而形成的。不過，除了與個體化理論家之間有著難以忽視的差異之外，杜漢對主體的理解方式，也和象徵互動論，以及與哈伯馬斯密不可分的溝通理論和社會化理論不同。杜漢堅持（這一點令人再次強烈聯想到沙特）主體具有非社會的面向。意思是，人們不能認爲主體是從社會關係中形成的，否則我們無法解釋主體的抵抗能力。

> 很多人認為溝通是最重要的。但相反地，我相信，與自我的關係決定了與他人的關係。有一個非社會的原則決定了社會關係。有很長的一段時期，人們只能用社會的事物來解釋社會的事物。但這段時期過後，我們現在得再次承認，社會事物乃基於非社會事物之上。並且社會事物的定義，取決於那個非社會的原則是承認它，還是否認它。而這個非社會的原則，就是主體。（Touraine, *Pourrons-nous vivre ensemble?* p.89）

由於杜漢認爲主體之間有著極大的差異，因此他拒絕接受哈伯馬斯的那種理想的溝通共同體觀念。他覺得哈伯馬斯的這種觀念太過和諧了。當然，主體有理性，杜漢不反對這件事；但主體也是「自由、解放、有所拒絕的」（ibid., p.80）。杜漢宣稱，所有想透過和諧的社會化模式與溝通模式，粉飾人類行動的「自由、解放、有所拒絕的」面向與人類溝通的對立性質的人，都會無法掌握主體的特質。也因爲如此，杜漢認爲性經驗（不只是孩童時期關於性的早期經驗）在認同的建構過程中扮演了一個很重要的角色。這種經驗是無法完全用語言來形容、無法用理性充分掌握的。這也

難怪，杜漢指出有一種超越感官直覺的經驗，這種經驗讓主體表現出，或能夠表現出一種非社會的、沒有經過社會化的、因此可以反抗**社會的**無理要求的態度（ibid., pp.113f.）。

杜漢對現代性的重構，以及他以此相關的命題（即現代化是一種理性化與主體化之間持續不斷的張力），讓他得出一些觀點，並且這些觀點至少因為四個與其他理論取徑的不同而值得一提。

(1)與紀登斯和艾森斯塔特類似，但與哈伯馬斯不同的是，杜漢並**不認為**現代性在規範方面，有不同於其他時期的可稱道之處。他不認為西方現代性比起其他時期或其他文明，有更廣泛的理性潛能。對他來說，前文提到的「古典現代性」的解組，只是我們這個現代性**中**的一個過程。所以有些現象，例如民族主義，或是不斷被卡斯托里亞迪斯當作討論重點的極權主義，也**跟**民主一樣不過同樣是現代性的組成部分。杜漢認為，我們不能認為總體社會在歷史進程中，只會往理性發展、將會澈底擺脫野蠻，所以就因此把民族主義的崛起、戰爭、獨裁體制的形成等等當作不值得注意的意外。

出於類似的理由，他也**不從制度方面**去定義現代性。意思是，他不用如市場經濟、自主的法律系統、特殊化的國家部門，或是民主機構等等的分化的概念來定義現代性。他認為，要開放地對**不同的現代化路徑**進行分析。當然這樣做的前提是，不能將歐美的發展當作是現代化的唯一可能道路。歐洲與北美，民族國家、市場經濟、民主，很幸運的**都是**同時發生的，但世界上其他地方在可預見的未來可能並不會是這樣子的，即便這些地方也許無疑地也屬於現代區域。杜漢對此是很持開放態度的。

(2)杜漢長久以來認為社會有**一個**衝突主軸，這個主軸取代了舊工業社會的階級衝突，形成**一個**新的大型社會運動，以此建立（或有時放棄）一個新的社會模式。但現代社會顯然相當碎片化，使他無法再期待一個核心的衝突。所以他後來認為現代性不再有個清楚的主軸，而是矛盾的。人們只能在不同的戰線，看到各種各樣的主體與不同的對手進行鬥爭。於是，杜漢的立場和鮑曼的立場也就越來越像了（見第十八講）。

(3)杜漢強調，主體會同所有去主體化的形式進行鬥爭，同時他也突出超驗的經驗的重要性。以此為基礎，杜漢對於世俗化過程有著明顯矛盾的態度（這又再次與如哈伯馬斯或卡斯托里亞迪斯等理論家不一樣）。對於杜漢來說，世俗化同樣**不是**現代性的基本標誌或特質（*Critique de la modermoté*, p.256）。即便他對宗教運動明確表示質疑，而且認為宗教運動有可能會不幸地壓抑了主體，但他還是同時強調，對神的信

仰，以及宗教共同體形式，與現代化現象並不是相違背的。世界上許多地方已有經驗研究證明情況的確如此，證明世俗化理論不是放諸四海皆準的。世俗化理論放在西歐（可能在一定程度上）是適當的，但在北美就不是這樣。

　　(4)最後，值得注意的，還有杜漢對於民主理論的看法，因為他也與社會理論的各個不同「戰線」就民主理論方面在進行爭辯。關於第一條「戰線」，杜漢作為一位「新社會運動」理論家時，總是希望追求直接民主。但值得注意的是，他在後來的著作中開始強烈質疑直接民主，尤其對革命計畫抱持著反對態度（這一點，與卡斯托里亞迪斯有著無法忽視的差異）。要理解他為什麼有這種**反對直接**民主的轉向，就要先去看他的主體理論。他相信，直接民主有個危險，就是會以為所有的政治決策既然都是直接出自人民，亦即「無損地」由人民代表所居中制定的，那麼就可以幻想個體是順利地被鑲嵌進共同體和社會的。這是一種認為「人民是一體的」觀念。但杜漢認為，這種觀念有可能誤讓主體屈從於「社會必然性」，導致極權主義的出現。杜漢認為，民主的元素雖然的確有平等原則與多數原則，但也應該保證直接有效的市民權與清楚的國家權力界限（*Qu'est-ce que la démocratie?* p.115）。以**此**而言，杜漢比較像是一位保守的自由主義者，因為他為代議民主辯護，並且強調市民社會與政治之間是有清楚分界的（ibid., p.65），亦即認為政黨的自主性和國家的自主性應免於政治的壓迫，並且要保護個體的生活免於完全的政治化。他認為，西方的自由現代性應該保持結構分化的狀態。

　　這也就是為什麼他拒絕卡斯托里亞迪斯所支持的那種革命計畫。杜漢贊成勒佛（Claude Lefort, 1924-2010）的立場。勒佛是卡斯托里亞迪斯在《社會主義或野蠻》期刊上的「老」對手，法國最有創造性的政治哲學家之一。勒佛在政治方面很早就和卡斯托里亞迪斯形成了鮮明的對比，並且明確反對理性主義式的革命觀念。因為他認為，社會事務不可能是真正透明的，所以革命非常可能有轉變成極權主義的危險（參閱：Lefort, "Interpreting Revolution within the French Revolution"）。勒佛認為，革命的觀念都是基於一種假設，即「認為思想、話語、意志，與自我的存有、社會的存有、歷史、人性是相一致的荒誕宣稱」之上的（ibid., p.106）。杜漢同樣覺得這是一種荒誕的觀念，因為，如前文提到的，他認為主體與社會之間有不可化解的張力，就算是革命計畫也無法化解。

　　杜漢的自由主義的政治立場很明確，但他絕對不是一個天真的自由主義者。他的第二條「戰線」是擁護一種積極的國家，認為國家應該強化團體的行動能力，使之在社會爭執中可以持存下來。他也不認為主體是一種私有性質的概念，而是認為個體的

認同與利益是在社會鬥爭與政治鬥爭中凝結出來的。

不過杜漢還在第三條「戰線」為他的民主理論觀念力爭到底。這裡也表明了他與哈伯馬斯立場的差異。雖然杜漢和哈伯馬斯一樣，某種程度上對社群主義的一種談法表示懷疑，即認為相對穩定的社群連結對民主的運作是必要的（這裡可以參閱第十八講會提到的社群主義）。杜漢和哈伯馬斯都認為，社群主義低估了個體之間的極大差異，同時這也可能會錯誤地壓制了主體。但是杜漢同時又批判哈伯馬斯的一個核心觀點，即認為我們只能將民主想成一個普遍的計畫。與哈伯馬斯不同，杜漢認為民主是一種生活形式，其普遍主義的和特殊主義的特質是密不可分的（ibid., p.28）。杜漢認為，如果主體化也是，而且恰恰就是在集體鬥爭中形成的，那麼特殊主義的運動也許根本上並不是像哈伯馬斯所認為的那樣那麼不可信。這裡明顯是在指民族主義。哈伯馬斯充滿希望、期待、自信地認為我們必然會過渡到一種後民族的社會關係形式（Habermas, *Die postnationale Konstellation*，以及 *Die Einbeziehung des Anderen. Studien zur politischen Theorie*, p.8）。但杜漢不一樣，他覺得我們很難去譴責民族主義與族群化過程（Touraine, *Pourrons-nous vivre ensemble?* pp.243ff.）。杜漢深知民族主義的矛盾之處，他很明確譴責民族主義的陰暗面，加上民族主義運動常常奴役了主體。但是杜漢也知道，族群化過程也提供了一個政治參與與主體形成的機會。因此，對他來說，族群化過程不必然會和種族主義綁在一起。對於杜漢來說，不論是在經驗方面，還是在規範方面，民主都不能只被定義成一種普世計畫。

• •

杜漢在 1999 年的理論轉向，令人印象深刻；他的主體理論命題和他基於此所建立的時代診斷分析，是對其他社會理論取徑的一個重要修正。當然在杜漢的所有著作當中有個理論弱點。杜漢在他對社會運動的研究中，總是探討流動的社會過程而不是固定的制度；但固定制度無疑也是存在的。他對制度的相對漠視，在他學術生產力和創造力相當旺盛的 20 世紀 90 年代，依然沒有消失。雖然杜漢探討了主體化，也探討了主體是如何全力對付、反抗國家機器和市場，但他並沒有真的去研究那個「機器」和市場，而是常常很籠統地將之稱為「反主體」。而且他不只是在經驗層面沒有分析制度要素，忽略了制度在主體化過程中是很重要的，他還犯了一個理論錯誤，即把那個「機器」和制度給實體化了。這種錯誤和哈伯馬斯在討論系統概念時所犯的有點

像。而且，如果人們和杜漢一樣，很認真地看待社會過程的流動性，那麼人們就應該不只會對社會運動感興趣，而是也會對表面上看起來很穩定的一些制度的變遷過程感興趣。但這卻是杜漢的分析中最薄弱的地方。

⋯⋯⋯⋯⋯⋯⋯⋯⋯⋯⋯⋯⋯⋯⋯⋯⋯⋯⋯⋯⋯⋯⋯⋯⋯⋯⋯⋯⋯⋯⋯⋯

這一講的最後我們想再來簡短介紹一位法國思想家，利科（Paul Ricœur, 1913-2005）。利科在法國知識圈長期以來像一位隱士，但是，雖然他是哲學家，卻因為他的基礎理論研究，所以對社會學理論和社會理論來說扮演著一個越來越重要的角色。如同梅洛龐蒂，利科早期的哲學源於 20 世紀 30 年代法國的「基督教存在主義」。同時，在戰爭期間成為德國階下囚的時候，他也研讀了胡塞爾哲學。20 世紀 50 年代末，利科成為法國哲學的一顆閃亮的明星。不過，在 20 世紀 60 年代法國結構主義開始盛行時，他很快就被排擠到邊緣了。利科雖然也鑽研過結構主義的**議題**，尤其是符號系統與語言，也是結構主義最重要的批評者之一，但他的理論和結構主義沒有什麼太大的關係，而是和深受現象學啟發的詮釋學有關。這個理論方向在 20 世紀 60 年代已澈底過時了。這個理論方向的邊緣化，與 1968 年後大學政治的動盪情況是密切相關的。在動盪最高峰的時候，利科受到激進左派學生的殘酷打擊，因此遠走他鄉，1970 年到芝加哥大學神學院，接替 1965 年過世的偉大的新教神學家田立克（Paul Tillich）的教席（參閱 Joas, "Gott in Frankreich"；亦可參閱 Dosse, *Paul Ricœur. Les sens d'une vie*）。

利科著作的廣博，遠遠超過一本介紹社會理論的教科書的範圍。他的著作所涉獵的主題，從早期的意志現象學、討論惡的象徵、文本詮釋學，一直到佛洛伊德（可參閱他在 1965 年出版的著名研究：*De l'interprétation, essai sur Freud*），還有 1983 年出版的三大冊的《時間與敘事》（*Temps et récit*）。對我們來說，重要的是他在 1990 年出版的代表作《作為一個他者的自身》（*Soi-même comme un autre*）。其中，他透過與現象學和英國分析哲學的對話，嘗試闡明自我性概念，並基於此提出一些影響深遠的倫理學的看法。

利科想透過他的自我詮釋學來闡釋一個非常難，或很模糊的概念：當我們一般人在談到「自我」時，我們到底意指什麼？當哲學家、心理學家和社會學家在談到「自我性」的時候，他們到底意指什麼？這是在說人都是始終如一、不會改變的嗎？但這

不太可能，因爲我們會不斷學習、不斷發展。但到底自我、自我性又是什麼意思？有不少哲學的討論，尤其是分析哲學，雖然也會談到「自我性」或「自我」，但都忽略一件事：「我們所說的人、進行行動的行動者，是有歷史、有他們自己的歷史的。」（Ricœur, *Oneself as Another*, p.113）利科認爲，如果要解決這個潛藏在背後的問題，就必須謹愼地區分一些術語，把常用或慣用的自我性概念（像是英文的 selfhood、法文的 ipséité、德文的 Identität）拆解分析，好能更準確地確認這個概念的意涵。他最終建議將同一性（mêmeté）與自我性（ipséité）區分開來。前者僅指一個人在很久之後仍具有可被指認性，而後者則指一個人就算改變了，但其自我的連續性還是可以被指出來。換句話說，當我說某人還是同一個人時，並不是說這個人有一個不變的核心（ibid., p.2）。相反地，利科認爲「自我性」是經由**敘事**所生產出來的。我們是誰、怎麼成爲這個樣子的，是我們對我們自己或對他人所**敘述**出來的。

> 一個作爲故事角色的人，是一個無法和**這個人的**「經歷」分開的實體。相反地，當一個人在敘說其故事時，這個故事不只有著獨特的動態同一性，而且這個人就是這個動態整體的故事的一部分。故事構成了這個角色的自我性，亦即這個角色的敘事自我性；而這個敘事自我性，也構成了所敘說的這個故事的同一性。正是這個故事同一性，造就了角色自我性。（ibid., pp.147-148）

人生當中的事件沒有完結的時候，故事也沒有結束的一天。利科將之稱作人生的「敘事未完性」。但他也提到了「各個人生故事的相互糾葛性」，最後還提到了「回憶與期待的辯證」（ibid., p.161）。利科的這些論證都非常嚴謹，並以此成爲所有後現代立場的非常重要的批評者，因爲後現代學者聲稱（後現代的）自我是完全碎片化的，自我性是可以自由選擇的。利科認爲，這種立場忽視了他所建議的概念差異。利科也提醒我們，「敘事」建立了自我性，也因此是人生的一個面向。敘事是人類的一種原初經驗，因此也有一些倫理學方面的直接後果。因爲：

> 如果一個行動主體沒有總結他的人生，那麼他自己的、作爲整體來看待的人生，要怎麼被賦予倫理性質呢？而如果不用敘事形式，要怎麼總結人生呢？（ibid., p.158）

利科在這本書的第八和第九篇文章裡，關於當代的倫理學構思，提供了一個令人印象深刻、嚴謹且廣博的探討，並提出他自己的一個立場。他以一種令人激賞的方式，在兩種立場之間取得平衡：一邊是康德、羅爾斯、哈伯馬斯（見第十七和十八講）的普世正義道德，另一邊是亞里斯多德和黑格爾那種具體的倫理生活（Sittlichkeit）的倫理。利科清楚知道普世正義概念的弱點在於很容易忽視人類的具體生活實踐，但他絕沒有因此不假思索地成為一位「倫理生活理論家」。因為，如同他一個精彩的段落裡所說的：

> 當由道德原則所指導的實踐，被衝突撼動了，而我們卻沒有經歷這
> 些衝突，那麼我們就會被道德情境主義誘惑，無力地受專斷獨裁的擺布。
> （ibid., pp.240-241）

利科認為，我們非常需要康德式的普遍規則，才能得出實際一致的結論。我們不能放棄羅爾斯和哈伯馬斯的觀點，即便這些觀點本身難以實現。但我們不是非得在普世道德與倫理生活當中二擇一，不是非得在抽象論點與傳統當中二擇一。利科認為，這都是錯誤的二分法。他更傾向認為這是「論證與信念的辯證」（ibid., p.287）。「論證與信念的辯證」是利科在和哈伯馬斯的商談倫理進行辯論時所採用的一個富含洞見的術語。利科認為，哈伯馬斯在其商談倫理中假設人們在交換論點時，都單純只想「淬煉出一個最好的論點」並消除其他論點。但哈伯馬斯就像所有普世主義的道德理論家一樣，忽略了在商談情境中，人們討論的是**很實際的生活事務**。辯論不只是習俗與傳統的敵人，也是信念**內在**、只有用敘事才能表達出來的實際生活事務**內在**的懇切批判（ibid., p.288），而信念是無法消除的。

> 之所以信念是不可消除的一方，是因為信念表現了立場。意義、詮
> 釋、評估，都是來自立場，尤其是與各種劃分實踐等級的利益有關的立場：
> 不論是關於實踐及其內在固有的利益，關於生活規劃、生活故事，還是關
> 於人類獨自或共同擁有的完滿生活的想像。（ibid., p.288）

由於哈伯馬斯把論點與生活事務混為一談，所以他的商談理論在倫理方面太過抽象了。對我們來說，有趣的地方在於利科和杜漢類似，都與哈伯馬斯的商談理論保持距離，且與那種商談理論所暗含的民主理論思想保持距離；但利科所使用的理論工具

和杜漢的不一樣。除此之外，更令人印象深刻之處還在於，由於利科與分析哲學有很激烈的辯論，因此他努力不懈且精確地將倫理學中的亞里士多德主義和康德主義結合起來，並以一種很漂亮的方式，克服了在美國土地上形成的自由主義與社群主義之間的辯論（見第十八講）中，某種程度上被認為無解的問題。

雖然利科本身還討論了歷史學的方法論問題，因此可以想見已經太偏離了社會學的討論範圍；但關於詮釋，以及關於自我性的建立與敘事之間的關係，及其與倫理之間的關係，利科提出的命題對一般社會理論的討論還是很有啟發。特別是當結構主義和後結構主義思想在法國（但也不是只有在法國）開始顯著地失去重要性之後，不令人意外的，利科的思想在社會科學界中越來越被認為有「很值得援用之處」。

第十七講

各種女性主義社會理論

當我們現在準備談女性主義的社會理論，而這一講的標題裡卻強調了「各種」時，就表明了我們的介紹會直接面對一個很重要的問題：沒有**單一一種**，而是只有各種各樣的女性主義社會理論。女性主義內部的理論是非常五花八門的，因為女性主義理論家的具體目標和計畫當然不總是一致的，他們論點的理論基石也都大相逕庭。這些論點所牽涉的大部分理論，我們在前面幾講就已經介紹給各位讀者了。雖然只有很少的女性主義者直接承接自帕森斯的理論，但有很多女性主義者會運用如衝突理論的論點。而且目前女性主義辯論中最盛行也最有影響力的潮流，可以關聯上俗民方法論、後結構主義，以及哈伯馬斯的立場。此外，精神分析的影響力也是不容忽視的。

於是這也帶來一個問題：這麼多不同女性主義的理論，真的有共同之處嗎？而且女性主義的各種辯論不只存在於社會學中而已，而是在心理學、人類學、歷史學、哲學、政治理論中也有；學科邊界於此沒有什麼重要性（參閱：Will Kymlicka, *Contemporary Political Philosophy: An Introduction*, pp.238ff.）。這個問題當然很重要，因為這顯示出女性主義的討論可能是零散碎裂的。但事實上，一般都同意，女性主義理論在規範目標和政治目標方面，還是有共通之處的。這個目標可以從歷史追溯到女性主義理論建立的起源，亦即源自女性運動。大部分人認為，所有女性主義流派的目標最終是對蔑視或壓抑了女性的權力關係與支配關係進行批判，並將女性從這種關係中**解放**出來。女性哲學家賈格爾（Alison M. Jaggar, 1942-）的一段話，便清楚表明了這件事：

> 女性在當代社會處於系統性的次級地位。為了提供行動方針，以推翻、而非強化這種次級地位，女性主義取徑的倫理學必須在一種更廣泛的社會實踐脈絡中理解個體行動，評估任何行動的象徵性的和累積性的可能

影響，以及行動可以立即觀察到的後果。（Jaggar, *Feminist Ethics*, p.98；亦可參閱：Pauer-Studer, "Moraltheorie und Geschlechterdifferenz", pp.35ff.）

這樣的聲稱，同樣可以放在社會理論或政治理論的脈絡下。

（各種）女性主義理論的規範－政治動力，也為其中的各流派提供了一個動力，讓性別研究在特別是近 20 年來變成一個很熱門的領域（參閱：Regina Becker-Schmidt and Gudrun-Axeli Knapp, *Feministische Theorien*, p.7）。性別研究與各流派的女性主義對於（歷史上與當代）性別之間的社會關係和政治關係的形成，有著共同的學術興趣。不過性別研究可以是「中立」的。對男子氣概的表現形式進行研究，不是非得帶著批判的意圖。但女性主義就不一樣了：對女性主義者來說，批判社會現有的性別配置，是非常核心的任務。

但這裡必須馬上強調的是，雖然女性主義理論有共同的規範－政治推動方向，但我們不能忽視一件事，就是其中的概念和理論工具都是極為不同的。這也會讓這些理論共同的連帶關係變得很脆弱，所以要呈現（各種）女性主義社會理論是很難的。而且由於我們這本《社會理論二十講》的主題之故，所以這個難度又更大了。我們在本書開頭提到了，**社會理論的**核心主題是探討行動、社會秩序、社會變遷的問題，並且大多數理論的特色是想要進行時代診斷。但不是所有的女性主義分析都符合我們這本書的「理論」範疇，而且也不是很多女性主義分析可以被我們歸到如階級結構、國家理論、現代社會的倫理構成等現代社會理論的核心領域中去。我們認為，對（現代）社會中女性所遭受的忽略與蔑視所進行的分析，不是本質上即為女性主義的**社會理論**。也因為如此，所以我們不得不忽略某些女性主義的討論領域，就像我們也排除了主流社會學的一些研究領域與主題一樣，因為我們必須聚焦在能與我們這本書裡介紹的其他理論有意義地關聯在一起的那些文獻。當我們決定如此來選取要介紹的主題時，沒有辦法探討到所有的女性主義研究。

我們這一講分為三個部分。**首先**，我們會簡短地從歷史層面來交代，為什麼我們會認為純粹的女性主義社會理論是一個相對晚近的產物。**然後**，我們會討論一個問題：20 世紀 70 和 80 年代有哪些關於女性「本質」的辯論，還有——這是這一講最後，也是最長的一個部分——為什麼這些流派對「性」與「性別」之間的關係，亦即「生物學的」性別和「社會性的」性別之間的關係，有非常熱烈的討論，以及有哪些參與討論的立場是特別重要的。

1. 如前文所述，女性主義社會理論源於女性運動。組織性的女性運動，已經有超過 200 年的歷史了。當然，女性在為了平等而鬥爭的情況下，也會提出一些支持鬥爭的理論概念（關於德國的女性運動，可參考：Ute Gerhard, *Unerhört. Die Geschichte der deutschen Frauenbewegung*；美國的女性運動，可參閱如：Janet Zollinger Giele, *Two Paths to Women's Equality: Temperance, Suffrage, and the Origins of Modern Feminism*；對不同國家的女性主義的歷史比較，見：Christine Bolt, *The Women's Movementin the United States and Britain from the 1790s to the 1920s*）。然而真正要說的話，**系統性**的女性主義理論建構**最早**是在 20 世紀 60 年代才開始的。當然這主要是因為那時候，教育改革讓有值得一提數量的女性能夠上大學。但有趣的是，女性主義意識的迅速發展並不是源自女性在大學的經歷，也不在於在大學中生產出來的理論，而是源自 20 世紀 60 年代由男性主導的學生運動，一個「沒人會在乎女性運動」（Firestone, *The Dialectic of Sex: The Case for Feminist Revolution*, p.43）的學生運動。許多女性積極分子必須學到一件事，就是她們的事——亦即在生活的所有領域當中追求平等——在主要深受馬克思論點影響的討論氛圍裡是完全被忽略的。男女之間的不平等關係，被詮釋成不過是資本主義的一個「次要矛盾」而已，與勞資之間的「主要矛盾」是沒法比的。許多學生運動和新左派的男性代表人物，都用這種論調當作很方便的正當基礎。這些人和他們的敵人「資產階級」都有性別歧視的態度。這使得參與政治的女性，不論是在組織上，還是在理論上，都和新左派脫鉤或割裂開來。因為她們知道，不論在社會科學研究還是在理論建立方面，都必須要走出一條新的道路。

這個割裂過程有不同的形式。有一批女性學者主要致力於對不同社會領域的性別關係的**後果**進行經驗研究。她們指出，勞動市場的結構是多麼不公平，幾乎只有女性在操持的家事勞動是怎麼，以及為什麼不受到社會的承認且幾乎沒有得到任何報酬；哪些福利國家政策是如何從過去到現在都將女性跟家庭與小孩束縛在一起；今天還有哪些機制妨礙了女性優秀的政治表現等等。然而，女性主義者雖然在理論上野心勃勃，但卻推進得太快了，以至於缺乏對性別關係的前提進行分析，也沒有去問現有的社會科學理論，是否以及在多大程度上能夠推動這些知識上的進展。還有，這些女性主義者所開闢的道路過於分歧。費爾史東（Shulamith Firestone, 1945-2012），

一位非常積極的女性學者，在我們上文引用過的著作《性的辯證》（*The Dialectic of Sex*, 1970）裡，便指出男女之間在生物學方面的差異，以此與馬克思主義導向的學生運動，以及馬克思主義所持有的那種經濟化約主義進行論戰。她將性別之間的衝突視為比階級鬥爭更為根本的基本衝突，並同時解釋了在階級衝突中亦存在男性的性別歧視。布朗米勒（Susan Brownmiller, 1935-），一位女記者，在她 1975 年出版的著作《反對我們的意志：男人、女人與強姦》（*Against our Will: Men, Women and Rape*）探討了男性執行暴力——特別是性暴力——的能力與意志，並宣稱「**所有男人讓所有女人**處於恐懼中」（p.15），並迫使女性處於次等的社會地位。不過有其他女性學者試圖避免這種極端的生物學主義。這些學者認為這樣一種解釋方式幾乎無法說明性別不平等關係中的巨大文化差異，無法說明如女性人類學家魯賓（Gayle Rubin）所說的「無窮的多樣性與單調的相似性」（*The Traffic in Women*, p.10）。這也讓性別研究得以回頭關聯上馬克思，或更多的是關聯上恩格斯，以此，不同形式的性別分工可以解釋成各種性別不平等的形式。以這種觀點視之，資本主義與父權制的家庭都同樣影響了性別關係。（男性的）薪資勞動與（女性的）家事勞動彼此緊密地交織在一起，以此不斷再生產出男女之間的不平等，以維持男性的權力（參閱：Walby, *Theorizing Patriarchy*）。但是，隨著 20 世紀 80 年代馬克思主義的沒落，這種取徑也失去了影響力，連帶在不同理論流派中（不只是馬克思主義的女性主義）常被使用的父權制、男性統治概念也是。這些在 20 世紀 70 年代、80 年代初期還算是女性主義的核心概念，但後來就越來越顯得毫無特殊之處，無法推動出與眾不同的經驗分析，也因此逐漸淡出舞臺了（參閱：Gudrun-Axeli Knapp, "Macht und Geschlecht", p.298）。如同魯賓早期所說的：

> ……重要的是，即便歷史如此讓人抑鬱，我們還是必須將人類創造性別世界的能力與必要性，和在經驗層面組織起性別世界的壓迫方式給區分開來。但父權制將這兩種意義混為一談了。（Rubin, "The Traffic in Women", p.168）

女性主義社會理論當中這種概念轉變的結果，就從 20 世紀 70 和 80 年代開始，微觀社會學導向的研究，以及性別關係的理論化工作，變得越來越流行了。許多女性主義者也因此與「傳統的」社會理論緊密聯繫在一起。80 年代在女性主義的討論中流行的，不再是從「宏大」歷史去找尋（而且可能從來也無法真正獲得解釋的）

「錯誤的」性別關係的成因，而是去問性別平等到底是什麼意思、如何可能，以及如果想降低對於女性來說因性別差異而帶來的蔑視後果的話，那麼到底該推動什麼，或是男女之間的差異到底何在，這種差異在日常中是如何不斷再生產出來的。換句話說：過去，從生物學主義來進行論證的女性學者，總是強調性別之間有著無法撼動的差異，而父權制命題的支持者則不斷抱怨男性支配在歷史當中是如何根深蒂固，幾乎無法改變的。但從 20 世紀 80 年代開始，越來越多學者開始追問，性別差異是如何在非常具體的日常生活中形成與構成的。顯而易見地，這些問題已經開始（至少稍微）觸及「傳統的」社會理論核心問題了，例如：什麼是（男性或女性的）行動？什麼是男性或女性的主體？性別秩序是如何、透過什麼方式來進行再生產的？所以我們才會說，（各種）女性主義（的各種）社會理論，至少在其（希望能）作爲現代社會理論的主要構成部分之一是相對晚近的。女性主義社會理論的發展至今也還不超過半個世紀。所以，我們接下來就來介紹從 20 世紀 70、80 年代開始，至今仍很重要的各理論流派。

2. 女性主義辯論在這段時期，一直在兩個極端、兩個非常不同的論證類型之間游移。一個是在文學上有時被稱作「極繁主義」的立場，這種立場喜歡強調男女之間的差異，但這種差異卻**不必然**要追溯到生物學的論點，而是——且越來越是——也可以去看不同性別的**心理發展過程**。

> 這些學者通常相信，差異乃深植於並源於不同的朝向世界的途徑，在某些情況下會創造出不同的女性「文化」。他們認為，這樣一些差異對社會是有利的，應該承認與表揚。（Epstein, *Deceptive Distinctions*, p.25）

而另外一種所謂的「極簡主義」的立場，相反地則堅持性別之間有極大的相似性，現有的性別差異不是不可撼動的，而是會隨歷史而異，是由社會建構的（ibid.）。

在 20 世紀 70 和 80 年代，上述對於性別關係的**新的**立場，首先是在心理學的各種分支以及強烈仰賴心理學觀點以進行探討的社會學中發展出來的，其中最引人注意

的就是「極繁主義的立場」。其中有兩位女性學者特別值得一提，她們的作品對於許多彼此相鄰的社會科學領域都很有影響力。

其中一位，是美國社會學家夏多若（Nancy Chodorow, 1944-）。她嘗試從精神分析視角出發來解釋，為什麼女性總會受到一種心理動力的影響，使得性別關係總會維持下去，並讓女性處於社會從屬地位。她的命題是，小女孩早期和她媽媽的關係，扮演著一個非常重要的角色（參閱：*The Reproduction of Mothering: Psychoanalysis and the Sociology of Gender*, 1978）。夏多若的出發點是一個假設，即性別認同的建立對於兩性來說都是在相對早期的時候就出現了，最晚在 5 歲時就變成一種人格中不再改變的核心了。如果這個在精神分析中很有代表性的命題是正確的，同時如果的確，至少在西方社會孩童（不論是男孩還是女孩）的重要他人主要是母親，那麼，根據夏多若的說法，**兩性的性別認同的建立必須以非常不同的形式進行**：

> 最早的個體化模式、最優先的自我及其內在世界的建構、最早的自我衝突與最早的無意識的自我定義、個體化最早的威脅、喚起防衛的最早的焦慮，所有這些，男孩女孩之間是有差異的，因為男孩女孩最早的母子關係的特徵是不同的。（Chodorow, *The Reproduction of Mothering*, p.167）

女孩的性別認同是在與母親的緊密關係下建立的，以母親及其行動形式為榜樣。但對男孩來說，母親是他的**相反端**，他是透過與母親的差異來定義自己的。夏多若指出，這使得男性的發展會更強烈地從自我出發，更鮮明，甚至過分鮮明地劃出自我界限。而女孩的個體性則更傾向「同情」他人，更有對他人感同身受的能力。這也解釋了為什麼男性與他人的關係更容易產生問題，為什麼男性的個體化形式會如此剛烈、與女性是如此截然不同的（ibid., pp.167ff.）。

夏多若的分析針對的是精神分析那深受「男性」刻劃的一個理論預設。這可以追溯到佛洛依德的理論預設，認為**男孩**的發展才是常態，而女孩的自我認同建立形式則被貶低成是有缺陷的（可以參閱夏多若著作的第九章）。但此外，夏多若還想解釋，為什麼性別關係會不斷在其不平等中被再生產出來。母女之間最早的關係與女孩性別認同的建立形式，總是會以一種被稱作「作為母親」（mothering）的行動類型來進行的，而這在很多方面都和男性的行動不一樣，因為女性的自我認同建立是有很強烈的關係導向的。這樣的命題也標示出了一種規範立場。因為夏多若和她的支持者們既不認為女性在認同建立形式及其行動原則上是有缺陷的（ibid., p.256），也不認為美國

當代典型的家庭關係所特別強調的「作爲母親」是唯一可能或甚至唯一理想的父母形式，尤其因爲「作爲母親」正好會強化性別不平等。

> 當代，「作為母親」的問題，是從家庭與性別社會組織的潛在內在矛盾
> 當中產生出來的——產生自女性的「作為母親」和異性戀承諾之間的矛盾，
> 產生自女性的作為母親和女兒的個體性之間的矛盾，產生自情感連結與兒
> 子的男性氣概之間的矛盾。家庭外部——尤其是經濟——所產生的改變，
> 又更激化了這些矛盾。（ibid., p.213）

夏多若認爲，若透過其他男女分工形式（像是強化女性的職業活動並加強男性的家庭工作），那麼就有可能至少削弱現今的性認同建立形式，因爲這樣母親就不再是孩童唯一的重要他人。如此一來，我們就有很大的機會能停止「作爲母親」的再生產，及其對女性自主造成的負面後果。

美國女性心理學家吉莉根（Carol Gilligan, 1936-）在其 1982 年出版的著作《不同的聲音》（*In a Different Voice*）裡，也有類似的規範推動方向，而且甚至比夏多若的影響力還大。吉莉根的理論心理學方向跟夏多若的**精神分析**作法不一樣。吉莉根師從於當時相當知名的**發展心理學家**柯爾伯格（Lawrence Kohlberg）。柯爾伯格的研究對發展心理學之外的其他相關領域都影響很大，吉莉根的研究結果卻批評了柯爾伯格，並且幾乎無可避免地也直接引發了道德哲學和社會學的反動，因爲吉莉根質疑了這些學科的核心預設。

柯爾伯格的著作，在受到哈伯馬斯（見第十講）的影響下，運用了皮亞傑（Jean Piaget）的研究，發展了關於孩童與成人的道德發展理論，指出他的經驗研究表明了道德意識建立是一個有著多重階段的發展過程。他區分了三種道德水準（前習俗的、習俗的、後習俗的），每一個水準都還有兩個次水準（不過這與我們的旨趣無關，就不細談了）。在**前習俗水準**方面，行動者只會遵循某些道德規則，因爲行動者只是基於自我中心主義的觀點，想免於懲罰而已。「好」，僅意味著對行動者來說是有用的、有助於免於懲罰而已。而當我認爲我的道德義務在於滿足我周遭人的期待、我面對周遭人想當「一個好人」、我想爲我所屬的群體福祉盡一份心力時，那麼我所作出的就會是**習俗的**—道德的論點與行動。至於要達到**後習俗**階段，我必須根據普遍倫理原則進行行動，亦即我在進行道德行動時所採取的立場與特殊的關係與共同體無關，而是基於對**所有**人都同等有效、都可接受的規則（參閱：Kohlberg, "Moral Stages and

Moralization", pp.170ff. ）。

　　柯爾伯格認為，道德發展遵循著一種相當特定的邏輯，即人在社會化的過程中會依次經過這三個（或說六個）階段，會從前習俗，經過習俗，到後習俗（當中各自還會再經歷兩個次階段）的道德。當然不是每個人都會達到最高的道德水準或道德階段。只有少數成人能夠達到最高水準，只有少數人的論點和行動最後會遵循後習俗道德、遵循普遍的倫理與道德原則。柯爾伯格的研究最受爭議（也是吉莉根的發現與批判）之處在於，在他的理論中女性顯然幾乎無法達到後習俗道德水準，幾乎只能停留在習俗道德水準，只能停留在整個道德發展的第三和第四個次水準（連第四的次水準都很少達到）。

　　　　在柯爾伯格的量表測量中，道德發展似乎有所缺陷的人，最顯眼的就是女性。女性的判斷能力似乎只能符合他那六階段中的第三階段而已。在這個階段，道德是以人際之間的概念來構想的，善意指幫助他人並使他人愉悅。在柯爾伯格的想法中，善的概念在女性成人那裡，就只發生在家庭生活當中。柯爾伯格暗示，女性唯有當進入傳統的男性活動領域時，才會認識到這種道德觀的不足，並且像男性一樣朝向更高的階段，讓人際關係服從於規則（第四階段），進而讓關係服從於普遍的正義原則（第五、六階段）。在此，很矛盾的是，女性的特點在於她們的善良，她們關心他人的需求、對他人的需求很敏銳，但這卻是她們的道德發展的缺陷。（Gilligan, *In a Different Voice*, p.18）

　　就像夏多若在探討傳統的精神分析時所做的那樣，吉莉根從柯爾伯格的這種觀點中得出一個結論，即他的道德發展心理學理論模型是從男性的視角來進行建構的，所以女性的道德發展對他來說是有缺陷的。吉莉根認為，若對女性的道德發展進行一種不受偏見影響的研究的話，那麼就會得出不一樣的結果。她自己的經驗研究指出，女性會用和男性相當不同的方式來應對道德問題，所以對於女性的道德發展路徑也必須以另一種方式來詮釋。男性一般會根據抽象原則來思考與行動；但女性不一樣，女性傾向根據情境與敘事來進行判斷，而這是柯爾伯格在他的研究裡從來沒有考慮到的事。女性根據情境與敘事來判斷的方式，建立出一種關於「關懷」的道德。女性的道德觀以「責任感與關係為中心」，而男性則偏好「公平」的抽象道德，一種基於「權利與規則」的道德（ibid., p.19）。

　　吉莉根對她的老師柯爾伯格的批評之處在於，他呈現的道德發展模式是以男性的道德理解方式爲基礎，亦即一種以抽象的權利與正義倫理爲基礎的道德。這也難怪，女性幾乎無法達到柯爾伯格的發展框架的最高階段，大多無法或不想根據抽象普遍規則來行動與進行討論。吉莉根則提出與柯爾伯格相反的、更適用於女性發展的模式，一種基於情境敏銳度、非抽象的「關懷倫理」的**關懷**階段模式（ibid., p.74）。這種模式也牽涉社會制度的形成（這也是她的論點的規範─政治動力面向），因爲這也指出了另外一種必須滿足女性道德觀的社會制度形式。

　　這樣一種男性正義倫理與女性關懷倫理之間的鮮明對比，在女性主義運動內部與外部引發了很大的爭議，連女性主義者也對吉莉根提出了尖銳的批判，尤其認爲她所鼓吹的關懷道德，不過只是一種尼采意義下的奴隸道德的變體。意思是，吉莉根所抱持的觀點，是否也不過是一種忽略了權力關係的自由主義的女性主義立場。

　　　　據説女性重視關懷。但女性之所以重視關懷，也許是因為男性根據女性所給予的關懷來評價女性。據説女性是以關係角度來思考的。但女性之所以從關係角度來思考，是因為女性的社會存在是根據與男性的關係來定義的。這些研究的自由主義的觀念論正顯示了她們沒有把社會支配與權力關係當一回事。（MacKinnon, *Toward a Feminist Theory of the State*, pp.51-52；關於這方面的辯論，可參閱：Benhabib, *Situating the Self*, pp.179ff.）

　　這種非常尖銳的指責，一部分是不公平的，因爲吉莉根不斷強調，關懷道德**不是**意指自暴自棄與自我犧牲。但對吉莉根的責難是有說服力的，而且也是女性主義者提出來的。例如批評吉莉根研究的經驗基礎是不夠的，或是對經驗基礎的詮釋是錯誤的，因爲孩童的早期發展並沒有像吉莉根假設的那樣有著如此涇渭分明的性別差異。吉莉根所謂的女性關懷道德，不過是歷史上的某種角色道德的表現，而這也隨著漸增的女性平權而有所改變（Nunner-Winkler, "Gibt es eine weiblliche Moral?"）。在某些情況下，男性也會偏好情境與敘事式的思考。最後，還有一件事值得批判，就是吉莉根（跟夏多若的著作類似）最終並沒有解釋性別差異的**社會**事實與**歷史**事實，而是直接將其當作既成的事實（Benbabib, *Situating the Self*, p.178）。

　　但毋庸置疑的，儘管有許多值得批判的點，吉莉根的論點也開啟了一個很大的空間，並對道德哲學與社會學的討論產生很大的影響。因爲很快就顯而易見的是，普遍的道德理論，亦即柯爾伯格的道德發展框架中的後習俗水準是有問題的。這些

理論希望提出一種不依情境而異的、適用於所有人（而不是只適用於某些特定團
體）的解決道德問題的規則；但這些理論有個缺點，就是幾乎沒有提到個人關係、
友誼與憐憫，甚至是美好生活等問題的重要性（參閱：Pauer, "Moral-theorie und
Geschlechterdifferenz", p.44）。所有的康德追隨者，不論是哈伯馬斯的商談倫理，還
是羅爾斯（John Rawls）的道德哲學（見下一講），他們的普遍主義理論都有這種難
辭其咎的理論盲點，也因此招致批評。

> 康德的錯誤就在於假設了自我，一個純粹理性的、自己思考的行動
> 者，可以得出一個所有人、所有時間、所有地點都能接受的結論。在康德
> 的道德理論中，道德行動者就像處於不同房間的幾何學家，全都可以推想
> 出同一個問題解答。（Benhabib, *Situating the Self*, p.163）

根據哈伯馬斯的商談倫理，規範正確性的有效性要求必須要以互為主體、不受
支配的檢視作為支撐（參閱本書第十講），因此哈伯馬斯的商談理論似乎避免了上述
問題，因為它從一開始就是**對話式**的，而**不是**以孤單的主體作為出發點。但哈伯馬
斯的理論在根本上對道德和政治的理解非常狹隘，而且對規範與價值、權利與善進
行了很有爭議的區分。所以關於前文提到的許多問題，會被他的理論認為沒什麼好討
論的，或被認為與道德和政治的問題無關而排除掉。最迫切的（道德）問題常常正
是來自個人的、情境式的領域（ibid., p.170），而這卻恰恰是哈伯馬斯的商談理論的
原初構想所沒有處理的，因為他認為這些問題沒有價值領域或美好生活領域來得更
重要，沒法放在普遍主義的價值觀中來討論。就算人們贊同哈伯馬斯對善與權利、價
值與規範之間的區分，哈伯馬斯的商談理論依然令人不滿，因為一個原則上不能或不
想回答的最迫切的道德—個人問題的道德理論，就只能是一個有缺陷的道德理論。
事實上，吉莉根的研究對於道德理論家和哈伯馬斯來說（參閱：*Moralbewußtsein und
kommunikatives Handeln*, pp.187ff.），也是一個契機，可以更認真地思考關懷道德與
正義道德之間的關係，並且可以讓這些理論家去問，這兩種道德是否不可偏廢，或是
像本哈比（Seyla Benhabib, 1950-）所提到的，是否關懷和正義在孩童發展過程中有
共同的源頭。

> 從這方面來看，哈伯馬斯和柯爾伯格都過快忽視了吉莉根和其他女性
> 主義的一個重要洞見：我們在作為成人之前，都是孩子。而天性、關懷和對

他人的責任，對我們發展為有道德能力、自我獨立的個體來說是非常重要的。（Benhabib, *Situating the Self*, p.188）

也就是說，人們除了將吉莉根的研究詮釋成一種天真的自由主義的女性主義之外，也可以將它詮釋成另一種樣子。她的研究無疑具有批判的潛力，因為她揭露了某些道德理論字面背後的（男性的）意思。吉莉根的理論性（雖然不必然具有政治性）的推動力與社群主義思想家（見下一講）所促進的推動力，有重疊之處。而且她的理論與各個女性主義理論家的關懷可以很好地協調在一起。例如任教於芝加哥大學的相當知名且優秀的女性主義哲學家納斯邦（Martha Nussbaum, 1947-），回溯到亞里斯多德哲學，批判了大多數道德哲學思想體系的超理性主義的思維模式。這些道德哲學在面對日常經驗的情緒時，都僅僅將之視作非理性的，然後就忽略不顧了。納斯邦的意思並不是老掉牙地說，因為女性天生（亦即生物學上就註定）比男性更強調情緒，所以人們必須提高情緒的價值。她的立場完全是另一回事：情緒根本上深受社會情境所影響；也就是說，情緒是社會建構的。所以她——毫不令人意外地——認為，在一個沒有性別平權的社會，不同性別也會有不同的情緒。此外，情緒常常是對不確定的情境與依賴性的情境的反應，而由於歷史原因，女性總是比男性更強烈地暴露在這種情境下。但是，納斯邦的一個最重要的哲學與社會學命題指出，強調情緒的差異並**不是**說同時也就必須假設女性是較不理性的。因為就算今天西方社會的女性比男性更加強調情緒，但情緒也並不單純是空泛且不理性的一件事，而是大多時候會藉由判斷而與某個對象聯繫在一起。情緒不是不理性的，而是觀看世界的一種方式（Nussbaum, "Emotions and Women's Capabilities", pp.366ff.）。納斯邦的結論是（而且這個結論和吉莉根的命題完全可以很好地協調在一起），道德哲學和社會學毫無依據地急於質疑非理性，對某些日常生活現象置之不理，是一種毫無益處的作法。哲學與社會學的討論大多由男性所支配，其討論也常基於抽象且形式性的前提。這剛好也為女性主義提供了一個機會，在男性的這種討論模式之外，再提供一種可以更恰當地探討社會真實（而且不只是女性的社會真實）的新的角度。

3. 夏多若和吉莉根在 20 世紀 70 年代和 80 年代早期所引發的辯論，我們就先談到這裡。不過，雖然她們的影響非常大，但人們還是可以說，最晚到了 80 年代就有另一個研究傳統更占據了主流地位，這個傳統激進地對「極繁主義的立場」刨根問底，並且運用一些非常特定的理論工具，更偏好轉向極簡主義的立場，也就是強調兩性之間的高度相似性。於此，英語學界很重要的「性」（sex）與「性別」（gender）之間的區分扮演著核心角色。「性」（牽涉男女之間不同的解剖學、生理學、荷爾蒙與基因的構成）是受生物要素決定，或會被生物要素決定的，而「性別」則是由社會與文化所交織而成的身分狀態。

女性主義者和性別研究者特別強調性與性別之間的差異，以此反對男性關於「女性（處於劣勢的）本質」的說法，並以此堅持性別差異是在歷史當中發展出來的壓迫與蔑視的結果，而非什麼天生就有或因生物要素而來的差異。這方面的命題認為，生物要素並不會決定「性別特質」。

> 性別是一種關係範疇，需要從某種人類存有之間的差異的建構來找尋
> 解釋。女性主義理論，不論是精神分析的、後現代的、自由主義的，還是
> 批判的，都一致假設性別差異的構成是一種社會與歷史的過程，而且性別
> 不是天然的事實。（Benhabib, *Situating the Self*, p.191）

自從 20 世紀 80 年代開始，女性主義內部最熱烈的理論討論目標就逐漸在於消解「本質論」，以及消解在吉莉根那裡還能看得到的關於「女性的普遍本質」的說法（ibid., p.212）。這些理論辯論從原本對性別差異的強調，轉而指出性別差異的社會或歷史**建構**（Gildemeister and Wetterer, "Wie Geschlechter gemacht werden", p.201）。這首先意味著，我們必須把握住「性」與「性別」之間的差異，以此指出女性認同的特殊構成形式的歷史與文化肇因。後來這種討論甚至變得更加極端，認為我們根本不用管「性」與「性別」之間的差異，這兩者的差異根本是種偽命題，因為就算是「性」，也不真的是「生物性的」或「自然的」，而是同樣也是一種建構。這個令人驚訝的命題認為，根本沒有自然、生物性的性別！基於這個命題展開辯論，當然並沒有帶來一個統一的女性主義理論，而是造成各種爭議和規範─政治結論。

(1)這場辯論最輝煌、在理論上最創新的開端，是從兩位美國女性社會學家的著作開始的：柯斯勒（Suzanne J. Kessler, 1946-）與麥肯娜（Wendy Mckenna, 1945-）

在 1978 年出版的《性別：俗民方法論的取徑》（*Gender: An Ethnomethodological Approach*）。這本書不只清楚表明了「性別」是一種「社會建構」（這在當時並不是什麼革命性的創新觀點），而且還指出人們至今幾乎都沒有研究過人是**如何**作爲男人或女人而進行等級分類的。柯斯勒與麥肯娜認爲，就連那些強調「性」與「性別」之間差異的學者，也從來沒有認眞分析過人是如何把其他人歸類成某一性別的，「性別歸類」（gender attribution）究竟是以什麼基礎來進行的。

> 有時候……我們會看到有些人的性別不是那麼明顯的……。這時候我們就會開始有意識地去找出他們「眞正」的性別的線索。這些線索是由什麼構成的呢？當去問人們男女之間的差別是什麼的時候，他們的回答幾乎都包含「生殖器」。但是，在原初的互動中，一般人幾乎不可能去檢視對方的生殖器。這也清楚表明，這並不是眞的用來當作證據的東西……（Kessler and McKenna, *Gender*, p.VIII）

在這類性別不明確的例子中，顯然人際之間的行動有一種持續但複雜的過程，將互動參與者歸類到某個「性別」，而且這種歸類很少是根據性別特徵來進行的。柯斯勒與麥肯娜認爲，我們認爲理所當然、沒有問題的事，其實是一種非常需要前提的社會過程。但不只是對他人貼標籤一事是很複雜的，而是「活出」或「表演出」某種性別認同也是很複雜的。這在變性現象那裡特別明顯，因爲變性表明了原本的生理特質並不能決定一個人是女性還是男性，而是，尤其是當一個人透過手術改變解剖學意義上的性別時，這個人就必須持續、努力地呈現出作爲一位女性或男性。「性別是由實踐所造就的」（ibid., p.153），或是用俗民方法論的說法來說：

> **表現性別**意指生產出女孩和男孩、女人和男人之間的差異，而且這些差異不是天然的、本質的，或生物性的。（West and Zimmerman, "Doing Gender", 1987, p.137；著重處爲約阿斯和克諾伯所加）

持此觀點的學者會將這類研究回溯到 1950 年便已出現的俗民方法論取徑的「奠基者」那裡去。在加芬克爾的著作《俗民方法論研究》（參閱第七講）那裡，就可以看到一個非常有趣的關於變性人艾格尼絲的研究（"Passing and the managed achievement of sex status in an 'intersexed' person, part I"）。艾格尼絲在 17 歲之前被

認為是男的，而且他的生理性徵也很「正常」。但艾格尼絲覺得自己是女的，她也想用女性的方式來生活，所以最後她就接受了變性手術。加芬克爾非常詳細地描述了這個人在活出新的性別時所遇到的困難，以及她如何學著做一位女性，如何以及為什麼要從一個性別身分跨越到另一個性別身分。這是一個持續、且必須不斷重新維持的任務，因為「性別」在任何日常生活事務當中都是極為重要的。加芬克爾指出，像艾格尼絲這樣的變性人必須不斷展演自己，讓所有其他人都不會發現她「原本的」性別。加芬克爾，以及柯斯勒與麥肯娜所呈現的，其旨趣不在於「變性」這個相對少見的現象。研究變性者的行為，更多是出於**一般的理論旨趣**。這些研究指出了「性別」是如何被每位男性和女性習以為常地進行歸類，並且如何（必須）過出這個性別的生活。

> 然而，必須謹記在心的是，我們研究變性人，不是因為變性人以一種特殊的方式創造了性別歸類，而是相反，因為這些人就像我們所有人一樣，是以非常平常的方式在創造性別的。（Kessler and McKenna, *Gender*, pp.127-128）

到這裡為止，這些說法聽起來可能並沒有特別新穎或特別挑釁。人們可以說，用上這種俗民方法論的研究取徑，只不過是用一種明確的目光來看到一個老現象，然後不過就是用更詳細的說法來闡述「性別」為何是社會建構的而已。但事實上，柯斯勒與麥肯娜的研究所意味的更多，她們也很清楚表明了這件事。如果人們認為「性別」是建構的，那麼當然就會接著問，社會現實是如何被建構出來的，使得至少在我們的社會裡總是會形成兩種——而且只有兩種！——性別。

> 我們究竟在將什麼規則運用在什麼樣的展現上，以至於在每個具體的例子中我們會覺得只有男性和女性，而且會覺得這是一個客觀事實、不依賴於特定的例子呢？（ibid., pp.5-6）

此外，如果「性別」歸類的確是一個社會過程，這個過程不是直接由生物因素方面的性別所決定的，那麼不就也應該可以想見，性別並**不是**二分的，並**不**總是只能被區分為男性和女性、男孩和女孩嗎？這兩位學者援用了文化人類學的研究指出，性別並不總是被認為只有兩種的。西方社會以生物要素作為性別歸類的基礎，認為社會性的性別毋庸置疑地源於生物性的性別，男性總是具有男性的性徵、女性總是具有女

性的性徵；但其他文化並不完全是這樣。在其他文化那裡我們可以觀察到，「生物性的」女性只要表現出某一些男性角色行為，也可以被歸為「男性」。解剖學、生理學或類似的事實，在這裡一點都不重要。同樣地，我們也可以觀察到也有一些文化，在其不必然只有兩個性別，而是有三種或更多種！

> 若要說性別身分是普遍的，可能就所有人都知道他們會隸屬於某個範疇而言是對的；但若要說我們知道這些人不是女性就是男性，也許就是錯的了。（ibid., p.37）

若這樣的說法已經夠挑釁的了，那麼柯斯勒與麥肯娜還不只是如此而已。這兩位學者，以一種在當時幾乎被認為是邪門歪道的說法來追問，現代科學根據生物要素來確認男性或女性的作法，是否比一般所認為的還要更有問題。「性」是不是跟「性別」一樣模糊且糾結？事實上，在性別確認上，根本沒有清楚的科學準則。不論是解剖學、人類的荷爾蒙「狀態」，還是基因符碼，都沒有提供明確的區分準則。對兩性畸形的幼兒的研究指出：

> 醫學專家對於一個有 XY 染色體，但生殖器異常的幼兒，也僅是用陰莖的大小來區分為男孩或女孩。如果陰莖太小了就將之分類為女孩，然後再透過變性手術給她做個人工陰道。（Lorber, *Paradoxes of Gender*, p.38；類似的亦可見：Hagemann-White, "Wir werden nicht zweigeschlechtlich geboren...", p.228）

那時（現在也是）由於沒有明確的生物特徵，所以看似客觀的標準（例如基因符碼）反而還讓位給對陰莖大小的主觀評判。對於持俗民方法論觀點的社會科學家來說，這樣的觀察結果並沒有特別令人驚訝之處。因為俗民方法論（見第七講）對知識社會學研究有很深的影響，其研究也總不斷指出，自然科學的實驗室研究是如何受日常觀念的滲透。柯斯勒與麥肯娜也同樣指出這件事，而且她們也強調，生物學和醫學研究也皆以社會的文化預先假設為基礎，所以不斷努力——但（至今仍）徒勞無功地——嘗試，論證一個很有問題的命題，即性別有兩個，且只有兩個（Kessler and McKenna, *Gender*, p.77）。

柯斯勒與麥肯娜的論點傾向用激進或令人驚訝的命題，處理對許多女性主義者來

說非常重要的「性／性別」的區分。她們的命題是，**表面上**清楚明白的「生物性別」也不是如此明確的，而是非常顯然也有社會建構的因素在起作用。在文獻中，這有時候也被稱為「虛無假設」。海格曼—懷特（Carol Hagemann-White, 1942- ）是如此定義虛無假設的：

> 一直以來，對我而言，「虛無假設」對女性生活的多樣性更為開放，對於父權壓迫的看法更為激進。亦即虛無假設認為：性別並非必然、自然而然原本就是兩種；性別不過是不同的文化的建構而已。畢竟我們已知，人類不受區分，可塑性非常高，可以勝過荷爾蒙或基於身體特質的事實。
> （Hagemann-White, "Wir werden nicht zweigeschlechtlich geboren...", p.230）

柯斯勒與麥肯娜將這種「虛無假設」關聯上一種清楚的規範—政治綱要。她們認為，在我們的社會中，關於性別明確二分的典型假設，幾乎無可避免地會造成性別之間的**層級化**，亦即造成一個讓女性因為長久以來的權力關係而被迫處於從屬的社會地位的過程。如果二分化與層級化是密切相關的，並且造就了「男性中心主義」的後果，那麼女性主義理論的任務就是要去論證，性別之間的二分並非本來就是必然的。長期來看，唯有揚棄這種性別二分法，才能有機會在人與人之間建立一種平等的關係。

> 一旦將人二分，就很難避免用一個人來評估另一個人；這也是造成蔑視或壓迫的基礎。當性別的表現**包含了生理要素**時，那麼除非且直到性別被視為社會建構的，否則我們的行動無法激進地改變我們那無法改變的地位。人們必須直面另外各種可能性的實現，以及另外各種現實的可能性。
> （Kessler and McKenna, *Gender*, p.164）

柯斯勒與麥肯娜的研究基礎，是特別在英語學界中牽涉相當廣泛的「性」與「性別」之間關係的基本討論。這個爭論在英美學界很快就變得很主流，因為英美學界的社會人類學透過其研究，開闢了一個（從西方的觀點進行的）研究異文化中「值得注意」的性別身分的領域。不過在其他國家，這種辯論並沒有很快就流行開來（參閱：Becker-Schmidt and Knapp, *Feministische Theorien zur Einführung*, pp.9ff.）。在德國，一直到 20 世紀 90 年代早期，特別是從姬德麥絲特（Regine Gildemeister, 1949- ）和

薇特樂（Angelika Wetterer）的文章開始，才有這方面的討論。她們在 1992 年發表的
《性別是如何表現出來的》，探討了這個至今主要是在英語學界所進行的爭論。姬德
麥絲特與薇特樂因爲也是很接近俗民方法論的路子，所以與柯斯勒及麥肯娜很類似地
指出，將「性」與「性別」區分開來只是一種表面上的解決方案，因爲這種解決方案
只是把生物學主義轉移到其他地方而已：雖然這種區分不再把「女性」假設爲一種**社
會**本質，但這種區分還是認爲有**生物**本質，而這是有問題的。因爲其實並沒有生物學
方面的標準可以用來明確界定性別。此外，假設男女是二分的，也還是暗暗隱含著生
物主義。因爲，如前文提過的，即便是生物學，在二分建構上也並沒有提供什麼很好
的指導（Gildemeister and Wetterer, "Wie Geschlechter gemacht werden", pp.205ff.）。

　　如果確是如此，如果我們同意柯斯勒與麥肯娜的命題，那麼姬德麥絲特與薇特
樂的結論是，這樣的命題會爲社會學理論帶來許多後果。因爲如此一來，我們也不能
再認爲歷史上有一個**前社會**範疇的「女性」，不能再認爲是因爲歷史上某個時候的什
麼原因不斷持續推動性別分化。所謂女性身體比較柔弱、懷孕期間比較脆弱等等，不
能被理所當然地視爲性別分工的理由。因爲，如果自然和文化都同時是構成人類的要
素，那麼雖然人們可以說女性的生育能力造就其（受到壓迫的）身分，但人們也同樣
可以反過來說，是文化過程與社會過程讓女性的生育能力成爲其受壓迫的社會身分的
符號。若有人想將女性（自然的）生育能力解釋成性別分工的原因，那麼無論如何都
是在避而不談一件事，即：

　　　像「生育可能性猜想」這樣一種複雜的假設性構想，都已經是抽象與
　　分類的結果。唯有當我們去追問，身體特徵是在什麼樣的一個有待解釋的
　　社會分化過程中被賦予了文化意涵時，我們才能破譯這種假設性的構想。
　（ibid., p.216）

　　儘管姬德麥絲特與薇特樂極爲依賴最初由柯斯勒與麥肯娜提出的論證軸線，並且
比兩位美國學者還更加謹愼地仔細探討這樣一種路徑的理論後果，但姬德麥絲特與薇
特樂卻也同時讓人注意到她們理論框架的一個相對令人不舒服的政治後果。因爲，雖
然她們似乎希望能揚棄性別二分，如同柯斯勒與麥肯娜已強調過的；但她們始終沒有
說清楚女性主義取徑的政治目標到底是什麼，而只是極端地宣稱反本質論的立場。這
與希望讓女性能有所提升的努力是很難相容的，或至少會產生很明顯的問題。因爲，
如果要提出一套能讓女性有所提升的政治話語，那麼首先必須得確定誰是女性、誰不

是。但姬德麥絲特與薇特樂認為，確定誰是或不是女性的作法，只是在強化與重新刻劃舊的傳統性別區分，但舊的傳統性別區分是大家應該要克服掉的。這樣就產生了一個「從行動理論層次來看，看不到出路」的矛盾（ibid., p.249）。

　　事實上，這樣一個悖論也讓女性主義的俗民方法論取徑備受批評。被批評的不只是其政治計畫的模糊性，還有她們希望揚棄性別二分的想法，是不是真的有道理，也是有問題的。柯斯勒與麥肯娜，以及姬德麥絲特與薇特樂，都認為性別二分幾乎自動就會帶來階層化，但這是值得商榷的。反過來說，難道用更多樣的性別可能性來消解性別二分，階層化的思想真的就會消失了嗎？種族主義的經驗就給了我們否定的答案。因為，例如種族主義者，不必然只認識**兩種**不同的膚色，而是知道要準確區分不同的皮膚「色調」，好實施種族主義判斷。這表明了「範疇的多樣化並不會免於階層化，而是會提升分化可能性與階層化可能性的數量。」（Becker-Schmidt and Knapp, *Feministische Theorien zur Einführung*, p.80）性別關係領域完全也可能會有類似的機制，消滅性別二分之後，人們所希望的平等趨勢可能並不會出現。

　　受俗民方法論啟發的女性主義飽受批評之處，還在於其內在的理論缺陷。這個缺陷在俗民方法論之「父」，加芬克爾那裡就已經出現了，即：缺乏對制度的分析。批評者認為，俗民方法論因為幾乎僅聚焦在所有互動的基本前提，認為制度是固定、尋常的，完全不重要，所以這類研究在中觀，特別是宏觀社會學方面是不足的。批評這件事的女性主義者，也指責基於俗民方法論來進行論證的女性主義者在很大的程度上忽略了造就性別差異的制度背景（Heintz and Nadai, "Geschlecht und Kontext", p.77）。因為**什麼時候、在哪些具體的制度情境與關係中**性別差異被刻劃或消弭，是需要透過經驗研究才能得知的。在什麼樣的制度背景下，兩種性別扮演著重要角色？在哪種制度背景下，兩種性別的重要性比較小？這都必須經驗地根據脈絡，從不同的性別差異來加以探討。我們不只要在社會學的日常秩序上研究「表現性別」，還應該要去研究「消除性別」（undoing gender）（這裡也可以參閱：Hirschauer, "Die soziale Fortpflanzung der Zweigeschlechtlichkeit"）。

　　　　因為，如果性別歸屬事實上是一種**「成果」**，那麼至少在理論上應該
　　可以想見還有一種**性別的消除**。消除性別，就像性別的上演一樣，都是同
　　樣複雜的呈現成果，而且也同樣絕非是性別中立的。（Heintz and Nadai,
　　"Geschlechtund Kontext", p.82）

　　海恩慈（Heintz）和娜妲依（Nadai）認爲，爲了能辯證地分析性別的「表現」與「消除」，宏觀社會學的基礎研究是必須進行的。但面對當時微觀社會學導向的「性別研究」以及類似導向的女性主義社會理論的支配地位，至少在德國，人們幾乎無法期待能有什麼宏觀社會學的基礎研究（ibid., p.79）。

　　(2)如前所述，女性主義的廣泛的宏觀社會學研究能否有機會得以展開，是令人懷疑的；而這種懷疑不是完全沒有道理的。有一種更廣泛的、在國際上影響力極大的女性主義理論分支，這個分支和受後結構主義影響的關於後現代的**哲學**辯論交織在一起。而在這個思想傳統中，宏觀社會學分析同樣只扮演著次要的角色，人們主要也是在基礎理論的層次上反思「性」與「性別」之間的關係。不過在這個女性主義理論分支中所援引的學者，部分和我們前面提到的學者非常不一樣。關於所謂的後現代的辯論，對於部分的女性主義運動來說，到底有什麼吸引力，不是很容易讓人一目了然的；但我們以下會一步步地介紹，讓讀者理解其吸引力何在。要知道，即便在女性主義中，這部分也是非常有爭議的。

　　有一些科學研究，在許多情況下不假思索地從生理、社會、知識維度「證明」女性是低人一等的。而女性主義理論從一開始就在討論，科學得出的這些研究結果，究竟僅僅是因爲**科學實踐**出了差錯，還是因爲科學觀念從根本上就站不住腳（參閱 Sandra Harding, "Feminism, Science, and the Anti-Enlightenment Critiques"）。如果只是科學實踐出了差錯，那麼女性主義者可以寄望於推動女性進入科學的中心堡壘，排除錯誤的實踐，得出更爲客觀的知識。但是，如果是第二個命題，亦即如果是自歐洲啟蒙時代所誕生的「科學」計畫，認爲要生產，或希望能生產出所謂歷久彌新的眞理，根本就是很值得商榷的呢？這裡所說的第二種科學理論立場的重要動力，一方面來自關於孔恩式的範式概念的爭論（參閱第一講）。例如費耶阿本，激進地批判科學理性，想要拋棄科學理性。另一方面則來自傅柯式的分析（參閱第十四講），認爲（科學）眞理與權力是直接掛鉤在一起的，所以根本完全沒有「客觀性」可言。如李歐塔這樣的後現代理論家也運用這些論點，認爲所有宏大敘事（包括科學）都已經終結了。以此而言，也難怪部分的女性主義理論受到後現代論點的啟發並加以運用，認爲這對於敵視女性的科學的持存，似乎可以提出很好的解釋。

　　特別熱切且激進地認爲後現代與女性主義必須相連結的，當屬弗來斯（Jane Flax）。她想把整個歐洲啟蒙傳統都駁斥掉，因爲就連康德最著名的關於「回答何謂啟蒙」格言：「勇於求知！要有勇氣運用你自己的理智！」都基於男性中心主義的前提。之所以如此，不只是因爲「像康德這樣的啟蒙哲學家，在提到能擺脫傳統

權威形式的人的時候，也不打算把女性算進去。」（Flax, "Postmodernism and Gender Relations in Feminist Theory", p.42）也因爲康德的認識論立場以某種男性的主體構成形式和自我意識爲基礎，排除了其他思維與理性的形式。

> 所有這類超驗聲稱，都只對少數人──大部分是西方白人男性──的經驗加以反思與具體化。事實上，就像其他後現代主義者一樣，女性主義者的開端亦來自對這類超驗聲稱的質疑。這些超歷史的聲稱，對我們來說似乎還蠻有道理的，這部分是因為他們所反思的是支配了我們社會世界的那些人的經驗的重要面向。（ibid., p.43）

即便弗來斯注意到，將後現代與女性主義緊密結合起來會有陷入相對主義的危險（因爲，如果眞理或知識都只是一場權力遊戲，那麼女性主義理論和權力遊戲的差別在哪？），但她還是聲稱，女性主義理論是批判啟蒙的後現代批判陣營中的一員（ibid., p.42）。因爲不存在什麼超歷史的知識和眞理，因爲知識都是與背景相關的，並且主體的形成也不是獨自與孤立的，而是來自關係當中的，所以女性主義理論必須坦承自己無法生產出終極眞理（ibid., p.48）。弗來斯認為，雖然要坦承這件事不容易，但我們已經回不到「現代」了，因爲作爲現代基礎的歐洲啟蒙的核心前提是很成問題的了。

> 在當代西方思想中，認為「理性已脫離了『僅是偶然的』存在」的觀念，依然占據著主導地位，而且現在似乎還掩蓋了自我對社會關係的鑲嵌與依賴，以及這個自我存在的不完整性與歷史特殊性。（ibid., p.43）

當然，弗來斯的這種說法有個問題，就是這一種對啟蒙的詮釋，在特殊的、西方的哲學史中，總的來看可能太片面了。因爲這種說法忽略了許多流派，而且這些流派正好想避免，且也避免了弗來斯所抱怨的偏頗問題。眾所皆知，不是所有的現代哲學都接受以極端的笛卡兒懷疑作爲出發點，不是所有現代社會哲學都以孤立主體作爲出發點，也不是所有現代認識論都要求生產出超時間的眞理。這些對弗來斯思路的批判無疑都非常重要，但我們這裡不再進一步討論了。重要的是，弗來斯論點的基本特徵是很多其他學者都有的；其中，最具有影響力的，非美國女性哲學家、修辭學教授巴特勒（Judith Butler, 1956-）莫屬了。

　　巴特勒以在 1990 年出版的著作《性別麻煩》（*Gender Trouble*）獲得了極高的國際知名度。書中，她以其命題的激進性成為一種女性主義的文化要角。巴特勒在這本書一開始就明確指出，她參考的學者是尼采和傅柯（*Gender Trouble*, p.X）。她透過這兩位學者，設定了進一步的論證道路。就像在傅柯早期和中期的著作中那樣，巴特勒想「解構」主體概念。在她追問女性主義的主體問題的時候，以及她在論證「女性」這個範疇根本不存在的時候，解構主體概念的作法就特別明顯。因為她認為，性別身分都僅是在隨文化而異的政治脈絡中建構的，所以性別身分也都是流動的（ibid., p.1）。這樣一種立場看起來還蠻有道理的，因為西方中產階級白人女性和其他階級、種族、世界上其他地區的女性之間的差異，會讓她們的利益和問題幾乎都是不一樣的。女性主義運動有時候過於分化、太過國際化，使得很難對「女性」進行有意義的討論。

　　巴特勒這種對性別身分的脈絡性的強調，一開始跟基於俗民方法論來論證的學者，像是柯斯勒與麥肯娜，沒有什麼太大的不同。因為巴特勒聲稱，「性」不是在討論之前就自動成立的事實，而是也屬於「性別」範疇（ibid., p.6），並且解剖學上的性別，最終也無法為性別認同設下界限（ibid., p.128f.）。然而，她也透過兩個命題反駁了傳統的俗民方法論的女性主義。**第一**，巴特勒聲稱（雖然她沒有非常有力的經驗證據），是**異性戀的**欲望將社會中的性別固定在兩種：

> 　　欲望的異性化，要求並構成了「陰柔」與「陽剛」之間分離且不對稱的
> 對立，並將這種對立理解為「男性」與「女性」的表現屬性。（ibid., p.17）

　　巴特勒的這種說法其實是值得商榷的，因為很有可能就算是同性戀，也會在其欲望中區分成兩種性別。但最後，巴特勒沒有要為同性戀的身分進行正名或賦予其特權，而是要消解僵固的（個人）身分的概念與事實。這也讓巴特勒在下一點也與俗民方法論的女性主義分道揚鑣，即：**第二**，身分概念是有誤導性的，主體概念，以及所有基於這種主體概念的哲學，也是站不住腳的。巴特勒認為，根本沒有固定的主體，因為主體並非自身即如其所「是」，而是透過語言和語言遊戲建構起來的。如同巴特勒在後來的著作當中詳細呈現的：

> 　　我的假設是，言說總是以某些方式脫離我們的控制。……將言說行動
> 與自主的主體脫鉤開來，可以建立一種不一樣的能動性概念，最終可以建

立一種不一樣的責任性概念，亦即我們必須更加承認，主體是在語言中構成的，並且承認主體所創造的東西如何源自其他地方的。……一個（不同於自主的主體的）行動者，顯然是在他或她被構成行動者的程度上在行動的，並且因此是在一個使外在限制得以可能的語言場域中運作的。（Butler, *Excitable Speech: A Politics of the Performative*, pp.15-16）

巴特勒認為，在語言背後沒有主體，我們在根本上都是被說出來的。藉由這個命題（雖然她後來也部分收回了這個命題，見：Butler, *The Psychic Life of Power: Theories in Subjection*，特別是 pp.1-31），巴特勒再次將俗民方法論的立場推向極端。俗民方法論的立場指出，變性者為了不斷宣稱自己的性別身分必須作出什麼樣的**努力**，「性別身分」是一種多麼困難的「成就」，以及「性別」這個範疇在日常互動當中是多麼重要。但對於巴特勒來說，性別身分問題似乎會消解在一場相對混亂的身分遊戲當中（而且身分最終是由語言所構成的）（關於這方面的批判，可參閱：Schröter, *FeMale*, p.42）。例如女性範疇：

> 本身……是一種過程性的概念，一種生成，一種建構，人們無法正確地說它是開始了還是結束了。作為一種持續的話語實踐，它在面對干涉與意義重構時都是開放的。（Butler, *Gender Trouble*, p.33）

從這裡也可以看出來巴特勒的女性主義的政治計畫。雖然不存在前話語的自我或主體，但巴特勒並不是說因此就不存在行動可能性。相反地，正是因為語言意涵的過剩阻礙了身分的最終固定，所以新的意涵總是可以不斷被生產出來，語言符號的重新詮釋也不斷得以可能。巴特勒認為身分是一種可變的實踐，一種「標示性的實踐」（ibid., p.144）。

> 矛盾的是，身分的重新概念化是一種**效果**，亦即是被**生產出來**或**產生出來**，這種效果開啟了「能動」的可能性。如果將身分範疇當作是基本且固定的，這種能動性反而會被隱密地排除掉。因為，身分作為效果，就意味著身分既不是被致命地決定好的，也不完全是人為和任意的。（ibid., p.147）

雖然在這裡沒有講清楚的是，這種標示性的實踐可以**由誰或什麼**來加以改變

（「實踐」這個概念總是需要有個主體，或至少要有個主動的作為），但巴特勒在這裡相對坦率地表現出了一個女性主義的政治目標：女性主義的任務必須透過諷刺的策略破壞在我們社會裡被固定建立起來的性別二元性，「擾亂性別二元性」。女性主義及其理論家的任務不需要大家聯合起來進行，因為有將「女性」的本質給固定下來的危險，也有否認所希望的身分多樣性、破壞性、流動性的危險（ibid., pp.14f.）。女性主義者的目標，也不需要把國家的審判拉進自己的陣營來執行，如禁止情色等禁令。巴特勒在這裡是極為不信任國家的。對她來說，唯一的可能策略是用諷刺和滑稽的語言與非語言實踐來侵蝕現有的兩性制度。至於情色禁令，許多女性主義者認為是需要的，但巴特勒卻反對這件事。她認為：

> 在國家支援的審查下，會產生語言的社會鬥爭與文化鬥爭。在這種鬥爭中，能動性來自傷害，但也正是因此而有傷害。（Butler, *Excitable Speech*, p.41）

就如同種族歧視的話語可以透過諷刺來加以破壞一樣，以類似的方式來破壞性別歧視的作法也是可以想見的。因為，不論是種族主義的意涵還是性別主義的意涵，都不是永遠固定的。對巴特勒來說，語言鬥爭**正是這樣一種**手段，可以讓女性主義的計畫帶來成功的完結，將性別二元性完全消解掉，並且——巴特勒希望——從此不再有階層化。因為，如果沒有固定的身分，階層也就幾乎無法續存了！

巴特勒的女性主義計畫有極為廣泛的影響力，加上巴特勒：

> 為讀者呈現了一個很有吸引力的社會性別藍圖，很接近我們那渴望消除邊界的夢想和心中暗藏的希望。這個文本浮現出一個不同次元的宇宙，宣誓了一個我們沒有想過的自由觀念，展現出加諸我們自身存有上的限制是可以被克服的。（Schröt er, *FeMale*, p.10）

但是巴特勒的立場也遭遇到尖銳的批判，尤其是以下三點。**第一**，巴特勒計畫的出發點的適切性是特別受到質疑的。她極為依賴傅柯的理論，傅柯的著作對於巴特勒的整個論證風格來說扮演著極為重要的角色。傅柯對權力的作用方式的洞見是少有人可比擬的，所以女性主義者以傅柯為基礎的作法乍看之下是很明智的。但是，因為傅柯認為權力無處不在、不坐落於任何地方，所以人們也無法得知該如何對權力關

係進行具體的分析，以及對具體的團體的「解放鬥爭」來說究竟具有什麼價值。「他的看法只能為抽象的個體，而不是為女人、男人或工人，提供空間。」（Hartsock, "Foucault on Power: A Theory for Women?", p.169）這當然也跟傅柯關於主體性的看法不無關聯。傅柯對（有行動能力的）**主體之死**，曾有過相當著名的解釋（見本書第十四講）。所以某些女性主義理論家，尤其是巴特勒，會遭遇到一個批判性的提問：傅柯的權力普遍主義明明把權力、暴力、正當統治、極權都混為一談，因而放棄了對現存社會關係提出有理據的規範批判（Fraser, *Unruly Practices: Power, Discourse and Gender in Contemporary Social Theory*, pp.27f.），而且還質疑主體的行動能力（這可是所有社會運動，當然也包括女性運動的重要前提）；既然如此，還把這樣一種思想家解釋成運動的「守護信徒」（Knapp, "Macht und Geschlecht", p.288），有意義嗎？本哈比因此就不認為激進的傅柯式的取徑或後現代的取徑在事實上能符合女性主義的要求，因為後現代理論家把女性主義的規範要求都破壞掉了。如果沒有規範批判的可能性，如果沒有具備行動能力的主體，那麼女性主義的理論計畫本身都會被摧毀掉（Benhabib, *Situating the Self*, pp.213ff.）。對巴特勒以傅柯、尼采和後現代作為前提的作法的批評者，所針對的也是同樣的事：就是因為巴特勒依賴這樣的理論傳統，放棄具有自主行動能力的主體，使得她陷入了理論問題困境，連帶也讓她的政治計畫——把希望寄託於以嘲弄與諷刺為手段的語言鬥爭——很成問題。因為，如同前文簡短提到的，她很難回答一個問題：是**誰**有嘲弄與諷刺的能力？而且因為她拒絕談論有行動能力的主體，所以其實她也根本無法回答這個問題。雖然巴特勒在她近來的著作中，也試著透過對主體概念的深入檢視，來反駁對她的這些批評，也就是說她還是在討論主體（見：*The Psychic Life of Power: Theories in Subjection*）；但是，巴特勒對主體理論的探討，顯然只源自傅柯的晚期著作（見第十四講），所以相比於心理學和社會學關於身分建立的紮實文獻，她的探討蒼白無力，她的理論取徑的問題還是沒有得到解釋。

> 是什麼讓自我能夠「轉變」性別符碼、反抗霸權話語？我們該將什麼樣心理的、知識的或其他種的創造資源與反抗資源歸於主體，好讓這種轉變得以可能？（Benhabib, *Situating the Self*, p.218）

這裡也就涉及對巴特勒的政治計畫的模糊性的**第二點**批判。批評者認為，巴特勒顯然都一直致力於研究話語，但卻沒有把話語鑲嵌進客觀化的與制度性的權力關係中

（Knapp, "Macht und Geschlechts", p.305）。正是因為忽視了制度化的權力結構，所以巴特勒才會如此直截了當地寄望於以嘲弄與諷刺為手段的語言鬥爭。但於此就會有個問題：語言真的就是全部了嗎？巴特勒的最尖銳的批評者納斯邦便表示：

> 在巴特勒那裡，反抗總是被想像成是個人的，多少是私下的，不涉及以正經的、組織性的公共行動來進行合法的或制度的改變。但這不就很像和一個奴隸說，奴隸制度永遠不會改變，不過你可以找到嘲笑它和暗中搗亂的方法，在謹慎有限的違抗中找到自己的個人自由嗎？然而，事實上，奴隸制度是可以改變的，而且也已經改變了——但改變的人並沒有採取巴特勒的那種可能性的觀點。之所以改變，是因為人們並不滿足於嘲弄諷刺。他們要求社會改變，而且社會在某種程度上也改變了。此外，還有一項事實，即形成女性生活的制度結構，也已經改變了。（Nussbaum, "The Professor of Parody: The Hip Defeatism of Judith Butler", p.43）

這項批判是說，巴特勒的整個理論體系不只對女性運動的政治行動可能性視而不見，而且也無法解釋女性主義在過去的成就。

最後，**第三點**，且和前兩點批判密切相關的是，語言學的觀念論或語言的觀念論，也對巴特勒提出了批評（參閱：Becker-Schmidt and Knapp, *Feministische Theorien zur Einführung*, p.89）。這項批評指出，巴特勒極端的建構主義排除了一件事，即並不是語言之外就別無他物了。和基於俗民方法論來進行論證的學者一樣，巴特勒也宣稱，「性」是一種「性別範疇」，所以男女之間的生物學區分並沒有堅實的基礎。這個二分法不過是異性戀欲望的產物而已，原則上是可以改變的。性別與性別身分所擁有的不過是一種語言建構的特質，所以也可以透過語言，透過嘲弄與諷刺來破壞。

但，不只是針對巴特勒，而是也可以針對柯斯勒與麥肯娜，我們可以提出一個批判性的問題：真的是這樣嗎？真的**所有**現象都是語言建構與社會建構，或是可被語言和社會建構的嗎？朗特薇爾（Hilge Landweer, 1956-）便對這種極端的建構主義提出批判。她的論點和納斯邦的看法有些共通之處，雖然也有不一樣的地方。朗特薇爾的說法是，任何文化都會有與性別有關的範疇化。這一點她跟俗民方法論的女性主義和巴特勒是一致的。但是，朗特薇爾與這些立場分道揚鑣之處在於，她認為，性別特質的建立與**生殖**的二元性有密切的關聯。對每個文化來說，生殖都非常重要，也是界定

「作爲女人」的出發點。

> 雖然這不是性別特質的自然決定要素，但對於隨文化而異的性別概念的構成來說，與生殖二元性的連結還是不可避免的。（Landweer, "Generativität und Geschlecht", p.151）

朗特薇爾的命題是並非所有事都是可以任意建構的。在社會中會有某些生或死的經歷，這些經歷會成爲某些社會建構的「掛鉤」。這些經歷是無法繞過或無法消除的。朗特薇爾認爲，巴特勒關於「只有話語才會造就性別差異」的假設，和本質論的觀點，即認爲有所謂的「可明確指認的自然性別區分」，一樣都是天眞且錯誤的（ibid., p.156）。在朗特薇爾看來，巴特勒以一種站不住腳的方式，把**語言的**符號（如同我們從索緒爾那裡知道的，語言符號是任意隨俗的）和**身體的**符號或特質相提並論了。但性別符號不完全是任意的，因爲在性別符號那裡，身體—情感相關的面向（例如生育能力）也是很重要的，文化想像和語言表達必須「考慮」到這件事。

> 行動者並不是以無性別的狀態進入到一個情境裡，然後語言遊戲才根據相同性別與相異性別來安置這個行動者。……身體的情感性也是被呈現、再現、表現出來的，所以也是一種符號。感覺與表述的形成當然也是可以回溯到社會情境那裡去的。但身體—情感相關的面向是一種自成一類的現象，是透過符號已進入社會性的「形成」的過程的前提。（ibid., p.162）

這項批評認爲巴特勒始終忽視這個觀點。她的結論來自一項假設，即任何關於「自然」、「物質」或「身體」的說法都是一種語言過程，都是由符號所再現出來的概念，在語言系統之外這些東西都不存在。但，如果人們要談及世界的語言建構或話語建構，那麼至少得假設語言之外是有眞實的（ibid., p.164）。對女性主義的計畫和女性主義理論來說，尤其是對於認爲女性身體一直以來都極爲重要的理論來說，這個看法非常重要。納斯邦反對巴特勒，她說：

> 而且，說身體完全就是權力，也太簡化了點。我們也許過去擁有鳥、恐龍或獅子的身體，但我們現在沒有。這個事實形成了我們的選擇。文化可以形成或再形成我們身體存在的某些面向，但不能形成所有面向。就如

恩披里柯（Sextus Empiricus）很久以前就說過的：「人會有飢渴的困擾，不可能透過辯論就可以讓人不會餓不會渴。」對女性來說，這是一項很重要的事實，因為女性的自然需求（還有她們在懷孕或哺育時的特殊需求）是很重要的女性主義議題。即便是在性別差異無關緊要之處，把所有事情都寫成文化也是太過簡化的。（Nussbaum, "The Professor of Parody: The Hip Defeatism of Judith Butler", p.42）

這裡提出的批判性的問題是，女性主義是否真的會喜歡巴特勒所推薦的那種極端的後現代主義與語言學的道路。

(3)提出這項批判的，是我們這裡最後要來介紹的女性主義理論方向。這個方向的學者並不打算以後現代的風格來駁斥啟蒙的遺產，也看到俗民方法論和巴特勒的研究在宏觀社會學方面的欠缺，鄙視這類取徑在政治方面的天真態度。像是蓓克施米特（Regina Becker-Schmidt, 1937-）和克娜普（Gudrun-Axeli Knapp, 1944-）便指出（*Feministische Theorien zur Einführung*, pp.147f.），國際上女性主義的討論，熱衷於「性／性別」的基礎理論討論，結果都幾乎不再認真嘗試將哲學與微觀社會學研究，同中觀與宏觀結構分析結合起來，使得女性主義理論的解釋潛力極為薄弱。我們可以很合理地批評俗民方法論導向的女性主義和巴特勒，指責她們沒有說清楚，「表現性別」或「不表現性別」會如何受到更高一層的制度脈絡的影響，以及語言與這個脈絡之間的關係究竟是什麼。於是，不令人驚訝的是，有些女性主義者開始依賴「傳統的」社會學理論框架，同時又用女性主義的計畫來改寫。像是哈伯馬斯的研究於此就受到關注了。因為她們相信可以對這種理論框架的某些批判環節加以去蕪存菁，這些環節恰好是後現代理論家和俗民方法論學者完全欠缺的。除此之外，哈伯馬斯理論的某些概念，例如公共領域，也很適合用來分析總體社會脈絡的政治行動。這裡，有兩位女性理論家特別值得一提。一位是本哈比，1950 年生於伊斯坦布爾，目前任教於耶魯大學的哲學家、政治學家。我們在前文已多次引用過她的研究了。另一位是弗雷澤（Nancy Fraser, 1947-），我們在這一講最後要對她多談一點。

弗雷澤也是哲學家與政治學家，和本哈比一樣都在美國教書，對哈伯馬斯的理論計畫多有讚賞，因為哈伯馬斯在例如《溝通行動理論》（見本書第十講）所發展出來的理論框架，既能當作宏觀社會學的研究視角，又充滿規範內涵的論點。不過弗雷澤認為，從女性主義的視角來看，哈伯馬斯的著作有不容忽視的缺點。哈伯馬斯對系統與生活世界、行動領域的社會整合與系統整合的僵化區分，不是很有說服力。我們在

第十講就提過關於這一點的基本理論問題。不過弗雷澤的女性主義取徑對此的說法不太一樣。她主要批評的地方在於，哈伯馬斯將權力與權力分析首先縮限在科層制度方面，亦即縮限在政治系統領域，所以在基本概念上幾乎沒有涉及一件事，就是家庭也同樣被（家父長制的）權力滲透，也必須完成經濟任務。

> 哈伯馬斯應該要更好地區分不同的權力類型，例如一方面是家事—父權的權力，另一方面是科層—父權的權力 —— 更不用說在這中間還有許多不同的類型與結合。（Fraser, *Unruly Practices*, p.121）

弗雷澤認為，哈伯馬斯最終只是在用新的說法再生產出了一組老套的區分，即一邊是家庭與私人領域，其中子女養育被當作女性的職責，另一邊是男性的（政治）公共領域。也正因此他沒有討論到這種區分是基於性別不平等關係而來的（ibid., p.122）。

然而弗雷澤承認，哈伯馬斯的理論具有一種「真正的批判潛能」（ibid., p.123）。但這種批判潛能，唯有當我們把他所謂的「社會事務」以不同於哈伯馬斯的方式來理解時，才能夠充分發揮。弗雷澤認為，社會事務領域不能等同於哈伯馬斯所定義的那種「傳統的政治商談公共領域」（ibid., p.156）。「社會事務」更多的是關於**所有**有問題的需求的商談領域，原則上是一個貫穿了家庭、經濟或國家的開放的行動空間，而不是直接等同於這些領域。弗雷澤強調，社會事務爭論也必須涵蓋「私人的」需求。也是因為如此，與哈伯馬斯不同，弗雷澤提出了兩種在商談中傾向被認為去政治性的主要制度類型：市場**與**家庭。對弗雷澤來說，哈伯馬斯老是把他的範疇框架用來對市場的去政治性作用進行分析而忽略了一件事，即一般的家庭也同樣會產生這種作用，使得女性的需求在這之中是被壓制的。所以哈伯馬斯也沒有看到，公共事務領域（弗雷澤也將之稱為「社會事務」）必須有更廣泛的定義。哈伯馬斯暗含的假設是，政治事務、在公共領域當中所協商的事務，其意涵是既定的（或是在過去就定下來了，只是透過意識形態機制而有所改變）。對於新的社會運動（當然也包括女性運動），他就只能解釋為是因為系統律令侵入生活世界了。但至少在女性主義方面，這種因果假設壓根是錯誤的（ibid., p.133）。因為女性運動並非起因於生活世界捍衛自身免於系統，而是因為女性對於權利的要求，以及因為女性嘗試將在父權家庭中被私有化的關係公之於眾。哈伯馬斯忽略了女性提出的問題不只是男女平權，而且還有關於養育兒女的責任、家事勞動的報酬等等問題，這些問題都是很重要的政治事務。弗雷澤認

爲，「社會事務」也是一個爭取政治事務意涵的鬥爭之處，爭取**新**權利的鬥爭之處，而不只是對**現有的**政治觀點或權利詮釋的爭辯而已。

> 簡單來說，我支持那些樂於將合理的需求轉化爲社會權利的人。就像許多對現有的社會福利計畫所提出的批評那樣，我致力於反對將需求要求與權利要求區分開來的家長式作風。而且，我也和一些社群主義者、社會主義者與女性主義批評家不同，我不相信關於權利的討論必然是個體主義的、資產階級─自由主義的、男性中心主義的。關於權利的討論如果會有那些特質，那只是因爲社會建立起了**錯誤的**權利。（ibid., p.183）

弗雷澤的女性主義深受社會主義影響，也很依賴哈伯馬斯的理論，這與以俗民方法論進行論證的學者和巴特勒都明顯不同。確切來說，她的理論既有啟蒙式的面向，也有規範─政治的綱要，而且這些都有女性權利的要求，以及要求女性要爲這些權利而鬥爭。弗雷澤的討論沒有模糊的權利遊戲，也不認爲一切都是話語、諷刺和嘲弄，而是討論阻礙（女性）需求的發聲的具體權力結構，強調要反抗這種權力結構。同時也很清楚的是，女性主義的動力如果沒有和現代社會理論的各種一般取徑進行基本辯論的話，是無法有豐富成果的。

• •

最後我們來爲讀者推薦一些書吧。對女性主義的理論辯論有著緊湊且好懂的概覽的著作，參閱：Becker-Schmidt and Knapp, *Feministische Theorien zur Einführung*，這本書在 2001 年出了第二版。Schörter, *FeMale. Über Grenzverläufe zwischen den Geschlechtern*，2002 年出版，這本書從俗民方法論的觀點出發，研究了「性」與「性別」之間的關係的一些棘手的討論要點。最後是一本出版於 2000 年的基礎理論性質的研究：Nagl-Docekal, *Feministische Philosophie. Ergebnisse, Probleme, Perspektiven.*

第十八講

現代性的危機？新的診斷
（貝克、鮑曼、貝拉，以及自由主義與 社群主義的辯論）

　　從 20 世紀 80 年代開始，人們在社會科學界可以很明顯地看到一波對現代性的熱烈討論，這些辯論部分是由後現代理論家的批判推動的。在一定意義上，這是一種「後現代」的診斷，而且這個診斷帶來了對「現代」的反思。後現代理論家聲稱：現代性對於理性的理解，無可避免地與權力面向有所掛鉤，所以完全無法說自己有什麼普遍性。但後現代理論家的這個聲稱也遭遇反駁。就像我們在第十講最後看到的，哈伯馬斯就在他的《現代性的哲學話語》中反對這種後現代理論的假設，並點燃了關於現代性基礎的全面**哲學**論戰。但是現代性的話語不是只在哲學討論中出現，而且也同時出現在**全然的社會科學**的提問中，因為現代社會出現了新的問題，或是（舊）問題變得比以前人們所意識到的還更加嚴峻。至少社會學也提出了一系列引發熱烈討論的時代診斷，並且對此，不是只有學術界，而且廣大公眾也加入了探討與論證。這使得即便常常有人提到社會學面臨了危機，但是這門學科還是對當代社會進行了非常有趣的分析。我們在這一講主要來討論三個學者，這些學者在 20 世紀 80 年代提出了非常有力的時代診斷，直到今天都很有影響力。

　　1. 貝克（Ulrich Beck, 1944-2015）在 1986 出版《風險社會》（*Risikogesellschaft. Auf dem Weg in eine andere Moderne*）時，並沒有預料到這本書會如此大獲成功。貝克當時是一位小有名氣的班堡大學社會學教授，他那時候發表了各種關於科學理論和職業社會學的研究，但那些研究就只在社會學領域吃得開而已，出了社會學圈子就默

默無聞。不過，1986 年他很好地將關於現代工業社會發展趨勢的經驗研究結果綜合起來，濃縮成一項時代診斷，而且這項診斷因為一個歷史事件而變得非常有說服力：車諾比核事故。這場事故造成了數千名受害者和極大地區的輻射災難，恰好印證了貝克在書中發展出來的一個命題，即：我們今天不再生活在一個階級社會，而是生活在「風險社會」。他的這個說法，由於沒有許多社會學家常會使用的一些抽象術語，也毫不掩飾學者對此的憂慮與責任，所以讓貝克吸引了極為龐大的讀者群。

這本書的副標題「通向另一個現代之路」，便指出了在貝克那裡不斷出現的一個論證模式，亦即宣稱一個時代或持續性的斷裂（雖然貝克自己也常常試著削弱他的這項宣稱，或是使之不要那麼絕對）：過去存在的那些結構**今天**已經消失了，以前非常重要的社會與政治進程**現在**已經失去了重要性，取而代之的是**新的**動力。我們在李歐塔那裡就已經看過這類宣稱：「宏大敘事」的正當性已經終結了。這類的修辭形態當然也是很有道理的。貝克之所以這麼說，是來自三個新的總社會**趨勢**：(1) 今天的社會是一個「風險社會」，面臨著由工業生產出來的大型風險，所以舊的階級社會的衝突和結構已經失去重要性了；(2) 今天的社會也是一個由高度個體化所推動的社會，所以過去的社會氛圍也在不斷消失；(3) 在所謂的「反思性現代化」的符號下，過去的政治關係與經濟關係的有效性被劇烈地改變了。我們來接著討論一下這三項時代診斷觀察。

(1)首先是「風險社會」命題，這也是貝克這本著作的書名，且因車諾比核事故而聲名大噪。貝克在這裡很強烈地宣稱，19 世紀、20 世紀早期的階級社會，在今天可以觀察到的趨勢和潮流下已經不復存在了，至少我們不能再透過對階級社會裡典型的衝突和進程的分析得知當代社會的本質了。貝克的診斷指出，我們現在活在一個「風險社會」，其中（舊的）階級衝突因為大量的風險而被新的衝突戰線給覆蓋掉了。所有工業社會都會生產出來的新風險，不是只有某些階級或階層會遭遇，而是**所有人**都逐漸會遭遇到。**在個體層次上**，不可能有人可以免於這樣的風險與危害。只有整個階級，甚至是整個國家的行動，才有辦法去面對風險與危害。不論是政黨幹部，還是蘇聯集體農場，都同樣遭受了車諾比的放射性物質，而且這個核汙染也不是只侷限在烏克蘭，而是擴散到了數千公里遠的西歐和北歐。許多化學意外不是只危害在生產設備處的工人，而且也危害到相對遙遠的區域之外的居民，化學物質的作用是不分貧富貴賤的。對於空氣汙染，也沒有人真的能永遠置身事外，因為受到汙染的空氣遲早也會飄到有錢人的空氣療養地那裡去。

貝克認為，風險和工業危害貫穿了階級結構。在過去的社會裡，也許財物與生產

工具的持有者與非持有者處於社會的兩極；但今天，風險的遭遇者和非遭遇者不再明顯位列於社會的兩端了。所以貝克的命題認爲，社會科學用來分析階級社會的工具，現在有時候已經失效了。

> 用一句話來說：**貧困是階層的，霧霾是民主的**。隨著現代化風險的延伸，隨著自然、健康、食品的危害，社會的區分與邊界都不再是絕對的了。這會帶來很多不同的後果，但客觀來看，風險在其範圍內，特別是對遭遇者來說，其發揮的作用是平等的。正是在這之中出現了新的政治力量類型。風險的危害情況不能被當作階級情況來理解，它的衝突也不能被當作階級衝突來理解。（Beck, *Risikogesellschaft*, p.48）

從工業大型風險中產生的「新的政治力量類型」是什麼呢？貝克認爲，要回答這個問題，我們必須注意這樣一種由工業生產出來的風險的特殊性。在 18、19 世紀的早期資本主義社會裡，人們相對容易意識到當時該社會形式的問題，因爲我們可以直接看到苦難、知覺到貧窮、認識到剝削。但是工業風險完全不是這麼一回事，今天的危險不是人們眞的能掌握的。我們感覺不到核輻射，我們作爲消費者通常對吃到肚子裡的食品的化學成分一無所知，我們作爲外行人也並不了解基因改造植物的種植會帶來什麼副作用。貝克要我們注意到，我們大多數必須藉助科學知識才能知覺到今天的危害。我們對此幾乎無能爲力，但這也意味著，我們要麼不管怎樣就是相信科學家所說的，要麼如果我們想要打破主導性的科學家對定義的壟斷，即便我們不專業也得培養一些科學知識。因爲，唯有透過自己的科學鑑定，我們才能去爭論某某化學原料到底有沒有危險、某某有害物質的負荷臨界值到底合不合理、某某放射性物質容器「對人類來說」到底需不需要擔心。

風險的科學查知總是基於高度複雜的因果詮釋；風險分析的定義過程總是非常重要。但這也就是說，由主導性的科學所提出的定義常常也是有爭議的，而這就表示科學的鑑定常常也是有矛盾的。專家之間的爭論讓一般民眾無所適從。貝克總結指出，在風險社會裡是意識（亦即知識）決定存在（ibid., p.70）。因爲，與階級社會不同，我們不再直接遭遇危險，而是，很矛盾的，我們透過科學知識的啟蒙才知道危險。貝克認爲，這開始形成了一種前所未有的人類日常意識。

> 為了把風險當作風險來看，以及為了造就自己的思想與行動，因此我

們必須相信，在事物、時間、空間方面根本不相關的各種條件之間，有著不可見的因果關係，並且相信一些多少基於推測之上的計畫，才能對各種可能的矛盾爭論有免疫力。但這也就是説，不可見的東西，甚至是原則上根本知覺不到的東西，只在理論上有聯繫、用理論計算出來的東西，變成了在文明世界的危機意識裡，一個人的思想、知覺和體驗的毋庸置疑的成分。日常思想的「經驗邏輯」彷彿翻轉了。人類不再是從自身的經驗得出一般的判斷，而是從與自身經驗無關的一般知識得出自身經驗的決定性的核心。（ibid., p.96）

　　貝克認為，我們是不是真的遭遇了風險或危害並不是重點，因為我們已經在依賴自然科學的分析了。這也讓自然科學變成了純粹的政治化過程。自然科學不再確認事實，而是去看遭遇風險與危害的臨界值在哪裡，以此提出決策。但貝克認為，這帶來了爆炸性的後果。因為一般公眾在面對極有威脅性的危險時，一方面要求科學家給出一點錯誤都沒有的臨界值，另一方面卻又一直認為科學家可能是錯的，而這無可避免地會提高對科學家的合理性的不信任態度。於是越來越顯然的，自然科學家暗示他們在進行控制與預言，但最後並沒有能力做到控制與預言，因為他們所生產出來的副作用是不受掌控的，因果鏈也太過廣泛與太過複雜，根本無法作出明確的說明。如果我們每天在接觸某項物質時，也同時接觸到無數其他物質，可是科學對那其他無數物質一無所知，更不用說如何去評估這些物質之間的相互作用，那麼我們又怎麼能說某項物質是不是真的實際上會致癌呢？不過不只是自然科學關於控制與預言的能力的威名掃地了，就連法律道德規範，例如「責任」，在風險社會裡也開始變得很成問題了。因為，一種大規模的技術與勞動分工的生產和很多國家部門密切交織在一起，如果這種生產真的帶來災難了，那麼我們幾乎沒有辦法抽絲剝繭地找出**唯一的**罪魁禍首。

　　貝克認為，尤其是綠色運動對自然科學所提出的批評，並不是沒有道理的。而且相反地，這裡出現的問題揭示出了非常深刻的兩難。因為，應用科學和尤其是自然科學，過去和現在總是與提升生產力的觀念密不可分。這些學科的研究首先都是為了生產出更好的產品、帶來更理性的勞動過程等等。自然科學與財富分配邏輯是密切相關的，但在財富分配與財富生產的過程中形成的風險與副作用，卻都是在事後才能看到的。貝克認為，在科學領域中有一種「經濟的片面性」，這種片面性會導致人們對風險有一種系統性的忽略。所以，我們要是以為生態災難的發生只是一種「意外」，那就大錯特錯了。災難更多的都是在由自然科學所指導的生產運作方式下，被系統性地

生產出來的。

> 科學是在極為專殊化的勞動分工中，在自身對方法和理論的理解中，
> 在因為外部因素而不過多涉入實踐的情況中，被生產出來的。而這種科
> 學，在面對文明風險時**完全沒有**適當的反應能力，因為科學本身就深深參
> 與到風險的形成與增長中。而且科學——有時候帶著「純粹科學」的良知，
> 有時候卻又越來越良心不安——還常常成為替全世界的工業提供正當性的
> 幫凶，幫著正當化這些工業對空氣、水、食品所造成的汙染和毒害，以及
> 這些汙染和毒害為植物、動物、人類帶來的普遍疾病與死亡。（ibid., p.78）

正是因為人類知道這些事，所以人類在風險社會中既批判科學，又相信科學。我們無法預見這究竟會帶來什麼樣的政治後果。貝克設想了許多在風險社會中可能會出現的場景，這些幾乎無法否認，但又無法被明確詮釋的現代化風險，讓貝克一方面談到可能即將到來的「文明信仰鬥爭」（ibid., p.53）。意思是，關於當代工業社會，以及關於「正確的現代道路」的知識，可能會出現擁護者與批評者的激烈爭論。相較於19世紀與20世紀初的階級衝突，即將來臨的這個時代可能還更像某些中世紀的宗教信仰鬥爭（ibid.）。此外，我們對於超越地方性的風險的恐懼，似乎越來越重要。無處不在的風險，以及事實上的確也發生了的大型災難，可能會導致「例外狀態的國家干預政治」（ibid., p.104），導致「科學—官僚的極權主義」（ibid., p.106）。

另一方面，貝克也並不是悲觀論者，在他的書中還是可以找到樂觀的論調，而且最後這還是主要的論調。因為他認為，公眾對於風險的意識還是有可能會日益增長，並且這樣的意識可以開啟一條道路，通往我們能給予正面評價的社會。貝克提到，全方面的風險拆毀了各個特殊領域之間的界限，亦即帶來了去差異化，或是至少造就了例如科學與政治之間的**另外一種**差異化形式。於此，我們也許會看到一種新的生態道德，這種生態道德不再侷限於單一個社會，而是由於**全球**風險而牽涉全世界。貝克提出一種「世界社會的烏托邦」，而且唯有我們告別階級社會，這種世界社會的烏托邦才有可能到來。

> 即便對此的意識與政治組織形式（目前還）是欠缺的，但我們可以說，
> 在這個危害動力中，由危害動力所釋放出來的風險社會，侵蝕了民族國家
> 的邊界，侵蝕了聯邦系統的邊界，也侵蝕了經濟集團的邊界。階級社會是

可以由民族國家所組織的；但風險社會不同，風險社會構成了客觀的「共同遭遇的危害」，而且我們最終唯有藉助世界社會的框架，才能抵擋這種共同遭遇的危害。（ibid., p.63）

(2)該書在說明完風險社會特殊性之後，緊接著就是一個篇幅很長的時代診斷部分。在這之中，他發展了他的「個體化命題」。不過（這也是他第一個受到批判的地方）這個命題實際上和他關於風險社會的闡述幾乎沒有什麼關係。他的這個命題要說的是，人們可以看到除了工業的大型風險之外，還有個體化過程也瓦解了階級社會。這個過程有助於我們「向階級與階層道別」。貝克用他的這個個體化命題，把一個舊有的社會學議題——即過往的共同體 * 的約束（表面上）已經崩解了——進行了些微的改變。關於今天的西方工業社會，貝克認為，有一種「沒有階級的資本主義，伴隨著與其有關的社會不平等結構與社會不平等問題而存在著」（ibid., p.117）。在這種資本主義當中，精心設計個體生平變成一個很重要，但絕不簡單的任務。

> 社會階級根本上不再有約束力了。深受社會等級所影響的社會氛圍，以及具有階級文化的生活形式，已經退場了。取而代之的是一個朝向個體化的存在形式與個體化的存在狀態的趨勢。這個趨勢迫使人們為了討生活，不得不將自己的生活規劃與生活運作當作最重要的事。在此意義下，在傳統大型團體社會的範疇裡的思維，其現實生活方面的基礎，都被個體化給揚棄掉了——亦即社會階級、等級，或是階層，被揚棄掉了。（ibid., p.117）

曾經如此根深蒂固的氛圍與生活形式之所以被消解掉的原因，主要在於福利國家（不只是德國，而且其他西方社會也是）的興起，還有 20 世紀 60 年代開始在這些國家可以看到的教育擴張。透過福利國家和教育擴張，廣大的階層能夠集體向上流動。在這一點上，貝克提到了「電梯效果」：「**集體**多數都能擁有收入、教育、遷徙能力、權利、知識、大眾消費」，並且帶來了「生活狀況與生活風格的個體化和多樣化的後果」（ibid., p.122）。

---

* 「共同體」和「社群」在原文裡是同一個詞，但這一講為了語句的順暢，會在不同地方根據不同的語境而選用適當的譯詞。——譯注。

但個體化不是只在社會經濟層面上發生而已。貝克認為，就連家庭與親屬領域也出現了一種新的共同生活形式，因為婚姻被認為也不過是兩人在一起稍微久一點而已（ibid., p.192）。連親屬關係都是選擇性的，例如根據好感度來選擇的。婚姻和親屬關係不再是不可改變的制度，而是可以由個體自由選擇的。與此有關的角色也不是預先給定的，而是不斷協商來的（雖然協商過程中都會充滿衝突，並且會帶來對這些關係來說頗為負面的後果）。

> 隨著不斷前進的現代化，在所有社會行動領域裡，作決定，以及不得不作決定的情況越來越多。稍微誇張一點地說：「**怎樣都行**」。誰得在什麼時候洗碗盤，誰來帶小孩，誰負責買菜，誰來收拾吸塵器，誰該養家，誰決定住哪，是不是一定要民政局安排並登記之後春宵時刻才能有個枕邊人，這些問題全都沒有標準答案了。婚姻和性行為不再綁在一起了，也不再和養育子女綁在一起了。離婚讓養育子女的作法變得更多樣化。全部這些事可以因為同居或分居而出現不同的情況，也會因為更多的可能住處和隨時可以反悔的機會而變得更劇烈。（ibid., p.190）

貝克當然不會認為這種個體化的動力全然是正面的。雖然他知道，比起過去的時代，個體的選擇可能性與自由可能性是有價值的；但氛圍與固定的生活形式的衰敗，也會帶來客體必須得克服的不確定性。例如女性若遭遇離婚，且同時沒有很好的就業能力時，常常就會陷入貧窮狀態而苦於其中（ibid., p.197）。

(3)貝克著作最後的第三部分，在探討「風險社會」裡政治與科學的關係。這裡他更仔細地處理了一個在第一部分就闡述過的東西，並且同時進一步探討了「反思性現代化」這個概念。貝克對（自然）科學的理性和研究實踐再次提出了一個磅礴的，但也非常片面的批判。他的這個批判延續著德國 20 世紀 80 年代非常激烈的環保運動，援用並更強化了環保運動的論點。對貝克來說，社會中人們對理性的質疑與批判，並不意味著（如同李歐塔所說的）現代就終結了。貝克更多地認為，現代已步入一個新的時期，這個時期的原則比至今已展現出來的還要更清楚。現代並沒有「終結」，而是更完善了。在工業社會，人們天真地相信科學，這個社會表現出來的是一種「單純的現代」。但今天人們對科學（不無道理的）批判已經標明了一個新的現代的來臨，一種「反思的現代性」。

> 〔技術批判與科學批判〕與現代並不是矛盾的，反而是表現出超越了工
> 業社會計畫的一貫的進一步發展。（ibid., p.15）

　　這種由工業社會所生產出來的副作用與風險會造成大型災難，使社會自食惡果。但是，在風險社會裡人們對危害的處理，正好也開啟了人們的風險意識，也首次開啟了一個機會，讓人們批判性地追問與反思現代的基礎。這也會帶來一個對政治過程來說無法視而不見的後果。在貝克較新的著作裡，他說到「反思性現代化」這個概念：

> 　　雖然與現代的自我反思與自我批判的傳統是密切相關的，但反思性現
> 代化的涵義更豐富且不太一樣。這個概念的核心在於高度發展的國家當中
> 的工業現代化，會改變工業現代化的框架條件和基礎。現代化——我們不
> 能再將之想成是目的理性的、線性的，而是斷裂的、受副作用支配的——
> 變成了社會史的推動力。（Beck, *Die Erfindung des Politischen*, pp.12-13）

　　如同前文已提到的，貝克這三條論證路線的結合引起了非常廣大的迴響。就連德國之外的讀者，也覺得《風險社會》很好地描述了西方工業社會的問題，使得風險概念在社會學和社會理論中可以被用來進行更廣泛的分析，連同貝克的個體化命題也進一步被大家熱烈引用。

　　貝克的個體化理論的說法和紀登斯的理論有很密切的關聯。紀登斯在 90 年代出版了一些關於現代性的著作，特別強調了親密關係的改變。他在 1991 年出版的《現代性與自我認同》（*Modernity and Self-Identy*），還有特別是 1992 年出版的《親密關係的轉變》（*Transformation of Intimacy*）中，都宣稱有一種時代的斷裂（他將新的時代稱為「高度現代」，或是在貝克的影響下稱為「第二現代」），並且指出對兩人關係或家庭關係來說，專家知識扮演了一個新的角色。紀登斯認為，從歷史上來看，親密關係的建立形式可以分為三個階段。在**前現代**時期，愛首先被理解為**性方面的情欲**，人們也理所當然地多半在婚姻之外尋找情欲。但隨著**現代**的降臨，情況就改變了。最晚從**浪漫主義的愛情觀**的出現開始，相愛的人被認為隨著婚姻締結才走入了永浴愛河的關係，但同時性別之間的不平等以及性別角色的嚴峻差異，也開始被視為理所當然的了。到了今天的「**高度現代**」，一個**伴侶之愛**的時代，紀登斯認為，性別角色與所有的家庭關係模式出現了去傳統化。紀登斯的說法和貝克很像，也認為今天的

關係是持續協商的。同時，個體在面對自己的情欲與性欲的解放時也發展出很高的要求。個體不斷在追尋一個「最終的」，但幾乎無法完全達到的滿足。在追尋滿足時，專家知識的指導也越來越重要。紀登斯指出，在養育問題、性問題方面尋求治療專家或類似於治療手冊的建議，就像想建立令人印象深刻的「個性」時去閱讀專家建議一樣，變得很理所當然。

因為對於個體化問題有著共同的興趣，因此紀登斯在 90 年代擔任倫敦政治經濟學院院長時，便邀請了貝克到該學院。紀登斯將貝克的時代診斷譽為當代社會學最重要的著作之一。於是他們便開始了相對密切的合作，這次的合作也關係到更進一步的主題。紀登斯在 20 世紀 80 年代末期便已經開始探討全球化問題了。他當時更傾向認為，全球化不只是經濟現象，也是一種文化現象（見本書第十二講）。貝克也支持這樣的方向，他在 1997 年出版的《何謂全球化？》（*Was ist Globalisierung?*）中檢視了全球化的機會與危害（雖然他對全球化現象的評價沒有提出明確的結論）。他對於全球化的基本論調基本上都是樂觀的，他的論證也很符合 20 世紀 90 年代的「時代精神」。所以人們可以毫不誇張地說，貝克和紀登斯用這些命題，在很大的一部分上，對**大眾媒體的副刊上**關於現代社會的風險、個體化的現象、全球化的後果等的爭論，提供了一些說法。不過很多社會學家對他們非常不以為然。無論如何，時任慕尼黑大學與倫敦政治經濟學院教授的貝克，很成功地在德國蘇爾坎普出版社創立了一套題為「第二現代彙編」的系列叢書，吸引了大批支持他和紀登斯的命題的讀者與作者。

· ·

人們可以對貝克抱著批判性的敬意，總結他的著作並指出，他對大型科技風險的分析成果相當豐碩。他的著作（亦可參考他在 1988 年出版的：*Gegengifte. Die organisierte Unverantwortlichkeit*）以非常優秀的啟蒙文風，既為社會學領域，也為一般公眾，說明現代工業社會的相關問題。同時，貝克採取的路徑也可以看作對分化理論（或至少是認為當代西方社會的分化形式幾乎是無可避免的那類理論）的擁護者所採取的一個很有價值、很有理論指導性的批判。因為貝克全然是從行動理論來進行論證的，所以他的著作既沒有魯曼自身的那種玩世不恭、宿命論的調調，也沒有灰暗、歷史悲觀主義的味道。貝克對於當代社會的診斷，總是也會用一種源於黑格爾和馬克思的遺產而來的論證框架來進行輔助，指出這些危機也**可以**是行動的轉機，並且也會

造就很富生產力的答案。他始終認為，大型科技會生產出它自己的對手，這些對手相信未來是可以更美好的。與這種期許相關聯的概念，是所謂的「亞政治」，一種「來自底層的」政治。這種亞政治反對現有的政治風格與形式，反對無視各種副作用的研究實踐，反對因為大型科技裝置而萎靡不振的群眾。

> 若有人還在堅持與等待來自上層的政治，那麼這種人也就會忽略了政治事務的自我組織能力。至少就可能性來看，政治事務的自我組織能力，能將許多，甚至所有社會領域透過「亞政治」而置入變動狀態。（Beck, *Die Erfindung des Politischen*, p.156）

正是因為工業資本主義總是會不斷生產出預料之外的副作用，因為它的副作用，像是風險和危險，讓工業化和現代化變成「社會史的推動力」（ibid., p.13, 71），所以我們也總是可以期待會有人對這種社會形成形式提出批判，並嘗試轉變歷史的發展方向。對貝克來說，現代化絕不是一個線性過程。現代化更應該被想成是「斷裂的」（ibid., p.13）。這**不只是**對「傳統的」現代化理論家與進化論者的信仰進步與單向線性史觀的批判而已。貝克認為未來是不確定的，會生產出副作用的工業社會也有不受控的一面，所以我們完全可以想見一條在規範層面非常成問題的「反現代」之路。而貝克**在此之外，也批判**了魯曼的分化理論。貝克不無道理地認為，分化具體來說是以什麼形式發生的，取決於（集體的）行動者。貝克和紀登斯、杜漢或艾森斯塔特一樣，同屬所謂的「構成理論家」，都嘗試用社會成員的行動來理解「社會過程」，都不認為有一種超歷史的發展趨勢（Joas, *Die Kreativität des Handelns*, p.337）。貝克明確指出，在「反思現代」或「第二現代」裡，分化本身就變成了問題。意思是，行動者必須爭取適合於他的分化形式，即便是在系統之間並沒有（魯曼所說的）那麼涇渭分明的那種分化也是如此。所以我們可以說，對貝克而言，「分化問題的民主化」是值得關注的。貝克的命題是：

> 功能分化問題被**功能協調**問題、網路化問題、協定問題、綜合問題等等給取代了。再次強調：「與」已經削弱了「要麼……要麼……」，在系統理論裡也是如此。**分化本身已經成為了一個社會問題**。行動系統的劃分方式因為由此產生的後果而充滿問題。科學和經濟、經濟和政治、政治和科學，為什麼會**以這種方式**彼此劃分開來，為什麼它們的任務和職責不會**以**

其他方式契合或「切分開來」？我們如何將子系統想成同時既在功能上是自主的，又是相互協調的，並以此方式來組織子系統？（Beck, *Die Erfindung des Politischen*, p.78）

然而，當我們在讚賞貝克的敏銳觀察力，以及在上述引文可以看到的在時代診斷方面表現出來的洞察力的同時，也可以不斷發現在他的著作中各個論證的缺陷。我們至少可以提出四點批判或問題。

第一，「時代的斷裂」這種修辭雖然有一定的吸引力，但（不只是貝克，在紀登斯那裡也一樣）這是非常粗糙的聲稱。我們大可問：在「第一現代」是否真的像貝克所描述的那樣，有著如此僵固穩定的社會氛圍與生活形式，與「第二現代」形成了如此鮮明的對比？或是我們也可以反過來問：是否真的如貝克所宣稱的那樣，所有的氛圍在今天都煙消雲散了，個體化實際上不斷挺進？在規劃人生時，不同階層與階級之間的個體，也許沒有，也不再有巨大的差異了嗎？「舊的」階級社會結構已經完全消失了嗎？最後，嚴格區分出不同階段是一個很老套，也很有問題的論證手法，「舊的」現代化理論就已經深受其害了。「舊的」現代化理論就有的「傳統」對「現代」的二分法，現在只是換了一種新形式而已，也就是「現代」對「高度現代」，「第一現代」對「第二現代」。有一些批評者（參閱：Alexander, "Critical Reflections on 'Reflexive Modernization'"）便指責貝克和紀登斯的理論，認為他們的「反思現代性」理論，只是用很粗糙的二分法來重新包裝「舊的」現代化理論而已。

第二，貝克所提出的（世界）風險社會，以及在這個社會當中產生的新的政治動力，也遭遇到同樣的批評。在風險面前真的人人平等，階級問題真的不重要了嗎？或者 1986 年的時代診斷是不是只適合當時聯邦德國的特殊情境，只適合兩德統一**之前**、一個人們還會相信一個相對穩定的福利國家（所以社會經濟問題，以及由社會經濟問題產生的政治過程，不是那麼重要）的時代？

第三，很矛盾的，貝克的個體化命題之所以在表面上看來還能說得通，恰恰是因為他把社會學裡討論到的個體化概念不加區分地拿來用了。「個體化」這個概念的意義有很多面向，它可以是讓個體脫離傳統社會構成形式的社會文化肇因，也可以是指人們變得越來越一個人、越來越孤單，或者也可以說人獲得了越來越高的自主性或行動能力。這還只是個體化概念的眾多面向中的三個面向而已，而且這三個面向不必然是彼此息息相關的。傳統社會構成形式消亡了，不必然會放任人們變得越來越孤立；越來越孤立，也不會自動就讓人們獲得個體自主性（參閱：Honneth, *Desintegration*, pp.24ff.）。但因為貝克沒有清楚區分這些不同的意涵，所以他的個體化命題讓人感到「迷惑」。他在這方面的時代診斷雖然有啟發性，但最終並沒有乍看之下的那麼清楚，因為讀者無法確切知道他的「個體化」到底是什麼意思。

第四，之前我們已經提到，貝克有一個被批評的地方，在於他的「風險社會」和他的個體化命題這兩個診斷之間沒有什麼關聯。讓這件事顯得特別值得注意的原因尤其在於，貝克提到了行動的亞政治形式，以此強調他希望有一個更好的現代。而且，就像杜漢在 20 世紀 70 年代晚期那樣，他還認為專業人士與專家堪為亞政治的擔綱者（參閱：Beck, *Die Erfindung des Politischen*, p.242）。但這裡讓人們不禁想問，如果人們真的如貝克所描述的那樣都個體化了，那這些專業領域的成員又如何可能構築出集體行動？當然我們也不能排除真的會有這樣一種行動。但貝克並沒有告訴我們，個體化和這種（充滿機會的）反抗形式之間的關係是什麼。這也使得貝克的時代診斷很成問題，也很不清楚（雖然在大眾媒體副刊上，常常可以看到人們把貝克的說法詮釋得好像在經驗層面上已經有了確切證明似的）。關於在理論方面與經驗方面對貝克的責難，可以參閱這個文獻的回顧：Richard Münch, "Die 'Zweite Moderne'. Realität oder Fiktionen?"。

．．．

2. 如果我們轉而去看鮑曼（Zygmund Bauman），一位在 20 世紀 80 年代末，尤其是在 90 年代因其時代診斷的著作而引起轟動的學者，那麼我們可能一開始會覺得到了一個熟悉的領域。因為鮑曼最早期的著作也經常談到某些會讓人們聯想起紀登斯與貝克的面向，如個體化命題。鮑曼聲稱，我們的「出發點是一個越來越個體化的世界」（參閱 Bauman, *Postmodernity and Its Discontents*, p.204）。他們的相似性也並不令人驚訝，因為鮑曼與紀登斯的密切聯繫深刻影響了鮑曼。但是大家不要誤以為鮑曼的著作就只是從另一種版本的個體化理論來進行時代診斷而已，鮑曼的出發點其實是不一樣的。而且可能令人驚訝的是，我們這本書現在已經到第十八講了，竟然都還沒有談到鮑曼作為出發點的這個重大歷史事件。這個事件就是二戰時的猶太人大屠殺，而鮑曼是第一批從大屠殺事件出發去思考現代性形成的社會科學家之一。並且他的時代診斷立場與倫理立場，也是**從這個事件出發**並發展出來的。

鮑曼於 1925 年生於波蘭猶太家庭，在德國侵略波蘭後向東逃到當時的蘇聯，1945 年作為蘇聯軍人搬到柏林。戰後他在波蘭作為一名馬克思主義社會學家進行學術工作。1968 年，由於波蘭共產主義的反猶運動，鮑曼離開了教學工作。他在以色列的特拉維夫教了很短時間的書，然後就去了英國的里茲大學工作，直到退休。在英國，他以馬克思主義和詮釋學的專家聞名。但一直到 80 年代中期，才以一本嚴格意義上算是時代診斷的著作，突然家喻戶曉。這本書就是 1989 年出版的《現代性與大屠殺》（*Modernnity and the Holocaust*）。之後他又出版了一系列的著作，其中的討論部分建立在對歐洲猶太人的謀殺的研究之上，並以此為基礎，在關於至今仍在發生的所謂的後現代的討論中提出了嚴肅的倫理問題。

關於大屠殺，鮑曼提出了一個非常驚人的詮釋，認為這並不是一件「德國人的罪行」，不是僅僅在德國的社會和政治條件下才會出現的一種工業化的大屠殺。他也不像時隔不久戈德哈根（Daniel Goldhagen）的著作《希特勒的志願行刑者》（*Hitler's Willing Executioners: Ordinary Germans and the Holocaust*）所說的那樣，認為大屠殺源於德國人根深蒂固的反猶性格。鮑曼和古典法蘭克福派理論家，如阿多諾，也很不一樣，不認為可以用德國大量存在的權威人格解釋納粹的興起以及大屠殺發生的可能原因。

> 當人們處於促使他們變得殘忍的互動脈絡當中時，他們的人格特質並無法阻止他們犯下殘忍的罪行。（Bauman, *Modernity and the Holocaust*, p.154）

最後，鮑曼也不是從資本主義的動力來推導出大屠殺的（許多馬克思主義學者都嘗試透過資本主義的動力來解釋大屠殺）。

鮑曼的命題是更深刻的，所以也很有爭議。他宣稱，大屠殺與現代的文明化有著密切的關聯。大屠殺不是現代的意外，不是陌生的要素，而是與現代深刻地交織在一起。甚至如果沒有現代，大屠殺是無法想見的。「大屠殺是現代在追求對世界進行全面的規劃與控制，但卻越來越失控、瘋狂時，所產生的副產品。」（ibid., p.93）所以造成大屠殺的，也不是幾個世界、幾千年來的古老的反猶主義。鮑曼很有道理地指出，反猶主義不必然會導致暴力，也不必然會導致在 20 世紀中那樣不受掌控的暴力。

> 從個別來看，反猶主義不能用來解釋大屠殺（更一般地來看，**怨恨本身**

無法充分解釋任何種族的滅絕）。如果對於大屠殺的概念與執行來說，反猶主義的確在發揮作用，且也許是不可或缺的，那麼我們也必須注意一個事實，即大屠殺的設計者和執行者必須要有一些不同於任何可能的執行者、協作者、順從的目擊者等人的反猶情緒的其他重要面向。同樣重要的事實是，大屠殺要得以可能，任何的反猶主義都還必須融合某些完全不同的特質要件。（ibid., p.33；強調處為約阿斯與克諾伯所加）

鮑曼相信，這些要素是可以名狀的：大屠殺是一個科層程序的結果，而且這個程序也進而表現出在現代中越來越顯著的對唯一性、明確性和秩序的追求。這種追求導致慘無人道的現實，而科層程序為這種追求提供了手段。很矛盾的是，歐洲猶太人大屠殺，源於一個更好的、更純粹的、更明確的社會。如鮑曼所言，這些大屠殺：

> 不是解體的結果，而是創造的結果。消滅他們是為了建立一個客觀來看更好（更有效率、更道德、更美好）的人類世界。……一個種族上更為純淨的雅利安世界。這是為了更有序地控制一個和諧的世界，一個沒有衝突、順從於統治者的世界。（ibid., p.92）

為什麼現代的「領導者」和「監督者」會特別針對**猶太人**？這與他們在歐洲社會的情況有關。由於被驅逐、不被整合，讓猶太人正好體現了無法被一眼看穿的不確定性。而從現代之始，社會就一直在追求能一眼看穿的確定性（ibid., p.56）。種族主義表現的就是這種追求，它以科學的方式嘗試確立純粹與不純。它想建立一個完美的社會，一個極端的理念，而這正是**伴隨著歐洲啟蒙**才出現的一種想法。因為正是啟蒙，鼓吹人們盡情地形塑自然、將自然加以客體化，而這也為人們對於「不純」和缺乏確定性的人種或族群進行主動、系統的解決方案（亦即所謂的「最終解決方案」，一種科層、有組織的大屠殺）提供了前提（ibid., pp.68ff.）。鮑曼在這裡，吸收了在歷史科學中所謂的「功能主義的」或「結構主義的」關於納粹統治或大屠殺的詮釋（在這裡，這兩個概念和本書在前面幾講提到的功能論與結構主義理論沒有什麼太大關係）指出，納粹政治的最終結果不是來自希特勒或其他納粹頭號人物的反猶主義，而是來自某些納粹科層制的自身動力。正是因為科層制的這個自身動力，讓納粹的政策能極為一貫——而且比所要求的更為一貫——地施行下去。

　　誠然，科層制不會孵化出對種族汙染的恐懼和對種族優生的痴迷。要
形成這些事得要有一些煽動性的領袖，科層制只是將煽動性的領袖所止步
之處再繼續延續下去而已。但科層制造成了大屠殺，而且是以科層制自己
的形象造成了大屠殺。（ibid., p.105）

　　鮑曼把這個對於大屠殺的詮釋再進一步推到對於現代性的詮釋，強調現代性的陰
暗面。他反對把大屠殺當作德國特殊道路的結果（進而當作一次性的意外），以此粉
飾現代性、維護現代性的「純潔」。鮑曼羅列了許多不是真的相信現代性自身的和諧
形象的思想家，例如傅柯。傅柯正是因為如此才作為一位「考古學家」或「系譜學家」
來拆穿現代性。

　　鮑曼的分析在很多方面都訴諸他這本透過大屠殺，從社會哲學的角度撼動
人心的著作。這裡也讓人聯想到兩位法蘭克福學派的代表人物，霍克海默（Max
Horkheimer）與阿多諾（Theodor W. Adorno）在流亡時撰寫的一部帶有深深的歷史
悲觀主義論調的著作《啟蒙辯證法》。在我們介紹哈伯馬斯的那一講，就已經簡短
討論過這本書和其中提到的哲學難題。從漢娜・鄂蘭（Hannah Arendt）在 1951 年出
版的《極權主義的起源》（*The Origins of Totalitarianism*），以及特別是 1963 年出版
的那本引起爭議的著作《在耶路撒冷的艾希曼》（*Eichmann in Jerusalem: A Report on
the Banality of Evil*）中，我們也可以看到與納粹大屠殺的科層制特質交織在一起的命
題。但從今天的知識水準來看，我們可以對鮑曼和提出類似命題的這些「前輩們」，
提出一些批判性的問題。

　　(1)這些命題在談到大屠殺的科層制特質時，是不是低估了對歐洲猶太人施加大
屠殺的人的情感面向與衝動面向，亦即低估了許多謀殺者殺害猶太人時的正面情緒與
其背後的反猶動機？是否除了科層制之外，也正是這些情緒與動機，使得對成千上
萬人進行的殘殺得以可能？而且，不是所有猶太人都是被用毒氣，以近似工業化和
匿名的方式謀殺的，而是常常很多謀殺都是加害者與受害者在面對面的情況下發生
的。不少學者，至少例如白朗寧（Christopher Browning, *Ordinary Men: Reserve Police
Battalion 101 and the Final Solution in Poland*）、索夫斯基（Wolfgang Sofsky, *Die
Ordnung des Terros. Das Kontentrationslager*）和戈德哈根都質疑，是否人們真的可以
僅將科層制和在科層制當中體現的現代對於秩序和明確性的追求當作重點，將之視為
造成大屠殺的決定性因素。

　　(2)我們還可以再批判地問，大屠殺的決定性因素是否真的是科層制，還是因為

在某些政治背景下才得以可能的科層制的**獨立性**，才讓科層制能超越一切的控制釋放出它的所作所為。這個問題足以動搖鮑曼對於現代性與深刻的現代制度的判斷。

(3)我們也可以問，鮑曼強調在現代性中有著對秩序的追求，且會嘗試消除無法確定的事物，但鮑曼的這種說法是不是幾乎無可避免地會以過於膚淺的方式呈現歷史進程？對於現代性的討論，確實必須對造成大屠殺的特殊歷史過程進行詳細的研究。但我們是不是也應該對施加權力與頒布命令的人的決策過程，給予更高的重視呢？還有一個更重要的問題：在分析大屠殺的時候，我們是不是也應該把戰爭的角色當作更重要的因素而納入考慮？畢竟所謂的「最終解決方案」是在戰爭的脈絡下所決定的。把戰爭因素納入考慮，並無損鮑曼對現代性的陰暗看法。而且完全相反：戰爭——在現代，並不罕見——必須被當作對現代的詮釋中更進一步的「黑暗」現象來更認真地被納入考慮。一旦思及戰爭，也許就會讓對於大屠殺的解釋，比在鮑曼的書中所呈現的還更為詳細，畢竟關於戰爭及其後果是大屠殺的可能條件一事，鮑曼在書中幾乎隻字未提。

(4)最後我們可以問，鮑曼關於現代性的總體圖像，他那僅僅關注國家權力與科層制的作法，是不是會完全忽略現代性的「正面」的部分。例如現代性也是有著自主管理和共同民主決策的形式。雖然鮑曼所關心的，恰好在於是否能克服霍克海默與阿多諾在《啟蒙辯證法》裡的絕望感，但他的時代診斷在很多方面也非常陰暗。這種「深不見底的黑暗」的時代診斷，有時候也讓人強烈聯想起傅柯的現代性圖像，而且和傅柯的現代性圖像一樣，並不總是非常有說服力（對此，詳細的討論，可參閱：Joas, *Kriege und Werte*, pp.236ff.）。

不過鮑曼並沒有停留在對現代性的這項診斷上，這也表現出他的高度生產力。他在 20 世紀 90 年代更多地將他對於現代性的思考再關聯上他自己所謂的「後現代倫理」上。這個後現代倫理，一方面是從大屠殺以及現代性的其他扭曲那裡得到的特殊教訓，另一方面，在他看來，20 世紀 90 年代的人們也應該要開始思考後現代的社會關係了。

就上述鮑曼對大屠殺與現代性之間的關係的反思來看，鮑曼的這個理論進展也不是太令人意外，因為鮑曼不再相信道德在歷史中是會進步的，也不相信現代的典型結構與思想模式會促進這種道德進步（Bauman, *Postmodern Ethics*, p.229）。完全相反地，他認為現代的道德話語總是會陷入無法克服的矛盾。現代的道德話語假設有一種倫理規章，這種倫理規章對所有人都適用，必然是一目了然的。並且也假設，這樣一種道德規則可以毫無矛盾地建立起來，對於所有在道德方面有爭議的情況，都可以提

供一個明確單一的解答。然而鮑曼認為，恰恰就是這種對於明確性、純粹性與確定性的追求造成了最一貫，也最極端的形式，即大屠殺。如果要說歷史帶給我們什麼教訓的話，那就是我們必須堅持曖昧、模稜兩可。對於倫理學與道德領域來說也是一樣。我們必須接受，我們永遠也找不到一個「萬無一失——即普遍且不可動搖——的倫理符碼」（ibid., p.10）。還有，鮑曼認為，「道德現象天生就是**非理性的**」，在組織和制度中我們都**無法**找到道德。在法西斯主義中，現代制度，例如德國的科層組織，會排除掉其成員的道德疑慮，讓大屠殺可以毫無問題地正當化。這件事深深震撼了鮑曼，讓他認為**社會空間中不存在道德**。道德是深植於個人的、**前社會的**，我們必須**從現代那裡奪回**這種理智。現代性就是因為讓社會制度，乃至於社會代替了個人良知，所以才造成了 20 世紀那難以想像的罪行。

> 把道德從人為建構的倫理符碼的僵硬盔甲中脫離出來（或是放棄把道德留在盔甲中），意指把道德重新**個人化**。人類的激情一直習慣被認為是過於容易犯錯且無常的，而確保人類可以安全地共同生活的任務又太嚴峻，使得我們只能將人類共同存在的命運交付給諸多人的道德實踐。我們現在要去理解的是，這個命運無法交付給任何東西；這個命運也許無法得到適當的關照。（Bauman, *Postmodern Ethics*, p.34）

鮑曼這種後現代的基於個人來設想的倫理，依賴一位學者的想法，即在立陶宛出生、長大，後來在 20 世紀 30 年代入籍法國的道德哲學家列維納斯（Emmanuel Levinas, 1906-1995）。對列維納斯來說，「為彼此而存在」是人類主體性的基本形式。列維納斯致力於和胡塞爾與海德格進行對話，但很長一段時間默默無名。但利科（見第十六講）非常依賴列維納斯的思想。一直到那些以宣揚相對主義而崛起的後現代思想家（例如德希達）帶動了倫理轉向，列維納斯的作品才獲得強烈的重視。列維納斯深受塔木德教義的影響，而鮑曼所理解的列維納斯，認為自我對他者是有責任的，他者的經驗總是會受到我在面對他者時的道德義務與責任的影響，**不論他者是否會回報我的關懷**。

> 在道德關係中，我與他者是不可交換的，因此無法被「疊加」成「我們」這種複數形式。在道德關係中，所有能想得到的「責任」和「規則」都僅僅只是在針對我、構成我，而且就只有「我自己」。當如此針對我的時

候,責任就是道德的。(ibid., p.50)

在鮑曼那裡,這種「我」、「個體」的責任就是後現代道德的特質。但這不意味著相對主義。不少後現代學者的立場完全從尼采的觀點出發,認為道德尺度表現了權力利益。但鮑曼與這種立場不一樣。雖然鮑曼知道道德不是對一切事物來說都會有道理,但他也認為,這不必然會導致相對主義立場,因為自我會不斷為了他人而被召喚出來承擔責任。鮑曼認為,他的後現代倫理不是一種「我們啥也做不了」的態度(ibid., p.14)。

不過,這種後現代倫理不只是基於對**過去的**現代社會形式與現代思想系統的(災難事件的)體驗論證而得來的,而是今天的社會事物的結構,剛好都禁止了一種關於普遍性、無所不包的理性、明確性的思想。這段期間內,表面上僵固的社會關係也越來越表現出流動性與倏忽性。鮑曼聲稱,1945 年之後,或最晚自蘇聯解體開始,社會與文化的基本模式出現了巨大的變革。和紀登斯與貝克一樣,鮑曼宣稱有一種根本的時代斷裂。鮑曼有點像紀登斯和貝克,也是在嘗試論證這件事。鮑曼也提到了國家與家庭作為社會形式,過去是在抵禦個體的不確定性,保證穩定性,但現在開始出現了崩壞。但崩壞之後,並沒有新的東西取而代之,自我成為人類最後的參照點。後現代最深層的特質就是私人化的個體,這也會深深影響到政治(參閱 Bauman, *In Search of Politics*, pp.38ff.)。鮑曼對這種影響的觀感,顯然比貝克和紀登斯還要負面。他認為,「新自由主義」政治與意識形態帶來的市場的挺進,最終會造成越來越多的不確定性。面對政治關係的根本碎裂化,不論是市民公共領域,還是知識分子的批判話語都會受到威脅。在鮑曼看來,後現代沒有帶來更大的自由,而僅僅讓市民變成了市場消費者(Bauman, *In Searchof Politics*, pp.78)。

鮑曼的命題還更尖銳地指出,現代性的典型角色是軍人與製造商,這兩個都穩固**關聯**上國家組織和工業企業組織,表現出高度的堅固性與穩定性。但這些角色在後現代裡已經失去其重要性了。取而代之的,後現代情境的典型形象是「觀光客」,它體現了對固定模式的「否定」,因為觀光客從未真正屬於其所旅遊的社會,只是在這個社會裡出席而已,因為觀光客很快會改變停留地點,他們沒有受到約束,只追求短暫的情感滿足,而不追求穩定的關係。對鮑曼來說,「觀光客」這個角色可說是對後現代社會結構的不穩定性與不確定性的一種回應,也是對後現代文化不再有所揚棄的曖昧模糊性的回應。

　　人類行動變得碎片化、不穩定；而人類行動試圖銘刻於其中，以之為方針的那個世界，似乎更是如此。如果神廟與禁區變動不居、不斷被褻瀆，一下神聖不可質疑，一下卻又不再神聖，且這段變換的時間比到達神廟與禁區的旅程時間還要短，我們又要怎麼把我們的生活過得像是一趟朝聖之旅呢？如果今天的價值到了明天就必然會貶值與通膨，我們又要怎麼為一輩子的成就來投資呢？如果辛苦習得的技能在成為資產的第二天就變成了負債，如果專業和工作一不注意就會消失，昨天的專業在今天就變成了迂腐，我們又要怎麼為終身的志業進行培訓呢？（Bauman, *Postmodernity and Its Discontents*, p.88）

鮑曼在面對他所診斷的後現代社會結構本質時，抱持著無畏、冷靜的態度：雖然我們遭遇經濟全球化時必須反抗這個過程，但我們不能用現代的思維工具來進行反抗。我們不能再說有什麼事情是普遍的，不能再從**單一的一種**理性出發，因為後現代的特質就是無法被揚棄的模稜兩可。我們必須承認：

　　我們活在一個如彩虹般多義、多樣的文化中，它不羞於展現它的模稜兩可，在判斷上沉默不語，對他人展現容忍，因為最終這也會變成對自身、自身的終極偶然性與無窮盡的解釋深度的容忍。（Bauman, *Modernity and Ambivalence*, p.159）

在這裡，鮑曼表現為一名對社群主義者的尖銳批評者。在鮑曼看來，社群主義認為，為了維持共同體的穩定與價值觀，因此寬容是沒有必要的。鮑曼反對社群主義，因為，跟李歐塔類似的是，對他來說不論是哈伯馬斯關於共識的想法，還是社群主義那維護共用價值的觀念，都不是可想像或可寄望的。鮑曼更讚揚「多元文化社會」的觀念，一種以多元主義和寬容為特質的觀念（*In Search of Politics*, p.199）。

　　當然，我們在這裡可以批判地問，若我們從這樣一種悲觀的態度出發，那麼究竟該如何對經濟全球化的負面作用進行具體的抗爭？因為鮑曼雖然呼籲人與人之間要團結，讚揚〔如同在二戰結束時，一位「激進自由主義者」貝佛里奇（William Beveridge）所設想的那種〕福利國家的持存與建立（Bauman, *Postmodernity and Its Discontents*, p.205），但他卻也同時讓他的讀者很疑惑，如果真如鮑曼所言，個體化命題是所有當代政治分析與規範分析的最終出發點，那麼這種團結要怎麼來、從哪裡

來，要如何（成功地）讓**集體**持續地爲爭取某些福利國家制度而抗爭。而且人們可以在更根本的層次上質疑鮑曼的後現代倫理。因爲，在社會學當中說人的道德感乃是**前**社會的預先給定的事（如同鮑曼基於列維納斯的理論所提出的那樣），是非常大膽、大逆不道的。雖然，沒錯，不少現代制度從根本上來說是不道德的，但也不能因此就得出結論認爲，我們只有在制度事務之外才能「學到」道德。像是柯爾伯格，便從認知主義或道德主義的角度提出道德發展理論，這也是一種說得通的講法（見第十七講）。就算反過來說也是如此：我們可以批評柯爾伯格的理論，但這也不會眞的就得出「道德乃在社會事物**之外**」的命題。我們有理由可以認爲柯爾伯格和吉莉根之間的辯論，**不會**圍繞著道德的社會起源的問題，而是會圍繞著（隨歷史而異的）道德形成的社會發展形式及其後果。雖然道德理論必須能夠指出與他人之間有所觸動的相遇，是如何帶來了在社會層面上彼此交織在一起的道德，但這種觸動無論如何都是一種社會的，而非前社會的經驗〔參閱伯恩斯坦（Richard J. Bernstein）與列維納斯的對話，見：*The New Constellation*；以及參閱：Hans Joas, *Die Entstehung der Werte*, pp.162ff.〕。因爲鮑曼並不眞的關心這種純社會學和社會心理學的問題，而是不加改變地基於列維納斯的哲學觀點（即便鮑曼在著作裡不斷強調他對列維納斯的哲學觀點是有質疑的），所以在鮑曼整套著作裡，根本的基石在理論上是沒有發展的。

不過，這個鮑曼碰觸到，但沒有眞正回答的經驗問題與理論—規範問題，在 20 世紀 80 年代有一位學者很認眞地對此討論了。他是我們在提到帕森斯主義的翻新（第十三講）時已經認識到的學者：貝拉（Robert Bellah）。貝拉的時代診斷，也明顯激起了我們前面提到過的社群主義運動。

3. 爲了能恰當地評估貝拉的著作和在美國興起的社群主義之間部分非常激烈的爭論，我們首先有必要花稍微長一點的篇幅，回顧 20 世紀 70 年代和 80 年代美國的社會科學圖景的特色。我們已經提到，差不多自 70 年代開始，在社會學領域裡理論研究的基地就轉移回歐洲了。雖然像新功利主義和新帕森斯主義這樣的理論取徑，可說在美國有很重要的一席之地，但較新的綜合取徑主要還是在歐洲獲得發展。高度專業化的美國社會學質疑過於理論性的研究取徑，但歐洲不太有這種質疑。不過，最晚在 80 年代初，美國社會科學界部分出現了可以讓人明顯感受到的轉向。這也受到（美國）政治科學和哲學的某些發展的影響，這讓美國再次爲社會理論的接續發展提供了厚實的基礎。

這裡提到的發展，與羅爾斯（John Rawls, 1921-2002）這個名字是分不開的。他

在 1971 年出版的巨著《正義論》（*A Theory of Justice*）在這兩個領域都引發了一場革命，讓規範─政治問題重新回到社會理論辯論的中心。羅爾斯的書如此新穎又如此振奮人心，但也很有爭議，因爲自文藝復興時代開始的現代政治思想在根本上都是在兩個極端游移。簡單來說，姑且不論關於細節的詮釋爭論，可以說，是馬基雅維利（Niccolò Machiavelli, 1469-1527）帶來了影響深遠的政治思想的兩極化。作爲第一批現代政治思想家之一，馬基雅維利嘗試把倫理問題排除在政治哲學的核心之外。他認爲，政治理論化工作不應該牽扯上倫理問題，而應僅探討爭取權力的政治行動者的實際態度，或是僅應探討在權力競賽中被使用的策略。馬基雅維利的著作讓古代的「實踐哲學」分裂成兩端，一端是一種關於政治理性的精確科學，另一端是道德理論。這產生了兩邊的「分工」：一邊是去道德化的政治學說，這種學說不關心政治機構或系統實際運作方式的倫理問題；另一邊是政治中立的道德學說或德行學說，這種學說與公眾的關係不是那麼明顯（參閱：Otfried Höffe, *Strategien der Humanität*, pp.11ff.）。當然在現代哲學史當中，一直都不乏有人嘗試彌合兩邊的斷裂，也一直有人反對分工趨勢，想將政治思想重新加以規範化。但值得注意的是，這種強烈的「分工」在政治哲學思想裡，一直到 20 世紀 60 年代都還是存在的，並具有結構性的影響力。在二戰之後，美國的政治哲學和經驗的政治科學還是幾乎不相往來。在這樣一段平淡無奇的時期，羅爾斯的《正義論》是第一個大規模且引起轟動地把倫理問題重新帶回公共決策過程的嘗試，而且他的嘗試方式讓實踐哲學的重要性馬上就顯露出來了。羅爾斯成功地將政治哲學的這兩個思潮之間幾乎無法彌合起來的鴻溝連結起來了，讓規範問題重新地回到政治理論的核心，引起熱議。

　　羅爾斯的特色是，把**正義**的價值置於他的理論思考的絕對核心位置，並以此探討「合乎正義的」社會制度結構與權力結構，以及公正的財物分配要如何形成。羅爾斯的信念是實踐哲學必須從**總體社會的制度結構**著手進行討論，因爲社會成員的生活機會深受這種結構影響。專注在個別個體的道德哲學取徑，在面對複雜的現代社會時，相對來說沒什麼用處。羅爾斯認爲，在道德方面迫切的問題，例如貧窮、社會內部權力不平等等等，若想依靠僅專注在個體行爲的倫理學是看不到出路的。一個討論正義的理論必須從社會基本結構著手。這也就是他在《正義論》開頭所說的：「正義是社會制度的首要美德」（Rawls, *A Theory of Justice*, p.3）。但人們怎麼知道現有的社會制度或社會正不正義呢？羅爾斯認爲，這可以用一個簡單的問題來判斷：「理性的人，如果有機會從底層發展新的社會結構的話，他們會不會眞的建立起現在這些制度或社會？」如果答案是肯定的，那這個制度或社會就是合乎正義的！當然羅爾斯提出的這

個問題——如讀者們可能馬上會注意到的——是非常簡化的,因爲我們當然可以繼續問:什麼是理性?誰可以稱得上是「理性的人」?我們會提出這些質疑,是因爲羅爾斯的這個問題應該要給出判斷社會或制度的精確標準,但卻隱藏了許多不明確的東西,所以關於這個問題,所有人根本無法得到一個令人滿意的答案。

羅爾斯當然知道這個問題的缺陷,但這個問題不是沒有意義的。他認爲,這個缺陷可以用一個思想實驗來解決,而且在哲學史上——像是在歐洲啟蒙時代的契約論思想家那裡——就已經用過類似的思想實驗了。他的論證如下:在對當代制度是否合乎正義進行理性判斷,以及對未來新的、合乎正義的社會進行理性討論時,人們必然會有不同的願望、需求、價值、生活規劃、政治認知、宗教認知、權力資源、財物等等。面對這些差異,人們是不可能有共識的。然而——這也是羅爾斯建議的一個思想實驗——如果參與討論的各個不同的人**對他們自己的需求、價值、目標、資源等等都一無所知**的話,這樣一種共識是可以實現的,並且大家是可以得出一個所有人都能接受、合乎正義的決策的。人們必須將討論參與者帶進一個對自身在社會中的位置一無所知的情境,如此一來,他們就必然可以用一種不偏不倚的方式進行討論。這樣一種討論情境看起來會是這個樣子:

> 首先,人們不知道他在社會中的位置、他的階級地位或社會身分;他也不知道他的自然資產和能力方面的財富分配、不知道他的智力和力量等等。同樣地,人們也不知道他關於美好的概念、他的理性人生規劃的細節,或甚至不知道他的心理特質、他對風險的厭惡,或對樂觀或悲觀的偏好。(ibid., p.137)

如此一來,在進行討論時,就會有一層羅爾斯所謂的「無知之幕」(veil of ignorance)掛在人們及其個人處境之前。這樣一層幕可以避免人們贊許社會基本結構中過於鮮明的財富差異與權力差異,因爲在這種情況下每個人都必須考慮到自己可能處於社會階級最底端的情況。例如羅爾斯認爲,這種情況下沒有人會贊成奴隸制度,因爲大家都不能排除自己也可能屬於奴隸階級。

透過這個思想實驗藉助「無知之幕」的概念,羅爾斯相信我們就可以有一個尺度來判斷社會結構或社會決策過程是否在事實上合乎正義。如果人們處於人爲的無知情境而面臨一個社會結構或社會政治決策時,會贊許這個結構設置或決策,那麼這就是合乎正義的。

這種說法聽起來好像很抽象，而且在政治方面可能沒有下文了。但事實上，羅爾斯從這個「無知之幕」的概念出發推導出許多結論，並得出許多對政治的非常具體的要求。他宣稱，在無知之幕的條件下，討論參與者必須一致同意兩個基本原則。

> 第一，每個人都必須要有同等權利享有與他人自由相容的最廣泛的基本自由。
>
> 第二，對社會不平等和經濟不平等進行安排時，應該要同時：(a) 人們能理性地期待這樣的安排合乎每個人的利益，以及 (b) 與這樣的安排有關的地位與職務，能對所有人開放。（ibid., p.60）

第一個原則是說，在無知情況下的人們要被保證具有意見自由、宗教自由、選舉自由、法律保障的安全、財產權等等，因爲每個人都會希望擁有這些權利，不希望在一個不保護（所有）這些權利的社會中承受著失去這些權利的風險。第二個原則的 (b) 原則旨在建立一個由成就（而非例如出身）決定地位的精英社會，是否貴族出身不再是擔任政治職務的前提；而 (a) 原則在文獻裡人們通常以「差異原則」這個概念來討論。這個原則乍聽之下沒有什麼問題，不過這個原則針對的是一類的社會政治計畫，這類計畫在某些情況下會令人想起（德國所謂的）左翼自由主義思想。因爲這種差異原則意指在一個需要造就正義的社會，社會不平等的產生和以此而來的財物分配不再「依循自然」而進行。當談到「合乎每個人的利益」時，就意味著整個社會的財富增長不能犧牲某些人民群體。例如有一種說法認爲，最底層的受薪群體的薪資水準有必要壓低，才能維持德國的經濟標準，並確保或增加總體社會的財富；而這種說法想來會被認爲是不正義的。但羅爾斯認爲（這也與卡斯托里亞迪斯的極端公平的觀念不一樣），社會不平等常是無法避免的，甚至社會不平等常常是增長的。不過，如果不平等在最糟糕的情況下還是可以帶來最大的利益時，這就會是合乎正義的。這就是「合乎每個人的利益」的意思。我們舉個例子：如果我們希望最頂端的管理者的成就可以額外增加總體社會的財富，那麼一個社會最上層的受薪群體是有特權得到更多錢的。但羅爾斯強調，這只有**在一個合乎正義的社會**才是行得通的。意思是，當社會的財富增長時，這個社會裡最底層的受薪群體、失業者，或是社會救助接受者，可以眞的從中獲利，沒有特權的這些人眞的可以獲得好處，例如加薪、有更高的失業救濟金、更慷慨的社會救助等等。羅爾斯的政治哲學也造就一種動態的福利概念，可以被用作針對一種社會政治措施的辯護，這種措施方針以社會弱勢群體福利爲導向，同時也很重

視所宣稱的勞動分工的優點、社會分化，以及由此而來的社會不平等。

就像我們強調過的，羅爾斯的政治哲學引起了熱烈的迴響。他的「無知之幕」的概念啟發了另外一位思想家，這位思想家用類似的方式找尋一個合乎正義標準的判斷程序。他就是哈伯馬斯。哈伯馬斯的（不受支配的）商談概念（見本書第十講），跟羅爾斯的思維形式有很大的差異，但這個思維形式對哈伯馬斯來說也是一個很重要的觀點，因此哈伯馬斯也對羅爾斯提出的綱領的優缺點進行了討論與處理。

∙∙

儘管羅爾斯的論證非常精彩，但還是免不了受到批評。尤其是，從 20 世紀 80 年代早期，羅爾斯透過**他**提出的綱領所得出的（社會）政治結論，就被批評其整個論證推進帶有高度個體主義的預設。批評者認為，羅爾斯把人視作原子化的存在。這在社會理論界引起了爆炸性的爭論。

這個爭論是由一位非常有名的美國政治科學家桑德爾（Michael Sandel, 1953-）引起的。他在 1982 年出版的《自由主義與正義的侷限》（*Liberalism and the Limits of Justice*），對羅爾斯關於正義優先於善的看法，提出了非常出色的批判，並且堪為政治哲學界所謂的自由主義與社群主義代表者之間的爭論的里程碑。

羅爾斯的政治哲學反思是以一個命題開始的，即「正義是社會制度**首要的善**」。他認為，哲學的任務不能像亞里斯多德那樣認為某些價值、某些生活形式、某些社會結構自然而然就是好的，因為在多元社會裡，「良善的生活」也是會傷害到某些人的。今天哲學的任務頂多只能是確認**符合正義的**決策的形成在**形式上**的標準，所以羅爾斯堅稱正義優先於善。哲學只能看管決策是否公平且合乎正義；哲學不能指示人們在自己的生活中應該選擇哪些價值和具體生活形式。

桑德爾正是對這一點提出批評。桑德爾的命題是羅爾斯在提出「無知之幕」時的個體主義的出發點是沒有說服力的，也跟他關於「差異原則」的說法有相矛盾之處。這裡桑德爾不只針對羅爾斯，但他的確專注於批評羅爾斯，因為他把羅爾斯當作最精通政治哲學的自由主義的一位代表人物，而且這位代表人物的前提是有問題、有矛盾的。自由主義的前提值得批評的地方，被桑德爾總結如下：

　　……社會是由許許多多的人所構成的，每個人都有他自己的目標、興

趣、對善的概念。當這些人以不預設任何關於善的特殊概念為原則來治理社會時，社會就可以得到最好的安排。能證明這些規制原則的，首先不是因為它們能使社會福祉最大化，也不是因為能促進善，而是因為它們符合公正概念，一種符合優先於善且獨立於善的道德範疇。（Sandel, *Liberalism and the Limits of Justice*, p.1）

桑德爾想和這種在康德那裡就已經可以找到的「自由主義式的」道德哲學基本概念進行辯論。他想要挑戰康德和羅爾斯的這個公正優先命題，並且闡明正義原則的侷限。所以，他這本書的標題才會叫作《自由主義與正義的侷限》。桑德爾特別要大家注意羅爾斯哲學的一項後果，以及在那裡可以看到的公正先於善的前提。那裡，正義原則被認為可以獨立於善的概念來定義：「這個基本的優先性允許公正可以和主流價值與善的概念保持距離。」（ibid., p.18）但桑德爾認為，這暗含一種深遠的關於人類個體的定義。如果人們接受羅爾斯（和其他自由主義）的說法，那麼這也就意味著對我們的目標、價值、願望等等的內容來說重要的不是我們的身分，而是我們（理性地）**選擇**某些目的、價值和願望**的能力**。但這也就是說，自我是獨立於他具體的目標、願望、價值等等而存在的。這假設了「自我必須優先於所選擇的目的」（ibid., p.19），暗示了「自我的整體性是某種預先被建立起來的東西，自我的形塑優先於在其經歷過程中所作出的選擇。」（ibid., p.21）

桑德爾的批評在於，羅爾斯的整個理論規劃預設了一個「內容」完全空白，具體的願望、目標、價值都完全空白（或可以空白）的主體。這種自由主義的（康德式或羅爾斯式的）個體概念是一個「不受妨礙的自我」，並暗示了個人完全可以跟他自己的特質、價值、責任義務保持距離，且可以（理性地）進行選擇。唯有這樣假設，公正才能優先於善。但是，我們真的可以認真假設說，深受某種價值吸引的人，可以為了進行合乎正義的商談（甚至可能這場商談會質疑這種價值）而與這種價值保持距離嗎？還有，為什麼參與討論的人應該遵守結果？羅爾斯思想實驗裡的人是抽象的，非常模糊的，這個假想的人會接受道德動機，認真執行討論結果。桑德爾認為，這整套思想實驗的基礎是一個與現實離得太遙遠的想像，把人視為孤立、無拘無束的，而這必然會讓羅爾斯的整套理論體系遭遇悖論。

當在分析羅爾斯的差異原則，亦即研究羅爾斯對福利國家政治的要求時，這個悖論就會變得很清楚了。羅爾斯的差異原則，要求福利國家政治能關照到社會裡大多數弱勢群體。這要求政治把一個社會裡的所有群體關聯成一個「政治共同體」，這必然

會操弄一套承認**主體間構成的**目標的語彙，但如此就與羅爾斯的思想實驗裡個人主義基本前提相矛盾了。

> 羅爾斯在探討社會聯合體觀念的時候，從公共資產到公共目的或目標，他都使用著主體間性的語彙，使用著極為接近目的論的修辭，談到人類時也同樣認識到人類的共同本質。（ibid., p.81）

桑德爾對羅爾斯提出的異議，跟帕森斯對功利主義，以及尤其是對霍布斯提出的異議（見本書第二講）很類似。許多人都嘗試用功利主義的工具來解決社會秩序「問題」，但帕森斯反對這種作法。他認為，我們唯有認清功利主義的侷限，才能真的找到答案。桑德爾用類似的說法反對羅爾斯，認為他的差異原則暗藏著規範要求，而要理解這種規範要求，就必須放棄「無知之幕」情境那高度個體主義的前提預設。

上述結論也意味，所謂的公正優先於善這個預設的觀念是有問題的。因此，桑德爾要求，我們必須把公正與善之間的關係翻轉過來（這也是所謂的自由主義與社群主義之間的核心辯論要點）。這裡的理由是：從人類學的角度來看，假設人類是個體地、獨自地決定自己的目標與願望，卻又很違反我們日常直覺地把自我想像成是「沒有內容的」，這是很成問題的作法。

> 將人想像成沒有構成性的依附能力，不是在把人設想為一種理想上自由且理性的行動者，而是在把人想像成完全沒有特質、沒有道德深度的。（ibid., p.179）

相反地，桑德爾宣稱，人類是生活在共同體中的。人類的目標、價值、願望都是**在與其他人的聯繫中**設想的，都是鑲嵌在某個制度和社會結構中的。一個（完整的）社會結構是必要的，這樣的結構讓每一個人得以可能獲得對自己的了解。只有當我們清楚知道什麼是「良善的」，我們想要哪些生活形式，我們才能討論正義問題。相反地，羅爾斯的假設不考慮個體的共同前提，但如果沒有這個前提，桑德爾認為主體就根本無法被構成出來。正是因為如此，所以桑德爾認為，羅爾斯的理論會陷入非常明顯的困境。

不過，桑德爾不只是在對羅爾斯的理論就人類學基本概念框架方面進行批判，他的批判也指向了政體的政治穩定性假設。這種假設完全以個人權利為基礎，此外就

沒有什麼價值基礎了。桑德爾認爲，這種純然的「程序性共和體制」在現實中缺乏紮實的基礎。現實中共和體制基於共用價值，而不僅僅以抽象或形式上的正義問題爲導向。桑德爾是美國人，他的診斷也是在美國社會與政治的情況下針對一個嚴重的危機，即政治變成不過就是在爲權利而鬥爭，完全忽視善的問題。

> 在我們的公共生活中，我們比以前更交織在一起，卻更少聯繫了。自由主義倫理假設的那種不受羈絆的自我，彷彿真的開始實現了——但這卻不是一種解放，而是公正的剝奪。人們被捲入一張與任何意志行動都沒有關聯的義務網絡與參與網絡當中。共同的身分界定或全面性的自我定義，讓人們與意志行動脫離開來的，卻也讓人們能忍受這一切。當社會組織與政治組織的規模變得更加無所不包的時候，我們的集體認同的條件就會變得更碎片化，政治生活的形式就會超出維持這些形式所需的共同目標。
> （Sandel, "The Procedural Republic", p.124）

美國社會之所以會遭遇這個危機是因爲美國缺乏共同價值，而一個社會只有共用這種價值才能實現眞正的穩定。桑德爾自己雖然沒有給出具體的共同倫理，但他確信，羅爾斯的規範理論跟他的公正前提對脫離危機是沒有幫助的。

● ●

由桑德爾引發的自由主義與社群主義的辯論，在開頭的尖銳激辯之後，兩邊的立場也慢慢彼此靠近了。在社群主義立場方面，例如哲學家兼政治科學家泰勒（Charles Taylor）和沃爾澤（Michael Walzer, 1935-）不得不將他們的立場進行微調；在自由主義立場方面，像羅爾斯和哈伯馬斯這樣的程序倫理捍衛者也是一樣（如我們在本書第十講結尾處所指出的）。當這兩邊立場在彼此靠近時，它們也發現其實它們都對某些個體主義的形式有共同的批判。兩邊立場都與「功利主義」的個體主義和「表現主義」的個體主義保持距離，而這兩種個體主義在美國社會（可能甚至是整個西方社會）中都處於主流地位。貝拉和他的同事便指出了這種功利主義的個體主義和表現主義的個體主義的問題，只不過他們不是用哲學的方式，而是用非常廣泛的**社會學**的研究來討論。他們的研究也爲至今都相當抽象、哲學的辯論，提供了經驗性的實質內涵。

《心的習性》（*Habits of the Heart: Individualism and Commitment in American Life*），是貝拉和他的共同作者們（Richard Madsen, William M. Sullivan, Ann Swidler, and Steven M. Tipton）於 20 世紀 80 年代出版的一本很偉大的時代診斷著作。不過這本首次出版於 1985 年的著作的作者們，不只對誤入歧途的個體主義提出了堅實的批判，也同時探討桑德爾所診斷的現代社會危機。根據貝拉等人的詮釋，桑德爾指出價值基礎的缺失危害了社會穩定性。貝拉自己對這類的問題是很敏銳的，作為帕森斯的學生，貝拉在 20 世紀 60 年代就已經在對美國市民宗教的研究中，指出美國社會那基於宗教的價值基礎了（見第十三講）。在 80 年代的大型研究中，他又將他早期的研究再往前推進。不過這次他基於廣泛的經驗研究基礎，考慮到顯然更加廣泛的問題。

《心的習性》的出發點是托克維爾（Alexis de Tocqueville）在 1835 年的著作《論美國的民主》（*De la démocratie en Amérique*）中提出的一個很有名的命題，即對於自由制度的續存來說，私人生活與公共生活之間的密切關係是很關鍵的。民主要有活力、能續存下去，就必須要市民們準備好超越直接的私人脈絡（如家庭、親屬關係），在公共領域（朋友圈、協會、政黨等等）裡強調他們自己的個人觀點。若退回到私人領域，會有造成一個全能、管制一切的國家的危險，會使得一個自由民主社會日漸消亡。

貝拉及其共同作者吸收了這個命題，並用它來襯托他們的時代診斷與當代批判。他們採訪了大約 200 位美國白人中產階級成人，根據某些他們的私人生活（亦即他們的婚姻、愛情、醫療等關係）和「公共」生活（即他們對協會、聯盟、地方政策的參與）進行訪問。研究結果在一定程度上符合桑德爾的危機診斷，但此外又發現一些非常不同的現代個體主義形式，得出了新的看法。

貝克的個體化命題幾乎沒有花心思去區分不同的個體主義形式；但對於貝拉等人來說，這卻是非常優先的任務。透過訪談和知識史的回顧，他們對美國生活比較重要的方面區分出四種個體主義類型：在美國基於宗教因素而來的移民階段是**聖經傳統**；在革命時期，以及以希臘羅馬的政治理解模式為導向的**共和傳統**；最後一個傳統可以再細分出兩個密切相關的次主流，即**功利主義**的個體主義和**表現主義**的個體主義。

單就訪談本身的評定，當然只能提供一個片面的圖像。托克維爾在他對 19 世紀 30 年代的研究中，主要觀察到一種宗教的個體主義和共和的個體主義，並且認為，正是這兩種個體主義類型讓美國建立起強大且有生命力的政體與民主。但就今天的訪談來看，這已經幾乎不再存在了。溫斯羅普（John Winthrop, 1743-1826），美國本土的「第一位清教徒」，認為人類自由是一種善，讓人面對上帝及其誡令時能抱著

崇敬之心。但這個觀念在今天已經失去影響力了。傑佛遜（Thomas Jefferson, 1743-1826），美國獨立宣言的撰寫人之一，他的個體觀念裡，認為純粹形式上的自由是不夠的。他借用了古典政治傳統，認為值得我們注意的政體只有一種，就是其中的人民事實上可以共同參與決定，並且主動參與政治事件。但溫斯羅普和傑佛遜的道德說法，在貝拉的大多數訪談裡完全找不到了，大多數人並不理解這兩位先賢說的是什麼，更遑論自己表達出這種觀念。貝拉認為，這是因為今天的個體主義要麼是功利主義的，也就是主要針對短暫的、大部分是物質層面的利益考慮的滿足，要麼是表現主義的，亦即針對情感需求的滿足以及自我的涵養。貝拉認為，這兩種現代個人主義的類型分屬兩種社會角色類型，這兩種角色類型支配了美國現代文化（但也只支配了美國現代文化），即經理人與治療醫師。經理人與治療醫師體現了今天主流的功利主義的個體主義與表現主義的個體主義。

這兩種極端的個體主義值得注意之處在於，依照個體主義來行動的人大部分都缺乏將自身利益與他人進行聯繫的能力。這些人也常深受缺乏連帶與缺乏關係之苦，也無法界定他所理解的「美好生活」到底是什麼。受訪者（有意無意地）強調他們對這種缺乏連帶的生活感到痛苦，甚至常常表現出他們如何反抗經理人和治療醫師的社會霸權，但也同時表現出他們如何無法用超越功利主義的和表現主義的個體主義的道德語彙，來表達這種痛苦與反抗。因此，貝拉也指出，我們需要「找出有助於克服極端個體主義的道德語彙」（Bellah, *Habits of the Heart*, p.21）。這是很迫切的，因為顯然地，不論是職業中的自我實現（這對功利主義的個體主義來說是很典型的），還是純粹私人的個人愛好涵養（這是表現主義的個體主義所強調的），都無法帶來真正的滿足。而且這兩種個體主義還為人們帶來一個問題，就是讓人們缺乏有深度的、持續的社會接觸。

貝拉的命題指出，要消除這個難題，就必須用在美國歷史中曾扮演重要角色，但在今天尚未完全消失的文化方針，讓與共同體和仍有生命力的傳統聯繫在一起的身分界定得以可能，以此取代或至少補充極端的個體主義。唯有與在美國始終留有蛛絲馬跡的聖經傳統和／或共和傳統相關聯，才能持續保持美國民主的生命力。

> 如果我們還沒有完全成為聚合體中的一些可以替換的碎片，如果我們還是一個整體中部分具有質的差異性的成員，那是因為傳統（儘管有各種困難）還在我們之間起作用，告訴我們世界的本質、社會的本質，告訴我們，作為人民的我們是誰。如我們已經看到的，先前的聖經傳統與共和傳統，

對許多美國人來説非常重要，甚至某種程度上來説對所有人都很重要。無論出自什麼原因，家庭、教堂、各種文化協會，甚至社會縫隙中的學校、大學，都致力傳達一種生活形式、一種拜德雅（*paideia*），述説著我們是在一個道德和知識層面可以理解的世界當中成長的。（ibid., pp.281-282）

只是，（美國）政治體制崩散成了眾多原子個體，或是變成了一群「生活風格飛地」，在其中每個人頂多就是志同道合地聚在一起（例如同志社群、白人中產階級群體、新世紀風格愛好者等等），所以妨害了傳統的個體主義，讓人們再也無法與**其他**共同體溝通，更不用説採取共同的政治行動。就像托克維爾看到的那樣，私人生活和公共生活之間需要理性的平衡，才能確保民主的生命力與穩定。

貝拉關於內涵豐富、訴諸傳統的共同體的研究，並不是復古地追溯遙遠過去的生活形式。完全相反：他渴望看到能有社會運動關聯上 20 世紀 50、60 年代民權運動的理念，不要再以功利主義的利益追求或情感需求的滿足爲目標，而是可以引導一場朝向具有生命力的民主文化的變遷，造就眞摯的民主政治文化，讓政治體制裡的黑人與白人彼此爲了建立一個最好的共同體而努力。

貝拉等人在《心的習性》中對美國社會狀態的精彩批判，以及與此相關的時代診斷，在接下來的著作（Bellah et al., *The Good Society*, 1991）中，進一步轉化成對美國政體復興的具體建議。這些建議，從軍事國家建議的要求（ibid., p.78）到工作場所的民主化（ibid., p.101）都有涉及。這樣一種綱領指示，對我們來説之所以很重要，是因爲貝拉和社群主義的社群修辭學，在德國常常遭到反對，被認爲是保守、反動的。這部分是因爲納粹主義對共同體概念的濫用（例如「民族共同體」），而且的確也是有保守的社群主義者。但是美國概念史裡的共同體概念和在德國的情況完全不是一回事（Joas, "Die vergessene Vorgeschichte der Kommunitarismus-Diskussion"），因此美國的改革派或保守派是值得德國參考的，從貝拉的具體政治要求中就可見一斑。

現在，多虧一個在政治上直覺敏鋭、在組織上又有天分的人，在 20 世紀 90 年代早期基於學術取徑和政治潮流建立起「社群主義網絡」。這人就是艾齊尼（Amitai Etzioni）。

艾齊尼生於 1929 年，他在美國的學術生涯和政治生涯在很多方面來看都很有趣（參閲他的自傳：*My Brother's Keeper: A Memoir and a Message*）。艾齊尼原名法爾克（Werner Falk），生於科隆的猶太家庭，後來在納粹統治時期移民到巴勒斯坦，並作爲士兵參與了以色列建國運動。他在耶路撒冷跟隨布伯（Martin Buber）讀社會學。

我們在第十三講提到過布伯，他是艾森斯塔特很重要的啟蒙者。艾齊尼後來又到了美國留學，1958 年在伯克利大學攻讀博士，進行組織社會學主題的研究。之後他「定居」在紐約的哥倫比亞大學，並很快就成為美國一位很重要的組織社會學家。1968 年他出版了一本野心勃勃的社會理論著作，只是這本書一直被嚴重低估了。這本《積極的社會》（*The Active Society: A Theory of Societal and Political Processes*）是第一批，可說非常早，但絕非不重要的社會學理論綜合嘗試。這比 15 年後歐洲的哈伯馬斯、魯曼，甚至是紀登斯的工作都還早。換句話說，艾齊尼也是第一位偏離帕森斯範式的人，也因此實際上提供了一套廣泛的、極為精緻的**另一種理論**。艾齊尼成功地集合了帕森斯的元素，系統理論─控制論的基石衝突理論的觀念，以及現象學和互動論的觀點，以對一個重要的問題進行分析：我們該如何思考集體行動，如何思考總體社會層次上的共識？在回答這個問題的時候，艾齊尼成功繞過了不少理論家掉進過的「陷阱」。因為關於這個問題，他既沒有將結構視為宏觀層次，也沒有將行動視作微觀層次。並且他也沒有（像哈伯馬斯一樣）落入一個有問題的觀念，即認為宏觀尺度的事物只能用系統理論的工具來處理。雖然他用一種類似於紀登斯後來的作法運用了系統概念（見第十二講），但他的作法並不是本質論的，而是經驗實在論的：當唯有實際上擁有能帶來穩定過程的循環時，系統才會存在。因此艾齊尼在基本概念層次上，以行動理論為取徑，並嘗試在詳細的、經驗的分析方面去理解，（科學）知識、權力與共識現象如何且以何種方式構成了集體行動，如何造就了總體社會動員過程。艾齊尼以一種令人聯想到杜漢的研究的方式，在書中探問一種「積極的社會」，並問在這樣一種社會中宏觀社會變遷是如何出現的。即便我們不能，也沒有想否認這本書是在變動的 20 世紀 60 年代脈絡中形成的（這本書是獻給他在伯克萊大學和哥倫比亞大學的學生的），因此確實想追求一種規範目標；但這本書依然指出了，艾齊尼不只（像許多馬克思主義的思潮那樣）預設有一種集體主體，而更多的是在進行一種**經驗**研究，探討集體行動者，乃至總體社會行動是在什麼樣的具體行動中形成的。但是他這個問題，並沒有讓他像哈伯馬斯那樣急於引入系統概念來進行探討（見本書第九講），而是致力於保留一貫的行動理論探討方式來進行。

艾齊尼的學術生涯中令人關注的一件事是，他自己並沒有繼續建立一套前途大好的理論取徑。這本著作並沒有引起迴響，讓他很失望。此外，他也一直都很渴望追求實際的政治效果。因為艾齊尼在進行組織社會學研究的同時，他在和平研究與衝突研究的領域中也非常積極，1970 年後就越來越熱衷參與政治，甚至成為後來獲得諾貝爾和平獎的美國總統卡特（Jimmy Carter）的顧問。在雷根（Ronald Wilson Reagan）

主政時期，艾齊尼致力於批判微觀經濟學範式和功利主義，而這兩者對美國的知識生活和政治生活都越來越具影響力。由此他出版了我們在第五講就提到的著作《道德的面向》（*The Moral Domension*），基於當代狀態，該書對古典社會學家和帕森斯的那種功利主義展開批判。20 世紀 90 年代，艾齊尼成為美國社群主義者的精神領袖，並組織起了「社群主義網絡」，旨在呈現與推廣公共領域和政治企業裡的社群主義觀念。尤其是在這個社群主義網絡的活動框架中，艾齊尼提出了現代社會（當然也包含美國社會）穩定問題，將此問題置於他的思想核心，並且致力於探討桑德爾和貝拉提出的問題，即該透過什麼方式來振興社會的「基礎溝通建設」。在一些綱領性的著作，像是《社群精神》（*The Spirit of Community: The Reinvention of American Society*, 1993），他批評當代美國社會缺乏「我們」，過度強調個體權利，同時又缺乏對共同體的責任義務。因此，癥結點就在於要建立個體與共同體之間的新關係，強化基礎溝通建設，讓共同體的建立和振興得以可能。他的建議，從學校政治觀念（例如強化班會）（ibid., pp.107f.），或是「國家服務」設施的建立，訂定義務性的、完成公共福利目的的青年成人服務年齡（ibid., pp.113ff.），一直包括到對競選獻金的強力管制。

艾齊尼面對自由主義的指責時不斷為自己辯解，說他依其理念提倡的最終是一種保守的社群生活，想建立的是一種狹義的共同體形式。因為他要的不是一個完全只以共同體為中心的社會約束。艾齊尼清楚知道，共同體完全可以是壓制性的，所以他也指出，「一個好的社會的特質，是強大的公共約束，與對自我的保護，彼此能有相似的力量取得平衡。」（Etzioni, *The Monochrome Society*, p.144）艾齊尼理解的社群主義，並沒有天真、保守地將共同體過於理想化。

這些關於社群主義的辯論，與對「公民社會」的辯論有很明顯的相似性。對「公民社會」的辯論，主要是 20 世紀 70 年代由蘇聯統治時期下東歐異議分子所引發的討論。他們藉助「市民社會」這個帶有規範意涵的概念，標示一種既遠離國家、不受國家支配，但又不單純是私人性質的空間。這種空間不應受到國家政黨統治的染指，以能夠發展出一種純粹的民主生活。70 年代後期、80 年代，這個概念在西方社會理論辯論中扮演著越來越重要的角色。這個概念和哈伯馬斯的公共領域概念（見本書第九講）可以很好地結合在一起。「公民社會」大部分描述一種市民活動空間，這種空間不受國家和市場管制（可參閱如：Jean Cohen and Andrew Arato, *Civil Society and Political Theory*）。90 年代初，美國政治學家普特南（Robert D. Putnam）指出美國的「社會資本」不斷沒落了。這個命題又引起了進一步的相關爭論。這個進一步的爭論透過一些其他有親近性的概念工具來處理一些相似的主題：在哪些地方，市民會參與

共同體？今天在多大程度上這些市民還在參與？（同樣的問題在德國的討論與研究，可參閱：Joas and Adloff, "Milieuwandel und Gemeinsinn"）

從艾齊尼的觀點來看，這方面的取徑雖然很有價值，但還不夠。他警告，「市民社會」都只能是「好的社會」的一個部分領域或部分面向。因為「市民社會」觀念的擁護者，如普特南，最終幾乎都並沒有說某些社會形成形式是好的還是不好的。他們似乎把所有社會團結與社會連帶形式當作同質的，不論團結的形成與目標是什麼。參與一個協會、俱樂部、政黨、社會運動等等，對他們來說通通是好的，「原則上，一個自願的結合和所有其他自願的結合都是一樣好的。」（*The Monochrome Society*, p.198）對於艾齊尼這位社群主義者來說，這種把所有立場都相對化了的說法是無法令人滿意的，因為他認為，「好的社會」一直都以一個明確特殊（但不是特殊主義）的價值為核心，所以科學家和所有的知識分子不能把不同的制度與政黨形式的對於規範的不同想像全都一視同仁。

艾齊尼在這裡把社群主義常受到的責難，亦即社群主義無法區分「好的」和「壞的」社群，某種程度上用來指責市民社會概念。但把這種指責用在市民社會概念這裡不是那麼適用的。哈伯馬斯的公共領域概念是有強烈規範面向的；哪些市民社會形式在民主方面是好的還是不好的，東歐異議分子是有明確想像的；普特南的立場就艾齊尼所要求的分類方面，也是有一些調整的。

但艾齊尼說，公共辯論裡的強烈價值是可以且應該強調的，卻也是有道理的。如果對於價值沒有共識，那麼社會應該有機會進入艾齊尼所謂的「巨大對話」，一種「遍及整個社會的對話的情境，將許多社群的對話關聯到一個整個國家能互謙互讓的對話情境。」（ibid., p.157）唯有如此，現有的規範差異才能釐清。艾齊尼相信，由巨大對話造就的「好的社會」，比羅爾斯的說法還更可能在最終面對社會不平等時採取一個牢固的立場。艾齊尼認為，羅爾斯面對巨大的社會不平等時的自由主義態度是無法讓人接受的。艾齊尼認為，一個好的社會，要比羅爾斯所要求的差異原則還更能夠從根本上強力減少社會不平等（ibid., p.147）。我們不能因為最弱勢的一群人可能從差異原則中獲得好處，就覺得所有的不平等形式都可以無關緊要。我們對於一個社會中的社會不平等態度是有強烈的價值基礎的，而且這個價值不能（例如因為差異原則）就隨便被忽略不管。

在艾齊尼的政治綱領作品裡，我們可以看到大量保守性的建議，但從他對羅爾斯的批判那裡，我們也可以看到左派或改革派的觀念。就像艾齊尼自己說的，社群主義運動在政治上不能歸成左派或右派。這和另外一位當代極為知名的社會理論家紀登

斯，在其政治著作裡所提出的社會民主的「第三條路」，有很顯著的相似性。社群主義和尤其是紀登斯，在 20 世紀 90 年代的歐洲，都對社會民主綱領辯論有很大的影響力。他們的首要目標不只是要擊退傳統的社會民主黨派、抑制典型的國家利益至上論與由國家訂定的導向，而是還更多地想為政治的再道德化作出一些貢獻。在這一點上，社群主義、紀登斯，或是像羅爾斯那種典型的自由主義者都是類似的。並且他們的理論不是狹隘上的道德化，而是以新的方式，將對所希望的共同體形成模式進行的道德思考，與關於這種共同體的特質和發展趨勢的經驗知識連結在一起。於此，當代政治理論和社會理論以一種對兩方來說都很有益的方式碰觸到了對方。不過除此之外還有一種思潮，在社會科學史上早期主要是在美國得到了重要發展，但越來越處於邊緣位置，後來又逐漸有類似的復興：實用主義與不同形式的新實用主義。我們下一講就來看看這個思潮。

第十九講

新實用主義

　　如同我們在第六講探討象徵互動論時提到的，爲美國社會學打下基礎的世代（例如米德和社會學的芝加哥學派），和美國實用主義哲學是密不可分的。人們甚至可以明確地這麼說：對於實用主義思想的推進發展，以及使之能用於社會過程和社會關係的分析，像米德這些學者的參與是非常關鍵的。而且毋庸置疑的是，至少到 20 世紀 30 年代爲止，美國社會學的發展都深受實用主義哲學的影響。

　　但在這之後，實用主義對社會學的影響力就顯著下降了。社會學對實用主義思想的接受之所以日漸減弱，與帕森斯在 1937 年出版的著作《社會行動的結構》裡建立起的大師名錄有關。我們在第二、三講已經指出，帕森斯在談到所謂社會學的奠基人物時完全只提到歐洲的思想家（特別是韋伯和涂爾幹），並且完全忽略深受實用主義思想影響的美國學者。從 20 世紀 40 年代晚期開始，帕森斯的社會學占據了支配性的地位。因此也難怪，那時社會學的理論建構會在完全**欠缺對實用主義傳統的回顧**的情況下進行。一直到 20 世紀 60 年代情況才稍微有點改變。因爲那時候，象徵互動論開始將自身定位爲一種「新的」理論取徑，以及帕森斯主義之外的另一種理論選擇。當然，象徵互動論其實一點都不「新」。作爲米德的學生，布魯默（Herbert Blumer）更多的是想試著把他老師的觀點，從 20 世紀 40、50 年代帕森斯主義的霸權中「解救」出來。這項嘗試實際上的確也很成功，象徵互動論在 20 世紀 60 年代的興盛便證明了這件事（請再次參閱我們的第六講）。實用主義的思想遺產的生命在象徵互動論中延續了下去，不過是以一種極爲有限的方式續存的。因爲，對於象徵互動論來說最重要的參照學者是米德，但美國實用主義的其他重要奠基人物，例如皮爾士、詹姆士（William James）、杜威（John Dewey），在象徵互動論那裡顯然就沒有什麼重要性。

　　除了象徵互動論之外，**美國**社會學內部也有個別學者自認與實用主義是有聯繫的。這裡讓人可以想到的像是衝突理論家米爾斯（C. Wright Mills）（參閱我們的第

八講），他在不同的情況總是不斷訴諸實用主義學者〔見他身後才在 1964 年出版的博士論文《社會學與實用主義》（*Sociology and Pragmatism: The Higher Learning in America*）〕。在他的文化批判著作中，也不斷宣揚一些讓人們很容易聯想到實用主義改革計畫的觀念。另外可以想到的還有賽茲尼克（Philip Selznick, 1919-2010），一位美國很偉大的法律社會學與組織社會學家。他出版於 1949 年的著名的研究《田納西流域當局與農業區》（*TVA and the Grass Roots: A Study in the Sociology of Formal Organization*）運用了杜威的社會心理學的觀點分析組織是怎麼運行的。賽茲尼克後來出版於 1992 年的讓人印象深刻的著作《道德聯邦》（*The Moral Commonwealth: Social Theory and the Promise of Community*）也廣泛地提及實用主義思想家，討論了一些社會理論的核心問題。

在**歐洲**戰後的社會學界，實用主義長久以來都不受重視。一直到 20 世紀 70 年代，哈伯馬斯受到他的哲學家好友阿佩爾（Karl Otto-Apel, 1922-2017）的影響，開始大幅關聯米德、皮爾士和杜威，以一方面獲得一個更紮實的主體間性的概念，另一方面奠定他關於商談倫理的思想。儘管哈伯馬斯的著作有很大的影響力，但歐洲對實用主義的接受情況還是不溫不火。人們可以說，不論是美國還是歐洲，實用主義在 1945 年到 70 年代晚期之間，在整個科學圖景中並沒有什麼特別的影響力。

但在這之後，很快就出現巨大的改變。該為這件事「負責」的當屬美國哲學家羅蒂（Richard Rorty, 1931-2007），尤其是他在 1979 年出版了《哲學與自然之鏡》（*Philosophy and the Mirror of Nature*），一本引起轟動的實用主義復興之作。在這本復興之作中，羅蒂主要以一種令人驚訝的方式將杜威和維特根斯坦（Ludwig Wittgenstein）、海德格等哲學家相關聯，然後說這三位思想家是 20 世紀「最重要的哲學家」（*Philosophy and the Mirror of Nature, p.5*）。杜威至今還被許多學識淺薄之士當作一位很無聊的常識哲學家，但羅蒂的著作將他視作與現實有高度關聯的學者之一，並把他的著作關聯上來自法國、那時候非常時髦的後結構主義思想。羅蒂的命題是什麼呢？還有，他怎麼詮釋實用主義、怎麼詮釋杜威？我們這一講首先就要來介紹兩位新實用主義很重要的哲學代表人物〔羅蒂與普特南（Hilary Putnam）〕的異同，並且試著處理伯恩斯坦（Richard Bernstein）與本書其中一位作者約阿斯（Hans Joas）的新實用主義社會理論。

《哲學與自然之鏡》是一部當代哲學思想史，在其中羅蒂嘗試弄懂「心智過程」概念的歷史起源，並嘗試批評這個觀念，甚至將之批評得一無是處。羅蒂的思路不是很好懂，但大致內容是：從笛卡兒開始，傳統的當代哲學很大一部分是想試圖逃脫歷

史，認為哲學的任務就是生產**超越歷史**、超越時間的真理。而獲得真理的方式就是把意識視爲一面鏡子，也就是認爲除了物理事物之外還有一種**心智過程**或**意識過程**，並且這種過程多少能夠恰當地描摹，或甚至「鏡射」物理事物。這背後的假設是人類能優先進入自己的心智狀態，可以比其他人更了解自己的心智狀態，且正是因爲這樣所以必須將「真實的」或「客觀的」知識直接關聯上內在心智過程。從這個假設出發來看，要達到正確的知識或真理必須有「意識」才能盡可能正確地再現對象或自然。換句話說，人們相信「意識」或「心智」必須是任何哲學的基礎，因爲唯有如此，才可能會有確切的、超越時間的知識。

羅蒂嘗試指出，關於「心智」過程與物理過程不同的說法，其實沒有什麼幫助，甚至是沒有意義的。對身體與心靈、物質與精神之間的區分也是如此。與此相關的二元論都是站不住腳的。因爲在傳統哲學中被稱爲「意識」的東西，都是以這樣或那樣的簡略方式來進行描述的。羅蒂在批評德國哲學家兼數學家萊布尼茲（Gottfried Wilhelm Leibniz, 1646-1716）時說得更清楚。萊布尼茲宣稱思想最終是不可見的，在羅蒂看來這正是二元論的代表。

> 萊布尼茲說，如果我們把大腦放大到一個工廠的大小，那麼就算我們步行在其中也不會看到思想——萊布尼茲的這個說法到底有什麼好令人困擾的？如果我們足夠了解神經的相互關係，那麼我們在其中應該的確是可以看到思想的，亦即我們的視覺會為我們揭示大腦擁有者的思想是什麼。如果我們不夠了解，當然就看不到。如果我們步行在任何工廠，而我們卻不了解工廠的各個部分與其之間的相互關係，我們當然就看不到工廠所進行的工作是什麼。進一步來說，即便我們沒有發現神經的相互關係，即便我們完全搞錯了思想在大腦中的位置，為什麼只因為我們無法根據部分來解釋一個人的思想和心智影像，就說它是非物理的？用普特南的例子來說：我們也無法根據方形釘和圓形釘孔的基本粒子，來說明為什麼方形釘與圓形釘孔是無法嵌合的，但不會有人覺得這種宏觀結構與微觀結構有什麼令人感到困惑的本體論斷裂。（*Philosophy and the Mirror of Nature*, p.26）

羅蒂不是要強迫我們接受心智過程與意識過程的存在，也不是要強迫我們修改笛卡兒式的身心二元論。把在大腦中進行的個別過程（思想）當作「頭腦」這種總複合體的功能狀態，其實也就夠了。如果我們真的要理解這些個別過程，那麼就必須掌握

大腦的總體結構、運作方式。但在此，我們不需要「意識是無形的」這種觀念，因為我們並不能說運作狀態是「無形的」。就像上述引文中最後一句講到的，我們沒必要僅僅因為無法從頭腦的結構直接推導出思想，就說這兩個現象之間有著本體論斷裂。同樣，我們沒必要僅僅因為無法從部分元素解釋方形釘和圓形釘孔的不合嵌，就假設物理的微觀結構和宏觀結構之間是斷裂的。

羅蒂這種極端的立場當然不是沒有爭議的。上述引文提到，我們在上一講也介紹過的權威學者、實用主義哲學家普特南，在他**晚期的著作**裡也問到，「心智狀態」與「運作狀態」是不是真的能相提並論，以及我們是不是能完全放棄心智觀念（對此，可參閱例如 Putnam, *Representation and Reality*, p.1）。後來羅蒂自己也放棄這種極端的物理主義，但這不是這裡的重點。因為羅蒂首先談到，要對哲學家如此拼命堅持明明充滿問題的二元論的理由，在歷史層面進行重構。羅蒂認為，這個理由與笛卡兒這個名字是分不開的。是笛卡兒，讓哲學在某種程度上行差踏錯了。哲學最關鍵的錯誤在於假設所謂的「意識」是自然之鏡，然後基於此假設之上，想尋找與看到一種「無可懷疑的」認識論根基。像笛卡兒、洛克，還有康德等認識論學者，都不想也無法接受認識論無法思考出一種超越時間的「真理」，所以都在想辦法透過意識來獲得這種真理，而不是把知識僅當作「一個人和一個命題之間的一種關係」（*Philosophy and the Mirror of Nature*, p.141）。羅蒂認為，知識並不取決於內在直觀或「心智」對現實的正確展現，而是取決於兩個或多個人之間，為了嘗試對命題進行辯論或相互說服而進行的言說實踐。

羅蒂的這個立場乍看之下也許沒什麼特別的，但事實上他卻帶來了顯著且頗具爭議的後果，因為羅蒂在這裡抨擊了被大多數人認為理所當然的真理概念。根據羅蒂的觀點，從來都沒有（超越歷史的）「真理」這種東西。當我們天真地談到「真」或「較不真」的時候，我們只不過是在說我們意見「不容易被反駁」或「較容易被反駁」的反駁難易度差異而已（ibid., p.157；亦可見：Rorty, *Truth and Progress*, pp.1ff.）。不論是科學還是哲學都不是真的在以（超越時間的）「真理」為目標，而只不過是在試圖證成某些命題。證成的形式是一種社會話語實踐的運作（*Philosophy and the Mirror of Nature*, p.170）。這種運作取決於文本脈絡，受時空所約束，不是超越歷史的。所以根本就沒有什麼確切的「真理知識」、最終的知識基礎。

> 當我們了解信仰的社會證成時，我們便會了解知識。我們不需要把知識看作一種準確的再現。一旦對話取代了對照，作為自然之鏡的心智概念

就可以被拋棄了。哲學這門學科,一直想在各種構成之鏡中找出最優的再現;但在此,這門學科已經令人難以理解了。……如果我們把知識視為一種關係到對話或社會實踐的事,而不是認為知識就是要鏡射自然,那麼我們就不會認為會有一種元實踐可以批判所有可能的社會實踐形式。(ibid., pp.170-171)

即便哲學首先與命題的證成有關,羅蒂還是和哈伯馬斯不一樣,不認為能透過可在語言當中進行揚棄的合理溝通可能性找出一種最基礎的哲學論證,不認為可以找出一種「元實踐」。羅蒂很堅定地提出一種針對傳統的「反基礎主義思想」。從他對杜威、海德格和維特根斯坦的詮釋中可以看到,這種反基礎主義的思想意指不(再)相信(哲學)論證可能會有一個無可置疑、超越歷史的基礎。所以對於羅蒂來說,想建立(超越歷史的)「元實踐」或「元理性」的嘗試都是徒勞無功的。所以羅蒂自認,也被他人視為是一位「脈絡主義者」(參閱:Habermas, *Nachmetaphysisches Denken. Philosophische Aufsätze*, pp.174ff.,以及 Habermas, *Wahrheit und Rechtfertigung*, pp.230ff.)。羅蒂的論證導向之所以是脈絡主義的,是因為他聲稱,證成只不過是**在某一個語言共同體中**占據有效性而已。一旦超出了這個語言共同體的邊界,這種證成就不會被視作理性的理由、不會被接受,而且羅蒂的立場也的確一貫如此。對他來說,連哲學本身也不過就是一種操著某特殊語言與特殊立論傳統的社群,所以他也同時認為,不用再誤以為哲學能夠提出某種深思熟慮下的理性要求。在他看來,「哲學也不過就是(輔以生物學、歷史學等等)提出一些關於知識和真理的常識而已」(*Philosophy and the Mirror of Nature*, p.176)。他甚至還進一步宣稱,「理解」、「知識」、「真理」都是沒有什麼根基的概念,只是一種讚揚,「讚揚人們相信現在所證成的事一時半刻不需要再進一步地證成了」(Rorty, "Solidarity or Objectivity?", p.24)。

如果各位讀者還記得我們在第一講提出的問題「何謂理論」的話,那麼可能會發現我們曾談到、討論到類似的問題;當時談的與孔恩的範式概念有關。事實上,孔恩和「無政府主義」科學哲學家費耶阿本(Paul Feyerabend)也都是羅蒂參考的學者。像是孔恩在提到不同(科學)範式的「不可共量性」時,至少部分和脈絡主義的真理觀是很像的,所以羅蒂也很偏愛孔恩的說法(參閱:*Philosophy and the Mirror of Nature*, pp.330ff.)。但孔恩覺得羅蒂把現實消解成語言的作法有點過頭了(可參閱:Thomas Haskell, *Objectivity is not Neutrality*, p.142,其中引用了孔恩一份未出版材料中對羅蒂的評論)。

讀者在這裡可能會問:「但是這和實用主義有什麼關係?爲什麼要說羅蒂是新實用主義者?爲什麼要把他貼上『實用主義者』的標籤?」羅蒂在這裡的回答是:杜威就像他的另外兩位英雄——後期的維特根斯坦和海德格——一樣,都不再認爲哲學的核心目標是給出確切的知識,也不再嘗試爲哲學追求超越歷史的基礎。維特根斯坦、海德格,以及尤其是杜威都不是「系統性的」哲學家,也不想當這樣一種哲學家,而是想作爲「啟迪世人」、「實用的」思想家。

> 這些邊緣的、實用的哲學家都首先懷疑**系統性的哲學**,懷疑整個普遍通用的計畫。在我們的時代,杜威、維特根斯坦、海德格是偉大的啟迪世人、邊緣的思想家。這三位都盡可能讓我們難以把他們的思想看作在對傳統哲學問題表達看法,讓我們難以把他們看作在為哲學作為一個合作或進步的學科來建立一套計畫。他們都在取笑古典的人類圖像,因為這幅圖像包含了系統性的哲學,在最終語彙裡找尋普遍通理。(*Philosophy and the Mirror of Nature*, p.367)

現在,如果讀者們還記得我們在第六講對美國實用主義的詳細解說,那麼可能會問,即便羅蒂把杜威跟海德格與維特根斯坦算作一夥的,但他對於實用主義的理解也還是沒有什麼特別之處,更何況他根本都沒有碰觸到實用主義思想啊。羅蒂簡直就是忽視了「古典」實用主義思想的核心議題和成就。我們可以想像得到羅蒂對於在「古典」實用主義那裡致力探討的行動與意識的問題根本沒有特別感興趣,因爲他想把意識概念撤除掉。不過有一件令人感到驚訝的事:杜威對於行動者在有問題的行動情境中的行動與創造力作過反思,但羅蒂卻沒有把杜威的這個反思當一回事。連米德對(象徵)溝通與人類原初社會性的人類學式的理論思考羅蒂都覺得不重要。

羅蒂對於「實用主義」的改寫與界定(對羅蒂來說,「實用主義」這種觀點,不過就是認爲,「事物自然秩序的準確再現」這種觀點可以拋棄了。見:"Is it Desirable to Love Truth?", p.22)非常流於形式,而且沒有什麼說服力。這可能和羅蒂的(語言)分析哲學的出身背景有關,所以他對美國實用主義的主要興趣幾乎完全只與其**認識論**潛能有關,較少關注杜威和米德關於**人類的經驗和行動的特殊性**的原創分析。羅蒂對於實用主義(以及尤其是杜威的思想)的吸收明確表現出相當大的片面性。

> 杜威哲學最高的成就在於,認為像是「真」和「正確」這類評價性的

術語，不是關聯上某種預先存在的事物——例如「上帝的意志」、「道德法則」，或是「客觀真實的內在本質」——的表述，而是表示因為找到問題的解決方式而感到的滿足，儘管這個問題也許某天會過時，所以感到的滿足也許在某天是不恰當的。（Rorty, *Achieving Our Country: Leftist Thought in Twentieth Century America*, p.28）

在這裡，羅蒂完全沒有把杜威看作行動理論家。

連羅蒂的民主理論聲稱也很難和杜威或米德的參與式民主理念相一致，而且羅蒂自己也意識到這一點（ibid., p.96）。羅蒂自認是極為傳統的自由主義者，雖然他的自由主義所採取的不是功利主義的，而是高度唯美主義的形式。羅蒂的民主理論思想的出發點是我們上述提過的他所表達的信念：公共領域和私人領域必須被截然區分開來，因為在（政治）價值與規範的領域裡，沒有超越時間的真理。如同羅蒂所說的，（國家）共同體所必不可少的團結，很難和個人的自我塑造的所需相一致（*Contingency, Irony and Solidarity*, p.xiv）。但是，自我塑造的可能性是必須維護的，個體的特殊需求也必須受到保護，而這正是民主制度最重要的任務。但民主制度若要做到這些事，這個制度就必須被鑲嵌在既自由，同時又具有反諷性的文化當中，告知在其中生活的人們放棄施行「真理」，接受個體生活規劃的多樣性。羅蒂沒有對（自由）民主再提出進一步的要求，也因此他關於「自由主義」或「自由主義文化」的概念定義顯得特別單薄。

> 我對「自由主義」的定義是從史訶拉（Judith Shklar）那裡借來的。她說，自由主義者就是那些認為暴行是我們所做的最糟糕的事的那群人。我用「反諷主義」來指稱那些直面自身中心信仰與欲望的偶然性的那類人——那類人是十足的歷史主義者和唯名論者，他們不再認為中心信仰和欲望背後還有某些超越時間與機會範圍的東西。自由主義的反諷主義者則除了上述這些之外，還有一個沒有根基的願望，希望苦難能被消除，由他人造成的羞辱可以終結。（*Contingency, Irony and Solidarity*, p.vx）

羅蒂的自由主義文化不是某種價值或甚至具有（像帕森斯所說的那種）共同約束力的倫理，也不是（像哈伯馬斯似乎所採用的那樣）透過哲學信念所凝聚起來的文化，而頂多是一個共識，認為所有自由主義文化下的人民都應該有機會來進行個體的

自我塑造，且不受他人的暴行與羞辱（ibid., pp.84-85）。但羅蒂也強調，他所鍾愛的這種自由主義文化，以及以此爲基礎的民主政體，並不眞的需要**提出**不同於其他政治組織形式的**理由**。這種自由主義秩序是偶然的，就像其他政治構想一樣。而且也沒有證據能說自由主義秩序就是一種不同於其他秩序的深思熟慮過的選項。因爲羅蒂認爲，不論是贊成還是反對一種生活形式，都只在某一個語言共同體**內部**有說服力。這聽起來很相對主義，但羅蒂自己很反對被貼上這個標籤。相對主義這種立場聲稱每種道德觀都一樣好，但羅蒂的立場不是這樣。他相信，他所鍾愛的自由主義文化比其他觀點都好，**即便他無法證明這文化到底哪裡好**。

> 錯誤地斷定我們與納粹沒有什麼不同，是一回事。但是正確地說我和納粹哲學家之間沒有一個中立、共用的基礎，以供我們討論出我們的不同，是另外一回事。（Rorty, "Trotsky and the Wild Orchids", p.15）

羅蒂的民主理論的立場不是相對主義，而是脈絡主義，或是（羅蒂自己所謂的）「民族中心主義」。正是因爲羅蒂不相信普遍主義的規範論據，並且把哲學家論點的說服力貶得很低，所以他認爲，想把曾有過的團結擴展到所有人或所有文化的信念都是幻想（*Contingency, Irony and Solidarity*, p.191）。團結感的強度取決於我們把其他人詮釋得與自己有多「像」或多「不像」，而這種詮釋都是在歷史情境中偶然出現的，任何哲學論點都強求不來，也無法強化。這不是說團結的擴展是不值得奢望的。對羅蒂來說，團結的擴展是道德進步的一種標誌，但**只限從**（無法提出論據，但想盡可能阻止可能暴行的）**自由主義文化的觀點來看是如此**（亦可參閱：*Truth and Progress*, pp.167ff.）！

如從我們對羅蒂的民主理論思想的介紹中可以看到的，他的哲學立場完全**轉變**成政治觀念了。另外一方面不容忽視的是，他在這方面的說法並不是什麼深思熟慮的說法，而且也和社會理論的問題完全沒有關聯。羅蒂無疑是美國知識分子中最知名的左派政治作家之一，他在 1998 年出版的（我們上述援引過的）著作《成就我們的國家》（*Achieving our Country: Leftist Thought in Twentieth-Century America*）更再次讓他聲名大噪。但是他既沒有系統性地探討自由主義社會公共領域有哪些價值，也沒有反思爲什麼必須避免「暴行」是最值得宣揚的說法（畢竟，眾所周知，我們可以對暴行有不同的詮釋方式）。另外，被羅蒂給予高度評價的人際團結，究竟其來源、基礎是什麼，對社會理論來說是一個很重要的問題，但羅蒂卻完全不感興趣，即便他明

明可以在「古典」實用主義者那裡找到蛛絲馬跡（對羅蒂在這方面的批判，可參閱：
Richard Bernstein, *The New Constellation: The Ethical Political Horizons of Modernity /
Postmodernity*, p.258ff.; Thomas McCarthy, *Ideals and Illusions: On Deconstruction and
Reconstruction in Contemporary Critical Theory,* pp.25ff.; Hans Joas, *Die Entstehung der
Werte*, pp.247ff.）。

．．．

　　羅蒂關於哲學（剩餘的）任務的命題，他摒棄眞理概念的作法，以及他關於自由
主義民主的概念，不令人意外地遭到極大的批評。當然，自詡爲傳統的美國實用主義
者也會覺得羅蒂很挑釁。雖然我們完全可以承認，羅蒂的著作讓實用主義再次變得很
有活力，且極大地推廣了實用主義。但我們多半還是可以合理地質疑，羅蒂對於實用
主義的理解，跟「古典的」實用主義的計畫到底有什麼關係。對羅蒂的哲學立場的批
判最一針見血的，當屬普特南，一位近代最有名的美國哲學家與邏輯學家之一。他與
羅蒂有一些共同之處。普特南和羅蒂很像，他也覺得維特根斯坦與杜威及皮爾士有很
大的相似性。而且羅蒂和普特南的思想根源都來自分析哲學，然後才漸漸走向實用主
義的思想遺產。不過，與羅蒂最顯著的差異是，普特南的走向實用主義的方式，更符
合「古典」實用主義的意向。

　　普特南（1926-2016）保留著至少四個「古典的」實用主義的前提。第一，他一
貫地抱持著**反懷疑論的立場**，也就是我們在第六講提到的皮爾士的那種反笛卡兒的論
點：我們不會同時懷疑所有事，並且引導哲學研究的不是只有原則性的懷疑，還有眞
正的懷疑與問題。第二，普特南和「古典的」實用主義一樣，**根本上都相信可錯論，**
亦即我們都可以證明我們的信念是錯的，沒有最終的眞理。第三，普特南**不認為事實
與價值是涇渭分明的**，不認爲價值是不可探討的。只要有好的理由，價值依然是可以
討論的。第四，他也強調**人類思想鑲嵌在人類實踐當中**，總是不斷在與自然環境和
社會環境進行對話（參閱：Marie-Luise Raters and Marcus Willaschek, "Hilary Putnam
und die Tradition des Pragmatismus", p.12）。

　　普特南一貫地堅守著**所有**這些實用主義的前提，並且在與羅蒂的辯論中，讓他
的立場越來越鮮明。從他最重要的一本出版於 1981 年的著作《理性、眞理與歷史》
（*Reason, Truth and History*）的開頭，他就馬上表現得和羅蒂**既**相近、**又**保持距離：

　　我想捍衛的觀點是……**真理**和**理性**之間有極為密切的連結。……對於何
謂事實的唯一準則，就在於我們能理性接受的是什麼。（我這裡的意思就
是字面上的那樣，而且泛指所有事；因此，如果我們能理性地接受一幅畫是
美的，那麼**事實**就是它是美的。）根據此觀念，**價值事實**可以存在。但是
理性上的可接受性和真理之間的關係是兩個不同的概念之間的關係。一項
聲稱可以是理性上可接受的，但**同時**卻不是**真**的。（Putnam, *Reason, Truth
and History*, p.x）

　　普特南有一個觀點和羅蒂是一致的，就是「理性」不是超越歷史的東西，而是
與論點有關，只有在特殊的脈絡下才有說服力。不過普特南並沒有要導向極端的脈
絡主義、相對主義的結論，但羅蒂認爲我們必須往這方面走。普特南認爲，不是所
有的理性證成都可以被「當作準則」，不是什麼相對於理性準則的東西都可以用語言
遊戲定義成理性準則。普特南更多地認爲（這也清楚展現出他和羅蒂的相反之處），
對於理性本質的討論都必須以理性證成的概念爲前提，這個概念可以超越所有特殊
脈絡（哈伯馬斯也提出了相似的論點以反對羅蒂。參閱：*Wahrheit und Rechtfertigung*,
p.265ff.）。他在討論孔恩的「不可共量性」命題（羅蒂也常常以贊許的態度談到這個
命題）時，表現得尤爲明顯。普特南宣稱，這個命題本身就是矛盾的，也顯示了提出
者本身就自相矛盾的論證方式。人們不能說兩個範式是「不可共量的」，也不應嘗試
描述與凸顯出兩個範式之間的差異。因爲如果人們這麼做了，就等於放棄了「不可共
量性」這個概念，或至少承認兩者之間部分是可以彼此翻譯的！

　　如果費耶阿本（和孔恩在他最知名的不可共量性方面）是對的，那麼
其他文化——包含 17 世紀的科學家——的成員都只會被我們概念化成只會
生產刺激—反應（以及發出奇怪的聽起來像是英語或義大利語的聲音）的
動物了。一邊告訴我們伽利略有「不可共量的」觀念，但**一邊又不斷在詳
細地描述他們**，這完全是沒道理的。（Putnam, *Reason, Truth and History*,
pp.115ff.）

　　普特南最終認爲，不論是費耶阿本與孔恩，還是羅蒂，都錯誤詮釋了維特根斯
坦的語言遊戲觀念。在他們的詮釋下，維特根斯坦是在封閉的數學計算或電腦程式意
義下設想語言遊戲——亦即將語言遊戲設想成一種在特殊文化中占據統治地位的語言

規則和論證規則。在這種詮釋下，語言遊戲彷彿無法相互翻譯，因為它們被理解成彼此封閉隔開的符號系統（參閱：Putnam, *Pragmatism: An Open Question*, pp.33ff.）。但是，不論是維特根斯坦，還是杜威和古典實用主義者，他們是以另一種方式理解語言遊戲的，所以並沒有得出孔恩或羅蒂的那種極端的結論。普特南認為，羅蒂的立場根本就與維特根斯坦無關，也根本沒有以實用主義的傳統為基礎。在實用主義傳統思潮中，並不懷疑語言遊戲至少部分是可以彼此翻譯的。而這也意味著，理性證成的觀念並不僅僅是脈絡－相對的（參閱：Putnam, *Renewing Philosophy*, p.77，以及 *Pragmatism: An Open Question*）。

這裡所說的認為語言遊戲至少部分可翻譯的立場，尤其和普特南的一個信念有關（這也明確顯示出他與羅蒂的不同），即完全是有客觀價值存在著的（以下參閱：R. Bernstein, "Putnams Stellung in der pragmatistischen Tradition", 2002, pp.41ff.）。普特南反對把規範和倫理態度當作純粹主觀的，也反對將之視為隨文化而相異，或是隨範式而異的。例如科學乃以認知價值（例如連貫、純粹）為基礎，所以某些說法才會是可以證成的，我們也才得以獲得進入世界的入口。普特南認為，這不是說我們都可以根據單一的一件事就確定什麼叫作連貫或純粹，但是無論如何我們都還是完全可以理性地討論價值的意涵。這種價值是「客觀的」，就像其他社會領域（亦即非科學的領域）中的其他價值一樣客觀。

> 相信有正義並不是相信有鬼，「正義感」也不是一種像是看到鬼似的超常感。……倫理學和物理學並不如「不科學」一詞所暗示的那樣是**相衝突的**。「公正」、「善」、「正義感」等概念的話語，不能被**還原**成物理學的話語。……談論「正義」……可以是**非**科學，但不必是**不**科學的。（Putnam, *Reason, Truth and History*, p.145）

羅蒂和普特南的辯論（普特南對羅蒂的批判，可見：*Renewing Philosophy*, pp.67ff.）顯著提升了人們對實用主義的興趣；然而，一樣的，這些辯論與社會理論幾乎沒有什麼實質的聯繫。即便普特南明顯比羅蒂還更緊抓著實用主義的傳統，即便他比羅蒂更掌握杜威對民主的理解（ibid., pp.180ff.），但他也還是在「一般的」**哲學**參照框架內推動討論；社會理論的問題在當中極少被提到，我們在其中也幾乎找不到與我們這幾講介紹的各種理論取徑有關的討論。這其實很令人驚訝，因為普特南的實用主義命題明明就一直都處於行動與思想的交叉點上。

　　但當然不是所有受實用主義影響的思想家，都在社會理論問題方面裹足不前。最起碼伯恩斯坦就是少數不斷從社會學的角度對實用主義哲學提出問題的人。伯恩斯坦（1932-，順帶一提，他和羅蒂是共同在芝加哥大學度過學生時期的好朋友）從一開始就對美國實用主義（尤其是杜威）很感興趣，並以此作為他哲學思想的出發點。伯恩斯坦與羅蒂乃至普特南明確分道揚鑣的點在於，他純粹以社會理論為導向，尤其是他特別致力於探討**人類行動**。伯恩斯坦首先沒有採取對「古典」實用主義的認識論或認識論批判的立場，而是從對「古典」實用主義的行動理論的反思出發。這個旨趣從他早期的著作，1971 年出版的《實踐與行動》（*Praxis and Action: Contemporary Philosophies of Humans Activity*）中就可以看到。伯恩斯坦在這本書中處理四個不同的主要對人類行動與人類實踐進行反思的哲學思潮：馬克思主義、沙特〔與齊克果（Søren Kierkegaard, 1813-1855）〕的存在主義、分析哲學（雖然其行動概念首先是非常形式化的），以及以杜威和皮爾士為代表的美國實用主義。伯恩斯坦的強項在他這本書中就表現得很明顯：他不只是以令人印象深刻的方式表現出他調和不同哲學傳統與「翻譯」其各自問題的能力（他自認他的一個主要任務，就是把歐洲思潮介紹給美國哲學），而且他還成功地把行動議題確定為（當代）哲學的核心基本問題。他用一種很獨特的方式嘗試「讚揚」（語言）分析哲學對行動概念的清楚研究，以及如馬克思那種「極端的人類學」，和馬克思對「實然」與「應然」二分問題的克服（*Praxis and Action*, p.307）。他也指出對人類行動自由的強調，以及杜威與皮爾士致力於重建「由理性和知識所引導的實踐」（ibid., p.313），很值得讚賞。

　　這種將行動概念置於中心地位的觀點，讓伯恩斯坦參與到 20 世紀 70 年代批判性地從杜威和皮爾士的觀點出發而來的、日益盛行的哲學與社會學的辯論。他在其接下來出版於 1976 年的大部頭的著作《重建社會理論與政治理論》（*The Restructuring of Social and Political Theory*）中，便令人印象深刻地對此提出他的論證。在書中，他特別與堪為現象學社會學與俗民方法論的「權威人士」的舒茨（Alfred Schütz）（見本書第六講）和哈伯馬斯進行對話。伯恩斯坦的對話基礎比羅蒂和普特南的還要廣泛，不是僅侷限在認識論或對認識論的批判之上。到了 20 世紀 90 年代，伯恩斯坦還致力於探討行動議題，而且由於他堅守著實用主義的行動概念，因此成功調和了哈伯馬斯和後現代主義的立場，並以一種極富啟發性的方式同時把後現代思想家（隱而未顯）的基本倫理假設給揭示出來。

• •

實用主義和新實用主義在羅蒂與普特南的辯論中有了非常蓬勃的發展，但**主要在哲學領域**。這裡的特色是大部分都只談到實用主義的認識論面向，至於杜威和皮爾士的著作裡的行動理論的潛力就被忽視了。而且，極少人系統性地從「傳統」實用主義的行動概念探討在社會理論方面的**後果**，更遑論把實用主義的行動理論**繼續發展下去**。

所以也有人〔例如沃爾夫（Alan Wolfe）〕說：「美國社會科學錯失了對實用主義的復興。」對實用主義進行新的、更時髦一點的翻新，在社會科學裡嚴格來說幾乎沒有。不只是美國，在歐洲也是。不過還是有例外，還是有人在實用主義的社會學與社會理論方面繼續發展下去的。其中一位代表人物，就是本書的作者之一，德國社會學家約阿斯（Hans Joas, 1948-）。約阿斯致力於從「古典」實用主義前提出發，重新對行動理論進行根本的定位。接下來我們要來從第三人稱介紹我們這本書的其中一位作者。這種作法可能會有點奇妙，但我們覺得這能最好地符合本書的教科書風格。

約阿斯目前任教於德國柏林洪堡大學與美國芝加哥大學。他從學術生涯的一開始就決定要探究美國實用主義傳統。他於 20 世紀 80 年代出版的博士論文《實踐的主體間性》（*Praktische Intersubjektivität. Die Entwicklung des Werkes von G. H. Mead*）〔英譯本改名為《米德：其思想的當代檢視》（*G. H. Mead: A Contemporary Re-examination of His Thought*）〕，是歐洲第一本對米德所有著作進行廣泛重構的著作，並且同時嘗試將米德的社會理論和歐陸哲學與社會學的主流思潮進行對照。約阿斯的這本書中將米德呈現為一位基於其深刻地對行動與意識所作的分析，因而解決了許多行動理論問題的思想家。米德解決的行動理論問題，許多歐洲的社會理論家都沒有解決。同時，米德還透過他的人類學式的溝通理論，讓主體間性——主體與主體**之間**的性質——真正成為內涵豐富的概念。

但約阿斯的這本早期著作的目標不只是重構一個過去的思想家而已。這本書首先要指出，不論是基於米德那高度碎片化的遺著而建立起來的象徵互動論，還是馬克思主義和批判理論對行動、主體間性、民主的貧乏的理解，都不是恰如其分的理論。基於此，約阿斯開始找尋自己的道路，並且越來越覺得應該可以**全面**探討「古典」實用主義。這也讓他開始研讀杜威的著作，後來也開始研讀詹姆士（William James）的著作。如約阿斯在《實踐的主體間性》後來的新增前言裡自我批評地承認，他是在這本博士論文寫完之後才意識到杜威的重要性的。

如果我的興趣主要是在主體間性的話，那麼米德無疑是很重要的一位
學者。但如果我的主題是「實踐的主體間性」，因此必須認真探討「實踐」
的環節的話，那麼杜威那重要且廣泛的實用主義就是更本質性的了。（Joas,
Praktische Intersubjektivität, p.XIII）

對杜威著作的廣泛探討，也幫助約阿斯在 20 世紀 90 年代初以其著作《行動的創
造性》（*Die Kreativität des Handelns*）對至今所有的行動理論構想作出了批判，並提
出了自己的一套行動理論。

《行動的創造性》裡的討論系統性地聚焦在理論史面向上。這本書的第一部分
旨在指出，古典社會學家在提出行動理論或對行動進行分類時，都沒有辦法很好地處
理人類的創造現象。約阿斯指出，涂爾幹、滕尼斯、齊美爾，還有韋伯都是這樣。而
且這種情況在韋伯那裡還很奇怪，因為，一方面，他一貫且頗原創地發展出行動類型
學，區分出了目的理性、價值理性、傳統、情感這四種行動，但同時在韋伯的各種資
料研究中，他卻又明顯離開了他的類型學，而不斷探討各種歷史與社會現象。例如韋
伯的所有著作裡，卡里斯瑪概念尤其是對於他的統治社會學來說特別重要，但我們完
全無法知曉到底「卡里斯瑪」該對應上韋伯所說的哪種行動。卡里斯瑪式的行動方式
顯然：

> 無法被歸類到韋伯的行動類型學中。當然，類型學可以把所有現象
> 加以分類，只是任何一種類型學，就如韋伯的那種，都或多或少會有剩餘
> 範疇，而且剩餘的往往比得到分類的還多。但重要的是，韋伯這個分類學
> 的原則沒有考慮到行動的一個面向：創造面向。（Joas, *Die Kreativität des
> Handelns*, p.74）

一方面，韋伯作品的一個特色就是卡里斯瑪現象總是扮演著非常重要的角色，
因為正是卡里斯瑪改變了歷史過程、為世界帶來新東西。而且我們只有從行動的創造
面向才能掌握這個現象！但另一方面也正是這個現象，是韋伯的行動理論沒有注意
到的。

不過韋伯不是個案。因為所有古典社會學家都沒能「把探討『創造性』的理論思
想順暢地整合到他們的著作中」（ibid., p.105）。意思是，古典社會學家總是不斷討論
到直接讓創造性成為值得探討的問題的現象，但卻沒有一貫、持續地把這個問題放到

理論框架中。

「創造性」這個問題在社會學中處於如此邊緣的位置，其實是很令人驚訝的，因為這個問題在當代知識史中一直扮演著很重要的角色。如同約阿斯在書中第二部分指出的，例如一直到 19 世紀中的馬克思的生產和革命概念，19 世紀末的生命哲學中的「生命」概念，以及 20 世紀初實用主義思想中的（創造性的）「知識」，創造性都以「隱喻」的形式處於核心地位。所有這些現象因為很難用概念來把握，所以對於以規範行動或理性行動為導向的行動理論來說，這些現象都無法被「描繪」。這讓關於創造性的理論都不得不提出一些「奇特的」反思和表述，但這些致力於研究創造性的理論家於此也都沒能把他們的創造理論接合上有說服力、能用於社會學的人類行動理論。

這也正是約阿斯在書裡探討基本理論的第三部分所要討論的。如同該書的書名所指出的，約阿斯並**沒有**要人們注意某一種特殊的行動類型，例如一種和其他（比如儀式性的）行動形式相區隔開來的「創造行動」。他更多想試著指出，所有行動都蘊含著創造面向。所以該書的書名才會說是「行動**的**創造性」！約阿斯是這麼說的：

> 這不是單純在擴展行動理論，而是對常見的行動理論的基礎進行根本性的調整。並非常見的行動類型學還不完整，而是分類原則根本就是可以質疑的。每種行動類型學或多或少都是在處理還沒有被分類到的範疇，以將沒有被明顯分類到的現象包含進來。以這種形式上的意義來說，每種行動類型學都是完備的，但這絕不是說這樣的類型學就真的有揭示現象的力量。（ibid., pp.213-214）

「對常見的行動理論的基礎進行根本性的調整」的意思是，約阿斯想要探討的是幾乎所有——不論是經濟學、哲學、心理學，以及尤其是社會學——的行動理論裡，被當作出發點的所謂的「理性行動」。我們這裡就只談社會學，這樣可以讓我們直接來談像是韋伯、帕森斯，甚至是哈伯馬斯等不同的學者。因為韋伯的行動理論建立得很明確，亦即將價值理性、傳統、情感行動當作是比較缺乏理性的行動，與目的理性行動相對立。帕森斯在《社會行動的結構》中則僅僅透過規範行動模式來擴展理性行動模式，而且規範行動模式也和目的論的行動模式密切相關，因為他把目的理性或規範行動的目標詮釋為被預先給予的，行動的完成不過是在實現事先被提出的目標而已（見本書第二講）。連哈伯馬斯所建構的行動模式也是在根據行動的不同世界關係，從目的理性或策略行動出發，以推進他的行動概念。他的行動概念意在指出更多的世

界關係，並嘗試從中發展出更高的理性潛能（見本書第十講）。這三位學者的行動理論雖然不同，但出發點是一樣的：「理性行動」。約阿斯認為，這麼做是有問題的，之所以這麼認為至少有兩個理由：一來這些行動模式最終都沒有捕捉到關於創造性方面的問題。當從「理性行動」出發時都自動會生產出一種「不理性事物的對立圖像」（ibid., p.214），並且同時也會生產出行動類型學沒有真正包含到的剩餘範疇。這種剩餘範疇的產生一直都是個很麻煩的問題。二來更根本的問題在於，理性行動完全被視作是本來就有、理所當然的，而沒有去追問這種看法的根本假設是什麼。

不過這裡要澄清一件可能被誤解的事：約阿斯並不懷疑理性行動模式在經驗上可以很有用，也的確很有用。他只是反對把這樣一種行動的理性模式，在沒有對其基礎進行系統性討論的情況下就直接拿來運用。這種作法也許太過小心翼翼，甚至沒必要。但事實上唯有這樣做，才能夠對至今的各種行動理論進行根本批判（這也是約阿斯的目標），並且，也唯有如此才能夠掌握不被以往的行動理論所處理的創造性問題。換句話說，唯有如此，才能推進關於（工具）理性與規範性的另一種完全不同的理解方式（ibid., p.218）。

如約阿斯指出的，所有從理性行動類型出發的行動理論，都假設「行動首先是一種有能力朝向目標的行動，其次是掌控了自身身體的行動，第三是自主地對立於他人與環境的行動。」（ibid., p.217）但這三個假設都不是理所當然的。首先我們有必要系統性地研究、探問，我們手上有哪些理論可以揭示至今都還沒有被追問的前提。

1. 如果我們專心在第一個假設，也就是行動者會嘗試根據目的一手段框架的規則來實現其意圖，那麼我們馬上就可以找到一些很有說服力的哲學與社會學批判，指出目的一手段框架對於詮釋人類行動來說是否如此理所當然是值得商榷的。如同我們在本書第十一講提到的，魯曼早期著作就極為質疑韋伯和米契爾斯（Robert Michels）的科層與組織模式，指出我們不能認為組織就只是在遵循最上層所設置的目的而運作的。但魯曼當然不是唯一一個有很好的理由質疑目的一手段框架適用性的社會學家，就連行動理論家也對這框架是否如此不須追問感到懷疑。讀者可以想想哈伯馬斯和他的溝通行動模式就不是目的論式的，因為哈伯馬斯提出的商談就恰好認為不是為了某個目的，而是商談的結果是開放的（參閱本書第十講）。只要我們概覽一下社會學的各文獻就可以指出，很多人都認為社會現象和社會行動不是非得要被詮釋為目的論的。

約阿斯接受了這種看法，但是得出不同於魯曼和哈伯馬斯的、部分來說頗為極端

的結論。魯曼和他對於古典組織社會學的批判同時把行動理論整個拋棄了，並建立起他的功能—結構理論，並且之後又導向了一個高度抽象的（自我生產的）系統理論。而哈伯馬斯僅僅提出了一種非目的論的溝通行動，但對於策略行動或目的理性行動，以及規範導向的行動，都沒有再進一步分析。約阿斯的策略與這兩人都不一樣。不同於魯曼，約阿斯還是一位行動理論家。但也不同於哈伯馬斯，約阿斯進一步追問，在詮釋目的理性和道德導向行動時，是不是更應該假設所有行動一開始都不是目的論的。這裡，約阿斯認為，杜威在分析人類行動時，指出目的／手段框架的適用性不是沒有問題的，而杜威的這個看法相當與眾不同（杜威的這個看法也影響了魯曼）。

約阿斯認為，我們可以從杜威那裡學到，行動目標不只是對未來狀態的展望，而且也直接是行動在其當下所組織起來的，因此行動目標與行動手段之間的關係也是相互構成的。

> ……行動目標大部分一開始是相對不確定的，直到所用的手段確定下來之後，才隨之而定。目標和手段之間的相互構成，意味著手段選擇與目標澄清是相互作用的。手段面向在面對目標面向時並不是中立的。只有我們認識到，我們有什麼樣特定手段，我們才會定下目標，而且我們一開始並沒有意識到這目標。（ibid., p.227）

實用主義者，以及尤其是杜威，都很有說服力地探討了目標是如何**在行動的執行過程中**具有隨執行情況而產生的流動性與可變性。而且目標通常不是一開始就設置好了的，也不能被當作是固定不變的。我們設想如何達到目標時，都會在行動可能性與可供使用的手段之間進行富有創造性的衡量。這不只適用於目的理性行動，也適用於**道德行動**。這很重要，因為這直接也會影響到道德理論。從杜威的倫理立場來看這也是很顯見的，因為這和僵化的道德理論強烈地分道揚鑣。所謂的僵化的道德理論，都認為道德行動僅僅在遵守「預先存在」著的最高價值與規範。

> 任何作為一種價值自身的目的神聖性，都在行動者之前掩蓋了其目標設置與手段選擇的其餘後果，彷彿這些奇妙的後果都不會發生或是可以忽略似的。（ibid., p.228）

約阿斯回溯了杜威，但也回溯了其他哲學傳統後指出，若要對行動進行具有經

驗豐富性的分析就必須超越目的─手段框架，「不論是常規行動，還是意義滿足行動，不論是創造行動還是存在反思行動，都不能根據這種框架來進行思考。」（ibid., p.230）但如果是這樣，那麼馬上就會出現一個問題：為什麼社會科學史上可以看到的行動理論都會以目的─手段框架為基礎，而且長久以來都沒有遭到反駁。約阿斯的回答是，因為人們通常有意將行動理論概念建立在笛卡兒的身心、世界與自我的二元論之上。如此一來，人們就必須設置一個前提，即把目的設想成與行動脫離開來的理性計畫目標，也就是想像目標是**先**在心靈過程中定下的，**然後才**有（身體的）行動。這也隨即暗指了進一步的二分，也就是知覺與思想為一邊、行動為另外一邊的二分。但相反地，如果人們接受實用主義對笛卡兒主義的批判（參閱第六講），那麼就會得出另外一種行動與知覺、思想之間的關係，並且同時也可能得以拋棄目的論、目的─手段框架的行動模式。

> 另外一種不同於目的論式的行動與其中隨之傳承下來的笛卡兒式的二元論的理論，在於不認為知覺和認識是預先於行動而存在的，而是將之視為行動的階段，並且行動會透過這樣的階段在其隨情境而異的脈絡中進行與調整。從這樣一種不同的觀點來看，目的的設置不是**先於**自身行動的精神活動，而是在我們行動當中**不斷**根據有效的、先於反思的渴望與方向性，所反思的結果。在這樣的反思活動中，這種渴望會變成主題，但我們在運作過程中往往不會有意識地注意到它。那麼這種渴望處於哪裡呢？處於我們的身體：身體的能力、習慣與關聯世界的方式，呈現了所有有意識的目標設置的背景，呈現了我們的意向性的背景。意向性本身處於我們行為過程的反思性控制當中。（ibid., p.232）

藉著實用主義的思想，我們可以明白指出對目的概念進行批判性的研究，可以讓我們認真看待行動的身體性，同時也可以讓我們認真看待行動活動的創造性。這裡重要的是對於情境、「情境脈絡」的強調，亦即指出「『情境』這個概念，可以取代目的─手段框架，作為行動理論的第一根本範疇。」（ibid., p.235）因為知覺過程和認識過程，計畫和目標的規劃，都是**在各個行動情境中**形成的，並且一旦出現了新的情境詮釋，這一切都會改動或甚至重新提出。「……哪一種行動會實現，取決於我們如何反思地看待我們與在情境當中體驗到的挑戰之間的關係。」（ibid., p.236）如此一來，這些情境挑戰也總是會要求新的和創造性的解決方式，而不是死板地遵循單一的

一次設置好的目標和計畫。動機和計畫是**行動情境**的反思的產物，而不是（在時間上先於）行動的原因。

這樣一種基於實用主義的對目的—手段框架的批判，透過情境概念，可以讓我們認識到所有行動所具有的創造性，並且強調了行動的身體性。關於行動的身體性，紀登斯提出了類似的看法（但所談的內容部分與約阿斯所討論的不是一回事），然而在其他行動理論那裡大部分都完全被忽視了。因為對情境挑戰的反思並不是遵循著高度理性和抽象的、精神性的方式。之所以要反思，更多的是因為我們「與世界的身體—實踐的關係」，亦即我們日常的行動流，我們沒有真的意識到的習慣、常規和我們習以為常的知覺方式不再能維持下去，所以必須在情境中找出創造性的解決方式。

> 若以我們在這裡所建議的理解意向性的方式為基礎，那麼目的設置反而是情境的結果，因為行動者在情境裡進行未經反思的行動時遭到了阻礙。在這樣的情境中，行動者必須將反思的情況與未經反思的渴望關聯起來。（ibid., p.238）

反過來說，這種關於意向的觀點也會影響道德理論的思考。因為，不只是對於目的理性的目標的遵循，而且還有規範相關或價值相關的行動，都可以用非目的論的邏輯來理解。這裡同樣可以說，我們是在具體的行動情境中才找出來「是什麼可以滿足我們的渴望，是什麼符合我們的價值。不論是價值的具體化，還是需求的滿足，都是創造性的結果。」（ibid., p.239）

2. 在分析第二個不被大部分行動理論當作問題的假設（即行動者可以控制自己的身體）時，約阿斯也指出，我們有必要澄清，人類是在哪一個發展階段才能實際控制自己的身體，以及人類如何能夠（至少暫時地）不那麼專心在身體控制上。我們不能假設，人類實際上有能力把自己的身體當作隨便一種對象來使用，也不能假設可以用隨便一種形式來控制身體。例如我們在笑和哭的時候身體是部分不受控制的，但我們不會覺得這種身體的不受控制是一種病。關於身體受行動者控制的假設，絕不是毋庸置疑的。

約阿斯在回顧哲學人類學與梅洛龐蒂（Maurice Merleau-Ponty）和米德的研究後指出，行動能力的基礎是在孩童時期建立起來的「身體框架」或「身體圖式」。唯有當「行動者意識到其身體的形態發生學結構，其部分與姿態，其運動與邊界」時

（ibid., p.257），才有可能主動參與到世界中。但是這裡所說的「意識」不是一個可以清楚表達出來的與自己身體的關係。因為正是身體尚未意識到的、先於反思的成就，才是我們必須信任的，且讓行動得以可能。這個破壞了身心二元論的命題，我們在討論紀登斯的時候就已經認識到了。

關於身體框架的**重要性**，梅洛龐蒂的討論是最令人印象深刻的，尤其是關於幻肢的例子。手臂截肢的人，一方面會感覺到他（缺失了）的手臂，而且感覺一直很強烈；但另一方面卻同時又必須不斷忘卻他的手臂。對梅洛龐蒂來說，「感覺到」手臂不能被詮釋為一種「生理」現象，因為那裡的感覺接收器已經不存在了，但也不能被當作一種「心理」層面的事，因為截肢者並不是單純地想把截肢事實當作不存在。梅洛龐蒂更多的是想否定身心二元論，並如下論證：

> 幻肢不是手臂的再現，而是手臂的矛盾在場。……擁有幻肢，就是仍對所有手臂能做到的行動保持開放，仍保持著截肢之前享有的實踐領域。……因此，患者唯有忘卻手臂才能知道他殘疾了，而且也因為他知道他殘疾了，所以才能忘卻他的手臂。（Merleau-Ponty, *Phenomenology of Perception*, pp.81-82）

因為行動也是一種身體現象，因此我們也總是朝著世界的某個面向。世界先於我們的反思而存在。於此，身體圖式既是個人生命歷程的結果，而且當中這個人與世界之間的實踐關係一直都很重要；同時它也是一個從不結束的過程。因為我們身體的意識也會透過其中的過程變化比如衰老、懷孕、生病、截肢等等而必然有所改變。建構與再建構身體圖式是先於行動者意識的持續任務。身體是**先於反思**地、習慣性地朝向某些不斷改變的與世界的實踐關係，而這也同時意味著，行動理論不能輕易假設我們總是在有意識地控制我們自己的身體。

雖然梅洛龐蒂精彩地闡述了身體圖式的重要性，但他僅片段地澄清了身體圖式是如何、以何種方式構成的，亦即如何在社會化理論方面設想身體圖式的**形成**。梅洛龐蒂**僅僅指出了**，身體經驗總是與他人身體的經驗聯繫在一起，我們身體經驗的基礎不能從孤立的個體出發來設想，而是必須從主體間性來看。真正進行詳細研究的是美國實用主義，尤其是米德。米德早在梅洛龐蒂之前就提到「孩童的前語言的溝通，是關於身體圖式構成的重要解釋環節。」（Joas, *Die Kreativität des Handelns*, p.265）並且米德也詳細呈現了，孩童如何根據角色取代的模式，以及如何有能力將自己等同於他

人，以建立與客體的關係。這種與物之間的關係形式，在孩童長大之後還會保留著。對於米德來說：

> 當我們假定客體具有實質的內在性質，讓我們在與客體建立關係時經驗到客體有一種對立於我們的抗力時，手與眼的合作才會構成「物」，一種恆常的客體。當我們說「內在性質」時，我們不是指某種占據內部、客體表層底下的某個東西，而是一種主動的、阻抗的性質，這種抗力的作用中心在物中。我們在與客體建立實踐關係時，假定客體有一種內在性質，而這也就是說，一種出自客體本身、獨立於我們的抗力。（ibid., p.267）

之所以我們可以假定客體內在性質有對立於我們的抗力，是因為孩童總是處於社會互動當中。當孩童還沒有自我與世界之間分界的意識時，就已經會對父母和重要他人的姿態進行反應了。孩童在幼兒早期階段時，就會發展出一種由姿態進行的溝通，而透過姿態進行溝通的前提，是必須要可以將自己等同於互動對象（父母）。對於孩童來說，這種角色取替是一種可以用來與物理對象建立關係的模式，因為物也被假設具有內在性質，會產生抗力。對物的作用力和經由姿態而對互動對象產生的作用力是以類似的方式來被理解的。孩童的所有這些反應會回過頭來對孩童產生作用。

當然這只是澄清了行動的性質如何在面對物理客體時形成，但還沒有澄清身體圖式本身的形成。根據米德的說法，當我們在進一步的溝通過程中有能力達到自我認同，亦即知道我們自己具有不同於無生命對象的其他性質，認識到其他對象不具有社會性時，身體圖式就形成了。也是在這時候，孩童才有可能將身體與意識區分開（ibid., pp.267f.），然後才真的能夠控制自己的身體（傳統的行動理論總是假設「控制自己的身體」是一件理所當然的事）。

如果身體對行動者來說不是自然而然的東西，而是透過身體圖式才得到的、在主體之間構成的，那麼行動者與身體的關係就深受行動者成長於其中的社會關係結構的影響。

3. 這裡我們就直接接觸到大部分行動理論的第三項假設了，亦即認為人在面對他人與環境時具有自主性。約阿斯在這裡追溯了他之前那本詮釋米德思想的著作。米德與眾不同地嘗試反對這個第三項假設，強調行動者的**原初社會性**。這裡我們簡單再提一下。米德透過他的人類學式的溝通理論，澄清了整體的自我是如何在溝通當中才

建立起來的。對米德來說，個體行動不是生物學層次上事先給予的，而是「有前提的發展結果」（ibid., p.276）。而大部分的行動理論對這件事的反思都是不足的。這裡關係到的不只是個體性的形成，而且也關係到一直都很碎裂的個體性持存條件。

・・・

這種對行動理性模式前提的重構是非常重要的。因爲如此一來，我們不只清楚知道我們在描述行動過程時，必須注意到行動者的身體性與原初社會性，否則我們會無法眞正了解互動的根本面向。而且我們還會注意到，在批判許多行動理論所假設的目的一手段框架，以及強調每種行動的創造面向時，也可以讓我們在分析社會學研究的核心領域時，改變我們的分析方向。約阿斯認爲，基於實用主義思路的行動理論，認眞實質考慮到行動的創造性的行動理論，也必須能適用於**宏觀社會學**。這也是約阿斯的《行動的創造性》的第四部分。這裡，他特別著重分析兩個領域。他試著指出，社會運動研究由於都以理性行動模式爲導向，所以都忽略了集體行動的一個重要現象：不論是資源動員理論的作法（即僅從衝突理論前提或功利主義前提來理解社會運動的形成，見本書第八講），還是僅從某些事先給予的規範目標的執行或實現來詮釋社會運動的研究者（如斯梅瑟），他們的基本概念都忽略了，在社會運動中，如同象徵互動論學者已嘗試指出的（見本書第六講），都會出現**新的**價值與行動目標，而且這是在大眾行動的**情境中**才產生的。

這種新實用主義的視角，也要求「傳統的」宏觀社會學變遷理論要有類似的修改。如果我們認眞看待約阿斯的行動模式，那麼我們就幾乎不會把歷史當作一種會自動產生理性化過程和分化過程的進展，如韋伯和帕森斯傳統下的分化理論家所認爲的那樣。而是，我們很快就可以指出，行動者自己也會步入新的情境，然後不得不提出**具有創造性的解決方案**。這種過程，可以說是功能論的邏輯所無法考慮到的。約阿斯在這裡進一步援用了卡斯托里亞迪斯的立場（見本書第十七講），他從不同的理論前提出發，但同樣特別強調了「創造性」這個議題，而且也正因此尖銳地批判了（以分化理論來進行論證的）功能論。同時約阿斯也贊同紀登斯和貝克對功能論的批判。約阿斯認爲，談論「分化」當然是很有意義的，但是我們必須記得不是系統自身的邏輯，而是行動者才是分化的眞正推手。因此，與功能論的理論家非常不同的是，約阿斯提出了「分化問題的民主化」以對立於魯曼並指出，決定分化過程具體形態與必然

性的，可不是理論家，而是行動者。

接續著約阿斯的理論，貝克特（Jens Beckert, 1967-，目前是科隆的馬克斯普朗克社會研究院院長）也基於這種實用主義行動模式指出，這種創造行動的觀念對經濟社會學來說也是必不可少的。因為對市場過程的分析，也會不斷接觸到不確定的決策情境，而在決策情境當中，行動者因為缺乏確定的線索，所以必須找出創造性的解決方式。另外一方面，對於生產過程與市場過程來說非常重要的創新現象，也幾乎必然要依賴以行動者的創造性為核心的行動模式（參閱：Jens Beckert, *Grenzen des Marktes. Die sozialen Grundlage wirtschaftlicher Effizienz*，以及：Joas and Beckert, "Action Theory"）。

● ●

約阿斯在後來的著作當中也繼續探討一些在《行動的創造性》中僅稍微碰觸到的主題，並詳細處理了與此相關的議題，其中也包含了上述提到的宏觀社會學領域。這裡特別值得強調的是他與分化理論和現代化理論所作的持續不斷的對話。約阿斯跟紀登斯很像，從 20 世紀 80 年代中期以來，都特別注意到現代性中的戰爭暴力現象。對約阿斯來說，這個議題特別值得探討，因為現代社會學常常都「完美避開」了這個問題，所以常常對進步抱持著很成問題的樂觀態度（參閱：Joas, *Kriege und Werte. Studien zur Gewaltgeschichte des 20. Jahrhunderts*，尤其可見 pp.49-86）。對戰爭及其原因和結果的社會學分析，有助於社會學和現代化理論得出除了常見的進步觀之外的觀點。這個主題之所以值得討論，是因為戰爭可以被視為降臨到歷史上的典型偶然性、非必然性。戰爭不只是因為過於黑暗，所以常在朝向光明的「進步」當中被忽略的時期；它也是歷史的交會點，因為對於行動者來說，戰爭經歷與戰爭後果會產生**不可預見**的可能性，以一種無法預料的規模顯露出來的**新的**過程，映襯出人們常認為的線性歷史是多麼荒謬的假設。用行動理論的說法來說：行動者會以新的創造性的規劃來應對戰爭「情境」。簡單來說，「創造性」這個概念不包含規範價值。因為在戰爭中或在戰後形成的富含創造性的計畫絕非在所有道德面向上都會是「好的」。就像人們常談到的「從第一次世界大戰的精神中誕生的法西斯主義」即為一例。

對於戰爭的詳細探討，有助於開拓宏觀社會學變遷理論的想像。相同的功能，也表現在約阿斯越來越密切進行的宗教研究上（參閱：Joas, *Braucht der Mensch*

Religion? Über Erfahrungen der Selbsttranszendenz）。宗教現象分析也可以爲宏觀社會學變遷過程帶來一些洞見。現代化理論簡單假設世俗化是現代化的必要構成部分，但這種看法在今天越來越站不住腳了。

．．

除了專注在具體的社會科學研究領域之外，約阿斯也很系統性地構築出他的純理論觀點。與此相關的，特別是他在 1997 年出版的《價值的形成》（*Die Entstehung der Werte*）。如同《行動的創造性》，他在《價值的形成》裡也透過理論史和理論上的系統性的論證來回答一個相對簡單的問題：價值約束是怎麼形成的？

> 對我來説，這與……我們對行動脈絡和經驗類型的期待有關。唯有
> 在行動脈絡和經驗類型中，我們才會產生「某件事有價值」的主觀感覺。
> （Joas, *Die Entstehung der Werte*, p.22）

這裡的出發點是，我們可以看到從帕森斯到哈伯馬斯，現代社會理論一直都談到價值，但都沒有認眞探討到底價值是怎麼**形成**的，也沒有分析**人們如何，以及透過什麼而感覺受到某些價值的約束**。對此，約阿斯一個很重要的理論史命題指出，關於這些問題，一些知名學者是在歐美知識史的一個相當特殊的階段才產生興趣的。出於不同的動機，以及藉助極爲不同的思想工具和研究結果，19 世紀末和 20 世紀 30 年代有一些思想家，例如尼采（Friedrich Nietzsche）、詹姆士、涂爾幹、齊美爾、謝勒（Max Scheler）、杜威，都嘗試探討過這個問題。在這之後，出於不同原因，討論熱度逐漸下降，直到社群主義辯論才重新回到主流，尤其是加拿大哲學家泰勒（Charles Taylor）在 20 世紀 80 年代持續的系統性的討論（ibid., p.195）。但這些思想家的解釋也總是有其問題。約阿斯在系統性地通覽了這些學者的著作，對比了他們的論點並對其進行相互補充之後，以一個很強烈的命題指出，價值形成於一種「自我形塑與自我超越的經驗」中（ibid., p.10）。

這個命題的**第一部分**是：當個體自我在童年與青少年時期建立起來時，當例如個人認同在對話中，或是在脫離雙親照顧的過程中形成時，價值與價值約束就形成了。但我們也不能忘了，個體認同和集體認同，也完全可以是在對抗權力與避免受到排擠

的過程中構成的，而且在這種過程中形成的價值也是很不一樣的。如果我們再關聯到上述提到的宏觀社會學現象，那麼也可以看到，戰爭暴力的經歷也會導致將這種暴力（如軍國主義或法西斯主義那樣）加以英雄化，又或是讓人們更深信和平主義的價值。不過，如約阿斯提出的**命題的第二部分**指出的，價值與價值約束也會產生非日常情境下的自我超越的體驗，例如宗教儀式或集體狂歡的時刻，又例如「在面臨死亡的時候、在極度羞恥或充滿罪責、在懊悔和屈從的時候、在談話中或自然體驗中自我敞開的時候」（ibid., p.256）。約阿斯討論了不同的學者對這方面的闡述，但他也透過豐富的價值經驗現象學，進一步深入探討這些自我超越的體驗。

關於價值形成問題，從理論上給出的答案是經驗研究計畫的出發點。我們可以把「形成」這個概念區分出不同的面向，為歷史社會學提供豐富的基本思想。

> 第一，我們可以探究一項價值在歷史上初次為人所宣揚的情況。第二，也可以探討小型，但逐漸壯大的門徒團體如何捍衛價值。第三，探討個體是如何透過例如改信宗教而形成了新的價值約束，這在歷史上絕不少見。最後，第四，探究逐漸沒落或被人遺忘的價值，是如何得到復興的。（ibid., p.257）

當然我們也總是可以說，在價值的形成過程中**偶然的情況**也總是扮演著關鍵角色。價值絕不遵循著發展邏輯，而且對某些價值的約束也不是一個必然的進程。價值更多的是在具體行動情境中「誕生」、被接受、傳播開來的。約阿斯接下來的研究重點，一方面在於對人權價值與普遍的人類尊嚴的形成的歷史社會學研究，另一方面則把偶然性「刻意放在心上」，以此對 20 世紀進行分析。他也對道德普遍主義如何在具體歷史當中形成感興趣。

不論是對於社會科學還是哲學來說，價值形成的偶然性與道德普遍主義的要求如何互相協調是個很迫切的問題。關於這個問題的回答，約阿斯的立場比較接近我們在第十七講介紹過的利科（Paul Ricœur）。利科把社群主義和自由主義很豐富地整合在一起。當然，約阿斯對於協調自由主義與社群主義的立場的嘗試，其論點和利科是不一樣的，約阿斯對這個問題的論證策略也還是基於實用主義前提。

如我們多次提到的，實用主義倫理一直都是從行動者角度發展出來的。對杜威和米德來說，這意味著重要的不是抽象的規範證成，而是具體行動問題的解決。這讓「傳統的」道德理論在這裡受到批判。例如米德就指責康德，提出：

　　　　這樣一種範疇律令，只是在讓行動屈從於普遍化的檢視，而無法發現
　　到底什麼樣的行動才是最適當的。（ibid., p.266）

　　米德批評康德的倫理學有一種假設，認為我們唯有依從一種所有人類都會接受的
規則，才能找到具體的行動指示；然而這是有問題的。因為行動者面對的是一個具體
的情境，其「行動也必須是在偶然的條件下擬定的」。所以對行動者來說，對於一個
行動情境裡什麼是好的或是正確的，「首先不是要去進行證成，而是要去看具體要求
是什麼。」（ibid., p.267）

　　正因為實用主義者始終是從行動理論來進行論證的，因此對實用主義者來說，
「情境」概念對於道德理論問題非常重要。約阿斯在嘗試以新實用主義的方式調和
自由主義和社群主義時，也關聯上情境概念。約阿斯認為，當我們在檢視各種道德
替代方案時，不能放棄康德的範疇律令或其他普遍化規則。以此而言，道德話語中的
「正確」當然還是很重要，連米德也承認這件事。眾所皆知，米德並不反對範疇律令
觀念。但另外一方面，普遍化規則不能決定我們的決定。我們是在情境的偶然條件下
作決定的。以此我們可以得出一個結論：既不是公正比善更重要（此為自由主義的立
場），也不是善比公正更重要（如社群主義所宣稱的那樣），而是要經由反思取得兩
者的平衡。

　　　　如果有一種行動理論認為，意向性是在我們根據情境對前反思的意欲
　　加以反思之後才確定下來的，並且如果我們把這種行動理論當作出發點，
　　那麼我們就可以清楚看到，一件事公正與否永遠是可以受到檢視的。……我
　　們在情境中可以做到什麼，永遠都是對我們的各種傾向進行反思後取得平
　　衡的。誠然，我們對我們傾向的檢視程度是可變的。從公正的視角來看，
　　一件事是否為善，永遠都有可改變的可能性，所以我們也永遠可以對普遍
　　化加以檢視。但是公正的普遍性，既不會讓我們在行動情境中進行各項評
　　估時自然而然更偏好公正，也不會讓我們因此就認為我們不應該做這件
　　事。（ibid., pp.270-271）

　　對於普遍規範與特殊價值之間的關係來說，上述引言意味著：規範和價值處於一
個非常有張力的關係之中。普遍價值無論如何都不可能推導出特定價值。如果我們再
將此關聯上政治理論，那麼這也同時意味著，我們不能宣稱（如哈伯馬斯長久以來所

假設的那樣）在基於普遍規範的憲法國家中，特殊價值沒有一席之地。我們的出發點更應該是在特殊的西方民主價值系統中，還是可以發現：

> 普遍道德規則被轉化進特殊政治制度中。因此普遍道德規則……無可避免還是會有特殊性，而且也必須在轉入其他文化的過程中重新受到檢視，看看其特殊性是不是一種特殊主義。但是，如果認為為了克服特殊主義，因此特殊性本身必須消失，那麼這種看法並沒有認清價值的偶然性質……。（ibid.,p.274）

約阿斯在此的立場與哈伯馬斯（見本書第十講）不同，認為僅透過普遍主義的正確規範把各社會整合起來，既在經驗上不可信，也在論證上不具必然性。約阿斯的立場和社群主義比較類似，他認為完全有可能（且在經驗上也可以想像到的）社會的團結仍保有特別且特殊的價值，同時這不必然會和自由主義者假設的普遍價值產生衝突。這樣一種調和自由主義與社群主義的立場，也暗含著對哈伯馬斯的商談倫理的批判，因為哈伯馬斯的商談倫理認為價值無法被普遍化，所以沒有探討價值問題，但這反而讓他的論證陷入更大的困難。約阿斯完全認同哈伯馬斯的商談倫理的意圖，但是約阿斯認為，如果我們恰當地處理被哈伯馬斯置之不理的價值問題會得到更豐碩的成果。這樣一種商談倫理，至少需要顧及以下的價值方面，而且約阿斯認為這些價值方面的重要性是顯而易見的：

> 在商談中我們可以檢視，人們覺得在價值評估方面自身被牽引到了何處。如沒有價值約束，人們不會感覺到自己想要參與商談、遵守規則。如果人們覺得自己受到商談結果的約束，那只能是因為這個結果遵循著他們的價值約束，或是因為參與經驗本身形成了價值約束。（ibid., p.285）

除了理性商談理論之外，相應的價值溝通的邏輯也是必要的（這裡暫時可以參閱 Hans Joas, "Werte versus Normen. Das Problem der moralischen Objektivität bei Putnam, Habermas und den klassischen Pragmatisten"，特別是 pp.275-278）。約阿斯的這個觀點明顯和利科有相近之處，而這裡我們也要再次強調在第一講所提到的，社會理論的發展不是各理論毫不相關地先後出現，而是當中存在著共同的問題，而且這些問題有時候會匯聚到一起。自由主義和社群主義之間已出現一種學習過程，讓兩方截然不同

的立場逐漸靠近彼此；哈伯馬斯的商談理論也在美國一德國的新實用主義框架，以及在法國的反結構主義一詮釋學框架影響下，進行了類似的調整。我們不能錯誤地以為在帕森斯的霸權結束之後，社會理論發展在國際化過程中就分崩離析了。在我們接下來於本書最後一講要介紹的社會理論當代現狀中，情況也是如此。

第二十講

社會理論的當代現狀

只要我們回顧第九講到第十九講就可以看到，在 20 世紀 70、80 年代，一些新的和大有可爲的社會理論綜合工作出現，並探討了帕森斯理論體系中沒有得到處理的古典理論取徑與學派。但這些新的工作只是補充性的參與，他們雖然在知識方面進行了綜合性的工作，但是在制度上卻都沒有取得霸主地位（即便他們最初無疑都有爭奪霸主地位的意圖）。儘管有許多理論綜合工作已經廣爲人知，但當代社會理論現狀依然絕不是可以一目了然的。此外，近代一些重大事件（如蘇聯的解體）也標示了深刻的全球歷史變遷，要從社會理論來處理這些事件也需要時間。所以我們在最後一講不打算令讀者覺得好像所有問題都得到解決似的，我們更多地想爲讀者介紹當代人物群像，概覽最新的創作趨勢，讓讀者在眼花繚亂的領域中找到方向。當然，讀者必須時時謹記，我們要來討論的這些新的趨勢，都是在以這樣或那樣的方式對我們在前面介紹過的理論家或理論流派進行推進。所有我們之前介紹過的潛在趨勢和最新研究也是這樣。也就是說，最後一講我們旨在介紹最新的補充，而不是要下結論般地進行加冕儀式。也許此處帶來的一些開放的問題和當代發展，可以鼓勵讀者在社會理論領域發展出自己的觀點，並在未來加入討論，推進本書介紹的自第二次世界大戰以來的歷史。

1. 我們先來看看，對一些特別有雄心壯志且廣獲認可的理論綜合工作，像是哈伯馬斯、魯曼、紀登斯、杜漢等人的理論，在當代的探討現狀是什麼樣子的。其中最沒有什麼後續發展的，無疑是紀登斯的結構化理論。紀登斯自己並沒有嘗試繼續擴展他的行動理論綱要，他的學生對此也沒有認眞、系統性地嘗試。也許紀登斯建構論的類型與方式就解釋了爲什麼他後來會如此停滯。與魯曼、哈伯馬斯不同，紀登斯的綜合工作從一開始就很少在他的研究領域加入深刻的哲學思想。他在很大的程度上更多

的是從不同的領域引入經驗觀察，以此探討他的基礎觀念。對於他的作品的大眾接受度來說，這是優點；但對於系統性地發展研究之路來說，就不是這樣了。所以他的著作雖然很有啟發性，但沒有辦法作爲一個流派的出發點。

．．．

　　魯曼理論的情況有點不太一樣。跟紀登斯不同，魯曼有眾多弟子，這些弟子也慢慢步入「大師」之列，並且事實上尤其在德國的社會學界獲得了很大的影響力。當然魯曼的計畫有個問題：魯曼的理論非常極端、結論明確，這種情況下，這樣一種理論是否眞的還能再（字面意義上的）「繼續發展下去」呢？魯曼自己不是已經把所有事情都說完了嗎？事實上，不諱言地說，魯曼學派一定程度上常常是在模仿魯曼。當然也有例外，這例外首先值得一提的是施迪希韋（Rudolf Stichweh, 1951-）。魯曼退休後，施迪希韋接任了魯曼在比勒費爾德的教席。2012 年他轉任波恩大學。他以強烈的歷史學導向參與了系統理論的辯論，並且一方面持續關注科學社會學與職業社會學，另一方面則致力於所謂的「世界社會」社會學。

　　施迪希韋的許多歷史研究，不只呈現了歐洲科學系統早期的分出階段（如《早期現代的國家與歐洲大學》〔*Der frühmoderne Staat und die europäische Universität. Zur Interaktion von Politik und Erziehungssystem im Prozeß ihrer Ausdifferenzierung (16.-18. Jahrhundert)*〕，而且也明確以分化理論論點，探討了大學學科分化的特殊性與複雜性。這種學科分化的特殊性與複雜性，不是碎裂分化的或功能分化的概念工具就可以掌握的。施迪希韋以此把系統理論運用到經驗層面，恰當地描述了現代社會，而且做得更勝於魯曼，也比魯曼的過度強調現代社會功能分化的絕對優先性的命題還來得更好。

　　　一方面，學科分化和功能分化的不同之處在於，學科分化並不是一個系統把自己內部彼此有互補關係的部分問題，分派給一個個子系統來進行進一步的處理，而是把環境片段的分化並內化進學科當中，以此進行分化的。另一方面，學科分化也和碎裂分化不一樣，學科分化裡的一個個並列、原則上不相同的單位，是透過與其他單位的不同一性以確認下來的。

　　（Stichweh, *Wissenschaft, Universität Professionen. Soziologische Analyse*, p.22）

　　自 20 世紀 90 年代中期，施迪希韋也嘗試推進魯曼所謂的「世界社會」的命題，以嘗試提升系統理論在熱門的所謂「全球化」辯論中的闡釋力。魯曼在 70 年代中期就已經談到「世界社會」了，他特別在溝通理論方面為這個概念提出了論據。今天，新的傳播工具和運輸工具，為溝通提供了全世界連結的可能性；這使得關於國家社會的說法不論在經驗上，還是理論上，都不再有意義了，因為今天就只有**一個**「世界社會」。施迪希韋對魯曼觀念的處理有兩個地方很有趣。**第一**，他比魯曼更仔細地試著解釋，為什麼聽起來和世界社會概念很相似、基於華勒斯坦式的馬克思主義的「世界體系」這種說法，以及在其他理論脈絡（如貝克和紀登斯）那裡出現的關於所謂「全球化」的命題，是錯誤的。施迪希韋認為，對華勒斯坦來說很重要的、基於經濟學而提出的核心／邊陲區分，是一種「舊式歐洲」思維模式，這種思維模式誤判了可說是現代社會特質的功能分化現象（Stichweh, *Die Weltgesellschaft*, p.15, 199）。世界城市與農村區域、核心國家與邊緣國家等等的區分，在日益重要的功能分化過程中，在經驗層面都已經失去意義。出於相似的觀點，全球化概念也不再適當了：

　　　　因為這個概念首先看到的是發生學式的，至今都限於局部地區的擴展
　　現象或去在地化現象的環節，但卻沒有看到同時在更高系統層次上形成的
　　系統，沒有把全球化機制看作系統自身的建立機制。（ibid., p.14）

　　施迪希韋認為，正是因為如此，所以世界的系統性質都一直被忽略了。
　　第二，不過，施迪希韋關於「世界社會」的說法之所以值得注意，也因為不同於魯曼，施迪希韋認真討論了規範結構。魯曼對於規範問題總是抱持著幾乎可說是嘲諷而冷眼旁觀的態度。姑且不論關於「世界社會」的說法是不是真的像他的追隨者那樣認為的那麼有用，也姑且不論大部分時候這個概念太快撒開了民族國家的概念，這個概念至少在社會理論面向上很有趣。施迪希韋部分很依賴帕森斯，並相應地聲稱，在「世界社會」裡國家負有現代性的責任，或更具體地說：負有福利國家行動的規範責任（ibid., p.58）。以此而言，施迪希韋至少與魯曼明確的反規範主義小心地保持距離，畢竟魯曼的反規範主義在經驗分析上也站不住腳。
　　與魯曼保持更明確距離的人，還有另外一位系統理論代表人物：任教於畢勒費爾大學的維克（Helmut Willke, 1954-）。維克乍看之下，完全就是採用了魯曼的假設，因為他宣稱：

　　　　功能分化的離心動力推動了社會秩序原則的變形，澈底轉變成以異構
　　分層、多中心、去中心的形式進行配置的諸多社會自主子系統。（Willke,
　　Ironiedes Staates. Grundlinien einer Staatstheorie polyzentrischer Gesellschaft,
　　p.7）

　　和魯曼一樣，維克反對將政治想像爲一個支配或指示其他子系統的最上層的社
會控制中心。但是他既沒有援用魯曼的「世界社會」的說法（參閱：*Supervision des
Staates*, p.9f.），也沒有魯曼那麼極端，對政治的操控完全就只有訕笑而已。從 20 世
紀 80 年代開始，有越來越多的政治學家和社會學家對魯曼的理論走向感到失望，而
維克也加入這個失望行列。如果魯曼的理論計畫，因爲關於子系統的自身邏輯的說法
很符合當時西方社會改革能力等現象，所以在 20 世紀 70 年代很有吸引力的話，那
麼隨著魯曼的操控悲觀論越來越極端、僅停留在邏輯層面進行推論、在經驗上越來越
站不住腳的趨勢，他的說法在政治社會學領域就幾乎必然遭到反對。「落戶」在科隆
的馬克斯—普朗克社會研究中心的一些學者，像是夏普夫（Fritz Scharpf）和麥恩茲
（Renate Mayntz），雖然長期鑽研魯曼的理論，但後來也背棄了魯曼的理論計畫，並
且不同於魯曼，他們後來試著探討集體行動者的共同作用，以描寫政治過程，並且特
別也因此可以解釋爲什麼某些社會裡在政治層面上推動的改革計畫可以成功執行，在
其他社會卻不行（關於魯曼和夏普夫之間的差異，可以參閱他們在 1989 年的辯論：
Politische Vierteljahresschrift）。維克最後也走上這條道路。維克令人驚訝地很依賴艾
齊尼的巨著《積極的社會》（我們在第十八講介紹過），精力充沛地探討我們是否可
能提出一套有說服力的操控理論。維克在這裡的作法跟魯曼很不一樣，他是從行動
理論出發的，非常強烈地參照具體行動者的不同情況，以此進行論證（*Systemtheorie
III. Steuerungstheorie*, pp.21ff.）。維克將民主政治理解爲一種很重要的操控類型，這
種操控類型不同於市場操控和層級操控。當然，他認爲民主操控只能在「保持距離的
參與」意義下去思考，在脈絡控制的意義下去思考。（民主）政治不能命令其他子系
統、指望它們能成功完成什麼，不能給其他子系統下指令。維克認爲魯曼在這一點上
是正確的。但是民主政治可以擔任監督的角色，它可以促使其他功能系統進行反思。
這也爲操控可能性奠定基礎。

　　　　在功能分化的現代民主體制中，所有功能系統原則上都是同級別的。
　　但為什麼剛好就是政治扮演著監督審查的角色呢？不是因為政治還殘留著

優先性，而是因為政治本身有特殊的功能：它負責社會必要財物的生產與
安全。這種功能依據暗含兩個政治監督的基礎原則。第一，唯有關係到「最
根本的」集體財物的生產與安全方面的決策，才會受到政治的監督。第二，
政治監督不能用自己的決策來取代已定下的決策，否則會傷害到功能系統
的自主性。面對被證明不充分、有問題的決策，監督會把自己限制在「駁
回」上，亦即限制自己只讓功能系統去修改它的選項、檢測它的政策選項。
（Willke, *Ironiedes Staates*, p.335）

　　這種把魯曼的理論開啟出一個行動理論面向的作法，在多大程度上可以延續下
去，以及這種作法和魯曼關於「自我生產」的（子）系統的說法，在多大程度上可以
協調起來（批判性地指出這個問題的，可以參閱：Schimank, *Theorie gesellschaftlicher
Differenzierung*, pp.196ff.）都還需要未來有更廣泛，甚至是更根本的討論。但現在很
顯然的是，如果沒有開啟出這樣一種行動理論的面向，系統理論的論點在經驗層面上
的重要性勢必會縮減，讓整個系統理論變得非常枯燥乏味。

　　和「魯曼的情況」有類似發展，都和「學派首腦」小心保持距離的，還有 20 世
紀 80 年代末期杜漢的反結構主義社會學。杜漢「提拔」了許多才華橫溢的同事和
學生，但其中至少有部分人走出了自己的路。值得一提的首先當屬杜貝（François
Dubet, 1946-）和韋維爾卡（Michel Wieviroka, 1946-），他們在經驗研究方面有明顯
的拓展。杜漢的研究素材主要專注在社會運動上，以此建立起他的時代診斷反思。他
的學生則超越杜漢的作法，**在經驗層面上**研究了更廣泛的議題類型，為杜漢的理論思
考提供了補充說明。杜貝的研究重點不只在社會運動領域，而且也包括了城市、青少
年、移民、職業和教育社會學（例如可參閱：Dubet, *La Galère. jeunes en survie*, 1987;
Dubet and Didier, *Lapeyronnie, Les quartiers d'exil*, 1992）。韋維爾卡則以恐怖主義和
種族主義的分析而聞名（Wieviroka, *Sociétés et Terroisme*, 1988; Wieviroka et al., *La
France raciste*, 1992; *La différence*, 2001; *La violence*, 2004）。
　　這樣一種經驗研究領域的擴展不是偶然的，這更多地表達了與理論觀點之間越
來越大的距離。至少在杜漢著作發展的中期，他們與杜漢保持距離的態度就已經出現

了。20 世紀 80 年代，杜漢深信有一種新的大型社會運動將會出現，取代之前的勞工運動的位置，就算是在 90 年代他也沒有完全放棄這種信念。但杜貝和韋維爾卡完全不是這樣。他們認為，社會結構有時候會變得太過異質與不穩定，使得我們無法說可以在主題方面專注於**一個**社會運動上。因此，他們非常有意識地探討人們以前所謂的「社會問題」的光譜，但不會奢望社會問題能廣泛動員起一個大規模的群眾團體。

尤其是杜貝，明確對此提出了理論反思（參閱 *Sociologie de l'expérience*, 1994）。杜貝很像他的老師杜漢，也對所謂的「古典社會學」的觀念提出批評，但他的批評比他的老師更尖銳。所謂的「古典社會學」認為，透過規範的內化過程，可以平順地將個體整合進穩定的「社會」當中。杜貝認為，這樣一種認為個體與制度之間、個體與社會之間有一個單一整體性的想像，今天在經驗層面不再是可取的。社會的制度結構變得更是充滿裂紋的，乃至解體的。也因為這種雜亂無章的情況，行動者也必須遵循極為不同、常常幾乎無法相互協調的行動邏輯。這最終也意味著，（杜漢式的）單一社會中心衝突的圖像不再符合現實了（*Sociologie de l'expérience*, p.15），因為就連這種深受衝突理論影響的想像，也就是以（錯誤的）**單一整體**假設為基礎，認為某些特定的行動者能夠針對這樣一種單一整體來進行抗爭。所以，杜貝比晚期杜漢（見本書第十六講）還要更強調，我們必須放棄一種「歷史主體」的觀念，而且要看到各種社會運動（注意，是複數的「各種」！）如何因其不同的動員形式和規範計畫具有的差異性（ibid., pp.214ff., p.258）。

如同杜貝嘗試用他自己的經驗研究所指出的那樣，在這種時候，一方面，系統、制度、社會就出現了分裂，另一方面各行動者之間也會出現分裂，而這是「古典社會學」的思想工具所無法處理的。不論是（韋伯或涂爾幹意義下的）「古典的自主個體」，還是馬克思脈絡下的概念，如「異化」、「危機」、「矛盾」，今天都已經沒有揭露現實的力量了（ibid., p.58）。杜貝清楚指出，例如「異化」經驗，必須存在著一個穩定的制度脈絡，人們才有被排除、異化可言。但今天的情況已經不再是這樣了。因為對於主體來說，重點越來越在於不斷（有時候還帶點疑慮）地追尋認同，而且再也沒有一個制度可以保證這種認同的穩定性（ibid., p.18）。

也就是說，系統和制度已經失去了以前曾經擁有，或也許只是假設擁有過的超穩定性、連結個體的力量。社會學（尤其杜貝極為尖銳，但並不是沒有說服力地特別針對結構主義和系統理論）已經很理智地回應了這個趨勢：20 世紀 90 年代以來，人們已經開始對所有結構與系統的超穩定構造感到懷疑，並也因此開始發現行動理論是值得注意的（ibid., p.79）。杜貝很贊同這種發展趨勢，甚至還希望推動這個趨勢。他建

議，把「行動」這個概念替換成「社會經驗」，因為社會經驗不像行動概念那樣受到很成問題的理性假設的影響：

> 經驗是一種認知活動，它是一種建構真實、「證明」真實、用真實來**進行實驗**的方式。經驗建構了知性與理性範疇之外的現象。（ibid., p.93）

杜貝的這個「經驗」概念雖然很有趣，也正好對於美國的實用主義（可參閱：Dewey, *Experience and Nature*）很重要，但他卻沒有在理論上繼續處理這個概念。杜貝只是把經驗概念當作一種標籤來描繪一種時代診斷，強調穩定制度形式的解體。不過，由於杜貝沒有認真處理行動概念與經驗概念，所以他的診斷沒有完整的說服力，而我們因此也可以好奇，究竟「杜漢的情況」未來會走向什麼樣的理論方向。

哈伯馬斯的圈子中，其弟子和同事中顯著轉向的，首先當屬霍耐特（Axel Honneth, 1949-），繼承哈伯馬斯在法蘭克福大學哲學教席的學者。他在 80 年代擔任過哈伯馬斯的助理，早期專注的是廣義上的「衝突理論」的社會理論，並嘗試強化某些哈伯馬斯早期可以發現到，但隨著著作的發展就逐漸湮沒不見的想法。其研究成果是他在 1986 年出版的探討批判理論、傅柯，以及哈伯馬斯的博士論文《權力的批判》（*Kritik der Macht. Reflexionsstufen einer kritischen Gesellschaftstheorie*）。在該書中，霍耐特批評哈伯馬斯對系統與生活世界的區分，以及以區分為基礎的演化理論（見本書第十講）。因為這種區分掩蓋了一件事，即所有領域的社會制度結構，不論過去還是現在都是團體之間的鬥爭和協商過程的結果。霍耐特認為，哈伯馬斯正是基於他那特殊的演化理論的路徑，將系統與生活世界之間的歷史關係描述為自然而然就會進行下去的（學習）過程，哈伯馬斯的這種作法阻礙了一種可能性，即：

> 將社會秩序理解為一種在**透過文化而整合起來的團體**之間，由制度所中介的溝通關係。而只要社會的權力分配是不對稱的，這種溝通關係就會是以**社會鬥爭**作為媒介來進行的。（Honneth, *Kritik der Macht*, p.334；著重處為約阿斯與克諾伯所加）

這種衝突理論的思想，在霍耐特出版於 1992 年的教授資格論文《為承認而鬥爭》（*Der Kampf um Anerkennung. Zur moralischen Grammatik sozialer Konflikte*）中，又進一步地延伸下去。如該書的書名指出的，「承認」概念在理論策略上有著非常重要的意義。霍耐特雖然在許多方面都很依賴哈伯馬斯的思想，但他同時「不再從語言理論，而是從承認理論」來把握哈伯馬斯的溝通範式（*Das Andere der Gerechtigkeit*, p.103）。這是什麼意思？霍耐特的論證方向確切來說是什麼呢？

顯然，「承認」這個術語在早期黑格爾的著作中就可以看到。這個術語是用來掌握人類在不同社會鬥爭階段中的道德發展，而這也顯然很好地表達了霍耐特的「衝突理論」的意圖。對於霍耐特來說，這個概念有很多優點。一方面，我們可以將歷史過程理解為一種不同團體或階級之間，為了某種制度結構而進行的鬥爭。只要社會團體或階級覺得沒有得到足夠的承認，鬥爭就會繼續下去。霍耐特在其他地方指出：

> 黑格爾預料到認知發展理論會受到唯物論的反對，因而將類屬的道德學習過程，回溯到一種負面的實際鬥爭經驗，其中主體旨在爭取其身分的法律承認與社會承認。將「社會鬥爭」轉變成這樣一種概念，對批判的社會理論來說，即便在今天都是有好處的。因為這樣一種社會鬥爭概念可以開啟一種理論可能性，將歷史過程闡釋為有傾向性的道德衝突與道德辯論的過程。（Honneth, "Moralische Entwicklung und sozialer Kampf. Sozialphilosophische Lehren aus dem Frühwerk Hegels"）

透過承認概念，不只可以保留哈伯馬斯的理論中逐漸喪失的馬克思的衝突理論環節，而且同時如上面引文最後指出的，承認概念還可以避免馬克思的經濟主義，因為馬克思將社會階級的鬥爭最終簡化成**經濟利益衝突**。「承認」能把握到的更多，因為當承認受到了損害，這種感覺不只是經濟方面的不公正造成的，而且也來自例如文化方面的蔑視、語言的歧視等等。這讓承認概念不只可以超越馬克思主義理論，也可以對如羅爾斯的那種普遍主義的道德理論提出紮實的批判，因為霍耐特很有道理地指出，蔑視的感覺不只源於社會的不符合正義的財物分配。此外，承認概念還很適合參與由各種不同的集體權利進行協商的當代辯論，像是女性主義關於女權的討論，和多元文化主義關於倫理群體或語言群體的政治再現的辯論。最後，承認概念還可以減少哈伯馬斯的時代診斷的理性特質。哈伯馬斯的時代診斷裡提出的社會病態完全就只有一種，即系統對廣泛的日常溝通理性造成了限制。但霍耐特認為，除此之外我們也完

全可以再提出其他種類的社會病態，例如社會凝聚力的崩解；而且，一種轉向承認理論的溝通理論，恰好比哈伯馬斯的理論工具更適合用來掌握這樣一些其他種類的社會病態（*Das Andere der Gerechtigkeit*, p.102）。

如果如霍耐特透過不同的歷史研究和社會化理論研究所指出的，團體與階級行動以及個體的道德行為，的確直覺地受到正義觀念引導；如果在團體與階級行動以及個體的道德行為中，正義觀念的確扮演著很重要的角色，且與自我尊嚴、名譽、操守是否得到尊重有關，那麼一種溝通理論式的社會理論，就必須以不同於哈伯馬斯所建議的那樣來進行。因為，很顯然地，「在獲得社會承認的過程中，我們可以看到所有溝通行動都具備**道德前提**。」（ibid., p.99；著重處為約阿斯與克諾伯所加）霍耐特在這裡批評哈伯馬斯，說他從未真正將這個前提當作主題來討論，也沒有關注到每次溝通的道德基礎，所以他的時代診斷非常片面，某些方面也不太有說服力。

不過，霍耐特自己也知道，他的這個立場對他提出了一個非常龐大的論證要求，有兩大問題是他必須處理的。**第一**，他必須明確提出不同的承認與蔑視形式。此任務他在其著作《為承認而鬥爭》中完成了。在該書中，他透過對黑格爾和米德的著作進行評注，詮釋出**這兩人的思想裡可以發現到的**承認概念的分化，以及可以**從這兩人的思想裡可以指出的**蔑視形式。但是他不能只停留在黑格爾和米德的著作評注中，而是顯然還必須走出來，至少透過一種**正規的人類學**以闡述承認和蔑視究竟意味著什麼。霍耐特自稱，「用人類學概念取代哈伯馬斯的普遍語用學，以更廣泛地解釋社會互動的道德前提，是一個艱難的任務。」（ibid., p.101）在他一些較新的論文裡，尤其是他在回應他的批評者時，我們可以看到他在這方面的工作（ibid., pp.171-192；霍耐特在這方面最仔細的闡述，可見：Nancy Fraser and Axel Honneth, *Umverteilung oder Anerkennung?*）。但這裡也出現一個問題：承認概念是不是被加上太多超過它原初任務的負擔了？一個衝突導向的主體間性概念其實也不必回答所有基於行動理論的社會科學所提出的問題。

但霍耐特認為，基於紮實的人類學而來的承認與蔑視現象學是非常必要的，因為——這亦是霍耐特在處理的**第二個大問題**——唯有如此，才能發展出一套朝向他所謂的「病理學」或「資本主義現代化矛盾」（參閱：Honneth, "Zur Zukunft des Instituts für Sozialforschung", pp.62f.）的研究綱領，真正與其他時代診斷（包含哈伯馬斯的時代診斷）一爭高下。也就是說，原則上，霍耐特必須能夠切實地確定，現代社會究竟什麼時候、在什麼樣的地方會有真正的蔑視存在。若他能成功做到這件事，那麼他就能指出至今仍健在的、與批判理論密切相關的法蘭克福大學社會研究所究竟在研究什

麼，因爲霍耐特擔任了這個研究所的所長，直到 2018 年才卸下所長職務。但無論如何，這個由霍耐特所推動的理論方向，很顯然比我們目前所看到的例子都還要更背離了「學派首腦」。當然這不是說原本哈伯馬斯的理論水準不夠；毋寧是說，這表現出哈伯馬斯的理論還可以開啟哪些非常不同的探討形式。

2. 我們前文在介紹法國社會學與社會理論時，只討論到杜漢的理論體系研究狀態的後續發展，也就是其弟子的後續發展形式。我們大可把同樣的討論方式在布赫迪厄這裡「操演一遍」，探討布赫迪厄的一位很有趣的弟子華康德（Loïc Wacquant, 1960-）。但這種作法對我們來說不是很恰當，因爲這樣會讓我們忽略法國社會理論自 20 世紀 90 年代以來的重大轉變。

這個轉變始自青年世代極端地摒棄結構主義和後結構主義，並轉向了法國的〔如利科（Paul Ricœur）〕、德國的和英國的行動理論。科學史學家多斯（François Dosse）把這個轉變稱爲「社會科學的人文化」過程。

> 青年世代似乎終於發現了一種表達形式與精神工具，在不需要有目的論的假設情況下追尋意義，不需要偏好歷史主義就能發揮他們對於歷史性的敏銳度，不需要行動主義就可以表現出他們的行動需求。（Dosse, *L'empire du sens. L'homanisation des sciences humaines*, p.15）

由於這個轉變正好在我們的時代能讓一些重要的工作更加豐富，所以我們在介紹法國較新的社會理論時，不能不對此作一個相對仔細的呈現。

多斯在介紹這個轉變時用的概念聽起來有點抽象。但只要我們看一下這些青年世代在反對誰或是什麼，就會比較好懂了。關於這點，波彤斯基（Luc Boltanski, 1940-。順帶一提，他是布赫迪厄的學生）和夏佩洛（Eve Chiapello, 1965-）的說法最爲清楚。這兩位學者強調，法國社會學在 60 和 70 年代（這時候正是結構主義和布赫迪厄的天下）捲入了一個論證結構，而且這個論證結構有很值得注意的矛盾之處。一方面，社會現實在這裡被描述成由一種不變的法則所控制著，另一方面，宣稱有一種

不變法則的社會科學家卻又積極支持左派運動，積極介入各種事件、想改變世界。此外，還有一個更矛盾的地方：一方面，人們抱怨純粹科學性的立場，總是在將道德價值與個體理念揭露成一種意識形態；但另外一方面，當這些人作爲科學家時，自己卻也帶著批判的理想，因爲唯有如此，他們的揭露才有意義。

> 這個張力在布赫迪厄的統治社會學裡最爲明顯。布赫迪厄的統治社會學的目的是發現「機制」，正是這種機制讓統治以每時每刻運行，讓統治表現成顛撲不破的法則。同時布赫迪厄又要求我們，要以將個體從權力和外在干涉當中解放出來的方式來解放個體。但是如果真如這樣的分析所指出的那樣，一切都關係利益衝突，一切都只關係權力關係，並且這牽涉固有的社會秩序法則，那麼一位昆蟲學家是不是也可以用這種激憤的批判態度，而不是冷靜的態度來研究螞蟻社會？但這樣做的用處在哪？（Boltanski and Chiapello, "Die Rolle der Kritik in der Dynamik des Kapitalismus und der normative Wandel", p.460）

這種反結構主義，而且也與布赫迪厄針鋒相對的論證方式，也爲我們說明了多斯在標示青年世代的理論計畫時所提到的一些「抽象」概念。像波彤斯基和夏佩洛這樣批評結構主義者和布赫迪厄的人，自己不會以「目的論」的方式來進行論證，亦即不會假設有一個歷史終點；也不會從「歷史主義」的角度進行假設，亦即不會認爲社會過程有一個必然的、符合法則的過程。也因爲這些批評者意識到歷史的偶然性，所以行動都非常謹愼，不會扮演如先知一般的「行動主義者」，（錯誤地）認爲歷史時刻已經來臨了。這裡有個概念出現了，即「偶然性」。這個概念讓我們知道，爲什麼例如俗民方法論和象徵互動論這兩個在法國知識圖景中長期以來被完全忽視的理論，會在法國青年世代中被廣泛接受。因爲，正是這些從所謂詮釋的範式（參閱本書第六、第七講）中得出的洞見，清楚顯示了行動者必須在非常特殊的**情境**和**偶然的**狀態當中作決定。互動論和俗民方法論的命題認爲，行動不再是可以被簡單預見或推導出來的，而且行動者的行爲也不再是簡單和規範與規則相一致的，而是這些規範和規則都是在非常複雜的**詮釋過程**中持續**協商**與**修改**的。藉著這種命題，以前也許只是稍微感覺到的對結構主義思想體系的不安感，現在顯然毫無疑問可以在理論上更明確地表達出來了。

這樣一種看待行動的理論視角，也讓人們重新評估了價值與規範的角色。深受結

構主義影響的社會學大多沒有認眞看待價值與規範，只是將之當作一種意識形態的面具，或是錯誤意識的表現。但青年世代不同，他們重新靠向了古典社會理論的一個問題，亦即：

> 去追問社會秩序以及社會秩序是如何「呈現出來」的⋯⋯，而不是將之先驗地化約成單純的力量的相互作用，而且還認為行動者對其毫無影響。（ibid.）

這也暗指人們要認眞看待行動者的價值與規範、價值與規範的批判形式和證成，但不用立刻就將價值與規範視作意識形態而加以指責。波彤斯基和夏佩洛把他們這個看法總結成一個好記的說法：所謂的批判的（亦即結構主義—決定論式的）社會學，最終必須替換成一種**批判社會學**（ibid.）。

事實上，後來波彤斯基跟不同的學者合作，在發表的不同作品中都提出了這樣的計畫。其中，他與經濟學家帖弗諾（Laurent Thévenot）合寫並於 1991 年出版的《論正當化》（*De la justification. Les économies de la grandeur*），也許是最讓人印象深刻的。如這兩位作者在他們的研究開頭所解釋的，他們的任務是對話語中的行動者的不同正當化邏輯進行分類，並且從經驗層面指出，人們是如何提出正當理由與形成共識的。他們反駁了傳統的共識與衝突的二分法（*De la justification*, p.39）。在縱覽了政治哲學史後，他們首先處理了六種「正當化體制」或「提出理由的形式」。人們會在不同的情境運用這些正當化體制，透過一種普遍的類型與方式來將某些決策加以正當化或加以批判。他們用非常原創的用語將之稱爲六種「城邦」，因爲在政治哲學史中有不同的特定城邦類型，爲個體實現宏大（grandeur）抱負提供不同背景，而個體必須在公共話語中提出相應的各種論點作爲依據。例如聖奧古斯丁（Augustinus Hipponensis, 354-430）的「天主之城」所要求的理由依據，就跟亞當・斯密（Adam Smith）的「商人之城」所要求的不一樣。具體來說，波彤斯基和帖弗諾區分出：神啟之城（cité inspirée），其偉大來自神聖性，意思是，其中提出正當理由的策略在於指出事物或人的神聖性；家所之城（cité domestique），其偉大屬於頭生子、最年長的人等等；意見之城（cité de l'opinion），其偉大取決於許許多多的他人的意見；公民之城（cité civique），其偉大屬於政治上的民意代表；商人之城（cité marchande），其偉大的人是懂得把握市場機會的人；產業之城（cité industrielle），其偉大在於在既定方法中發揮效率（ibid., pp.107ff.）。

　　藉著這個看來似乎很引人注意的話語分析的這些「打包起來」的研究結果，波彤斯基和帖弗諾進一步研究了經濟企業裡的決策過程與討論過程。尤其是在波彤斯基的推動下，這個研究計畫至少得出了三個理論洞見。**第一**，最明顯地，在經濟領域裡，這六種提出理由的形式都會用上（當然程度不一）。也就是說，經濟領域裡沒有一種正當化策略占據支配地位。這同時也意味著，每次的決策情境都有其模糊性，因為協商過程是不同的行動者在不同的論證運用中進行的（這裡也可參閱：Wagner, "Die Soziologie der Genese sozialer Institutionen", p.472）。適用於這個經濟決策過程研究的途徑，就是我們在詮釋範式那裡也可以看到的純粹的行動理論。但這個研究計畫當然還有更進一步之處，因為波彤斯基——這也是其理論方面的**第二**個重點——也總是致力於在宏觀層面進行討論。他和夏佩洛後來共同撰寫著作指出，20 世紀 80 年代開始，歷史上出現了一種資本主義的「新」精神，一種新的「城邦」，「項目之城」（cité par projets），同時一些概念，如創造性、靈活性、創新性，在 20 世紀中也取代了資本主義的效率話語（Boltanski and Chiapello, "Die Rolle der Kritik", pp.463ff.；亦見：Boltanski and Chiapello, *Le nouvel esprit du capitalism*, 1999）。為了探討這件事，這兩位作者必須發展出資本主義不同歷史階段的類型學，亦即必須採取宏觀分析，而這是詮釋範式的代表人物大部分都退避三舍的事。波彤斯基和夏佩洛清楚指出，他們所謂的資本主義的「精神」不是暗指一種觀念論的途徑，不是認為我們只研究話語、不需要看「現實」的經濟結構。他們更多的是說，正當化的話語會反過來對「真正的現實」起作用，如此才能將某些資本主義積累形式加以正當化，並以此才能夠：

> 把阻礙積累的力量給調動起來。如果人們認真看待我們所介紹的正當化策略，那麼就會知道不是所有的利潤都是正當的，不是生財都會被認為有道的，不是任何一種積累（不管這種積累快不快、重不重要）都是被允許的。（Boltanski and Chiapello, "Die Rolle der Kritik", p.463）

　　最後一點同時也是在針對馬克思主義的立場以及經濟學的新古典主義的立場，因為這些立場都只談到「一種」資本主義，以及這種資本主義不具規範的「邏輯」，亦即認為市場參與者只有利益計算而已。

　　最後，**第三**，波彤斯基的計畫也明顯力求對社會變遷的社會學作出貢獻，因為他也問新的正當化體制、新的「城邦」是如何進入生活的，如何得以執行，其中精英扮演哪些角色。

　　　　正當化體制的變遷，與一個嘗試避免自身利益與範圍擴大受到阻礙的
　　　團體的形成是密切相關的。這些團體試圖發現新的成功之路與承認之路，
　　　可以讓他們不需要為他們在某個時間點具有正當性的選擇標準進行說明。
　　　（ibid., p.472）

　　雖然波彤斯基和夏佩洛沒有明說，但他們的「規範變遷的動態模式」，與艾森斯塔特（Shmuel N. Eisenstadt）的那種文化理論論點有很好的銜接能力，同時他們也暗暗地批判了缺乏行動者的分化理論。

　　雖然法國社會學界有一批和波彤斯基走得很近的學者，他們並沒有特別優秀突出，但在 80 和 90 年代還有另外一群很活躍的學者，他們遵循的理論策略關懷和波彤斯基很像，而他們中有部分學者的研究主題領域是完全不一樣的。我們在這裡無法深入探討所有重要的研究，但希望至少能介紹一些極富盛名的學者，來為各位讀者提供當下法國討論脈絡的一些明確方向。社會學家蓋雷（Louis Quéré, 1947-）最初是在杜漢的圈子裡發展的，同樣進行社會運動研究，但後來他越來越轉向了俗民方法論的研究。歷史學家兼哲學家戈謝〔Marcel Gauchet, 1946-，與歷史學家諾拉（Pierre Nora）同為期刊《爭鳴》（*Le Débat*）的創辦人〕，是參與了 70 年代勒佛（Claude Lefort）與卡斯托里亞迪斯圈子中關於極權主義與民主的熱烈的哲學爭辯的學者之一〔參閱：Ulrich Rödel (ed.), *Autonome Gesellschaft und libertäre Demokratie*〕。在 80 年代，戈謝以宗教經驗為例，提出了歷史的連續性與不連續性的問題，並追問：當宗教在 18 世紀被排除在官方國家制度系統外之後，扮演了哪些角色？什麼取代了原本宗教的位置？這些問題不止關於民主理論面向，也碰觸到了個體認同的面向（參閱：Gauchet, *Le Désenchantement du mond*, 1985）。最後，社會學家卡耶（Alain Caillé, 1944-），是勒佛的弟子，也是一位非常有趣的學者。他是一個小型團體的主角，這個團體的任務是去抑制社會科學的實用主義的影響，並且為了這個目的，在 1980 年代創辦了一份期刊《牟斯期刊》〔*La Revue du MAUSS*，「牟斯」其實是「反社會科學功利主義運動」（**M**ouvement **A**nti-**U**tilitariste dans les **S**ciences **S**ociales）的縮寫〕。雖然這份期刊的發行量從來沒有好過，但還是很重要，因為這份期刊為多斯所謂的反結構主義的「新世代」提供了一個發表平臺。當然，這份期刊不意外地令人聯想到一位偉大的法國社會學家牟斯（Marcel Mauss），涂爾幹的侄子、知名著作《禮物》的作者（可參閱本書第十四講）。卡耶在很多研究中都不斷提及《禮物》，並嘗試指出，贈禮不只是原始社會才有的特色，這種隱含在贈禮當中的相互原則同樣是現代社會行動者的行動的

核心決定要素（Jacques Godbout and Alain Caillé, *L'Esprit du don*）。赫納夫（Marcel Hénaff, 1943-2018）把這個想法運用得更爲廣泛（*Le Prix de la verité. Le Don, l'argent, la philosophie*）。

國際上最知名的，當屬科學社會學家拉圖（Bruno Latour, 1947-）。拉圖是一個相對大型的、致力於科學人類學的國際研究網絡的成員。不過拉圖並不是只停留在名爲科學社會學的研究上而已，他還得出了一系列不論對於社會理論或是對於政治哲學來說都相當有趣的結論。在 1991 年出版的《我們從未現代過》（*Nous n'avons jamais été modernes*；英譯：*We Have Never Been Modern*）中，拉圖指出，我們必須考慮到科學家都在建構他們的客體，而自然與社會之間的結合正是從科學家的建構工作中產生的。

> 臭氧層破洞太社會、太具敘事性了，以致它很難是真正的自然現象；工業廠房和國家領袖的策略，又太過充滿化學反應，以致很難被化約成權力和利益；生態領域的話語也太過真實和太過社會，以致很難被歸結爲意義效果。（Latour, *We Have Never Been Modern*, p.6）

科學造就了許多的混合體、「準客體」，這些既不是單純的自然物，也不是人類或主體。如果人們想認眞探究這些東西，那麼馬上會遇到一個政治問題：我們要如何面對已成爲社會構成部分的準客體？我們要如何再現它？拉圖的答案是我們需要有一種「物的議會」（ibid., pp.189ff.）、一種自我反思的民主，人民代表必須意識到他們常常都會談到準客體、談到社會—自然的物，要意識到他們必須確實地再現這些物。這樣的民主不只關係到利益代表，而且也關係到一件事，即在議會和公共領域裡，一直都存在著一種反思過程，反思社會與自然之間無可避免的結合。我們必須正視這種結合，也必須與這種結合的後果共處。

儘管拉圖的政治觀點很不具體，但他還是從他的科學社會學研究出發清楚指出一件事，即現代——不論在過去還是現在，現代與科學總是密不可分的——始終包含著兩類群體的實踐：一方面是科學家不斷建構出社會與自然的混合體；另一方面，人們卻一直拼命反對這種混合性，拼命把我們的這**一個**自然和這**一個**社會嚴格區分開來（ibid., p.19）。拉圖指出，現代科學史和現代社會史一開始就存在這種矛盾，所以他才會得出他的書名所標示的見解：**我們從未現代過**。現代從來不是單面向的，而是一直存在著拉圖所描述的那種矛盾。不論是古典現代理論家還是後現代理論家，都錯誤

地從片面（不論是正面還是負面）的現代圖像出發。

> 我們從未陷入一個同質的、全球的、要麼來自未來要麼來自時間深處
> 的流動。現代化從未發生過。沒有什麼是長期潮起，而今天潮落的。從來
> 就沒有什麼潮起潮落。我們可以往另一件事走去——回到總是以不同的方
> 式發生的多元實體那裡去。（ibid., 76）

　　拉圖認為，我們今天應該承認這種矛盾，而且要接受一個事實，即自然與社會的結合無可避免的是以混雜客體的形式發生的。如此一來，我們不只可以拋棄現代與後現代之間令人不悅的爭論，而且同時還可以獲得新的、更適當的看法來看待世界的急迫問題。

　　對法國知識圖景較新的發展的概覽就到這裡。對我們來說，這個圖景之所以重要，是因為它很值得一提地為未來開啟了本講所討論的行動理論的取徑。因為，唯有反抗結構主義以及基於結構主義的社會理論取徑，法國思想傳統當中的潛能才能有真正的發揮——有助於其朝向**國際**「科學社群」。

● ●

3. 從 20 世紀 80 年代開始，跨領域運動就越來越引人注目了。這個運動也為我們在第一講提出的一個聲稱提供了較強的說服力，即不同範式之間完全是有「通廊」的，因此說範式之間有不可共量性是不對的。這裡所說的跨領域運動是所謂的「新制度主義」。從名稱上我們就可以知道，早先就有一些制度主義理論家和制度主義的理論取徑。其中人們馬上會想到的，當屬美國社會學家兼經濟學家范伯倫（Thorstein Veblen, 1857-1929）、康芒斯（John Commons, 1862-1945），或是密切爾（Wesley Mitchell, 1874-1948）。這些學者批判古典經濟學假設，強調個體乃鑲嵌在制度中，因此（市場中的）個體並不像古典經濟學假設的那樣其行為都只在追求利益最大化而已。不過，不是只有美國有這種「舊的」制度主義取徑。在德國也有所謂的國民經濟學歷史學派的信徒，而這與施穆勒（Gustav Schmoller, 1838-1917）這個名字是分不開的。德國國民經濟學歷史學派與美國「舊的」制度主義取徑的目標是類似的，

而且所奠定的思想還影響了所謂的美國經濟學。古典社會學家也可以看作「制度主義者」，像涂爾幹和韋伯都清楚知道，文化模式和制度會影響個體的行動動機。最後，帕森斯也可以算在內。如果讀者還記得本書第二、三講的內容的話，帕森斯承接涂爾幹的觀點，強調經濟行動的非經濟前提，也特別凸顯出制度化的價值的重要性，所以帕森斯也是一位「制度主義者」。

但為什麼一個再次把強調制度主義思想推上前臺的運動會很重要？要回答這個問題相對簡單——而且這又再次表明我們以帕森斯作為全書開頭是多麼有意義的一件事：20 世紀 60 和 70 年代，帕森斯和古典社會科學家的許多看法都逐漸式微（下文的介紹，可參閱：Paul J. DiMaggio and Walter W. Powell, "Introduction"，以及：W. Richard Scott, *Institutions and Organizations*, pp.2ff.）。在政治科學界，所謂的行為主義的某些經驗研究方法越來越熱門。政治科學界的行為主義不認為制度有什麼重要性可言，認為制度不過是個別個體共同行動的總和結果，此外不值一提。在組織理論與組織社會學中，人們常常都遵循著功利主義的思想模式，但這種思維模式無法掌握某些經驗現象，例如組織的正當性要求。在經濟學界，微觀經濟學假設在行動者認知能力方面，很明顯地在經驗層面有不足之處，因為行動者能得到的資訊是有限的。或是在市場上，信任扮演很重要的角色，因為唯有透過信任，以低廉成本確保雙方遵守合約的情況才是可以想見的。如果都只認為行動者就是在追求利益最大化，只以功利主義的行動模式為基礎，那麼上述這些現象都是不可理解的。這也就是為什麼制度越來越需要被帶入社會科學分析中。

所以，從 20 世紀 80 年代開始，許多不同的研究領域都轉向對制度進行分析或提出理論。不過，不同學科的推進方式不一而足。諾貝爾經濟學獎得主諾斯（Douglass North, 1920-2015）藉助功利主義視角來處理制度問題。他尤其探討了一個問題：哪些制度結構使一些沒什麼效益的市場機制續存下來（North, *Institutions, Institutional Change and Economic Performance*, 1990）？與在諾斯這裡不同，其他社會科學更明確質疑功利主義的行動模式。在經濟社會學、組織社會學、政治社會學和歷史社會學中，都非常強烈地強調行動者在制度中的規範強制力，強調引導行動的世界觀、認知框架、在工作中學到的行動實踐與思想等等，此外也很強調（政治）權力面向。唯有把這些現象包含進來才能夠在實際中有足夠的說服力，解釋例如為什麼市場不會「乖乖聽從」微觀經濟學範式的法則，為什麼組織和政治過程幾乎無法有意義地用理性行動者模式來進行分析（參閱：Paul DiMaggio, "The New Institutionalisms: Avenues of Collaboration"，以及：Peter A. Hall and Rosemary C. R. Taylor, "Political Science and the Three New Institutionalisms"）。

關於所謂「新制度主義」的辯論，現在都還在進行中，而且毋庸置疑的是，這對經驗研究來說也是很重要的推動力。但同時，這種「新制度主義」幾乎無法建立起獨立的理論運動，因爲辯論的參與者的出發立場都非常不一樣。有的人旨在修正理性選擇理論，有的人則是想透過衝突理論、俗民方法論和認知心理學的觀點，來拓展帕森斯的制度模式。不只每個學科不一樣，就連在同一個學科裡，每個制度主義理論家的討論也常常都是沿著不同的、我們在前面幾講介紹過的理論方向在進行的。所以我們不排除「新制度主義」並非眞的單一性的理論運動，而是一種標籤而已，其標示的是事實上非常分散的研究計畫，只是當中大家都共同在探討制度〔無意間也提到這件事情的，可參閱：Andrea Maurer and Michael Schmid (ed.), *Neuer Institutionalismus. Zur soziologischen Erklärung von Organisation, Moral und Vertrauen*〕。

不過，這些制度主義思想在相關領域也產生了一種社會學的宏觀理論，這種理論目前在國際上很受到重視，且與全球化理論相競爭。這種所謂的「世界政治」取徑的代表人物，是長期在斯坦福任教的美國社會學家邁耶爾（John W. Meyer, 1935-）。他從 20 世紀 70 年代開始，就持續推動基於經驗研究的相應理論計畫，探討相同形態的制度模式在全世界的擴散與執行。

「世界政治」取徑是關於什麼的呢？我們從邁耶爾和他的合作者的從政治哲學的問題視角進行討論的思路，就可以很簡單地弄懂（參閱：Thomas and Meyer, "The Expansion of the State"）。如果我們來檢視國際國家系統的近代史，邁耶爾認爲，我們就直接可以發現各個國家之間在形式上都非常相似。所有國家或多或少都有同樣形態的科層結構，幾乎各地的政治領域都以同樣的模式來劃分部門層次，政治過程都是受到同樣的手段來推動的——雖然各國文化背景和衝突狀況都非常不同。

當然，這裡也出現了一個理論問題。邁耶爾的命題認爲，對於這些國家結構的驚人相似性，不論是功能論還是權力理論的說法，都無法給出有說服力的解釋。因爲，這些國家背景如此不同，竟到處都有相同的科層結構，這不是用功能需求就能說得通的；同樣地，我們也實在很難假設說，有權力意識的行動者（階級、黨派、工會）明明在各個國家背景下的利益都不一樣，卻都建立起相同的國家結構。所以，邁耶爾的結論認爲，國家形式和國家系統的特殊形態不能被解釋爲「由下往上的」（意思是，不是來自個體或集體行動者的利益），而是只能被解釋爲「由上往下的」：國家和國家系統的特殊性某種程度上來說都是來自一種廣泛的存在原則，一種「世界文化」或「世界政治」。「世界政治」這個概念就是這樣來的。邁耶爾認爲唯有當我們假定有

這樣一種世界文化，我們才能弄懂，為什麼這些國家都會建構出如此相似〔他稱為「同構」（isomorphic）〕的結構特質，而且現在都還是如此。

這裡看起來似乎只是從相對抽象的理論所推導出來的結果，是邁耶爾和他的同事70年代以來從不同的教育社會學和組織社會學的經驗分析中所證實的。邁耶爾從實際角度指出，如大學以至少表面上相似的課程、相似的學位等等傳散至各處。人們也可以類似地指出，幾乎所有1945年後新建立的國家，其憲法都有非常相似的文本段落，例如都會要求人權、民主程序等等。邁耶爾認為，這一切都顯示出，在這段期間有一種世界文化已然制度化了，其對全世界正在進行的過程和過程類型都產生了顯著的結構化的影響。換句話說：正是這種世界文化，常常決定了組織和國家必須採納哪些政治和結構，或是例如必須遵守哪些教育目標，或是一個大學系統必須符合哪些要求，諸如此類。

但我們該如何確切地描述這種世界文化？邁耶爾認為，世界文化乃由許多種、原本來自基督教—新教的價值元素所構成的，尤其是對個體特殊價值的強調，對基於理性的權威的接受，以及相信基於理性而來的進步。在邁耶爾看來，這些價值或原則深深影響了世界社會的個體行動者與集體行動者的行動，並且這些行動者，例如在需要為他們自己的行動加以辯護時，會反過來理所當然地援用這些價值或原則。公開違反這些價值或原則，是不可被接受、不會被准許的。也就是說，這些價值或原則是所有行動在世界文化層面上被制度化的前提。

邁耶爾不是要說，他這樣描述的這些世界文化（如同人們可能會猜測的）必然會導向世界和平與和諧。他認為，衝突當然一直都還是會存在的，而且之所以如此，是因為某些源自這種世界文化的結構，在不同地區背景下執行的時候，不論是過去還是現在，都會引起暴力反抗（我們只要想想，統一的、結構合理的國家，在貫徹其觀念時，時常會因此激發倫理的少數群體並造成其反抗）。但即便會有大量的衝突，這些衝突總是會不斷涉及世界文化的理性原則。如邁耶爾所呈現的，連原教旨主義運動和倫理運動，如果想要對世界公共領域表達他們的要求，也必須依據這樣一種理性原則或基於特殊世界文化的法權（Meyer et al., "World Society and the Nation-State"）。

這種制度主義的「世界政治」取徑，有時候也被稱為「世界社會」取徑，無疑是現在最有趣，而且在經驗層面上也有所要求的宏觀社會學理論計畫之一〔順帶一提，這種取徑，和一些來自魯曼的理論陣營、同樣用到世界社會概念的想法（參閱本書第524頁），是有一些重疊之處的〕。當然，關於這個取徑實際上的解釋潛力，也不是毋庸置疑的。邁耶爾在自己的組織社會學研究中，一直強調，組織在實際上運作的過

程，有可能和所處的文化所要求的理性標準，是「去耦」的（Mayer, "Institutionalized Organisations"）。邁耶爾也明確指出這種「去耦」的情況當然也很值得注意，尤其是如果人們要檢視這種由世界文化所造成的「同構」（或是結構同化過程）的話。雖然這種結構和過程在表面上非常相似、有同化現象，但是深層的結構和過程也是如此嗎？社會學的學習培養方案，以及各學位的頭銜，在第三世界國家的大學和在芝加哥大學可能會非常相像，但對於實際上的教學條件和由此產生的教學成果來說，這種相似性的意義不是太大。不過我們仍不得不說，邁耶爾由於過於強調世界文化的同構性，因此他的世界文化取徑會錯過許多重要的社會過程（對此的批判，可參閱：Wolfgang Knöbl, *Die Kontingenzder Moderne*, pp.30-45）。

4. 在我們這本書的最後，我們還想為各位讀者指出理論之路的三大問題，目前許多社會科學家在致力於概念與理論研究時會專注在這三大問題上，這也是最新的討論焦點。對於時代診斷來說，這三大問題的重要性是毋庸置疑的。但我們在為讀者指出這三大問題時，讀者們千萬不要誤以為我們前面介紹過的許多理論就沒有產生同樣重要的新的研究。

(1)拉圖關於「現代從未發生過」的命題，首先指出了一個現在很熱門的問題，亦即關於西方現代性的文化結構的問題。現代，不論是在過去還是現在，是單一的嗎？現代性有哪些內在文化張力？一些學者想與現代化理論家和後現代理論家對於現代的片面圖像保持距離，因此特別關心這個議題。這也難怪，現在對於現代及現代史的最創造性的詮釋用阿納森（Johann P. Arnason）的說法來說，都是所謂的「非一體性的詮釋」，亦即清楚表現出這段時期的斷裂與矛盾。這個命題指出，西方現代性，不論是過去還是現在都不是單一複合體；這也解釋了西方現代性的喧鬧的歷史。

我們在介紹法國反結構主義那一講時，就已經碰到了這種非一體性的詮釋。杜漢在重構西方現代性時，就認為主體化與系統的去主體化之間，有值得注意的無法調和的對立，並以此繼續發展他的思想。卡斯托里亞迪斯也有很類似的作法。卡斯托里亞迪斯談到了從古希臘發展出來的「自治」這個觀念。這個觀念雖然從歐洲啟蒙時代開始就再次得到了持存下來的機會，但是卻不斷受到他治的威脅。卡斯托里亞迪斯把民

主作爲一邊，把促進他治的資本主義和極權國家機器作爲另外一邊，並將兩者極爲鮮明地對立起來。這種作法讓卡斯托里亞迪斯能夠對極權主義概念進行非常有趣且成果豐碩的討論。

不過，最廣泛且最有說服力的對現代性的文化張力進行的重構，卻是來自其他脈絡，並且是由我們前面已經提到過的社群主義哲學家和政治科學家泰勒（1931-）所提出的。他那令人印象深刻的著作《自我的根源》（*Sources of the Self: The Making of the Modern Identity*, 1989），大規模地嘗試透過對西方知識史的縱覽，來找出我們的現代認同至今仍相當依賴的起源或傳統。泰勒指出了三個在不同歷史時期形成的傳統：(1) 可以回溯到奧古斯丁和笛卡兒的對「內在心靈」的推崇；(2) 以正面的態度面對日常生活與工作（「肯定平常的生活」），這可以歸功於（但不只歸功於）宗教改革；以及最後，(3) 包容、接受對自然的浪漫主義詮釋，以及尊重創造性與表現力（「自然之聲」）。這些不同的傳統構成，一方面，如果我們在這當中找到平衡關係，那麼我們就可能可以有一個非常豐富多彩的認同圖像。但另外一方面，這也造成了許多張力。不只是每個個體，而是整個西方文化，都可以發現這種張力。泰勒在根本上指出了三種現代性的張力或衝突。**第一**，雖然存在有對於普遍正義、自由、平等的要求，我們原則上都認同這些要求，而且正好西方民主體制在很顯著的程度上實現了這些要求；然而除此之外，我們卻非常不確定到底什麼是美好生活，也非常不確定超越了我們同意的這些原則之外的強烈價值與最高的善究竟是什麼（Charles Taylor, *Source of the Self*, p.495）。**第二**，日常生活和勞動世界所要求的工具主義，以及基於浪漫主義的方式對抗害我們變得片面、有時候甚至變得麻木不仁的目的理性的作法，兩者之間顯然有無法協調的衝突。**第三**，有一個問題一直很有爭議，即我們的道德標準，與我們所希望、追求的豐富多彩的認同，實際上是否眞的是相一致的，以及我們在實現認同的具體情況下，到底什麼是最重要的（ibid., p.498）。

⋯⋯⋯⋯⋯⋯⋯⋯⋯⋯⋯⋯⋯⋯⋯⋯⋯⋯⋯

就在泰勒的《自我的根源》出版後沒多久，生於倫敦的科學史學家與科學哲學家圖爾敏（Stephen Toulmin, 1922-2009）就在 1990 年出版了《國際都市》（*Cosmopolis: The Hidden Agenda of Modernity*）。該書處理了羅蒂關於現代哲學中維特根斯坦、海德格和杜威的立場的命題。圖爾敏的問題是：如果這些 20 世紀的偉大哲學家是對的，

的確事實上沒有固定的知識基礎，如果「追求確定性」（這也是杜威的一本名著的書名）是徒勞無功的，那麼我們就必須問，追求確定性是在什麼時候、什麼情況下開始的。如此一來，像羅蒂那樣只從哲學史來討論、指向笛卡兒思想體系的內在建構是不夠的。我們必須更仔細地從觀念史和社會史來研究由笛卡兒開啟的從中世紀到現代的（哲學）轉變（Toulmin, *Cosmopolis*, p.12）。

在這樣的背景下，圖爾敏指出，現代至少有兩個在不同歷史時期形成的傳統源頭。一個是文藝復興時代，造就了現代的文學與人文遺產。其中，伊拉斯謨（Erasmus von Rotterdam, 1467-1536）、蒙田（Michel de Montaigne, 1533-1592）、莎士比亞（William Shakespeare, 1564-1616）也許是最令人印象深刻的代表人物。另一個是笛卡兒（René Descartes, 1596-1650），相比起來似乎完全屬於新的時代。他是科學思想與系統性的哲學思想的代表，被圖爾敏認為表現了現代的第二個傳統。圖爾敏的問題是，為什麼在一個相對短的時間段中，思想會突然就與文藝復興中斷了。圖爾敏很令人意外地提出了一項政治方面的說法：笛卡兒的計畫，笛卡兒對於固定知識基礎、確定性的追求，既不能歸因於哲學發展邏輯，也不是起因於這些思想家的個人生平。笛卡兒對於確定性的追求，始於他所身處的高度不確定的情境。在 30 年戰爭和法國的政治動亂當中，政治團體都帶著武器、宗教教條、意識形態在鬥爭，這讓對哲學感興趣的人興起一種心境。圖爾敏對這種心境的描述是這樣的：

> 如果歐洲人想要避免陷入懷疑論的困境，那麼他們似乎就必須找到「確定」的**某些東西**。戰鬥持續的時間越久，新教徒就越不會承認天主教的教條的「確定性」，更不用說虔誠的天主教徒當然也不會承認新教異端的「確定性」。而其他唯一能追尋「信仰確定基礎」的地方，就只能是蒙田所排除掉的認識論證據了。（ibid., pp.55-56）

因此笛卡兒反對蒙田的人文主義的懷疑論，不認為我們需要懷疑追求確定的知識有沒有意義。因為，對於笛卡兒來說，在內戰與政治謀害的時期，從哲學追求確定性的方式是唯一可以想像到的出路。在圖爾敏的詮釋下，笛卡兒的哲學計畫和牛頓的自然科學計畫，首先不是出於邏輯和實踐的需求，而是源於一種政治─宗教的背景。所以例如牛頓的世界觀，才會這麼快受到中央集權的民族國家的推動與接受（ibid., p.119）。

圖爾敏的詮釋很重要。理由有二：第一，當然現代性在根本上一直都有文化張

力，一種處於一邊是科學對確定性的追求，一邊是人文主義、文學方面的追求之間的
張力。但，第二，有趣的是，圖爾敏的陳述突然就給歐洲知識史投下了一片前所未有
的陰影。因爲，圖爾敏認爲，笛卡兒的思想與科學世界觀誕生，並沒有因此就讓人們
充滿活力、無須前提地駛向港灣。對笛卡兒個人來說，他的這個思想更多地與他對於
暴力、戰爭、內戰的經歷密切相關，他經歷的這些事件在整個歐洲歷史上都扮演著很
重要的角色。所以很顯然的是，歐洲的現代性若沒有戰爭，不只中心性的制度化是不
會形成的（讀者們只要想想民族國家就知道了），而且就連遠離政治的（不論是根本
上還是表面上的）知識史思潮也不會出現。

⋯⋯⋯⋯⋯⋯⋯⋯⋯⋯⋯⋯⋯⋯⋯⋯⋯⋯⋯⋯⋯⋯

最後，在巴賽隆納任教的德國社會科學家華格納（Peter Wagner, 1956-），是關
於現代的文化張力的辯論中，另外一位很優秀的參與者。他在柏林自由大學完成的教
授資格論文《現代性社會學》（*A Sociology of Modernity: Liberty and Discipline*）提供
了一種關於現代制度的歷史社會學。華格納認爲現代性可以再被區分出幾個不同的時
期：一個是 19 世紀的自由主義現代性，一個是 20 世紀初的組織性的現代性，另一
個則是約 1960 年可以察覺到組織性的現代性的持續危機，以及因爲這個危機而帶來
的前一階段的瓦解、複數化的新制度實踐的出現。華格納以一種令人想到卡斯托里亞
迪斯和杜漢，但也讓人想到傅柯的方式，指出堪爲現代性的特質的自由，其實一直受
到同樣堪爲現代特色的規訓化的實踐的抵制。華格納這本書的強項無疑在於，他不只
嘗試從文化史和哲學史的角度，而且事實上也嘗試從制度理論的角度，闡述了充滿衝
突的現代情境。杜漢的著作一直缺乏對制度進行深入的討論，但華格納不只處理了政
治改變過程與市場改變過程的變化，而且也討論了學術界的變化。透過這種作法，他
成功呈現出**對社會學來說**非常豐富的關於現代性的斷裂與衝突的圖像，其豐富程度更
甚法國反結構主義者至今的研究成果。當然我們可以提出一個批判的質疑：華格納以
類似法國學者的方式所提出的自由與規訓之間的相互作用，是不是落入一種二元論的
思想，使得他有低估現代的複雜性及其傳統的多樣性的危險。但無論如何，他的說法
有一點很重要，就是不論是過去、現在還是未來，現代性的特色，一直都會是**無法調
解的**張力，而且這個問題沒有普遍適用的解答：「一旦各種理由以不同的說法輪番上
演，關於理由的爭辯就會永無止境。」（Wagner, *Theorizing Modernity: Inescapability*

and Attainability in Social Theory, p.10）華格納不只在哲學層面宣稱一種無法克服的價值多元主義（ibid., pp.19f.），而且他也嘗試提出歷史學—社會學的證據以指出，**不同時代的**現代性中的**不同行動者**是如何回應無法消解的張力的。因此，華格納現在的研究興趣，在一定程度上跟圖爾敏有相似性，而且與約阿斯有直接的關聯，亦即嘗試將對於確定性的追求加以**歷史化**（關於對確定性的追求，在杜威和羅蒂那裡都僅從觀念史的層面上進行描述而已）。

．．．

　　讀者們可以發現，在關於現代性的文化張力的討論框架中，可能會有非常不同的詮釋。我們希望讀者們注意到，不論是在社會學或是在歷史科學當中，都沒有**一個**真正的、最終的詮釋。這更多的是一種重構。我們多少能理解為什麼會有這樣的重構，而這些重構是否有說服力則跟其背景有關。因為，對於例如不同的學者，或是歷史上不同的歷史詮釋世代來說，究竟哪些面向有趣且重要，都會是不一樣的。但另一方面，讀者們不能誤以為這是一種完全的相對主義。因為如果讀者們仔細檢視我們介紹的這些（從歷史層面出發的）對現代性的詮釋，那麼就會發現這些詮釋並不真的在根本上是互相矛盾的，而是彼此相互補充的。在當代特別重要的「多元現代性」的辯論中，讀者也可以發現同樣的「詮釋衝突」。而且，順帶一提，「多元現代性」的辯論跟關於西方現代性當中的內在文化張力的辯論，不是完全沒有關係的。

．．．

　　(2)「多元現代性」的辯論，讀者在我們這本書的第十三講就已經遇到過了，當時我們將艾森斯塔特當作這方面討論的主要人物。不過這裡我們要為讀者介紹參與這個辯論的其他重要人物，並指出人們在這個討論中最新的一些問題〔第一批對這方面進行概覽的文獻，可參閱美國的一份期刊《代達洛斯》（*Daedalus*），2000 年冬季出版的題為「多元現代性」的專輯〕。

　　關於「多元現代性」的辯論，無疑出自關於韋伯思想的傳承接受的脈絡。艾森斯塔特本身深受韋伯的影響，早年也提出了具有相似野心的比較研究計畫。跟韋伯一樣，艾森斯塔特在其研究中至少也進行了部分世界諸宗教的研究。

不過，韋伯**在這方面的**研究計畫當時在國際上還相對鮮為人知（帕森斯及其弟子，包括艾森斯塔特也許是少數的例外）。20 世紀 60 和 70 年代，韋伯這方面的研究主要在德國才有人討論。當時人們感興趣的主要是韋伯的理性化理論，然後才在總體脈絡上對他的宗教社會學比較研究感興趣。我們在第十講已經指出，哈伯馬斯的理性化理論運用了韋伯的思想，以此提出關於現代性形成的演化論詮釋，以及以此證明他關於生活世界受到系統的脅迫的時代診斷。然而，如果沒有另外一位德國社會學家如此系統性地闡述韋伯的理性化理論，這些追溯到韋伯的研究都是無法想像的。這位學者就是施路赫特（Wolfgang Schluchter, 1938- ）。施路赫特詳細地根據韋伯的宗教社會學作品，以及其中蘊含的極為複雜的理性化理論，來闡述韋伯的著作。並且沒有人像他一樣，如此致力於將韋伯的著作當作一個非常有競爭力的時代診斷理論之一，帶進時代診斷方面的理論辯論中〔Schluchter, *Die Entwicklung des okzidentalen Rationalismus. Eine Analyse von Max Webers Gesellschaftstheorie*, 1979；不過這本書在 1998 年換了一個更具特色的標題再版，亦值得參閱：*Die Entstehung des modernen Rationalismus. Eine Analyse von Max Webers Entwicklunsgeschichte des Okzidents*。新版前言（pp.9-37）交代了他之所以改書名的理由〕。

不過，儘管哈伯馬斯有巨大的影響力，但以理性化理論來詮釋現代性的作法在國際上還是沒有怎麼獲得承認。因為人們顯然還是懷疑，韋伯的理性化理論是否不過是一種認為精神有自身發展邏輯的德國觀念論的遺產。沒錯，人們頗懷疑韋伯如此強調理性化理論的詮釋方式實際上是否真的恰當。英國的社會學家，例如紀登斯或麥可・曼（Michael Mann），似乎更把韋伯當作**衝突理論家**而非理性化理論家。以此而言，人們實在不能說主要在德國奠定基礎的理性化理論的討論，對醞釀「多元現代性」的辯論真的有什麼幫助。所以人們一般把韋伯或是哈伯馬斯／施路赫特的理性化理論，僅當作現代化理論的一個比較精緻的變體，而「多元現代性」的辯論整體來說則相反，明顯採取一個反對現代化理論的走向。

但施路赫特不只是用理性化理論重構韋伯的工作而已，他還嘗試把韋伯的宗教理論，包含他對古猶太教、儒家思想、道教、印度教、佛教、伊斯蘭教，乃至於古羅馬和西方的基督教的研究，與今天社會科學和人文科學的知識進行對比。在一系列的國際會議中（大部分的會議艾森斯塔特都參加過，而且後來也集結成品質非常高的會議論文集，讀者可以參閱本書最後列出的參考文獻），清楚呈現出來，世界上各個不同的宗教形成了哪些非常不同的社會構想，以及現代化過程也因此是如何地各不相同。以此而言，施路赫特完全可以是一位「多元現代性」辯論的倡議人。

還有一位學者，從不同於艾森斯塔特和施路赫特的傳統出發，對「多元現代性」的討論也有很重要的貢獻；他就是阿納森（Johann Arnason）。阿納森 1940 年生於冰島，60 年代到布拉格讀書。1968 年，當時蘇聯武裝入侵捷克斯洛伐克，殘酷地終結了捷克斯洛伐克當時推動的「帶有人性面孔的社會主義」的實驗。因為這個事件，阿納森隨後便離開布拉格、去了德國，然後活躍於哈伯馬斯的圈子中。最後他去了澳大利亞墨爾本的樂卓博大學（La Trobe University）任教，並長期擔任一份很有趣的國際社會理論期刊《論題十一》（*Thesis Eleven*）的編輯。

阿納森的學術生涯始於純粹的社會哲學，80 年代晚期才精力充沛地轉向以經驗為基礎的現代性分析。他始終處於哈伯馬斯的理論和法國反結構主義（如杜漢和卡斯托里亞迪斯）之間，以一種令人驚訝的方式把他原本舊有的社會理論觀點用於經驗研究上。他出版過一本關於蘇聯社會模式的重要著作（*The Future that Failed: Origins and Destinies of the Soviet Model*, 1993），同時自 90 年代起也越來越專注在日本和東亞地區的歷史與社會分析（參閱：*Social Theory and Japanese Experience: The Dual Civilization*, 1997; *The Peripheral Centre: Essays on Japanese History and Civilization*, 2002）。他的核心命題（這裡他也探討了卡斯托里亞迪斯的創造性命題）是我們不能把這些地區的政治史理解為一種內因性的發展。蘇聯和日本的「發展」更多的是極不同於西方現代性的一種具有創造性的計畫。例如蘇聯社會模式，我們應該將之詮釋成想用另外一種方式以追趕和超越西方社會，但卻極為糟糕地失敗了的嘗試。

阿納森在許多方面採納了艾森斯塔特的文明理論的作法，因為他也相信我們必須檢視整個文明及其文化張力，才能理解文明中的社會的動力。但是他在一些關鍵之處修改了艾森斯塔特的作法。他的一個批判點在於艾森斯塔特把軸心時代太過理解為一種文化綱領，誤將這種綱領當作在文明當中相對獨立於其他事件並因而自主地進行的過程。相反地，阿納森建議一種披著「程序性外衣」的文明理論，**把各文明之間的接觸**當作一個重要的變項來關注，以獲得一種紮實的超文明與超國家的推進方向。這和華勒斯坦的世界體系理論的意圖並不是不類似，但華勒斯坦的經濟主義沒能令人滿意地實現這個推進方向。阿納森的作法也描繪出了一幅很重要的變遷過程動態圖像。他不像艾森斯塔特認為日本的發展遵循的是一種古代陳舊的邏輯，而是把日本歷史上許多時期對外國文化模式的成功採納與加工置於他分析的核心（此處亦可參閱：Knöbl, *Spielräume der Modernisierung*, pp.330ff.）。

近來，阿納森轉向研究一個艾森斯塔特一直沒有提到的議題，即文明概念的適切性。艾森斯塔特假設文明無疑是存在的，它取決於宗教的發展，同時對社會學分析來

說它**就是**一個參照單位。我們在第十三講已經批判過艾森斯塔特的這個假設。我們的論點是文明概念比起「社會」這個「傳統的」社會學概念也沒有清楚多少。即便今天關於民族國家終結的說法很流行，與民族國家概念息息相關的社會概念也越來越受到質疑，但我們不能簡單用另外一個不清楚或含糊的概念取代社會概念。阿納森探討了這個對艾森斯塔特的批判，並嘗試在他 2003 年出版的著作（*Civilization in Dispute: Historical Questions and Theoretical Traditions*）中一口氣檢視了在社會科學界當中文明概念的各種不同的用法，並探討各種用法的優缺點。不論阿納森的分析結果的評價如何，在「多元現代性」辯論中的文明理論取徑，今天唯有透過這樣一種理論的努力和概念的澄清，才能獲得吸引力。

⋯⋯⋯⋯⋯⋯⋯⋯⋯⋯⋯⋯⋯⋯⋯⋯⋯⋯⋯⋯⋯⋯⋯⋯⋯⋯⋯⋯⋯⋯⋯

　　除了文明概念是否適當之外，「多元現代性」辯論還有一個頗具爭議性的問題，即關於社會變遷研究中文化要素與結構要素的估量。而且，如同艾森斯塔特和他的軸心時代命題指出的，尤其是在宗教社會學方面進行討論時，文明概念大多數時候都格外強調文化要素。我們當然可以問這個面向是不是有點簡化了，或有點扭曲了。像華勒斯坦的世界體系理論，雖然採取的是經濟主義的論點，但他在討論北美、西歐和中歐之外的國家的經濟發展的阻礙（包括結構性的和外生性的因素）時，難道不也是有道理的嗎？任教於英國劍橋大學的瑞典社會學家泰爾朋（Göran Therborn, 1941-）用一個很特別的說法表述了這個問題。他嘗試指出，我們完全可以在艾森斯塔特的意義上，談論許多條走進或穿過現代性的路徑，但不需要採用艾森斯塔特幾乎只強調**文化**要素的文明理論所具有的那種內因性觀點，也不需要抱著華勒斯坦的那種經濟主義。泰爾朋提到四種現代化路徑：(1) 歐洲現代化；(2) 新大陸（北美洲、南美洲、澳大利亞、紐西蘭）的現代化；(3) 由**外在**因素引起，但卻是自主執行的現代化，例如日本；(4) 在所謂的「殖民地區」——亦即世界上的其他地方——的強制現代化，在這些地方，現代性簡直就是「槍桿子」暴力逼出來的，也因此伴隨著文化創傷（Therborn, *European Modernity and Beyond: The Trajectory of European Societies, 1945-2000*, p.5；亦可見：Therborn, "The Right to Vote and the Four Word Routes to / through Modernity", 1992）。不論我們是否贊成泰爾朋的建議，但無論如何比起艾森斯塔特那種主要採用內因性、「功能性的」文明理論—文化理論路徑的作法，泰爾朋那種認真看待極為暴

力的殖民歷史的作法的確提供了另一種，而且絕非不重要的看待現代性的角度。所以我們也很期待，未來在「多元現代性」的辯論中的核心論點，關於結構因素和文化因素、內因性和外因性的比重能夠有所轉變。另外一位瑞典社會學家、政治科學家威特洛克（Björn Wittrock, 1945-），目前便嘗試進行一系列非常深入的研究，透過受商談理論和知識社會學啟發的文化理論，並從全球史的角度來在這方面開闢出以前從未有人涉足過的主題（Wittrock, "Modernity: One, None, or Many? European Origins and Modernity as a Global Condition"）。

* * *

(3)泰爾朋提到在世界上許多地方的「現代化」是「槍桿子」暴力逼出來的，這種說法清楚指出，如果我們沒有關注到宏觀社會暴力，那麼就不可能得出一個適當的社會變遷理論，也無法提出一個有說服力的時代診斷。我們前面簡短提到的圖爾敏的「國際都市」也清楚表明，就連現代性的重要文化成就，如果我們沒有包含歐洲（和美洲）的暴力史也會是無法理解的。因此，對於社會理論來說，恰恰在這個國際上都充滿不穩定性的時代，在這個戰爭再次幾乎變成了政治中很正常選項的時代，「宏觀社會暴力史」是一個非常值得探討的面向。至今這個主題都沒有得到充足的討論。當然像紀登斯、約阿斯，還有圖爾敏都注意到這個現代性的黑暗面，但總的來說社會理論和社會學都還是缺乏**關聯當下來分析**戰爭與和平的敏銳度。人們把這個議題讓給隔壁學科——政治科學；但政治科學對這方面的主題（先姑且不論像國際關係這種特殊領域）常常不感興趣。人們常常忘了，不少社會學之父的研究中都會連帶談到戰爭與和平的問題，但只有英國社會理論才真的嘗試提出關於社會變遷的對暴力有敏銳度的理論概念。例如我們提到的麥可‧曼和他四種權力網絡的理論工具，承認軍事權力有很高的重要性（見本書第十二講）。在冷戰結束之後，戰爭衝突的重要性日益增長，但總的來說社會理論卻太少這方面的時代診斷（值得參考的當代診斷，可見：Michael Mann, *Incoherent Empire*）。

之所以致力於探討戰爭，以及其他現代性的黑暗面的議題很重要，是因為對於社會理論來說，這些議題決定了社會理論要以什麼樣的標準來探討歷史，以及社會理論要從何處得到它的規範標準。因為，如果我們顯然**不宜**對現代性的規範成就過於深信不疑（Joas, *Kriege und Werte*, pp.84ff.）；如果我們在討論自由、法治國家和民主時，

不宜忽略對其的反抗；如果就算是西方社會也**不宜**認為這些價值是永恆無疑的，那麼我們就應該提出一個新的尖銳問題：社會真的有進步可言嗎？在多大程度上，「整個社會有道德學習過程」這種說法是恰當的？我們真的不需要像後現代學者那樣把進步或道德學習過程完全當作毫無意義的嗎？或是我們真的不需要像紀登斯那樣，採用一種極端非連續性的歷史檢視方式嗎？還是我們可以想出另外一種出路：因為主體會詮釋自身的歷史，以其歷史圖像為背景來構築當下，藉此至少部分能維持回望過去的連續性，維持希望與經歷，維持其成就與痛苦？如果我們的出發點再也不能是認為歷史會駛向一個目標，一個體現了所有的善與美的目標，如果我們再也不能相信歷史同時也擔負著道德的進步——那麼，無可避免地，社會理論就不能從進化論或目的論的假設來獲得自身的規範立場。

　　無論如何，單純對過去與當下事件進行描述，對社會理論來說也是不夠的。規範問題總是必然會不斷「冒出來」。如果我們不能隨便就接受帕森斯和古典社會學家的回答，那麼這樣的問題就依然還會是社會科學的構成要素之一。協調規範與歷史是且一直都會是社會理論很重要的**自我理解**的問題，也是其在現代的任務。

參考文獻

Abbott, Andrew(1988), *The System of Professions: An Essay on the Division of Expert Labor*. Chicago: University of Chicago Press.

Adler, Patricia, Peter Adler and Andrea Fontana(1987), "Everyday Life in Sociology", *Annual Review of Sociology* 13: 217—35.

Adorno, Theodor W.(1976 [1969]), *The Positivist Dispute in German Sociology* [*Der Positivismusstreit in der deutschen Soziologie*]. London: Heinemann.

Adorno, Theodor W. and Max Horkheimer(1979 [1944]), *Dialectic of Enlightenment* [*Dialektik der Aufklärung. Philosophische Fragmente*]. London: Verso.

Adorno, Theodor W., Else Frenkel Brunswick, Daniel Jacob Levinson and Robert Nevitt Sanford (1950), *The Authoritarian Personality*. New York: Harper.

Alexander, Jeffrey C.(1982), *Theoretical Logic in Sociology*. Volume I: *Positivism, Presuppositions, and Current Controversies*. Berkeley and Los Angeles: University of California Press.

(1982), *Theoretical Logic in Sociology*. Volume II: *The Antinomies of Classical Thought: Marx and Durkheim*. Berkeley and Los Angeles: University of California Press.

(1983), *Theoretical Logic in Sociology*. Volume III: *The Classical Attempt at Theoretical Synthesis: Max Weber*. Berkeley and Los Angeles: University of California Press.

(1983), *Theoretical Logic in Sociology*. Volume IV: *The Modern Reconstruction of Classical Thought: Talcott Parsons*. Berkeley and Los Angeles: University of California Press.

(1985), "Introduction", in Jeffrey C. Alexander(ed.), *Neofunctionalism*. London: Sage, pp.7—18.

(1987), *Twenty Lectures: Sociological Theory since World War II*. London: Hutchinson.

(1988), "Culture and Political Crisis: 'Watergate' and Durkheimian Sociology", in Jeffrey C. Alexander, *Durkheimian Sociology: Cultural Studies*. Cambridge: Cambridge University Press, pp.187—244.

(1994), "Modern, Anti, Post, and Neo: How Social Theories Have Tried to Understand the 'New World' of 'Our Time'", *Zeitschrift für Soziologie* 23, 3: 165—97.

(1996), "Critical Reflections on 'Reflexive Modernization'", *Theory, Culture & Society* 13, 4: 133—8.

(1998), "Citizen and Enemy as Symbolic Classification: On the Polarizing Discourse of Civil Society", in Jeffrey C. Alexander(ed.), *Real Civil Societies: Dilemmas of Institutionalization*. London: Sage, pp.96—114.

（1998），*Neofunctionalism and After*. Malden，MA and Oxford：Basil Blackwell.

Alexander，Jeffrey C. and Paul Colomy（1985），"Toward Neo-Functionalism"，*Sociological Theory* 3，2：11—23.

Almond，Gabriel and Sidney Verba（1989 [1963]），*The Civic Culture：Political Attitudes and Democracy in Five Nations*. Newbury Park，London and New Delhi：Sage.

Arendt，Hannah（1958），*The Human Condition*. Chicago：University of Chicago Press.

（1958 [1951]），*The Origins of Totalitarianism*. New York：Meridian Books.

（1964 [1963]），*Eichmann in Jerusalem：A Report on the Banality of Evil*. New York：Viking Press.

（1970），*On Violence*. London：Allen Lane.

Arnason，Johann P.（1988），*Praxis und Interpretation. Sozialphilosophische Studien*. Frankfurt am Main：Suhrkamp.

（1993），*The Future that Failed：Origins and Destinies of the Soviet Model*. London and New York：Routledge.

（1996），"Totalitarismus und Modernisierung"，in Lars Clausen（ed.），*Gesellschaften im Umbruch*. Frankfurt am Main：Campus，pp.154—63.

（1997），*Social Theory and Japanese Experience：The Dual Civilization*. London and New York：Kegan Paul.

（2002），*The Peripheral Centre：Essays on Japanese History and Civilization*. Melbourne：Transpacific Press.

（2003），*Civilizations in Dispute：Historical Questions and Theoretical Traditions*. Leiden：Brill.

Barber，Bernard（1992），"Neofunctionalism and the Theory of the Social System"，in Paul Colomy（ed.），*The Dynamics of Social Systems*. London：Sage，pp.36—55.

Barthes，Roland（1972 [1957]），*Mythologies* [*Mythologies*]. London：Jonathan Cape.

Baudrillard，Jean（1978），*Agonie des Realen*. Berlin：Merve.

（1988 [1986]），*America* [*Amérique*]. London：Verso.

（1993 [1976]），*Symbolic Exchange and Death* [*L'échange symbolique et la mort*]. London：Sage.

Bauman，Zygmunt（1989），*Modernity and the Holocaust*. Cambridge：Polity Press.

（1991），*Modernity and Ambivalence*. Oxford：Polity Press.

（1993），*Postmodern Ethics*. Oxford：Blackwell.

（1997），*Postmodernity and its Discontents*. Cambridge：Polity Press.

（1999），*In Search of Politics*. Cambridge：Polity Press.

Beck，Ulrich（1986），*Risikogesellschaft. Auf dem Weg in eine andere Moderne*. Frankfurt am Main：Suhrkamp.

（1992 [1986]），*Risk Society：Towards a New Modernity* [*Risikogesellschaft. Auf dem Weg in eine andere Moderne*]. London：Sage.

（1995 [1988]），*Ecological Politics in an Age of Risk* [*Gegengifte. Die organisierte Unverantwortlichkeit*]. Cambridge：Polity Press.

（1997 [1993]），*The Reinvention of Politics* [*Die Erfindung des Politischen*]. Cambridge：Polity Press.

（2000 [1997]），*What is Globalization?* [*Was ist Globalisierung?*]. Cambridge：Polity Press.

Becker, Gary S.(1981), *A Treatise on the Family*. Cambridge, MA and London: Harvard University Press.

Becker, Howard S.(1963), *Outsiders: Studies in the Sociology of Deviance*. New York: Free Press.

Becker-Schmidt, Regina and Gudrun-Axeli Knapp(2001), *Feministische Theorien zur Einführung*. Hamburg: Junius.

Beckert, Jens(2002 [1997]), *Beyond the Market: The Social Foundations of Economic Efficiency* [*Grenzen des Marktes. Die sozialen Grundlagen wirtschaftlicher Effizienz*]. Princeton and Oxford: Princeton University Press.

Bell, Daniel(1973), *The Coming of Post-Industrial Society: A Venture in Social Forecasting*. New York: Basic Books.

Bellah, Robert(1985 [1957]), *Tokugawa Religion: The Cultural Roots of Modern Japan*. New York and London: Anchor Books.

(1991 [1970]), *Beyond Belief: Essays on Religion in a Post-Traditional World*. Berkeley, Los Angeles and London: University of California Press.

Bellah, Robert, Richard Madsen, William M. Sullivan, Ann Swidler and Steven M. Tipton(1985), *Habits of the Heart: Individualism and Commitment in American Life*. Berkeley and London: University of California Press.

(1991), *The Good Society*. New York: Knopf.

Bellow, Saul(2000), *Ravelstein*. London: Viking.

Bendix, Reinhard(1963 [1952]), "Social Stratification and Political Power", in Reinhard Bendix and Seymour MartinLipset(eds.), *Class, Status and Power: A Reader in Social Stratification*. Glencoe: Free Press, pp.596—609.

(1966 [1960]), *Max Weber: An Intellectual Portrait*. London: Methuen.

(1974 [1956]), *Work and Authority in Industry: Ideologies of Management in the Course of Industrialization*. Berkeley, Los Angeles and London: University of California Press.

(1986), *From Berlin to Berkeley: German Jewish Identities*. New Brunswick, NJ: Transaction Books.

Benhabib, Seyla(1984), "Epistemologies of Postmodernism: A Rejoinder to Jean François Lyotard", *New German Critique* 33: 103—26.

(1992), *Situating the Self: Gender, Community and Postmodernism in Contemporary Ethics*. Cambridge: Polity Press.

Berger, Peter L. and ThomasLuckmann(1971 [1966]), *The Social Construction of Reality*. Harmondsworth: Penguin.

Bergson, Henri(1912 [1889]), *Time and Free Will: An Essay on the Immediate Data of Consciousness* [*Essai sur les données immédiates de la conscience*]. London: George Allen.

Bernstein, Richard(1971), *Praxis and Action: Contemporary Philosophies of Human Activity*. Philadelphia: University of Pennsylvania Press.

(1976), *The Restructuring of Social and Political Theory*. Oxford：Blackwell.

(1992), *The New Constellation：The Ethical-Political Horizons of Modernity/Postmodernity*. Cambridge, MA：MIT Press.

(2002), "Putnams Stellung in der pragmatistischen Tradition", in Marie-Luise Raters and Marcus Willaschek (eds.), *Hilary Putnam und die Tradition des Pragmatismus*. Frankfurt am Main：Suhrkamp, pp.33—48.

Bittner, Egon(1967), "Police Discretion in Emergency Apprehension of Mentally Ill Persons", *Social Problems* 14, 3：278—92.

Blau, Peter M.(1964), *Exchange and Power in Social Life*. New York, London and Sidney：John Wiley & Sons.

Blumer, Herbert(1969), "The Methodological Position of Symbolic Interactionism", in Herbert Blumer, *Symbolic Interactionism：Perspective and Method*. Englewood Cliffs, NJ：Prentice-Hall, pp.1—60.

(1969), *Symbolic Interactionism：Perspective and Method*. Englewood Cliffs, NJ：Prentice-Hall.

(1975), "Comment on Turner, 'Parsons as a Symbolic Interactionist'", *Sociological Inquiry* 45, 1：59—62.

(1981), "George Herbert Mead", in B. Rhea (ed.), *The Future of the Sociological Classics*. London：Allen & Unwin, pp.136—69.

(1990), *Industrialization as an Agent of Social Change：A Critical Analysis*. New York：Aldine de Gruyter.

Bolt, Christine(1993), *The Women's Movements in the United States and Britain from the 1790s to the 1920s*. Amherst：University of Massachusetts Press.

Boltanski, Luc(1987 [1982]), *The Making of a Class：Cadres in French Society* [*Les cadres. La formation d'un groupe social*]. Cambridge：Cambridge University Press.

Boltanski, Luc and Eve Chiapello(2001), "Die Rolle der Kritik in der Dynamik des Kapitalismus und der normative Wandel", *Berliner Journal für Soziologie* 11, 4：459—77.

(2005 [1999]), *The New Spirit of Capitalism* [*Le nouvel esprit du capitalisme*]. London：Verso.

Boltanski, Luc and Laurent Thévenot(2006 [1991]), *On Justification：Economies of Worth* [*De la justification. Les économies de la grandeur*]. Princeton and Oxford：Princeton University Press.

Bosshart, David(1992), *Politische Intellektualität und totalitäre Erfahrung. Hauptströmungen der französischen Totalitarismuskritik*. Berlin：Duncker & Humblot.

Boudon, Raymond(1982), *The Unintended Consequences of Social Action*. New York：St. Martin's Press.

Bourdieu, Pierre(1970), *Zur Soziologie der symbolischen Formen*. Frankfurt am Main：Suhrkamp.

(1977 [1972]), *Outline of a Theory of Practice* [*Esquisse d'une théorie de la pratique, précédé de trois études d'ethnologie kabyle*]. Cambridge：Cambridge University Press.

(1982), *Leçon sur la leçon*. Paris：Les Editions de Minuit(reprinted as the closing chapter of *In Other Words*; see below).

(1984 [1979]), *Distinction：A Social Critique of the Judgement of Taste* [*La distinction. Critique sociale du jugement*]. Cambridge, MA：Harvard University Press.

（1985），"The Social Space and the Genesis of Groups"，*Theory and Society* 14，6：723—44.

（1986［1983]），"The Forms of Capital"，in John Richardson（ed.），*Handbook of Theory and Research for the Sociology of Education*. New York：Greenwood Press，pp.241—58.

（1988［1984]），*Homo academicus*［*Homo academicus*]. Cambridge：Polity Press.

（1990［1980]），*The Logic of Practice*［*Le sens pratique*]. Cambridge：Polity Press.

（1990［1987]），*In Other Words：Essays Towards a Reflexive Sociology*［*Choses dites*]. Cambridge：Polity Press.

（1993［1980]），*Sociology in Question*［*Questions de sociologie*]. London：Sage.

（1996［1992]），*The Rules of Art*［*Les règles de l'art. Genèse et structure du champ littéraire*]. Cambridge：Polity Press.

（1998［1994]），*Practical Reason：On the Theory of Action*［*Raisons pratiques. Sur la théorie de l'action*]. Cambridge：Polity Press.

（1999［1993]），*The Weight of the World：Social Suffering in Contemporary Society*［*La misère du monde*]. Cambridge：Polity Press.

（2000［1997]），*Pascalian Meditations*［*Méditations pascaliennes*]. Cambridge：Polity Press.

Bourdieu，Pierre and Jean-Claude Passeron（1971），*Die Illusion der Chancengleichheit. Untersuchungen zur Soziologie des Bildungswesens am Beispiel Frankreichs*. Stuttgart：Ernst Klett Verlag.

（1981），"Soziologie und Philosophie in Frankreich seit 1945：Tod und Wiederauferstehung einer Philosophie ohne Subjekt"，in Wolf Lepenies（ed.），*Geschichte der Soziologie. Studien zur kognitiven, sozialen und historischen Identität einer Disziplin*. Volume III. Frankfurt am Main：Suhrkamp，pp.496—551.

Bourdieu，Pierre and Loïc J. D. Wacquant（1992），*Invitation to Reflexive Sociology*［*Réponses pour une anthropologie réflexive*]. Cambridge：Polity Press.

Browning，Christopher R.（1992），*Ordinary Men：Reserve Police Battalion 101 and the Final Solution in Poland*. New York：Aaron Asher Books.

Brownmiller，Susan（1975），*Against Our Will：Men，Women and Rape*. London：Secker & Warburg.

Butler，Judith（1990），*Gender Trouble*. New York and London：Routledge.

（1997），*Excitable Speech：A Politics of the Performative*. New York and London：Routledge.

（1997），*The Psychic Life of Power：Theories in Subjection*. Stanford，CA：Stanford University Press.

Camic，Charles（1979），"The Utilitarians Revisited"，*American Journal of Sociology* 85，3：516—50.

（1989），"*Structure* after 50 Years：Th e Anatomy of a Charter"，*American Journal of Sociology* 95，1：38—107.

（1991），"Introduction：Talcott Parsons before *The Structure of Social Action*"，in Charles Camic（ed.），*Talcott Parsons：The Early Essays*. Chicago：University of Chicago Press，pp.ix—lxix.

Cardoso，Fernando H. and EnzoFaletto（1979［1969]），*Dependency and Development in Latin America*［*Dependenciay desarrollo en América Latina. Ensayo de interpretación sociológica*]. Berkeley and London：University of California Press.

Castoriadis, Cornelius(1983), "Destinies of Totalitarianism", *Salmagundi* 60: 107—22.

(1984 [1978]), *Crossroads in the Labyrinth* [*Les carrefours du labyrinthe*]. Brighton: Harvester.

(1984/85), "Reflections on 'Rationality' and 'Development'", *Thesis Eleven* 10/11: 18—35.

(1987 [1975]), *The Imaginary Institution of Society* [*L'institution imaginaire de la société*]. Cambridge: Polity Press.

(1997), "The Greek Polis and the Creation of Democracy", in David Curtis(ed.), *The Castoriadis Reader*. Oxford: Blackwell, pp.267—89.

(2001), "Aeschylean Anthropogony and Sophoclean Self-Creation of Anthropos", in Johann P.Arnason and Peter Murphy(eds.), *Agon, Logos, Polis: The Greek Achievement and its Aftermath*. Stuttgart: Franz Steiner, pp.138—54.

Caws, Peter(1988), *Structuralism: The Art of the Intelligible*. Atlantic Highlands, NJ: Humanities Press.

Chalmers, A. F.(1986), *What is this Thing Called Science?* Second Edition. Milton Keynes and Philadelphia: Open University Press.

Charle, Christophe (1997), *Vordenker der Moderne. Die Intellektuellen im 19. Jahrhundert*. Frankfurt am Main: Fischer.

Chazel, François(1994), "Away from Structuralism and the Return of the Actor: Paradigmatic and Theoretical Orientations in Contemporary French Sociology", in Piotr Sztompka(ed.), *Agency and Structure: Reorienting Social Theory*. Yverdon, Switzerland and Langhorn, PA: Gordon and Breach, pp.143—63.

Chodorow, Nancy(1978), *The Reproduction of Mothering: Psychoanalysis and the Sociology of Gender*. Berkeley and London: University of California Press.

Cicourel, Aaron V.(1964), *Method and Measurement in Sociology*. New York: Free Press.

(1981), "Basic and Normative Rules in the Negotiation of Status and Role", in David Sudnow(ed.), *Studies in Social Interaction*. New York: Free Press, pp.229—58.

Cohen, Jean and AndrewArato(1992), *Civil Society and Political Theory*. Cambridge, MA: MIT Press.

Cohen-Solal, Annie(1987 [1985]), *Sartre: A Life* [*Sartre. 1905—1980*]. New York: Pantheon Books.

Coleman, James(1982), *The Asymmetric Society*. Syracuse, NY: Syracuse University Press.

(1990), *Foundations of Social Theory*. Cambridge, MA: Harvard University Press.

Collins, Randall(1971), "Functional and Conflict Theories of Educational Stratification", *American Sociological Review* 36, 6: 1002—19.

(1975), *Conflict Sociology: Toward an Explanatory Science*. New York, San Francisco and London: Academic Press.

(1979), *The Credential Society: An Historical Sociology of Education and Stratification*. New York: Academic Press.

(1985), *Three Sociological Traditions*. New York: Oxford University Press.

(1986), *Weberian Sociological Theory*. Cambridge: Cambridge University Press.

(1998), *The Sociology of Philosophies: A Global Theory of Intellectual Change*. Cambridge, MA and London: Harvard University Press.

(2008), *Violence: A Micro-Sociological Theory*. Princeton: Princeton University Press.

Collins, Randall, Janet Saltzman Chafetz, Lesser Rae Blumberg, Scott Coltrane, Jonathan H. Turner (1993), "Toward an Integrated Theory of Gender Stratification", *Sociological Perspectives* 36, 3: 185—216.

Colomy, Paul B.(1986), "Recent Developments in the Functionalist Approach to Change", *Sociological Focus* 19, 2: 139—58.

Colomy, Paul B. and David J. Brown(1995), "Elaboration, Revision, Polemic, and Progress in the Second Chicago School", in Gary Alan Fine(ed.), *A Second Chicago School? The Development of a Postwar American Sociology*. Chicago and London: University of Chicago Press, pp.17—81.

Coser, Lewis A.(1956), *The Functions of Social Conflict*. London: Routledge.

(1967), *Continuities in the Study of Social Conflict*. New York and London: Free Press.

Dahrendorf, Ralf(1958), "Out of Utopia: Toward a Reorientation of Sociological Analysis", *American Journal of Sociology* 64, 2: 115—27.

(1972 [1957]), *Class and Class Conflict in Industrial Society* [*Soziale Klassen und Klassenkonflikt in der industriellen Gesellschaft*]. London: Routledge.

(1972), *Konflikt und Freiheit. Auf dem Weg zur Dienstklassengesellschaft*. Munich: Piper.

(1986 [1955]), "Struktur und Funktion. Talcott Parsons und die Entwicklung der soziologischen Theorie", in Ralf Dahrendorf, *Pfade aus Utopia. Zur Theorie und Methode der Soziologie*. Munich and Zurich: Piper, pp.213—42.

(1988), *The Modern Social Conflict: An Essay on the Politics of Liberty*. London: Weidenfeld & Nicolson.

(2002), *Über Grenzen. Lebenserinnerungen*. Munich: C. H. Beck.

Denzin, Norman K.(1977), "Notes on the Criminogenic Hypothesis: A Case Study of the American Liquor Industry", *American Sociological Review* 42, 6: 905—20.

(1984), *On Understanding Emotion*. San Francisco, Washington and London: Jossey-Bass Publishers.

(1991), *Images of Postmodern Society: Social Theory and Contemporary Cinema*. London, Newbury Park and New Delhi: Sage.

Derrida, Jacques(1978 [1967]), *Writing and Difference* [*L'écriture et la différence*]. London: Routledge.

Dewey, John(1925), *Experience and Nature*. London: George Allen & Unwin.

(1930 [1929]), *The Quest for Certainty*. London: George Allen & Unwin.

DiMaggio, Paul J. (1998), "The New Institutionalisms: Avenues of Collaboration", *Journal of Institutional and Theoretical Economics* 154: 696—705.

DiMaggio, Paul J. and Walter W. Powell(1991), "Introduction", in Walter W. Powell and Paul J. DiMaggio (eds.), *The New Institutionalism in Organizational Analysis*. Chicago and London: University of Chicago Press, pp.1—38.

Dosse, François(1997 [1991f.]), *History of Structuralism. 2 vols. [Histoire du structuralisme]*. Minneapolis and London: University of Minnesota Press.

(1998 [1997]), *The Empire of Meaning: The Humanization of the Social Sciences [L'empire du sens. L'humanisation de sciences humaines]*. Minneapolis: University of Minnesota Press.

(2000), *Paul Ricoeur. Les sens d'une vie*. Paris: La Découverte.

Douglas, Jack D.(1967), *The Social Meanings of Suicide*. Princeton: Princeton University Press.

Dreyfus, Hubert L. and Paul Rabinow(1982), *Michel Foucault: Beyond Structuralism and Hermeneutics*. Chicago: University of Chicago Press.

Dubet, François(1987), *La galère. Jeunes en survie*. Paris: Fayard.

(1994), *Sociologie de l'expérience*. Paris: Éditions du Seuil.

(2002), *Le déclin de l'institution*. Paris: Éditions du Seuil.

Dubet, François and Didier Lapeyronnie(1992), *Les quartiers d'exil*. Paris: Éditions du Seuil.

Durkheim, Emile(1982 [1895]), *The Rules of Sociological Method*. London: Macmillan.

Eder, Klaus(1989), "Klassentheorie als Gesellschaftstheorie. Bourdieus dreifache kulturtheoretische Brechung der traditionellen Klassentheorie", in Klaus Eder(ed.), *Klassenlage, Lebensstil und kulturelle Praxis. Theoretische und empirische Beiträge zur Auseinandersetzung mit Pierre Bourdieus Klassentheorie*. Frankfurt am Main: Suhrkamp, pp.15—43.

Eder, Klaus(ed.)(1989), *Klassenlage, Lebensstil und kulturelle Praxis. Theoretische und empirische Beiträge zur Auseinandersetzung mit Pierre Bourdieus Klassentheorie*. Frankfurt am Main: Suhrkamp.

Eisenstadt, Shmuel N.(1963), *The Political Systems of Empires*. New York: Free Press.

(1973), *Tradition, Change and Modernity*. New York: Wiley-Interscience.

(1978), *Revolution and the Transformation of Societies: A Comparative Study of Civilizations*. New York: Free Press.

(1981), "Cultural Traditions and Political Dynamics: The Origins and Modes of Ideological Politics" (Hobhouse Memorial Lecture), *British Journal of Sociology* 32, 2: 155—81.

(1985), "This Worldly Transcendentalism and the Structuring of the World: Weber's 'Religion of China' and the Format of Chinese History and Civilization", *Journal of Developing Societies* 1, 2: 168—86.

(1989), "Cultural Premises and the Limits of Convergence in Modern Societies: An Examination of Some Aspects of Japanese Society", *Diogenes* 37: 125—47.

(1992), "Frameworks of the Great Revolutions: Culture, Social Structure, History and Human Agency", *International Social Science Journal* 133: 385—401.

(1995), "Introduction", in Shmuel N. Eisenstadt, *Power, Trust and Meaning: Essays in Sociological Theory and Analysis*. Chicago: University of Chicago Press, pp.1—40.

(1995), "Social Change, Differentiation, and Evolution", in Shmuel N. Eisenstadt, *Power, Trust and Meaning: Essays in Sociological Theory and Analysis*. Chicago: University of Chicago Press, pp.106—22.

(1996), *Japanese Civilization*: *A Comparative View*. Chicago and London: University of Chicago Press.

(2000), *Die Vielfalt der Moderne*. Weilerswist: Velbrück.

Elias, Norbert(1982 [1937]), *The Civilizing Process*. 2 vols. Oxford: Blackwell.

Elster, Jon(1979), "Imperfect Rationality: Ulysses and the Sirens", in Jon Elster, *Ulysses and the Sirens*: *Studies in Rationality and Irrationality*. Cambridge: Cambridge University Press, pp.36—111.

(1983), *Sour Grapes*: *Studies in the Subversion of Rationality*. Cambridge: Cambridge University Press.

(1999), *Alchemies of the Mind*: *Rationality and the Emotions*. Cambridge: Cambridge University Press.

Emerson, Richard M. (1962), "Power-Dependence Relations", *American Journal of Sociology* 27, 1: 31—41.

Epstein, Cynthia Fuchs(1988), *Deceptive Distinctions*: *Sex*, *Gender*, *and the Social Order*. New Haven and London: Yale University Press.

Eribon, Didier(1991 [1989]), *Michel Foucault* [*Michel Foucault*(*1926—1984*)]. Cambridge, MA: Harvard University Press.

Erikson, Kai(1966), *Wayward Puritans*: *A Study in the Sociology of Deviance*. New York: John Wiley & Sons.

Esser, Hartmut(1993), *Soziologie. Allgemeine Grundlagen*. Frankfurt am Main and New York: Campus.

(1999—2000), *Soziologie. Spezielle Grundlagen*. 6 vols. Frankfurt am Main and New York: Campus.

Etzioni, Amitai(1968), *The Active Society*: *A Theory of Societal and Political Processes*. New York: Free Press.

(1988), *The Moral Dimension*: *Towards a New Economics*. New York: Free Press.

(1993), *The Spirit of Community*: *The Reinvention of American Society*. New York: Crown.

(2001), *The Monochrome Society*. Princeton and Oxford: Princeton University Press.

(2003), *My Brother's Keeper*: *A Memoir and a Message*. Lanham, MD: Rowman & Littlefield.

Ferry, Luc and Alain Renaut(1990 [1985]), "French Marxism(Bourdieu)" in Luc Ferry and Alain Renaut, *French Philosophy of the Sixties*: *An Essay on Anti-Humanism* [*La pensée 68. Essai sur l'antihumanisme contemporain*]. Amherst and London: University of Massachusetts Press, pp.153—84.

Feyerabend, Paul(1982), *Science in a Free Society*. London: Verso.

Firestone, Shulamith (1971), *The Dialectic of Sex*: *The Case for Feminist Revolution*. London: Jonathan Cape.

Flax, Jane(1990), "Postmodernism and Gender Relations in Feminist Theory", in Linda J. Nicholson (ed.), *Feminism/Postmodernism*. New York and London: Routledge, pp.39—62.

Foucault, Michel(1977 [1975]), *Discipline and Punish*: *The Birth of the Prison* [*Surveiller et punir.Naissance de la prison*]. London: Allen Lane.

(1979 [1976]), *The History of Sexuality*. Volume I: *The Will to Knowledge* [*Histoire de la sexualité. La volonté de savoir*]. London: Allen Lane.

（1986［1984］），*The History of Sexuality*. Volume III：*The Care of the Self*［*Histoire de la sexualité. Le souci de soi*］. London：Pantheon.

（1987［1984］），*The History of Sexuality*. Volume II：*The Use of Pleasure*［*Histoire de la sexualité. L'usage des plaisirs*］. London：Penguin.

（1988［1961］），*Madness and Civilization：A History of Insanity in the Age of Reason*［*Histoire de la folie*］. New York：Vintage.

（2001［1966］），*The Order of Things：An Archaeology of the Human Sciences*［*Les mots et les choses*］. London：Routledge.

（2002［1996］），*Society Must be Defended：Lectures at the Collège de France, 1975—1976*［*Il faut défendre la société*］. New York：Picador.

Frank, Manfred（1989［1984］），*What is Neostructuralism?*［*Was ist Neostrukturalismus?*］. Minneapolis：Universityof Minnesota Press.

Fraser, Nancy（1989），*Unruly Practices：Power, Discourse and Gender in Contemporary Social Theory*. Minneapolis：University of Minnesota Press.

Fraser, Nancy and AxelHonneth（2003），*Redistribution or Recognition? A Political Philosophical Exchange*. London：Verso.

Fraser, Nancy and Linda J. Nicholson（1990），"Social Criticism without Philosophy：An Encounter between Feminism and Postmodernism", in Linda J. Nicholson（ed.），*Feminism／Postmodernism*. New York and London：Routledge, pp.19—38.

Freidson, Eliot（1970），*Profession of Medicine：A Study of the Sociology of Applied Knowledge*. New York：Dodd, Mead & Co.

Friedman, Debra and Michael Hechter（1988），"The Contribution of Rational Choice Theory to Macrosociological Research", *Sociological Theory* 6, 2：201—18.

Fühmann, Franz（1978），"Drei nackte Männer", in Franz Fühmann, *Bagatelle, rund um positiv. Erzählungen*. Frankfurt am Main：Suhrkamp, pp.7—22.

Gardner, Howard（1976），*The Quest for Mind：Piaget, Lévi-Strauss and the Structuralist Movement*. London：Quartet Books.

Garfinkel, Harold（1959），"Aspects of the Problem of Common-Sense Knowledge of Social Structures", in *Transactions of the Fourth World Congress of Sociology*. Volume IV：*The Sociology of Knowledge*, pp.51—66.

（1963），"A Conception of, and Experiments with, 'Trust' as a Condition of Stable Concerted Actions", in O. J. Harvey（ed.），*Motivation and Social Interaction*. New York：Ronald Press, pp.187—238.

（1967），*Studies in Ethnomethodology*. Englewood Cliffs, NJ：Prentice-Hall.

（1991），"Respecification：Evidence for Locally Produced, Naturally Accountable Phenomena of Order, Logic, Reason, Meaning, Method, etc. in and as of the Essential Haecceity of Immortal Ordinary

Society, （I）— an Announcement of Studies", in Graham Button（ed.）, *Ethnomethodology and the Human Sciences*. Cambridge: Cambridge University Press, pp.10—19.

Garfinkel, Harold and Harvey Sacks（1970）, "On Formal Structures of Practical Actions", in Edward Tiryakian and John MacKinney（eds.）, *Theoretical Sociology: Perspectives and Developments*. New York: Appleton-Century Crofts, pp.337—66.

Gauchet, Marcel（1997［1985］）, *The Disenchantment of the World: A Political History of Religion*［*Le désenchantement du monde*］. Princeton: Princeton University Press.

Gehlen, Arnold（1956）, *Urmensch und Spätkultur*. Bonn: Athenäum.

（1968［1940］）, "Mensch und Institutionen", in Arnold Gehlen, *Anthropologische Forschung. Zur Selbstbegegnung und Selbstentdeckung des Menschen*. Reinbek: Rowohlt, pp.69—7.

（1988［1940］）, *Man: His Nature and Place in the World*［*Der Mensch. Seine Natur und Stellung in der Welt*］. New York: Columbia University Press.

Gerhard, Ute（1992）, *Unerhört. Die Geschichte der deutschen Frauenbewegung*. Reinbek: Rowohlt.

Gerhardt, Uta（ed.）（1993）, *Talcott Parsons on National Socialism*. New York: Aldine de Gruyter.

Giddens, Anthony（1971）, *Capitalism and Modern Social Theory*. Cambridge and New York: Cambridge University Press.

（1973）, *The Class Structure of the Advanced Societies*. London: Hutchinson.

（1976）, "Classical Social Theory and the Origins of Modern Sociology", *American Journal of Sociology* 81, 4: 703—29.

（1976）, *New Rules of Sociological Method*. London: Hutchinson.

（1979）, *Central Problems in Social Theory: Action, Structure and Contradiction in Social Analysis*. Basingstoke: Macmillan Press.

（1981）, *A Contemporary Critique of Historical Materialism*. Volume I: *Power, Property and the State*. Basingstoke: Macmillan Press.

（1982）, "Commentary on the Debate", *Theory and Society* 11, 4: 527—39.

（1984）, *The Constitution of Society: Outline of the Theory of Structuration*. Cambridge: Polity Press.

（1985）, *The Nation-State and Violence. Volume Two of A Contemporary Critique of Historical Materialism*. Cambridge: Polity Press.

（1987）, "Structuralism, Post-structuralism and the Production of Culture", in Anthony Giddens, *Social Theory and Modern Sociology*. Cambridge: Polity Press, pp.73—108.

（1989）, *Sociology*. Cambridge: Polity Press.

（1990）, *The Consequences of Modernity*. Stanford, CA: Stanford University Press.

（1991）, *Modernity and Self-Identity: Self and Society in the Late Modern Age*. Cambridge: Polity Press.

（1992）, *Transformation of Intimacy*. Cambridge: Polity Press.

（1994）, *Beyond Left and Right: The Future of Radical Politics*. Cambridge: Polity Press.

（1998）, *The Third Way: The Renewal of Social Democracy*. Malden, MA and Cambridge: Polity Press.

Giele, Janet Zollinger (1995), *Two Paths to Women's Equality: Temperance, Suffrage, and the Origins of Modern Feminism*. New York: Twayne Publishers.

Gilcher-Holtey, Ingrid (1995), *Die "Phantasie an die Macht". Mai 68 in Frankreich*. Frankfurt am Main: Suhrkamp.

Gildemeister, Regine and Angelika Wetterer (1992), "Wie Geschlechter gemacht werden. Die soziale Konstruktion der Zweigeschlechtlichkeit und ihre Reifizierung in der Frauenforschung", in Gudrun-Axeli Knapp and Angelika Wetterer (eds.), *Traditionen Brüche. Entwicklungen feministischer Theorie*. Freiburg: Kore, pp.201—54.

Gilligan, Carol (1982), *In a Different Voice: Psychological Theory and Women's Development*. Cambridge, MA and London: Harvard University Press.

Glaser, Barney G. and Anselm L. Strauss (1966 [1965]), *Awareness of Dying*. London: Weidenfeld & Nicolson.

(1967), *The Discovery of Grounded Theory: Strategies for Qualitative Research*. New York: Aldine de Gruyter.

Godbout, Jacques and Alain Caillé (1998 [1992]), *The World of the Gift* [*L'esprit de don*]. Montreal and London: McGill-Queen's University Press.

Goffman, Erving (1956), *The Presentation of Self in Everyday Life*. Edinburgh: Edinburgh University Press.

(1961), *Asylums: Essays on the Social Situation of Mental Patients and Other Inmates*. Garden City, NY: Doubleday & Co.

(1963), *Stigma: Notes on the Management of Spoiled Identity*. Englewood Cliffs, NJ: Prentice-Hall.

(1972 [1971]), *Interaction Ritual: Essays on Face-to-Face Behaviour*. Harmondsworth: Penguin.

(1975 [1974]), *Frame Analysis: An Essay on the Organization of Experience*. Harmondsworth: Penguin.

Goldhagen, Daniel J. (1996), *Hitler's Willing Executioners: Ordinary Germans and the Holocaust*. London: Little, Brown.

Goldstone, Jack A. (1994), "Is Revolution Individually Rational? Groups and Individuals in Revolutionary Collective Action", *Rationality and Society* 6, 1: 139—66.

Gottschall, Karin (1997), "Sozialkonstruktivistische Perspektiven für die Analyse von sozialer Ungleichheit und Geschlecht", in Stefan Hradil (ed.), *Differenz und Integration. Die Zukunft moderner Gesellschaften. Verhandlungen des 28. Kongresses der Deutschen Gesellschaft für Soziologie in Dresden 1996*. Frankfurt am Main and New York: Campus, pp.479—96.

Habermas, Jürgen (1963), "Literaturbericht zur philosophischen Diskussion um Marx und den Marxismus", in Jürgen Habermas, *Theorie und Praxis. Sozialphilosophische Studien*. Frankfurt am Main: Suhrkamp, pp.387—463.

(1969), *Technik und Wissenschaft als "Ideologie"*. Frankfurt am Main: Suhrkamp.

[(1971), *Toward a Rational Society: Student Protest, Science and Politics*. London: Heinemann].

(1973 [1963]), "Between Philosophy and Science: Marxism as Critique" ["Zwischen Philosophie und Wissenschaft. Marxismus als Kritik"〕, in Jürgen Habermas, *Theory and Practice*. Cambridge：Polity Press in association with Basil Blackwell, pp.195—252.

（1973〔1967〕）, "Labour and Interaction：Remarks on Hegel's 'Jena Philosophy of Mind'"〔"Arbeit und Interaktion. Bemerkungen zu Hegels 'Jenenser Philosophie des Geistes'"〕, in Jürgen Habermas, *Theory and Practice*. Cambridge：Polity Press in association with Basil Blackwell, pp.142—69.

（1976〔1973〕）, *Legitimation Crisis*〔*Legitimationsprobleme im Spätkapitalismus*〕. London：Heinemann.

（1978〔1968〕）, *Knowledge and Human Interests*〔*Erkenntnis und Interesse*〕. London：Heinemann.

（1983〔1971〕）, *Philosophical-Political Profiles*〔*Philosophisch-Politische Profile*〕. Cambridge, MA：MIT Press.

（1984—7〔1981〕）, *The Theory of Communicative Action*〔*Theorie des kommunikativen Handelns*〕. London：Heinemann.

（1987〔1981〕）, "The Paradigm Shift in Mead and Durkheim：From Purposive Activity to Communicative Action", in Jürgen Habermas, *The Theory of Communicative Action*, Volume II〔*Theorie des kommunikativen Handelns*〕. Cambridge：Polity Press, pp.1—92.

（1989〔1962〕）, *The Structural Transformation of the Public Sphere：An Inquiry into a Category of Bourgeois Society*〔*Strukturwandel der Öffentlichkeit. Untersuchungen zu einer Kategorie der bürgerlichen Gesellschaft*〕. Cambridge, MA：MIT Press.

（1990〔1983〕）, *Moral Consciousness and Communicative Action*〔*Moralbewußtsein und kommunikatives Handeln*〕. Cambridge, MA：MIT Press.

（1991〔1976〕）, "Toward a Reconstruction of Historical Materialism"〔"Zur Rekonstruktion des Historischen Materialismus"〕, in Jürgen Habermas, *Communication and the Evolution of Society*. Cambridge：Polity Press, pp.130—77.

（1992）, *Postmetaphysical Thinking：Philosophical Essays*. Cambridge：Polity Press.

（1996〔1992〕）, *Between Facts and Norms：Contributions to a Discourse Theory of Law and Democracy*〔*Faktizität und Geltung. Beiträge zur Diskurstheorie des Rechts und des demokratischen Rechtsstaats*〕. Cambridge：Polity Press.

（1998〔1996〕）, *The Inclusion of the Other：Studies in Political Theory*〔*Die Einbeziehung des Anderen. Studien zur politischen Theorie*〕. Cambridge, MA：MIT Press.

（2003）, *Truth and Justification*. Cambridge, MA：MIT Press.

Habermas, Jürgen and Niklas Luhmann（1971）, *Theorie der Gesellschaft oder Sozialtechnologie—Was leistet die Systemforschung?* Frankfurt am Main：Suhrkamp.

Haferkamp, Heinrich and WolfgangKnöbl（2001）, "Die Logistik der Macht. Michael Manns Historische Soziologie als Gesellschaftstheorie", in Michael Mann（ed.）, *Geschichte der Macht. Die Entstehung von Klassen und Nationalstaaten*. Band 3, Teil II. Frankfurt am Main and New York：Campus, pp.303—49.

Hagemann-White, Carol（1988）, "Wir werden nicht zweigeschlechtlich geboren...", in Carol Hagemann-White and Maria S. Rerrich(eds.), *Frauen Männer Bilder. Männer und Männlichkeit in der feministischen Diskussion.* Bielefeld: AJZ Verlag, pp.224—35.

Hall, John A.(1985), *Powers and Liberties: The Causes and Consequences of the Rise of the West.* Oxford: Basil Blackwell.

(1994), *Coercion and Consent: Studies in the Modern State.* Cambridge: Polity Press.

Hall, Peter A. and Rosemary C. R. Taylor(1996), "Political Science and the Three New Institutionalisms", *Political Studies* 44, 5: 936—57.

Hall, Peter M.(1972), "A Symbolic Interactionist Analysis of Politics", *Sociological Inquiry* 42, 3/4: 35—75.

(1987), "Presidential Address: Interactionism and the Study of Social Organization", *The Sociological Quarterly* 28, 1: 1—22.

Hall, Peter M. and Dee Ann Spencer-Hall(1982), "The Social Conditions of the Negotiated Order", *Urban Life* 11, 3: 328—49.

Harding, Sandra(1990), "Feminism, Science, and the Anti-Enlightenment Critiques", in Linda J. Nicholson(ed.), *Feminism/Postmodernism.* New York and London: Routledge, pp.83—106.

Hartsock, Nancy(1990), "Foucault on Power: A Theory for Women?", in Linda J. Nicholson(ed.), *Feminism/Postmodernism.* New York and London: Routledge, pp.157—75.

Harvey, David(1989), *The Condition of Postmodernity: An Enquiry into the Origins of Cultural Change.* Oxford: Basil Blackwell.

Haskell, Thomas(1998), *Objectivity is Not Neutrality: Explanatory Schemes in History.* Baltimore: Johns Hopkins University Press.

Hechter, Michael(1987), *Principles of Group Solidarity.* Berkeley, Los Angeles and London: University of California Press.

Heilbron, Johan(1995), *The Rise of Social Theory.* Minneapolis: University of Minnesota Press.

Heintz, Bettina and EvaNadai(1998), "Geschlecht und Kontext. De-Institutionalisierungsprozesse und geschlechtliche Differenzierung", *Zeitschrift für Soziologie* 27, 2: 75—93.

Hénaff, Marcel(2002), *Le prix de la vérité: Le don, l'argent, la philosophie.* Paris: Éditions du Seuil.

Heritage, John(1984), *Garfinkel and Ethnomethodology.* Cambridge and New York: Polity Press.

Hettlage, Robert and Karl Lenz(eds.)(1991), *Erving Goffman—ein soziologischer Klassiker der zweiten Generation.* Stuttgart: UTB.

Hirschauer, Stefan(1994), "Die soziale Fortpflanzung der Zweigeschlechtlichkeit", *Kölner Zeitschrift für Soziologie und Sozialpsychologie* 46, 4: 668—92.

Hirschman, Albert (1977), *The Passions and the Interests: Political Arguments for Capitalism Before its Triumph.* Princeton and Guildford: Princeton University Press.

Hobbes, Thomas(1914 [1651]), *Leviathan.* London: J. M. Dent & Sons.

Hochschild, Arlie(1979), "Emotion Work, Feeling Rules, and Social Structure", *American Journal of Sociology* 85, 3: 551—75.

（1983），*The Managed Heart*. Berkeley and London：University of California Press.

Höffe，Otfried（1985），*Strategien der Humanität. Zur Ethik öffentlicher Entscheidungsprozesse*. Frankfurt am Main：Suhrkamp.

Homans，George C.（1950），*The Human Group*. New York：Harcourt，Brace & World.

（1958），"Social Behavior as Exchange"，*American Journal of Sociology* 63，6：597—606.

（1961），*Social Behavior：Its Elementary Forms*. London：Routledge.

（1964），"Bringing Men Back In"，*American Sociological Review* 29，5：809—18.

Honneth，Axel（1989），"Moralische Entwicklung und sozialer Kampf. Sozialphilosophische Lehren aus dem Frühwerk Hegels"，in Axel Honneth，Thomas McCarthy，Claus Offe and Albrecht Wellmer（eds.），*Zwischenbetrachtungen im Prozeß der Aufklärung. Jürgen Habermas zum 60. Geburtstag*. Frankfurt am Main：Suhrkamp，pp.549—73.

（1990），"A Structuralist Rousseau：On the Anthropology of Claude Lévi-Strauss"，*Philosophy and Social Criticism* 16，2：143—58.

（1991 [1986]），*The Critique of Power：Reflective Stages in a Critical Social Theory* [*Kritik der Macht. Reflexionsstufen einer kritischen Gesellschaftstheorie*]. Cambridge，MA and London：MIT Press.

（1994），*Desintegration. Bruchstücke einer soziologischen Zeitdiagnose*. Frankfurt am Main：Fischer.

（1995 [1990]），"The Fragmented World of Symbolic Forms：Reflections on Pierre Bourdieu's Sociology of Culture"，in Axel Honneth and Charles W. Wright（eds.），*The Fragmented World of the Social：Essays in Social and Political Philosophy* [*Die zerrissene Welt des Sozialen. Sozialphilosophische Aufsätze*]. Albany：State University of New York Pres，pp.184—201.

（1995 [1992]），*The Struggle for Recognition：The Moral Grammar of Social Conflicts* [*Kampf um Anerkennung. Zur moralischen Grammatik sozialer Konflikte*]. Cambridge：Polity Press.

（2000），*Das Andere der Gerechtigkeit. Aufsätze zur praktischen Philosophie*. Frankfurt am Main：Suhrkamp.

（2001），'Die Zukunft des Instituts für Sozialforschung'，*Mitteilungen des Instituts für Sozialforschung* 12：54—63.

（2007）*Disrespect：The Normative Foundations of Critical Theory*. Cambridge：Polity Press.

Honneth，Axel and Hans Joas（1988 [1980]），*Social Action and Human Nature* [*Soziales Handeln und menschliche Natur. Anthropologische Grundlagen der Sozialwissenschaften*]. Cambridge：Cambridge University Press.

（2002），*Kommunikatives Handeln. Beiträge zu Jürgen Habermas' "Theorie des kommunikativen Handelns"*. Erweiterte und aktualisierte Ausgabe. Frankfurt am Main：Suhrkamp.

Horster，Detlef（1997），*Niklas Luhmann*. Munich：Beck.

Hughes，Everett C.（1994），"Professions"，in Everett C. Hughes，*On Work，Race，and the Sociological Imagination*，ed. and intro. Lewis A. Coser. Chicago and London：University of Chicago Press，pp.37—49.

Husserl，Edmund（1970 [1936]），*The Crisis of European Sciences and Transcendental Phenomenology* [*Die

Krisis der europäischen Wissenschaften und die transzendentale Phänomenologie]. Evanston: Northwestern University Press.

Irrgang, Bernhard(1993), *Lehrbuch der evolutionären Erkenntnistheorie*. Munich and Basel: Ernst Reinhardt.

Jaggar, Alison M. (1993), "Feministische Ethik. Ein Forschungsprogramm für die Zukunft", in H. Nagl-Docekal and H. Pauer-Studer(eds.), *Jenseits der Geschlechtermoral. Beiträge zur feministischen Ethik*. Frankfurt am Main: Fischer, pp.195—218.

James, William(1978 [1907]), *Pragmatism: A New Name for Some Old Ways of Thinking*. Cambridge, MA and London: Harvard University Press.

Jameson, Fredric (1991), *Postmodernism, or, The Cultural Logic of Late Capitalism*. London and New York: Verso.

Jaspers, Karl(1953 [1949]), *The Origin and Goal of History* [*Vom Ursprung und Ziel der Geschichte*]. London: Routledge.

Joas, Hans (1993 [1986]), "The Unhappy Marriage of Hermeneutics and Functionalism: Jürgen Habermas' Theory of Communicative Action", in Hans Joas, *Pragmatism and Social Theory* [*Pragmatismus und Gesellschaft stheorie*] Chicago and London: University of Chicago Press, pp.125—53.

(1993 [1992]), "Pragmatism in American Sociology", in Hans Joas, *Pragmatism and Social Theory* [*Pragmatismus und Gesellschaftstheorie*]. Chicago and London: University of Chicago Press, pp.14—54.

(1993 [1992]), "A Sociological Transformation of the Philosophy of Praxis: Anthony Giddens's Theory of Structuration", in Hans Joas, *Pragmatism and Social Theory* [*Pragmatismus und Gesellschafts-theorie*]. Chicago and London: University of Chicago Press, pp.172—87.

(1996 [1992]), *The Creativity of Action* [*Die Kreativität des Handelns*]. Oxford: Polity Press.

(1997 [1980]), *G. H. Mead: A Contemporary Re-examination of His Thought* [*Praktische Intersubjektivität. Die Entwicklung des Werkes von G. H. Mead*]. Cambridge, MA: MIT Press.

(1998), "The Autonomy of the Self: The Meadian Heritage and its Postmodern Challenge", *European Journal of Social Theory* 1: 7—18.

(1998/99), "Macroscopic Action- On Amitai Etzioni's Contribution to Social Theory", *The Responsive Community* 9: 23—31.

(2000 [1997]), *The Genesis of Values* [*Die Entstehung der Werte*]. Chicago: University of Chicago Press.

(2001), "The Gift of Life: Parsons Late Sociology of Religion", *Journal of Classical Sociology* 1, 1: 127—41.

(2002), "Values versus Norms: A Pragmatist Account of Moral Objectivity", *The Hedgehog Review* 3, 1: 42—56.

(2002 [2000]), *War and Modernity* [*Kriege und Werte. Studien zur Gewaltgeschichte des 20. Jahrhunderts*]. Oxford: Polity Press.

(2003), "Gott in Frankreich. Paul Ricoeur als Denker der Vermittlung", *Merkur* 57: 242—6.

（2003），"Max Weber und die Entstehung der Menschenrechte. Eine Studie über kulturelle Innovation", in Gert Albert, Agathe Bienfait, Steffen Siegmund and Claus Wendt（eds.）, *Das Weber-Paradigma. Studien zur Weiterentwicklung von Max Webers Forschungsprogramm*. Tübingen: Mohr Siebeck, pp.252—70.

（2007［2004］）, *Do We Need Religion? On the Experience of Self-Transcendence*［*Braucht der Mensch Religion? Über Erfahrungen der Selbsttranszendenz*］. Boulder: Paradigm Publishers.

Joas, Hans and Frank Adloff（2002），"Milieuwandel und Gemeinsinn", in Herfried Münkler and Harald Bluhm（eds.）, *Gemeinwohl und Gemeinsinn*. Volume IV: *Zwischen Normativität und Faktizität*. Berlin: Akademie Verlag, pp.153—85.

Joas, Hans and Jens Beckert（2001），"Action Theory", in Jonathan H. Turner（ed.）, *Handbook of Sociological Theory*. New York: Kluwer Academic, pp.269—85.

Kalyvas, Andreas（2001），"The Politics of Autonomy and the Challenge of Deliberation: Castoriadis Contra Habermas", *Thesis Eleven* 64: 1—19.

Kessler, Suzanne J. and Wendy McKenna（1978）, *Gender: An Ethnomethodological Approach*. Chicago and London: University of Chicago Press.

Kippenberg, Hans G. and Brigitte Luchesi（eds.）（1978）, *Magie. Die Sozialwissenschaftliche Kontroverse über das Verstehen fremden Denkens*. Frankfurt am Main: Suhrkamp.

Kitsuse, John I.（1962），"Societal Reaction to Deviant Behavior: Problems of Theory and Method", *Social Problems* 9, 3: 247—56.

Knapp, Gudrun-Axeli（1992），"Macht und Geschlecht. Neuere Entwicklungen in der feministischen Macht- und Herrschaftsdiskussion", in Gudrun-Axeli Knapp and Angelika Wetterer（eds.）, *Traditionen Brüche. Entwicklungen feministischer Theorie*. Freiburg: Kore, pp.287—325.

（1997），"Differenz und Dekonstruktion. Anmerkungen zum ' Paradigmenwechsel' in der Frauenforschung", in Gudrun-Axeli Knapp, *Differenz und Integration. Die Zukunft moderner Gesellschaften. Verhand lungen des 28. Kongresses der Deutschen Gesellschaft für Soziologie in Dresden 1996*. Frankfurt am Main and New York: Campus, pp.497—513.

Kneer, Georg and Armin Nassehi（1993）, *Niklas Luhmanns Theorie sozialer Systeme*. Munich: Wilhelm Fink.

Knöbl, Wolfgang（2001）, *Spielräume der Modernisierung. Das Ende der Eindeutigkeit*. Weilerswist: Velbrück.

（2007）, *Die Kontingenz der Moderne. Wege in Europa, Asien und Amerika*. Frankfurt am Main and New York: Campus.

Knorr-Cetina, Karin（1981）, *The Manufacture of Knowledge: An Essay on the Constructivist and Contextual Nature of Science*. Oxford: Pergamon.

Kohlberg, Lawrence（1996），"Moral Stages and Moralization", in Lawrence Kohlberg, *The Psychology of Moral Development*. San Francisco and London: Harper & Row, pp.170—206.

Kuhn, Thomas S.（1962）, *The Structure of Scientific Revolutions*. Chicago and London: University of Chicago Press.

Kurzweil, Edith(1980), *The Age of Structuralism: Lévi-Strauss to Foucault*. New York: Columbia University Press.

Kymlicka, Will(1990), *Contemporary Political Philosophy: An Introduction*. Oxford: Clarendon Press.

Lamont, Michèle(1992), *Money, Morals, and Manners: The Culture of the French and the American Upper-Middle Class*. Chicago and London: University of Chicago Press.

Landweer, Hilge(1994), "Generativität und Geschlecht. Ein blinder Fleck in der sex/gender-Debatte", in Th-eresa Wobbe and Gesa Lindemann(eds.), *Denkachsen. Zur theoretischen und institutionellen Rede vom Geschlecht*. Frankfurt am Main: Suhrkamp, pp.147—76.

Larson, Magali Sarfatti(1977), *The Rise of Professionalism: A Sociological Analysis*. Berkeley, Los Angeles and London: University of California Press.

Latour, Bruno (1993 [1991]), *We Have Never Been Modern* [*Nous n'avons jamais été modernes. Essai d'anthropologie symétrique*]. New York and London: Harvester Wheatsheaf.

Leach, Edmund(1989), *Claude Lévi-Strauss*. Chicago: University of Chicago Press.

Lefort, Claude(1988), "Interpreting Revolution within the French Revolution", in Claude Lefort, *Democracy and Political Theory*. Oxford: Polity Press, pp.89—114.

Lemert, Edwin M. (1975), "Das Konzept der sekundären Abweichung", in Friedrich W. Stallberg (ed.), *Abweichung und Kriminalität. Konzeptionen, Kritik, Analysen*. Hamburg: Hoffmann und Campe, pp.33—46.

Lenski, Gerhard(1966), *Power and Privilege: A Theory of Social Stratification*. New York: McGraw-Hill.

Lerner, Daniel(1965 [1958]), *The Passing of Traditional Society: Modernizing the Middle East*. New York: Free Press.

Lévi-Strauss, Claude (1966 [1962]), *The Savage Mind* [*La pensée sauvage*]. London: Weidenfeld & Nicolson.

(1968 [1958]), *Structural Anthropology* [*Anthropologie structurale*]. London: Allen Lane.

(1973 [1955]), *Tristes Tropiques* [*Tristes Tropiques*]. London: Jonathan Cape.

(1977 [1949]), *The Elementary Structures of Kinship* [*Les structures élémentaires de la parenté*]. Boston: Beacon Press.

Lidz, Victor(2000), "Talcott Parsons", in George Ritzer(ed.), *Blackwell Companion to Major Social Theorists*. Oxford: Basil Blackwell, pp.388—431.

Lipset, Seymour Martin(1988 [1959]), *Political Man: The Social Bases of Politics*. Baltimore: Johns Hopkins University Press.

Lockwood, David (1956), "Some Remarks on *The Social System*", *British Journal of Sociology* 7: 134—46.

(1964), "Social Integration and System Integration", in George Zollschan and Walter Hirsch(eds.), *Explorations in Social Change*. London: Routledge, pp.244—57.

(1992), *Solidarity and Schism: "The Problem of Disorder" in Durkheimian and Marxist Sociology*. Oxford: Clarendon Press.

Lorber, Judith(1994), *Paradoxes of Gender*. New Haven and London: Yale University Press.

Luhmann, Niklas(1964), *Funktionen und Folgen formaler Organisation*. Berlin: Duncker & Humblot.

(1970), "Funktionale Methode und Systemtheorie", in Niklas Luhmann, *Soziologische Aufklärung 1. Aufsätze zur Theorie sozialer Systeme*. Opladen: Westdeutscher Verlag, pp.31—53.

(1970), "Funktionen und Kausalität", in Niklas Luhmann, *Soziologische Aufklärung 1. Aufsätze zur Theorie sozialer Systeme*. Opladen: Westdeutscher Verlag, pp.9—30.

(1970), "Soziologie als Theorie sozialer Systeme", in Niklas Luhmann, *Soziologische Aufklärung 1. Aufsätze zur Theorie sozialer Systeme*. Opladen: Westdeutscher Verlag, pp.113—36.

(1970), "Soziologische Aufklärung", in Niklas Luhmann, *Soziologische Aufklärung 1. Aufsätze zur Theorie sozialer Systeme*. Opladen: Westdeutscher Verlag, pp.66—91.

(1972 [1968]), *Zweckbegriff und Systemrationalität. Über die Funktion von Zwecken in sozialen Systemen*. Frankfurt am Main: Suhrkamp.

(1979 [1968]), *Trust and Power* [originally published in German as two separate volumes, *Vertrauen* and *Macht*]. Chichester: Wiley.

(1980), *Gesellschaftsstruktur und Semantik. Studien zur Wissenssoziologie der modernen Gesellschaft*. 4 vols. Frankfurt am Main: Suhrkamp.

(1983 [1969]), *Legitimation durch Verfahren*. Frankfurt am Main: Suhrkamp.

(1986 [1982]), *Love as Passion: The Codification of Intimacy* [*Liebe als Passion. Zur Codierung von Intimität*]. Cambridge: Polity Press.

(1989 [1986]), *Ecological Communication* [*Ökologische Kommunikation. Kann die moderne Gesellschaft sich auf ökologische Gefährdungen einstellen?*]. Cambridge: Polity Press.

(1989), "Politische Steuerung. Ein Diskussionsbeitrag", *Politische Vierteljahresschrift* 31, 1: 4—9.

(1990 [1981]), *Political Theory in the Welfare State* [*Politische Theorie im Wohlfahrtsstaat*]. Berlin: de Gruyter.

(1995 [1984]), *Social Systems* [*Soziale Systeme. Grundriß einer allgemeinen Theorie*]. Stanford, CA: Stanford University Press.

(1997), "Biographie im Interview", in Detlef Horster, *Niklas Luhmann*. Munich: Beck, pp.25—45.

(1997), *Die Gesellschaft der Gesellschaft*. 2 vols. Frankfurt am Main: Suhrkamp.

(2000), *Die Politik der Gesellschaft*. ed. André Kieserling. Frankfurt am Main: Suhrkamp.

Lukács, Georg(1971 [1923]), *History and Class Consciousness: Studies in Marxist Dialectics* [*Geschichte und Klassenbewußtsein*]. London: Merlin Press.

Lynch, Michael, Eric Livingston and Harold Garfinkel(1983), "Temporal Order in Laboratory Work", in Karin Knorr-Cetina and Michael Muller(eds.), *Science Observed: Perspectives on the Social Study of Science*. Beverly Hills and London: Sage, pp.205—38.

Lyotard, Jean-François(1984 [1979]), *The Postmodern Condition: A Report on Knowledge* [*La condition postmoderne*]. Manchester: Manchester University Press.

MacKinnon, Catharine A.(1989), *Toward a Feminist Theory of the State*. Cambridge, MA and London:

Harvard University Press.

Maines, David R. (1977), "Social Organization and Social Structure in Symbolic Interactionist Thought", *Annual Review of Sociology* 3: 235—59.

(1982), "In Search of Mesostructure: Studies in the Negotiated Order", *Urban Life* 11, 3: 267—79.

(2001), *The Faultline of Consciousness: A View of Interactionism in Sociology*. New York: Aldine de Gruyter.

Mann, Michael(1986), *The Sources of Social Power*. Cambridge: Cambridge University Press.

Marwell, Gerald and Ruth E. Ames(1981), "Economists Free Ride, Does Anyone Else? Experiments on the Provision of Public Goods, IV", *Journal of Public Economics* 15: 295—310.

Marx, Karl(1970 [1919]), *A Contribution to the Critique of Political Economy*. London: Lawrence & Wishart.

Marx, Werner(1987), *Die Phänomenologie Edmund Husserls. Eine Einführung*. Munich: Fink.

Maurer, Andrea and Michael Schmid(eds.)(2002), *Neuer Institutionalismus. Zur soziologischen Erklärung von Organisation, Moral und Vertrauen*. Frankfurt am Main and New York: Campus.

Mauss, Marcel(1990 [1923/24]), *The Gift: The Form and Reason for Exchange in Archaic Societies* [*Essai sur le don*]. London: Routledge.

Mayer, Hans(1982), *Ein Deutscher auf Widerruf. Erinnerungen*. Volume I. Frankfurt am Main: Suhrkamp.

McCarthy, John and Mayer Zald(1977), "Resource Mobilization and Social Movements: A Partial Theory", *American Journal of Sociology* 82, 6: 1212—41.

McCarthy, Thomas(1978), *The Critical Theory of Jürgen Habermas*. London: Hutchinson.

(1991), *Ideals and Illusions: On Reconstruction and Deconstruction in Contemporary Critical Theory*. Cambridge, MA and London: MIT Press.

McClelland, David(1961), *The Achieving Society*. New York and London: Free Press.

Mehan, Hugh and Houston Wood(1976), "Five Features of Reality", in Jodi O'Brien(ed.), *The Production of Reality*. Thousand Oaks and London: Pine Forge Press, pp.365—80.

Meltzer, Bernard N., John W.Petras and Larry T. Reynolds(1975), *Symbolic Interactionism: Genesis, Varieties and Criticism*. London and Boston: Routledge & Kegan Paul.

Merleau-Ponty, Maurice(1962 [1945]), *Phenomenology of Perception* [*Phénoménologie de la perception*]. London: Routledge.

Merton, Robert K.(1957), "Continuities in the Theory of Reference Groups and Social Structure", in Robert K. Merton, *Social Theory and Social Structure*. Revised and enlarged edition. Glencoe, IL and New York: Free Press, pp.281—386.

Meyer, John W.(1977), "Institutionalized Organizations: Formal Structure as Myth and Ceremony", *American Journal of Sociology* 83, 2: 340—63.

Meyer, John W., John Boli, George M. Thomas and Francisco O. Ramirez(1997), "World Society and the Nation-State", *American Journal of Sociology* 103, 1: 144—81.

Mill, John Stuart(1992 [1863]), "Utilitarianism", in John Stuart Mill, *On Liberty and Utilitarianism*. New York: Alfred A. Knopf, pp.113—72.

Miller, James(1993), *The Passion of Michel Foucault*. New York: Simon & Schuster.

Mills, C. Wright(1956), *The Power Elite*. New York: Oxford University Press.

(1959), *The Sociological Imagination*. New York: Oxford University Press.

(1964), *Sociology and Pragmatism: The Higher Learning in America*. New York: Paine-Whitman Publishers.

Müller, Hans-Peter(1992), *Sozialstruktur und Lebensstile. Der neuere theoretische Diskurs über soziale Ungleichheit*. Frankfurt am Main: Suhrkamp.

Mullins, Nicolas C. and Carolyn J. Mullins(1973), "Symbolic Interactionism: The Loyal Opposition", in Nicolas C. Mullins, *Theories and Theory Groups in Contemporary American Sociology*. New York: Harper & Row, pp.75—104.

Münch, Richard(1984), *Die Struktur der Moderne. Grundmuster und differentielle Gestaltung des institutionellen Aufbaus der modernen Gesellschaften*. Frankfurt am Main: Suhrkamp.

(1986), *Die Kultur der Moderne*. 2 vols. Frankfurt am Main: Suhrkamp.

(1987 [1982]), *Theory of Action: Towards a New Synthesis Going Beyond Parsons* [translation of part of *Theorie des Handelns. Zur Rekonstruktion der Beiträge von Talcott Parsons, Emile Durkheim und Max Weber*]. London: Routledge.

(1988 [1982]), *Understanding Modernity: Toward a New Perspective Going beyond Durkheim and Weber* [translation of part of *Theorie des Handelns. Zur Rekonstruktion der Beiträge von Talcott Parsons, Emile Durkheim und Max Weber*]. London: Routledge.

(2002), "Die Zweite Moderne: Realität oder Fiktion? Kritische Fragen an die 'Theorie reflexiver Modernisierung'", *Kölner Zeitschrift für Soziologie und Sozialpsychologie* 54, 3: 417—43.

Nagl, Ludwig(1992), *Charles Sanders Peirce*. Frankfurt am Main and New York: Campus.

Nagl-Docekal, Herta (2000), *Feministische Philosophie. Ergebnisse, Probleme, Perspektiven*. Frankfurt am Main: Fischer.

Nipperdey, Thomas (1996 [1983]), *Germany from Napoleon to Bismarck 1800—1866* [*Deutsche Geschichte. 1800—1866. Bürgerwelt und starker Staat*]. Dublin: Gill & Macmillan.

North, Douglass C.(1990), *Institutions, Institutional Change and Economic Performance*. Cambridge: Cambridge University Press.

Nunner-Winkler, Gertrud (1991), "Gibt es eine weibliche Moral?", in Gertrud Nunner-Winkler (ed.), *Weibliche Moral. Die Kontroverse um eine geschlechtsspezifische Ethik*. Frankfurt am Main and New York: Campus, pp.147—61.

Nussbaum, Martha C. (1995), "Emotions and Women's Capabilities", in Martha C. Nussbaum and Jonathan Glover (eds.), *Women, Culture and Development*. Oxford: Oxford University Press, pp.360—95.

(1999), "The Professor of Parody: The Hip Defeatism of Judith Butler", *New Republic*, 22 February: 37—45.

Offe, Claus and Helmut Wiesenthal(1980), "Two Logics of Collective Action: Theoretical Notes on

Social Class and Organizational Form", *Political Power and Social Theory* 1: 67—115.

Oliver, Pamela E. and Gerald Marwell (1988), "The Paradox of Group Size in Collective Action: A Theory of the Critical Mass. II", *American Sociological Review* 53, 1: 1—8.

(2001), "Whatever Happened to Critical Mass Theory? A Retrospective and Assessment", *Sociological Theory* 19, 3: 292—311.

Olson, Mancur Jr. (1965), *The Logic of Collective Action*. Cambridge, MA: Harvard University Press.

Opp, Karl-Dieter (1994), "Der 'Rational Choice'-Ansatz und die Soziologie sozialer Bewegungen", *Forschungsjournal NSB* 2: 11—26.

(1994), "Repression and Revolutionary Action", *Rationality and Society* 6, 1: 101—38.

Parsons, Talcott (1939), "Actor, Situation and Normative Patterns: An Essay in the Theory of Social Action" (unpublished manuscript).

(1964 [1951]), *The Social System*. New York and London: Free Press.

(1964), "Democracy and Social Structure in Pre-Nazi Germany", in Talcott Parsons, *Essays in Sociological Theory*. New York: Free Press, pp.104—23.

(1964), "The Motivation of Economic Activities", in Talcott Parsons, *Essays in Sociological Theory*. New York: Free Press, pp.50—68.

(1964), "The Professions and Social Structure", in Talcott Parsons, *Essays in Sociological Theory*. New York: Free Press, pp.34—49.

(1966), *Societies: Evolutionary and Comparative Perspectives*. Englewood Cliffs, NJ: Prentice-Hall.

(1967), "Full Citizenship for the Negro American?", in Talcott Parsons, *Sociological Theory and Modern Sociology*. New York: Free Press, pp.422—65.

(1967), "On the Concept of Political Power", in Talcott Parsons, *Sociological Theory and Modern Society*. New York: Free Press, pp.297—354.

(1968 [1937]), *The Structure of Social Action: A Study in Social Theory with Special Reference to a Group of Recent European Writers*. 2 vols. New York and London: Free Press.

(1969), "On the Concept of Influence", in Talcott Parsons, *Politics and Social Structure*. New York and London: Free Press, pp.405—38.

(1969), "On the Concept of Value-Commitments", in Talcott Parsons, *Politics and Social Structure*. New York and London: Free Press, pp.439—72.

(1971), *The System of Modern Societies*. Englewood Cliffs, NJ: Prentice-Hall.

(1974), "Comment on Turner, 'Parsons as a Symbolic Interactionist'", *Sociological Inquiry* 45, 1: 62—5.

(1978), *Action Theory and the Human Condition*. New York and London: Free Press.

Parsons, Talcott and Edward A. Shils (1951), *Toward a General Theory of Action*. Cambridge, MA: Harvard University Press.

Parsons, Talcott and Neil Smelser (1956), *Economy and Society: A Study in the Integration of Economic and Social Theory*. London: Routledge.

Parsons, Talcott, Robert F. Bales and Edward A. Shils (1953), *Working Papers in the Theory of Action.* New York and London: Free Press.

Pauer-Studer, Herlinde (1993), "Moraltheorie und Geschlechterdifferenz. Feministische Ethik im Kontext aktueller Fragestellungen", in H. Nagl Docekal and H. Pauer-Studer(eds.), *Jenseits der Geschlechtermoral. Beiträge zur feministischen Ethik.* Frankfurt am Main: Fischer, pp.33—68.

Peirce, Charles S.(1934), "The Fixation of Belief", in Charles Hartshorne and Paul Weiss(eds.), *Collected Papers of Charles Sanders Peirce.* Volume V: *Pragmatism and Pragmaticism.* Cambridge, MA: Harvard University Press, pp.358—87.

(1934), "Some Consequences of Four Incapacities", in Charles Hartshorne and Paul Weiss(eds.), *Collected Papers of Charles Sanders Peirce.* Volume V: *Pragmatism and Pragmaticism.* Cambridge, MA: Harvard University Press, pp.156—89.

Plummer, Ken(1991), "Introduction: The Foundations of Interactionist Sociologies", in Ken Plummer (ed.), *Symbolic Interactionism.* Volume I: *Foundations and History.* Aldershot and Brookfield: Edward Elgar Publishing, pp.x—xx.

Pope, Whitney, Jere Cohen and Lawrence E. Hazelrigg(1975), "On the Divergence of Weber and Durkheim: A Critique of Parsons' Convergence Thesis", *American Sociological Review* 40, 4: 417—27.

Popper, Karl Raimund(1989), *Logik der Forschung.* Ninth edition. Tübingen: Mohr.

(1992 [1934]), *The Logic of Scientific Discovery* [*Logik der Forschung*]. London: Routledge.

Psathas, George(1976), "Die Untersuchung von Alltagsstrukturen und das ethnomethodologische Paradigma", in Richard Grathoff and Walter Sprondel(eds.), *Alfred Schütz und die Idee des Alltags in den Sozialwissenschaft en.* Stuttgart: Enke, pp.178—95.

Putnam, Hilary(1981), *Reason, Truth and History.* Cambridge: Cambridge University Press.

(1988), *Representation and Reality.* Cambridge, MA and London: MIT Press.

(1992), *Renewing Philosophy.* Cambridge, MA and London: Harvard University Press.

(1995), *Pragmatism: An Open Question.* Oxford: Blackwell.

Raters, Marie-Luise and Marcus Willaschek(2002), "Hilary Putnam und die Tradition des Pragmatismus", in Marie-Luise Raters and Marcus Willaschek(eds.), *Hilary Putnam und die Tradition des Pragmatismus.* Frankfurt am Main: Suhrkamp, pp.9—29.

Rawls, John(1972 [1971]), *A Theory of Justice.* Oxford: Clarendon Press.

Rex, John(1970 [1961]), *Key Problems of Sociological Theory.* London: Routledge.

Reynolds, Larry T. and Nancy J. Herman-Kinney (eds.) (2003), *Handbook of Symbolic Interactionism.* Walnut Creek, CA: Alta Mira Press.

Ricoeur, Paul(1970 [1965]), *Freud and Philosophy: An Essay on Interpretation* [*De l'interpretation. Essai sur Freud*]. New Haven and London: Yale University Press.

(1984f. [1983f.]), *Time and Narrative.* 3 vols. [*Temps et récit*]. Chicago: University of Chicago Press.

(1992［1990］)，*Oneself as Another*［*Soi-même commeunautre*］. Chicago and London：University of Chicago Press.

Rock，Paul(1991)，"Symbolic Interaction and Labelling Theory"，in Ken Plummer(ed.)，*Symbolic Interactionism*. Volume I：*Foundations and History*. Aldershot and Brookfield：Edward Elgar Publishing，pp.227—43.

Rödel，Ulrich(ed.)(1990)，*Autonome Gesellschaft und libertäre Demokratie*. Frankfurt am Main：Suhrkamp.

Rorty，Richard(1980)，*Philosophy and the Mirror of Nature*. Oxford：Basil Blackwell.

(1989)，*Contingency，Irony，and Solidarity*. Cambridge：Cambridge University Press.

(1991)，"Solidarity or Objectivity?"，in Richard Rorty，*Objectivity，Relativism and Truth*. Cambridge：Cambridge University Press.

(1998)，*Achieving Our Country*：*Leftist Thought in Twentieth-Century America*. Cambridge，MA and London：Harvard University Press.

(1998)，*Truth and Progress*. Cambridge：Cambridge University Press.

(1999)，"Trotsky and the Wild Orchids"，in Richard Rorty，*Philosophy and Social Hope*. London：Penguin，pp.3—20.

(2000)，"Is it Desirable to Love Truth?"，in Richard Rorty，*Truth，Politics and 'Postmodernism'*. Assen：Van Gorcum，pp.1—22.

Rostow，Walt W.(1971［1960］)，*The Stages of Economic Growth*：*A Non-Communist Manifesto*. Cambridge：Cambridge University Press.

Rubin，Gayle(1975)，"The Traffic in Women：Notes on the 'Political Economy' of Sex"，in Rayna R. Reiter(ed.)，*Toward an Anthropology of Women*. New York and London：Monthly Review Press，pp.157—210.

Ryan，Alan(1991)，'When It's Rational to be Irrational'，*The New York Review of Books*，10 October：19—22.

Sacks，Harvey(1972)，"Notes on Police Assessment of Moral Character"，in David Sudnow(ed.)，*Studies in Social Interaction*. Glencoe：Free Press，pp.280—93.

Sandel，Michael J.(1982)，*Liberalism and the Limits of Justice*. Cambridge：Cambridge University Press.

(1993)，"The Procedural Republic and the Unencumbered Self"，in ColinFarrelly(ed.)，*Contemporary Political Theory*：*A Reader*. London：Sage，pp.113—25.

Sartre，Jean-Paul(2003［1943］)，*Being and Nothingness*：*An Essay on Phenomenological Ontology*［*L'être et le néant. Essai d'ontologie phénoménologique*］. London：Routledge.

Saussure，Ferdinand de(1983［1915］)，*Course in General Linguistics*［*Cours de linguistique générale*］. London：Duckworth.

Scharpf，Fritz W.(1989)，"Politische Steuerung und Politische Institutionen"，*Politische Vierteljahresschrift* 31，1：10—21.

(2000)，*Interaktionsformen. Akteurzentrierter Institutionalismus in der Politikforschung*. Opladen：Leske &

Budrich.

Schegloff, Emanuel A.(2001), "Accounts of Conduct in Interaction: Interruption, Overlap, and Turn-Taking", in Jonathan H. Turner(ed.), *Handbook of Sociological Theory*. New York: Kluwer Academic, pp.287—321.

Schelling, Thomas C.(1960), *The Strategy of Conflict*. Cambridge, MA: Harvard University Press.

(1978), *Micromotives and Macrobehavior*. New York and London: W. W. Norton & Co.

Schelsky, Helmut(1977 [1975]), *Die Arbeit tun die anderen. Klassenkampf und Priesterherrschaft der Intellektuellen*. Munich: dtv.

(1984 [1957]), *Die skeptische Generation. Eine Soziologie der deutschen Jugend*. Frankfurt am Main, Berlin and Vienna: Ullstein.

Schimank, Uwe(1996), *Theorien gesellschaftlicher Differenzierung*. Opladen: Leske & Budrich.

Schiwy, Günther(1978), *Der französische Strukturalismus*. Reinbek: Rowohlt.

Schluchter, Wolfgang(1981 [1979]), *The Rise of Western Rationalism: Max Weber's Developmental History [Die Entwicklung des okzidentalen Rationalismus. Eine Analyse von Max Webers Gesellschaftsgeschichte]*. Berkeley and London: University of California Press.

(1998), *Die Entstehung des modernen Rationalismus. Eine Analyse von Max Webers Entwicklungsgeschichte des Okzidents*. Frankfurt am Main: Suhrkamp.

Schluchter, Wolfgang(ed.)(1981), *Max Webers Studie über das antike Judentum. Interpretation und Kritik*. Frankfurt am Main: Suhrkamp.

(1983), *Max Webers Studie über Konfuzianismus und Taoismus. Interpretation und Kritik*. Frankfurt am Main: Suhrkamp.

(1984), *Max Webers Studie über Hinduismus und Buddhismus. Interpretation und Kritik*. Frankfurt am Main: Suhrkamp.

(1985), *Max Webers Sicht des antiken Christentums. Interpretation und Kritik*. Frankfurt am Main: Suhrkamp.

(1988), *Max Webers Sicht des okzidentalen Christentums. Interpretation und Kritik*. Frankfurt am Main: Suhrkamp.

(1999 [1987]), *Max Weber and Islam. Interpretations and Critiques [Max Webers Sicht des Islams. Interpretation und Kritik]*. New Brunswick, NJ: Transaction.

Schröter, Susanne(2002), *FeMale. Über Grenzverläufe zwischen den Geschlechtern*. Frankfurt am Main: Fischer.

Schulze, Gerhard(1992), *Die Erlebnisgesellschaft. Kultursoziologie der Gegenwart*. Frankfurt am Main and New York: Campus.

Schütz, Alfred(1972 [1932]), *The Phenomenology of the Social World [Der sinnhafte Aufbau der sozialen Welt. Eine Einleitung in die verstehende Soziologie]*. London: Heinemann.

Schütz, Alfred and Thomas Luckmann(1974/1989 [1979/1984]), *The Structures of the Life-World*. 2 vols. London: Heinemann.

Schwingel, Markus(2000), *Pierre Bourdieu zur Einführung*. Hamburg: Junius.

Scott, Richard W.(1995), *Institutions and Organizations*. Thousand Oaks, London and New Delhi: Sage.

Sebeok, Thomas A. and Jean Umiker-Sebeok(1980), "*You Know My Method*": *A Juxtaposition of Charles S. Peirce and Sherlock Holmes*. Bloomington: Gaslight Publications.

Selznick, Philip(1966 [1949]), *TVA and the Grass Roots*: *A Study in the Sociology of Formal Organization*. 'With a new preface by the author'. New York: Harper.

(1992), *The Moral Commonwealth*: *Social Theory and the Promise of Community*. Berkeley, Los Angeles and London: University of California Press.

Shibutani, Tamotsu (1988), "Herbert Blumer's Contribution to Twentieth-Century Sociology", *Symbolic Interaction* 11, 1: 23—31.

Shils, Edward A. (1958), "Tradition and Liberty: Antinomy and Interdependence", *Ethics* 68, 3: 153—65.

(1966), "The Intellectuals in the Political Development of the New States", in Jason L. Finkle and Richard W. Gable(eds.), *Political Development and Social Change*. New York, London and Sydney: John Wiley & Sons, pp.338—65.

(1982), "Center and Periphery", in Edward A.Shils, *The Constitution of Society*. "With a new introduction by the author". Chicago and London: University of Chicago Press, pp.93—109.

(1982), "Charisma, Order, and Status", in Edward A.Shils, *The Constitution of Society*. "With a new introduction by the author". Chicago and London: University of Chicago Press, pp.119—42.

Shils, Edward A. and Morris Janowitz (1948), "Cohesion and Disintegration in the Wehrmacht in World War II", *The Public Opinion Quarterly* 12, 2: 280—315.

Shils, Edward A. and Michael Young(1953), "The Meaning of the Coronation", *Sociological Review* 1, 2: 63—81.

Simmel, Georg(1964 [1908]), *Conflict* [a translation of chapters from *Soziologie. Untersuchungen über die Formen der Vergesellschaftung*]. New York: Free Press.

Simon, Herbert A. (1959), "Theories of Decision-Making in Economics and Behavioral Science", *American Economic Review* 49, 3: 253—83.

Smelser, Neil J.(1960 [1958]), *Social Change in the Industrial Revolution*: *An Application to the Lancashire Cotton Industry 1770—1840*. London: Routledge & Kegan Paul.

(1962), *Theory of Collective Behavior*. New York and London: Free Press.

(1991), *Social Paralysis and Social Change*. Berkeley: University of California Press.

(1997), *Problematics of Sociology*: *The Georg Simmel Lectures*, 1995. Berkeley, Los Angeles and London: University of California Press.

Snow, David A. and Phillip W. Davis(1995), "The Chicago Approach to Collective Behavior", in Gary Alan Fine(ed.), *A Second Chicago School? The Development of a Postwar American Sociology*. Chicago and London: University of Chicago Press, pp.188—220.

Sofsky, Wolfgang(1997 [1993]), *The Order of Terror: The Concentration Camp* [*Die Ordnung des Terrors. Das Konzentrationslager*]. Princeton and Chichester: Princeton University Press.

Srubar, Ilia(1988), *Kosmion. Die Genese der pragmatischen Lebenswelttheorie von Alfred Schütz und ihr anthropologischer Hintergrund.* Frankfurt am Main: Suhrkamp.

Stichweh, Rudolf(1991), *Der frühmoderne Staat und die europäische Universität. Zur Interaktion von Politik und Erziehungssystem im Prozeß ihrer Ausdifferenzierung* (16.—18. *Jahrhundert*). Frankfurt am Main: Suhrkamp.

(1994), *Wissenschaft, Universität, Professionen. Soziologische Analysen.* Frankfurt am Main: Suhrkamp.

(2000), *Die Weltgesellschaft. Soziologische Analysen.* Frankfurt am Main: Suhrkamp.

Strauss, Anselm(1977 [1959]), *Mirrors and Masks: The Search for Identity.* London: Martin Robertson.

(1978), *Negotiations: Varieties, Contexts, Processes, and Social Order.* San Francisco, Washington and London: Jossey-Bass Publications.

(1982), "Interorganizational Negotiation", *Urban Life* 11, 3: 349—67.

(1993), *Continual Permutations of Action.* New York: Aldine de Gruyter.

Stryker, Sheldon(1987), "The Vitalization of Symbolic Interactionism", *Social Psychology Quarterly* 50, 1: 83—94.

Taylor, Charles(1975), *Hegel.* Cambridge: Cambridge University Press.

(1985), "Legitimation Crisis?" in Charles Taylor, *Philosophy and the Human Sciences: Philosophical Papers 2.* Cambridge: Cambridge University Press, pp.248—88.

(1985), *Philosophy and the Human Sciences: Philosophical Papers 2.* Cambridge: Cambridge University Press.

(1989), *Sources of the Self: The Making of the Modern Identity.* Cambridge, MA: Harvard University Press.

Therborn, Göran(1992), "The Right to Vote and the Four World Routes to/through Modernity", in Rolf Torstendahl(ed.), *State Theory and State History.* London, Newbury Park and New Delhi: Sage, pp.62—92.

(1995), *European Modernity and Beyond: The Trajectory of European Societies, 1945—2000.* London: Sage.

Thomas, George M. and John W. Meyer(1984), "The Expansion of the State", *Annual Review of Sociology* 10: 461—82.

Tompson, Edward P.(1963), *The Making of the English Working Class.* London: Victor Gollancz.

Tilly, Charles(2003), *The Politics of Collective Violence.* Cambridge: Cambridge University Press.

Tiryakian, Edward A.(1991), "Modernization: Exhumetur in Pace(Rethinking Macrosociology in the 1990s)", *International Sociology* 6, 2: 165—80.

Tocqueville, Alexis de(2003 [1835/1840]) *Democracy in America* [*De la démocratie en Amérique*]. London: Penguin.

Toulmin, Stephen(1990), *Cosmopolis: The Hidden Agenda of Modernity.* New York: Free Press.

Touraine, Alain(1965), *Sociologie de l'action.* Paris: Éditions du Seuil.

(1974 [1969]), *The Post-Industrial Society* [*La société post-industrielle*]. London: Wildwood House.

(1977) , *The Self-Production of Society*. Chicago and London: University of Chicago Press.

(1981 [1978]) , *The Voice and the Eye* [*La voix et le regard*]. Cambridge: Cambridge University Press.

(1992) , "La théorie sociologique entre l'acteur et les structures", *Schweizerische Zeitschrift für Soziologie / Revue suisse de sociologie* 18 , 3: 533—5.

(1995 [1992]) , *Critique of Modernity* [*Critique de la modernité*]. Oxford: Blackwell.

(1997 [1994]) , *What is Democracy?* [*Qu'est-ce que la démocratie?*]. Boulder: Westview Press.

(2000 [1997]) , *Can We Live Together? Equality and Difference* [*Pourrons-nous vivre ensemble? Égaux et différents*]. Oxford: Polity Press.

Tugendhat, Ernst(1982 [1976]) , *Traditional and Analytical Philosophy: Lectures on the Philosophy of Language* [*Vorlesungen zur Einführung in die sprachanalytische Philosophie*]. Cambridge: Cambridge University Press.

Turner, Jonathan H.(1974) , "Parsons as a Symbolic Interactionist: A Comparison of Action and Interaction Theory", *Sociological Inquiry* 44 , 4: 283—94.

(1998) , *The Structure of Sociological Theory*. Sixth edition. Belmont: Wadsworth Publishing Company.

Turner, Ralph(1962) , "Role-Taking: Process versus Conformity", in A. Rose(ed.) , *Human Behavior and Social Processes: An Interactionist Approach*. London: Routledge & Kegan Paul, pp.20—40.

(1970) , *Family Interaction*. New York and London: John Wiley & Sons.

Turner, Ralph and Lewis M. Killian(1972) , *Collective Behavior*. Second edition. Englewood Cliffs, NJ: Prentice Hall.

Turner, Stephen(1999) , "The Significance of Shils", *Sociological Theory* 17 , 2: 125—45.

(2003) , "The Maturity of Social Theory", in Charles Camic and Hans Joas(eds.) , *The Dialogical Turn*. Lanham, MD: Rowman & Littlefield, pp.141—70.

Van der Linden, Marcel(1997) , "Socialisme ou Barbarie: A French Revolutionary Group (1949—65) ", *Left History* 5 , 1: 7—37.

Wagner, Helmut R.(1983) , *Alfred Schütz: An Intellectual Biography*. Chicago and London: University of Chicago Press.

Wagner, Peter(1993) , "Die Soziologie der Genese sozialer Institutionen—Theoretische Perspektiven der 'neuen Sozialwissenschaften' in Frankreich", *Zeitschrift für Soziologie* 22 , 6: 464—76.

(1994 [1995]) , *A Sociology of Modernity: Liberty and Discipline* [*Soziologie der Moderne. Freiheit und Disziplin*]. London: Routledge.

(2001) , *Theorizing Modernity: Inescapability and Attainability in Social Theory*. London, Thousand Oaks and New Delhi: Sage.

Walby, Sylvia(1990) , *Theorizing Patriarchy*. Oxford: Basil Blackwell.

Wallerstein, Immanuel(1974 f.) , *The Modern World-System*. 3 vols. New York: Academic Press.

(1983) , *Historical Capitalism*. London: Verso.

Warner, Stephen R.(1978) , "Toward a Redefinition of Action Theory: Paying the Cognitive Element

Its Due", *American Journal of Sociology* 83, 6: 1317—67.

Weber, Max (1975 [1908]), "Marginal Utility Theory and the So-called Law of Psychophysics" ["Die Grenznutzlehre und das 'psychophysische Grundgesetz'"], *Social Science Quarterly* 56: 21—36.

(1979), *Economy and Society: An Outline of Interpretive Sociology* [*Wirtschaft und Gesellschaft. Grundriß der verstehenden Soziologie*]. Berkeley and London: University of California Press.

Weingarten, Elmar and Fritz Sack (1976), "Ethnomethodologie. Die methodische Konstruktion der Realität", in Elmar Weingarten, Fritz Sack and Jim Schenkein (eds.), *Ethnomethodologie. Beiträge zu einer Soziologie des Alltagshandelns*. Frankfurt am Main: Suhrkamp, pp.7—26.

Welsch, Wolfgang (2002), *Unsere postmoderne Moderne*. Berlin: Akademie Verlag.

Wenzel, Harald (1990), *Die Ordnung des Handelns. Talcott Parsons' Theorie des allgemeinen Handlungssystems*. Frankfurt am Main: Suhrkamp.

(1993), "Einleitung: Neofunktionalismus und theoretisches Dilemma", in Jeffrey C. Alexander, *Soziale Differenzierung und kultureller Wandel*, ed. Harald Wenzel. Frankfurt am Main and New York: Campus, pp.7—30.

(2001), *Die Abenteuer der Kommunikation. Echtzeitmassenmedien und der Handlungsraum der Hochmoderne*. Weilerswist: Velbrück.

West, Candace and Don H. Zimmerman (1987), "Doing Gender", *Gender & Society* 1, 2: 125—51.

Wieder, D. Lawrence and Don H. Zimmermann (1976), "Regeln im Erklärungsprozeß. Wissenschaftliche und ethnowissenschaftliche Soziologie", in Elmar Weingarten, Fritz Sack and Jim Schenkein (eds.), *Ethnomethodologie. Beiträge zu einer Soziologie des Alltagshandelns*. Frankfurt am Main: Suhrkamp, pp.105—29.

Wiesenthal, Helmut (1987), "Rational Choice. Ein Überblick über Grundlinien, Theoriefelder und neuere Themenakquisition eines sozialwissenschaftlichen Paradigmas", *Zeitschrift für Soziologie* 16, 6: 434—49.

Wieviorka, Michel (1993 [1988]), *The Making of Terrorism* [*Sociétés et terrorisme*]. Chicago and London: University of Chicago Press.

(2004), *La violence*. Paris: Ballard.

(2007), *The Lure of Anti-Semitism: Hatred of Jews in Present-Day France*. Leiden: Brill.

Wieviorka, Michel (ed.) (1992), *La France raciste*. Paris: Éditions du Seuil.

Wiggershaus, Rolf (1994 [1988]), *The Frankfurt School: Its History, Theories and Political Significance* [*Die Frankfurter Schule. Geschichte-Theoretische Entwicklung-Politische Bedeutung*]. Cambridge: Polity Press.

Willke, Helmut (1987), *Systemtheorie. Eine Einführung in die Grundprobleme*. Stuttgart and New York: Gustav Fischer Verlag.

(1992), *Ironie des Staates. Grundlinien einer Staatstheorie polyzentrischer Gesellschaft*. Frankfurt am Main: Suhrkamp.

(1995), *Systemtheorie III: Steuerungstheorie. Grundzüge einer Theorie der Steuerung komplexer Sozialsysteme*. Stuttgart and Jena: Gustav Fischer Verlag.

(1997), *Supervision des Staates*. Frankfurt am Main: Suhrkamp.

Wilson, R. Jackson(1968), *In Quest of Community: Social Philosophy in the United States, 1860—1920*. New York, London, Sidney and Toronto: John Wiley & Sons.

Wolfe, Alan(1998), "The Missing Pragmatist Revival in American Social Science", in Morris Dickstein (ed.), *The Revival of Pragmatism*. Durham, NC: Duke University Press, pp.199—206.

Zald, Mayer N. and John D. McCarthy(1987), *Social Movements in an Organizational Society: Collected Essays*. New Brunswick, NJ and Oxford: Transaction Books.

(2002), 'The Resource Mobilization Research Program: Progress, Challenge, and Transformation', in Joseph Berger and Morris Zelditch, Jr.(eds.), *New Directions in Contemporary Sociological Theory*. Lanham, MD: Rowman & Littlefield, pp.147—171.

Zapf, Wolfgang(1996), "Die Modernisierungstheorie und unterschiedliche Pfade der gesellschaftlichen Entwicklung", *Leviathan* 24, 1: 63—77.

中文延伸書目

一、此份延伸書目是國立臺灣大學社會學系名譽教授孫中興老師於 2015 年編，特別感謝孫老師提供

L.・科塞（Lewis A. Coser）(1989)。《社會衝突的功能》，孫立平等人合譯。北京：華夏。

Peter Hamilton (1990)。《派深思》，蔡明璋譯。臺北：桂冠。

Robert K. Merton 和 Matilda White Riley 編 (1987)。《美國社會學傳統》，陳耀祖譯。臺北：巨流。

布勞（Peter M. Blau）(1991)。《社會生活中的交換與權力》，孫非等合譯。臺北：久大 / 桂冠。

布勞（Peter M. Blau）(1999)。《社會生活中的交換與權力》（修訂一版），孫非等合譯。臺北：久大 / 桂冠。

米德（George Herbert Mead）(1995)。《心靈、自我與社會》，胡榮和王小章合譯。臺北：桂冠。

帕深思（Talcott Parsons）(1991)。《社會的進化》，章英華譯。臺北：遠流。

帕森斯（Talcott Parsons）(2003)。《社會行動的結構》。張明德、夏遇南和彭剛合譯。南京：譯林。

彼得・M.・布勞（Peter M. Blau）(2008)。《社會生活中的交換與權力》，李國武譯。北京：商務。

彼得・M.・布勞（Peter M. Blau）(2012)。《社會生活中的交換與權力》，李國武譯。北京：商務。

彼得・布勞（Peter M. Blau）(1988)。《社會生活中的交換與權力》，孫非和張黎勤合譯。北京：華夏。

拉爾夫・達仁道夫（Ralf Dahrendorf）(2000)。《現代社會衝突：歐洲自由政治隨想錄》，林榮遠譯。北京：中國社會科學。

林聚任 (2010)。《林聚任講默頓》。北京：北京大學。

阿爾弗雷德・舒茨（Alfred Schutz）(2001)。〈對人類行動的常識解釋和科學解釋〉，收入《社會實在問題》，霍桂桓和索昕合譯。北京：華夏。第 29-85 頁。

阿爾弗雷德・舒茨（Alfred Schutz）(2001)。〈論多重實在〉，收入《社會實在問題》，霍桂桓和索昕合譯。北京：華夏。第 283-347 頁。

阿爾弗雷德・舒茨（Alfred Schutz）(2011)。〈常識和對人類行動的科學解釋〉，收入《社會實在問題》（修訂版），霍桂桓譯。浙江：浙江大學。第 3-49 頁。

阿爾弗雷德・舒茨（Alfred Schutz）(2011)。〈論多重實在〉，收入《社會實在問題》（修訂版），霍桂桓譯。浙江：浙江大學。第 211-276 頁。

阿爾弗雷德・舒茨（Alfred Schutz）(2022)。《社會世界的意義構成》，游淙祺譯。臺北：五南。

科塞（Lewis A. Coser）(1991)。《社會衝突的功能》，孫立平等人合譯，蕭羨一校閱。臺北：久大 / 桂冠。

范會芳（2009）。《舒茨現象學社會學》。鄭州：鄭州大學。

孫中興（1992）。〈結構功能論的營建者：帕深思〉，收入葉啓政主編，《當代社會思想巨擘：當代

社會思想家》。臺北：正中。

烏塔・格哈特（Uta Gerhardt）(2009)。《帕森斯學術思想評傳》，李康譯。北京：北京大學。

高夫曼（2012）。《精神病院：論精神病患及其他被收容者的社會處境》，群學翻譯工作室譯，萬毓
　　澤校訂。臺北：群學。

高夫曼（Erving Goffman）(1992)。《日常生活的自我表演》，徐江敏和李姚軍合譯，余伯泉校閱，孫
　　中興導讀。臺北：桂冠。

高夫曼（Erving Goffman）(2010)。《汙名：管理受損身分的筆記》，曾凡慈譯。臺北：群學。

莫頓（1981）。〈顯性功能與隱性功能〉，黃瑞祺譯，收入其編譯《現代社會學結構功能論選讀》。
　　臺北：巨流。第 31-99 頁。

傑佛瑞・C・亞歷山大（Jeffrey C. Alexander）(2008)。《社會學的理論邏輯：實證主義、預設與當前
　　的爭論》，第一冊。于曉、唐省傑和蔣和民合譯。北京：商務。

喬治・H・米德（George Herbert Mead）(1992)。《心靈、自我與社會》，趙月瑟譯。上海：上海譯
　　文。

舒茲（Alfred Schutz）(1991)。《社會世界的現象學》，盧嵐蘭譯。臺北：久大 / 桂冠。

舒茲（Alfred Schutz）(1992)。〈人類行動的常識詮釋與科學詮釋〉，收入《舒茲論文集（第一
　　冊）》，盧嵐蘭譯。臺北：桂冠。第 25-70 頁。

舒茲（Alfred Schutz）(1992)。〈多重現實〉，收入《舒茲論文集（第一冊）》，盧嵐蘭譯。臺北：桂
　　冠。第 235-287 頁。

詹火生編譯，《新衝突的開拓者─達倫道夫》。臺北：允晨，1982。臺北：風雲時代重印，1990。

達倫道夫（Ralf Dahrendorf）(1999)。《現代社會衝突：歐洲自由政治隨想錄》，林榮遠譯。臺北：桂
　　冠。

歐文・戈夫曼（Erving Goffman）(1988)。《日常生活的自我表演》，徐江敏譯。雲南：雲南人民。

歐文・戈夫曼（Erving Goffman）(1989)。《日常生活的自我呈現》，黃愛華和馮鋼合譯。浙江：浙江
　　人民。

歐文・戈夫曼（Erving Goffman）(2008)。《日常生活中的自我呈現》，馮鋼譯。北京：北京大學。

歐文・戈夫曼（Erving Goffman）(2009)。《汙名：受損身分管理箚記》，宋立宏譯。北京：商務。

蔡文輝（1982）1990。《派深思》。臺北：允晨。臺北：風雲時代重印。

默頓（1990）。〈論中層社會學理論〉，收入羅伯特・金・默頓《論理論社會學》，何凡興、李衛紅
　　和王麗娟合譯。北京：華夏。第 54-97 頁。

羅伯特・K・默頓（2001）。〈自我實現預言〉，收入其《社會研究與社會政策》，林聚任等人合
　　譯。北京：三聯。第 285-308 頁。

羅伯特・金・默頓（1990）。〈顯性功能與隱性功能〉，收入其《論理論社會學》，何凡興、李衛紅
　　和王麗娟合譯。北京：華夏。1990，第 98-179 頁。

蘭德爾・柯林斯（Randall Collins）(2002)。《互動儀式鏈》，林聚任、王鵬和宋麗君合譯。北京：商
　　務。

二、感謝葉福炎先生整理此份書目

大衛哈維（David Harvey）(2008)。《新帝國主義》。王志弘、王玥民、徐苔玲譯。臺北：群學。

大衛哈維（David Harvey）(2009)。《新自由主義化的空間：邁向不均地理發展理論》。王志弘（譯）。臺北：群學。

大衛哈維（David Harvey）(2010)。《資本的空間：批判地理學芻論》。王志弘、王玥民（譯）。臺北：群學。

大衛哈維（David Harvey）(2014)。《寰宇主義與自由地理》。王志弘、徐苔玲譯。臺北：群學。

大衛哈維（David Harvey）(2016)。《資本社會的 17 個矛盾》。許瑞宋（譯）。臺北：聯經。

巴特勒（Judith Butler）(2009)。《性別麻煩：女性主義與身分的顛覆》。宋素鳳（譯）。上海：三聯。

史碧瓦克（Gayatri C. Spivak）(2021)。《在其他世界：史碧瓦克文化政治論文選》。李根芳譯。臺北：聯經。

布希亞（Jean Baudrillard）(2005)。《生產之鏡》。中央編譯出版社（譯）。北京：中央編譯出版社。

布希亞（Jean Baudrillard）(2014)。《消費社會》。劉成富、全志鋼（譯）。南京：南京大學出版社。

布希亞（Jean Baudrillard）(2015)。《符號政治經濟學批判》。夏瑩（譯）。南京：南京大學出版社。

布希亞（Jean Baudrillard）(2018)。《物體系》。林志明（譯）。臺北：麥田。

布勞岱爾（Fernand Braudel）(2018)。《15 至 18 世紀的物質文明、經濟和資本主義（卷三）：世界的時間》。施康強、顧良（譯）。臺北：廣場出版。

布勞岱爾（Fernand Braudel）(2018)《15 至 18 世紀的物質文明、經濟和資本主義（卷二）：形形色色的交換》。施康強、顧良（譯）。臺北：廣場出版。

布勞岱爾（Fernand Braudel）(2019)。《15 至 18 世紀的物質文明、經濟和資本主義（卷一）：日常生活的結構》。施康強、顧良（譯）。臺北：廣場出版。

布勞岱爾（Fernand Braudel）(2019)。《文明史綱：人類文明的傳承與交流》。許惇純（譯）。臺北：廣場出版。

布赫迪厄（Pierre Bourdieu）(2009)。《實作理論綱要》。宋偉航（譯）。臺北：麥田。

布赫迪厄（Pierre Bourdieu）、華康德 (2009)。《布赫迪厄社會學面面觀》。李猛、李康（譯）。臺北：麥田。

布赫迪厄（Pierre Bourdieu）(2012)。《所述之言：布赫迪厄反思社會學文集》。陳逸淳（譯）。臺北：麥田。

布赫迪厄（Pierre Bourdieu）(2016)。《區分：判斷力的社會批判》。劉暉（譯）。北京：商務印書館。

布赫迪厄（Pierre Bourdieu）(2016)。《藝術的法則：文學場域的生成與結構》。石武耕、李沅洳、陳羚芝（譯）。臺北：典藏藝術家庭。

布赫迪厄（Pierre Bourdieu）(2019)。《學術人》。李沅洳（譯）。臺北：時報。

弗洛伊德（Sigmund Freud）(2020)。《夢的解析》。呂俊、高申春（譯）。臺北：五南。

弗洛伊德（Sigmund Freud）(2021)。《精神分析引論》。高覺敷（譯）。臺北：五南。

皮亞傑（Jean Piaget）(2018)。《結構主義》。王紹中（譯）。臺北：五南。

皮凱提（Thomas Piketty）(2014)。《二十一世紀資本論》。詹文碩、陳以禮（譯）。臺北：衛城。

牟斯（Marcel Mauss）(2016)。《禮物：古式社會中交換的形式與理由》。汲喆（譯）。北京：商務印書館。

米爾斯（C. Wright Mills）。《社會學的想像》。洪世民（譯）。臺北：商業周刊。

米德（George Herbert Mead）(1995)。《心靈、自我與社會》。胡榮（譯）。臺北：桂冠。

艾莉斯・楊（Iris Marion Young）(2017)。《正義與差異政治》。陳雅馨（譯）。臺北：商周。

艾爾斯特（Jon Elster）(2010)。《審議民主》。李宗義、許雅淑（譯）。臺北：群學。

西蒙波娃（Simone de Beauvoir）(2013)。《第二性》。邱瑞鑾（譯）。臺北：貓頭鷹。

西蒙波娃（Simone de Beauvoir）(2020)。《論老年》。邱瑞鑾（譯）。臺北：漫遊者文化。

佛洛姆（Erich Fromm）(2015)。《自我的追尋》。林宏濤（譯）。臺北：木馬文化。

佛洛姆（Erich Fromm）(2015)。《逃避自由》。劉宗為（譯）。臺北：木馬文化。

克雷斯（Gregory Claeys）(2022)。《馬克思與馬克思主義》。王榮輝（譯）。臺北：麥田。

坎貝爾（Marie L. Campbell）、Frances Gregor（格雷戈）(2012)。《為弱勢者畫權力地圖：建制民族誌入門》。王增勇、唐文慧、陳伯偉、許甘霖、徐畢卿、陳志軒、梁莉芳（譯）。臺北：群學。

李維史陀（Claude Levi-Strauss）(2010)。《神話與意義》。楊德睿（譯）。臺北：麥田。

李歐塔（Jean-Francois Lyotard）(2019)。《後現代狀態》。車槿山（譯）。臺北：五南。

沙特（Jean-Paul Sartre）(2012)。《存在與虛無》。陳宣良、杜小真（譯）。臺北：左岸文化。

沙特（Jean-Paul Sartre）(2022)。《存在主義即人文主義》。周煦良、湯永寬（譯）。臺北：五南。

貝爾特（Patrick Baert）(2011)。《社會科學哲學：邁向實用主義》。何昭群（譯）。臺北：群學。

叔本華（Arthur Schopenhauer）(2021)。《作為意志和表象的世界》。石冲白譯。臺北：五南。

拉圖（Bruno Latour）(2012)。《我們從未現代過》。余曉嵐、林文源、許全義（譯）。臺北：群學。

阿多諾（Theodor W. Adorno）(2020)。《阿多諾選集：否定辯證法》。張峰（譯）。上海：人民出版社。

阿多諾（Theodor W. Adorno）(2020)。《美學理論》。王柯平（譯）。上海：人民出版社。

阿帕度萊（Arjun Appadurai）(2009)。《消失的現代性：全球化的文化向度》。鄭義愷（譯）。臺北：群學。

哈伯馬斯（Jurgen Habermas）(2002)。《公共領域的結構轉型》。曹衛東（譯）。臺北：聯經。

哈伯馬斯（Jurgen Habermas）(2018)。《交往行為理論（第 1 卷）：行為合理性與社會合理化》。曹衛東（譯）。上海：上海人民出版社。

柄谷行人 (2013)。《世界史的結構》。林暉鈞（譯）。臺北：心靈工坊。

柄谷行人 (2015)。《帝國的結構：中心・周邊・亞周邊》。林暉鈞譯。臺北：心靈工坊。

柄谷行人 (2019)。《移動的批判：康德與馬克思》。林暉鈞（譯）。臺北：心靈工坊。

柄谷行人 (2020)。林暉鈞譯。《作為隱喻的建築》。臺北：心靈工坊。

柯林尼克斯（Alex Callinicos）(2007)。《創造歷史：社會理論中的行動、結構與變遷》。萬毓澤（譯）。臺北：群學。

柯林尼克斯（Alex Callinicos）(2010)。《社會理論思想史導論》。簡守邦（譯）。臺北：韋伯。

紀登斯（A. Giddens）(1994)。《資本主義與現代社會理論》簡惠美（譯）。臺北：遠流。

紀爾茲（Clifford Geertz）(2009)。《後事實追尋：兩個國家、四個十年、一位人類學家》。方怡潔、郭彥君（譯）。臺北：群學。

約翰遜（Allan G. Johnson）(2008)。《性別打結：拆除父權違建》。成令方、王秀雲、游美惠、邱大昕、吳嘉苓（譯）。臺北：群學。

韋伯（Max Weber）(2013)。《韋伯方法論文集》。張旺山（譯）。臺北：聯經。

韋伯（Max Weber）(2020)。《中國的宗教：儒教與道教》。康樂、簡惠美（譯）。上海：三聯書店。

韋伯（Max Weber）(2020)。《支配社會學》。康樂、簡惠美（譯）。上海：三聯書店。

韋伯（Max Weber）(2020)。《社會學的基本概念　經濟行動與社會團體》。顧忠華、康樂、簡惠美（譯）。上海：三聯書店。

韋伯（Max Weber）(2020)。《基督新教倫理與資本主義精神》。康樂、簡惠美（譯）。臺北：遠流。

孫中興 (2008)。《令我討厭的涂爾幹的「社會分工論」》。臺北：群學。

孫中興 (2009)。《理論旅人之涂爾幹自殺論之霧裡學》。臺北：群學。

孫中興 (2010)。《馬克思「異化勞動」的異話》。臺北：群學。

孫中興 (2013)。《馬／恩歷史唯物論的歷史與誤論》。臺北：群學。

恩格斯（Friedrich Engels）、馬克思（Karl Marx）(2016)。《德意志意識型態 I. 費爾巴哈原始手稿》。孫善豪（譯）。臺北：聯經。

桑內特（Richard Sennett）(2008)。《再會吧！公共人》。萬毓澤（譯）。臺北：群學。

涂爾幹（Émile Durkheim）(2002)。《社會分工論》。渠東（譯）。臺北：左岸文化。

涂爾幹（Émile Durkheim）(2018)。《自殺論》。馮韻文（譯）。臺北：五南。

涂爾幹（Émile Durkheim）(2019)。《社會學方法的規則》。狄玉明（譯）。臺北：五南。

涂爾幹（Émile Durkheim）、莫斯（Marcel Mauss）(2022)。《原始分類：分類的一些原始形式─集體表徵的研究》。汲喆（譯）。臺北：五南。

班雅明（Walter Benjamin）(2019)。《械複製時代的藝術作品：班雅明精選集》。莊仲黎（譯）。臺北：商周。

索耶（Andrew Sayer）(2016)。《社會科學的研究方法：批判實在論取徑》。許甘霖、萬毓澤、楊友仁（譯）。臺北：巨流。

馬克思（Karl Marx）、霍布斯邦（Eric Hobsbawm）、恩格斯（Friedrich Engels）(2014)。《共產黨宣言》。黃煜文、麥田編輯室（譯）。臺北：麥田。

馬克思（Karl Marx）(2016)。《一八四四年經濟學哲學手稿》。李中文（譯）。臺北：暖暖書屋。

馬庫色（Herbert Marcuse）(1993)。《理性與革命：黑格爾與社會理論的興起》。程志民等（譯）。重慶：重慶出版社。

馬庫色（Herbert Marcuse）(2015)。《單向度的人：發達工業社會的意識型態研究》。萬毓澤、劉繼（譯）。臺北：麥田。

馬基維利（Niccolo Machiavelli）(2012)。《君主論》。呂健忠（譯）。臺北：暖暖書屋。

高夫曼（Erving Goffman）(1992)。《日常生活中的自我表演》。徐江敏等（譯）。臺北：桂冠。

高夫曼（Erving Goffman）(2010)。《污名：管理受損身分的筆記》。曾凡慈（譯）。臺北：群學。

高夫曼（Erving Goffman）(2012)。《精神病院：論精神病患與其他被收容者的社會處境》。群學翻譯工作室（譯）。臺北：群學。

高宣揚 (2017)。《結構主義》。上海：人民出版社。

康德（Immanuel Kant）(2019)。《純粹理性批判》。李秋零（譯）。臺北：五南。

笛卡兒（René Descartes）(2020)。《談談方法》。彭基相（譯）。臺北：五南。

陳越（編）(2003)。《哲學與政治：阿爾都塞讀本》。長春：吉林人民出版社。

陳瑞文 (2014)。《阿多諾美學論：雙重的作品政治》。臺北：五南。

陳瑞麟 (2010)。《科學哲學：理論與歷史》。臺北：群學。

麥道威爾（Linda McDowell）(2006)。《性別、認同與地方：女性主義地理學概說》。徐苔玲、王志弘（譯）。臺北：群學。

傅科（Michel Foucault）(1994)。《知識的考掘》。王德威（譯）。臺北：麥田。

傅科（Michel Foucault）(2001)。《詞與物》。莫偉民（譯）。上海：三聯書店。

傅科（Michel Foucault）(2020)。《古典時代的瘋狂史》。林志明（譯）。臺北：商周。

傅科（Michel Foucault）(2020)。《監視與懲罰》。王紹中（譯）。臺北：商周。

傅科（Michel Foucault）(2020)。《臨床的誕生》。彭仁郁（譯）。臺北：商周。

傅科（Michel Foucault）(2021)。《傅柯關於性事論述的十二堂課》。李沅洳（譯）。臺北：商周。

博格豪斯（Margot Berghaus）(2016)。《魯曼一點通：系統理論導引》。張錦惠（譯）。臺北：暖暖書屋。

萊布尼茲（Gottfried Wilhelm Leibniz）(2020)。《人類理智新論》。陳修齋（譯）。臺北：五南。

萊特（Erik Olin Wright）(2022)。《理解階級：二十一世紀階級論》。李屹（譯）。臺北：群學。

黑格爾（Georg Wilhelm Friedrich Hegel）(2019)。《精神現象學》。先剛（譯）。臺北：五南。

塔桑格（Susan Sontag）(2016)。《反詮釋：桑塔格論文集》。黃茗芬（譯）。臺北：麥田。

愛里亞斯（Norbert Elias）(2018)。《文明的進程：文明的社會起源和心理起源的研究》。王佩莉、袁志英（譯）。上海：譯文出版社。

萬毓澤 (2018)。《「資本論」完全使用手冊：版本、系譜、爭議與當代價值》。臺北：聯經。

葛蘭西（Antonio Gramsci）(1992)。《獄中札記》。葆煦（譯）。北京：人民出版社。

漢納鄂蘭（Hannah Arendt）(2021)。《人的條件》。林宏濤譯。臺北：商周。

齊美爾（Georg Simmel）(2001)。《金錢、性別、現代生活風格》。顧仁明譯。臺北：聯經。

齊美爾（Georg Simmel）(2018)。《貨幣哲學》。陳戎女、耿開君、文聘元（譯）。北京：華夏出版社。

德勒茲（Gilles Deleuze）(2019)。《差異與重複》。江薦新、廖芊喬（譯）。臺北：野人。

滕尼斯（Ferdinand Tonnies）(2019)。《共同體與社會：純粹社會學的基本概念》。張巍卓（譯）。北京：商務印書館。

魯曼（Niklas Luhmann）(2021)。《社會系統：一個一般理論的大綱》。魯貴顯、湯志傑（譯）。臺北：暖暖書屋。

盧卡奇（Georg Lukács）(1992)。《歷史與階級意識：關於馬克思主義辯證法的研究》。杜章智、任立、燕宏遠（譯）。北京：商務印書館。

霍布斯邦（Eric Hobsbawm）(2014)。《如何改變世界：馬克思與馬克思主義，回顧、反思，與前瞻》。林宏濤、黃煜文（譯）。臺北：麥田。

霍布斯邦（Eric Hobsbawm）(2020)。《霍布斯邦的年代四部曲：革命的年代、資本的年代、帝國的年代、極端的年代》。章輝、張曉華、賈士蘅（譯）。臺北：麥田。

霍克海默（Max Horkheimer）、阿多諾（Theodor W. Adorno）(2009)。《啓蒙的辯證》。林宏濤譯。臺北：商周。

霍利斯（Martin Hollis）(2007)。《社會科學哲學導論》。胡映群（譯）。臺北：學富文化。

霍耐特（Axel Honneth）(2020)。《權力的批判：批判社會理論反思的幾個階段》。童建挺（譯）。上海：人民出版社。

霍耐特（Axel Honneth）(2021)。《為承認而鬥爭：論社會衝突的道德語法》。胡繼華（譯）。上海：人民出版社。

鮑曼（Zygmunt Bauman）(2003)。《全球化：對人類的深遠影響》。張君玫（譯）。臺北：群學。

鮑曼（Zygmunt Bauman）(2018)。《液態現代性》。陳雅馨（譯）。臺北：商周。

鮑曼（Zygmunt Bauman）(2019)。《重返烏托邦》。朱道凱（譯）。臺北：群學。

羅薩（Hartmut Rosa）(2018)。《新異化等誕生：社會加速批判理論大綱》。鄭作彧（譯）。上海：人民出版社。

羅薩（Hartmut Rosa）(2022)。《不受掌控》。鄭作彧、馬欣（譯）。上海：人民出版社。

羅蘭巴特（Roland Barthes）(2014)。《符號帝國》。江灝（譯）。臺北：麥田。

羅蘭巴特（Roland Barthes）(2019)。《神話學》。江灝（譯）。臺北：麥田。

顧忠華 (2013)。《韋伯學說當代新詮》。臺北：開學文化。

顧燕翎（編）(2022)。《女性主義經典選讀》。臺北：貓頭鷹。

專有名詞索引

Achsenzeit [Axial Age] 軸心時代 323-330, 415, 548-549

Agil-Schema / -Modell [AGIL scheme / -model] AGIL 模型 / 模式 83-85, 89-90, 92, 279, 305

Akteur(e) [actors] 行動者 33, 37-43, 46, 54, 57-58, 61, 64-68, 70-72, 78, 87-88, 93, 99, 101-102, 105-109, 113-114, 121-127, 129, 133, 135, 137-138, 140, 142, 147, 152-154, 156-160, 163-164, 166, 168, 170, 172-173, 181, 184, 193, 198, 200-201, 208, 231-232, 235-236, 238-240, 242-244, 249, 259, 266, 268-271, 277, 284, 288, 290, 293, 295-298, 300, 302, 304-305, 319-323, 327-330, 332, 375-381, 383-385, 387-393, 410, 418-421, 427, 437, 440, 452, 456, 470, 481, 486, 491, 500, 510-511, 513-517, 519-520, 526, 528, 533-536, 539-541, 546

—Akteurskonstellation(en) [constellation of actors] 行動者所處的情況 327

—kollektive A. [collective actors] 集體行動者 122-124, 153, 201, 208, 231-232, 249, 320, 332, 419, 491, 526, 540-541

—korporative A. [corporative actors] 協作性的行動者 125

Anerkennung [recognition] 承認 141, 530-531, 536

Arbeit [labour] 勞動 9, 34, 40, 63-64, 86, 92, 110, 115, 143, 150, 184, 191, 193, 198, 208, 216-217, 219-221, 223, 229, 235, 241, 280, 312, 350, 367, 386, 407-409, 418, 433-434, 458, 464-465, 484, 543

—Arbeiterbewegung [labour movement] 勞工運動 286, 419-420, 528

—Arbeitskraft / -kräfte [labour force] 勞動力 40, 63-64, 193, 235, 350, 386, 408-409

—Arbeitssoziologie [sociology of labour] 勞動社會學 150

—Arbeitsteilung / arbeitsteilig [labour division] 勞動分工 9, 92, 184, 312, 464-465, 484

Autonomie / autonom [autonomy] 自主 58, 145, 150, 159, 167, 212, 275, 294, 298, 304, 321, 342, 362, 373, 378, 389, 407, 409, 413-414, 416, 419, 422-424, 437, 451-452, 454, 471, 476, 510, 515, 526-528, 548-549

Autopoiesis / autopoietisch [autopoietic] 自我生產 253, 275-276, 279, 418, 511, 527

Bewußtsein [consciousness] 意識 131-135, 161-163, 237, 277, 292-293, 382, 497, 500, 507, 513, 515

—Bewußtseinsphilosophie [philosophy of consciousness] 意識哲學 131-132, 383

—Kollektivbewußtsein [collective consciousness] 集體意識 46

—moralisches B. [moral consciousness] 道德意識 228, 437

—Selbstbewußtsein [self-consciousness] 自我意識 131, 133-134, 139, 450

Bürokratie / bürokratisch [bureaucracy / bureaucratic] 科層組織（科層制度） 94, 97, 266-270, 323, 458, 474-477

—Bürokratisierung [bureaucratization]　科層化（官僚化）　198, 247, 402

Cartesianismus / cartesianisch [Cartesianism / cartesian]　笛卡兒主義 / 笛卡兒式的　131-132, 342, 353, 497, 512
—cartesianischer Dualismus [Cartesian dualism]　笛卡兒的二元論 / 二元對立　132, 497, 512
—cartesianischer Zweifel [Cartesian doubt]　笛卡兒的懷疑　131-132, 450
Charisma [charisma]　卡里斯瑪　317-319, 337, 508
Chicagoer Schule [Chicago School of Sociology]　社會學的芝加哥學派　130, 135, 152, 195, 340, 495

Demokratie / demokratisch [democracy / democratic]　民主 / 民主的　61, 87, 93-95, 97, 117-118, 181, 183-184, 188, 201, 210-211, 213, 248, 271, 281, 291, 304, 310, 319, 330, 352, 365, 413-414, 419, 422-425, 428, 463, 470, 476, 488-490, 492-494, 501-503, 505, 507, 516, 521, 526, 536-537, 541-543, 550
—Demokratietheorie / demokratietheoretisch [theory of democracy / democratic theory]　民主理論　117, 414, 424-425, 428, 501-502, 536
—Demokratisierung [democratization]　民主化　201, 281, 304, 310, 470, 490, 516
Dependenztheorie [dependency theory]　依附理論　332-333
Differenzierung / Ausdifferenzierung [differentiation]　分化　9, 52, 71, 83-84, 92-94, 147, 184, 245, 247-248, 250, 262, 267, 271, 273, 275-281, 305-306, 321-322, 325, 331, 334-336, 386, 391-393, 423-424, 446-448, 451, 469-470, 484, 516-517, 524-526, 531, 536

—Differenzierungstheorie / differenzierungstheoretisch [theory of differentiation]　分化理論　184, 245, 336, 391-392, 469-470, 516-517, 524, 536
—Ent- / De-Differenzierung [de-differentiation]　去分化　322, 336
—funktionale D. [functional differentiation]　功能分化　83, 271, 273, 275-276, 278, 280-281, 305, 470, 524-526
Diskurs(e)/ Diskurstheorie [discourse / discourse theory]　話語 / 商談 / 商談理論　169, 199, 236-237, 240, 247, 250-251, 358-361, 363, 366-367, 394, 398-399, 421, 424, 428, 440, 447, 452-454, 456, 458-459, 461, 476, 478, 484-485, 496, 498, 505, 510, 520-522, 534, 535, 537, 550
Diskursethik [discourse ethics]　商談倫理　428, 440, 496, 521
Distinktion [distinction]　區隔（區分）　194, 373, 395-397
Disziplinierung / disziplinierend [discipline / disciplining]　規訓 / 產生規訓作用　286, 304, 357-358, 363, 545

Ethnomethodologie [ethnomethodology]　俗民方法論　57, 129-130, 155-156, 158-161, 165, 167, 170-176, 179, 190, 195, 203, 210, 221, 225, 241, 262, 269, 290-293, 296, 300, 309, 379, 393, 431, 443-445, 447-448, 451-452, 455, 457, 459, 506, 533, 536, 540
Evolution / Evolutionstheorie [evolution / theory of evolution]　演化 / 演化理論　52, 63, 91, 94, 97, 180, 184, 201, 218, 228-229, 232, 244-245, 247, 250, 275-276, 287, 305-306, 309-310, 322-323, 331-332, 335, 409, 529, 547
—evolutionäre Universalien [evolutionary universals]　演化共性　94

—Evolutionismus / evolutionistisch [evolutionism / evolutionist] 進化論 45, 50, 54, 91, 94, 229, 305, 323, 360, 470, 551

Existentialismus [existentialism] 存在主義 163, 341, 353, 402, 426, 506

— christlicher Existentialismus [Christian existentialism] 基督教存在主義 426

Falsifikation / falsifizieren [falsification / falsificationism] 證偽 13-20, 23, 64, 102, 110, 216

Feld [field] 場域 174, 325, 378-380, 383-385, 388-395, 397, 399, 420, 452

Feminismus [feminism] 女性主義 176, 196-197, 363, 431-435, 439-442, 445-459, 530

Funktion [function] 功能 62-65, 72, 80-86, 88-90, 92-93, 108-109, 246, 255-259, 262, 264, 269-272, 275-277, 305, 318, 335-336, 379, 405-406, 526-527

—Dysfunktionen / Funktionsstörungen [dysfunctions / functional disorders] 功能失調 / 功能失常 188, 224, 248

—Funktionalismus / funktionalistisch [functionalism / functionalist] 功能論 / 功能論的 27, 49, 62-66, 72-75, 81, 83, 85, 89-90, 96, 103-106, 108, 124, 129-130, 137-138, 142-144, 149-150, 152, 156, 180-183, 185, 187-188, 190-191, 193-194, 197, 222, 231-233, 244-246, 253-260, 262, 264, 275-276, 278, 283-285, 288, 296-297, 300-302, 305, 318, 320-322, 331-332, 334-336, 378-380, 394, 403, 405-406, 474, 516, 540

—Äquivalenzfunktionalismus / funktionale Äquivalenz [equivalence functionalism / functional equivalence] 對等功能論 258-259, 264

—Neo-Funktionalismus [neo-functionalism] 新功能論 27, 335-336

—normativistischer F. [normativistic functionalism] 規範主義的功能論 62, 65-66, 72, 89

—Strukturfunktionalismus [structural functionalism] 結構功能論 66, 73-74, 129, 137, 149, 180-181, 185, 187-188, 191, 255-257, 318, 320-321, 331-332, 336

—Systemfunktionalismus [system functionalism] 系統功能論 222, 257

Geld [money] 金錢 80, 85-87, 120, 244-247, 250, 263, 278, 384-386, 399, 413

Geltungsanspruch / -ansprüche [validity claim] 有效性要求 234-237, 239, 246, 295, 300, 440

Gender [gender] 性別 3, 145, 192, 196-198, 394, 432-437, 439, 441-449, 451-459, 468

Geschlecht(er) / geschlechtlich [gender / sexual] 性別的 145, 435, 443-444, 446, 448-449, 456

—Geschlechterverhältnis / -beziehung [gender relations] 性別關係 3, 196, 198, 433-436, 448

—Geschlechtsidentität [gender identity] 性別認同 436, 443, 451

—Geschlechterrolle(n) [gender roles] 性別角色 468

Globalisierung [globalization] 全球化 9, 18, 61, 287, 306, 374, 395, 398, 420, 469, 479, 525, 540

—Globalisierungskritik(er), -gegner [opponents / critics of globalization] 全球化批評者 374, 420

Habitus [habitus] 慣習 294, 382-384, 388-393, 395, 397, 399

Handeln / Handlung [action] 行動 4, 7-8, 10-11, 23-28, 30-47, 49-62, 64-84, 86-96, 99-

103, 105-116, 118-127, 129-168, 170-176, 179-181, 183-188, 190, 193, 196-201, 204-205, 208-210, 213, 215-217, 219-224, 227-251, 256, 264, 266-271, 273, 276-278, 284, 287-302, 304-305, 307, 312, 316-323, 326-330, 332, 334-335, 342, 366, 368-369, 374-385, 387-394, 397-398, 404-405, 407, 409-415, 417-422, 424, 427, 431-432, 435-440, 443, 446, 448, 451-452, 454-458, 462-463, 467, 469-472, 479, 481, 486-487, 489-491, 495, 500-501, 505-520, 523, 525-529, 531-536, 538-541, 546

—affektuelles / affektives H. [affective action] 情感行動 76-77, 509

—expressives H. [expressive action] 表現行動 53-54, 56, 140

—instrumentelles H. [instrumental action] 工具行動 219-220, 222, 235, 238-240

—kollektive H. [collective action] 集體行動 113-116, 118-119, 121-124, 149-150, 153, 159, 183-184, 190, 201, 208, 231-232, 249, 320, 332, 419, 472, 491, 516, 526, 540-541

—kommunikatives H. [communicative action] 溝通行動 27, 204-205, 219-221, 223-224, 227, 232-233, 238-242, 244-245, 249-251, 273, 290, 334, 390, 409-410, 457, 510-511, 531

—nutzenorientiertes H. [utilize-oriented action] 功利導向的行動 33-34, 45, 56, 99-100, 102, 126

—soziales H. [social action] 社會行動 4, 7, 23-28, 30-32, 40, 42, 44, 47, 49-52, 54-55, 58-60, 62, 66-68, 71-73, 75-76, 84, 89, 91-92, 99, 105, 124, 130-131, 138, 149, 152, 155-156, 159, 179, 185, 187, 210, 232, 240, 242, 289, 369, 376, 418-419, 467, 491, 495, 509-510, 536

—strategisches H. [strategic action] 策略行動

222, 238-242, 509, 511

—traditionales H. [traditional action] 傳統行動 76-77, 174, 293

—wertrationales H. [value rational action] 價值理性行動 76-77

—zweckrationales H. [purposeful rational action] 目的（合）理性行動 47, 76-77, 199, 221-224, 233, 241, 246, 266, 269-270, 509, 511

—Handlungsfolgen [consequences of action] 行動結果（行動後果） 58, 124, 242-244, 296

—Handlungskoordinierung / Koord. v. Handlungszielen [coordinating / coordination of action v. goals of action] 行動協調 v. 行動目標 38-40, 44, 140, 149, 231, 243, 247, 267, 511, 532

—Handlungssituation [situation of action] 行動情境 38, 43, 57, 121, 129-130, 132-133, 156, 160, 237, 239-240, 243, 500, 512-513, 519-520

—Handlungsstrom [flow of action] 行動（之）流 133, 269, 292-293, 513

—Handlungstheorie / handlungstheoretisch [action theory] 行動理論 27-28, 31-33, 37, 39-40, 42-45, 47, 50-53, 56, 59-60, 65-66, 69, 74-76, 78, 81-82, 89-90, 94-96, 103, 121, 126, 130-132, 136, 138-140, 142, 146, 152, 155, 157-159, 163, 172, 174, 179-180, 185, 187-188, 204-205, 210, 224, 227, 231-234, 237, 242, 245-246, 249-251, 256-257, 261, 267-270, 273, 278, 288-291, 293-298, 300-302, 304, 307, 316, 319-320, 323, 332, 334-335, 368-369, 374, 377-381, 389, 409-410, 448, 457, 469, 491, 501, 506-517, 520, 523, 526-528, 531-532, 535, 538

—handlungstheoretischer Bezugsrahmen [action frame of reference] 行動參照框架 43-44, 53-54, 56-62, 66, 68-69, 75, 89, 137,

140, 151, 156, 240, 291, 293

—voluntaristische H. [voluntaristic theory of action] 唯意志論的行動理論 28, 39-40, 43-45, 47, 51, 56, 59, 185, 334

Hermeneutik / hermeneutisch [hermeneutics / hermeneutic] 詮釋學 208-210, 218, 232, 347, 365, 369, 426, 473, 522

Herrschaft [domination] 支配（統治） 1, 3, 17, 22, 34, 36, 41, 52, 96, 99, 111-112, 118-119, 130, 144, 150, 156, 161, 179, 185-187, 189-192, 195-197, 199-201, 204, 207, 213, 215, 217-219, 221, 223-224, 244, 249, 266, 280, 287, 299, 301-304, 323, 325, 328, 331, 333, 339, 341, 353-354, 359, 367, 369, 376, 382-383, 386, 394-397, 401-402, 415, 422, 431, 434-435, 439, 440-441, 449-450, 454, 468, 474, 484, 489-490, 492, 495, 504, 508, 526, 533, 535

—herrschaftsfrei [free of domination] 不受支配 367, 440, 484

—Herrschaftssoziologie [sociology of domination] 統治社會學 185-186, 508, 533

Heteronomie / heteronom [heteronomy / heteronomous] 他治 / 他治的 542-543

Historische Soziologie [historical sociology] 歷史社會學 17, 194, 196, 201, 214-215, 285-287, 290, 373, 398, 519, 539, 545

Identität / Identitätsbildung [identity / identity formation] 身分 / 自我性 / 身分建構 21, 71, 145-146, 150, 152, 165, 185, 191, 194-195, 341, 365, 402, 426-427, 429, 442, 444-447, 451-455, 482, 485, 487, 489

—Identität des Geschlechts 性別身分 444-446, 451-452, 455

Imaginäre, das [imaginary, the] 想像 / 想像力 402, 404, 406, 408, 411-416

Individualisierung [individualization] 個體化

422, 436, 462, 466-469, 471-472, 479, 488

Individualismus / individualistisch (theoretisch) [individualism / individualist (theoretically)] 個體主義 / 個體主義者（理論上的） 3, 50, 95, 101, 105, 120-121, 362, 459, 484, 486-490

—antiindividualistisch [anti-individualistic] 反個體主義的 105, 109

Individualismus (als Zeitphänomen) [individualism (as diagnosis of times)] （作爲時代現象的）個體化命題 466, 468, 471-472, 479 488

Inkommensurabilität / inkommensurabel [incommensurability / incommensurable] 不可共量性 / 不可共量的 20-22, 367, 499, 504, 538

Institutionen / institutionell [institutions] 制度 3-4, 42, 50, 68, 71-72, 80, 84, 87, 92, 94-95, 97, 105, 106, 111, 123, 139, 142, 149, 182, 187, 193, 195-196, 210, 214-216, 221-224, 247, 258, 261-262, 266, 281, 284-285, 303, 305, 314, 319, 321-323, 334, 339, 345, 349, 358, 404-406, 411-414, 418-419, 423, 425-426, 439, 448, 453-455, 457-458, 467, 476-477, 480-482, 484, 486, 488, 493, 501, 521, 523, 528-530, 536, 538-541, 545

—Instituierung [instituting] 設置 50, 57, 76, 143, 231, 239, 267, 270, 272, 284, 293, 357, 404, 406, 413-414, 419, 482, 510-513

—Institutionalisierung [institutionalization] 制度化 3, 4, 50, 68, 71-72, 80, 105, 139, 187, 210, 258, 321-322, 404, 413-414, 418-419, 455, 539, 541, 545

—(Neuer) Institutionalismus [(new) institutionalism] 新制度主義 538, 540

—totale I. [total institutions] 全控機構 146-147, 299

Integration / integrativ [integration / integrative]

整合　12, 17, 25, 27, 32, 35, 46, 52, 67-68, 70, 72, 75, 80, 82-83, 89-90, 92, 96, 99, 109, 137, 143, 181, 187-188, 192, 201, 228-229, 242-244, 250, 257, 271, 283-286, 300, 307, 321-322, 335, 342, 350-351, 353, 356, 382, 392, 421, 457, 474, 508, 519, 521, 528-529

─Sozialintegration vs. Systemintegration [social integration vs. systemic integration]　社會整合 vs. 系統整合　242-244, 283-285, 300, 321, 457

Internalisierung [internalization]　內化　46, 50, 52, 68-69, 72-73, 139, 144, 158-161, 286, 358, 383, 524, 528

Interpretative Ansätze / interpretatives Paradigma [interpretative approaches / interpretative paradigm]　詮釋取徑 / 詮釋範式　129-177, 179, 195, 201, 244-245, 535

Intersubjektivität / intersubjektiv [intersubjectivity / intersubjective]　主體間性（互爲主體性）/ 主體之間的（互爲主體的）　133, 136, 138, 219, 225, 236, 295, 353, 403, 440, 486, 489, 507-508, 514, 531

Kapitalformen (bei Bourdieu) [capital forms of (Bourdieu)]　資本形式（布赫迪厄）　385, 387, 391, 395

─kulturelles Kapital [cultural capital]　文化資本　386-388, 395

─ökonomisches Kapital [economic capital]　經濟資本　385-388

─soziales Kapital [social capital]　社會資本　386-387, 492

─symbolisches Kapital [symbolic capital]　象徵資本　385-387

Kapitalismus / kapitalistisch [capitalism / capitalist]　資本主義 / 資本主義的　18, 26, 34-35, 60-61, 63-64, 102, 113, 183, 195, 208, 213, 216, 221-224, 227, 230, 232, 243-244,
248, 289, 303-304, 310, 360, 368, 381, 385-386, 402, 407-409, 415, 419, 421, 433-434, 463, 466, 470, 473, 531, 535, 543

Kommunikation [communication]　溝通　22, 24, 27, 71, 85-87, 133-134, 136, 138-139, 141, 168-171, 174, 204-205, 212-214, 219-221, 223-224, 227, 232-235, 238-242, 244-247, 249-251, 263, 271, 273, 275, 277-278, 280, 290, 295, 305, 313, 334, 366, 375, 390, 409-411, 422, 457, 490, 492, 499-500, 507, 510-511, 514-515, 521, 525, 529-531

─K. (systemtheoretisch) [communication (systems theory)]　（系統理論的）溝通　263, 271, 276-278, 305, 525

─kommunikative Vernunft / Rationalität [communicative reason / rationality]　溝通理性 / 合理性　213, 234, 249-250, 530

Kommunitarismus [communitarianism]　社群主義　2, 251, 425, 429, 441, 459, 461, 479-480, 484, 486-487, 490, 492-494, 518-521, 543

Komplexitätsreduktion [reduction of complexity]　化約複雜性　261-262, 270, 272, 277

Konfliktsoziologie / -theorie [conflict sociology / theory]　衝突社會學 / 衝突理論　151, 176, 179-180, 183-193, 195-201, 203, 206-207, 283-285, 287-288, 290, 309, 321, 384, 388, 391, 393, 431, 491, 495, 516, 528-530, 540, 547

Kontingenz / kontingent [contingency / contingent]　偶然性 / 偶然的　21, 23, 37, 38, 67, 91, 140, 143, 155, 159, 176, 254, 263-265, 319, 322, 328, 351, 450, 479, 501-502, 517, 519, 520-521, 527, 533

Konvergenzthese [convergence thesis]　匯聚命題　28-29, 31, 44, 49-51, 54-56

Körper [body]　身體　62, 64, 79, 134, 145, 167, 168, 241, 243, 294, 295, 300, 304, 357, 382,

386, 394, 403, 446-447, 456, 497, 510, 512-516

—Körper-Geist-Dualismus [dualism of body and mind / soul]　身心二元論　295, 497, 514

—Körperlichkeit [corporeality]　身體性　167, 241, 403, 512-513, 516

—Körperschema / -bild [body schema / body image]　身體圖式　513-515

Kreativität / kreativ [creativity / creative]　創造力 / 創造性的　4, 158, 182, 216, 320, 340, 383, 404, 411-412, 414-415, 417-418, 421, 424-425, 500, 509, 511-513, 516-517, 542, 548

Krieg [war]　戰爭　34-36, 53, 123, 142, 160, 192, 265, 287-288, 291, 314, 321, 341, 368, 372, 423, 426, 476, 517, 519, 544-545, 550

—K. aller gegen alle (bellum omnium contra omnes) [war of all against all]　所有人對所有人的戰爭　34, 160

Krisenexperiment [breaching experiment]　破壞性實驗　166-168, 171-172

Kritische Theorie (Frankfurter Schule) [critical theory (Frankfurt School)]　批判理論 / 法蘭克福學派　203, 211-213, 217, 219, 233, 240, 248, 290, 507, 529, 531

Labeling-Theorie [labelling theory]　標籤理論　148, 195

Lebenswelt [life-world]　生活世界　163-166, 221, 223, 239, 241-250, 262, 297, 343, 457-458, 529, 547

—Kolonialisierung der L. [colonization of the life-world]　生活世界的殖民化　246-248

—Lebenswelt vs. System [life-world vs. system]　生活世界 vs. 系統　241-250, 457-458, 529, 547

Liberalismus / liberal [liberalism / liberal]　自由主義 / 自由主義的　27, 36, 117, 190, 222,

276, 289, 398, 409, 420, 424, 429, 439, 441-442, 459, 461, 478-479, 483-487, 492-494, 501-503, 519-521, 545

Macht (verhältnisse) [power (relations / structures)]　權力（關係）　20-21, 34, 36, 46, 85-88, 111-112, 148-150, 152, 179, 183, 185-187, 189, 191, 193, 195-196, 199-201, 213, 234, 244-247, 250, 273, 283-288, 290-291, 293, 297-305, 317, 319, 321, 357-363, 369, 374, 385, 394, 398, 417, 419, 424, 431, 434, 439, 446, 449-450, 453-456, 458-459, 461, 476, 478, 481-482, 491, 518, 529, 533, 537, 539-540, 550

—Machtnetzwerke [networks of power]　權力網絡　287-288, 303, 550

—Machtsoziologie [sociology of power]　權力社會學　283, 285

Marxismus [Marxism]　馬克思主義　17-18, 63, 113-114, 183-185, 190-192, 197, 204-208, 210-213, 216, 219-220, 222-223, 225, 227-230, 232, 247, 265, 285-287, 289-290, 303, 306, 310, 314, 333, 354, 366-368, 379, 384-385, 388, 397, 401-403, 406-407, 409, 412, 417, 434, 473, 491, 506-507, 525, 530, 535

—Weber-Marxismus [Weber-Marxism]　韋伯—馬克思主義　190, 285, 289

Medien (symbolisch generalisierte) [medium / media (symbolically generalized)]　（象徵一般化的）媒介　86-89, 244-247, 275

Metaerzählung [meta-narration]　宏大敘事　365-367, 449, 462

Mittel (means)　手段（工具）　33, 38, 42-47, 56-57, 59, 63, 85-87, 114, 116-117, 123-124, 126, 138, 140-141, 150, 192-193, 198-199, 213, 233-234, 238-239, 241, 268, 287, 293, 301, 389, 407, 453-455, 474, 510-513, 516, 540

Modernisierung [modernization] 現代化 1, 2, 80, 92, 94, 96, 281, 288, 309-323, 328, 330-334, 336, 363, 414-415, 422-424, 462-463, 465, 467-468, 470-471, 517-518, 531, 538, 542, 547, 549-550

—Modernisierungstheorie [modernization theory] 現代化理論 1-2, 80, 92, 94, 309-320, 322-323, 328, 330-334, 336, 363, 414, 470-471, 517-518, 542, 547

—reflexive M. [reflexive modernization] 反思性現代化 462, 467-468

Mustervariablen [pattern variables] 模式變項 76-81, 83, 92, 310-311, 315, 331

Nationalstaat [nation-state] 民族國家 4, 18, 277, 286-287, 290, 301-304, 423, 465-466, 525, 544-545, 549

Norm / normativ (sozialtheoretisch) [norm / normative (socialtheoretical)] 規範／（社會理論的）規範的 3-4, 8, 9, 20, 36, 40-44, 46-47, 49, 51-54, 56-57, 59, 61-62, 65-69, 71-73, 75-76, 80, 84, 89, 95-96, 102-103, 105, 108-109, 111, 113, 120-121, 124-126, 129, 131, 137, 139-140, 142, 146, 150, 153, 156-161, 166, 170-172, 179, 181, 185-187, 191-192, 195, 199, 206, 208-209, 217-218, 224, 235-240, 242, 244, 247, 249-250, 257, 263-265, 267, 271-272, 284-285, 289, 293, 299-300, 302, 314, 335, 349, 357-358, 390, 392, 394, 404, 410-411, 413-414, 417-418, 423, 425, 431-432, 436-437, 439-440, 442, 446, 454, 457, 459, 464, 470, 479-481, 486-487, 491-493, 501-502, 505, 509-511, 513, 516-517, 519-521, 525, 528, 533-536, 539, 550-551

—Normativismus [normativism] 規範主義 40, 49, 62, 65-66, 72, 75, 89, 109, 157, 185, 257, 271-272, 285, 289, 410-411, 417, 525

Normativität / normativ [normativity / normative] 規範性／規範性的 4, 36, 42-43, 59, 105, 121, 179, 242, 263-264, 510

Nutzen 效益、功利，見 Utilitarismus（功利主義）條目

Öffentlichkeit / öffentlich [public sphere / public] 公共領域／公共的 4, 117, 214-215, 260, 263, 306, 389, 401, 414, 457-458, 478, 492-493, 501-502, 537, 541

—öffentliche Güter (Kollektivgüter) [public / collective goods] 公共財 114-115, 117, 119

Ordnung (soziale / gesellschaftliche) Ordnungstheorie [order (social / societal) theory of social order] 秩序（社會秩序理論） 23-24, 35-42, 44, 56, 62, 65, 69, 73, 78-80, 92, 96, 99, 103, 131, 160-161, 171, 179-180, 191, 193, 216, 232, 241, 264, 267, 297, 302, 307, 319, 325-326, 369, 417, 422, 432, 486, 526, 529, 533-534

—factual order 實際秩序 40-41, 186, 242

—negotiated order 協商秩序 153, 267, 269, 299

—normative order 規範秩序 40-41, 186, 242

Organisation(en) [organization(s)] 組織 67-68, 71, 83, 86, 104, 108, 111, 113, 115-120, 125, 135, 139, 141-142, 146-147, 149, 153-154, 158, 166, 181, 184, 194, 196, 199-200, 219, 223, 231, 254-255, 258, 262-263, 266-269, 273, 275, 287, 301, 320, 323, 343, 348-349, 352, 357, 395, 402-404, 407, 413, 418, 420, 433-434, 437, 455, 465-466, 470-471, 474, 477-478, 487, 490-492, 496, 502, 510-511, 539, 541, 545

—Organisationssoziologie [organizational sociology] 組織社會學 111, 153, 254, 266-269, 273, 491, 496, 511, 539, 541

Paradigma, Paradigmenwandel / -wechsel [paradigm /paradigm shift]　範式 / 範式轉移　19, 20-22, 129, 174, 185, 190, 199, 201, 233, 240, 244, 275, 313, 315, 333, 367, 377, 409, 417, 449, 491-492, 499, 504-505, 530, 533, 535, 538-539

Phänomenologie [phenomenology]　現象學　130, 161-165, 179, 219, 222, 241-243, 262-263, 292, 299, 341, 353, 359, 364, 371, 379-381, 403, 426, 491, 506, 519, 531

Parsonianismus [Parsonism]　帕森斯主義　2, 27, 112, 159, 187, 199, 203, 286, 307, 309, 316, 319, 323, 330-333, 335-336, 480, 495

—Neoparsonianismus [new-Parsonism]　新帕森斯主義　27, 307, 336, 480

Positivismus / positivistisch [positivism / positivistic]　實證主義　12-14, 21, 28, 33, 38-39, 43, 45-47, 52, 159, 161, 185, 205, 217-218, 419

—Positivismusstreit [dispute over positivism]　實證主義之爭　205, 217-218

Postmoderne / postmodern [postmodernity / postmodern]　後現代　152, 234, 249, 365-368, 427, 442, 449-450, 454, 457, 461, 473, 476-480, 506, 537-538, 542, 551

Präferenzen [preferences]　偏好　45, 54, 89, 101-102, 120, 130, 140, 144, 159, 170, 194, 256, 262, 265, 270, 296, 309, 360, 374, 383, 390, 393, 414, 416, 438-439, 442, 482, 520, 532

Pragmatismus [pragmatism]　實用主義　2, 50-51, 54, 58-59, 130-133, 135, 141, 146, 151-152, 154, 157, 161, 179, 218, 237, 241, 251, 262, 264, 268-269, 292, 294-295, 368, 382, 416, 494-496, 498, 500, 503, 505-509, 511-514, 516-517, 519-520, 522, 529, 536

—Neo-Pragmatismus [neo-pragmatism]　新實用主義　54, 59, 141, 237, 241, 251, 368, 494-522

Praxis, Praxisbegriff [praxis, concept of praxis]　實踐，實踐概念　216-217, 219-221, 241, 410

—praktische Philosophie [practical philosophy]　實踐哲學　481

Professionen [professions]　專業　60-61, 79-80, 150, 195, 472

—Professions-und Berufssoziologie [sociology of professions]　專業社會學和職業社會學　144, 150-151, 153, 170, 195, 461, 524

Rational-Choice-Theorie [rational choice theory]　理性選擇理論　14, 16, 23, 117-126, 129, 198, 203, 213, 225, 233, 244, 296, 381-382, 540

Rationalisierung / Rationalisierungstheorie [rationalization / theory of rationalization]　理性化 / 理性化理論　39, 102, 195, 211-212, 223, 234, 240, 268, 328, 414-415, 421, 423, 516, 547

Recht / rechtlich [law / legal]　法律 / 法律的　94-95, 117, 148, 153, 156, 175, 189, 198-199, 209, 215, 247, 250-251, 254-255, 263, 266, 271-273, 275-279, 281, 315, 348, 423, 464, 483, 496, 530

—Rechtssoziologie [legal sociology]　法律社會學　255, 266, 273, 496

Religion / religiös [religion / religious]　宗教 / 宗教的　8, 21, 33, 56, 90, 93-96, 119, 136, 180, 185, 187, 199, 213, 236, 240, 249-251, 264, 275, 278-279, 281, 302, 311-312, 315, 317, 320, 323-331, 340, 349, 378, 413, 415, 421, 423-424, 465, 482-483, 488, 517-519, 536, 543-544, 546-549

—Religionssoziologie [sociology of religion]　宗教社會學　96, 180, 185, 240, 340, 547, 549

Ressourcenmobilisierungsansatz [resource

mobilization approach] 資源動員理論
149, 195, 199, 516

Risikogesellschaft [risk society] 風險社會
461-468, 471-472

Rollen (theorie) [roles (theory)] 角色（理論）
3, 16, 20-21, 30, 39-40, 42, 47, 64, 67, 70-
73, 76, 78-79, 81, 87, 92, 96, 105-106, 115,
134-135, 138, 140, 144, 148, 152, 157-158,
160, 167, 169, 174, 181, 190, 196-197, 199,
201, 205, 216, 219, 222, 234, 250, 254, 257,
264, 266, 272, 286-288, 291, 299-301, 304,
310-311, 313, 315-316, 318, 320, 325, 330-
331, 349, 374-375, 377, 388, 392, 398, 410,
418, 422, 426-427, 436, 439, 442, 445, 448-
449, 453, 467-468, 476, 478, 489, 492, 508-
509, 514-515, 519, 526, 531, 533, 535-536,
539, 545

—Rollenübernahme [role-taking] 角色取替
135, 158, 515

Routinen [habits] 儀式（習慣） 45, 56-57,
111, 136, 140, 147, 236, 319, 347, 375-376,
379, 509, 519, 523

Säkularisierung [secularization] 世俗化 95-
96, 251, 317, 331, 423-424, 518

Sex 性 431-459

Solidarität [solidarity] 團結 4, 82, 88, 121,
250, 257, 310, 349-351, 419, 421, 479, 493,
501-502, 521

—mechanische S. [mechanical solidarity] 機械
連帶 78-79

—organische S. [organic solidarity] 有機連帶
78-79

(Neue) Soziale Bewegungen [(new) social move-
ments] （新）社會運動 73, 118, 120,
149-150, 179, 184, 195, 199, 249, 280, 332,
419-420, 422-426, 454, 458, 490, 493, 516,
527-528, 536

—Frauenbewegung siehe Feminismus [women's
movement see feminism] 婦女運動，見女
性主義條目

Sozialisation, Sozialisationstheorien [socialization,
theory of socialization] 社會化，社會化
理論 69, 73, 127, 133, 138, 144-145, 186,
294, 303, 365, 382-383, 387, 397, 416, 422-
423, 438, 514, 531

Sozialtheorie [social theory] 社會理論 1-5,
7-9, 22-24, 28, 47, 55, 101, 124-125, 129,
163, 165, 180, 201, 223, 228, 233, 248, 255,
264, 281, 285, 289-291, 362, 365, 367, 369,
372, 380, 401-402, 416, 424-426, 429, 431-
435, 449, 459, 468, 480-481, 484, 491-494,
496, 502, 505-507, 518, 521-523, 525, 529-
532, 534, 537-538, 548, 550-551

Spieltheorie [game theory] 博弈論 121-123,
238, 298

Sprache [language] 語言 1, 15, 87, 134, 136,
160, 169-170, 174, 195-196, 209, 212-217,
224, 234-235, 239-240, 244, 246, 249, 251,
261, 263, 278-279, 295, 298, 300, 305, 311,
342-353, 355, 358, 360-362, 364-368, 377,
401, 403-405, 410-411, 413, 422, 426, 451-
457, 499-500, 502, 504-506, 514, 530

Sprachespiel [language game] 語言遊戲 365-
368, 451, 456, 504-505

Strukturalismus [structuralism] 結構主義 1,
2, 234, 249, 290, 339-343, 347-348, 352-355,
359-361, 363-365, 368-369, 371-373, 375-
381, 399, 401, 403-404, 416, 420, 426, 429,
431, 449, 474, 496, 522, 527-528, 532-534,
536, 538, 542, 545, 548

—Anti-Strukturalismus [anti-structural thinking]
反結構主義 399, 401, 403, 420, 522, 527,
533, 536, 542, 545, 548

—Neo- / Poststrukturalismus [new- / poststruc-
turalism] 新 / 後結構主義 1, 234, 249,

339-369, 399, 417, 420, 429, 431, 449, 496, 532

—Struktur [structure] 結構 342, 345-347, 350-353, 355, 364, 377

Strukturierung (bei Giddens) [structuration] （紀登斯意義上的）結構化 289-290, 296-297, 299

Subjekt(e), Subjektivität [subject, subjectivity] 主體／主體性 39, 159, 219, 225, 295, 299, 304, 353, 368, 403-404, 421, 454, 477

—Groß-, Makro-, Kollektiv-, Übersubjekt(e) [large-scale, macro, collective, over-subjects] 大型主體／宏觀主體／集體主體／超主體 229-231, 247, 249, 404, 421, 491

—(Ent-) Subjektivierung [desubjectification] 去主體化 422-423, 542

Symbol / symbolisch [symbol / symbolic] 象徵／象徵性的 87, 88, 134, 240, 385, 395, 431

—symbolisches Kapital siehe unter Kapitalformen [symbolic capital] 象徵資本 385-387

—symbolvermittelte Interaktion [symbolically mediated interaction] 運用象徵促成的互動 135-136, 233, 241

Symbolischer Interaktionismus [symbolic interactionism] 象徵互動論 51, 57, 59, 121, 129-130, 135-142, 144-158, 161, 167, 176, 179, 190, 195, 203, 210, 218, 225, 235, 240-241, 267, 269, 290-291, 293-294, 299-300, 309, 379, 422, 495, 507, 516, 533

System(e), Systembegriff [system, sconcept of systems] 系統，系統概念 27, 62, 65-75, 81-82, 84, 89-90, 92, 96, 182, 186-187, 224, 231, 243-245, 249, 255, 257-258, 262-263, 267, 269, 271, 273, 275-277, 281, 284, 296-297, 305, 334, 336, 425, 491

—Handlungssysteme [action system] 行動系統 42, 46, 66-70, 81, 89-90, 221, 224, 242, 257, 259, 276, 470

—Kultursystem [cultural system] 文化系統 68-70, 78, 81, 87-90, 93, 373

—Persönlichkeitssystem [personality system] 人格系統 67-70, 78, 81, 90, 271

—soziale S. [socialsystem] 社會系統 27, 62, 65-75, 78, 81-82, 84, 89-90, 92, 96, 182, 186-187, 245, 255, 257-258, 262-263, 267, 269, 271, 273, 275-277, 281, 284, 297, 334, 336

—Subsysteme [subsystems] 子系統 71, 83-90, 221-224, 246-247, 257-258, 263, 272, 275-279, 284-285, 305, 321, 332, 334, 471, 524, 526

—System vs. Lebenswelt [system vs. life-world] 系統 vs. 生活世界 241-250, 457-458, 529, 547

—Zeichen- / Symbolsysteme [systems of sign / symbol] 符號／象徵系統 68, 136, 160, 345-347, 350-351, 353, 403-404, 406, 426, 505

Systemtheorie [systems theory] 系統理論 81, 89-90, 231-232, 246-247, 255-258, 261-262, 269-276, 278, 280-281, 290, 296-297, 300, 320, 332, 336, 391, 393, 470, 491, 511, 524-525, 527-528

—funktional-strukturelle S. [functional-structural systems theory] 功能 — 結構論的系統理論 256-257

—System / Umwelt-Theorie [system / environment theory] 系統／環境理論 39, 257-259, 275

—Weltsystemtheorie (bei Wallerstein) [world system theory] （華勒斯坦意義上的）世界體系理論 333, 525, 548-549

(Aus-) Tauschtheorien [exchange theory] 交換理論 103, 111-113, 126, 129

—Gabentausch [exchange of gifts] 禮物交換 349-351

Theoriebegriff [concept of theory] 理論概念
3, 8, 14, 23, 125, 157, 174, 204, 254, 297,
304, 333, 371, 433, 512, 550

Totalitarismus / totalitär [totalitarianism / totalitar-
ian] 極權主義 / 極權的 210, 231, 367,
415, 423-424, 465, 475, 536, 543

Tradition / traditional [tradition / traditional] 傳
統 / 傳統的 79, 247, 261, 319, 323, 415,
428, 468, 471, 489, 543-545

—Tradition vs. Moderne [traditional vs. moder-
nity] 傳統 vs. 現代 79-80, 92, 94, 310,
313-316, 319, 322-323, 330-331, 415, 471

Ungleichheit, soziale [inequality, social] 不平
等 34, 111, 191-194, 196, 299, 333, 386,
393-394, 398-399, 433-434, 436-437, 458,
466, 468, 481, 483-484, 493

Utilitarismus [utilitarianism] 功利主義 28-29,
31-33, 37-40, 42-45, 47, 50-53, 55-56, 59,
62, 66, 99-103, 106-108, 110, 113, 115, 119,
121, 125-127, 129, 137-140, 142, 144, 146,
157, 159-160, 176, 179, 185, 190, 195-196,
198-199, 203, 233-235, 238, 244, 265, 285,
289, 309, 357, 381-385, 388-390, 407, 410-
411, 417, 480, 486-490, 492, 501, 516, 536,
539

—Neo-Utilitarismus [new-utilitarianism] 新功
利主義 99, 101, 103, 107-108, 110, 113,
115, 121, 125-127, 129, 138-139, 142, 157,
159, 176, 179, 190, 195-196, 198-199, 203,
233-234, 244, 309, 381, 383, 390, 480

Verhalten, abweichendes (Devianz) [behavior,
deviant (deviance)] 行為，偏差行為 73-
74, 96, 125, 144, 147-148, 175, 187, 195

Verifikation [verification] 證實 12-15, 33, 47,
106, 541

Vertrag / Vertragstheorien [contract / contract
theories] 契約 / 契約理論 42, 46, 103,
111, 113, 482

Wahrheit [truth] 眞理 / 眞相 14, 64, 235-
237, 265, 271-272, 277, 318, 355-356, 358-
359, 361, 396, 449-450, 497-499, 501, 503-
504

Wandel, sozialer / Wandlungstheorien [change,
social / change theories] 變遷 / （社會）
變遷理論 22-24, 70, 73, 79, 90-94, 124,
143-144, 152, 174, 179-180, 183-184, 188-
190, 196, 198, 200-201, 206, 227, 229, 284,
297, 305-307, 309-310, 312-315, 317, 320-
321, 323, 325-331, 333, 335-337, 343, 368-
369, 384, 393-395, 405, 407, 409, 411, 414-
415, 418-419, 421, 426, 432, 490-491, 516-
518, 523, 535-536, 548-550

Weltgesellschaft [world society] 世界社會
245, 277, 333, 465-466, 524-526, 541

Werte [value] 價值 9, 40, 42-47, 50-51, 57,
59-60, 65, 67-73, 76-78, 81-86, 88-91, 93,
95-96, 106-107, 109, 111-113, 116, 119, 129,
137, 139-140, 142-143, 156-159, 161, 181,
184-185, 187-188, 191-195, 197-199, 206,
208, 228, 240, 250-251, 254, 257-258, 263-
264, 269-272, 284-286, 293, 302, 305, 310,
314-315, 318-319, 321-322, 329-331, 334,
360, 362, 366, 375, 379, 407-409, 414, 417-
419, 440-441, 454, 467, 469, 479, 481-482,
484-488, 493, 501-505, 508-509, 511, 513,
516-521, 533-534, 539, 541, 543, 546, 551

—Wertbindungen [value retention] 價值維繫
（〔帕森斯意義下的〕價值允諾 / 價值約
束） 83, 85-86, 88, 90, 193, 360

—Wertegeneralisierung [value generalization]
價值的一般化 93, 305

—Entstehung / Genese von Werten [origin /
genesis of values] 價值的形成 414, 518-

519

—Weltkultur [world culture]　世界文化　540-542

Zeichen [sign]　符號　344-346, 365, 367, 403-404, 452, 456

Zeitdiagnosen / -diagnostisch [time diagnoses / -diagnostic]　時代診斷 / 時代診斷的　23, 221-222, 224, 232, 245-246, 248-249, 276, 278, 288-289, 291, 306, 331, 335, 365, 367-368, 395, 398, 418, 420, 425, 432, 461-462, 466, 469, 471-473, 476, 480, 488, 490, 527, 529-531, 542, 547, 550

Zwecke, Zweckbegriff [purposes, concept of purpose]　目的，目的概念　231, 266, 269, 512

—Zweck (organisationssoziologisch) [purpose (organizational sociological)]　（組織社會學意義上的）目的　231, 258, 266-269

—Zweckrationalität [purposeful rationality]　目的（合）理性　47, 76-77, 195, 199, 216, 221-224, 233, 241, 246, 266, 268-270, 284, 390, 417, 422, 468, 508-509, 511, 513, 543

—Zweck-Mittel-Schema [meansend schema]　目的—手段模式　56, 57, 140, 213, 268, 510, 512-513, 516

人名索引

Abbott, Andrew（阿伯特） 151

Abendroth, Wolfgang（阿本德羅特） 205

Adler, Patricia（阿德勒） 154

Adler, Peter（阿德勒） 154

Adloff, Frank（阿道夫） 5, 493

Adorno, Theodor W.（阿多諾） 205, 211, 217-
218, 233, 240, 248, 363, 473, 475-476

Alchian, Armen R.（阿爾奇安） 101

Alexander, Jeffrey C.（亞歷山大） 1, 2, 15-16,
23, 51, 96, 291, 313-314, 316, 335-337

Allen, William R.（艾倫） 101

Almond, Gabriel（阿爾蒙德） 312

Althusser, Louis（阿圖塞） 354

Ames, Ruth E.（埃姆斯） 127

Anderson, Perry（安德森） 285

Apel, Karl-Otto（阿佩爾） 496

Arendt, Hannah（漢娜・鄂蘭） 219, 298, 410-
411, 475

Aristotle（亞里斯多德） 19, 216, 264, 410-411,
428, 441, 484

Arnason, Johann P.（阿納森） 542, 548-549

Aron, Raymond（阿隆） 190, 341

Bales, Robert（貝爾斯） 82

Barber, Bernard（巴伯） 336

Barthes, Roland（羅蘭・巴特） 354

Bataille, Georges（巴塔耶） 340

Baudelaire, Charles（波德賴爾） 394

Baudrillard, Jean（布希亞） 367-368

Bauman, Zygmunt（鮑曼） 368, 423, 461, 472-
480

Beauvoir, Simone de（西蒙波娃） 341

Beck, Ulrich（貝克） 306, 461-472, 478, 488,
516, 525

Becker, Gary S.（貝克） 125-126

Becker, Howard S.（貝克） 147-148

Becker-Schmidt, Regina（蓓克―施米特） 432,
457

Beckert, Jens（貝克特） 517

Bell, Daniel（貝爾） 5, 82, 123, 125, 316, 341,
373, 418, 491, 539

Bellah, Robert（貝拉） 312, 330-331, 334-335,
461, 480, 487-490, 492

Bellow, Saul（貝婁） 316

Bendix, Reinhard（本迪克斯） 183-186, 189,
193, 199

Benhabib, Seyla（本哈比） 440, 454, 457

Benjamin, Walter（班雅明） 340

Bentham, Jeremy（邊沁） 31-32, 56, 99, 102,
126, 357

Berger, Peter L.（伯格） 134, 175-176, 228,
437-440, 480

Bergson, Henri（柏格森） 292-293

Bernstein, Richard（伯恩斯坦） 480, 496, 506

Beveridge, William（貝佛里奇） 479

Bismarck, Otto von（俾斯麥） 209

Bittner, Egon（畢特納） 175

Blair, Tony（布雷爾） 291

Blau, Peter M.（布勞） 111-112

Blumer, Herbert（布魯默） 135-140, 142-146,
149, 151-152, 157, 190, 495

Boas, Franz（波亞士） 348

Bolt, Christine（博爾特） 433

Boltanski, Luc（波彤斯基） 398, 532-536

Bosshart, David（博斯哈特） 415

Boudon, Raymond（布東） 114, 124

Bourdieu, Pierre（布赫迪厄） 2, 154, 194, 241, 342, 369, 371-399, 417, 420, 532-533

Braque, Georges（布拉克） 397

Brecht, Bertolt（布雷希特） 264

Brown, David J.（布朗） 434

Browning, Christopher R.（白朗寧） 475

Brownmiller, Susan（布朗米勒） 434

Buber, Martin（布伯） 320, 490-491

Butler, Judith（巴特勒） 450-457, 459

Caillé, Alain（卡耶） 536

Caillois, Roger（卡約瓦） 340

Camic, Charles（卡米克） 334

Camus, Albert（卡繆） 341

Cardoso, Fernando H.（卡多索） 332

Carter, Jimmy（卡特） 491

Castaneda, Carlos（卡斯塔尼達） 172

Castoriadis, Cornelius（卡斯托里亞迪斯） 401-420, 423-424, 483, 516, 536, 542-543, 545, 548

Caws, Peter（考斯） 343

Chafetz, Janet Saltzman（查菲茲） 197

Chalmers, A. F.（查爾默斯） 21

Charle, Christophe（夏勒） 399

Chiapello, Eve（夏佩洛） 532-536

Chodorow, Nancy（夏多若） 436-439, 442

Cicurel, Aaron V.（克克勒） 158

Cohen, Jean（科恩） 492

Cohen, Jere（科恩） 56

Cohen-Solal, Annie（科恩－索拉爾） 341

Cohn-Bendit, Daniel（孔－本迪） 402

Coleman, James S.（柯爾曼） 124-125

Collins, Randall（柯林斯） 192-194, 196-200, 393

Colomy, Paul B.（柯羅米） 142, 335, 336

Commons, John（康芒斯） 538

Cooley, Charles Horton（顧里） 25, 50-51, 130

Coser, Lewis A.（柯塞） 181-183, 185, 189, 193, 197, 199

Crozier, Michel（克羅澤爾） 420

Dahrendorf, Ralf（達倫道夫） 188-190, 193, 197-200, 204, 206-207, 283-284

Darwin, Charles（達爾文） 14, 91, 110

Davis, Phillip W.（戴維斯） 150

Delaunay, Robert（德勞內） 397

Denzin, Norman K.（鄧金） 152-153

Derrida, Jacques（德希達） 364-365, 367, 369, 477

Descartes, René（笛卡兒） 131-132, 163, 341, 353, 450, 496-498, 503, 512, 543-545

Dewey, John（杜威） 50, 131, 133, 269, 389, 495-496, 499-501, 503, 505-508, 511, 518-519, 543-544, 546

Diderot, Denis（狄德羅） 299

DiMaggio, Paul J.（迪馬喬） 539

Dosse, François（多斯） 26, 369, 532-533, 536

Douglas, Jack D.（道格拉斯） 175

Dreyfus, Hubert L.（德萊福斯） 359, 369

Dubet, François（杜貝） 527-529

Duchamp, Marcel（杜尚） 397

Durkheim, Emile（涂爾幹） 7-8, 18, 25, 28, 30, 42, 46-47, 52, 56, 78-79, 95, 147, 171, 175, 181, 185, 190, 233, 240, 289, 311, 317, 334-335, 339-340, 349, 374, 380, 396, 421, 495, 508, 518, 528, 536, 539

Eder, Klaus（埃德） 387, 399

Eisenstadt, Shmuel N.（艾森斯塔特） 320-323, 325-337, 414, 423, 470, 491, 536, 546-549

Elias, Norbert（伊里亞斯） 285

Elster, Jon（埃爾斯特） 124

Emerson, Richard M.（愛默生） 112

Engels, Friedrich（恩格斯） 18, 61, 191, 406-407, 434

Epstein, Cynthia Fuchs（愛潑斯坦） 435

Eribon, Didier（埃里蓬） 359, 361-362, 369

Erikson, Kai（埃里克森） 148

Esser, Hartmut（埃瑟） 23, 125

Etzioni, Amitai（艾齊尼） 490-493, 526

Faletto, Enzo（法雷托） 332

Ferry, Luc（費希） 392

Feuerbach, Ludwig（費爾巴哈） 260

Feyerabend, Paul（費耶阿本） 21, 234, 449, 499, 504

Firestone, Shulamith（費爾斯通） 433

Flaubert, Gustave（福樓拜） 394

Flax, Jane（弗來斯） 449-450

Foucault, Michel（傅柯） 299, 301, 304, 354-363, 368-369, 378, 449, 451, 453-454, 475-476, 529, 545

Frank, Manfred（弗蘭克） 1, 364, 369

Fraser, Nancy（弗雷澤） 457, 531

Frazer James G.（弗雷澤） 351

Freidson, Eliot（福雷德森） 151

Freud, Sigmund（佛洛依德） 61, 67-68, 341-342, 354, 416, 436

Friedman, Debra（弗里德曼） 101

Friedrich, Caspar David（弗里德里希） 397

Fühmann, Franz（弗曼） 111

Galilei, Galileo（加利略）

Gardner, Howard（加德納） 342

Garfinkel, Harold（加芬克爾） 155-161, 163, 165-171, 175-176, 190, 296, 302, 443-444, 448

Gauchet, Marcel（戈謝） 536

Geertz, Clifford（紀爾茲） 337

Gehlen, Arnold（格倫） 260-262, 268-269

Gerhard, Ute（格哈德） 433

Gerhardt, Uta（格哈特） 61

Giddens, Anthony（紀登斯） 2, 57, 64, 154, 174, 241, 282-283, 285-286, 288-307, 329, 339, 343, 357, 361, 371, 380, 382, 423, 468-472, 478, 491, 493-494, 513-514, 516-517, 523-525, 547, 550-551

Giele, Janet Zollinger（吉爾） 433

Gilcher-Holthey, Ingrid（吉爾徹 — 霍爾泰） 402

Gildemeister, Regine（姬德麥絲特） 446-448

Gilligan, Carol（吉莉根） 437-442, 480

Glaser, Barney G.（格拉澤） 146, 151

Godbout, Jacques（戈德布特） 537

Goffman, Erving（高夫曼） 146-147, 200, 235, 240, 295, 299-300

Goldhagen, Daniel J.（戈德哈根） 473, 475

Goldstone, Jack A.（戈德斯通） 121

Gramsci, Antonio（葛蘭西） 216

Habermas, Jürgen（哈伯馬斯） 2, 27, 89-90, 136, 163, 201, 203-208, 210-225, 227-251, 253-256, 263, 267, 271, 273, 283-285, 288-290, 293, 295, 297, 300, 304, 307, 334-335, 339, 343, 360, 366-367, 371-372, 389-390, 409-411, 414-415, 422-423, 425, 428, 431, 437, 440, 457-459, 461, 475, 479, 484, 487, 491-493, 496, 499, 501, 504, 506, 509-511, 518, 520-523, 529-532, 547-548

Haferkamp, Heinrich（哈弗坎普） 286

Hagemann-White, Carol（海格曼 — 懷特） 446

Halbwachs, Maurice（阿布瓦西） 340

Hall, John A.（霍爾） 288

Hall, Peter A.（霍爾） 539

Hall, Peter M.（霍爾） 154

Harding, Sandra（哈丁） 449

Hartsock, Nancy（哈特索克） 454

Harvey, David（哈維） 368

Haskell, Thomas（哈斯克爾） 499

Hazelrigg, Lawrence E.（哈澤里格） 56

Hechter, Michael（赫克特） 119

Hegel, Georg Wilhelm Friedrich（黑格爾） 52, 219-220, 227-230, 247, 299, 323, 341, 428, 469, 530-531

Heidegger, Martin（海德格） 163, 292, 341, 364, 477, 496, 499-500, 543

Heilbron, Johan（海爾布隆） 53

Heintz, Bettina（海恩慈） 449

Hénaff, Marcel（赫納夫） 537

Herder, Johann Gottfried（赫德） 53-56, 140, 260

Heritage, John（赫里蒂奇） 156, 160, 170

Hettlage, Robert（黑特拉格） 147

Hintze, Otto（欽茲） 186

Hirschauer, Stefan（希爾肖爾） 448

Hirschman, Albert（赫希曼） 35

Hitler, Adolf（希特勒） 30, 61, 163, 204, 211, 473-474

Hobbes, Thomas（霍布斯） 32-37, 103, 113, 160, 486

Hobsbawm, Eric（霍布斯邦） 285

Hochschild, Arlie（霍希爾德） 145

Höffe, Otfried（赫費） 481

Hoffmann, E. T. A.（霍夫曼） 264

Homans, George C.（何門斯） 103-113, 126

Honneth, Axel（霍耐特） 369, 529-532

Horkheimer, Max（霍克海默） 204-205, 211-212, 233, 240, 248, 475-476

Horster, Detlef（霍斯特） 281

Hughes, Everett C.（休斯） 146, 150-151

Husserl, Edmund（胡塞爾） 130, 161-165, 170, 262-263, 292, 341, 364, 382, 426, 477

Irrgang, Bernhard（伊爾岡） 274

Jaggar, Alison M.（賈格爾） 431

Jakobson, Roman（雅克慎） 348, 351

James, William（詹姆士） 292, 495, 507, 518

Jameson, Frederic（詹明信） 368

Janowitz, Morris（賈諾維茲） 316

Jaspers, Karl（雅斯培） 323-325

Jefferson, Thomas（傑佛遜） 489

Jevons, William Stanley（傑文斯） 32

Joas, Hans（約阿斯） 1, 32, 42, 78, 121, 148, 187, 213, 272, 281, 292, 351, 376, 379, 389, 395, 443, 474, 496, 507-513, 515-521, 529, 531, 546, 550

Jospin, Lionel（若斯潘） 420

Kalyvas, Andreas（卡爾瓦斯） 414

Kant, Immanuel（康德） 36, 180, 213, 215, 334, 380, 396, 416, 421, 428-429, 440, 449-450, 485, 498, 519-520, 532

Keller, Gottfried（凱勒） 111

Kennedy, John F.（甘迺迪） 223, 331

Kessler, Suzanne J.（柯斯勒） 442-448, 451, 455

Kierkegaard, Søren（齊克果） 506

Killian, Lewis M（基里安） 150

Kippenberg, Hans G.（基彭伯格） 173

Kitsuse, John I.（基塞斯） 148

Knapp, Gudrun-Axeli（克娜普） 457

Kneer, Georg（克內爾） 281

Knöbl, Wolfgang（克諾伯） 1, 32, 42, 78, 121, 148, 187, 272, 292, 351, 376, 379, 389, 395, 443, 474, 529, 531

Knorr Cetina, Karin（克諾爾） 176

Kohlberg, Lawrence（柯爾伯格） 228, 437-440, 480

Kojève, Alexandre（科耶夫） 341

Kopernikus, Nikolaus（哥白尼） 19

Kuhn, Thomas S.（孔恩） 17, 19-23, 234, 367, 449, 499, 504-505

Kurzweil, Edith（庫茲韋爾） 341

Kymlicka, Will（金里卡） 431

Lacan, Jacques（拉康） 353-354, 416

Lamont, Michèle（拉蒙） 399

Landweer, Hilge（朗特薇爾） 455-456

Lapeyronnie, Didier（拉佩羅尼） 527

Larson, Magali Sarfatti（拉爾森） 195

Latour, Bruno（拉圖） 324, 537-538, 542

Lavoisier, Antoine Laurent de（拉瓦節） 17

Lefort, Claude（勒佛） 402, 424, 536

Leibniz, Gottfried Wilhelm（萊布尼茲） 497

Lemert, Edwin M.（李瑪特） 148

Lenski, Gerhard（藍斯基） 191

Lenz, Karl（倫茲） 110

Lerner, Daniel（勒納） 312-314

Levinas, Emmanuel（列維納斯） 477, 480

Lévi-Strauss, Claude（李維史陀） 347-355, 360-361, 363-364, 369, 372-373, 375, 377

Lidz, Victor（里茲） 473

Lipset, Seymour Martin（李普塞特） 312

Livingston, Eric（利文斯頓） 176

Locke, John（洛克） 35-36, 103, 498

Lockwood, David（洛克伍德） 186-190, 193, 199, 204, 283-285, 288, 300

Lorber, Judith（勞波） 445

Luchesi, Brigitte（盧切西） 173

Luckmann, Thomas（盧克曼） 164, 175-176

Luhmann, Niklas（魯曼） 2, 27, 89-90, 205, 231, 246, 253-283, 288-290, 297, 302, 304-305, 307, 331, 334-335, 339, 343, 371-372, 391-392, 415, 469-470, 491, 510-511, 516, 523-527, 541

Lukács, Georg（盧卡奇） 229-230

Luther, Martin（路德） 43, 107, 209

Lynch, Michael（林奇） 176

Lyotard, Jean-François（李歐塔） 364-368, 402, 449, 462, 467, 479

Machiavelli, Niccolò（馬基雅維利） 199, 481

Macinityre, Alasdair（麥金泰） 410

MacKinnon, Catharine A.（麥金農） 439

Madsen, Richard（麥迪森） 488

Maines, David R.（梅因斯） 144, 154

Malevich, Kazimir（馬列維奇） 397

Malinowski, Bronislaw（馬林諾斯基） 26, 62

Mann, Michael（麥可·曼） 2, 286-288, 299, 301-302, 304, 306, 547, 550

Mannheim, Karl（曼海姆） 176

Marshall, Alfred（馬歇爾） 28, 45-47, 51, 54, 91, 185, 233, 240, 311

Marshall, Thomas H.（馬歇爾） 286

Marwell, Gerald（馬維爾） 120, 127

Marx, Karl（馬克思） 9, 17-18, 25-26, 52, 61-64, 66, 84, 113-114, 120, 176, 183-192, 197, 200, 204-208, 210-213, 216, 219-223, 225, 227-230, 232, 241, 247-248, 260, 265, 279, 283, 285-287, 289-290, 303, 306, 310, 314, 333, 335, 341, 352, 354, 366-368, 373, 379, 384-386, 388, 397, 401-403, 406-410, 412, 414, 417, 421, 433-434, 469, 473, 491, 506-507, 509, 525, 528, 530, 535

Marx Werner（馬克思） 164

Maturana, Humberto R.（馬度瑞那） 274-276

Maurer, Andrea（莫雷爾） 540

Mauss, Marcel（牟斯） 315, 340, 349-350, 536

Mayer, Hans（邁耶） 340, 540-542

Mayntz, Renate（麥恩茲） 526

McAdam, Doug（道格·麥亞當） 120

McCarthy, John D.（麥卡錫） 120

McCarthy, Thomas（麥卡錫） 251, 255, 503

McClelland, David（麥克里蘭） 312

McKenna, Wendy（麥肯娜） 442-448, 451, 455

Mead, George Herbert（米德） 4, 7, 25, 50-51, 58, 130-131, 133-136, 139, 145, 152, 157, 167, 219, 233, 240, 324, 495-496, 500-501, 507-508, 513-516, 519-520, 531

Mehan, Hugh（梅漢） 167, 172

Meltzer, Bernard N.（梅爾策） 147, 153

Merleau-Ponty, Maurice（梅洛龐蒂） 163, 341, 403, 405, 426, 513-514

Merton, Robert K.（默頓） 58, 73, 97, 181, 296

Metaxas, Ioannis（邁塔克薩斯） 401

Meyer, John W.（邁耶爾） 540-542

Michels, Robert（米契爾斯） 118, 266, 268-269, 510

Mill, John Stuart（彌爾） 31-32

Miller, James（米勒） 434

Mills, C. Wright（米爾斯） 97, 185, 495

Mitchell, Wesley（密切爾） 538

Montaigne, Michel de（蒙田） 544

Morin, Edgar（莫蘭） 402

Mosca, Gaetano（莫斯卡） 190

Müller, Hans-Peter（穆勒） 122-123, 538

Mullins, Carolyn J.（穆林斯） 144

Mullins, Nicolas C.（穆林斯） 144

Münch, Richard（敏希） 334-335, 337, 392

Nadai, Eva（娜妲依） 449

Nagl, Ludwig（納格爾） 573

Nagl-Docekal, Herta（納格爾 — 多斯卡爾） 459

Napoleon Bonaparte（拿破崙） 287

Nassehi, Armin（那塞希） 281

Newton, Isaac（牛頓） 19, 544

Nietzsche, Friedrich（尼采） 249, 355, 358, 360-361, 363, 366, 439, 451, 454, 478, 518

Nipperdey, Thomas（尼伯代） 287

Nora, Pierre（諾拉） 536

North, Douglass C.（諾斯） 26, 62, 539

Nunner-Winkler, Gertrud（諾恩納 — 溫克勒） 439

Nussbaum, Martha C.（納斯邦） 410, 441, 455-456

Oakeshott, Michael（歐克秀） 410

Oberschall, Anthony（歐伯蕭） 120

Offe, Claus（歐菲） 118

Oliver, Pamela E.（奧利弗） 120

Olson, Mancur Jr.（奧爾森） 113-122, 190

Opp, Karl-Dieter（歐普） 118

Pareto, Vilfredo（巴烈圖） 28, 45-47, 51, 54, 58, 91, 185, 190, 233, 240

Park, Robert（派克） 50, 130, 152

Parsons, Talcott（帕森斯） 1-2, 4, 24-33, 35-47, 49-62, 65-97, 99, 101, 103-105, 107-110, 112-113, 127, 129-131, 136-140, 142-144, 146, 150-151, 155-161, 166, 170-171, 174, 176-177, 179-193, 195-197, 199, 201, 203, 210, 222, 224-225, 231-233, 240, 242, 244-246, 250-251, 253-258, 262-263, 268, 271-273, 275, 279, 283, 285-289, 291, 293, 296-298, 300, 302, 305, 307, 309-311, 313-323, 330-337, 339, 343, 362-363, 366, 392, 410, 417-419, 421, 431, 480, 486, 488, 491-492, 495, 501, 509, 516, 518, 522-523, 525, 539-540, 547, 551

Passeron, Jean-Claude（帕斯隆） 342

Pauer-Studer, Herlinde（鮑爾 — 施圖德） 432

Peirce, Charles S.（皮爾士） 10, 11, 15-16, 131, 161, 495-496, 503, 506-507

Petras, John W.（佩特拉斯） 147, 153

Piaget, Jean（皮亞傑） 228, 437

Plessner, Helmuth（普雷斯納） 260

Plummer, Ken（普盧默） 136

Pope, Whitney（波普） 56

Popper, Karl Raimund（波普爾） 11-18, 20-21, 23, 217-219

Poulantzas, Nicos（普蘭查斯） 354

Powell, Walter W.（鮑威爾） 539

Proust, Marcel（普魯斯特） 292

Psathas, George（普薩薩斯） 170

Putnam, Hilary（普特南） 496-498, 503-507

Putnam, Robert D.（普特南） 492

Quéré, Louis（蓋雷） 536

Rabinow, Paul（拉比諾） 369

Raters, Marie-Luise（拉斯特） 503

Rawls, John（羅爾斯） 428, 440, 480-487, 493-494, 530

Reagan, Ronald（雷根） 224, 491

Renaut, Alain（雷諾） 392

Rex, John（雷克斯） 186-190, 193, 197, 199, 283-285

Reynolds, Larry T.（雷諾茲） 147, 153

Ricardo, David（李嘉圖） 32

Ricœur, Paul（利科） 307, 401, 413, 426-429, 477, 519, 521, 532

Robbins, Derek（羅賓斯） 372

Rock, Paul（洛克） 148

Rödel, Ulrich（勒德爾） 536

Roosevelt, Franklin D.（羅斯福） 27

Rorty, Richard（羅蒂） 368, 496-507, 543-544, 546

Rostow, Walt W.（羅斯托） 312

Rothacker, Erich（羅特哈克） 204, 208

Rotterdam, Erasmus von（鹿特丹） 544

Rousseau, Jean-Jacques（盧梭） 191, 331, 352, 421

Rubin, Gayle（魯賓） 434

Ryan, Alan（瑞安） 126

Sack, Fritz（薩克） 166

Sacks, Harvey（薩克斯） 165-166, 174-175

Sandel, Michael J.（桑德爾） 484-488, 492

Sartre, Jean-Paul（沙特） 163, 190, 341-342, 346, 353, 359, 361, 374, 378, 403, 417-418, 420, 422, 506

Saussure, Ferdinand de（索緒爾） 343-347, 350-352, 355, 361, 364, 377, 456

Scharpf, Fritz W.（夏普夫） 526

Schegloff, Emanuel A.（謝格洛夫） 174

Scheler, Max（謝勒） 176, 260, 518

Schelling, Friedrich Wilhelm Joseph（謝林） 204

Schelling, Thomas C.（謝林） 123

Schelsky, Helmut（謝爾斯基） 254, 265, 280-281

Schluchter, Wolfgang（施路赫特） 547-548

Schmid, Michael（施密德） 540

Schmidt, Helmut（施密特） 223

Schmoller, Gustav（施穆勒） 538

Shostakowitsch, Dmitri（蕭士塔高維契） 397

Schröter, Susanne（施勒特爾） 452

Schulze, Gerhard（舒爾策） 399

Schütz, Alfred（舒茨） 163-166, 168, 172, 175-176, 506

Schwingel Markus（施溫格爾） 398

Scott, Richard W.（斯科特） 539

Searle, John R（希爾勒） 234

Selznick, Philip（賽茲尼克） 496

Shakespeare, William（莎士比亞） 544

Shibutani, Tamotsu（澀谷保） 149

Shils, Edward A.（席爾思） 82, 316-321, 329-332, 334, 337

Shklar, Judith（史訶拉） 501

Simmel, Georg（齊美爾） 8, 25, 51, 58, 112-113, 135, 181-183, 190, 197, 210, 508, 518

Simon, Herbert A.（西蒙） 341

Skinner, B. F.（史金納） 106

Smelser, Neil J.（斯梅瑟） 85, 90, 312, 331-332, 334-335, 516

Smetana, Bedrich（史麥塔那） 397

Smith, Adam（斯密） 25, 35-36, 56, 99, 103, 122, 422, 534

Snow, David A.（斯諾） 150

Sofsky, Wolfgang（索夫斯基） 475

Sombart, Werner（宋巴特） 26

Sorokin, Pitirim（索羅金） 27

Spencer, Herbert（斯賓塞） 50, 54, 91-92, 94

Spitzweg, Carl（斯波茨韋） 397

Srubar, Ilja（蘇魯巴爾） 164

Stalin, Josef（史達林） 207, 211, 216, 341

Stichweh, Rudolf（施迪希韋） 524-525

Strauss, Anselm（施特勞斯） 140, 145-146, 151-154

Sullivan, William M.（沙利文） 488

Swidler, Ann（斯威德勒） 488

Taylor, Charles（泰勒） 53, 420, 487, 518, 543

Taylor, Rosemary C. R.（泰勒） 539

Thatcher, Margaret（柴契爾） 224

Therborn, Göran（泰爾朋） 549-550

Thévenot, Laurent（帖弗諾） 534-535

Thomas, William Isaac（托馬斯） 25, 50-51, 130, 152

Thompson, Edward P.（湯普森） 285, 290

Tieck, Ludwig（蒂克） 264

Tillich, Paul（田立克） 426

Tilly, Charles（蒂利） 196

Tipton, Steven M.（蒂普頓） 488

Tiryakian, Edward A.（蒂爾亞基安） 334

Titmuss, Richard M.（蒂特馬斯） 286

Tocqueville, Alexis de（托克維爾） 53, 183, 185, 488, 490

Tönnies, Ferdinand（滕尼斯） 25, 78-79, 508

Toulmin, Stephen（圖爾敏） 543-546, 550

Touraine, Alaine（杜漢） 2, 59, 281, 353, 401, 413, 417-426, 428-429, 470, 472, 491, 523, 527-529, 532, 536, 542, 545, 548

Truman, Harry S.（杜魯門） 311

Tugendhat, Ernst（圖根哈特） 1

Turner, Jonathan H.（唐納） 137

Turner, Ralph H.（唐納） 144-145, 157-158

Turner, Stephen（唐納） 4, 319

Turner, Victor（唐納） 337

Van der Linden, Marcel（範德林登） 401-402

Varela, Francisco J.（瓦雷拉） 274-276

Veblen, Thorstein（范伯倫） 538

Verba, Sidney（維巴） 312

Wacquant, Loïc（華康德） 380, 532

Wagner, Helmut R.（華格納） 164, 535

Wagner, Peter（華格納） 545-546

Walby, Sylvia（沃爾拜） 434

Wallerstein, Immanuel（華勒斯坦） 333, 525, 548-549

Walzer, Michael（沃爾澤） 487

Warner, Stephen R.（沃訥） 57

Weber, Max （韋伯） 4, 7-8, 18, 25-26, 28, 30, 47, 56, 76-78, 84, 86, 95, 102, 163, 181, 183, 185-187, 190, 198, 209, 211, 233, 240, 248, 266-269, 283, 285-286, 288-289, 298, 311, 317-318, 320, 328-330, 334-335, 339, 341, 362, 394, 414, 495, 508-510, 516, 528, 539, 546-547

Weingarten, Elmar（韋因加滕） 166

Weizsäcker, Carl Friedrich von（韋茲塞克） 205

Welsch, Wolfgang（韋爾施） 366

Wenzel, Harald（文澤爾） 5, 334

West, Candace（韋斯特） 443

Wetterer, Angelika（薇特樂） 447-448

Whitehead, Alfred North（懷德海） 334

Wieder, D. Lawrence（威德） 172

Wiesenthal, Helmut（威森塔） 118

Wieviorka, Michel（韋維爾卡） 527-528

Wiggershaus, Rolf（魏格豪斯） 205

Willaschek, Marcus（韋拉塞克） 503

Willke, Helmut（維克） 281, 525-526

Wilson, R. Jackson（威爾森） 50

Winthrop, John（溫斯羅普） 488-489

Wittgenstein, Ludwig（維特根斯坦） 366, 496,

499-500, 503-505, 543

Wittrock, Björn（威特洛克） 550

Wolfe, Alan（沃爾夫） 507

Wood, Houston（伍德） 186-190, 193, 199, 204, 283-285, 288, 300

Young, Michael（邁克爾‧楊） 318

Zald, Mayer N.（薩爾德） 120, 196

Zapf, Wolfgang（查波夫） 334

Zimmerman, Don（齊默爾曼） 172, 443

Zola, Emile（左拉） 39

國家圖書館出版品預行編目資料

社會理論二十講／Hans Joas, Wolfgang
Knöbl著；鄭作彧譯. -- 初版. -- 臺北
市：五南圖書出版股份有限公司, 2022.09
    面； 公分
譯自：Sozialtheorie zwanzig einführende
Vorlesungen
ISBN 978-626-343-172-0（平裝）

1.CST: 社會學

540   111012355

1J0V

社會理論二十講

作　　　者 — Hans Joas 漢斯・約阿斯

　　　　　　 Wolfgang Knöbl 沃爾夫岡・克諾伯

譯　　　者 — 鄭作彧

發 行 人 — 楊榮川

總 經 理 — 楊士清

總 編 輯 — 楊秀麗

副總編輯 — 陳念祖

責任編輯 — 黃淑真、李敏華

封面設計 — 姚孝慈

出 版 者 — 五南圖書出版股份有限公司

地　　　址：106臺北市大安區和平東路二段339號4樓

電　　　話：(02)2705-5066　　傳　　　真：(02)2706-6100

網　　　址：https://www.wunan.com.tw

電子郵件：wunan@wunan.com.tw

劃撥帳號：01068953

戶　　　名：五南圖書出版股份有限公司

法律顧問　林勝安律師事務所　林勝安律師

出版日期　2022年9月初版一刷

定　　　價　新臺幣900元

經典永恆・名著常在

五十週年的獻禮 —— 經典名著文庫

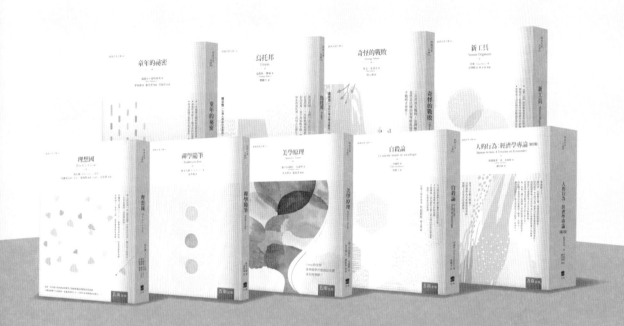

五南，五十年了，半個世紀，人生旅程的一大半，走過來了。

思索著，邁向百年的未來歷程，能為知識界、文化學術界作些什麼？

在速食文化的生態下，有什麼值得讓人雋永品味的？

歷代經典・當今名著，經過時間的洗禮，千錘百鍊，流傳至今，光芒耀人；

不僅使我們能領悟前人的智慧，同時也增深加廣我們思考的深度與視野。

我們決心投入巨資，有計畫的系統梳選，成立「經典名著文庫」，

希望收入古今中外思想性的、充滿睿智與獨見的經典、名著。

這是一項理想性的、永續性的巨大出版工程。

不在意讀者的眾寡，只考慮它的學術價值，力求完整展現先哲思想的軌跡；

為知識界開啟一片智慧之窗，營造一座百花綻放的世界文明公園，

任君遨遊、取菁吸蜜、嘉惠學子！